# Flávio Lemos

# Análise Técnica dos Mercados Financeiros

## Um guia completo e definitivo dos métodos de negociação de ativos

3ª edição
revista e atualizada

Inclui conteúdo da prova do CNPI

Av. Paulista, 901, Edifício CYK, 4º andar
Bela Vista – SP – CEP 01310-100

**SAC** | Dúvidas referentes a conteúdo editorial, material de apoio e reclamações:
sac.sets@saraivaeducacao.com.br

| | |
|---|---|
| **Diretoria executiva** | Flávia Alves Bravin |
| **Diretoria editorial** | Ana Paula Santos Matos |
| **Gerência editorial e de projetos** | Fernando Penteado |
| **Edição** | Neto Bach |
| **Produção editorial** | Daniele Debora de Souza (coord.) |
| | Cintia Aparecida dos Santos |
| | Daniela Nogueira Secondo |
| **Revisão** | Denise Dognini |
| **Diagramação** | Join Bureau |
| **Capa** | Deborah Mattos |
| **Imagem de capa** | © iStock/ Getty Images Plus/ metamorworks |
| **Impressão e acabamento** | Edições Loyola |

---

**DADOS INTERNACIONAIS DE CATALOGAÇÃO NA PUBLICAÇÃO (CIP)**
**ODILIO HILARIO MOREIRA JUNIOR – CRB-8/9949**

L557a    Lemos, Flávio

Análise técnica dos mercados financeiros: um guia completo e definitivo dos métodos de negociação de ativos / Flávio Lemos. – 3. ed. – São Paulo : SaraivaUni, 2023.

696 p.

ISBN 978-65-8795-804-0 (Impresso)

1. Investimentos. 2. Bolsa de valores. 3. Análise gráfica. 4. CVM. 5. Criptomoedas. 6. Fibonacci. 7. Mercado Financeiro. 8. Ações. I. Título.

| | CDD 330.1 |
|---|---|
| 2022-1535 | CDU 330.1 |

**Índices para catálogo sistemático:**

1. Mercado Financeiro      330.1
2. Mercado Financeiro      330.1

Copyright © Flávio Lemos
2023 Saraiva Educação
Todos os direitos reservados.

3ª edição

Nenhuma parte desta publicação poderá ser reproduzida por qualquer meio ou forma sem a prévia autorização da Saraiva Educação. A violação dos direitos autorais é crime estabelecido na Lei n. 9.610/98 e punido pelo art. 184 do Código Penal.

| COD. OBRA | 5371 | CL | 651968 | CAE | 803240 |
|---|---|---|---|---|---|

"A melhor maneira de prever o futuro é criá-lo."

*Peter Drucker*

# Dedicatória

**De:** Flávio Lemos
**Para:** Mariana e meus filhos, Alexandre Pulguinha e Pedrinho Pipoca
**CC:** Todos

Às vezes um *trader* ganha mais do que merece: amor.

Que vocês leiam e entendam estes sinuosos gráficos tal qual uma bela partitura da música "Como ganhar dinheiro".

Que este livro possa ajudar todos – na fortuna ou na crise – a compreenderem o devido valor do dinheiro: "Perder pouco faz parte do processo de se ganhar muito".

Esta obra é um marco da minha trajetória acadêmica, que foi valorizada pelo apoio e pelo esforço de vocês.

Valeu!

Flávio Lemos

# Agradecimentos

Sem algumas pessoas, este livro não seria possível. Por quem começar? Isso parece mais difícil do que escrever esta obra, mas iniciar pelas raízes ou pelas fundações – lembrando meu passado como engenheiro – talvez seja o mais apropriado.

A meus pais, Arthur e Sandra, que não pouparam esforços na minha educação.

A minha Mariana, pelas horas de tradução do "tecniquês" para o português.

A meus amigos, em especial a três deles: Duda Morais, por me fazer trocar de profissão; Charles de Sirovy, por me ensinar outra, a de operador de mercado de capitais; e, ainda, Marcio Ferracini, CMT, por me incentivar a evoluir nos estudos para obter o Chartered Market Technician (CMT), grau máximo da análise técnica mundial. À Editora Saraiva, que acreditou neste novo projeto, além de hastear a bandeira da educação financeira no Brasil. À Associação dos Analistas e Profissionais de Investimento do Mercado de Capitais (APIMEC), por sua luta em prol dos analistas. À Comissão de Valores Mobiliários (CVM), que reconheceu e regularizou a profissão de analista técnico.

Para esta edição, foi fundamental a participação de Caco Maia, Julius de Kempenaer e as valorosas discussões do grupo Análise Técnica do Bilhão, com Raphael Figueredo, Lucas Vascaíno Claro, Lucas Costa e o grande Ottinho.

A todos os meus alunos da Trader Brasil, que me incentivaram a escrever este novo livro.

Agradeço também a todos que já leram minha obra e contribuíram com sugestões, críticas e comentários construtivos. Vocês fazem parte da evolução do meu trabalho. Obrigado!

# Sobre o autor – começando do início

"A arte de recomeçar é a mais nobre que existe."

Flávio Lemos

A frase acima abriu meu primeiro livro, *Análise técnica clássica*, porém ela está mais atual do que nunca.

Passados doze anos do lançamento do primeiro livro, muita coisa mudou na vida pessoal: dois filhos lindos; minha empresa virou o grupo Trader Brasil (traderbrasil.com), ganhou várias crias: uma escola para empreendedores – a Escola de *Startup*; ambos os acontecimentos só ratificam minha vontade de ser este tal "artista nobre de recomeços, uma empresa de assessoria de investimentos (Trader Brasil Investimentos – www.investimentos.traderbrasil.com) e uma corretora de seguros (Brasil Seguros – www.brseguro.com).

Mantendo esta linha na minha carreira literária, vou recomeçá-la, fazendo um livro novo.

Todo mundo me pergunta: Como é que você foi parar no mercado financeiro?

Geralmente, conto essa história em todos os cursos da Trader Brasil. Minha primeira conta foi aberta em 1993 por intermédio de um grande amigo que era estagiário de uma pequena corretora. Na época, eu tinha certeza de uma única coisa, a qual me foi muito útil: não sabia nada de mercado financeiro. Digo que foi útil pois, às vezes, a certeza da total ignorância nos fornece o tão necessário medo do desconhecido. Na primeira operação, ganhamos 30%, e na segunda, com uma estratégia de opções, dobramos o capital inicial de R$ 2.500 (cerca de US$ 2.500 naquela oportunidade). Eu era engenheiro, fazia obras de estradas – como a Linha Vermelha, prédios ou, ainda, restaurantes e reformas em geral. Veio o pensamento imediato: o que eu estou fazendo aqui, em meio a tanta poeira e barulho se, em poucos dias, havia dobrado meu capital?

Assim, em 1996, resolvi fazer um MBA em finanças de mercado de capitais para começar a entender algo, pois aquela situação de deixar meu dinheiro na mão do meu amigo me incomodava; afinal, dinheiro, carro e cônjuge não se deixam na mão de ninguém! Naquele momento, com o trabalho de engenheiro e as aplicações, meu patrimônio, que era muito pequeno, foi quase todo gasto no pagamento do curso à vista, pois, já naquela época, eu não gostava de pagar juros – os quais, por sinal, eram exorbitantes.

Um ano depois, meu amigo me apresentou um negócio imperdível: compraríamos ações de companhias telefônicas nordestinas que eram negociadas no mercado de balcão organizado, chamado Sociedade Operadora do Mercado de Acesso (Soma). O mote do negócio era o seguinte: existia a expectativa de que seria realizado, brevemente, o leilão do sistema Telebrás. Antes disso, porém, o governo teria de reestruturar o sistema, dividindo o país em grandes áreas de concessão; o setor mais problemático era a Região Nordeste, em virtude da quantidade de estados e pelo fato de que cada um deles já dispunha de uma estatal responsável – e geralmente ineficiente, com exceção da Teleceará.

Enquanto no Ceará você entrava na loja e saía falando no celular, no Rio de Janeiro, por exemplo, pagava-se cerca de US$ 5.000 por um celular no mercado negro, ou, então, você podia rezar para ser chamado depois de enfrentar uma fila de espera gigantesca. E essa empresa eficiente (Teleceará), em termos de análise fundamentalista, era negociada com preços muito baixos em relação a seus pares. O melhor seria comprar diretamente das pessoas que haviam ganhado ações daquela empresa – na época, isso ocorria quando comprava o telefone fixo – a um preço que correspondia a cerca de 30% do valor do Soma. Era muito trabalho, mas a compensação, estimuladora. Comprávamos pequenos lotes de cada vez e demorávamos cerca de um mês para juntar um lote considerável. Depois, demorávamos outro mês para registrar e poder negociar no Soma. No primeiro negócio realizado, obtivemos 300% de lucro. Pensei: "vou ficar rico ainda este ano!". Não me havia dado conta de que, como em todo negócio, as palavras risco e retorno andam lado a lado. Pegamos todo o dinheiro ganho na primeira negociação e reaplicamos. As ações cearenses começaram a subir localmente, pois mais pessoas vislumbraram o negócio. Naquele momento, então, tínhamos concorrentes de peso como farmácias, açougues e padarias e, graças a isso, começamos a ter de pagar mais caro pelas ações para tentar minimizar o efeito da concorrência, que fazia parte do dia a dia daquelas pessoas. Em dois meses, conseguimos juntar ações correspondentes ao triplo do primeiro lote e providenciamos o registro no Soma. E aí, a casa caiu! No período do registro, ocorreu a crise da Rússia e todo o mercado desabou – principalmente as nossas ações, que haviam recuado bastante, para um valor abaixo do que havíamos comprado no Ceará! E o pior: a cada dia que passava, as ações caíam mais e estávamos com todo o lote preso pelo registro, sem poder vender.

Concomitante a isso, no dia 1º de abril de 1997, fui contratado para ser analista de mercado de capitais de uma corretora. Isso mesmo, larguei tudo e recomecei do zero. Eu não estava feliz como engenheiro. Cada vez que eu entrava na sala da Fundação Getulio Vargas e via as mulheres de *tailleur* e os homens de terno, perguntava-me o que estava fazendo em obras com toda aquela poeirada.

O que mais me fascinava nessa troca de profissão era o fato de que, na obra, se alguém errasse, a culpa era sempre do engenheiro – apesar de outros fazerem as besteiras. Já no mercado, não. Você é sempre o responsável direto, na alegria e na tristeza. Além desse fato, no mercado, todo dia acontece alguma coisa nova: seja uma empresa comprando outra, umas quebrando, outras lançando novos produtos, um ataque terrorista – ou seja, você tem sempre de estudar e, dinamicamente, se manter atualizado e em tempo real.

Eu ganhava pouco mais de dois salários mínimos. Para quem não sabe, o salário inicial em uma corretora geralmente é muito baixo, sendo mais alta a remuneração variável, baseada em comissões.

Comecei como analista júnior, e o dono da corretora mandou que eu procurasse uma boa oportunidade para lhe apresentar. Achei uma empresa realmente excelente e "esquecida pelo mercado". Fiz um estudo fundamentalista completo e, então, mostrei a ele, que decidiu comprar um lote enorme, em uma tacada só. Três meses depois, a ação continuava no mesmo lugar e o investimento sob suspeita, até que meu chefe decidiu sair na primeira alta de 5%. O problema consistiu no fato de que a inflação e a taxa de juros, naquela época, ganharam de lavada do investimento. Pouco tempo depois, o papel – a ação da tal empresa – explodiu, com alta de 300%. Comecei, então, a perceber que precisava aprender com os erros. Pensei: "Onde foi que errei?". *Timing* era a resposta.

Porém, uma cadeira em especial era tratada com bastante desdém por meus colegas de MBA: análise técnica aplicada ao mercado de capitais. E foi justamente com ela que me diferenciei no trabalho e, de forma rápida, galguei posições. Comecei a aliar análise fundamentalista ao *timing* fornecido pela avaliação técnica, e o resultado logo veio. Dei vários passos para trás para dar um salto à frente; galguei posições e fui de analista júnior para gerente da tesouraria de derivativos em dois anos.

Depois, em 2001, fui contratado por uma corretora norte-americana. Em um dia do ano de 2003, para esfriar a cabeça naqueles dias de mercado nervoso, fui tomar banho no escritório – que por sinal era um luxo, exceto pela altura do chuveiro: bati a cabeça nele. Naquela hora tive um estalo: "Por que eu não faço um *reality show* de mercado financeiro no Brasil?". Adicionalmente, o fato de estar longe da minha casa, da minha família e dos meus amigos, apesar do dinheiro, pesava para querer voltar ao Brasil. Foi então que, em 26 de maio de 2004, aconteceu a primeira Expo Trader Brasil e Congresso de Gestores e Operadores do Mercado de Capitais, ocupando três andares do World Trade Center de São Paulo. Uma loucura total! Não só pela grandiosidade do evento mas também pelo pioneirismo. Muitas pessoas me procuraram após o evento para entender o que tinha sido falado nas palestras. Percebi que o público brasileiro – e até sul-americano – não estava preparado para palestras de nível técnico tão alto. A consequência dessa minha percepção foi a criação, em 2005, da Trader Brasil – Escola de Investidores (www.traderbrasil.com), preenchendo a lacuna que existia – e ainda existe – entre a teoria e a prática no mercado de capitais.

Segundo, Hilaine Yaccoub, Ph.D em Antropologia do Consumo (UFF-RJ), "*Eu não sou o seu guru* é o nome de um dos *best-sellers* mais vendidos no mundo atualmente e, assim como os livros que roubam queijos, ou casais que enriquecem juntos, como também o F*DA-SE e todas as suas versões, aponta para um diagnóstico: estamos vivendo num mundo que quer atalhos. A sociedade do atalho quer resolver tudo em um clique, acredita em performances mágicas com números e que o enriquecimento fácil é prova de capacidade e não de construção pautada em uma organização do tempo, dos gastos e do pensamento a longo prazo. Esta sociedade acredita ainda que planejamento é para os fracos e conservadores, julga que *post-it* não é lembrete e sim conteúdo, e que organizar o futuro a partir da juventude é tempo demais para receber o retorno. Por que esperar tanto se tem aquele *trader* com milhares de seguidores que ensina como jogar o jogo? Um jogo sem treino, sem treinador e sem comissão técnica que avaliará desempenho a longo prazo. Para quê? Vá lá e faça, cole um *post-it* na parede com uma frase motivacional e fique rico da noite pro dia. Você acreditaria? Pois é… a cada dia que passa a *gameficação* do dinheiro e dos investimentos destrói sonhos de um futuro concreto e seguro para milhares de brasileiros que confiam nos atalhos. Todos vítimas do imediatismo e falsas promessas de gurus que vendem fantasia num mundo do faz de conta. Uma análise bem fundamentada é a sua melhor arma contra estes atalhos de faz de conta."

Muitos alunos nos nossos cursos de *trader* nos perguntam se haverá uma prova. A resposta, olhando para um quadro de uma bela nota de R$ 100,00 preta dentro da sala de aula, é sempre a mesma: a nota quem vai dar – ou tirar – do seu bolso será o mercado real. Hoje, já formamos mais de 10.000 *traders*, muitos deles nas mesas dos principais bancos e corretoras do mundo.

Algumas pessoas também dizem que escrever livros e dar aulas é para quem não opera. Mas hoje existem tantos charlatães no mercado sem educação adequada, sem certificação financeira, sem nenhum conhecimento real que se intitulam em posição de guru, ou nos termos atuais, um *influencer*. E por que eu não poderia ser diferente ao dar minha contribuição pessoal em ensinar as pessoas que querem aprender da forma – que eu acho – correta?

Uma das coisas de que mais me orgulho é o fato de todos os nossos professores e funcionários serem ex-alunos, e me divirto com os comentários dos leitores, chamando meu livro de Bíblia da Análise Técnica – talvez porque seja muito grosso –, mas espero conseguir ajudá-lo a rezar, ou melhor, a compreender as nuances da Análise Técnica Clássica.

Ei, não se esqueça de nos seguir nas redes sociais:

@traderbrasil
@traderbr.investimentos
@chamaolemos

# Prefácio

Há 3 mil anos, o rei Salomão teria escrito:

> "O conhecimento é mais lucrativo que a prata, e seu salário, melhor do que ouro. Nada que você deseje pode ser comparado a ele."
>
> *Provérbios, 3:14-15 (NLT)*

Iniciei[1] minha carreira no mercado de ações no final de 1972. Comprei duas ações com fundamentos tremendos e tinha certeza de que a única coisa que poderia acontecer com ambas seria subir. De fato, elas aumentaram um pouco rapidamente e eu fiquei pensando quão esperto eu era e como era fácil. Logo após o ano-novo de 1973, as coisas mudaram. O mercado de ações e em especial (pelo menos me pareceu) minhas duas ações começaram a afundar. Isso não era um problema porque eu também não havia sequer pensado em estabelecer um valor máximo de perda ou incluir qualquer técnica de gestão financeira para me proteger dos riscos. Além disso, eu sabia que estava certo e o mercado, com certeza, errado. No fim de 1974, as duas ações tinham caído 65%. O pensamento de me

---

[1] O autor utiliza a expressão *cut my teeth*, que seria a estreia ou o início.

considerar uma das pessoas mais inteligentes do mundo tinha desaparecido havia dois anos da minha mente.

Sendo engenheiro, eu sabia que tinha sido diligente e que havia feito uma pesquisa completa. O que aconteceu, então? Eu decidi que deveria existir uma maneira mais adequada. Li o livro escrito por Michael Zahorchak, chamado *The art of low risk investing* [A arte de investir com baixo risco]. Esse livro me apresentou uma metodologia chamada "análise técnica" e, ao mesmo tempo, fez muito sentido para mim. Eu o devorei e, a cada tarde de domingo, fazia gráficos de mais de 50 ações, índices da Bolsa de Nova York e indicadores de declínio com médias móveis de 5, 15 e 40 semanas cada! E adivinhem: as contas eram feitas com uma calculadora de mão e os gráficos, em um papel milimetrado, com canetas vermelhas, azuis e verdes. A análise técnica ganhou-me e eu percebi que o mercado nunca está errado.

Aqui estamos, mais de 30 anos depois e eu ainda imerso no campo da análise técnica, da qual desenvolvi programas, escrevi dois livros, participei de uma série de entrevistas na televisão, apareci em muitas publicações de negócios, desenvolvi indicadores e sistemas de negociação (*trading systems*), realizei inúmeras apresentações e, atualmente, gerencio mais de 1,4 bilhão de dólares usando um modelo de análise técnica.

O que mudou e o que eu aprendi depois de todo esse tempo investido nesse campo? A tecnologia computacional fez a análise mais rápida e rebuscada. A internet tornou a análise ampla e global. O número de livros sobre o assunto foi de um punhado a centenas de centenas. Todavia, existem algumas coisas que não mudaram, apenas se moveram para um lugar mais alto na minha lista de prioridades. Disciplina e gestão financeira são questões sobre as quais eu nem pensava anos atrás, e a maioria de minhas carteiras de investimento provou isso. Eu acho que essas são as duas questões com as quais muitos investidores lutam e, provavelmente, a raiz da causa de todos os fracassos em investir. Não é interessante que a maioria das pessoas acredite que elas realmente não têm relação direta alguma com a análise técnica?

Apesar de disciplina e gerenciamento financeiro não estarem diretamente relacionados à análise técnica, alinham-se com ela. Uma vez que você realiza sua análise com métodos técnicos, a disciplina de seguir esses métodos e a habilidade de usar técnicas de gestão do dinheiro parecem andar juntas. Uma boa análise técnica submete-se à boa disciplina. A primeira vem fechar o hiato entre análise e ação.

A maioria dos investidores deve ter sempre à disposição um bom livro de análise técnica; eu escrevi dois: *Candlestickcharting explained* [Gráfico de velas explicado] e o *The complete guide to market breadth indicator* [Guia completo de indicadores de fôlego do mercado]. Existem vários livros sobre o assunto em inglês, mas, provavelmente, nenhum mais adequado para o mercado brasileiro do que este de Flávio Lemos. Eu fiquei honrado de ter feito duas apresentações no Rio de Janeiro, na Expo Trader Brasil de 2008. Não foi apenas uma superconferência, mas Flávio também foi um anfitrião soberbo. Ele se articula com tanta credibilidade que eu poderia recomendar qualquer texto que escrevesse, mas você pode descobrir por si mesmo, basta virar a página.

*Gregory L. Morris*
Chairman, Investment Committee
Stadion Money Management.
Athens, Geórgia, Estados Unidos

# Prólogo

Meu contato com a análise técnica começou no início da minha carreira como consultor de investimentos, em 1993. Como em todas as corretoras, nós recebíamos a maior parte da informação financeira por um aparelho viva-voz chamado de *squawk box*. Por meio desse sistema de comunicação, os analistas reportavam várias ideias de operações com ações, que poderiam apresentar um caso em que uma companhia em particular tivesse sido subavaliada, não notada ou descontada em relação a uma inovação ou desenvolvimento. Somente as melhores histórias eram contadas à clientela. Infelizmente, poucas dessas ideias se realizavam em momento oportuno. Portanto, as melhores acabavam virando posições de longo prazo enquanto os investidores esperavam que a companhia ou o setor voltasse a ter um momento favorável. Talvez isso já tenha acontecido com você.

Se você escutar os "entendidos", eles vão lhe dizer que gestores de fundos são os melhores e mais brilhantes profissionais, um capital humano sem igual; aqueles aos quais são confiados bilhões de dólares para pesquisas de ativos. Os analistas e os gestores contratados para investir nesses fundos de pesquisa são de primeiro time, formados nas principais universidades de todo o mundo. A grande maioria deles usa análise fundamentalista como principal direcionador de seleção de investimentos.

Apesar de tudo isso, agora vem o que está escondido dentro do bolo: em média, dependendo da fonte em que você procure, 75% a 90% desses gestores profissionais não conseguem alcançar o índice S&P 500. Por quê? A visão de um analista técnico deve ser de que o preço de um ativo representa um conhecimento coletivo dos mercados, sendo difícil para uma pessoa, não importa quão inteligente ela seja, se tornar mais esperta que o conhecimento coletivo precificado pelo mercado. Pense o seguinte: quando você compra uma ação, de quem você a adquire? Provavelmente de algum gênio ou guru brilhante de Wall Street que tem um orçamento de pesquisa maior do que todo o seu capital. É ele que, geralmente, está do outro lado da operação. Isso não é uma questão de inteligência, mas de perspectiva.

Neste livro, Flávio Lemos apresenta os mercados por uma perspectiva diferente, chamada análise técnica. Você pode ver a perspectiva técnica desta forma: quando os ativos trocam de mãos nos mercados de pregão, o volume de ações comprado sempre se equipara ao volume executado nas ordens de venda; quando o preço sobe, o movimento de subida reflete a demanda excedendo a oferta ou os compradores que estão no controle; da mesma forma, quando o preço cai, implica que a oferta excedeu a demanda ou que os vendedores estão no controle. Ao longo do tempo, essas tendências de oferta e demanda formam tendências e padrões de acumulação e distribuição. A análise técnica, portanto, infere que o preço está, a maior parte do tempo – senão todo –, descontado desse conhecimento coletivo previamente mencionado. O preço, portanto, representa não apenas o valor presente, mas embute uma antecipação de valores futuros. Dessa forma, o preço lidera os fundamentos por meio desse mecanismo de desconto. Então, conhecer os fundamentos específicos pode não ser nem tão importante quanto saber que essa informação já pode estar na "receita do bolo". Por isso, enquanto a análise fundamentalista está estudando os ingredientes da "receita", o analista técnico, por meio do estudo da tendência dos preços, pode já ter uma boa ideia "do que está cozinhando".

Eu comecei contando a você como iniciei minha carreira financeira. Agora vou lhe dizer o que mudou. Eu conheci um analista que era diferente de todos os outros. As recomendações vieram sem a característica história chamativa, falando em termos de suporte, resistência, tendências, padrões e rompimentos. Suas ideias geralmente mostravam lucros frequentes e em pouco tempo. Nas vezes em que não dava certo, ele era rápido em admitir seu erro, algo impensável vindo de outros analistas. Assim, ele ajudava a preservar o valoroso capital para uma próxima oportunidade potencial. O que, então, fez esse analista ser tão diferente dos outros? Ele tinha o título de Chartered Market Technician – analista técnico de mercado certificado – ou CMT, que era diferente da designação de outros analistas. Como CMT, Flávio Lemos vai expor a visão de algumas técnicas tradicionais que se tornaram crescentemente populares, tanto nos Estados Unidos quanto em todo o mundo. Como pioneiro nas conferências da Expo Trader, Flávio também obteve várias novas visões dos mais prestigiados analistas do mundo, como John Bollinger, Steve Nison, Jack Bernstein, Greg Morris, Larry Williams, entre tantos outros.

Nesta publicação, Flávio apresenta uma oportunidade de se aprender vários desses métodos para a sua própria educação financeira. Permita-me encorajá-lo nessa sua busca educacional, ao mesmo tempo em que você continua sua leitura.

*Buff Dormeier*
Wells Fargo Advisors
First Vice President – Investments
Portfolio Manager
Nova York, Estados Unidos

# Sumário

| | | |
|---|---|---:|
| **PARTE I** | **O básico** .................................................................... | **1** |
| CAPÍTULO 1 | Introdução à análise técnica.......................................... | 3 |
| | 1.1 Sobre análise fundamentalista................................. | 4 |
| | 1.2 Sobre análise técnica.............................................. | 5 |
| | 1.2.1 Afinal, o que é análise técnica? ......................... | 6 |
| | 1.2.2 Antecipação × previsão...................................... | 6 |
| | 1.2.3 As pedras fundamentais ..................................... | 8 |
| | 1.3 Teorias sobre o movimento dos preços no mercado ............... | 9 |
| | 1.3.1 Teoria *Random Walk* (passeio aleatório) ............ | 10 |
| | 1.3.2 Teoria dos Portfólios Modernos ......................... | 12 |
| | 1.3.3 Afinal, por que os preços oscilam?...................... | 13 |
| | 1.3.4 Teoria da Eficiência Perfeita do Mercado ......... | 15 |
| | 1.3.5 Teoria das Finanças Comportamentais e análise técnica ............................................................... | 19 |
| | 1.3.6 A análise quantitativa e a análise técnica ...................... | 21 |
| | 1.3.7 Vantagens do uso de gráficos............................. | 22 |
| | 1.4 O que diz a legislação?............................................ | 23 |
| | 1.5 Touros *versus* ursos................................................ | 23 |
| | 1.6 Histórias do Mercado – O surgimento da primeira ação.......... | 24 |
| CAPÍTULO 2 | Teoria de Dow.............................................................. | 27 |
| | 2.1 Histórico............................................................... | 27 |
| | 2.2 Princípios da Teoria de Dow ................................... | 28 |
| | 2.2.1 Primeiro princípio: o mercado tem três tendências ....... | 28 |
| | 2.2.2 Segundo princípio: o volume deve acompanhar a tendência ................................................................. | 29 |

| | 2.2.3 | Terceiro princípio: tendências primárias de alta têm três fases | 30 |

2.2.3  Terceiro princípio: tendências primárias de alta têm três fases ........................................................................... 30

2.2.4  Quarto princípio: tendências primárias de baixa têm três fases ........................................................................... 31

2.2.5  Quinto princípio: as médias descontam tudo ........................... 32

2.2.6  Sexto princípio: as duas médias devem-se confirmar ............. 34

2.2.7  Sétimo princípio: o mercado pode-se desenvolver em linha .... 34

2.2.8  Oitavo princípio: as médias devem ser calculadas com preços de fechamento ....................................................... 34

2.2.9  Nono princípio: a tendência está valendo até que haja sinais de reversão .............................................................. 35

2.3  Críticas à Teoria de Dow ................................................................... 36

**CAPÍTULO 3  Construção e tipos de gráficos ................................................... 37**

3.1  Sobre a leitura dos gráficos ............................................................... 38

3.1.1  Gráfico de linha ......................................................................... 38

3.1.2  Gráfico de barras ....................................................................... 38

3.1.3  Gráfico de ponto e figura ......................................................... 40

3.1.3.1  Reversão de três boxes .............................................. 42

3.1.3.2  Construindo o gráfico ................................................ 42

3.1.3.3  Sinais de compra e venda .......................................... 43

3.1.3.4  Linhas de tendência no gráfico de ponto e figura ...... 43

3.1.3.5  Calculando objetivos de preço no gráfico ponto e figura ..................................................................... 45

3.1.4  Gráfico de velas ou *candlesticks* ............................................. 48

3.1.4.1  História dos *candlesticks* .......................................... 49

3.1.5  Gráfico de linhas × gráfico de velas ......................................... 52

3.1.5.1  Corpos compridos × curtos ....................................... 52

3.1.5.2  Clímax de compra e de venda ................................... 53

3.1.5.3  Sombras ..................................................................... 54

3.1.5.4  Como juntar velas? .................................................... 55

3.1.6  *Candlevolume* ........................................................................... 56

3.1.7  *Equivolume* ............................................................................... 57

3.1.8  Gráfico de *renko* ....................................................................... 57

3.1.9  Gráfico de *kagi* ......................................................................... 58

3.1.10  *Three line break* ....................................................................... 59

3.2  Escalas aritméticas × escalas logarítmicas ....................................... 62

3.3  Tempos gráficos ................................................................................. 65

3.3.1  Gráficos de curto prazo × gráficos de longo prazo................... 65

3.3.2  Verificação da continuidade temporal ...................................... 66

3.4  Volume ............................................................................................... 69

3.5  Contratos em aberto .......................................................................... 70

3.6  *High Frequency Trading* e suas implicações ..................................... 71

**CAPÍTULO 4  Conceitos básicos de tendência ................................................... 73**

4.1  Tendência ........................................................................................... 73

4.1.1  Suportes e resistências............................................................... 75

4.1.1.1  Grau de importância de suporte, resistência e linha de tendência ..................................................... 77

|  |  | 4.1.1.2 | Rompimentos | 78 |
|---|---|---|---|---|
|  |  | 4.1.1.3 | Suportes e resistências exercendo papéis invertidos e a bipolaridade | 78 |
|  |  | 4.1.1.4 | O que determina a significância de suportes e resistências? | 79 |
|  | 4.1.2 | | Linhas de tendência | 79 |
|  | 4.1.3 | | Linhas de canal | 80 |
|  |  | 4.1.3.1 | Corte da linha de tendência | 81 |
|  |  | 4.1.3.2 | Linhas de tendência internas | 83 |
|  | 4.1.4 | | Retrações percentuais de preço | 85 |
|  | 4.1.5 | | Dias de reversão | 85 |
|  | 4.1.6 | | *Gaps* de preço e sua análise | 87 |
|  |  | 4.1.6.1 | *Gap* de quebra | 88 |
|  |  | 4.1.6.2 | *Gap* de fuga ou de medida | 90 |
|  |  | 4.1.6.3 | *Gap* de exaustão | 92 |
|  |  | 4.1.6.4 | Conclusão sobre *gaps* | 93 |
|  | 4.1.7 | | Descobrindo suportes e resistências ocultas com o Forcado de Andrew (*Andrew's Pitchfork*) | 95 |
|  |  | 4.1.7.1 | Criando o *pitchfork* | 95 |
|  |  | 4.1.7.2 | Utilização | 96 |

**Capítulo 5**  **Padrões gráficos** .......... **97**

| | 5.1 | Padrões de reversão | 100 |
|---|---|---|---|
| | 5.1.1 | Topo de ombro-cabeça-ombro – "OCO" | 100 |
| | 5.1.2 | Fundo de ombro-cabeça-ombro ou "OCO" invertido ("OCOI") | 104 |
| | 5.1.3 | Topos/fundos triplo | 108 |
| | 5.1.4 | Topo duplo ou "M" (reversão) | 108 |
| | 5.1.5 | Fundo duplo ou "W" (reversão) | 112 |
| | | 5.1.5.1 Tipo Eva e Adão | 114 |
| | 5.1.6 | Cunha descendente (reversão) | 115 |
| 5.2 | | Padrões de continuação | 118 |
| | 5.2.1 | Triângulos | 118 |
| | | 5.2.1.1 Triângulo ascendente | 120 |
| | | 5.2.1.2 Triângulo descendente | 121 |
| | 5.2.2 | Bandeiras e flâmulas | 122 |
| | 5.2.3 | Retângulo | 126 |
| | 5.2.4 | Movimento medido | 130 |
| | 5.2.5 | Canal de preços | 133 |
| 5.3 | | Outros padrões comumente citados na análise técnica clássica | 135 |
| | 5.3.1 | Fundo arredondado (de reversão) | 135 |
| | 5.3.2 | Formações de alargamento (de reversão) | 137 |
| | 5.3.3 | Formação de diamante (de reversão) | 138 |
| | 5.3.4 | Xícara com alça (de continuação) | 139 |
| | 5.3.5 | Reversão de solavanco e fuga (de reversão) | 142 |

**Capítulo 6**  **Análise de Fibonacci e a dinâmica Fibonaccing** .......... **147**

| 6.1 | Um pouco da história de Leonardo "Fibonacci" | 148 |
|---|---|---|
| 6.2 | Por que usar Fibonacci no mercado? | 152 |
| 6.3 | A técnica da Rainha do Fibonacci | 153 |

| | 6.3.1 | Retrações de Preço de Fibonacci | 153 |
|---|---|---|---|
| | 6.3.2 | Extensões de Preço de Fibonacci | 156 |
| | 6.3.3 | Projeções de Fibonacci | 158 |
| | 6.3.4 | Configurações de Negociação da Rainha do Fibonacci | 160 |
| | | 6.3.4.1 Agrupamento ou confluência (*cluster*) de preços | 160 |
| | | 6.3.4.2 Configurações de simetria | 162 |
| | | 6.3.4.3 Configurações de padrão de duas etapas | 164 |
| 6.4 | A Dinâmica Fibonaccing | | 166 |
| | 6.4.1 | As razões do Fibonaccing | 167 |
| | 6.4.2 | Dinâmica do Fibonaccing: "Até para subir, tem que cair" | 169 |
| | | 6.4.2.1 Falhas de topo e fundo | 170 |
| | 6.4.3 | Prováveis caminhos da Dinâmica dos Preços | 172 |
| | 6.4.4 | *Clusters* Dinâmicos | 173 |
| | 6.4.5 | Gráficos amigáveis | 174 |
| | 6.4.6 | A Estratégia "*Fibogap*" | 174 |
| | 6.4.7 | Considerações finais | 176 |

**Capítulo 7    Ondas de Elliott** .......................................................................... **177**

| 7.1 | Características de comportamento e assinatura das ondas | | 180 |
|---|---|---|---|
| 7.2 | Regras básicas das ondas de Elliott | | 182 |
| | 7.2.1 | Princípios das ondas | 185 |
| | | 7.2.1.1 Extensões | 185 |
| | | 7.2.1.2 Falhas ou truncamentos | 187 |
| | | 7.2.1.3 Diagonal Final | 188 |
| | | 7.2.1.4 Padrões corretivos | 189 |
| | 7.2.2 | Uso de canais para projetar ondas | 196 |
| | | 7.2.2.1 Objetivos para a Onda 3 ou C | 197 |
| | | 7.2.2.2 Objetivos para a Onda 4 | 198 |
| | | 7.2.2.3 Objetivos para a Onda 5 | 198 |
| | | 7.2.2.4 Objetivos para as Ondas D e E (caso de triângulos) | 200 |
| | | 7.2.2.5 Objetivos de zigue-zague duplo | 200 |
| | 7.2.3 | Uso de relações de Fibonacci para objetivos de ondas | 201 |
| | | 7.2.3.1 *Clusters* de Preço e Tempo | 202 |
| 7.3 | Crítica às ondas de Elliott | | 205 |

**PARTE II    Incrementando sua análise** ........................................................ **207**

**Capítulo 8    Explorando indicadores e osciladores** ........................................ **209**

| 8.1 | Introdução | | 209 |
|---|---|---|---|
| | 8.1.1 | Afinal, o que é um indicador técnico? | 209 |
| | 8.1.2 | O que um indicador técnico oferece? | 210 |
| | 8.1.3 | Por que usar indicadores? | 211 |
| | 8.1.4 | Dicas para uso de indicadores | 211 |
| | 8.1.5 | O que é um oscilador | 212 |
| | 8.1.6 | A escolha de um indicador | 212 |
| | 8.1.7 | Principais sinais de um indicador | 213 |
| 8.2 | Considerações sobre parametrização dos indicadores e *Backtesting* | | 213 |

Sumário    XXVII

**Capítulo 9    Indicadores atrasados ou seguidores de tendência** ............................... 215
    9.1   Introdução ................................................................................................ 215
        9.1.1   Vantagens e desvantagens de indicadores atrasados.............. 215
    9.2   Médias móveis ......................................................................................... 216
        9.2.1   Média móvel simples ou aritmética (MMS) ............................ 216
        9.2.2   Cálculo da MMS ......................................................................... 217
               9.2.2.1   Sinais de compra e venda com uma média móvel..... 219
        9.2.3   Média móvel exponencial (MME) ............................................ 221
               9.2.3.1   O fator de atraso................................................................ 222
        9.2.4   Médias móveis exponenciais *versus* simples ........................... 223
               9.2.4.1   Sinais de compra e de venda usando médias móveis... 223
        9.2.5   Média móvel ajustada pelo volume (MMVOL) .......................... 225
        9.2.6   Sistemas de três médias móveis................................................. 226
        9.2.7   Uso de filtros na média móvel .................................................. 227
        9.2.8   Sensibilidade de indicadores..................................................... 230
               9.2.8.1   A agulhada do Didi......................................................... 231
               9.2.8.2   Cruzamento das médias ................................................. 232
               9.2.8.3   Didi Index........................................................................ 233
    9.3   Envelopes................................................................................................ 237
        9.3.1   Envelope *high-low* ..................................................................... 239
        9.3.2   Curiosidade: *Percentage Price Oscillator* (PPO)............................ 239
        9.3.3   Bandas de Bollinger .................................................................. 241
               9.3.3.1   Indicador %b ................................................................... 243
               9.3.3.2   *BandWidth* (BW) ........................................................... 245
        9.3.4   Canal Donchian......................................................................... 247
               9.3.4.1   Histórias do mercado: os *traders*-tartarugas.............. 250
        9.3.5   Canal de Keltner........................................................................ 253
    9.4   Regressão linear..................................................................................... 255
    9.5   Parabólico SAR ...................................................................................... 257
    9.6   HiLo Activator ou Gann HiLo ............................................................... 261
    9.7   Movimento direcional (ADX).................................................................. 262
        9.7.1   *True Range* (TR) ........................................................................ 263
        9.7.2   *Average Directional Movement Rating* (ADXR)............................ 266
    9.8   Aroon...................................................................................................... 267
        9.8.1   Oscilador de Aroon ................................................................... 268
    9.9   Nuvem de Ichimoku (*Ichimoku kinko hyo*) ........................................... 269
        9.9.1   *Tenkan sen* (linha de conversão ou "linha que vira")................. 270
        9.9.2   *Kijun sen* ("linha base") ........................................................... 272
        9.9.3   *Senkou span* A e B .................................................................... 273
        9.9.4   *Chikou span* ("a linha atrasada") ........................................... 273
        9.9.5   *Kumo* ou nuvem ...................................................................... 274

**Capítulo 10    Indicadores antecedentes ou de *momentum***............................................. 285
    10.1  Osciladores de impulsão ou de *momentum* ......................................... 285
    10.2  Vantagens e desvantagens dos principais indicadores antecedentes..... 286
    10.3  Tipos de osciladores.............................................................................. 287
        10.3.1  Osciladores centrados .............................................................. 287
              10.3.1.1  *Moving Average Convergence/Divergence* (MACD).......... 287

XXVIII   ANÁLISE TÉCNICA DOS MERCADOS FINANCEIROS

|  | 10.3.1.2 *Momentum* | 291 |
|---|---|---|
|  | 10.3.1.3 *Rate of Change* – taxa de mudança (ROC) | 293 |
|  | 10.3.1.4 *Know Sure Thing* (KST) – Saiba com certeza | 294 |
|  | 10.3.1.5 Curva de Coppock | 297 |
|  | 10.3.1.6 *Triple Smoothed Average* (Trix) | 299 |
|  | 10.3.1.7 O sistema Elder-Ray | 301 |

10.4 Osciladores em bandas ............................................................. 306
  10.4.1 Índice de Força Relativa (IFR) ou *Relative Strength Index* (RSI) ...... 306
  10.4.2 Estocástico ................................................................. 310
  10.4.3 Indicador %R de Williams ............................................ 312
  10.4.4 *Commodity Channel Index* (CCI) .................................. 314
    10.4.4.1 Níveis de sobrecompra e sobrevenda com CCI .......... 317

CAPÍTULO 11   **Indicadores de volume** ................................................ 319
11.1 Indicadores de volume baseados em índices ............................ 320
  11.1.1 *On-Balance Volume* (OBV) ........................................ 320
  11.1.2 *Williams Variable Accumulation Distribution* (WVAD) ......... 321
  11.1.3 Linha de acumulação e distribuição (LAD) ................... 322
  11.1.4 Williams Distribuição Acumulação (WAD) .................... 323
11.2 Osciladores de volume ............................................................ 323
  11.2.1 Fluxo de dinheiro de Chaikin ..................................... 323
  11.2.2 Oscilador Chaikin ....................................................... 325
  11.2.3 Índice de fluxo de dinheiro (oscilador) – *Money flow index* ....... 326
  11.2.4 *Force Index* (Índice de Força de Elder) ....................... 327
  11.2.5 Volume Price Confirmation Indicator (VPCI) ............... 332
  11.2.6 Média móvel de volume ............................................. 334
  11.2.7 Média móvel ponderada por volume (MMPV) .............. 335
  11.2.8 Volume por preço (*Volume Profile*) ............................ 336

CAPÍTULO 12   **Indicadores de fôlego de mercado** ............................ 339
12.1 Linha de Avanços e Declínios (Linha AD) ............................. 340
  12.1.1 Divergências ............................................................... 340
12.2 Índice Arms ou TRIN ............................................................. 342
12.3 Oscilador McClellan ............................................................... 343
12.4 McClellan *summation index* .................................................. 347

CAPÍTULO 13   **Indicadores de sentimento** ......................................... 349
13.1 *Put/call ratio* ........................................................................ 350
13.2 *CBOE Volatility Index* (VIX) ............................................... 351
13.3 NYSE *high/low* – índice Nyse de novas máximas e novas mínimas .... 352
13.4 Monitoramento do número de ações alugadas ....................... 353
13.5 *Days to cover* (DTC) ou "dias para zerar" ........................... 354
13.6 AAII *investor sentimental survey* ........................................ 356
13.7 Volatilidade histórica ............................................................ 356
13.8 TD Sequencial© ...................................................................... 358
  13.8.1 A configuração TD ...................................................... 358
  13.8.2 A contagem regressiva TD .......................................... 359

CAPÍTULO 14   **Força Relativa e o RRG** ............................................. 363
14.1 Indexação ............................................................................... 363
14.2 Força relativa ......................................................................... 365

14.3 O que são Gráficos de Rotação Relativa (RRG®)? .................................. 368
    14.3.1 Por que usar gráficos de rotação relativa? .............................. 368
    14.3.2 Construção do RRG ......................................................... 369
        14.3.2.1 JdK RS-Ratio ........................................................ 369
    14.3.3 JdK RS-Momentum ............................................................ 370
        14.3.3.1 Normalização dos indicadores ................................ 372
    14.3.4 Os quatro quadrantes do RRG .......................................... 372
    14.3.5 Sequência de Rotação .................................................... 374
    14.3.6 Trilhas Históricas ........................................................... 375
    14.3.7 Rotações semanais *versus* diárias ................................... 380
    14.3.8 Conclusão ..................................................................... 380

**Capítulo 15**    **Ciclos de tempo** .......................................................... **381**
15.1 Ciclos: da física ao mercado .................................................... 382
    15.1.1 O modo de tendência e o modo de ciclos ........................... 383
    15.1.2 As quatro fases de um ciclo ............................................. 385
        15.1.2.1 Fase de acumulação ................................................ 386
        15.1.2.2 Fase de alta ........................................................... 386
        15.1.2.3 Fase de distribuição ................................................ 387
        15.1.2.4 Fase de queda ........................................................ 387
    15.1.3 *Timing* ........................................................................ 388
    15.1.4 Somando tudo ............................................................... 390
    15.1.5 Translação à esquerda e à direita ..................................... 391
    15.1.6 Ciclos dominantes .......................................................... 393
    15.1.7 Classificação dos ciclos ................................................... 394
        15.1.7.1 Ciclos sazonais ...................................................... 398
    15.1.8 Ciclos do mercado de ações ............................................. 398
    15.1.9 Viradas de mês .............................................................. 404
    15.1.10 Efeito segunda-feira ...................................................... 404
    15.1.11 Ciclo presidencial ......................................................... 405
    15.1.12 Ciclo Kondratieff .......................................................... 407

**Capítulo 16**    **Elementos básicos da teoria de William Delbert Gann (1878-1955)** ..... **409**
16.1 Ângulos de Gann ................................................................... 412
    16.1.1 Passado, presente e futuro ............................................... 413
16.2 O princípio do ventilador ........................................................ 413
16.3 Retrações de Gann ................................................................. 415
16.4 Ângulos de Gann para projetar o tempo ..................................... 416
    16.4.1 Técnica do enquadramento .............................................. 417

**Capítulo 17**    **Uso de Fibonacci no tempo** ............................................... **419**
17.1 Relações de tempo ................................................................. 420
    17.1.1 Retração de Fibonacci no tempo ....................................... 420
    17.1.2 Projeções de Fibonacci no Tempo ..................................... 421
    17.1.3 Método de projeção de tempo com vibração da tendência ..... 422
    17.1.4 Ciclos de Tempo com Fibonacci ....................................... 423

XXX   ANÁLISE TÉCNICA DOS MERCADOS FINANCEIROS

| | | |
|---|---|---|
| **PARTE III** | **Análise com planejamento: a sua sobrevivência**.................... | **429** |
| CAPÍTULO 18 | **Colocação de** *stops* ................................................................ | **431** |
| | 18.1 Por que ou quanto? ...................................................... | 431 |
| | 18.2 O que é uma ordem *stop* ............................................... | 432 |
| |     18.2.1 "Jogando a toalha" com o *stop loss* ...................... | 432 |
| |     18.2.2 *Stop gain* ......................................................... | 433 |
| |     18.2.3 *Stop* de entrada ............................................... | 433 |
| |     18.2.4 *Stop* móvel (*trailing stop*) ................................. | 433 |
| |     18.2.5 Erros na colocação de *stops* .............................. | 434 |
| |     18.2.6 Tipos de *stops* .................................................. | 435 |
| |         18.2.6.1 *Stops* de dinheiro ............................... | 435 |
| |         18.2.6.2 *Stops* baseados em níveis de suporte e resistência .... | 435 |
| |         18.2.6.3 *Stops* baseados na volatilidade dos preços ................. | 438 |
| |         18.2.6.4 *Stop* com bandas de Bollinger .................... | 443 |
| |         18.2.6.5 Conclusão sobre *stops* ......................... | 443 |
| CAPÍTULO 19 | **Planejamento das operações** ................................................ | **455** |
| | 19.1 Controle do risco .......................................................... | 456 |
| |     19.1.1 Retorno *versus* risco ........................................ | 456 |
| |     19.1.2 *Stop* de preço e/ou *stop* de tempo .................... | 456 |
| |         19.1.2.1 Mas por que, também, *stop* de tempo? ...... | 457 |
| |     19.1.3 Chegando ao objetivo ....................................... | 457 |
| |         19.1.3.1 Cálculo do lote máximo ......................... | 458 |
| |         19.1.3.2 Fórmula de Kelly ................................. | 459 |
| |     19.1.4 Registrando suas operações ............................... | 459 |
| |     19.1.5 Corretora *versus* preços ..................................... | 459 |
| |     19.1.6 A esperança matemática positiva e a roleta ......... | 460 |
| |     19.1.7 Diferença entre jogo e investimento .................... | 460 |
| |         19.1.7.1 Jogatina *versus* operações ................... | 461 |
| |     19.1.8 O lema da Trader Brasil Escola de Finanças e Negócios .......... | 461 |
| CAPÍTULO 20 | **Psicologia do investidor** ...................................................... | **463** |
| | 20.1 A curva de aprendizado ................................................ | 463 |
| | 20.2 Vieses comportamentais .............................................. | 464 |
| |     20.2.1 A aversão ao arrependimento ............................. | 466 |
| |     20.2.2 Mentalidade de rebanho ..................................... | 467 |
| |     20.2.3 Aversão à perda ................................................. | 467 |
| |     20.2.4 Representatividade e a falácia do apostador ........... | 468 |
| |     20.2.5 Ilusão de controle ............................................. | 468 |
| |     20.2.6 Excesso de confiança ........................................ | 469 |
| |     20.2.7 Viés de confirmação .......................................... | 470 |
| |     20.2.8 Viés de ancoragem ........................................... | 470 |
| |     20.2.9 Reação exagerada ............................................. | 470 |
| |     20.2.10 Efeito halo ..................................................... | 471 |
| |     20.2.11 Viés retrospectivo ........................................... | 472 |
| |     20.2.12 Viés do *status quo*: não se mexe em time que está perdendo? ... | 472 |
| |     20.2.13 O que o analista – ou o investidor – pode fazer para atenuar os vieses das finanças comportamentais? ................. | 472 |
| | 20.3 Operando dentro da zona ............................................. | 473 |

Sumário  XXXI

**Capítulo 21  Juntando tudo** ........................................................................... 477
21.1 A bendita confirmação ..................................................................... 480

**Capítulo 22  Alguns exemplos de estratégias** ............................................. 481
22.1 Método do diamante ........................................................................ 481
22.2 Estratégias de pivô ......................................................................... 484
    22.2.1 Pivô de alta ......................................................................... 485
    22.2.2 Pivô de baixa ...................................................................... 486
    22.2.3 Cálculo ................................................................................ 487

**Capítulo 23  *Price action*** ............................................................................. 489
23.1 Os padrões de *Price action* ........................................................... 490
    23.1.1 *Pin bar* ............................................................................... 490
    23.1.2 *Inside bar* – Engolfo .......................................................... 492
    23.1.3 Padrão falsificado ............................................................... 493

**Capítulo 24  As criptomoedas e a análise técnica** ...................................... 495
24.1 Histórias do Flávio: a lenda da criação do jogo de xadrez ................. 496
24.2 Funções e características da moeda ................................................. 497
24.3 As criptos *versus* as moedas .......................................................... 498
24.4 Para começar devagar, o que é Bitcoin? .......................................... 499
    24.4.1 Como é criado o Bitcoin? .................................................... 500
    24.4.2 Ethereum ............................................................................. 501
        24.4.2.1 Finanças Descentralizadas (DeFi) ....................... 501
        24.4.2.2 O que é um contrato inteligente (*smart contract*)? ...... 501
        24.4.2.3 Ethereum *versus* Bitcoin ................................... 501
        24.4.2.4 O que é o metaverso? ........................................ 502
        24.4.2.5 O que são *Play-to-earn games*? ....................... 502
        24.4.2.6 O que são NFTs? ............................................... 503
24.5 Investindo em criptos ...................................................................... 503
    24.5.1 Ganhando um extra com *staking* ....................................... 504
24.6 Análise fundamentalista das criptos ................................................ 504
    24.6.1 Inflação e oferta monetária ................................................. 506
    24.6.2 Transações .......................................................................... 508
    24.6.3 Medindo a adoção de Bitcoin .............................................. 510
    24.6.4 Utilidade de rede ................................................................. 511
    24.6.5 Saúde da rede ..................................................................... 513
    24.6.6 Fontes de dados .................................................................. 514
24.7 Análise técnica das criptomoedas ................................................... 515
24.8 Riscos das criptos ........................................................................... 519
    24.8.1 Medo de perder Oportunidade – *Fear of Missing Out* (FOMO) .... 519
    24.8.2 Medo de Perder Tudo (MDPT) – *Fear of Losing
        Everything* (FOLE) .............................................................. 520
    24.8.3 Falta de regulação e incerteza regulatória ........................... 522
    24.8.4 Ataque de 51% .................................................................... 522
    24.8.5 Perda da carteira ................................................................ 523
24.9 Caminhos possíveis para o Bitcoin .................................................. 523
    24.9.1 A moeda digital global ......................................................... 524
    24.9.2 Ouro para *Millennials* ......................................................... 524
    24.9.3 A tulipa do século XXI ......................................................... 524

## XXXII ANÁLISE TÉCNICA DOS MERCADOS FINANCEIROS

**CAPÍTULO 25**    *Market Profile* e *Volume Profile*: a procura pelo valor justo .................. 525

25.1 Teoria do mercado de leilões: o que o mercado está dizendo ............ 525

25.2 Introdução ao *Market Profile* ...................................................................... 526

     25.2.1 O que é uma distribuição normal .............................................. 527

25.3 Estrutura do *Market Profile* ....................................................................... 529

     25.3.1 Tempo, Preço e Oportunidade ou TPOs ................................. 529

     25.3.2 Construção do *Market Profile* ...................................................... 530

     25.3.3 Equilíbrio inicial ............................................................................ 533

     25.3.4 Equilíbrio inicial como suporte ou resistência ......................... 534

     25.3.5 Participantes ................................................................................... 535

     25.3.6 Extensão de intervalo .................................................................. 537

     25.3.7 Área de valor e valor .................................................................... 538

         25.3.7.1 Área de Valor .................................................................. 540

         25.3.7.2 Área de Rejeição ............................................................ 541

     25.3.8 Ponto de controle – PDC ............................................................ 541

     25.3.9 Extremos ........................................................................................ 542

         25.3.9.1 Impressões únicas e Caudas ........................................ 542

     25.3.10 Preços aceitos e rejeitados.......................................................... 544

         25.3.10.1 Atividade Iniciativa *versus* Responsiva .................... 544

25.4 Estruturas diárias típicas no perfil de mercado ..................................... 546

     25.4.1 Dia Normal..................................................................................... 546

     25.4.2 Dia de Variação Normal............................................................... 547

     25.4.3 Dia da Tendência ........................................................................... 548

     25.4.4 Dia de Distribuição Dupla ........................................................... 548

     25.4.5 Dia sem Tendência......................................................................... 549

     25.4.6 Dia Neutro ...................................................................................... 550

25.5 Formatos notáveis ......................................................................................... 550

25.6 Estratégias de negociação de *Market Profile*.......................................... 553

     25.6.1 Estratégias de quebra de intervalo ............................................ 553

     25.6.2 Estratégia do corredor ................................................................. 554

     25.6.3 Sinal de alta .................................................................................... 555

     25.6.4 Sinal de baixa ................................................................................. 555

25.7 *Volume Profile* .............................................................................................. 556

25.8 Exemplo de estratégia com *Volume Profile*............................................. 558

25.9 Perfil de Mercado *versus* Perfil de Volume............................................. 560

**CAPÍTULO 26**    *Trading systems* e os robôs de investimentos......................................... 563

26.1 Por que sistemas são necessários? ............................................................. 563

26.2 Sistemas discricionários × não discricionários...................................... 564

26.3 Pré-requisitos para construção de um *trading system* .......................... 565

26.4 Decidindo o que usar .................................................................................... 566

26.5 O que é *Backtesting*...................................................................................... 567

26.6 Tipos de sistema............................................................................................ 568

     26.6.1 Seguidores de tendência .............................................................. 569

         26.6.1.1 Sistema de médias móveis ........................................... 569

         26.6.1.2 Sistema de rompimento................................................ 569

         26.6.1.3 Problemas com sistemas seguidores de tendência.... 569

     26.6.2 Sistema de reconhecimento de padrões..................................... 570

| | | |
|---|---|---|
| | 26.6.3 Sistemas contra a tendência | 570 |
| | 26.6.4 Sistemas de sinais exógenos | 571 |
| 26.7 | Sobre os robôs de investimento | 571 |
| | 26.7.1 Pessoas programam a estratégia | 573 |
| | 26.7.2 O que é um *trading system* automatizado? | 573 |
| | 26.7.3 Automação baseada em servidor (nuvem) | 573 |
| | 26.7.4 Regras, regras e mais regras | 574 |
| | 26.7.5 Plataformas no mercado | 574 |
| | 26.7.6 Linguagem da programação usada | 575 |
| | 26.7.7 Exemplo de estratégia simples | 575 |
| 26.8 | Relatório de testes de um *trading system* | 576 |
| | 26.8.1 Diagramas | 581 |
| 26.9 | Otimizações de estratégias | 586 |
| 26.10 | Vantagens de sistemas automáticos de *trading* | 587 |
| 26.11 | Desvantagens e realidades dos sistemas de negociação automatizados | 589 |
| 26.12 | Conclusão | 590 |

| | | |
|---|---|---|
| **Capítulo 27** | **O Método Wyckoff – Negocie com os tubarões (não contra)!** | **591** |
| 27.1 | As Três Leisde Wyckoff | 592 |
| | 27.1.1 A lei da oferta e da procura determina a direção dos preços | 592 |
| | 27.1.2 A lei de causa e efeito | 592 |
| | 27.1.3 A lei do esforço *versus* resultado | 593 |
| 27.2 | Uma abordagem de mercado em cinco etapas | 593 |
| 27.3 | O "Homem Complexo" de Wyckoff | 595 |
| 27.4 | Ciclo de preços Wyckoff | 596 |
| 27.5 | As fases de Wyckoff | 597 |
| | 27.5.1 A fase de acumulação | 597 |
| | 27.5.2 A fase de marcação para cima | 597 |
| | 27.5.3 A fase de distribuição | 598 |
| | 27.5.4 A fase de marcação para baixo | 598 |
| 27.6 | Análises de faixas de negociação | 599 |
| | 27.6.1 Esquema Wyckoff para Acumulação | 600 |
| | 27.6.1.1 Acumulação: Fases de Wyckoff | 603 |
| | 27.6.2 Esquema Wyckoff para distribuição | 608 |
| | 27.6.2.1 Distribuição: Fases de Wyckoff | 611 |
| 27.7 | Análise de oferta e demanda | 614 |
| 27.8 | Guia de contagem de Ponto e Figura (P&F) Wyckoff | 615 |
| 27.9 | Nove testes de compra/venda | 617 |
| | 27.9.1 *Checklist*: testes para acumulação | 618 |
| | 27.9.2 *Checklist*: testes para distribuição | 618 |

| | | |
|---|---|---|
| **Capítulo 28** | **Conclusão** | **619** |
| 28.1 | Minha opinião sobre *Day trade* | 620 |
| 28.2 | Algumas regrinhas básicas | 621 |
| 28.3 | Principais razões pelas quais os *traders* perdem | 623 |
| 28.4 | Sobre mulheres e homens | 624 |

| | | |
|---|---|---|
| 28.5 A grande questão | | 625 |
| 28.6 Curiosidade: Por que números redondos e terminados em múltiplos inteiros fecham mais negócios? | | 625 |

**Anexo I**      **Dicionário de padrões de *Candlesticks*** .................................................... 629

| | | |
|---|---|---|
| A.1 | *Abandoned baby* | 629 |
| A.2 | *Dark cloud cover* | 630 |
| A.3 | *Doji* | 630 |
| A.4 | *Downside tasuki gap* | 630 |
| A.5 | *Dragonfly doji* | 631 |
| A.6 | *Engulfing pattern* | 631 |
| A.7 | *Evening doji star* | 632 |
| | A.7.1 *Evening star* | 632 |
| A.8 | História da vela *evening star* | 632 |
| A.9 | *Falling three methods* | 633 |
| A.10 | *Gravestone doji* | 633 |
| A.11 | *Harami* (mulher grávida) | 634 |
| | A.11.1 *Harami cross* | 634 |
| A.12 | *Long Day* | 634 |
| A.13 | *Long-legged doji* | 635 |
| A.14 | *Long shadows* | 635 |
| A.15 | *Marubozu* | 635 |
| A.16 | *Morning doji star* | 636 |
| | A.16.1 *Morning star* | 636 |
| A.17 | *Piercing line* – padrão perfurante | 637 |
| A.18 | *Rising three methods* | 637 |
| A.19 | *Shooting star* | 638 |
| A.20 | *Short Day* | 638 |
| A.21 | *Spinning top* | 638 |
| A.22 | *Stars* | 639 |
| A.23 | *Stick sandwich* | 639 |
| A.24 | *Three black crows* (três corvos pretos) | 640 |
| A.25 | *Three white soldiers* (três soldados brancos) | 640 |
| A.26 | *Upside gap two crows* | 641 |
| A.27 | *Upside tasuki gap* | 642 |

**Anexo II**      **Contrato perpétuo** ............................................................................... 643

**Anexo III**     **Gráficos em opções** ............................................................................ 645

                     A3.1 O "xis" da questão ...................................................................... 648

**Apêndice** ................................................................................................................... 651

**Índice remissivo** ...................................................................................................... 653

**Referências** ............................................................................................................... 657

# PARTE I

## O básico

# Capítulo 1

# Introdução à análise técnica

> "Estude o passado se você quiser adivinhar o futuro."
>
> *Confúcio*

Este livro pretende avançar por diversas facetas do mercado de capitais, sempre com o objetivo de diminuir o enorme hiato que existe entre a teoria e a prática.

Investir é uma arte, não uma ciência. Cada um deve achar seu próprio caminho para ser bem-sucedido com seus investimentos, e a análise técnica é um destes possíveis caminhos.

Nesta obra vamos tratar da análise técnica da forma clássica, concebida por Edward Magge, John Murphy, Charles Dow, Richard Wyckoff, Greg Morris, John Bollinger, entre tantos outros. Nos próximos capítulos, trataremos de assuntos como psicologia do investidor, planejamento de operações, análise avançada, técnicas de *Day Trading*, inovações apresentadas na Expo Trader Brasil e no Congresso Internacional de Gestores e Operadores do Mercado de Capitais, entre outros.

O que apresentamos neste livro é fruto de um trabalho de condensação do conhecimento de várias ferramentas de análise técnica contidas nas fontes listadas nas Referências. Assim, os autores devem e merecem ser reconhecidos por esse esforço. Há, também, alguns "toques pessoais" de análise.

O objetivo do livro é servir de fonte de consulta para analistas de qualquer tipo – fundamentalistas, técnicos, quantitativos etc. – que queiram desenvolver e aprimorar seus métodos, bem como para iniciantes no assunto.

Muitas pessoas acham que é fácil ser analista gráfico, que "basta traçar uma retinha esperando-a romper", que não requer dedicação e estudo. Ledo engano. Comparo o estudo da análise técnica ao aprendizado do violão: violão é o instrumento mais fácil de se tocar... mal; e o mais difícil de se tocar bem. Afinal, quantos Baden Powell existiram? Um grande analista precisa não apenas de conhecimento da matéria, mas também precisa ter bom senso, controle de risco e uma formação ampla e atualizada.

Sou formado em Engenharia Civil pela Universidade Federal do Rio de Janeiro (UFRJ), com MBA em finanças e mercado de capitais pela Fundação Getulio Vargas (FGV); a formação clássica de um analista fundamentalista, mas a experiência me fez compreender que somente a avaliação fundamentalista não iria sozinha me trazer sucesso no mercado, pois o *timing*, o planejamento da operação e o controle do risco e das emoções são essenciais para a perpetuidade de um bom *trader*. Porém, não existe nada que substitua uma cabeça independente e pensante.

A ideia central do livro é dar a vara e o anzol para os leitores pescarem. Alguns vão preferir comprar o peixe, outros, porém, vão usar iscas vivas, lapidando algumas técnicas aqui apresentadas.

Lendo o livro, você vai perceber que o caminho para o sucesso não é fácil e que cabe ao analista montar o quebra-cabeça e desenvolver a própria análise funcional.

Este trabalho não é, de forma alguma, simples, pois o sucesso inicial pode levar ao excesso de confiança e gerar arrogância. Charles Dow, um dos titãs da análise técnica, disse certa vez que "o orgulho em uma opinião causou a queda de mais homens na bolsa de valores do que todas as opiniões juntas"; afinal, a análise técnica trata de probabilidades, e não de certezas absolutas.

## 1.1 SOBRE ANÁLISE FUNDAMENTALISTA

> "Em economia, é fácil explicar o passado. Mais fácil ainda é predizer o futuro. Difícil é entender o presente."
>
> *Joelmir Betting*

Para aqueles não familiarizados com a análise fundamentalista, ela utiliza, primariamente, modelos matemáticos que usam uma variedade de fatores, como:

taxa de juros, balanços contábeis, risco-país, projeções macro e microeconômicas para determinar fluxo de caixa futuro e trazê-lo ao valor presente a fim de projetar o preço-alvo de determinada ação.

O problema de utilizar somente esse tipo de análise está no fato de não se levar em conta outros *traders* como variáveis. Esse aspecto é relevante porque são as expectativas das pessoas para o futuro que fazem os preços subirem, e não os modelos ou as notícias. O fato de o modelo fazer projeções lógicas e razoáveis baseadas nas variáveis relevantes não é de muito valor para os *traders* responsáveis pela maior parte do volume operado no mercado, pois ou eles não estão cientes das projeções do modelo ou não acreditam nelas. Além disso, a maior parte da atividade gerada nas negociações se deve à resposta a fatores emocionais, os quais estão totalmente fora dos parâmetros de um modelo, tampouco são racionais.

A análise fundamentalista cria, portanto, o chamado *gap* de realidade entre "o que deveria estar" e "o que está". Essa avaliação dos preços futuros pode, inclusive, também estar correta. O problema é que o movimento de preços pode ser tão volátil que se torna extremamente difícil manter-se na operação para realizar o objetivo. Dessa forma, como na análise técnica, em que utilizo vários indicadores, padrões e técnicas para se confirmarem, na análise fundamentalista; adoto também diferentes formas de análise em conjunto, incluindo análises técnica, quantitativa e de risco.

## 1.2 SOBRE ANÁLISE TÉCNICA

"Na maior parte do tempo as ações estão sujeitas a flutuações de preços irracionais e excessivas em ambas as direções como consequência de uma tendência, impregnada na maioria das pessoas, para especular ou jogar... abrindo caminho para a esperança, o medo e a ganância."

*Benjamin Graham, economista inglês falecido em 1976, autor de*
*O investidor inteligente, livro que influenciou Warren Buffett.*

## 1.2.1 Afinal, o que é análise técnica?

Começaremos por determinar o que não é análise técnica, uma vez que existe um preconceito muito grande no Brasil sobre a utilidade dessa ferramenta para tentar prever o comportamento futuro dos preços. Então, a análise técnica NÃO é:

- estudo de eletrocardiograma;
- identificação de figuras em gráficos;
- pseudociência esotérica.

Agora que vimos o que a análise técnica não é, vamos escrever a definição correta, em letras bem grandes, para que seu significado fique bem claro. Segundo John Murphy, "entender o futuro compreende o estudo do passado".

A análise técnica é como uma regra: SE isso acontecer, ENTÃO faça aquilo, SENÃO aquilo outro; como no xadrez, em táticas militares, nos esportes (judô, esgrima, rúgbi) ou em uma nego-ciação (comercial diplomática). São decisões adaptativas e um processo de aprendizado próprio contínuo, pois o mercado precede a análise técnica e a resposta, e a velocidade

> Análise técnica é o estudo da ação do mercado, primariamente por meio de uso de gráficos, com o objetivo de prever as tendências futuras de preços.

da resposta que o analista/investidor dará ao mercado é o que importa no final das contas.

A análise técnica não tem como objetivo conseguir identificar o tempo todo cada mudança do mercado. Esse seria um sonho impossível. O objetivo da análise técnica é a interpretação da ação do mercado para tentar anteciparos movimen-tos futuros dos preços, com uma probabilidade maior.

A análise técnica é como outras expertises: pouco conhecimento sem expe-riência pode ser perigoso para a saúde e seu bolso.

## 1.2.2 Antecipação × previsão

No Gráfico 1.1, a seguir, ocorre uma previsão, não uma antecipação.

Capítulo 1 ■ Introdução à análise técnica 7

**Gráfico 1.1** Previsão de tendência

Fonte: cortesia da Cartezyan.

Isto é uma antecipação:

**Gráfico 1.2** Antecipação de tendência

Fonte: cortesia da Cartezyan.

8  ANÁLISE TÉCNICA DOS MERCADOS FINANCEIROS

Quando falamos em ação do mercado, nos referimos basicamente a três dados técnicos, os quais são disponibilizados pelas bolsas de valores de todo o mundo. São eles:

- preço;
- volume;
- contratos em aberto.

### 1.2.3 As pedras fundamentais

Suposições básicas da análise técnica:

- as pessoas agem e reagem de maneira previsível;
- investidores são racionais e emocionais ao mesmo tempo;
- pessoas imperfeitas, não modelos perfeitos, determinam o valor das ações;
- mercados são eficientes expressões primárias de valor público.

Existem três premissas fundamentais que funcionam como pilares sobre os quais a análise técnica está sustentada.

i) A ação do mercado desconta tudo. O analista técnico acredita que tudo se encontra na formação do "preço". As diversas variáveis fundamentais, políticas, psicológicas ou de qualquer outra ordem estão, na realidade, refletidas nos preços do mercado. Consequentemente, o estudo da ação dos preços envolve o conhecimento dos demais fatores necessários.

ii) Os preços movem-se em tendência. O propósito de representar a ação dos preços em um gráfico é identificar tendências futuras destes nos estágios iniciais de desenvolvimento e tentar tirar proveito dessas tendências para a obtenção de lucro. Dessa forma, uma tendência em vigência tem maior probabilidade de permanecer em vigência do que de reverter. Essa premissa é uma adaptação da primeira Lei de Newton.

iii) A história se repete. Os preços também refletem variáveis psicológicas inatas ao ser humano. Se formos estudar um pouco de Psicologia Social, veremos que os padrões comportamentais do ser humano tendem a se modificar de forma muito sutil, ou mesmo a permanecer estáticos no tempo. Como esses padrões funcionaram bem no passado, considera-se que deverão continuar dando bons resultados no futuro.

Na verdade, veremos que, por meio do estudo da ação do mercado, poderemos até ter *insights* sobre o que será publicado na manchete de jornais e revistas no dia ou até nas semanas seguintes. Uma explicação para isso é que a ação do mercado tende a liderar os fundamentos conhecidos pelos investidores, que nada mais são do que o senso comum a respeito da situação econômica de um país ou da saúde financeira de uma empresa. A leitura de gráficos funciona como um atalho para a análise fundamentalista, ajudando a antecipar os acontecimentos financeiros e políticos do futuro.

## 1.3 TEORIAS SOBRE O MOVIMENTO DOS PREÇOS NO MERCADO

Apesar disso, podem ser identificadas algumas críticas à análise técnica. A mais comum delas consiste na afirmação de que, se todo mundo conhecer os padrões gráficos, a análise técnica se tornará uma profecia autorrealizável. Na realidade, mesmo que isso fosse verdade, devemos ter em mente que estamos lidando com uma matéria ainda bastante subjetiva, muito mais próxima de uma arte do que de uma ciência. Os padrões gráficos raramente são tão claros a ponto de vários investidores concordarem ao mesmo tempo com sua interpretação. Além disso, as decisões de investimento são tomadas levando-se em conta vários aspectos, como horizonte de investimento e grau de aversão ao risco dos investidores. É preciso ter a clara noção de que os preços são afetados pelo resultado direto da Lei da Oferta e da Demanda.

Suportes são áreas onde há demanda, logo onde os compradores residem; da mesma forma, as resistências são áreas onde existe oferta, onde os vendedores se encontram. Em muitos casos essas áreas são dadas pela análise fundamentalista; desta forma, as duas perspectivas frequentemente encontram as mesmas conclusões usando metodologias diferentes.

**Figura 1.1**  Lei da Oferta e da Procura × preços

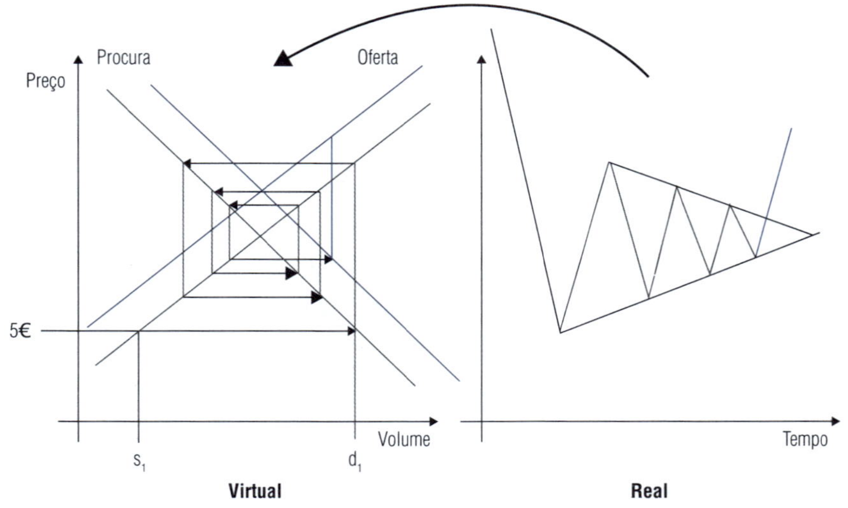

Procura    Oferta

Preço

5€

$S_1$    $d_1$   Volume

**Virtual**

Tempo

**Real**

Fonte: Trader Brasil Escola de Finanças & Negócios.

## 1.3.1 Teoria *Random Walk* (passeio aleatório)

A Teoria *Random Walk* defende que não se pode olhar para os movimentos passados de uma ação, de um padrão ou de uma tendência para prever os movimentos futuros do mercado, o qual funciona de forma irracional e os movimentos dos preços são imprevisíveis, seguindo um "passeio aleatório", como definiu Maurice Kendall, o criador dessa teoria. Kendall diz que a "análise técnica divide o pedestal com a alquimia".

Burton G. Malkiel, professor de economia da Universidade de Princeton e escritor de *A Random Walk Down Wall Street*, realizou um teste no qual seus alunos receberam uma ação hipotética que inicialmente valia cinquenta dólares. O preço de fechamento das ações para cada dia foi determinado por um lançamento de moeda. Se o resultado fosse cara, o preço fecharia meio ponto mais alto, mas se o resultado fosse coroa, fecharia meio ponto mais baixo. Assim, a cada vez, o preço tinha cinquenta por cento de chance de fechar mais alto ou mais baixo do que no dia anterior. Ciclos ou tendências foram determinados a partir dos testes. Malkiel então levou os resultados em forma de tabela e gráfico para um analista técnico. O grafista disse a Malkiel que eles precisavam comprar imediatamente a ação. Como os lançamentos de moedas eram aleatórios, a ação fictícia não tinha tendência alguma. Malkiel argumentou que isso indica que o mercado e as ações podem ser tão aleatórios quanto jogar uma moeda, logo os gráficos não têm valor.

Em 1988, Andrew Lo, do Massachusetts Institute of Technology (MIT), publicou um estudo[1] do mercado no período de 1962 a 1985 e provou que o mercado não é randômico. E, em 2010, o mesmo Andrew Lo, com outros autores, provou que, quando as condições simulam uma negociação do mundo real, os dois tipos de gráfico – randômico ou real – podem ser distinguidos uns dos outros. Esse teste[2] foi projetado para determinar se humanos podem diferenciar entre retornos financeiros reais *versus* aleatórios. Os resultados desse teste demonstraram que os gráficos podem realmente ter valor para analistas hábeis e qualificados.

Outro ponto consiste na afirmação de que o passado não pode ser usado para prever o futuro. Quanto a essa crítica, sabemos que várias escolas que tentam prever o movimento futuro dos preços, como a fundamentalista, também se baseiam em dados passados.

Gráfico 1.3  Será que este gráfico apresenta uma tendência ou é randômico?

Fonte: Trader Brasil Escola de Finanças & Negócios.

1   Stock Market Prices do not Follow Random Walks: Evidence from a Simple Specification Test de Andrew W. Lo and A. Craig MacKinlay. Disponível em: <https://www.jstor.org/stable/2962126>. Acesso em: 5 mar. 2022.
2   HASANHODZIC, Jasmina; LO, Andrew W.; VIOLA, Emanuele. Is It Real, or Is It Randomized? A *Financial Turing Test*. 2010. Disponível em: <https://papers.ssrn.com/sol3/papers.cfm?abstract_id=1558149>. Acesso em: 5 mar. 2022.

## 1.3.2 Teoria dos Portfólios Modernos

A Teoria dos Portfólios Modernos, por sua vez, baseia-se em nada mais nada menos do que dados passados, como os betas das ações, para realizar uma alocação de ativos em uma carteira teórica ideal.

No entanto, uma grande verdade ganha cada vez mais espaço no campo das finanças contemporâneas: como dissemos anteriormente, a ação do mercado traz embutida a variável psicológica dos investidores, a qual tende a permanecer ao longo do tempo. O comportamento deles, bem como seu grau de aversão ao risco, tende a variar de acordo com a tendência vigente.

Como bem observou o economista Robert Shiller ao descrever a bolha financeira dos anos 1990, nos Estados Unidos, um aumento inicial de preços tende a levar a uma rodada subsequente de elevação de preços, à medida que esse aumento inicial gera uma realimentação positiva entre os investidores. Essa segunda rodada de alta de preços leva a uma terceira rodada e assim por diante. O resultado é que o aumento inicial de preços ganha extensão ao ser amplificado por fatores como mídia e internet e, no fim das contas, o motivo inicial da alta pouco importa; como em uma brincadeira de telefone sem fio, a mensagem final acaba sendo bem diferente da inicial.

Para demonstrar a validade das premissas da análise técnica, bem como a da existência de padrões psicológicos repetitivos no comportamento humano, selecionei um texto de um livro bem antigo sobre Psicologia Social, que data de 1932. Após a leitura desse texto, apresentado a seguir, reflita e se pergunte se ele continua válido para os dias de hoje.

---

**ESTUDO DE CASO**

**A REPRESA**

Subitamente alguém começou a correr. Talvez ele simplesmente se tivesse lembrado, de repente, de um compromisso para se encontrar com a esposa, para o qual estava agora muito atrasado. Qualquer que fosse a razão, ele correu para leste, na Broad Street. Alguém mais começou a correr, talvez um jornaleiro que se sentisse alegre. Outro homem, um austero empresário, começou a correr também. Em dez minutos todo mundo em High Street, da estação ferroviária até o Palácio da Justiça, estava correndo. Um forte murmúrio cristalizou-se gradualmente na palavra "represa". "A represa rompeu-se!". O medo foi transformado em palavras por uma velhinha no bonde ou por um guarda de trânsito, ou por um garoto: ninguém sabia quem, e isso realmente pouco importava. Duzentas pessoas estavam em fuga. "Para leste!", era o grito que se ouvia: leste, longe do rio, leste para a segurança. "Para

> leste! Para leste!...". [...] Uma mulher com um olhar feroz e um queixo deter-
> minado passou por mim, correndo para o meio da rua. Eu ainda não estava
> certo do que estava acontecendo, apesar dos gritos. Corri atrás da mulher
> com algum esforço, pois embora ela tivesse bem mais de 50 anos, corria
> muito bem e parecia estar em excelente forma. "Que é que há?", perguntei.
> Ela deu-me um olhar rápido, voltou os olhos novamente para frente, parou
> por um instante e disse: "Não pergunte a mim, pergunte a Deus!".[3]

Se pararmos para refletir e fazer algumas comparações, chegaremos à conclusão de que esse texto ainda traduz a forma de pensar das pessoas, por exemplo,
na saída de um estádio de futebol, ao se depararem com um empurra-empurra.
Se formos além e fizermos algumas perguntas básicas, como "Quem correu? Para
qual direção correram? Quantas pessoas correram? Por que correram? Quantas
pessoas sobreviveram?", veremos que a situação exposta relata uma sátira do
que os investidores fazem diariamente nos mercados, principalmente ao identificarem um movimento dominante em uma direção qualquer.

As pessoas correndo podem ser comparadas aos preços correndo em um gráfico, ou mesmo aos investidores correndo e telefonando para seus corretores para
passar ordens de compra ou de venda. A direção para onde os preços correm nada
mais é do que a tendência geral deles, que pode ser observada ao longo de um dia
de pregão ou durante períodos maiores, como uma semana ou um mês. O número
de pessoas que correu indica o volume negociado, ou a quantidade de ações que
trocou de mãos. O porquê da correria pouco importa, mas pode ter sido uma
manchete de jornal, um boato sobre a renúncia de algum político ou mesmo a
divulgação de um balanço surpreendente por parte de qualquer empresa. O número de sobreviventes indica a quantidade de contratos em aberto no final do dia,
pois para cada contrato futuro comprado existe um contrato futuro vendido – e
esse número varia diariamente. Os feridos representam o grupo de investidores
que fecharam posições compradas ou vendidas, mas estão preparados para voltar
a qualquer momento. Os mortos representam o grupo que "jogou a toalha" e não
pretende voltar ao mercado tão cedo. "Entre mortos e feridos, salvaram-se todos!".

### 1.3.3 Afinal, por que os preços oscilam?

Nós, seres humanos, temos a mania de tentar explicar os eventos observáveis
do cotidiano. É uma coisa inata, nada podemos fazer quanto a isso. Desde os

---

[3]   ARONSON, Elliott. *O animal social*: introdução ao estudo do comportamento humano. Fragmento
      retirado de From day the dam broke. In: THURBER, James. *My life and hard times*. New York: Harper,
      1933. p. 41-47. (Impresso originalmente no The *New Yorker*.)

primórdios da humanidade, tentamos responder a perguntas básicas e essenciais às sociedades: Quem somos? De onde vem o mundo? Quem garante que existimos de fato? Penso, logo existo. Muitos filósofos já devem ter fundido a cabeça imaginando respostas a essas perguntas.

> Para muitas pessoas o mundo é tão incompreensível quanto o coelhinho que um mágico tira de uma cartola que, há poucos instantes, estava vazia. No caso do coelhinho, sabemos perfeitamente que o mágico nos iludiu. Quando falamos sobre o mundo, as coisas são um pouco diferentes. Sabemos que o mundo não é mentira ou ilusão, pois estamos vivendo nele, somos parte dele. No fundo, somos o coelhinho branco que é tirado da cartola. A única diferença entre nós e o coelhinho branco é que o coelhinho não sabe que está participando de um truque de mágica. Conosco é diferente, sabemos que estamos fazendo parte de algo misterioso e gostaríamos de poder explicar como tudo funciona.[4]

Em uma primeira análise, talvez as variáveis fundamentais constituam a explicação mais plausível para as variações de preço no mercado de ações; em outras palavras, essa seria a explicação para o truque do mágico que fez o coelhinho aparecer do nada. Para as variáveis fundamentais exercerem esse papel, é preciso que ocorra a ação do mercado, representada pela ação de milhares de investidores que compram e vendem.

Esses investidores buscam explicações para tudo e se julgam bem informados sobre o mundo que os cerca. Leem jornais, assistem à televisão, acessam a internet, teclam em chats e conversam por telefone com outros investidores. Apenas depois de "digerirem" tanta informação, tomam a decisão de comprar ou vender, fazendo os preços oscilarem no mercado de ações.

Além de as notícias serem imprevisíveis, graças à assimetria informacional, as pessoas dificilmente estarão a par de todas as notícias ao mesmo tempo, por mais que a tecnologia e os meios de comunicação disponíveis para a troca de informações se modernizem. Raramente esses investidores chegarão às mesmas conclusões a respeito do impacto dessas informações no valor de uma ação ou de um ativo financeiro. Ainda assim, os investidores farão escolhas financeiras e se comprometerão com elas, até que algum fator novo os faça mudar de opinião.

---

4   GAARDER, Jostein. *O mundo de Sofia*. São Paulo: Companhia das Letras, 1995. p. 31.

Por causa da assimetria informacional, fatores fundamentalistas altistas não farão, necessariamente, o preço de uma ação subir, visto que os investidores com mais poder de fogo ($$$) podem ter feito uma escolha no sentido contrário e se empenharão para proteger sua posição (nesse caso, vendida). Da mesma forma, o preço dessa ação pode já ter subido bastante em um movimento de antecipação dos *insiders* a uma notícia favorável à empresa – e, agora que essa notícia enfim ganhou as manchetes dos jornais, o preço dessa ação "inexplicavelmente" cai, deixando a ver navios muitos investidores que entraram comprando tardiamente, os quais tentam encontrar um motivo (ou um "bode expiatório") para explicar o inexplicável.

Tomemos o exemplo da rede de *fast-food* norte-americana McDonald's, que é negociada na bolsa de valores de Nova York. Durante toda a década de 1970, o lucro por ação (L.P.A.) da empresa subiu mais de dez vezes, impulsionado pela agressiva estratégia de franquias adotada não apenas nos Estados Unidos como também ao redor do mundo. Certamente, essa é uma variável fundamentalista altista. Ocorre que o preço das ações permaneceu relativamente estático durante oito dos dez anos da década de 1970, e inclusive chegou-se a ensaiar um *crash* em 1974, ainda que os lucros da empresa permanecessem subindo de maneira consistente. O que aconteceu? Provavelmente, os *insiders*, que possuíam maior poder de fogo, se aproveitaram dos preços em alta nos dois primeiros anos da década de 1970 e se desfizeram de suas ações ainda durante o segundo e em boa parte do terceiro ano. Esse é apenas um dos inúmeros truques desse grande mágico que é o Sr. M. (M de mercado). Além de tirar o coelhinho da cartola, esse mágico costuma fazer outros truques que podem deixar a plateia boquiaberta.

## 1.3.4 Teoria da Eficiência Perfeita do Mercado

Não há almoço grátis: a Teoria da Eficiência Perfeita do Mercado afirma que é impossível contornar as tendências do mercado, uma vez que os preços refletem todas as informações relevantes para os resultados futuros. Isso significa que a ação será sempre transacionada ao valor justo, fazendo que seja impossível, para os investidores, comprar ações desvalorizadas ou vender ações sobrevalorizadas para conseguir lucros significativos. Segundo essa teoria, todos têm acesso às mesmas informações e os preços são ajustados instantaneamente a esses novos dados. Não precisamos ir muito longe para afirmar que no mercado de ações ocorre uma enorme assimetria de informações, pois obviamente os diretores de uma empresa sabem mais sobre ela do que seus acionistas. No caso da Enron, por exemplo, os diretores mentiram ao mercado. Observe no

16   ANÁLISE TÉCNICA DOS MERCADOS FINANCEIROS

Quadro 1.1, a seguir, as opiniões de analistas de vários bancos internacionais e compare-as com as informações apresentadas no Gráfico 1.4, Gráfico ponto e figura da Enron, com dados do mesmo período:

| Quadro 1.1 | Comentários fundamentalistas em Enron (ENE) | |
|---|---|---|
| Data | Valor | Comentário |
| 12 mar. 2001 | US$ 61,27 | Objetivo de preço rebaixado por Prudential Securities; Reiterado "FORTE COMPRA" por Lehman |
| 21 mar. 2001 | US$ 55,89 | Reiterado "COMPRA" de curto prazo por Merrill |
| 17 abr. 2001 | US$ 60,00 | Reiterado "COMPRA" de curto prazo por Merrill |
| 21 maio 2001 | US$ 54,99 | Objetivo de preço rebaixado por Prudential |
| 15 jun. 2001 | US$ 47,26 | Reiterado "COMPRA" por JP Morgan |
| 20 jun. 2001 | US$ 45,80 | Reiterado "LISTA RECOMENDADA" por Goldman Sachs |
| 10 jul. 2001 | US$ 49,22 | Reiterado "COMPRA" por JP Morgan |
| 15 ago. 2001 | US$ 40,25 | Reiterado "FORTE COMPRA" por Bank of America; Reiterado "LISTA RECOMENDADA" por Goldman Sachs; Reiterado "ATRATIVO" por Bear Stearns; Rebaixado para curto prazo "NEUTRO" por Merrill |
| 28 ago. 2001 | US$ 38,16 | Reiterado "FORTE COMPRA" por Bank of America |
| 3 out. 2001 | US$ 33,49 | Reiterado "LISTA RECOMENDADA" por Goldman Sachs |
| 4 out. 2001 | US$ 33,10 | Rebaixado para "COMPRA" de "FORTE COMPRA" por AG Edwards; Objetivo de preço US$ 40 |
| 9 out. 2001 | US$ 33,39 | Elevado para "COMPRA" de longo prazo por Merrill |
| 22 out. 2001 | US$ 20,65 | Reiterado "COMPRA" por CIBC; Rebaixado de "COMPRA" para "MANTER" por Prudential |
| 24 out. 2001 | US$ 16,41 | Rebaixado para "VENDA" por Prudential; Rebaixado para "COMPRA" de longo prazo por JP Morgan; Reiterado "FORTE COMPRA" por Lehman; "a ação está com preços atrativos"; Rebaixado para "COMPRA" por First Albany |
| 25 out. 2001 | US$ 16,35 | Rebaixado para "PERFORMANCE DO MERCADO" por Bank of America; Reiterado "COMPRA" por Salomon Smith Barney, mas objetivo de preço diminuído de US$ 55 para 30; S&P muda a perspectiva de Enron para negativa |
| 1 nov. 2001 | US$ 11,99 | Rebaixado para curto prazo "NEUTRO" por Merrill; Reiterado "COMPRA" por CIBC "mas não vemos nenhum motivo de comprar" |
| 9 nov. 2001 | US$ 8,63 | Rebaixado para "MANTER" por Commerzbank |
| 12 nov. 2001 | US$ 9,24 | Aumentado para "MANTER" por Prudential |
| 21 nov. 2001 | US$ 5,01 | Rebaixado para "PERFORMANCE DO MERCADO" por Goldman Sachs; Rebaixado para "MANTER" por CIBC; Rebaixado para "VENDA" por Edward Jones |
| 28 nov. 2001 | US$ 0,61 | Estimativas reduzidas por "Prudential"; Rebaixado para "MANTER" por UBS Warburg; Rebaixado para "VENDA" por Commerzbank |
| 29 nov. 2001 | US$ 0,36 | Rebaixado para "MANTER" por Credit Suisse First Boston |

Fonte: Bloomberg.

Capítulo 1 ■ Introdução à análise técnica 17

## Gráfico 1.4  Gráfico ponto e figura da Enron

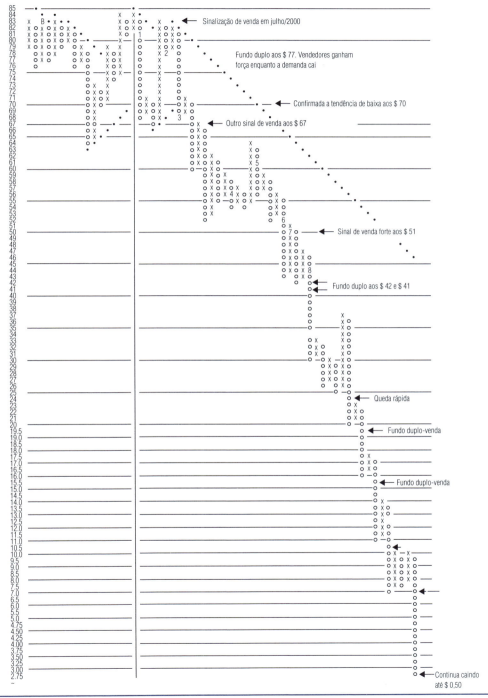

Fonte: Dorsey, Wright & Associates, Inc.

18  ANÁLISE TÉCNICA DOS MERCADOS FINANCEIROS

**Gráfico 1.5** Gráfico Ibovespa × manchete de revistas nacionais

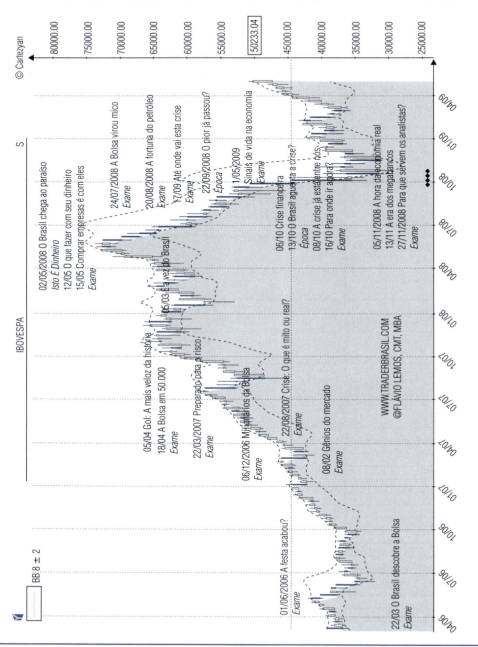

Fonte: Trader Brasil Escola de Finanças & Negócios.

No Gráfico 1.5, temos o Índice Bovespa plotado em conjunto com as manchetes das principais revistas do país. Para nós, o que move o mercado é a expectativa das pessoas quanto ao desempenho futuro, por isso, o mercado não pode ser considerado racional.

Mesmo essa teoria – que apregoa que os movimentos de preços no mercado são erráticos e que constitui tarefa inútil tentar prever qualquer patamar de preço futuro – se baseia em uma das premissas da análise técnica para chegar a essa conclusão – a de que os mercados descontam tudo.

Outro ponto interessante dessa teoria é o pressuposto de que todos os investidores vão agir de forma racional, e, como ocorre sobretudo nos mercados de baixa excessivamente agudos, sabemos que os preços vão para bem longe de seu valor "correto" ou intrínseco. Se o mercado fosse racional e eficiente, teria arbitradores ou investidores informados que não deixariam as ações fugir desse valor intrínseco.

Waren Buffett, um dos maiores investidores do mundo, simplesmente diz que se o mercado fosse eficiente ele seria um "mendigo na esquina pedindo esmola com uma canequinha".

Já George Soros, com seu conceito de dinâmica de mercado chamado reflexividade, prega que o mercado não só desconta o futuro mas de fato ajuda a moldá-lo.

## 1.3.5 Teoria das Finanças Comportamentais e análise técnica

> "Não confunda ser inteligente, com um mercado de alta".
>
> *Humphrey Neill*

As finanças comportamentais pregam que as emoções desempenham um importante papel nas tomadas de decisões nos investimentos e, por causa delas, os investidores cometem erros em suas decisões. Esse comportamento irracional é causado principalmente por erros que ocorrem de forma sistemática e previsível, em determinadas circunstâncias, e são chamados de vieses. Vamos ver mais sobre os vieses comportamentais no Capítulo 20.

Segundo essa teoria, o retorno esperado de um ativo é uma função de:

- desejar benefícios práticos, como baixo risco e rentabilidade alta;
- desejar benefícios expressivos e emocionais, como manter-se fiel aos valores, investindo em fundos socialmente responsáveis, adquirir *status*

social alto por investir em fundos de *hedge*, ou desfrutar de emoções ao negociar ações; e

- erros cognitivos e emocionais, como a tendência dos investidores de vender ativos que aumentaram de valor, mantendo ativos que caíram de valor[5] e o ato de seguir a manada (quando os investidores seguem a multidão em vez de sua própria análise).

Nesse sentido, o estudo das Finanças Comportamentais consiste na identificação de como as emoções e os erros cognitivos podem influenciar o processo de tomada de decisão de investidores e como esses padrões de comportamento podem determinar mudanças no mercado.

De acordo com as finanças comportamentais, os mercados não são eficientes no sentido de que o preço é sempre igual ao valor, mas são eficientes no sentido de que é difícil vencê-los. Os mercados são mais ineficientes quando se tornam complacentes, normalmente após um período de grande tendência de crescimento econômico, baixa inflação ou taxas de juros baixas.

Quanto maior a liquidez, mais eficientes são os mercados, pois com mais participantes, maior o potencial de diversidade de opiniões. Mas mesmo mercados líquidos podem apresentar a chamada exuberância irracional[6], ou serem suscetíveis a grandes oscilações repentinas no sentimento seguidas de uma mudança completa na visão dos investidores (*tipping point*). Exemplo: em maio de 2020, o petróleo passou de positivo para negativo e depois para positivo de novo, isto é, chegou a se pagar para guardar petróleo – pois não havia mais espaço disponível para estocagem – haja vista a absurda queda na demanda devido à pandemia de Covid-19.

A Teoria das Finanças Comportamentais não nega que a maioria das decisões econômicas seja tomada de forma racional e deliberada. Entretanto, considera que, se não forem levadas em conta também as decisões emocionais e automáticas, os modelos econômicos serão falhos para explicar o funcionamento dos mercados. Ela é a base teórica da análise técnica.

---

5    Mais pode ser visto em: SHEFRIN, Hersh; STATMAN, Meir. The Disposition to Sell Winners Too Early and Ride Losers Too Long: Theory and Evidence. *Journal of Finance*, v. 40, n. 3, p. 777–90, July 1985.

6    O termo "exuberância irracional" foi cunhado pelo ex-presidente do Federal Reserve, Alan Greenspan, em discurso no ano de 1996, dentro de um contexto no qual as bolsas negociavam em patamares nunca antes vistos na história.

Capítulo 1 ▪ Introdução à análise técnica   21

A análise técnica captura a psicologia da multidão: gráficos são a caligrafia do investidor, o volume, sua força e os indicadores de sentimento sua emoção. Claro, há muito ruído difícil de ser filtrado nos gráficos, mas as finanças comportamentais definitivamente podem ajudar a análise técnica a ganhar mais credibilidade ao oferecer explicações fundamentais para seus princípios, pois ambas são baseadas na ideia de que que a história se repete, e de fato se repete, mas de diversas formas.

As finanças comportamentais e a análise técnica são dois lados da mesma moeda: enquanto a primeira usa teorias da psicologia, sociologia e outras ciências comportamentais para explicar e prever os mercados, a segunda fornece indicadores para análise e regras de decisão para ações serem tomadas.

## 1.3.6 A análise quantitativa e a análise técnica

A análise quantitativa utiliza grandes conjuntos de dados e modelos matemáticos complexos para prever o desempenho futuro do preço de um título ou instrumento financeiro. Em essência, finanças quantitativas são uma combinação de quatro disciplinas, a saber: matemática, finanças, ciência da computação e estatística.

Uma das maiores críticas à análise técnica é sua subjetividade na interpretação visual de algumas ferramentas, como padrões gráficos ou ondas de elliott, por exemplo. A análise quantitativa busca anomalias e ineficiências usando dados estatísticos com base em *backtesting* que não podem ser provados falsos ou verdadeiros, apenas possuem um poder explanatório com determinado nível de confiança.

Muitos *quants* (como são conhecidos) tendem a usar um modelo multifatores englobando *momentum* de lucros, médias móveis, *valuation*, força dos balanços e *momentum* dos preços, entre outros dados.

Muitos desses modelos são baseados no comportamento histórico dos preços, incluindo regressões às médias. Esses comportamentos (correlações, por exemplo) podem mudar violentamente de uma hora para outra, sem nenhum aviso prévio. Outro problema é que os comportamentos do *momentum* dos preços e dos lucros são similares. O componente *momentum* é frequentemente simplista e foca geralmente no médio termo, o qual pode mudar numa velocidade muito grande, então modelos ruins podem acabar deixando você em uma área de *momentum* sobrecomprado, ou seja, no topo do mercado, junto ao resto da multidão.

Histórias do Flávio: fui convidado a testar uma nova plataforma quantitativa que seleciona pares para operações do tipo *longshort* com base em cointegração e correlações. Fui testando e fazendo a simulações com lotes fictícios, até que resolvi fazer uma operação real com um lote bem pequeno. No primeiro dia, uma

## 22 ANÁLISE TÉCNICA DOS MERCADOS FINANCEIROS

das empresas fez uma OPA (Oferta Pública de Aquisição[7]) e ação subiu 30% no dia seguinte à oferta e obviamente era minha ponta vendida na operação *long short* e amarguei um pequeno prejuízo, pois felizmente o lote era bem pequeno.

Alguns gestores de fundos consideram os *quants* mais perigosos por utilizarem alavancagem (fazendo *long short*, por exemplo) e continuamente terem negociação e exposição ao mercado.

Assim, a análise técnica se concentra em prever o que o mercado provavelmente fará no futuro.

Por outro lado, a análise quantitativa é baseada em princípios científicos/estatísticos. A análise quantitativa não está focada no que o mercado fará no futuro, mas busca desenvolver uma estratégia de negociação que possa ser quantificada.

A teoria financeira padrão até abraçou uma das ferramentas mais populares: a análise de força relativa, como praticada por analistas técnicos, e está intimamente relacionada com a anomalia de *momentum* em finanças, embora a diferença de nomenclatura possa ocultar essa relação.

De toda forma, eu considero ambas as análises ferramentas complementares e não substitutas, inclusive autores, encabeçados pelo reconhecido Andrew Lo, no estudo *Foundations of Technical Analysis: Computational Algorithms, Statistical Inference, and Empirical Implementation*[8], concluíram que os indicadores técnicos proveram informação incremental e de valor prático.

### 1.3.7 Vantagens do uso de gráficos

Como vimos, o uso de gráficos tem inúmeras vantagens para o investidor, mas não necessariamente devemos escolher apenas uma técnica de análise de investimentos, embora fundamentos e preços nem sempre caminhem de mãos dadas e a divergência entre ambos possa dar um alerta ao investidor atento. Talvez seja hora de colocar os pés no chão e analisar o mercado sob outro prisma. Além disso, o uso sistemático de gráficos pode ser útil nos seguintes aspectos:

- oferece um histórico da ação dos preços;
- é um instrumento útil para o fundamentalista;

---

7   A Oferta Pública de Aquisição de Ações (OPA) é a operação que acontece quando uma empresa decide fechar seu capital e deixar de comercializar suas ações na bolsa de valores. Quando ela acontece, o acionista majoritário ou o grupo controlador da empresa precisa comprar as ações dos sócios minoritários, geralmente pagando um prêmio.

8   Disponível em: <https://www.cis.upenn.edu/~mkearns/teaching/cis700/lo.pdf>. Acesso em: 6 mar. 2022.

- reflete o comportamento do mercado;
- dá uma boa noção sobre a volatilidade de ativos;
- ajuda na implementação de estratégias de *timing*;
- ajuda também na administração de risco (*stop*).

## 1.4 O QUE DIZ A LEGISLAÇÃO?

Para a Comissão de Valores Mobiliários (CVM) – por meio do Ofício-Circular/CVM/SIN/N° 002/2009 –, não há distinção entre o analista gráfico e o analista fundamentalista, e ambos devem comprovar a sua qualificação técnica com o Certificado Nacional de Profissionais de Investimento (CNPI) por intermédio da Associação dos Analistas e Profissionais de Investimento do Mercado de Capitais (Apimec) e, posteriormente, obter registro na própria CVM, para que possa exercer essa atividade. A orientação da CVM tem o objetivo de esclarecer que as análises gráficas e as recomendações decorrentes destas, divulgadas em sites, chats ou blogs especializados na internet, se realizadas em caráter profissional, devem ser elaboradas e divulgadas apenas por profissionais credenciados pela Apimec e registrados na CVM.

Sou analista nos EUA, certificado com CMT e fui presidente da MTA Brazil Chapter. Em 2010, a Apimec gentilmente me convidou para fazer parte da banca da prova de analista técnico. Mas apesar de ter sido analista registrado na antiga Abamec (associação anterior à Apimec), infelizmente tive que me desfiliar, pois a legislação brasileira impede o registro simultâneo na CVM, como analista e Agente autônomo de investimentos.

## 1.5 TOUROS *VERSUS* URSOS

> "Existe apenas um lado do mercado e não é o do touro nem o do urso, mas o lado certo."
>
> *Jesse Livermore*, um dos maiores operadores de todos os tempos.

Antes de qualquer coisa, precisamos definir dois termos comumente utilizados no mercado financeiro:

- Estar altista/*bullish*: tendência em um mercado de ações na qual, pela predominância da demanda, os preços dos papéis sobem. O termo em inglês vem de "*bull*" (touro), cuja origem é a simbologia do touro, animal que ataca com o chifre, realizando movimentos de baixo para cima, erguendo seu rival no ar.

- Estar baixista/*bearish*: tendência em um mercado de ações na qual, pela predominância da oferta, os preços dos papéis caem. O termo em inglês vem de "*bear*" (urso). Um urso ataca com movimentos da garra de cima para baixo, derrubando seu adversário, daí a origem do termo.

Outra teoria diz que o termo *bearish* veio da história de um comerciante inglês de peles de urso que costumava vender seus produtos antes de receber. Funcionava assim: ele vendia peles, recebia o dinheiro e ficava de entregar depois. Quando o produto chegava, se o preço estivesse abaixo do valor que tinha recebido do cliente, ele comprava o produto do fornecedor por um preço mais baixo. Entregava para o cliente e então ficava com a diferença! Ou seja, ele basicamente fazia uma operação de venda a descoberto! Daí surgiu a frase: "Não venda a pele (de urso) sem tê-la".

Então, o que tentaremos entender de agora em diante é como funciona essa batalha diária entre touros e ursos[9] no mercado financeiro.

## 1.6 HISTÓRIAS DO MERCADO – O SURGIMENTO DA PRIMEIRA AÇÃO

Os holandeses aprenderam a trabalhar coletivamente desde sempre para livrar suas terras de enchentes. Eles literalmente tiraram suas terras de debaixo d'água, e um dos grandes efeitos colaterais dessa prática foi ter um comércio vigoroso.

Os holandeses não queriam mais passar por Lisboa e Sevilha para adquirir as mercadorias que distribuíam pela Europa.

Até que Huygen van Linschotten, um marinheiro que passou nove anos fazendo a ponte marítima Portugal-Índia em navios lusos, lançou um livro dos relatos das viagens, publicado em 1596, contando tudo o que os portugueses sabiam sobre comércio com o Oriente: tabelas de preços em ouro das especiarias, rotas de navegação, os melhores pontos comerciais etc.

Inspiradas pelo livro, já em 1600, havia seis empresas na Holanda operando navios mercantes para a Índia, seis "Companhias das Índias", como esse tipo de empreitada ficou conhecido.

---

9  Um vídeo com um teatrinho de fantoches para crianças explicando essa batalha está disponível em: <https://www.youtube.com/watch?v=WyIEKIaizsE>. Acesso em: 18 jan. 2018.

Capítulo 1 ▪ Introdução à análise técnica    25

Logicamente eles precisavam de muito dinheiro para fazer barcos com canhões e para o exército. Por que precisavam de canhões? Porque a Holanda estava em guerra com a Espanha desde 1568, guerra que só terminou em 1648. Só lembrando que, de 1580 a 1640, Portugal e Espanha estavam unidos como a Península Ibérica. Ou seja, qualquer encontro no mar, entre Espanha e Holanda, era uma guerra sangrenta muito pior que a final da Copa da África do Sul, em 2010.

Então, para levantar o capital e diminuir o risco da empreitada, o governo holandês uniu as seis companhias, formou uma grande estatal e convidou a população para se tornar sócia.

Nascia então a primeira megaempresa do mundo, a Vereennigde Nederlandsche Oostindische Compagnie (Companhia Unida Holandesa das Índias Orientais – VOC).

A "ação" é no sentido de empreendimento, visto que o dinheiro se destinava a financiar a ação de ir para a Índia em busca de pimenta, cravo e canela. Cada pedaço da VOC era chamado de "parte de uma ação"; nas línguas latinas, era chamado de ação; os países anglófonos preferiram chamar de *share* ou "parte" mesmo.

Em 1600, a VOC recebeu 6,5 milhões de guildas de 1.143 indivíduos que poderiam ganhar 0,00015% de todo o dinheiro que a VOC fizesse com suas viagens nos anos seguintes. Em 1607, em decorrência de especulações de que navios estavam chegando ou tinham afundado, um terço das ações da VOC tinha trocado de mãos na bolsa – um lugar cheio de comerciantes com **bolsas** de moedas. Em 1622, as ações já tinham valorizado 300%, em 1670 pagaram dividendos de até 40% ao ano, isso numa época sem inflação.

# Capítulo 2

# Teoria de Dow

"O público, como um todo, compra na hora errada e vende na hora errada."
"Orgulho de mudar uma opinião foi responsável pela ruína de mais homens em Wall Street do que qualquer outro fator."
"Conhecer valores é conhecer o significado do mercado."

*Charles Dow*

## 2.1 HISTÓRICO

A Teoria de Dow é a base de todo o estudo da análise técnica. Essa teoria não está preocupada com nada além das variações de preços. Por meio da utilização de médias em gráficos de preços do mercado norte-americano, Charles Dow (1850-1902) encontrou uma forma bastante eficiente para seguir as oscilações de preços e interpretar os movimentos do mercado.

Charles Dow foi um dos fundadores do Dow Jones Financial News Service e utilizou esse meio para divulgar amplamente os princípios básicos de sua teoria nos editoriais que escrevia para o *The Wall Street Journal*. Dow, no entanto, nunca chegou a escrever uma obra sobre sua teoria. Após sua morte, em 1902, seu sucessor como editor no *The Wall Street Journal*, William Hamilton, continuou a desenvolver os princípios da Teoria de Dow ao longo dos 27 anos em que foi colunista do mercado de ações norte-americano. Foi Hamilton quem completou, organizou e formulou os princípios básicos dessa teoria.

Para medir os movimentos do mercado, Dow construiu dois índices: a Média Industrial e a Média Ferroviária. Ambas eram compostas pelas principais *blue chips*[1] da época em cada um desses dois setores. As observações

---

1    As *blue chips* são as fichas mais altas do pôquer. No mercado financeiro, o termo significa as ações mais negociadas.

28  ANÁLISE TÉCNICA DOS MERCADOS FINANCEIROS

de Hamilton sobre essas duas médias enfocam os movimentos gerais de preços como forma para determinar a tendência principal, ou de longo prazo, do mercado norte-americano. Após o início de um desses movimentos de longo prazo, presume-se que ele dure até que as médias deem sinais de reversão desse movimento.

Hoje em dia, o número de empresas que compõem a Média Industrial aumentou de 12 (naquela época) para 30, e a Média Ferroviária foi substituída pela Média de Transportes, que passou a englobar não apenas empresas ferroviárias como também empresas rodoviárias, aéreas e de logística.

De acordo com os princípios da Teoria de Dow, a velha e a nova economia necessitam uma da outra e devem se mover juntas como sinal confiável de uma tendência primária. Então muitos analistas atualizam a Teoria de Dow substituindo os índices antes usados pelos índices da nova e da velha economia: Nasdaq Composite pela Média de Transportes e o S&P 500 no lugar da Média Industrial.

No Brasil, a utilização de médias como termômetro geral da economia ficou restrita ao Ibovespa, o índice mais popular do mercado. A comparação entre os diversos índices de ações disponíveis (Ibovespa, IBX, FGV-100) não é muito comum, pois a composição desses indicadores é bastante parecida.

## 2.2  PRINCÍPIOS DA TEORIA DE DOW

### 2.2.1  Primeiro princípio: o mercado tem três tendências

i) Tendência primária, que é grande em duração e ocorre, em geral, durante mais de um ano. Nesse tipo de tendência, os movimentos são extensivos, para cima ou para baixo, podendo fazer os preços variarem mais de 20%. Uma tendência primária de alta apresenta topos e fundos ascendentes, ao passo que uma tendência primária de baixa apresenta topos e fundos descendentes.

ii) Tendência secundária, que representa importantes reações e interrompe temporariamente a tendência primária dos preços mas não altera, em absoluto, sua trajetória principal. Geralmente, essa tendência dura entre três semanas e três meses, e corrige entre um e dois terços do movimento de preços da tendência primária.

iii) Tendência terciária, que pode ser definida como pequenas oscilações de preços ou mesmo uma pausa, reforçando ou contrariando o movimento principal. Ela tem duração curta, normalmente de menos de três semanas, e é a única das três tendências que pode ser "manipulada" por grupos de forte poder financeiro.

Existe uma comparação clássica, que vem desde os primórdios da Teoria de Dow, entre os movimentos do mar e os do mercado de ações. As marés, as ondas e as marolas podem ser comparadas, respectivamente, às tendências primárias, secundárias e terciárias. Partindo das explicações das tendências e dando continuidade à comparação, um conjunto de ondas não é um fator determinante para que haja uma mudança no sentido da maré. Da mesma forma, as marolas também não são capazes de mudar uma onda. Apenas fatores de ordem naturais, como as fases da lua ou as alterações nas correntes de ar, podem ocasionar tais mudanças.

## 2.2.2 Segundo princípio: o volume deve acompanhar a tendência

A quantidade de ações negociadas deve acompanhar a variação de preços. Quando os preços sobem ou caem, o volume de ações negociadas deve expandir na direção do movimento principal e contrair na direção do movimento de correção. Em uma tendência de alta, por exemplo, o volume negociado deve aumentar quando os preços sobem e contrair quando os preços caem. O inverso deve ocorrer em uma tendência de baixa, com o volume negociado recuando quando os preços sobem e elevando quando há depreciação.

**Gráfico 2.1**   Volume confirmando a tendência no Dow Jones Industrial

Fonte: StockCharts.

Esse fenômeno pode ser explicado pela Lei da Oferta e da Procura. O preço das ações tende a subir quando a procura por elas aumenta e tende a cair quando a oferta de ações amplia. Quando os preços ficam estáveis por algum tempo, é sinal de que tanto a oferta quanto a demanda por ações estão equilibradas.

É importante ressaltar que, na Teoria de Dow, os sinais conclusivos sobre a direção do mercado de ações são dados pelo movimento dos preços. A análise do volume funciona como uma confirmação à dos preços.

### 2.2.3 Terceiro princípio: tendências primárias de alta têm três fases

i) **Acumulação,** fase na qual o grupo dos *insiders* começa a comprar. Esse grupo geralmente é bem informado e, sentindo que o mercado está com os preços baixos em relação ao que se considera "valor justo" ou que a economia como um todo deverá apresentar sinais de melhora no médio prazo, começa a comprar ações, fazendo os preços se estabilizarem por um bom período de tempo, no qual, é bastante comum que o noticiário ainda não tenha começado a emitir sinais positivos sobre as empresas e que a economia e o público estejam desanimados com a situação econômica do país.

ii) **Subida sensível,** caracterizada por um avanço estável no preço das ações e pela melhora nos resultados das empresas. O público, no entanto, ainda não está totalmente convencido de que a melhora no tom dos negócios é para valer. Apenas os investidores mais sensíveis e atentos se apressam para comprar, fazendo o volume de negócios começar a aumentar gradativamente nas subidas de preço e a diminuir nas quedas.

iii) **Estouro ou excesso,** período em que a maioria dos investidores se convence de que a alta nos preços é para valer. Nessa fase, a atividade do mercado parece ferver. Os preços das ações sobem dramaticamente com o volume, acompanhando o ritmo das altas nos preços. Nessa fase, geralmente, pipocam boatos sobre *takeovers*, fusões e acordos entre empresas que prometem gerar receitas e lucros crescentes. Na mídia, principalmente nas manchetes de jornais e revistas, o tom é amplamente favorável a um aumento no ritmo de crescimento econômico do país.

**Gráfico 2.2** Tendências primárias de alta têm três fases no Índice Bovespa

Fonte: Trader Brasil Escola de Finanças & Negócios.

## 2.2.4 Quarto princípio: tendências primárias de baixa têm três fases

i) **Distribuição**, que na realidade começa no final da fase de estouro ou excesso de um mercado em alta. Essa fase se caracteriza pelo grupo dos *insiders* iniciando a operação na ponta de venda. O volume de negócios ainda é bastante alto, apesar de começar a diminuir nas altas de preço. O tom dos negócios parece ser ainda amplamente favorável a novas elevações de preço, com o lucro das empresas em níveis recordes e o público ainda bastante ativo. Os preços, no entanto, parecem estacionar em determinado patamar e começam a baixar aos poucos.

ii) **Pânico**, fase na qual os compradores começam a escassear e os vendedores, já pressentindo que alguma coisa está errada, passam a ter pressa em se desfazer de suas ações, vendendo-as a preço de mercado e alimentando uma onda de *feedback* negativo no mercado, fazendo as quedas de preço se acentuarem quase verticalmente e o volume negociado atinja proporções bastante grandes, refletindo o medo que os investidores estão sentindo.

**Gráfico 2.3**  Tendências primárias de baixa têm três fases no Índice Bovespa

Fonte: Trader Brasil Escola de Finanças & Negócios.

iii) Baixa lenta, que se inicia quando os preços atingem um patamar muito baixo, desencorajando os investidores que não venderam durante a fase anterior a fazê-lo nesse momento. O volume negociado despenca, atingindo nível muito baixo.

## 2.2.5 Quinto princípio: as médias descontam tudo

Os preços refletem as atividades combinadas de milhares de investidores, tanto do público quanto dos investidores mais bem informados (*insiders*) e suas diversas opiniões acerca do "valor justo" do mercado como um todo (refletido pelo valor das médias), bem como de empresas específicas (por meio do valor de uma ação). É a Lei da Oferta e da Procura agindo de forma clara no dia a dia dos mercados financeiros. O resultado dessa interação entre os diversos investidores pode ser observado nas médias, que indicam o comportamento dessa massa. A única exceção a essa regra decorre dos chamados "Atos de Deus", fatores externos ao mercado que ocorrem de forma abrupta, sem aviso prévio, e dificilmente podem ser previstos com um grau de confiança relevante pelos investidores. Um dos mais recentes "Atos de Deus" ocorreu em setembro de 2001, no atentado terrorista às torres gêmeas do World Trade Center, em Nova York. Ainda assim, os investidores rapidamente descontaram esse evento nos preços das ações (e das médias, como consequência).

Gráfico 2.4    A média industrial ($INDU) e a de transportes ($TRAN) se confirmando

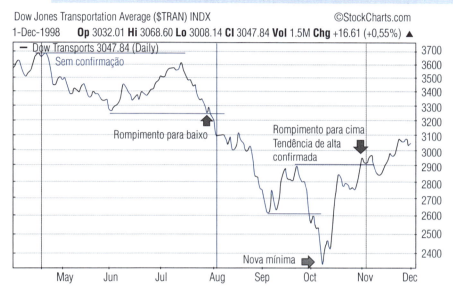

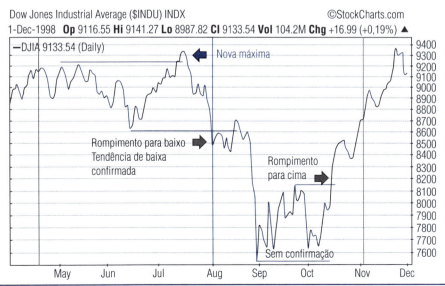

Fonte: StochCharts.

## 2.2.6 Sexto princípio: as duas médias devem-se confirmar

Esse princípio é o mais questionável da Teoria de Dow e também o mais difícil de analisar. Mesmo assim, ele passou pela prova do tempo e mostrou sua validade. Define que as duas médias (industrial e de transportes) devem andar na mesma direção. A falha de uma média em confirmar a direção da outra deve ser encarada como um alerta para que o investidor fique atento a uma possível mudança na tendência principal.

Segundo John Murphy, "a média industrial faz os bens, e a de transporte, a entrega, por isso funcionam bem juntas".

## 2.2.7 Sétimo princípio: o mercado pode-se desenvolver em linha

Uma linha na Teoria de Dow significa a presença de um movimento lateral que ocorre com relativa frequência. Normalmente, a direção do movimento seguinte à linha se dá na direção da tendência primária, embora possa ocorrer durante fases de acumulação e distribuição. A presença de linhas é consequência de um relativo balanceamento entre as forças de oferta e de procura, que ocorre de tempos em tempos. Esse movimento lateral apresenta uma variação percentual de preços pequena (geralmente em torno de 5% ou menos) e que dura de poucas semanas a alguns meses.

**Figura 2.1** Movimento lateral como uma linha

Fonte: Trader Brasil Escola de Finanças & Negócios.

## 2.2.8 Oitavo princípio: as médias devem ser calculadas com preços de fechamento

A Teoria de Dow enfatiza a utilização de preços de fechamento, afinal estes representam o consenso dos investidores acerca da tendência desenrolada ao longo de um dia de negociação. Dessa forma, a máxima, a mínima e o preço de abertura em um pregão não têm utilidade para a Teoria de Dow (embora outras correntes dentro da análise técnica, como os *candlesticks* japoneses e as Ondas de Elliott, considerem esses outros dados de suma importância).

## 2.2.9 Nono princípio: a tendência está valendo até que haja sinais de reversão

Esse é outro princípio dentro da Teoria de Dow que suscita algumas críticas, por causa do atraso com que esse sinal é percebido pelos investidores. No entanto, esse é o princípio que mais utiliza as probabilidades estatísticas. É um alerta para que um investidor não aposte suas fichas na reversão de uma tendência antes que ela tenha sido desconfirmada pela ação do mercado.

Segundo Hamilton, os preços de fechamento deveriam ocorrer acima de um topo anterior ou abaixo de um fundo anterior para que uma mudança de tendência fosse de fato significativa.

**Gráfico 2.5** Fundos mais altos e confirmação de uma nova tendência no Índice Bovespa. Deve-se reparar no alto volume no fim da queda, em sua diminuição e em um novo aumento com a entrada da nova tendência

Fonte: Trader Brasil Escola de Finanças & Negócios.

Entretanto, foi Nelson, um seguidor da Teoria de Dow, que aplicou a Teoria da Ação e Reação às médias para conceituar o final de uma tendência. Segundo Nelson[2],

> registros indicam que, em muitos casos, quando uma ação atinge o topo, ela apresenta uma queda moderada no preço e volta a subir novamente para perto da máxima anterior. Se, após esse movimento de retorno, a ação voltar a cair, é provável que essa queda seja mais significativa.

Ou seja, o que a Teoria da Ação e Reação nos descreve é que uma falha do mercado em confirmar a tendência vigente, seguida de um contra-ataque no sentido contrário, é o necessário para sinalizar uma mudança na direção dos preços. Já havíamos visto algo parecido no sexto princípio, quando a Média Industrial falhou em confirmar a queda na Média de Transportes. Essa é uma "regra de bolso" para a identificação do final de uma tendência.

## 2.3 CRÍTICAS À TEORIA DE DOW

i) É extremamente tardia, à medida que priva o investidor do primeiro e do último um terço do movimento de uma tendência primária por causa da exigência de confirmação para que uma tendência se inicie e termine.

ii) Deixa o investidor em dúvida, pois a teoria não pode antecipar quando um movimento secundário irá se tornar um movimento primário, ou quando um movimento terciário se tornará secundário. Esse ponto reflete a impaciência do ser humano e a necessidade de se ter uma opinião acerca da direção principal do mercado.

iii) Não ajuda o investidor a tirar proveito das tendências secundárias. É uma crítica válida, pois, teoricamente, essas tendências podem proporcionar boas chances de ganho a quem puder identificá-las com algum grau de precisão.

---

2   NELSON, S. A. *The ABC of stock speculation*. New York: New York Institute of Finance, 1903. p. 40. Nelson foi o primeiro que usou o termo "Dow theory". Depois, William Hamilton refinou ainda mais a teoria em artigos no *The Wall Street Journal* de 1902 a 1929.

# Capítulo 3

# Construção e tipos de gráficos

Alguns gráficos são muito usados no processo de análise para tomada de decisão em investimentos. Eles variam quanto aos dados apresentados e à forma de apresentação. Os mais usados são:

- gráfico de linha;
- gráfico de barra;
- gráfico de ponto e figura;
- gráfico de velas ou *candlesticks*.

Como a análise técnica é completamente aberta à criatividade dos analistas, vários estudos foram criados além dos quatro tipos mais utilizados. Alguns são combinações, como o *candlevolume* (gráficos de velas combinado a volume) e o *equivolume*, além de outros bem diferentes como o gráfico de *renko*, o de *kagi* e o *three line break*.

## 3.1 SOBRE A LEITURA DOS GRÁFICOS

**DICA**: Comparamos a leitura dos gráficos à de uma partitura musical. Se você é um analfabeto musical, você não lê, não entende nem escuta as diversas notas, semínimas, colcheias e nem seu andamento em *allegro* com pausas. Um músico, porém, consegue ler, escutar e ainda cantarolar uma partitura. A leitura gráfica é um processo similar. O analista bem treinado consegue visualizar e antecipar os movimentos do mercado para prontamente dar resposta à oscilação. Por algumas vezes, o analista "escuta" o mercado gritar que vai cair ou subir. Tenha paciência e treine bastante, não se preocupe se demorar um pouco para ler as informações com precisão e usá-las como um maestro que conduz músicos e instrumentos, para criar uma bela sinfonia.

Vejamos, então, quais são esses tipos e como são construídos.

### 3.1.1 Gráfico de linha

No *gráfico de linha*, apenas o preço de fechamento aparece para cada dia de negociação. Muitos analistas, principalmente os seguidores da Teoria de Dow (como veremos mais adiante), acreditam que o preço de fechamento é o mais importante do dia, por representar o consenso dos investidores no final de um dia de pregão. Por causa disso, uma linha que liga os preços de fechamento ao longo dos dias seria a forma mais eficiente para analisar a movimentação dos preços.

**DICA**: Os gráficos de linha não são de todo inúteis, pois em gráficos indexados eles podem ser de grande valia, como veremos mais adiante no Capítulo 14.

### 3.1.2 Gráfico de barras

O *gráfico de barras* é o mais comumente utilizado na análise técnica. Em um gráfico diário, cada dia corresponde a uma barra vertical, que mostra os preços de abertura, de máxima, de mínima e de fechamento em um dia de pregão. O traço à esquerda da barra vertical representa o preço de abertura e o traço à direita, o preço de fechamento; os extremos da barra mostram os preços máximos e mínimos atingidos.

Capítulo 3 ■ Construção e tipos de gráficos   39

**Gráfico 3.1**  Gráfico de linha em Itausa PN usando apenas o preço de fechamento

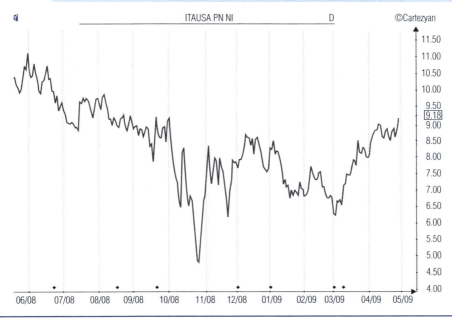

Fonte: cortesia da Cartezyan.

**Gráfico 3.2**  Gráfico de barras diário em AmBev PN

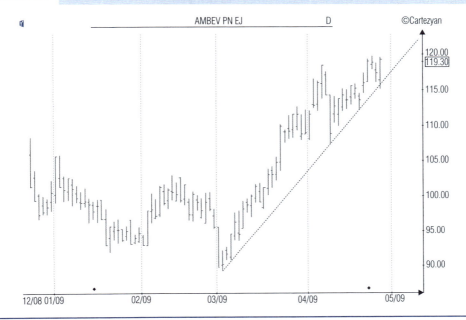

Fonte: cortesia da Cartezyan.

**Figura 3.1** Detalhando uma barra

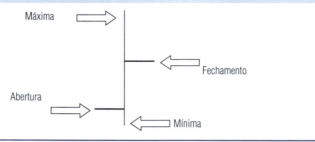

Fonte: elaborada pelo autor.

Além de diários, os períodos gráficos também podem ser mensais, semanais e, ainda, intradiários: de um, cinco, quinze, sessenta minutos etc.

### 3.1.3 Gráfico de ponto e figura

O *gráfico de ponto e figura* é bastante utilizado por operadores de pregão porque identifica com muita facilidade acumulações e distribuições de preço. Ao contrário dos outros tipos descritos aqui, o gráfico de ponto e figura é atemporal. Os padrões gráficos que se formam são independentes do tempo, tornando-o uma forma mais comprimida de se plotar a movimentação dos preços. Cada quadro (ou boxe) em um gráfico representa uma variação de preço, a qual é determinada pelo analista.

Para ações, essa variação costuma ser pequena – de 0,25 a 2 pontos –, enquanto para índices o valor de cada boxe costuma aumentar – de 10 a 500 pontos –, visto que o valor dos índices normalmente também é maior. As colunas representadas por "X" mostram preços em alta, ao passo que as colunas representadas por "O" mostram preços em baixa.

O gráfico é construído utilizando-se as cotações de máxima e mínima dos preços.

Não se marca com X uma coluna de baixa, tampouco uma coluna de alta com O. As colunas se alternam: a uma coluna de X (alta nos preços), segue-se uma coluna de O (baixa nos preços). Assim, não existem duas colunas de X ou de O subsequentes e sempre haverá alternância de colunas de X e de O.

Como não há noção de tempo no gráfico, no primeiro dia útil de cada mês troca-se o X ou O correspondente ao preço daquele dia por 1, 2, 3, 4, 5, 6, 7, 8, 9, A, B ou C, em que 1 = janeiro, 2 = fevereiro, até que outubro = A, novembro = B e dezembro = C.

Capítulo 3 ■ Construção e tipos de gráficos   41

**Gráfico 3.3**   Ponto e figura do Índice Bovespa

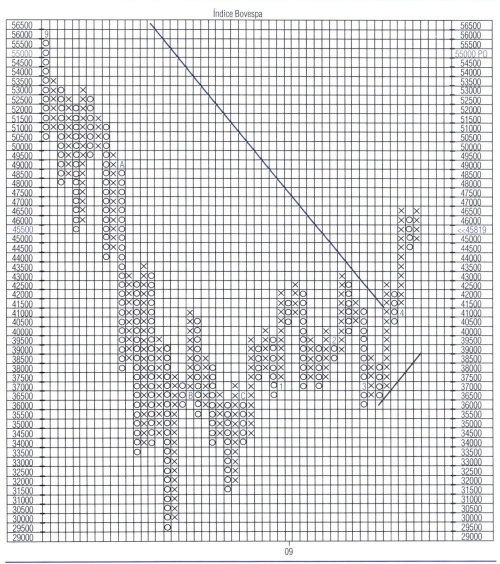

Fonte: StockCharts.

> Este gráfico indica, com precisão, os pontos de compra, de venda e onde colocar ordens de *stops*. Também permite fazer projeções de preços com o uso dos gráficos ou fórmulas matemáticas.

**DICA**

**DICA** Para ativos como o Índice Bovespa, utilizamos Boxe de 500 pontos (índice na faixa de 30.000 a 60.000 pontos), e para o Dow Jones, utilizamos Boxe de 50 pontos (faixa de 6.000 a 10.000) e de 75-100 pontos até 20.000 pontos.

 **DICA** Alguns analistas adotam no cálculo do Boxe o valor do ATR (*average true range*) de 20 períodos.

#### 3.1.3.1 Reversão de três boxes

Uma nova coluna é desenhada apenas quando não tiver sido marcado nada na coluna atual e os preços variarem, no mínimo, em três boxes na direção contrária à vigente.

**Tabela 3.1** Tamanho do boxe para ativos em gráficos ponto e figura

| Preço do ativo | Tamanho do boxe |
|---|---|
| De 0 a 5 | 0,25 |
| 5 a 20 | 0,50 |
| 20 a 100 | 1,00 |
| 100 a 200 | 2,00 |
| 200 a 500 | 4,00 |
| 500 a 1.000 | 5,00 |

Fonte: Trader Brasil Escola de Finanças & Negócios.

#### 3.1.3.2 Construindo o gráfico

Esse tipo de gráfico trabalha apenas com preços; não são levados em consideração o tempo e o volume (quantidade de ações) negociados. Observe as características.

- Uma subida nos preços é marcada com um X.
- Quando os preços estão em queda, eles são representados por um O.
- Uma coluna com X indicará que os preços estão subindo.
- Ao contrário, uma coluna marcada com O significa que os preços estão em baixa.
- Não se marca com X uma coluna de baixa.
- Da mesma forma, não se marca uma coluna de alta com O.
- Não existe uma coluna com menos de três boxes marcados com X ou O.
- Para a construção do gráfico, utilizamos as cotações máxima e mínima de cada dia.

Capítulo 3 ▪ Construção e tipos de gráficos   43

Acompanhe a Tabela 3.2 e o Figura 3.2 a seguir.

| Tabela 3.2 | Montagem do gráfico ponto e figura | | | | | | |
|---|---|---|---|---|---|---|---|
| Dia 0 | Dia 1 | Dia 2 | Dia 3 | Dia 4 | Dia 5 | Dia 6 | Dia 7 |
| Começo em coluna de X em 9 | Marca um X em 10 | Não marca nada | Marca três Os até 7 | Marca um O até 6 | Não marca nada | Marca nova coluna de X e uma linha de tendência de alta pode ser traçada | Marca mais um X e fornece um sinal de compra, pois rompeu a coluna de X anterior |
| Máx. | 10 (nova máxima) | 10 | 9 | 10 | 8 | 10 (nova máxima) | 11 (nova máxima) |
| Mín. | 8 | 9 | 7 (nova mínima) | 6 (nova mínima) | 7 | 6 | 8 |

Fonte: Trader Brasil Escola de Finanças & Negócios.

| Figura 3.2 | Montagem do gráfico ponto e figura |
|---|---|

```
11      × Sinal de compra: rompimento da coluna de × anterior

10 ×    ×

09 × ○ ×    /

08 × ○ ×   /

 7    ○ × /

 6    ○ /

      /
```

Fonte: elaborada pelo autor.

### 3.1.3.3  *Sinais de compra e venda*

Quando temos o rompimento de uma coluna anterior de X, após uma interrupção por uma coluna de O, ocorre um sinal de compra. Uma ruptura de uma coluna anterior de O, após a conjunção de uma coluna de X, nos indica um sinal de venda.

### 3.1.3.4  *Linhas de tendência no gráfico de ponto e figura*

Uma linha de tendência é traçada a partir de um ponto de destaque (máximo ou mínimo) chamado de "ponto pivô", e sempre com um ângulo de 45 graus. Dessa forma, se tivermos um mercado em queda e ocorrer uma reversão para cima, traçaremos uma nova linha de suporte a partir do menor preço atingido pelo movimento.

**Figura 3.3** Montagem do gráfico ponto e figura

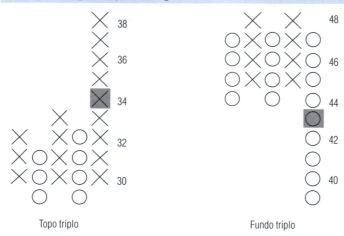

Topo triplo        Fundo triplo

Fonte: elaborada pelo autor.

**Figura 3.4(a)** Linhas de tendência no gráfico ponto e figura

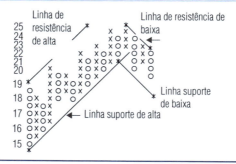

Fonte: elaborada pelo autor.

**Figura 3.4(b)** Triângulo simétrico no gráfico ponto e figura

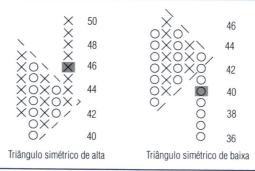

Triângulo simétrico de alta        Triângulo simétrico de baixa

Fonte: elaborada pelo autor.

Capítulo 3 ▪ Construção e tipos de gráficos    45

### 3.1.3.5  *Calculando objetivos de preço no gráfico ponto e figura*

Existem duas maneiras de se calcular objetivos de preço: os métodos vertical e horizontal.

- Método vertical

    Exemplo de compra – conte o número de X no primeiro movimento que produz um sinal de compra. Multiplique esse número por três – se estiver usando 3 boxes – e adicione o produto no menor X na coluna da direita. Faz-se o inverso para venda.

| **Tabela 3.3** Calculando objetivo no ponto e figura | | | |
|:---|:---:|:---:|:---:|
| Contagem vertical de alta | | | |
| $ 40,00 | | | |
| $ 39,00 | | | X |
| $ 38,00 | | X | | X |
| $ 37,00 | 0 | X | 0 | X |
| $ 36,00 | 0 | X | 0 | X |
| $ 35,00 | 0 | X | 0 | X |
| $ 34,00 | 0 | | 0 | |

5 Xs para cima

3 boxes × 5 = 15 e 35 + 15 = 50

50 é o objetivo para cima

Fonte: Trader Brasil Escola de Finanças & Negócios.

| **Tabela 3.4** Calculando objetivo no ponto e figura | | | |
|:---|:---:|:---:|:---:|
| Contagem vertical de baixa | | | |
| $ 55,00 | | | |
| $ 54,00 | 0 | | |
| $ 53,00 | 0 | X | |
| $ 52,00 | 0 | X | 0 |
| $ 51,00 | 0 | X | 0 |
| $ 50,00 | 0 | | 0 |
| $ 49,00 | | | 0 |

4 Os para baixo

4 × 3 boxes = 12 e 52 – 12 = 40

40 é o objetivo para baixo

Fonte: Trader Brasil Escola de Finanças & Negócios.

## 46 ANÁLISE TÉCNICA DOS MERCADOS FINANCEIROS

- Método horizontal

Nesse método, há duas maneiras diferentes de se calcular os objetivos de preço:

Primeira maneira – mede-se a largura de uma congestão e essa medida é usada verticalmente, a partir do rompimento, para se obter o objetivo no preço. Conta-se o número de boxes na base de formação horizontal da acumulação que deu o sinal de compra. Multiplica-se por três e, então, adiciona-se ao preço associado o menor de X.

| Tabela 3.5 Calculando objetivo no ponto e figura | | | | |
|---|---|---|---|---|
| Contagem horizontal de alta | | | | |
| $ 40,00 | | | | |
| $ 39,00 | | | | |
| $ 38,00 | | | | X |
| $ 37,00 | | X | | X |
| $ 36,00 | O | X | O | X |
| $ 35,00 | O | X | O | X |
| $ 34,00 | O | | O | |

4 boxes laterais na acumulação
3 × 4 boxes = 12 e 36 + 12 = 48
48 é o objetivo para cima

Fonte: Trader Brasil Escola de Finanças & Negócios.

| Tabela 3.6 Calculando objetivo no ponto e figura | | | |
|---|---|---|---|
| Contagem horizontal de baixa | | | |
| $ 55,00 | | | |
| $ 54,00 | O | | |
| $ 53,00 | O | X | |
| $ 52,00 | O | X | O |
| $ 51,00 | O | X | O |
| $ 50,00 | O | | O |
| $ 49,00 | | | O |

3 boxes laterais na acumulação
3 × 3 boxes = 9 e 52 − 9 = 43
43 é o objetivo para baixo

Fonte: Trader Brasil Escola de Finanças & Negócios.

Segunda maneira – antigamente, antes do advento do computador, o gráfico de ponto e figura era feito com papel milimetrado, em escala semilogarítmica ou aritmética. Provavelmente, pessoas nascidas a partir de 1980 nunca viram, mas era muito comum para gerações anteriores. Pegava-se o tamanho da amplitude horizontal da congestão e, com o auxílio de um compasso, girava-se para o eixo vertical, projetando o objetivo dos preços, conforme demonstrado no Gráfico 3.4.

**Gráfico 3.4**  Projeção em gráfico ponto e figura usando um compasso

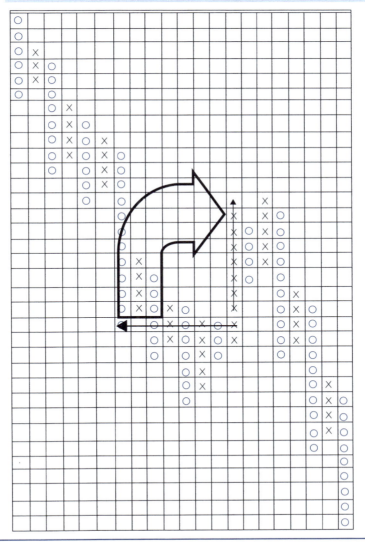

Fonte: StockCharts.

**DICA**  O gráfico de ponto e figura é de fácil utilização e tem grande valia para se evitar falsos rompimentos e, também, para confirmar sinais de outros tipos de gráficos, como o de velas (ou *candlesticks*) e o de barra, por exemplo. É especialmente indicado para operações chamadas de *swingtrade* – as quais têm horizonte de tempo de um a cinco dias úteis –, mas algumas pessoas o utilizam para *daytrade*, diminuindo o tamanho do boxe.

### 3.1.4 Gráfico de velas ou *candlesticks*

O gráfico de velas ou *candlesticks* é o mais antigo na análise técnica. Já no século XVII, os japoneses utilizavam os *candlesticks* na Bolsa de Arroz de Osaka e Dojima. A construção do gráfico de *candlesticks* é muito semelhante à do gráfico de barras convencional, apenas com algumas distinções.

**Gráfico 3.5**  Gráfico de velas diário do Bradesco PN

Fonte: cortesia da Cartezyan.

Esses gráficos utilizam os mesmos quatro dados básicos: preços de abertura, de máxima, de mínima e de fechamento. A área entre o preço de abertura e o preço de fechamento é interligada, criando um corpo, ou uma vela. Se no final de um dia de negociação o valor do fechamento for maior que o da abertura, o corpo do *candlestick* será branco ou vazio; se o fechamento for menor que a abertura, esse corpo deverá ser preto ou cheio. Os dados representados pela máxima e pela mínima do *candlestick*, acima e abaixo do corpo, são chamados de sombra ou cabelo.

### 3.1.4.1 *História dos* candlesticks

> "As velas exaurem-se para dar luz aos homens."
>
> *Provérbio japonês*

Os japoneses começaram a utilizar a análise técnica para transacionar no longínquo século XVII. Apesar de a análise ser muito diferente da iniciada por Charles Dow por volta de 1900, muitas das "traves mestras" eram muito similares. O "o quê" (os preços) era muito mais importante do que "o porquê" (notícias, resultados etc.). Toda informação conhecida está refletida nos preços, os quais compradores e os vendedores estabelecem com base em suas expectativas e suas emoções (medo, ganância etc.); assim, os mercados flutuam e o preço atual pode não refletir o valor real da empresa.

Os conceitos de análise técnica introduzidos pelos japoneses estão mais relacionados à visualização da informação no nível de preços do que à análise técnica propriamente dita. A base da análise técnica japonesa são as *candlesticks* (velas), cujo desenvolvimento remonta ao século XIX. Muito do conhecimento nessa área é atribuído a um lendário comerciante de arroz, nascido com o nome de Kosaku Kato e que posteriormente, ao ser adotado pela família Homma, se tornou Sokyo Munehisa Homma.

### *O samurai de cem* trades *vitoriosos*

A cultura do oriente nos fascina por sua riqueza, suas tradições e sua história. A análise técnica também faz parte desse contexto, uma vez que os gráficos de *candles* são originários do Japão feudal e têm sido usados há mais de 200 anos na região. Naquela época, o país vivia um clima militarista; os conflitos eram tantos que os japoneses se referem a esse período da história como Sengoku Jidai

50  ANÁLISE TÉCNICA DOS MERCADOS FINANCEIROS

(tempo do país em guerra). Esse momento se reflete na nomenclatura de alguns padrões de *candles*, como *counterattack lines* (linhas de contra-ataque) ou *three advancing white soldiers* (três soldados brancos que avançam).

## O surgimento da Bolsa de Arroz

O centro comercial do Japão estabeleceu-se em Osaka, uma cidade portuária, o que favorecia em muito o comércio, em uma época na qual as viagens por terra eram demoradas e, muitas vezes, bastante perigosas. O comércio do arroz era a base da economia, sendo esse produto, efetivamente, a moeda nacional. Não é surpresa, portanto, que alguns mercadores desse grão se tenham tornado extremamente ricos. Um desses homens era Yodoya Keian, reconhecido por sua incrível capacidade de transportar e distribuir arroz. Seu poder cresceu de tal maneira que o primeiro local (Bolsa) de comércio de arroz foi formado em seu jardim.

O Japão era extremamente segmentado em classes, e o governo militar, chamado de *Bakufu*, ficou preocupado com a riqueza e o poder dos mercadores. Yodoya teve seus bens confiscados pelo governo por ter um "estilo de vida" acima de sua condição social. Apesar da intervenção governamental, o embrião da Bolsa japonesa de comércio de arroz estava lançado e o mercado que existia nos jardins de Yodoya foi, mais tarde, oficializado como Bolsa de Arroz Dojima (Dojima Rice Exchange).

## Surge Munehisa Homma

O comércio do arroz representava a riqueza de Osaka. Fazendeiros de todo o Japão podiam mandar sacas desse produto para lá, pois elas poderiam ser mantidas em armazéns da cidade. Em troca, recebiam um cupom representativo do valor, o qual poderia ser vendido a qualquer momento. Começava, assim, a formação de um dos dois primeiros mercados de futuros do mundo. Somente na Bolsa Dojima operavam cerca de 1.300 *traders* de arroz. Nesse período, havia no Japão uma rica família de fazendeiros, chamada Homma. Sua base de negociação era a cidade de Sakata, uma área onde o comércio de arroz também era bastante forte. Em torno de 1750, o patriarca da família Homma morreu, e o controle dos negócios passou para Munehisa Homma. Um primeiro aspecto que tornou evidente as capacidades de Munehisa foi o fato de que se tratava do filho mais novo. Na forte tradição hierárquica japonesa, o posto deveria ser assumido pelo filho mais velho, mas a família já conhecia os talentos de Munehisa.

Munehisa foi um verdadeiro cientista do mercado. Ele desenvolveu teorias e passou a guardar informações detalhadas (registros históricos) sobre condições de clima, preços do arroz e negociações realizadas. Para compreender a fundo a psicologia dos investidores, analisou os movimentos de preços do arroz mesmo em diligências ocorridas na época em que os *trades* eram realizados no jardim de Yodoya.

Não demorou muito para que Munehisa passasse a atuar e também a dominar a grande Bolsa Dojima, onde acumulou uma fortuna gigantesca. Suas técnicas eram tão precisas que ele não via a necessidade de se fazer presente em Osaka. Desenvolveu um sistema de troca de informações no qual homens eram posicionados sobre telhados de casas no caminho entre Sakata e Osaka e, por meio de bandeiras, comunicavam as instruções de compra e venda geradas por Munehisa.

Conta a história que Munehisa conseguiu fazer cerca de cem *trades* vitoriosos consecutivamente. Diante de tamanho poder e conhecimento, o governo contratou Munehisa Homma como consultor financeiro e concedeu a ele o título de Samurai. Nada mal para um analista técnico sem habilidade alguma com a *do*, nome dado à espada samurai. Das teorias desse guerreiro dos mercados evoluíram as técnicas de *candlesticks* que hoje são utilizadas e pesquisadas em todo o mundo.

**Figura 3.5**   Leitura da vela ou *candlesticks*

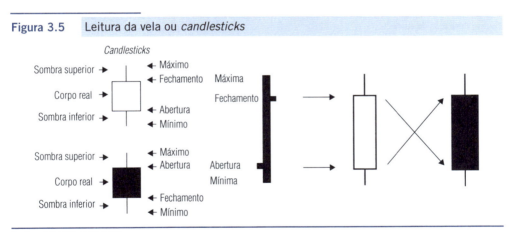

Fonte: elaborada pelo autor.

Meu primeiro contato com *candlesticks* foi em 1996, quando li o livro de Steve Nison[1].

Há alguns anos, eu conheci Steve Nison nos Estados Unidos e ele depois nos deu a honra de participar de uma palestra na Trader Brasil, em que, de forma muito

---

[1] NISON, Steve. *Japanese candlestick charting techniques*: a contemporary guide to the ancient investment techniques of the far east hardcover. New York: New York Institute of Finance, 1991.

simplista, afirmou: "*Candlesticks* é uma TV em cores e gráficos de barras, uma TV preto e branco". Curiosidade ridícula: ele me fez ir com ele na cozinha do hotel para descobrir a fruta que ele tinha comido no café da manhã. Era jaca. E ele adorou.

Quando comparado aos tradicionais gráficos de barras, o de *candlesticks* mostra inúmeras vantagens, como ser mais atraente em termos visuais e de mais fácil interpretação. Cada *candlesticks* mostra mais claramente os movimentos dos preços; assim, um *trader* pode comparar imediatamente a relação entre a abertura e o fechamento, bem como entre o máximo e o mínimo. A conexão entre a abertura e o fechamento é considerada vital e constitui a essência das *candlesticks*. As velas brancas indicam pressão compradora, e as pretas, pressão vendedora.

## 3.1.5 Gráfico de linhas × gráfico de velas

**Gráfico 3.6** Gráfico de linhas × gráfico de velas

Fontes: ilustração do autor.

O gráfico de linha, feito somente com os preços de fechamentos, fornece-nos informações incompletas. Repare na diferença entre a referência constante do mesmo gráfico em linha e com velas: no primeiro, temos fundos ascendentes e, no segundo, fundo duplo de mesma altura.

### 3.1.5.1 *Corpos compridos* × *curtos*

Em termos gerais, quanto mais comprido for o corpo, mais intensa é a pressão compradora ou vendedora. De maneira análoga, as velas curtas indicam um movimento reduzido de preços e representam consolidação. As velas longas brancas mostram uma forte pressão compradora e, quanto mais longa ela for, mais distante o preço de fechamento está do preço de abertura. Isso indica que os compradores foram bastante agressivos. Mas, atenção! Apesar de as velas brancas compridas serem normalmente *bullish*,[2] seu significado mais real depende de sua posição no contexto mais amplo da análise técnica.

---

2   Movimento de alta. Como o ataque de um touro, lembra?

### 3.1.5.2 Clímax de compra e de venda

Depois de grandes e longas quebras, uma vela branca comprida pode marcar um ponto de virada potencial ou um nível de suporte. Se as compras se tornarem muito agressivas depois de uma grande subida, pode significar que há um clima *bullish* excessivo e que se assistiu a um *buying climax* (clímax de compra), geralmente sinalizado por uma vela de reversão como um enforcado com o dobro do volume normal médio.

Gráfico 3.7  *Buying climax* na Vale5

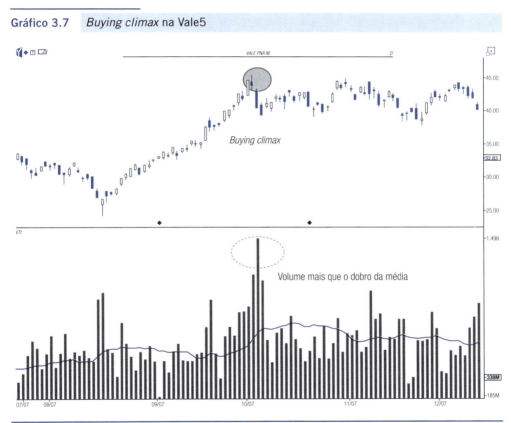

Fonte: cortesia da Cartezyan.

As velas pretas e compridas evidenciam pressão vendedora e, quanto maiores, maior será essa pressão. Quanto mais comprida forem, mais abaixo da abertura se encontra o fechamento. Isso indica que os preços diminuíram significativamente desde a abertura e que os vendedores foram agressivos. Depois de uma longa descida, uma vela preta comprida pode antecipar uma inversão de tendência ou marcar um suporte. Depois de uma extensa diminuição de preços, intitulados de *panic selling* (pânico de venda), a vela preta longa pode indicar o fim dessa mesma descida, culminando em um clímax de venda, geralmente sinalizado por uma vela ou um conjunto de velas de reversão, como um martelo ou um padrão perfurante com volume o dobro do normal médio.

Gráfico 3.8    *Buying climax em PCAR4*

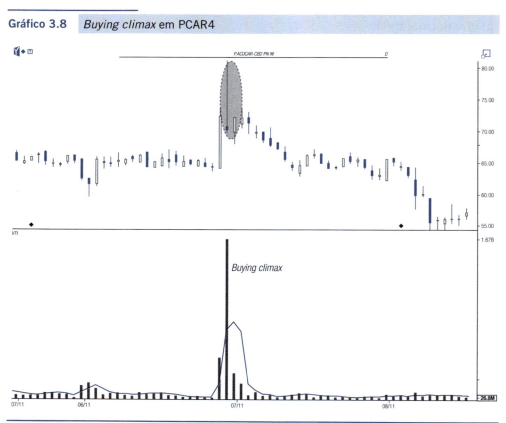

Fonte: cortesia da Cartezyan.

### 3.1.5.3  *Sombras*

A direção na qual as sombras aparecem indica que o movimento está sendo freado ou combatido pela ponta contrária. A sombra adiciona volatilidade e mostra indecisão dos investidores na leitura dos gráficos.

Capítulo 3 ■ Construção e tipos de gráficos    55

**Figura 3.6**    Velas de reversão

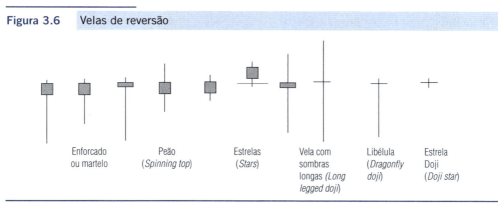

Fonte: elaborada pelo autor.

*Família* candlestick*: do mais forte até o mais fraco*

**Figura 3.7**    Família *candlesticks*

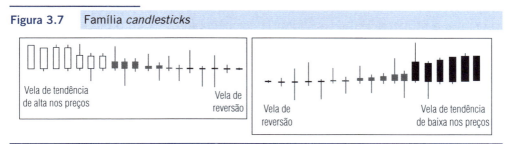

Fonte: MORRIS, Gregory. *Candlestick charting explained*. London: McGraw-Hill Professional, 2006. p. 452.

### 3.1.5.4    *Como juntar velas?*

> "Um falcão esperto esconde suas garras."
>
> Provérbio japonês

Uma técnica apresentada por Greg Morris na Expo Trader Brasil 2008 foi a de junção de velas. Assim, em vez de decorar técnicas diferentes, você pode apenas entender como elas funcionam, já sabendo que as mais fáceis são a *doji*, o martelo (como variação da *shooting star*), o *marubozu* e o *spinning top*. Você deve fazer quatro perguntas básicas:

1. Qual a abertura da primeira vela?
2. Qual o fechamento da última vela?
3. Qual a máxima do período?
4. Qual a mínima do período?

## Figura 3.8   Somando velas

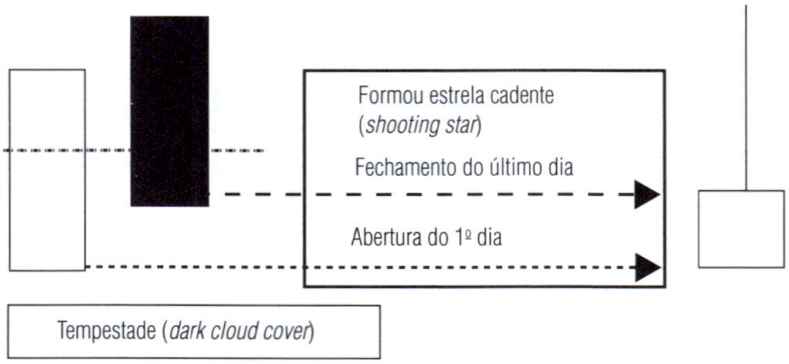

Fonte: elaborada pelo autor.

## 3.1.6 *Candlevolume*

Esse tipo de gráfico é similar ao gráfico de velas, exceto pela espessura de cada vela, que é proporcional a seu volume correspondente. Como o eixo do tempo não é uniformemente espaçado em virtude das variadas espessuras das velas, a análise das linhas de tendência devem ser confirmadas pelo gráfico de velas padrão ou de barras. Uma vela mais grossa é mais significante do que uma fina, pois um volume maior geralmente precede movimento de preço expressivo.

## Gráfico 3.9   *Candlevolume*

Fonte: StockCharts.

## 3.1.7 Equivolume

Esse tipo de gráfico é muito semelhante ao anterior, a diferença é que a altura de cada barra representa a máxima e a mínima de cada período. Como no *candlevolume*, a largura de cada barra é proporcional ao volume negociado no período.

Gráfico 3.10  *Equivolume*

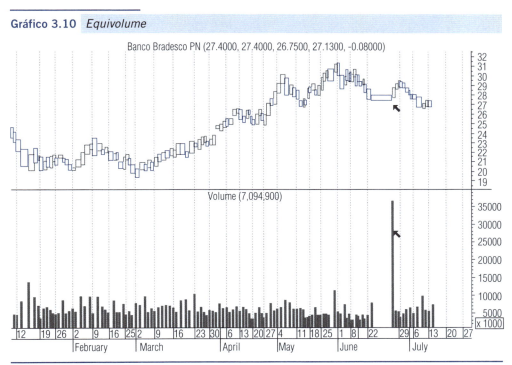

Fonte: cortesia da Equis Metastock.

## 3.1.8 Gráfico de *renko*

Esse gráfico, também desenvolvido por japoneses, só está voltado para o movimento dos preços; o tempo e o volume não estão incluídos. A origem do nome vem da palavra japonesa *renga*, que significa "tijolo".

Um gráfico de *renko* é construído da seguinte forma: uma vez ultrapassada a máxima ou a mínima do tijolo anterior por um valor predefinido, coloca-se um tijolo na próxima coluna. Tijolos brancos são usados quando a direção dos preços é para cima, e tijolos pretos, quando a tendência é para baixo.

Esse tipo de gráfico é bem efetivo para identificar zonas-chaves de suporte e resistência. Sinais de compra e de venda são gerados quando a cor do tijolo muda.

O grande problema desse tipo de gráfico ocorre em uma zona cuja tendência não esteja bem definida, o que produz um efeito gangorra com vários sinais falsos de compra e de venda.

**Gráfico 3.11**  Gráfico de *renko*

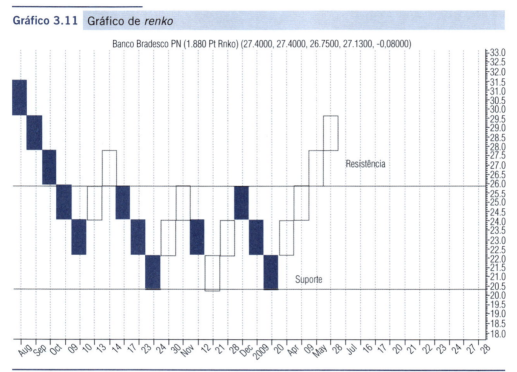

Fonte: cortesia da Equis Metastock.

## 3.1.9 Gráfico de *kagi*

Esse é outro tipo de gráfico inventado pelos japoneses por volta de 1870. Como o gráfico de *renko*, é independente de tempo e muda de direção se determinado valor é alcançado.

Para isso, utiliza uma série de linhas verticais para ilustrar níveis de oferta e de demanda para vários ativos. Linhas grossas são desenhadas quando o preço do ativo rompe a máxima anterior e é interpretado como um aumento na demanda.

Linhas finas são utilizadas para representar um aumento da oferta quando os preços caem abaixo da mínima anterior.

Os sinais de compra e de venda são disparados quando a linha vertical muda de fina para grossa e não são revertidos até que esta volte a ser fina.

Gráfico 3.12  Gráfico de *kagi*

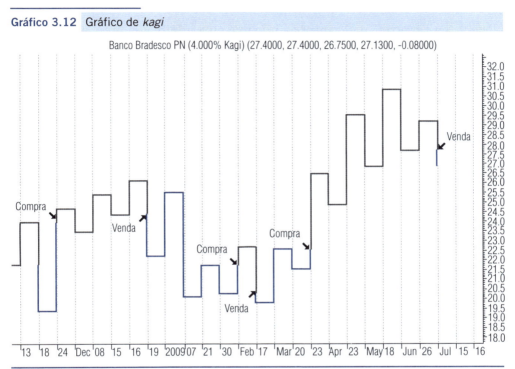

Fonte: cortesia da Equis Metastock.

## 3.1.10 *Three line break*

Um gráfico *three line break* mostra as séries de barras ou linhas verticais baseadas na alteração dos preços do ativo. Como o ponto e figura, o *kagi* e o *renko*, os gráficos *three line break* ignoram a escala de tempo. Ele apresenta uma série de linhas de alta e de queda, com uma variação no comprimento. Cada linha nova ocupa uma nova coluna.

O *three line break* baseia-se sempre no preço de fechamento.

A regra geral para calcular o *three line break* é:

- se o preço excede a máxima da linha anterior, então uma nova linha de alta é desenhada;
- se o preço cai abaixo da mínima da linha anterior, é desenhada uma nova linha de baixa;
- caso o preço não ultrapasse a máxima ou a mínima da linha anterior, não é desenhado nada.

No gráfico *three line break*, se uma tendência é forte o suficiente para mostrar três linhas consecutivas na mesma direção, então o preço deve inverter até o extremo das últimas três linhas para, então, criar uma nova em outro sentido. Os sinais básicos para operar usando um gráfico *three line break* são:

- comprar quando uma linha de alta emergir após três linhas de baixa consecutivas;
- vender quando uma linha de baixa aparecer após três linhas de alta consecutivas;
- evitar operações enquanto o mercado não apresenta tendência definida, mostrando alternância constante entre linhas de alta e de baixa.

Uma vantagem do gráfico *three line break* é que não há um valor fixo para caracterizar a reversão; isso pode ser configurado de acordo com o ativo. Contudo, há também uma desvantagem: os sinais são gerados depois de a nova tendência iniciar seu movimento. De qualquer forma, muitos operadores aceitam sinais ligeiramente atrasados, esperando por movimentos consistentes de tendência.

É possível ajustar a sensibilidade do ponto de reversão mudando o número de linhas. Por exemplo, para operar no curto prazo, podem-se usar duas linhas para a quebra de tendência, apresentando mais reversões, enquanto para se operar no longo prazo, podem-se utilizar quatro ou mesmo dez linhas para a reversão.

O recomendável é adotar um gráfico *three line break* com um gráfico *candlesticks*, usando o primeiro para determinar a tendência predominante e os padrões do segundo como sinais para cada operação.

**Gráfico 3.13** *Three line break* no Ibovespa

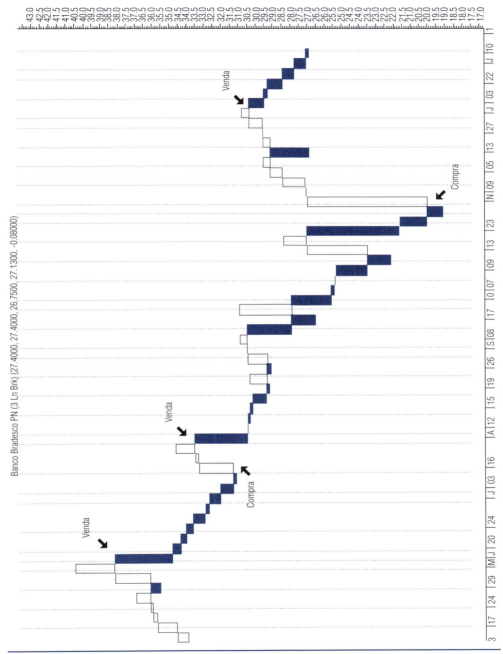

Fonte: cortesia da Equis Metastock.

## 3.2 ESCALAS ARITMÉTICAS × ESCALAS LOGARÍTMICAS

Dow construía seus gráficos utilizando os preços de fechamento de cada dia em uma escala aritmética, também chamada de escala linear, que mantém intervalos iguais de preços no eixo Y (eixo vertical) e deve ser empregada para ativos financeiros, nos quais a variação percentual e a nominal de preços tenham a mesma significância – por exemplo, os mercados futuros, nos quais o investidor ganha ou perde dinheiro de acordo com a variação do número de pontos e não com a oscilação percentual desse ativo.

Para alguns tipos de análise, particularmente as de longo prazo, a escala logarítmica parece ser a mais adequada. Note que os aumentos percentuais se tornam menores à medida que os preços sobem. A distância entre os números 1 e 2 em uma escala aritmética, por exemplo, representa a mesma distância que existe entre os números 9 e 10. No entanto, se dividirmos 2 por 1, e 10 por 9, veremos que as variações percentuais encontradas são distintas. Quando utilizamos a escala logarítmica, observamos que a distância entre os números 1 e 2 corresponde à mesma distância percorrida entre os números 5 e 10, nessa mesma escala. Isso porque ambas representam o dobro do preço ou um aumento de 100% em relação ao primeiro número. Dessa forma, os preços, em uma escala logarítmica, mostram distâncias similares para variações percentuais semelhantes.

Note nos gráficos a seguir como uma linha de tendência pode adquirir diferentes valores e significados quando desenhada sob escalas diversas. Em geral, deve-se usar a escala logarítmica para papéis com grandes oscilações.

**Figura 3.9**   Escalas

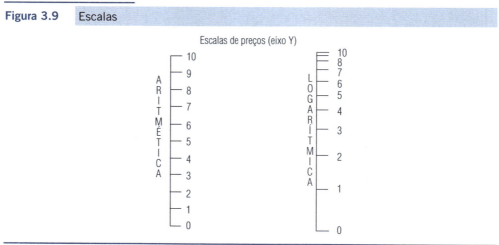

Fonte: elaborada pelo autor.

Capítulo 3 ■ Construção e tipos de gráficos    63

**Gráfico 3.14** Escala aritmética no Ibovespa

Fonte: cortesia da Cartezyan.

**Gráfico 3.15** Escala logarítmica no Ibovespa

Fonte: cortesia da Cartezyan.

**Gráfico 3.16** Escala aritmética na OGXP3

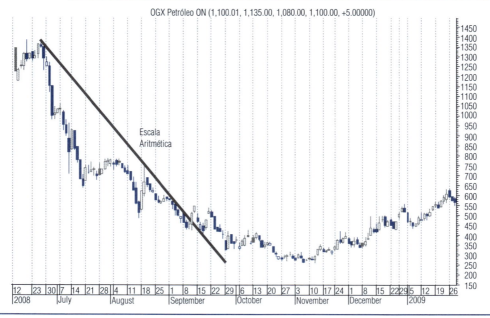

Fonte: cortesia da Equis Metastock.

**Gráfico 3.17** Escala logarítmica na OGXP3

Fonte: cortesia da Equis Metastock.

## 3.3 TEMPOS GRÁFICOS

### 3.3.1 Gráficos de curto prazo × gráficos de longo prazo

Sabemos que cada pessoa procura seguir um estilo de investimento. Os *scalpers*, por exemplo, têm como objetivo os ganhos de escala. Para eles, a meta principal é ganhar alguns centavos no preço com um lote grande diversas vezes ao dia. Esses investidores não estão preocupados com a direção da tendência primária ou com a saúde do mercado como um todo.

Outros investidores seguem uma cartilha de curto prazo e procuram captar parte dos movimentos nas tendências secundárias e terciárias dos preços, na tentativa de auferir algum lucro nessa história. Eles também não estão interessados nos movimentos fundamentais dos preços no longo prazo, embora levem em conta esses fatores ainda que indiretamente, ao elaborar suas estratégias.

Para esses agentes financeiros, a utilização de gráficos intradiários e diários é amplamente difundida. Com a divulgação de pacotes gráficos alimentados por provedores de cotações on-line, tem crescido bastante o número de pessoas que utilizam esse tipo de ferramenta como auxílio à tomada de decisões sobre investimentos.

> **DICA**: A análise técnica só tem sentido se o ativo tiver liquidez; então, fuja de gráficos que parecem estrelas no céu... Nos ativos com apenas um negócio por dia, os preços de abertura, de máxima, de mínima e de fechamento são os mesmos, formando apenas um traço.

Já os investidores de longo prazo – como fundos de pensão e boa parte dos fundos de investimento – procuram captar o máximo possível do movimento da tendência primária. Esses investidores institucionais estão comprometidos com grandes somas de dinheiro e, por causa disso, não têm a agilidade necessária para entrar e sair do mercado a qualquer momento. Para esse grupo de investidores, a utilização de gráficos semanais e mensais é bastante comum, pois refletem uma visão maior do mercado, de mais longo prazo.

Uma das perguntas mais comuns que nos fazem é: por qual tempo gráfico devemos começar?

> **DICA**: Na prática, olhamos o gráfico mensal uma vez por trimestre e o semanal uma vez por mês. Os pontos mais importantes deles são transferidos para o gráfico diário, que será o carro-chefe e dará as boas entradas de operações. Os pontos de entrada são refinados como se pode observar nos gráficos de intradiário.

Em tese, devemos começar pelos períodos mais longos e avançar para os mais curtos. Do mensal para o semanal, depois para o diário; em seguida, sucessivamente, para o de minutos – 120, 60, 15, 5 e até 1 minuto.

Costumamos usar a Tabela 3.7 como guia de uso para saber até qual mínimo de tempo gráfico poderemos ir.

Tabela 3.7  Tempo gráfico mínimo utilizado × quantidade de negócios diários

| X = Número de negócios diários | Período mínimo utilizado |
|---|---|
| X < 200 | Diário |
| 200 > X < 500 | 60' |
| 500 > X < 1.000 | 30' |
| 1.000 > X < 5.000 | 15' |
| 5.000 > X < 20.000 | 5' |
| X > 20.000 | Até 1' |

Fonte: Trader Brasil Escola de Finanças & Negócios.

**DICA**  Caso você esteja observando o gráfico de um ativo no qual apareçam muitos pontos – como em um céu estrelado – ou mesmo traços, suba um tempo gráfico. Por exemplo se o intradiário de 15' mostrar muitos pontos, sem oscilação, suba o tempo gráfico para 30' e assim por diante. Pontos em um gráfico significam falta de liquidez, pouca ou nenhuma negociação. Só utilize gráficos de um minuto para ativos como S&P 500 futuro, em que a liquidez é enorme.

Outro fator que influencia é a duração da operação que você procura. Para posição de médio ou longo prazo, o ideal é operar com gráfico semanal ou diário. Para *swing trade*, que dura no máximo cinco dias, utilize o gráfico diário e o de 60 minutos. Para *daytrade*, os de 60 a 15 minutos, e para *scalping*, o de cinco a um minuto.

### 3.3.2 Verificação da continuidade temporal

O objetivo de verificar a continuidade temporal, ou melhor, das janelas de tempo gráfico é identificar quem está ativo e no controle do mercado, se compradores ou vendedores em determinado período. A análise com múltiplos tempos gráficos ajudará nessa identificação, além de prover uma visão geral melhor do que está realmente acontecendo.

Idealmente, queremos identificar ativos que estão se movendo na mesma direção em todos os tempos gráficos: 60 minutos, diário, semanal, mensal, trimestral e até anual.

Em outras palavras, as melhores oportunidades para compra tendem a estar em ativos que estão sendo negociados acima do preço de abertura registrado nos *candles* do atual gráfico mensal, semanal e diário. Se um ativo estiver acima de todos esses preços de abertura, consideramos que esse ativo está em continuidade de tempo integral para o lado comprado. Os compradores estão firmemente no controle desse ativo, e devemos procurar oportunidades para entrar em posição comprada.

O inverso pode ser dito para o lado vendido: quando um ativo está sendo negociado abaixo do preço de abertura da barra mensal, semanal e diária atual, consideramos que a ação está em continuidade de tempo integral para o lado negativo. Os vendedores estão firmemente no controle desse ativo, e devemos procurar oportunidades no intradiário para entrar em posição vendida.

Você deve considerar essa estratégia como um efeito cascata em uma água, onde a tendência é iniciada no menor tempo gráfico e seguida como uma onda, impactando o período de tempo maior à medida que se desenvolve.

Se ela continuar a afetar um período de tempo maior, torna-se a continuação do período de tempo e, se falhar, torna-se uma reversão.

Você pode iniciar uma posição com base no maior período de tempo e continuar adicionando posições conforme o preço se move conforme previsto ou pode entrar desde o começo numa posição completa com base no período de tempo selecionado.

Veja nos gráficos a seguir que os tempos gráficos estão devidamente alinhados, ou seja, no *candle* do diário, do semanal, do mensal, do trimestral e até no anual, o fechamento atual é maior que a abertura (indicada pela vela vazia sem preencher).

## Gráfico 3.18 Gráfico de Vale

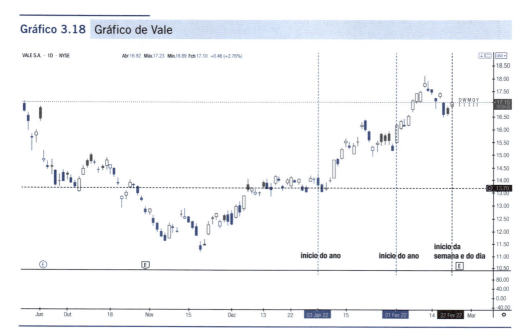

Fonte: cortesia da Trading View.

## Gráfico 3.19 Gráfico de Vale Semanal

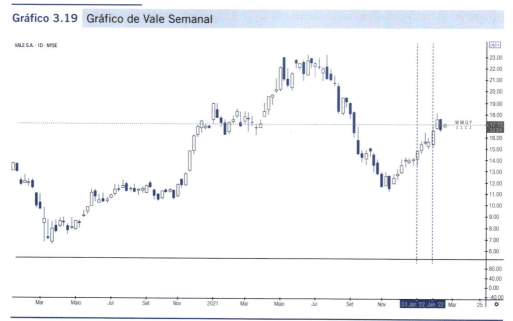

Fonte: cortesia da Trading View.

**Gráfico 3.20** Gráfico de Vale Mensal

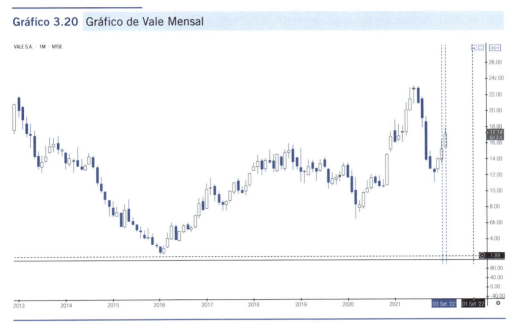

Fonte: cortesia da Trading View.

## 3.4 VOLUME

Outro dado técnico disponível ao investidor é o volume.

Volume é o total de contratos negociados, ou seja, aqueles que trocaram de mãos ao longo de um dia de negociação. Esse dado, geralmente, aparece na parte inferior do gráfico e se relaciona ao preço correspondente e ao dia em que o pregão ocorreu.

O volume oferece confirmação ao investidor. Um dos princípios de Dow é que o volume deve acompanhar a tendência. Quando este diminui no sentido da tendência e aumenta na direção contrária à tendência, isso é um alerta de que uma mudança de curso é bastante provável. Repare, no gráfico a seguir, como, na segunda metade de abril, o volume confirma a quebra da tendência de baixa, indicando excesso de demanda pelas ações da WEG ON.

### Gráfico 3.21  Volume confirmando a mudança de tendência

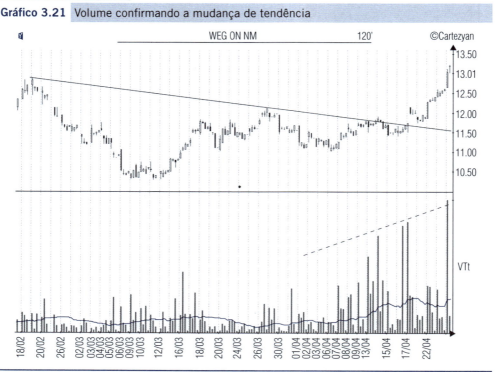

Fonte: cortesia da Cartezyan.

## 3.5 CONTRATOS EM ABERTO

Nos mercados futuros, o que está em questão é a seguinte pergunta: quanto estará valendo um ativo financeiro (por exemplo, soja, milho, açúcar, dólar, Índice Bovespa, taxa de juros etc.) em determinada data de vencimento? Na tentativa de obter lucro (caso dos especuladores ou investidores) ou de se proteger contra possíveis flutuações de preço (como querem produtores ou administradores de fundos de investimento), os diversos participantes do mercado compram ou vendem esses ativos financeiros.

Os contratos em aberto representam o número total de contratos que estão nas mãos dos diversos participantes do mercado no fim de cada dia. Uma vez que, para cada contrato comprado no mercado futuro, deve haver um correspondente vendido, o número de contratos em aberto representa o de comprados ou vendidos, mas não a soma dos dois, pois isso acarretaria redundância de informação. Investidores que fazem *daytrade* não acarretam mudanças na quantidade de contratos em aberto, pois abrem e fecham a posição no mesmo dia.

Capítulo 3 ▪ Construção e tipos de gráficos 71

No estágio inicial de negociação de um ativo no mercado futuro, o volume e o número de contratos em aberto tendem a ser pequenos. À medida que o contrato atinge o ponto de maturação, esses números tendem a aumentar. Quando a data de vencimento do contrato vai aproximando-se, esses números tendem a diminuir novamente, à medida que os agentes financeiros encerram suas posições, compradas ou vendidas, ou "rolam" a posição para o contrato de vencimento subsequente.

Uma observação: os dados sobre volume e contratos em aberto nos mercados futuros são reportados pelo órgão responsável por sua negociação com um dia de defasagem. No Brasil, a Bolsa de Mercadorias e Futuros (B3)[3] é a responsável pela divulgação desses dados.

## 3.6 *HIGH FREQUENCY TRADING* E SUAS IMPLICAÇÕES

A negociação algorítmica, também chamada de automática ou caixa-preta (*Black Box trading*), é a utilização de plataformas eletrônicas para entrar com ordens de negociação com um algoritmo que executa as instruções operacionais pré-pro-gramadas cujas variáveis podem incluir tempo, preço ou quantidade da ordem, ou, em muitos casos, iniciando as ordens sem intervenção humana. A negociação algorítmica é amplamente utilizada por bancos de investimento, fundos de pen-são, fundos mútuos e outras instituições do *buy-side*, para dividir grandes tran-sações em várias operações menores a fim de gerir impacto e risco no mercado.

Uma classe especial de negociação algorítmica é a "negociação de alta fre-quência" (*high frequence trading*, HFT). Muitos tipos de atividades de negociação algorítmica ou automatizada podem ser descritos como HFT. Como resultado disso, em fevereiro de 2012 a Commodity Futures Trading Commission (CFTC) formou um grupo de trabalho especial, que incluiu acadêmicos e especialistas do setor para aconselhar o CFTC sobre a melhor forma de definir HFT. Estratégias HFT utilizam computadores que emitem ordens de compra e de venda baseadas nas informações que são recebidas eletronicamente, antes que investidores hu-manos sejam capazes de processar a mesma informação observada. Negociação algorítmica e HFT resultaram em uma mudança dramática da microestrutura de mercado, especialmente na forma como a liquidez é fornecida. A negociação algorítmica pode ser usada em qualquer estratégia de investimento, incluindo

---

3   B3 (Brasil, Bolsa, Balcão) é a bolsa de valores oficial do Brasil. Surgiu após a fusão da BM&FBOVESPA e a CETIP S.A. Disponível em: <http://www.b3.com.br/pt_br/>. Acesso em: 29 jan. 2018.

formação de mercado (*market maker*), arbitragem, *spreads* intermercado ou pura especulação (incluindo aí a atitude de seguir uma tendência).

Dentro do âmbito da análise técnica, o aumento do volume de negociação é geralmente considerado um indicador positivo de mercado, enquanto a queda é mais pessimista. Na verdade, os analistas técnicos acreditam que os volumes – altos ou baixos – validam as tendências predominantes do mercado e devem se expandir quando o mercado continua em determinada direção. No entanto, nos últimos anos os volumes de negociação continuaram a encolher. Isso indica a vulnerabilidade subjacente dos preços das ações? Não em nossa opinião. O que ele faz refletir é o enfraquecimento do papel dos volumes como um indicador de direção do mercado, em parte graças à proliferação de negociação de alta frequência (HFT), que responde por cerca de metade de toda a atividade do mercado.

Portanto, e concluindo, achamos que não só o aumento do volume seja importante para confirmar uma tendência, mas também a análise qualitativa dele, que pode ser clarificada fazendo algumas perguntas como as seguintes:

1. São corretoras multinacionais ou nacionais? Grandes fundos estrangeiros gostam de poder escolher seus investimentos globalmente.
2. São corretoras de perfil de cliente institucional ou de pessoas físicas? "Diga com quem andas e te direi quem és", ou semelhante atrai semelhante.
3. As corretoras fizeram *day trade* ou mantiveram a posição? As operações HFT são normalmente finalizadas no mesmo dia, em curto espaço de tempo.

# Capítulo 4

# Conceitos básicos de tendência

> "Mesmo uma jornada de sete mil léguas começa com um primeiro passo."
>
> *Sun Tzu*

## 4.1 TENDÊNCIA

A tendência dos preços é a direção para a qual o mercado está se movendo. O objetivo principal do investidor que utiliza a análise técnica é identificar uma tendência em seu estágio inicial e tirar proveito dela para obter lucro. Em outras palavras, comprar barato e vender caro. Em um gráfico, isso pode ser percebido por meio do sentido dos topos e dos fundos nos preços.

Essa tendência tem três direções: para cima, para baixo e para o lado (esta última é também chamada de zona de congestão de preços). Em uma tendência de alta, os preços alcançam topos mais altos do que os anteriores, e os novos fundos ficam acima dos antecedentes. Em uma tendência de baixa, os preços alcançam topos inferiores aos anteriores e os novos fundos ficam abaixo dos precedentes. Em uma zona de congestão de preços, o mercado parece enganar a todos, pois os novos topos e fundos param mais ou menos no mesmo nível. Ou seja, os preços oscilam para cima e para baixo em uma zona de preços lateral, com uma banda superior e uma inferior.

**Figura 4.1** As tendências do mercado

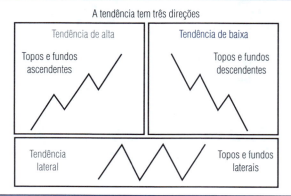

Fonte: elaborada pelo autor.

**Figura 4.2** Classificando as tendências

Tendência: Direção para a qual o mercado está se movendo. Em um gráfico, a tendência pode ser vista pela direção dos topos e fundos.

3 Direções:
Para cima, para baixo e para o lado (ou zona de congestão).

3 Classificações:
Principal (primária), intermediária (secundária) e curto prazo (terciária).

Fonte: elaborada pelo autor.

Um investidor atento deve estar preparado para diferenciar o mercado em tendência do em zona de congestão, uma vez que é bem mais fácil obter lucro em um mercado que está em tendência do que em um "de lado".[1] Além disso, como veremos posteriormente, as táticas operacionais são bastante diferentes para esses tipos de mercado.

É comum que haja discrepância de opiniões a respeito de perguntas básicas, como: "a tendência é de alta ou de baixa?" ou "é para comprar ou para vender?". Por incrível que pareça, geralmente investidores desatentos, na ânsia de obter lucro, sequer notam que estão analisando o mercado sob horizontes de tempos distintos.

---

[1] Movimento de mercado sem progressão ou regressão, andando "de lado".

Capítulo 4 ▪ Conceitos básicos de tendência    75

Para um investidor institucional, as oscilações do dia a dia têm pouca impor-tância, uma vez que ele está comprometido com uma soma considerável de dinheiro e, como consequência, não terá agilidade suficiente para entrar e sair do mercado quando bem entender. Para um investidor individual, que dispõe de poucos recursos, um movimento em falso é suficiente para tirá-lo do jogo, pois ele não costuma ter "estômago" para aguentar movimentos adversos. Esse tipo de investidor, geralmente, foca as tendências de curto prazo.

Como vimos no Capítulo 2, que trata da Teoria de Dow, a tendência tem três classificações: primária, secundária e terciária. A tendência primária, também chamada de principal, costuma durar mais de um ano e define os movimentos de longo prazo. A secundária ou intermediária representa uma pausa na ten-dência primária, dura de três semanas a alguns meses (em geral três meses) e define os movimentos de médio prazo. Por fim, a terciária, ou de curto prazo, dura menos de três semanas. Incluiremos também nesta última classificação os movimentos intradiários.

## 4.1.1 Suportes e resistências

Ao definirmos tendência, falamos da direção dos topos e dos fundos dos preços. Nessa etapa, definiremos o que são e o que representam esses topos e fundos para o analista técnico.

Os fundos são chamados de suportes, pois representam níveis de preço abaixo do preço de mercado, em que a força compradora é suficientemente forte para interromper ou reverter uma tendência de baixa. O suporte é representado grafi-camente por uma linha horizontal que conecta alguns fundos.

Os topos são chamados de resistência, pois representam níveis de preço aci-ma do preço de mercado, em que a força vendedora é suficientemente forte para interromper ou reverter uma tendência de alta. A resistência é representada gra-ficamente por uma linha horizontal que conecta alguns topos.

E o que faz que o mercado pare em determinado nível de preço e passe a se mover no sentido inverso, dando origem a esses topos e fundos que observamos nos gráficos? Em uma primeira análise, a resultante da queda de braço entre compradores e vendedores parece ser a causa desse fenômeno. Embora essa res-posta esteja correta, ela não tem valor prático, pois não nos fornece pista alguma sobre como prever, com razoável grau de confiança, onde estão ou quando o mer-cado se deparará com esses níveis de suportes e resistências.

**Figura 4.3**   Suportes e resistências

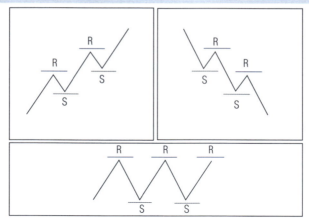

Fonte: elaborada pelo autor.

No entanto, se analisarmos essa questão a partir de outro prisma, o da psicologia, obteremos (por incrível que possa parecer) informações úteis ao investidor. Levando-se em conta que, por trás da moção dos preços existem pessoas, chegaremos à conclusão de que suportes e resistências existem porque os investidores têm memória. A memória coletiva dos investidores funciona como uma espécie de âncora, fazendo-os comprar ou vender em certos níveis de preço. Por exemplo, se os investidores se lembram de que os preços pararam de cair e se voltaram para cima a partir de determinado preço, eles armazenarão essa informação. O que deverá ocorrer quando o mercado retornar a esse preço? Provavelmente grande parcela dos investidores se lembrará do fato anterior e entrará no mercado com ordens de compra, estancando a queda dos preços.

Ao julgar o nível de preço das ações, recorremos, de forma involuntária, às âncoras psicológicas, que podem ser culturais, sociais ou quantitativas. Para o tema ora tratado, falaremos apenas sobre as âncoras psicológicas quantitativas, pois elas fornecem indicações muito úteis para que possamos localizar os níveis de preço apropriados, usados para julgar se o mercado está caro ou barato. A mais comum delas é o nível de preço mais recente. A tendência dos investidores de usar essa âncora reforça a similaridade nos preços das ações de um dia para o outro. Outras possíveis âncoras psicológicas são: um marco histórico de preço alcançado (por exemplo, o Índice Dow Jones a 10.000 pontos), o número redondo mais próximo (como a Petrobras sendo negociada entre R$ 40,00 e R$ 50,00), ou até uma variação de preços passada (em 19 de outubro de 1987, durante o *Crash* de 1987, o Índice Dow Jones despencou o mesmo, em termos percentuais, que nos dias 28 e 29 de outubro de 1929, durante a Crise de 1929). As âncoras psicológicas podem parecer uma tremenda besteira, mas, se elas estiverem presentes na memória coletiva dos investidores, terão significância para o mercado e afetarão os preços futuros.

Tipos de suporte e resistência:

- linhas horizontais (traçadas por fundos e topos anteriores);
- linhas de tendência;
- médias móveis, preço médio de um período específico de tempo (mais usadas: 200, 50 e 10 períodos).

#### 4.1.1.1 *Grau de importância de suporte, resistência e linha de tendência*

Quanto maior forem a duração dos níveis de suporte, de resistência e de linha de tendência; o volume em cima deles negociado; a quantidade de vezes que esses níveis forem tocados e, finalmente, quanto mais recente tiver sido a atividade dos preços neles, mais forte a linha é.

> **DICA**: Velas de reversão nessas áreas podem ajudar a alertar sobre as viradas de tendência.

Suporte e resistência podem alternar seus papéis, o que é chamado de bipolaridade: suportes antigos, quando são rompidos, tornam-se resistência e vice-versa.

Figura 4.4    Reversão na tendência

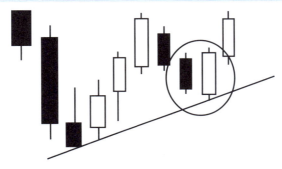

Padrão de reversão sobre a linha de tendência de alta

Fonte: elaborada pelo autor.

## 4.1.1.2 *Rompimentos*

Os seres humanos tendem a ter confiança excessiva no que julgam conhecer a respeito dos assuntos que os cercam. Ou seja, julgam saber mais do que realmente sabem e adoram emitir opiniões sobre coisas que não entendem direito. Da mesma forma, os investidores costumam julgar a importância dessas âncoras psicológicas de forma equivocada. O que será que ocorre quando os preços se movem para além dos preços de suporte ou de resistência, que são os padrões considerados normais pela massa de investidores? Há uma quebra nesse excesso de confiança, provocando o que chamamos de *breakout*, que pode ser comparado ao movimento de manada ou de estouro da boiada.

As pessoas descobrem coisas novas sobre as próprias emoções e inclinações, gerando uma tremenda excitação no mercado, a qual pode ser medida pela tendência e pela rapidez com que os preços se movem. O curioso disso é que essas sensações ocorrem apenas depois de os preços já terem se movido em determinada direção. E mais curioso ainda é notar que esse comportamento continua repetindo-se ao longo do tempo. Isso não é novidade para os analistas técnicos, que sabem que as variáveis psicológicas da coletividade tendem a permanecer estáticas no tempo.

## 4.1.1.3 *Suportes e resistências exercendo papéis invertidos e a bipolaridade*

Suportes e resistências existem porque os investidores sentem dor, insegurança, frustração, euforia, vergonha, entre outros sentimentos. Quando o mercado está "de lado", esses sentimentos são suaves. De repente, os preços começam a se movimentar e esses sentimentos se intensificam. Investidores que estão perdendo dinheiro sentem, então, muita dor. Eles estão dispostos a sair da posição comprada ou da vendida assim que o mercado der uma nova chance para tentar retornar ao preço em que eles assumiram comprometimento com essa posição. Investidores que perderam o estouro da boiada sentem culpa e frustração e também aguardam ansiosamente que o mercado lhes dê uma segunda chance. Investidores que estão ganhando dinheiro ficam eufóricos e soltam gritos de guerra. Alguns acham que são mais inteligentes do que o mercado e que não há chance de os preços retornarem tão cedo aos níveis pré-*breakout*. Ocorre que, inúmeras vezes, os preços retomam níveis anteriores e, rapidamente, a euforia se transforma em dor.

Quando falamos dos sentimentos dos seres humanos ao se comprometerem com determinada posição no mercado e do efeito psicológico que o *breakout* causa nos investidores, mostramos outra regra bastante comum nos mercados: a de que suportes e resistências costumam inverter seus papéis quando são rompidos. Quando o mercado rompe uma resistência para cima, esse nível passa a ser suporte em uma eventual correção de preços. Quando um suporte é rompido para baixo, passa a se comportar como resistência em um eventual repique de preços. Afinal, os investidores aguardam, ansiosamente, uma segunda chance para iniciar, encerrar, diminuir ou aumentar uma posição comprada ou vendida. Essa inversão de papéis é o que se chama de bipolaridade de suportes e resistências.

#### 4.1.1.4 O que determina a significância de suportes e resistências?

Devemos ter em mente que a memória coletiva dos investidores e os graus de intensidade diferentes de sentimentos, como dor, insegurança, frustração, euforia, vergonha, entre outros, estarão sempre presentes entre a massa de investidores. Esses fatores podem ser vislumbrados por meio da ação do mercado (preço, volume e contratos em aberto) e, portanto, poderão ser usados para determinar a força (ou a falta dela) por trás dos números de suporte e resistência.

### 4.1.2 Linhas de tendência

A linha de tendência é uma das ferramentas mais simples e eficientes para "sentir" o mercado. A linha de tendência de alta é uma linha reta traçada de baixo para cima, unindo, no mínimo, dois fundos ascendentes proeminentes. A linha de tendência de baixa é uma reta traçada de cima para baixo, unindo, no mínimo, dois topos descendentes proeminentes. Esses dois toques estão representados na Figura 4.5 pelos pontos 1 e 2. Um terceiro toque dos preços na linha (ponto 3), seguido de um movimento no mesmo sentido da tendência, confirma a sua validade. Quanto maior o número de toques, mais forte é a linha de tendência e mais significativo se tornará o rompimento dessa linha.

**Figura 4.5** Linhas de tendência

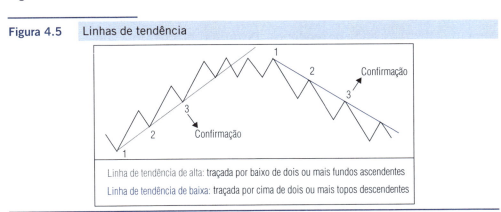

Linha de tendência de alta: traçada por baixo de dois ou mais fundos ascendentes
Linha de tendência de baixa: traçada por cima de dois ou mais topos descendentes

Fonte: elaborada pelo autor.

## 80 ANÁLISE TÉCNICA DOS MERCADOS FINANCEIROS

Ao traçar linhas de tendência, devemos atentar aos seguintes aspectos:

i) Os pontos de referência usados não devem ser muito próximos para que nos certifiquemos de que estamos utilizando dois movimentos de preço distintos.

ii) A linha de tendência não deve ser muito íngreme, pois essa situação indica um desenvolvimento da tendência em um ritmo muito acelerado que, normalmente, não é sustentável.

iii) Talvez a linha de tendência precise ser retraçada uma ou mais vezes para se ajustar à ação dos preços.

Uma vez que essas observações tenham sido aplicadas e o terceiro toque na linha tenha sido confirmado, é possível considerar que a tendência deve prosseguir em sua direção principal. Por quê? Aplicando a 1ª Lei de Newton aos mercados (um corpo deve permanecer em sua trajetória até que uma força no sentido contrário o faça mudar de direção), chegamos à conclusão de que uma tendência deve continuar válida até que uma força no sentido contrário a sua direção seja suficientemente forte para fazer que os preços mudem de direção. Essa força poderá ser percebida pela ação do mercado refletida no gráfico.

Em uma tendência de alta, por exemplo, uma correção de preços (no sentido contrário à tendência) pode levar uma ação a testar a consistência de sua linha de tendência de alta, que nos fornece uma área de suporte abaixo do mercado em que essa ação pode ser comprada com uma relação retorno/risco favorável, pois os investidores, geralmente, reconhecem essa área de "valor" da ação e entram no mercado com ordens de compra. Como a quantidade demandada nessa área de suporte é superior à ofertada, a tendência de alta segue o seu curso, levando os preços para cima e gerando lucro para esse investidor que comprou próximo à linha de tendência. De forma análoga, uma linha de tendência de baixa pode ser usada como área de venda, pois fornece uma área de resistência acima do mercado, no qual a quantidade ofertada de ações é, frequentemente, superior à demandada.

### 4.1.3 Linhas de canal

A linha de canal, também chamada de linha de retorno, é uma variação da linha de tendência bastante usada, pois, muitas vezes, os preços oscilam entre duas linhas de tendência paralelas. As principais qualidades da linha de canal estão em auxiliar o investidor na definição de objetivos de preço e no processo de "realização de lucro".

Para se desenhar uma linha de canal, em primeiro lugar, é necessário seguir os procedimentos descritos anteriormente para desenhar a linha de tendência (pontos 1 e 3, na Figura 4.6). Em seguida, desenha-se a linha de canal, que deve ser paralela à de tendência, passando pelo primeiro ponto proeminente entre os dois pontos utilizados para o desenho da linha de tendência (ponto 2). Se o movimento seguinte alcançar novamente a linha de canal e retroceder (ponto 4), então um canal pode existir. O terceiro toque dos preços na linha de canal confirma a validade da linha.

**Figura 4.6** Linhas de canal

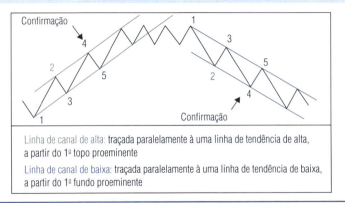

Linha de canal de alta: traçada paralelamente à uma linha de tendência de alta, a partir do 1º topo proeminente
Linha de canal de baixa: traçada paralelamente à uma linha de tendência de baixa, a partir do 1º fundo proeminente

Fonte: elaborada pelo autor.

Deve-se ressaltar que o corte da linha de retorno não pode ser utilizado como indicação de mudança de tendência. Somente a linha de tendência, que indica a direção principal dos preços, pode servir a esse propósito. Veremos o traçado de canais novamente mais adiante, quando falarmos de ondas de Elliott.

### 4.1.3.1 *Corte da linha de tendência*

Enquanto a linha de tendência não for cortada, devemos considerar que a tendência está intacta e deverá seguir o seu rumo. Contudo, como sabemos, nada dura para sempre, principalmente nos mercados financeiros. Portanto, muita atenção à informação a seguir: quando os preços cortam a linha de tendência no sentido inverso à tendência dominante, está sendo dado pelo mercado um dos primeiros sinais de mudança de tendência. Um investidor atento deve interpretar esse sinal da mesma forma como um guarda florestal deduz uma fumaça que vem do meio da floresta – onde há fumaça, há fogo! –; esse sinal indica que o ímpeto da força dominante (compradora ou vendedora) se está esvaindo e é provável que uma mudança de tendência ocorra.

Os mercados agem como seres primitivos que repetem os mesmos padrões comportamentais do passado. Ao falarmos sobre a relevância do corte de uma linha de tendência para o mercado, devemos nos lembrar dos efeitos psicológicos por trás do *breakout*, pois algo semelhante estará ocorrendo. Nesse tipo de situação, os investidores experimentam sensações diferentes das que estão acostumados a vivenciar no cotidiano. Seja por motivo de euforia (ganho financeiro) ou de dor (perda financeira), esse aumento de excitação dos investidores pode ser observado na ação do mercado (preço, volume e contratos em aberto). Esses sentimentos mistos ocorrem, com frequência, de forma abrupta, pegando boa parcela dos investidores desprevenida. Em um caso extremo, que pode ocorrer quando o investidor está perdendo dinheiro, aquela sensação de "ih, deu branco!", que trava o processo de tomada de decisão, pode vir à tona. O investidor simplesmente fica travado e não toma atitude alguma, mesmo vendo seu precioso capital ser reduzido consideravelmente, pois se recusa a acreditar no que seus olhos estão vendo.

Uma reversão de tendência nasce de um movimento terciário, o qual se amplia até adquirir a forma de um movimento primário. Acontece que, muitas vezes, os investidores ficam em dúvida, ou mesmo desconfiados, de um movimento de preços no sentido contrário à tendência e que leve a um corte da linha de tendência. Então, como ter certeza de que uma tendência realmente está sendo revertida? Para tentar resolver esse problema, os analistas técnicos utilizam filtros de tempo e de preço.

Quando o mercado realiza um movimento terciário, ele está sujeito a oscilações que podem enganar o investidor quanto à tendência futura dos preços. Uma ação pode operar durante boa parte do dia além da linha de tendência e retornar para próximo da linha no encerramento do pregão, fechando o dia em conformidade com a tendência. Para tanto, não devemos nos precipitar, mas confiar primeiramente nos preços de fechamento, em vez de confiar nos preços intradiários. Esse é um dos princípios que Dow preconizava e que pode ajudar os investidores a não tomar atitudes precipitadas.

### Regra dos 3%

A "Regra dos 3%" é um filtro de preço. Por exemplo, quando o preço de uma ação cai, intercepta a linha de tendência de alta, de cima para baixo, e atinge o nível de 3% de variação para além da cotação de corte, é sinal de que haverá mudança na tendência. A faixa de 3% serve, assim, para margem de confirmação da mudança de tendência.

### Regra dos dois dias e do fechamento da semana

A "Regra dos dois dias" e do fechamento da semana são um filtro de tempo. Na primeira situação, ainda que os preços não tenham variado mais de 3% do ponto de corte, mas permaneçam por dois ou mais dias abaixo da linha de tendência, então é sinal de que haverá mudança nesta. O segundo caso é quando ocorre o fechamento da semana abaixo cortando a linha de tendência. Eles são muito utilizados por gestores de fundos. Nesses dois casos, o sinal vem mais da falta de reação dos agentes financeiros do que propriamente da ação. Mais uma vez, o que acaba prevalecendo é o ditado "onde há fumaça, há fogo".

A ação do mercado ainda nos fornece outra informação valiosa sobre a saúde de uma tendência. Se, por um lado, o volume negociado de uma ação expande quando os preços se movem na direção da tendência e se contrai quando os preços se aproximam da linha, então a tendência é saudável e deverá seguir firme em sua direção dominante. Mas, se por outro lado o volume negociado começa a aumentar quando a ação está ameaçando cortar a linha de tendência no sentido contrário à tendência vigente, então os compradores estão enfrentando uma força de venda maior do que a normal. Nessa situação, uma mudança na tendência é bastante provável.

### 4.1.3.2 *Linhas de tendência internas*

As linhas de tendência internas são, também, variações das linhas de tendência. A única diferença entre elas é que aquelas não são, necessariamente, baseadas em dois pontos de topo ou de fundo proeminentes e bem espaçados no tempo. No entanto, como ocorre com as linhas de tendência clássicas, o número de toques dos preços na linha exerce uma influência muito grande em termos de suporte e resistência. Para desenhar uma linha de tendência interna, conecte o maior número de topos e de fundos internos em um gráfico, ou seja, verifique se não ocorrem necessariamente nos pontos mais proeminentes do mercado e estenda essa linha para a frente.

Outro ponto merece ser ressaltado e aparece exemplificado com setas nesse mesmo gráfico (Gráfico 4.1). De forma semelhante ao que ocorre com os níveis de suporte e resistência, a linha de tendência também pode inverter o seu papel, tornando-se suporte quando cortada para cima, ou resistência quando cortada para baixo.

De forma análoga, se estendermos um canal de alta para a frente, possivelmente a linha de tendência e a linha de canal proporcionarão suporte ou resistência para os preços, dependendo da posição dos preços em relação às linhas. O Gráfico 4.1 ilustra esse conceito.

**Gráfico 4.1** Linhas de tendência internas

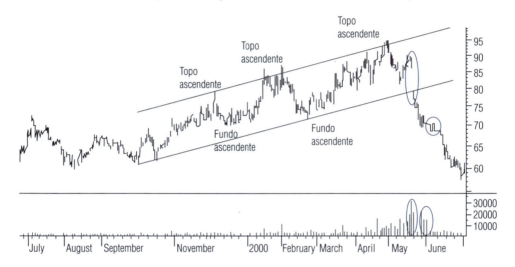

Fonte: cortesia da Equis Metastock.

É preciso ressaltar que, para desenhar uma linha de tendência interna, o analista técnico precisa ter um bom olho para formas geométricas ou quebra-cabeças. As linhas de tendência internas constituem um bom exemplo de como a análise técnica se aproxima, às vezes, mais da arte do que de uma ciência.

### 4.1.4 Retrações percentuais de preço

A essa altura, já podemos observar claramente que o mercado se desenvolve em ciclos de alta e de baixa. Em uma tendência de alta, os preços corrigem para baixo e, em uma tendência de baixa, para cima. Em ambos os casos, o mercado corrige parte do movimento percorrido pela tendência primária.

Normalmente, esses movimentos contra a tendência seguem um padrão previsível. Os percentuais mais conhecidos de retração do mercado são 33%, 50% e 67%.

Gráfico 4.2    Retrações percentuais de preço

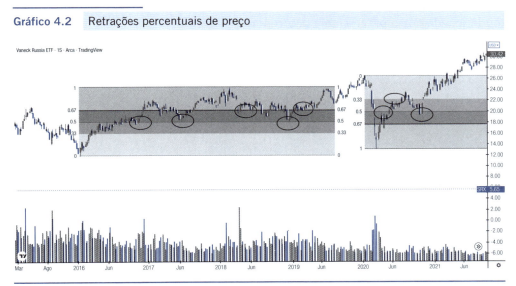

Fonte: cortesia da Trading View.

### 4.1.5 Dias de reversão

Nos capítulos anteriores, aprendemos que os preços se movem em tendência, as quais são interrompidas por movimentos secundários no sentido contrário que, por sua vez, corrigem entre um a dois terços do movimento primário (ou 38% e 62%, de acordo com a teoria das ondas que veremos mais adiante). Quando os movimentos secundários alcançam zonas de suporte ou resistência, os preços voltam a operar na direção da tendência primária. Nesse tópico do livro, voltaremos à seguinte pergunta: qual o tipo de padrão ocorre nos extremos desses movimentos primários e secundários, fazendo os preços mudarem de direção?

Com o tempo, notou-se que nesses pontos extremos há indícios de que o mercado se desenvolveu em um ritmo muito acelerado, o que origina um clímax.

Esse clímax é chamado de dia de reversão, que ocorre apenas em topos e fundos de mercado quando a ação está operando em uma tendência definida. Em um dia de reversão de topo, o mercado, já operando em tendência de alta, alcança uma nova máxima de preços durante o dia (geralmente próximo à abertura), enfraquece e encerra o dia abaixo do fechamento do dia anterior. Em um dia de reversão de fundo, o mercado alcança uma nova mínima de preços durante o dia, começa a ganhar força e encerra o dia acima do fechamento do dia anterior.

Quanto maior a oscilação dos preços e o volume negociado nesse dia, mais significativo será o sinal gerado pelo dia de reversão para que uma reversão de tendência de curto prazo esteja ocorrendo.

**Gráfico 4.3**  Dias de reversão

Fonte: cortesia da Equis Metastock.

## 4.1.6 *Gaps* de preço e sua análise

Você alguma vez imaginou o que causa os espaços gráficos nos preços e o que eles significam?

Para início de conversa, os espaços ou *gaps* são áreas de preço nas quais não ocorreu negociação alguma do ativo. Normalmente ocorrem entre o fechamento do mercado e a abertura do pregão seguinte. Vários fatores podem causar esse movimento: por exemplo, a divulgação de resultados após o fechamento do mercado. Se os resultados forem melhores que o esperado, vários investidores podem colocar ordens de compra, pressionando o preço de abertura para cima do preço de fechamento do dia anterior.

Se a negociação durante o dia continua a operar acima desse preço de abertura, esse espaço ou *gap* estará no gráfico. Os *gaps* podem oferecer evidência de que alguma coisa importante aconteceu com os fundamentos ou com a psicologia do mercado (leia-se expectativa das pessoas) que acompanham esse movimento.

**Gráfico 4.4**  *Gap* de preço

Fonte: cortesia da Cartezyan.

Os *gaps* aparecem com mais frequência nos gráficos diários, em que cada novo dia é uma oportunidade de criar um *gap* de abertura. São mais raros nos gráficos semanais e mensais e, quando ocorrem, geralmente estão entre o fechamento de sexta-feira e a abertura de segunda-feira para os semanais, e entre o fechamento do último dia do mês e a abertura do primeiro dia do mês seguinte para os mensais. Eles se subdividem em três categorias básicas: de quebra (rompimento), de fuga e de exaustão.

### 4.1.6.1 Gap *de quebra*

O *gap* de quebra (*breakaway gap*) ocorre quando o mercado rompe um padrão de topo (distribuição) ou fundo (acumulação) e define a direção do movimento seguinte. Os *gaps* de quebra ocorrem, normalmente, com aumento de volume, podendo voltar ou não para preencher o espaço em branco deixado no gráfico. A prática nos mostra que, com mais frequência, os preços não retornarão para fechar esse *gap*.

Os *gaps* de quebra são os verdadeiros excitantes. Para ocorrer esses rompimentos, são necessários o entusiasmo do mercado e mais compradores do que vendedores para rupturas de subida, e deve ocorrer o oposto para haver rompimentos de descida. O ideal é que o volume não suba antes de ocorrer o *gap*. Posteriormente, o volume deve aumentar de maneira significativa, pois nem todos vivem de entusiasmo; alguns vão segurar a posição do lado errado e precisarão cobri-la. Isso significa que essa mudança de direção do mercado tem uma boa chance de continuar. O ponto de rompimento, agora, se torna um novo suporte (se for um rompimento para cima) ou uma nova resistência (se o rompimento for para baixo).

DICA — Não caia na armadilha de pensar que esse tipo de *gap*, se estiver associado com volume, será preenchido em breve, pois isso pode nunca ocorrer ou demorar para acontecer. Admita o fato de que uma nova tendência se iniciou e opere com ela agora.

DICA — Uma boa confirmação para se operar com *gaps* pode ocorrer quando eles forem associados a padrões gráficos, os quais veremos mais adiante.

Capítulo 4 ■ Conceitos básicos de tendência    89

**Gráfico 4.5**   *Gap* de quebra

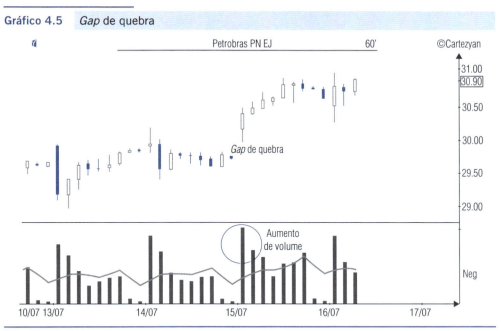

Fonte: cortesia da Cartezyan.

**Gráfico 4.6**   *Gap* com figura

Fonte: cortesia da Cartezyan.

## 4.1.6.2 Gap *de fuga ou de medida*

O *gap* de fuga ou de medida (*runaway* ou *measuring gap*) ocorre, geralmente, em torno da metade do movimento a ser percorrido pelo mercado. Daí seu nome, ou seja, é um padrão de continuação. Medindo a distância já percorrida pelos preços a partir do preço de *breakout* e projetando essa distância para cima ou para baixo a partir do *gap*, obtemos uma estimativa da distância que ainda precisa ser percorrida. Esse tipo de *gap* ocorre normalmente com volume moderado e pode ser descrito como espaço causado por aumento do interesse no ativo. Esses *gaps* representam operadores que não conseguiram entrar no movimento inicial de uma tendência e, enquanto esperavam por uma retração dos preços, mudaram de ideia.

**Gráfico 4.7** *Gap* de fuga ou de medida

Fonte: cortesia da Cartezyan.

Esses tipos de *gaps* podem se tornar um perigo para os comprados[2] em uma tendência de baixa, uma vez que representam aumento da liquidação do ativo por operadores, deixando os compradores de fora, ou seja, não aparecem compradores, o que pode acarretar pânico aos vendedores.

---

[2] Comprados – os touros – são aqueles que compram o ativo e torcem para estes subirem no lado oposto; vendidos – os ursos – ganham dinheiro quando o mercado cai.

O termo "*gap* de medida" é usado também para esses tipos de *gaps*. Essa interpretação é uma maneira de ajudar a decidir quanto uma tendência vai durar. A teoria do *gap* de medida nos diz que isso ocorrerá no meio de um movimento ou na metade do caminho da tendência.

Algumas vezes, nos mercados futuros, pode ocorrer esse tipo de *gap* por causa dos limites de negociação impostos pelas bolsas.

### EXPERIÊNCIA DO AUTOR

Ser pego na ponta errada da tendência, quando você tem limites de baixa e/ou de alta deflagrados pelas bolsas, pode ser desesperador e mortal, pois você não consegue sair de sua posição; isso ocorreu sobre a desvalorização do real com os bancos Marka, Boavista e FonteCindam, em 1999. Em contrapartida, isso é "o céu" quando você está do lado correto.

### HISTÓRIAS DO BRASIL: O ESCÂNDALO DO BANCO MARKA

**ESTUDO DE CASO**

Durante a presidência de Fernando Henrique Cardoso, no dia 13 de janeiro de 1999, o governo federal anunciou o enterro definitivo da política cambial de manter o real valorizado diante do dólar, em uma decisão cujos efeitos econômicos, políticos e sociais causaram impacto permanente na economia. O Banco Marka ficou insolvente com a desvalorização cambial de 1999.

Assim como outra instituição financeira, o FonteCindam, o Banco Marka apostou na estabilidade do real, enquanto as demais instituições financeiras se prepararam para a alta do dólar. O Marka tinha 20 vezes seu patrimônio líquido comprometido em contratos de venda no mercado futuro de dólar. Com a desvalorização, Salvatore Cacciola, presidente do Marka, ficou sem poder honrar os compromissos e pediu ajuda ao Banco Central do Brasil. Com base no princípio de prudência, segundo o qual era necessário evitar a quebra dos bancos – o que poderia elevar o nervosismo no mercado em um momento de bastante estresse –, a diretoria do Banco Central realizou operações de venda de contratos futuros de dólar ao Banco Marka, ao preço de 1,275 real por dólar, e ao Banco FonteCindam, ao preço de 1,322 real por dólar. O preço da operação com o Banco Marka foi definido pela área técnica do Banco Central, com o objetivo de limitar o prejuízo do banco a um montante exatamente igual ao necessário para zerar seu patrimônio líquido, ou seja, ao máximo que poderia suportar sem quebrar. Como contrapartida, o Banco Marka se comprometeu a encerrar definitivamente sua atuação no mercado financeiro, exigência que não foi feita ao Banco FonteCindam. As operações foram realizadas a preços superiores à cotação do dia na B3[3], de 1,25 real por dólar. No caso do Banco FonteCidam, foi utilizado preço ligeiramente superior ao teto da banda de negociação que o Banco Central havia estabelecido para o mercado de transações à vista com dólares (um mercado diferente do mercado de contratos de dólares futuros da B3, podendo ocorrer divergências entre as cotações dos dois). Consequentemente, as operações não representaram prejuízo para o Banco Central em um primeiro momento. Se a cotação do mercado futuro de dólar evoluísse rapidamente em direção à cotação do mercado de dólar à vista, que era de 1,32 real por dólar – o que era possível, mas não inevitável se o regime da banda cambial tivesse sido mantido –, a posição de contratos de venda de dólar futuro adquiridos pelo Banco Central, com a operação com o Banco Marka, teria produzido um custo da ordem de 56 milhões de reais, enquanto a operação com o Banco Fonte-Cidam não teria representado custo algum, pois já havia sido realizada com cotação superior ao teto da banda. Contudo, em virtude da introdução da livre flutuação cambial, já em 18 de janeiro de 1999, e da elevação posterior da cotação do dólar (que a rigor não se podia prever com certeza no momento em que as operações foram feitas), o resultado foi um custo muito maior para o Banco Central, estimado em 1,5 bilhão de reais. Isso, porém, não significou que os dois bancos ou seus controladores "embolsaram" esse montante. Os maiores beneficiários foram os detentores de contratos de compra de dólares futuros na B3 e, indiretamente, a própria B3, que evitou um sério risco de perda de confiança.

### 4.1.6.3  Gap *de exaustão*

O *gap* de exaustão (*exhaustion gap*) aparece, normalmente, nas fases finais do movimento do mercado. Próximo ao fim de uma tendência de alta, os preços abrem com *gap* de alta, como um último suspiro antes de um enfermo falecer. Os preços param de subir depois desse suspiro e o mercado fica de lado por alguns dias. Quando os preços fecham abaixo desse *gap*, o investidor tem a confirmação de que a tendência perdeu a força e que provavelmente uma reversão está ocorrendo. Eles podem ser confundidos com *gaps* de medidas se não notarem um volume excepcionalmente alto.

---

3   B3 (Brasil, Bolsa, Balcão) é a bolsa de valores oficial do Brasil. Surgiu após a fusão da BM&FBOVESPA e a CETIP S.A. Disponível em: <http://www.b3.com.br/pt_br/>. Acesso em: 29 jan. 2018.

Esses *gaps* são rapidamente preenchidos quando os preços revertem à tendência. Esse talvez seja o tipo mais fácil de operar e lucrar, pois a entrada estará na confirmação do rompimento da área de *gap*. O *trader* norte-americano Larry Williams o chama de "OPS!", pois vários corretores ligam para seus clientes na hora da primeira subida para que eles comprem e, tempos depois, eles ligam de volta, dizendo: "Sabe aquele ativo que compramos subindo? Ops! Agora caiu. Muito...".

Em termos de *candlesticks*, seria uma *dark cloud cover* ou tempestade, com a abertura acima da máxima anterior e com o fechamento englobando o corpo da vela anterior.

Gráfico 4.8    *Gap* de exaustão

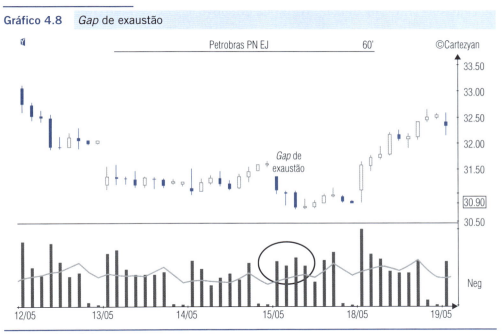

Fonte: cortesia da Cartezyan.

### 4.1.6.4   *Conclusão sobre* gaps

Existem alguns mitos e máximas em torno dos *gaps*, como a que diz "os *gaps* são sempre fechados". Isso, simplesmente, não é verdade. Alguns *gaps* são fechados, mas outros permanecem abertos. Outra máxima, muito utilizada pelos adeptos dos *candlesticks*, é a de que os *gaps* (que os japoneses chamam de *falling windows*) representam áreas de suporte (quando ficam para baixo do preço de mercado) ou de resistência (quando ficam para cima do preço de mercado), caso os preços retornem a essa área, no futuro. Essa segunda afirmação se baseia em uma lógica bem razoável – a de que os investidores têm memória – e está bem mais próxima dos fatos do que dos mitos. De qualquer forma, os *gaps* são áreas de instabilidade na qual não há suportes e resistências relevantes, porque, segundo a análise técnica, as pessoas não se "lembram" de níveis de preços em que elas não fizeram negócios.

Às vezes, o mercado trabalha em uma zona de congestão pequena, por dias ou semanas, antes de deixar no gráfico um novo *gap* no sentido contrário ao *gap* de exaustão. Chamaremos esse tipo de padrão de *ilha de reversão*. Da mesma forma que uma ilha é cercada de água por todos os lados, a de reversão será cercada por *gaps* à esquerda e à direita da zona de congestão. Assim, em uma tendência de alta, o *gap* de exaustão ocorrerá para cima, ao passo que o novo *gap* – de quebra – ocorrerá para baixo. O inverso ocorre em uma tendência de baixa. A Figura 4.7 ilustra os conceitos abordados nesse tópico sobre *gaps*, assim como a ilha de reversão.

**Figura 4.7**      Esquema *gaps* e ilha de reversão

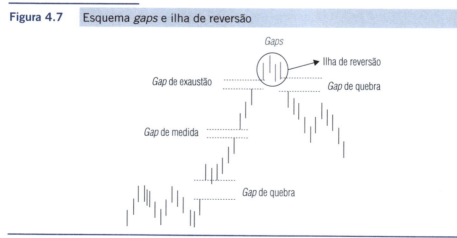

Fonte: cortesia da Cartezyan.

**Gráfico 4.9** Ilha de reversão na PETR4

Fonte: cortesia da Cartezyan.

## 4.1.7 Descobrindo suportes e resistências ocultas com o Forcado de Andrew (*Andrew's Pitchfork*)

"Hã? Isso é livro de fazendas ou de análise técnica?". Muitas vezes essa é a reação que escuto em conversas sobre níveis ocultos de suportes e resistências. Isso é plenamente justificável, pois o *Forcado de Andrew* não é uma das ferramentas técnicas mais populares, especialmente no Brasil. Forcado é aquele tipo de garfão de fazenda, semelhante a um tridente, para colocar o feno na baia do gado.

Entretanto, esse método desenvolvido pelo Dr. Alan Andrews é uma ferramenta útil para detectar zonas "escondidas" de pressão compradora e vendedora.

### 4.1.7.1 *Criando o* pitchfork

O primeiro passo para usar o *Andrews Pitchfork* é selecionar três pontos para o desenho, geralmente baseados em máximas ou mínimas de reação, também conhecidos como pontos de pivô.

De maneira simples, o *pitchfork* é formado por três pontos. No Gráfico 4.10, por exemplo, eles serão um fundo (ponto 1), um topo (ponto 2) e novamente um fundo (ponto 3).

A partir do ponto 1, traça-se uma linha até o 2 e, deste, uma nova linha até o 3. Linhas retas projetadas a partir desses locais geram o *pitchfork*.

### 4.1.7.2 *Utilização*

Conforme já mencionamos, o *pitchfork* mostra suportes e resistências potenciais. No gráfico intradiário da Bovespa (Gráfico 4.10), um "R" mostra cada ponto no qual o *pitchfork* traçado foi resistência e o "S" locais em que foi suporte.

Gráfico 4.10  *Andrew's Pitchfork* e seus 3 pontos determinando resistências e suportes

Fonte: cortesia da Cartezyan.

Assim, na realização de *trades*, temos regiões nas quais a possibilidade de reversão de tendência é maior. Também possuímos condições mais propícias para avaliar os valores para colocação de ordens *stop*.

# Capítulo 5

# Padrões gráficos

> "Uma imagem vale mais do que mil palavras."
>
> *Confúcio*

Chamam-se padrões ou formações gráficas as formas que surgem em determinados momentos e – com base na frequência de suas ocorrências no passado e no que aconteceu com o mercado logo na sequência – podem nos ajudar, por analogia, a decidir quando é mais provável que uma tendência prossiga ou se reverta.

A ciência de leitura de gráficos não é tão fácil quanto memorizar certos padrões ou figuras e lembrar o que, de maneira geral, eles preveem. Qualquer ativo é uma combinação de incontáveis diferentes padrões, e sua análise correta depende de estudo constante, de longa experiência, do conhecimento de todos os pontos – tanto técnicos quanto fundamentalistas – e, acima de tudo, da habilidade de pesar indicações opostas para conseguir observar a figura inteira e não somente uma fórmula decorada.

Temos a confirmação de um padrão quando ocorre um sinal subsequente que valida uma posição. Investidores, algumas vezes, observam mais de um sinal ou requerem validação antes de entrar na operação. Em geral, as confirmações devem vir em um a três períodos depois do padrão. Assim, depois de este se formar, procuramos uma barra/vela que confirme – ou não – os rompimentos da figura.

>
> **DICA**
> No mercado financeiro, "o apressado come cru". Para aumentar a probabilidade de acerto, todos os padrões requerem um sinal de confirmação, melhor ainda se acontecer uma confirmação com uma vela, como o *marubozu,* acompanhada de volume alto.

É relevante citar que existem mais de três mil padrões gráficos catalogados no estudo de Thomas Bulkowsky, *Encyclopedia of chart patterns* [Enciclopédia dos padrões gráficos], editado pela John Wiley Trading.[1]

Em seu livro, Bulkowsky testa os padrões e cria um ranking de desempenho geral. Observando a tabela de desempenho (Tabela 5.1), chega-se à conclusão de que, geralmente, os padrões de rompimento para baixo têm um desempenho melhor. Isso se explica pela psicologia de massas, afinal, o pânico é um sentimento maior do que a ganância, mas esse assunto fica para um próximo livro.

**Tabela 5.1** Ranking de desempenho dos padrões

Terminologia de Thomas Bulkowsky em *Encyclopedia of chart patterns*[2]

| Padrão gráfico | Ranking de desempenho geral (1 é o melhor) |
|---|---|
| *Gaps* | N/A |
| Movimento medido | N/A |
| Movimento medido | N/A |
| Flâmulas | N/A |
| Flâmulas | N/A |
| Bandeiras | 1 |
| Topo de ombro-cabeça-ombro | 1 |
| Triângulos, descendentes | 2 |
| Fundos de diamantes | 3 |
| Topos de diamantes | 3 |
| Fundo de retângulo | 3 |
| Topo, solavanco e fuga | 5 |
| Topos duplos | 5 |
| Fundo arredondado | 5 |
| Topo arredondado | 5 |
| Triângulos, ascendentes | 5 |

▶

---

[1] BULKOWSKY, Thomas. *Encyclopedia of chart patterns*. San Francisco: John Wiley Trade, 2005.

[2] Os termos usados aqui e nas subseções do tópico "Padrões de reversão", bem como nas seguintes, foram traduzidos pelo autor deste livro tendo como fonte o já citado livro de Thomas Bulkowsky. (N.E.)

## Terminologia de Thomas Bulkowsky em *Encyclopedia of chart patterns*[2]

| Padrão gráfico | Ranking de desempenho geral (1 é o melhor) |
|---|:---:|
| Topo triplo | 5 |
| Topo duplo | 6 |
| Topo duplo | 6 |
| Fundo duplo | 7 |
| Ilhas de reversão | 7 |
| Topo de retângulo | 7 |
| Triângulos, simétricos | 7 |
| Xícara com alça, invertida | 8 |
| Fundo de ombro-cabeça-ombro, complexo | 8 |
| Topo de retângulo | 8 |
| Triângulos, descendentes | 8 |
| Formações de alargamento, ascendente | 9 |
| Formações de alargamento, descendente | 9 |
| Fundo de fuga e solavanco | 9 |
| Topo duplo | 9 |
| Fundo de ombro-cabeça-ombro | 9 |
| Cunha, descendente | 9 |
| Fundo duplo | 10 |
| Fundo de retângulo | 10 |
| Topo arredondado | 10 |
| Fundo triplo | 10 |
| Cunhas, ascendentes | 10 |
| Fundo de diamante | 11 |
| Triângulos, ascendentes | 12 |
| Xícara com alça | 13 |
| Cunha, descendente | 15 |
| Triângulos, simétricos | 16 |
| Formações de alargamento, ascendente | 17 |
| Formações de alargamento, descendente | 18 |
| Cunhas, ascendentes | 18 |
| Topos de diamante | 19 |
| Ilhas de reversão | 20 |

Fonte: Trader Brasil Escola de Finanças & Negócios.

>  **DICA**
> Um princípio técnico relevante diz que, para que ocorram transições entre tendências de alta e de baixa, estas devem ser sinalizadas por padrões gráficos.

Os padrões existentes são classificados como de reversão ou de continuação.

Vamos ver os padrões mais conhecidos e alguns recém-descobertos.

## 5.1 PADRÕES DE REVERSÃO

> *"A escuridão está um centímetro a sua frente."*
>
> *Provérbio japonês*

### 5.1.1 Topo de ombro-cabeça-ombro – "OCO"

- Ranking de desempenho geral (1 é o melhor): 1 de 21.
- Taxa de fracasso: 4%.
- Queda média: 22%.
- Quantos tiveram alguma correção durante o movimento: 50%.
- Quantos atingiram o objetivo: 55%.

O padrão de reversão "OCO" forma-se depois de uma tendência de alta e sua finalização marca uma reversão de tendência. O padrão contém três sucessivos picos, sendo o do meio (a cabeça) o maior e mais alto, e os outros dois menores aparentemente iguais em altura. A reação das mínimas de cada pico pode ser conectada para formar um suporte ou uma linha de pescoço.

O padrão de reversão é composto pela cabeça e pelos ombros, esquerdo e direito, e conta também com outras partes que têm papéis importantes: a linha de pescoço, o volume, o rompimento, o objetivo do padrão e o suporte, que se transforma em resistência. Vamos conhecer as partes, uma a uma, para depois colocá-las todas juntas.

1. **Tendência anterior:** é muito importante estabelecer a existência de uma tendência anterior para que o "OCO" seja considerado um padrão de reversão. Sem uma tendência anterior para reverter o "OCO", não existirá outro padrão gráfico de reversão.

**Gráfico 5.1**  Ombro-cabeça-ombro

Fonte: cortesia da Cartezyan.

2. **Ombro esquerdo:** em tendência de alta, o ombro esquerdo forma um pico da tendência corrente. Depois de formar esse pico, um declínio começa a completar a formação desse ombro. Geralmente, a mínima do declínio permanece acima da linha de tendência de alta, mantendo a tendência intacta.

3. **Cabeça:** a partir da mínima do ombro esquerdo, um avanço começa a exceder a máxima anterior e marca o topo da cabeça. Depois de formar o pico, a mínima do movimento subsequente marca o segundo ponto da reta da linha de pescoço. Normalmente, a mínima rompe a linha de tendência de alta, colocando a tendência em perigo e o analista em alerta.

4. **Ombro direito:** o avanço, após a mínima observada depois da cabeça, forma o ombro direito. Esse pico é menor do que a cabeça (um topo mais baixo) e, geralmente, em linha com o topo do ombro esquerdo. Ainda que a simetria seja preferencial, algumas vezes os ombros podem ser tortos. O declínio do topo do ombro esquerdo deve quebrar a linha de pescoço.

5. **Linha de pescoço:** é formada pela mínima do ombro esquerdo (início da cabeça) e a mínima da cabeça (início do ombro direito) conectadas. Dependendo da relação entre esses dois pontos, a linha de pescoço pode ter inclinação à direita, ser horizontal ou ter inclinação à esquerda. A inclinação da linha de pescoço afeta o grau baixista do padrão; se ela for à direita (como uma linha de tendência de alta), é menos baixista do que a inclinação à esquerda. Por vezes, mais de uma mínima pode ser usada para formar uma linha de pescoço.

6. **Volume:** enquanto o "OCO" se desenvolve, o volume tem um papel preponderante na confirmação, podendo ser medido com um indicador (ver, no Capítulo 11, os indicadores OBV e fluxo de dinheiro de Chaikin) ou, simplesmente, analisando-se os níveis de volume. De modo ideal, mas nem sempre, o volume durante o avanço do ombro esquerdo deve ser maior do que o do avanço da cabeça. Esse declínio de volume e a nova máxima da cabeça servem, juntos, como um sinal de alerta. O sinal seguinte vem quando o volume aumenta no declínio do pico da cabeça. A confirmação final acontece quando o volume se eleva durante o declínio do ombro direito.

7. **Rompimento da linha de pescoço:** o padrão "OCO" não está completo e a tendência de alta não é revertida até que o suporte na linha de pescoço seja quebrado. No plano ideal, isso deve ocorrer de uma maneira convincente, com uma expansão do volume.

8. **Suporte tornando-se resistência:** uma vez que o suporte é rompido, é comum esse mesmo nível de suporte se tornar uma resistência. Algumas vezes, mas não sempre, o preço retornará ao nível da quebra do suporte e oferecerá uma segunda chance para venda.

9. **Objetivo de preço do padrão:** depois da quebra do suporte da linha de pescoço, o preço projetado para o declínio é encontrado medindo-se a distância vertical da linha de pescoço até o topo da cabeça. A distância é subtraída da linha de pescoço para se chegar à meta. Qualquer objetivo de preço serve como guia e outros fatores devem ser observados – suportes anteriores, Retrações de Fibonacci e médias móveis de longo prazo.

**Gráfico 5.2**  Operando um "OCO" no Ibovespa futuro – gráfico de 15 min

Fonte: cortesia da Cartezyan.

O padrão "OCO" é uma das formações de reversão mais comuns. É importante lembrar que esse padrão acontece em uma tendência de alta e marca uma grande reversão quando completo. Deve-se preferir que os ombros esquerdo e direito sejam simétricos, mas essa não é uma condição absoluta. Eles podem ter diferentes larguras e alturas. A identificação da linha de pescoço e a confirmação do volume na quebra podem ser os fatores mais críticos. A quebra do suporte indica nova vontade de se vender a preços mais baixos; já preços menores combinados a um aumento de volume indicam elevação da oferta. A combinação pode ser letal e, algumas vezes, não há chance de retorno ao nível de quebra de suporte. O objetivo medido da descida, depois do rompimento, pode auxiliar, mas não deve ser contado como o único foco da operação. Enquanto o padrão se desenrola no tempo, outros aspectos dentro da análise técnica podem ser mais relevantes, como o volume e a exaustão de osciladores e de indicadores.

## 5.1.2 Fundo de ombro-cabeça-ombro ou "OCO" invertido ("OCOI")

- Ranking de desempenho geral (1 é o melhor): 8 de 21.
- Taxa de fracasso: 3%.
- Subida média: 38%.
- Quantos tiveram alguma correção durante o movimento: 45%.
- Quantos atingiram o objetivo: 74%.

Muitas vezes, esse padrão é apontado como oposto do "OCO", pois possui muitas características semelhantes quando comparado ao seu par, mas depende, em maior grau, de padrões de volume para confirmação.

Como um padrão de reversão, o "OCOI" forma-se depois de uma tendência de baixa e sua finalização marca uma mudança de tendência. Esse padrão contém três fundos sucessivos, sendo o do meio (a cabeça) o mais baixo e os outros dois os mais rasos. Idealmente, os dois ombros podem ser iguais em altura e largura. Já as máximas de cada fundo podem ser conectadas e, nesse caso, podem formar uma linha de resistência ou linha de pescoço.

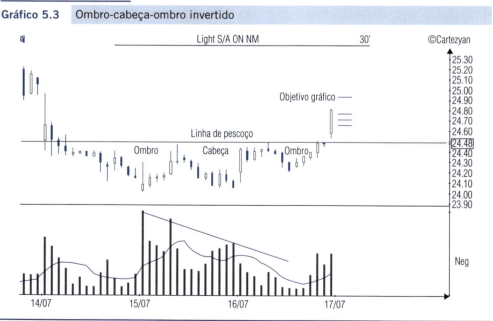

Gráfico 5.3 Ombro-cabeça-ombro invertido

Fonte: cortesia da Cartezyan.

A formação de preços, tanto do "OCO" quanto do "OCOI", é a mesma, porém invertida. O papel do volume marca a diferença maior entre os dois. Em geral, ele tem uma função mais preponderante em formações de fundo do que em topos: enquanto o aumento do volume no rompimento da linha de pescoço do "OCO" é bem-vindo, ele é imprescindível para o fundo. Vamos observar as partes do padrão de modo individual, mantendo o volume em mente, e depois compreendê-las todas juntas.

1. Tendência anterior: é muito importante estabelecer a existência de uma tendência anterior para o "OCOI" ser considerado um padrão de reversão. Sem uma tendência anterior para reverter, o "OCOI" não existirá.

2. Ombro esquerdo: em tendência de baixa, o ombro esquerdo começa a ser formado quando ocorre um fundo da tendência corrente. Depois de formar esse fundo, uma subida começa a completar esse ombro. Geralmente, a máxima da subida permanece abaixo da linha de tendência de baixa, mantendo a tendência intacta.

3. Cabeça: a partir da máxima do ombro esquerdo, um avanço começa a exceder a mínima anterior e marca o fundo da cabeça. Depois de formar o fundo, a máxima do movimento subsequente marca o segundo ponto da reta da linha de pescoço. A máxima, em geral, rompe a linha de tendência de baixa, colocando-a em dúvida e o analista, em alerta.

4. Ombro direito: o declínio, após a máxima observada na sequência da cabeça, forma o ombro direito. Esse fundo é maior do que a cabeça (um fundo mais alto) e, geralmente, está em linha com o fundo do ombro esquerdo. Ainda que a simetria seja preferencial, algumas vezes os ombros podem ser tortos. A subida do fundo do ombro direito deve quebrar a linha de pescoço.

5. Linha de pescoço: é formada pela máxima do ombro esquerdo (e início da cabeça) e a máxima da cabeça (início do ombro direito) conectadas. Dependendo da relação entre esses dois pontos, a linha de pescoço pode ter inclinação à direita, ser horizontal ou ter inclinação à esquerda. A inclinação da linha de pescoço afeta o grau altista do padrão; se ela for à direita (como uma linha de tendência de alta), é mais altista do que a inclinação à esquerda. Por vezes, mais de uma máxima pode ser usada para formar uma linha de pescoço.

6. **Volume:** se o aumento do volume no rompimento da linha de pescoço do "OCO" é bem-vindo, para o "OCOI" é imprescindível. Sem a expansão própria do volume, a validade do rompimento torna-se suspeita, podendo ser medido com um indicador (ver, no Capítulo 11, os indicadores OBV e fluxo de dinheiro de Chaikin) ou, simplesmente, analisando-se os níveis de volume associados a cada fundo e topo. Idealmente, mas não sempre, o volume obtido durante o avanço do ombro esquerdo deve ser maior do que aquele do avanço da cabeça. Esse declínio de volume e a nova máxima da cabeça, quando ocorrem juntos, são como um sinal de alerta. O próximo sinal aparecerá quando o volume aumentar no declínio do pico da cabeça; e a confirmação final acontece quando o volume se eleva durante o declínio do ombro direito.

7. **Níveis de volume:** os níveis de volume obtidos durante a primeira metade são menos importantes do que aqueles da segunda. O volume no declínio do ombro esquerdo é, geralmente, maior, e a pressão vendedora é mais intensa. A intensidade da venda pode continuar durante o declínio que forma o fundo da cabeça. Depois dessa mínima, os subsequentes padrões de volume devem ser observados cuidadosamente, a fim de detectar expansões durante os avanços.

8. **Avanço da mínima da cabeça:** deve mostrar um aumento no volume e/ou melhores leituras dos indicadores (por exemplo: aumento do OBV). Depois da reação que forma o segundo ponto da linha de pescoço, o declínio do ombro direito deve ser acompanhado de baixo volume. É normal experimentar realização de lucros depois de um avanço. A análise do volume ajuda a distinguir uma realização normal de lucros de uma pressão vendedora. Com baixo volume na reação, indicadores, como o OBV, devem permanecer fortes. O mais importante momento de análise do volume ocorre na subida da mínima do ombro direito; e para que o rompimento seja considerado válido, é necessário que haja expansão do volume na subida e durante o rompimento.

9. **Rompimento da linha de pescoço:** o padrão "OCOI" não está completo e a tendência de baixa não é revertida até que a resistência da linha de pescoço seja quebrada. Idealmente, isso ocorre de maneira convincente com uma expansão do volume.

10. **Resistência tornando-se suporte:** uma vez que a resistência seja rompida, é comum que esse mesmo nível de resistência se torne um suporte.

Algumas vezes, o preço retornará ao nível da resistência quebrada e oferecerá uma segunda chance para compra.

11. Objetivo de preço do padrão: depois da quebra da resistência da linha de pescoço, o preço projetado para a subida é encontrado medindo-se a distância vertical da linha de pescoço até o fundo da cabeça. A distância é adicionada à linha de pescoço para se encontrar o objetivo. Qualquer objetivo de preço serve como guia e outros fatores devem ser observados, como resistências anteriores, retrações de Fibonacci e médias móveis de longo prazo.

**Gráfico 5.4** Operando um "OCOI"

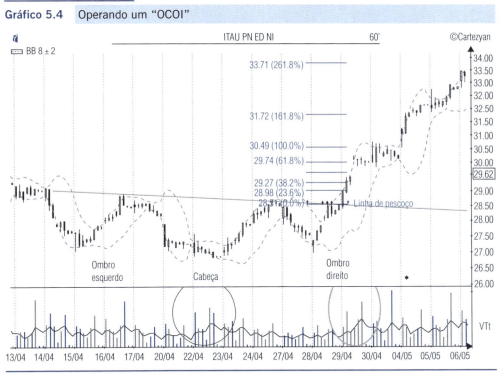

Fonte: cortesia da Cartezyan.

O "OCOI" é um dos padrões de reversão mais comuns e confiáveis. É importante lembrar que ele ocorre depois de uma tendência de baixa e, quando finalizado, normalmente marca uma reversão de tendência. É preferível que os ombros sejam simétricos, mas essa não é uma condição absoluta. Os ombros podem ter alturas e larguras diferentes.

A análise do "OCOI" deve focar na correta identificação da linha de resistência do pescoço e dos padrões de volume. Esses são os dois mais importantes aspectos de uma leitura e, por consequência, de uma operação bem-sucedidas. O rompimento da resistência da linha de pescoço, combinado ao aumento de volume, indica elevação da demanda em preços mais altos. Compradores estão exercendo força e o preço está sendo afetado.

 **DICA** Mantenha em sua mente que análise técnica é mais arte do que ciência. Se você estiver esperando um padrão perfeito, poderá esperar longamente.

O objetivo de subida após o rompimento pode auxiliar, mas não deve ser considerado como seu único foco. Enquanto o padrão se desenrola no tempo, outros aspectos da dinâmica da análise técnica podem vir a ter preferência nesse processo; por exemplo, volume, resistências anteriores e exaustão de osciladores e de indicadores.

### 5.1.3 Topos/fundos triplo

- Ranking de desempenho geral (1 é o melhor): 7 de 21.
- Taxa de fracasso: 10%/4%.
- Descida/subida média: 19%/37%.
- Quantos tiveram alguma correção durante o movimento: 61%/64%.
- Quantos atingiram o objetivo: 40%/64%.

Similares ao "OCO" e ao "OCOI", respectivamente, exceto quanto aos picos, os quais são da mesma altura.

Cada subida deve ter volume menor, e o padrão se completa quando o suporte é rompido com volume.

### 5.1.4 Topo duplo ou "M" (reversão)

- Ranking de desempenho geral (1 é o melhor): 2 de 21.
- Taxa de fracasso: 11%.
- Descida média: 18%.
- Quantos tiveram alguma correção durante o movimento: 59%.
- Quantos atingiram o objetivo: 73%.

O topo duplo é um dos padrões de reversão mais importantes que se formam ao fim de uma tendência de alta estendida. Como o nome já nos diz, o padrão é formado por dois picos consecutivos que são, praticamente, da mesma altura, existindo um fundo moderado entre eles.

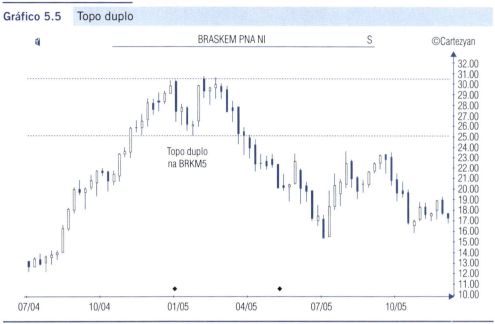

Gráfico 5.5 Topo duplo

Fonte: cortesia da Cartezyan.

Apesar de ocorrer variações, o clássico "M" marca, no mínimo, uma mudança intermediária, senão de longo prazo, de tendência de alta para baixa. Topos duplos em potencial podem se formar na subida, mas, até o suporte ser rompido, uma reversão não poderá ser confirmada. Para compreender melhor esse padrão, vamos esclarecer seus principais pontos.

1. Tendência anterior: é muito importante que exista uma tendência anterior para ser revertida. No caso do topo duplo, uma significante tendência de alta deve estar em vigor por algum tempo.
2. Primeiro topo: deve marcar o ponto mais alto da tendência atual. Nesse ponto, esta ainda não está em questão ou em dúvida.

3. **Fundo:** após o topo, um declínio começa com um volume inconsequente e, às vezes, as mínimas serão bem longe do fechamento, mostrando uma demanda vacilante.

4. **Segundo pico:** o avanço das mínimas ocorre geralmente com baixo volume e encontra a resistência da máxima anterior. Nesse caso, uma barreira é esperada. Encontrando-se essa resistência anterior, é possível que exista um "M", mas o padrão gráfico ainda precisa ser confirmado. O tempo entre os topos pode variar de semanas a meses. Picos exatos são desejáveis, mas há de se ter jogo de cintura. Um pico maior ou menor do que 3% ainda é aceitável.

5. **Declínio do pico:** a descida do segundo pico deve testemunhar uma expansão no volume e uma descida acelerada, talvez marcada com um ou dois *gaps*. Esse declínio mostra que as forças de demanda estão mais fracas do que a oferta e que há um teste do suporte iminente.

6. **Rompimento de suporte:** mesmo depois de ir em direção ao suporte, o topo duplo e a reversão de tendência ainda não estão completos. O rompimento do suporte no ponto mais baixo entre os dois topos completa o padrão. Isso deve ocorrer com um aumento de volume e em descida acelerada.

7. **Suporte virando resistência:** o suporte rompido torna-se resistência potencial e, algumas vezes, esse novo nível de resistência é testado com uma reação de alta. Esse teste pode oferecer uma segunda oportunidade de encerrar a posição comprada (para quem ainda não saiu) ou de venda a descoberto.

8. **Objetivo de preço:** a distância entre o rompimento do suporte e o topo pode ser subtraída da quebra do suporte a fim de se ter um objetivo de preço para o movimento. Logo, isso sugere que quanto maior a formação, maior o objetivo.

O analista deve tomar cuidado com topos duplos enganosos. Os picos devem estar separados pelo transcurso de, pelo menos, um mês. Se os topos estão próximos, eles podem representar apenas uma resistência e não uma mudança entre oferta e demanda.

Capítulo 5 ▪ Padrões gráficos   111

O mais importante aspecto do "M" talvez seja evitar precipitações. É necessário aguardar o rompimento do suporte de maneira convincente e, normalmente, com expansão no volume. Pode-se utilizar um filtro de tempo ou de preço antes da validação, pois a tendência está em vigor até que se prove o contrário.

Gráfico 5.6    Operando um topo duplo

Fonte: cortesia da Cartezyan.

**Gráfico 5.7** "M" na Vale5

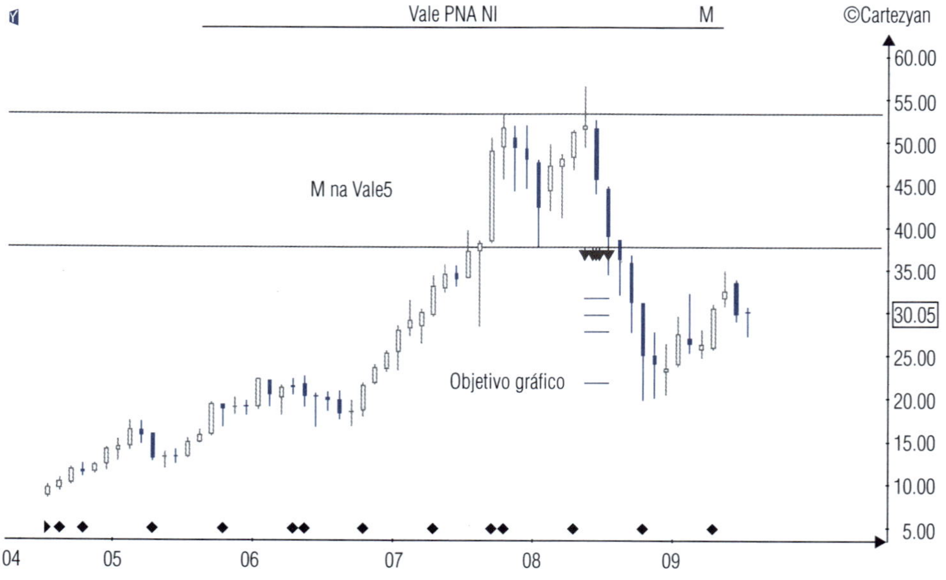

Vale PNA NI — M — ©Cartezyan

M na Vale5

Objetivo gráfico —

04    05    06    07    08    09

Fonte: cortesia da Cartezyan.

## 5.1.5 Fundo duplo ou "W" (reversão)

- Ranking de desempenho geral (1 é o melhor): 3 de 21.
- Taxa de fracasso: 4%.
- Subida média: 40%.
- Quantos tiveram alguma correção durante o movimento: 55%.
- Quantos atingiram o objetivo: 67%.

O fundo duplo é um dos padrões de reversão mais importantes que se formam ao fim de uma tendência de baixa estendida. Como o próprio nome já esclarece, o padrão é feito de dois fundos consecutivos que são, praticamente, da mesma altura e com um pico moderado entre eles.

Apesar de ocorrer variações, o clássico "W" marca, no mínimo, uma mudança intermediária, senão de longo prazo, de tendência de baixa para alta. Os fundos duplos em potencial podem formar-se na descida, mas, até a resistência ser rompida, uma reversão não poderá ser confirmada. Para compreender melhor esse padrão, vamos esclarecer seus principais pontos.

### Gráfico 5.8 Fundo duplo

Fonte: cortesia da Cartezyan.

1. Tendência anterior: é muito importante que exista uma tendência anterior para ser revertida. No caso do fundo duplo, uma significante tendência de baixa por algum tempo deve estar em vigor.
2. Primeiro fundo: deve marcar o ponto mais baixo da tendência atual. Nesse ponto, esta ainda não está em apuros ou em questão.
3. Topo: depois do fundo, um avanço começa com um volume fraco e, às vezes, as máximas negociadas serão bem distantes do preço de fechamento, mostrando uma demanda vacilante. A máxima do pico é, algumas vezes, arredondada e com hesitação, o que indica que a demanda está aumentando, mas não o suficiente para provocar o rompimento.
4. Segundo fundo: o avanço das mínimas ocorre geralmente com baixo volume e encontra a resistência da mínima anterior. Nesse caso, uma barreira é esperada. Encontrando esse suporte anterior, é possível que exista um "W", mas o padrão ainda precisa ser confirmado. O tempo entre os fundos pode variar de semanas a meses. Fundos exatos são desejáveis, mas deve-se ter jogo de cintura. Um fundo maior ou menor do que 3% ainda é aceitável.

5. **Avanço do fundo:** o volume é mais importante no fundo duplo do que no topo duplo. Deve existir evidência de volume e de pressão compradora, acelerando durante o avanço do segundo fundo. Um avanço ascendente talvez possa ser marcado por um ou dois *gaps* que indicam potencial mudança de expectativa.

6. **Rompimento de resistência:** mesmo depois de ir em direção à resistência, o fundo duplo e a reversão de tendência ainda não estão completos. O rompimento da resistência no ponto mais alto entre os dois fundos completa o padrão. Isso deve ocorrer com um aumento de volume e uma subida acelerada.

7. **Resistência virando suporte:** a resistência rompida torna-se potencial suporte e, algumas vezes, esse novo nível de suporte é testado com uma reação de baixa. Esse teste pode oferecer uma segunda oportunidade de encerrar a posição vendida (para quem ainda não saiu) ou da compra.

8. **Objetivo de preço:** a distância do rompimento de resistência até o fundo pode ser adicionada da quebra da resistência, a fim de se ter um objetivo de preço para o movimento. Logo, isso sugere que quanto maior a formação, maior o objetivo.

O analista deve tomar cuidado com fundos duplos enganosos. Os fundos de gráficos diários devem estar separados pelo transcurso de, pelo menos, um mês. Se os fundos estão próximos, isso pode significar apenas um suporte, e não uma mudança entre oferta e demanda.

Talvez o mais importante aspecto do "W" – bem como no "M" – seja evitar precipitações e aguardar o rompimento da resistência de uma maneira convincente e, em geral, com expansão no volume. Pode-se utilizar um filtro de tempo ou de preço antes da validação, pois a tendência está em vigor até que se prove o contrário.

## 5.1.5.1 *Tipo Eva e Adão*

Os fundos duplos têm algumas variações do tipo Eva e Adão. A diferença entre Adão e Eva é a forma do fundo. Os fundos Adão são picos de preços finos e estreitos, geralmente compostos de um único dia ou dois. Eva é mais largo e arredondado. Se Eva tem picos de preços, eles são mais numerosos e atarracado.

Observe no Gráfico 5.9, que os fundos Eva tendem a ser largos e alargar conforme o preço sobe. Os fundos de Adão tendem a permanecer estreitos.

**Gráfico 5.9** Petrobrás PN com vários tipos de fundo duplo Adão e Eva

Fonte: cortesia da Trading View.

## 5.1.6 Cunha descendente (reversão)

- Ranking de desempenho geral (1 é o melhor): 11 de 21.
- Taxa de fracasso: 6%.
- Subida média: 33%.
- Quantos tiveram alguma correção durante o movimento: 53%.
- Quantos atingiram o objetivo: 79%.

A cunha descendente é um padrão altista que começa a alargar do topo e a contrair quando os preços se movem para baixo. Essa oscilação de preço forma um cone com inclinação para baixo quando as reações das máximas e mínimas convergem. Diferentemente dos triângulos simétricos, que não possuem inclinação e tendência definidas, as cunhas descendentes têm inclinação para baixo e viés altista. Entretanto, esse viés não pode ser iniciado sem o rompimento da resistência. Esse padrão também pode entrar na categoria de continuação, quando a inclinação será contra a tendência corrente. Quando o padrão for de reversão, a inclinação será na direção da tendência corrente, não importando se é padrão de continuação ou de reversão, e ambos serão padrões altistas.

**Gráfico 5.10** Cunha descendente

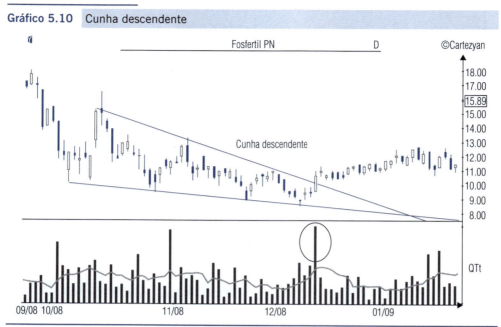

Fonte: cortesia da Cartezyan.

1. **Tendência anterior:** para se qualificar como padrão de reversão, deve existir uma tendência anterior a ser revertida. De modo ideal, a cunha descendente se formará depois de uma tendência estendida de baixa e marcará a mínima final. O padrão se forma, usualmente, em um período maior do que três a seis meses, e a tendência de baixa prévia deve ter, no mínimo, três meses.
2. **Linha de resistência superior:** no mínimo, são necessárias duas máximas de reação para formar a linha de resistência superior; três máximas seria o ideal. Cada reação deve ser mais baixa que as máximas anteriores.
3. **Linha de suporte inferior:** duas mínimas de reação, pelo menos, são necessárias para formar a linha de suporte inferior. Cada nova mínima deve ser mais baixa que a anterior.
4. **Contração:** a linha de resistência superior e a inferior convergem para formar um cone, enquanto o padrão matura. As mínimas de reação vão continuar a ultrapassar as mínimas anteriores, mas as penetrações são cada vez menos profundas. Essas mínimas mais rasas indicam a diminuição da pressão vendedora e criam uma linha de suporte com inclinação menos negativa que a linha superior de resistência.

Capítulo 5 ▪ Padrões gráficos   117

5. **Rompimento de resistência:** a confirmação altista do padrão não vem até que a linha de resistência tenha sido rompida de forma contundente. Sempre é prudente aguardar o rompimento acima da máxima anterior para confirmá-lo. Uma vez rompida a resistência, ocorre, algumas vezes, uma correção para testar esse novo nível de suporte.
6. **Volume:** enquanto o volume não é particularmente importante em cunhas ascendentes, ele é ingrediente essencial para confirmar um rompimento de cunha descendente. Sem a expansão do volume, o rompimento não terá convicção e pode ser vulnerável no futuro.

Como as cunhas ascendentes, a descendente pode ser um dos padrões mais difíceis de se reconhecer e operar precisamente. Quando máximas e mínimas mais baixas se formam, o ativo permanece em uma tendência de baixa. A cunha descendente é designada para marcar uma diminuição do momento de baixa e alertar os analistas técnicos de que existe um potencial de reversão de tendência. Mesmo que a pressão vendedora venha a diminuir, a demanda não ganha enquanto a resistência não for rompida. Como na maioria dos padrões, é importante esperar o rompimento e combinar outros aspectos da análise técnica para confirmar os sinais.

**Gráfico 5.11   Cunha ascendente**

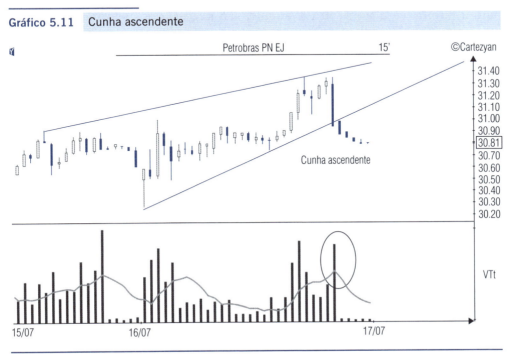

Fonte: cortesia da Cartezyan.

118 ANÁLISE TÉCNICA DOS MERCADOS FINANCEIROS

## 5.2 PADRÕES DE CONTINUAÇÃO

Como o próprio nome diz, são padrões que se formam durante a movimentação de uma tendência. De tempos em tempos, quando em tendência, o preço de um ativo qualquer dá uma parada para retomar fôlego e depois continua movimentando-se na direção em que vinha movendo-se. Essas interrupções momentâneas assumem diferentes formas, geralmente denominadas áreas de congestão. As principais são triângulos, bandeiras e flâmulas, retângulos, cunhas, e somente as duas últimas aparecem apenas como padrões de continuação. Os demais também podem-se apresentar como padrões de reversão.

### 5.2.1 Triângulos

- Ranking de desempenho geral (1 é o melhor): 7 de 21.
- Taxa de fracasso: 9%.
- Subida/descida média: 31%.
- Quantos tiveram alguma correção durante o movimento: 37%.
- Quantos atingiram o objetivo: 66%.

São áreas de congestão cujos limites superiores e inferiores convergem para a direita. Para traçar um triângulo, são necessários, pelo menos, quatro pontos de retorno: dois de fundo e dois de topo. Um triângulo pequeno, cuja altura corresponda a 10% ou 15% do movimento precedente, provavelmente será de continuação. Na maioria das tendências de alta e de baixa, encontram-se muitos desses triângulos.

Grandes triângulos, cuja altura corresponda a um terço ou mais do movimento precedente, provavelmente funcionarão como padrão de reversão. Dependendo do seu ângulo, o triângulo pode ser classificado em três tipos: simétrico, ascendente ou descendente.

Há evidências de que os simétricos marcam importantes reversões de mercado, mas frequentemente eles apontam uma continuação da tendência corrente. Sem se importar se é continuação ou reversão, a direção do próximo movimento só poderá ser determinada por um rompimento válido. Vamos observar parte por parte desse padrão:

1. Tendência: para qualificar-se como padrão de continuação, uma tendência tem de existir e o triângulo simétrico precisa marcar um período de consolidação para o movimento seguir na tendência após o rompimento.

**Capítulo 5** ▪ Padrões gráficos   119

2. **Quatro pontos:** no mínimo dois pontos são necessários para uma linha de tendência e duas linhas de tendência são requeridas para formar o triângulo. Portanto, é necessário um mínimo de quatro pontos para considerar a formação em um triângulo simétrico. A segunda máxima tem de ser mais baixa que a primeira para a linha superior do triângulo de tendência de baixa ser formada. A segunda mínima deve ser mais alta que a primeira, formando uma linha inferior de tendência de alta. Idealmente, o padrão se formará com seis pontos, sendo três em cada lado antes de ocorrer o rompimento.

3. **Volume:** quando o triângulo simétrico se estende e a zona de variação se estreita, o volume começa a diminuir. É a famosa calmaria antes da tormenta, diminuindo a consolidação até o rompimento.

4. **Duração:** o triângulo simétrico pode estender-se por algumas semanas ou meses. Se o padrão é menor do que três semanas, frequentemente é considerado uma flâmula. Em geral, a duração é de cerca de três meses.

5. **Tempo de rompimento:** o rompimento ideal ocorre entre a metade e 3/4 do caminho para o tempo máximo do desenvolvimento do padrão. Esse tempo máximo pode ser medido do vértice (ponto de convergência entre as duas linhas de tendência que formam o triângulo) até a base do início da primeira linha do triângulo. Um rompimento antes da metade pode ser prematuro e próximo ao vértice, insignificante. Então, quando o vértice se aproxima, um rompimento deve ocorrer em alguma hora.

6. **Direção futura do rompimento:** só poderá ser determinada depois do rompimento ocorrido. Soa óbvio, mas tentar adivinhar a direção do rompimento pode ser perigoso. Mesmo que um padrão de continuação permita prever que o rompimento esteja na direção da tendência de mais longo prazo, esse não será sempre o caso.

7. **Confirmação do rompimento:** para que um rompimento seja considerado válido, ele deve ser feito com o preço de fechamento. Alguns *traders* aplicam um filtro de rompimento de x% ou de tantas horas para que seja confirmado. O rompimento deve ser acompanhado de expansão no volume, especialmente em rompimentos para cima.

8. **Retorno ao vértice:** após o rompimento (para cima ou para baixo), o vértice pode se tornar um futuro suporte ou resistência. O preço, algumas vezes, retorna ao vértice ou nível de suporte/resistência antes de prosseguir na direção do rompimento.

**9. Objetivo de preço:** existem dois métodos para estimar a extensão do movimento após o rompimento. No primeiro, a distância mais larga do triângulo simétrico pode ser medida e aplicada no rompimento. No segundo, uma linha de tendência pode ser traçada paralela à linha de alta ou de baixa do triângulo na direção do rompimento. A extensão dessa linha marca o possível objetivo e também o horizonte de tempo.

Edwards e Magee sugerem que 75% dos triângulos simétricos são padrões de continuação e o restante, de reversão. Os padrões de reversão, em especial, podem dificultar a análise e geralmente levam a falsos rompimentos. Ainda assim, nós não devemos antecipar a direção do rompimento e sim aguardá-lo, como em uma trincheira com a faca entre os dentes, prontos para agir. No rompimento, podemos analisar se ocorreram *gaps*, movimentos de preços acelerados e confirmação de volume, que é especialmente importante para rompimentos para cima.

O preço algumas vezes retorna ao ponto de rompimento do vértice antes de prosseguir na direção do rompimento. Esse retorno oferece uma segunda chance de participar com uma relação melhor de retorno/risco. Os dois tipos de projeção devem ser encarados como diretrizes, e não como regra. A análise técnica é dinâmica e a monitoria do mercado é necessidade constante.

### 5.2.1.1 *Triângulo ascendente*

- Ranking de desempenho geral (1 é o melhor): 12 de 21.
- Taxa de fracasso: 13%.
- Subida média: 35%.
- Quantos tiveram alguma correção durante o movimento: 57%.
- Quantos atingiram o objetivo: 75%.

Diferentemente do triângulo simétrico, o ascendente tem um viés altista definitivo antes do rompimento. Lembre-se de que o triângulo simétrico é uma formação de viés neutro, ou seja, somente pode-se estabelecer a direção futura do movimento após seu rompimento.

No triângulo ascendente, a linha horizontal superior representa uma oferta ou uma barreira que impede que o ativo passe de certo nível. É como se uma grande oferta de venda tivesse sido colocada nesse ponto e levasse algum tempo para ser executada, impedindo o avanço do ativo. Apesar de o preço não conseguir subir acima desse nível, os fundos começam a atingir valores cada vez mais altos que os anteriores. Esses fundos mais altos indicam uma pressão compradora crescente e dão um viés altista.

Gráfico 5.12  Triângulo ascendente

Fonte: cortesia da Cartezyan.

Além disso, o padrão é igual ao de um triângulo simétrico e você deve projetá-lo utilizando a distância vertical da linha horizontal até o ponto mais largo da reta de tendência que forma o triângulo.

### 5.2.1.2 *Triângulo descendente*

- Ranking de desempenho geral (1 é o melhor): 2 de 21.
- Taxa de fracasso: 7%.
- Descida média: 47%.
- Quantos tiveram alguma correção durante o movimento: 37%.
- Quantos atingiram o objetivo: 84%.

Diferentemente do triângulo simétrico, o descendente tem um viés baixista definitivo antes do rompimento. Lembre-se de que o triângulo simétrico é uma formação de viés neutro, ou seja, somente se pode estabelecer a direção futura do movimento depois de seu rompimento.

No triângulo descendente, a linha horizontal inferior representa uma demanda ou um suporte que impede o ativo passar de certo nível. É como se uma grande oferta de compra tivesse sido colocada nesse ponto e houvesse demorado algum tempo para ser executada, impedindo a descida do ativo. Apesar de o preço não conseguir descer desse nível, os topos começam a atingir valores cada vez mais baixos que os anteriores. Esses topos mais baixos indicam uma pressão vendedora crescente e dão um viés baixista.

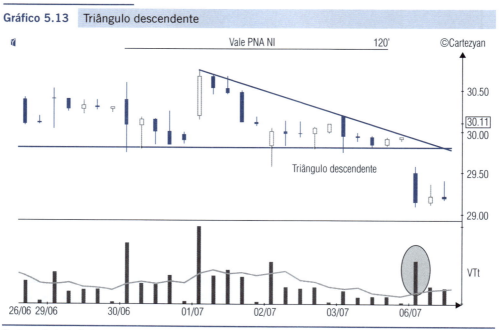

Gráfico 5.13  Triângulo descendente

Fonte: cortesia da Cartezyan.

No mais, o padrão é igual a um triângulo simétrico e você deve projetá-lo medindo a distância vertical da linha horizontal até o ponto mais largo da reta de tendência que forma o triângulo descendente.

## 5.2.2 Bandeiras e flâmulas

- Taxa de fracasso: 4%.
- Subida/descida média: 23%.
- Quantas figuras tiveram alguma correção durante o movimento: 43%.
- Quantas figuras atingiram o objetivo: 64%.

Bandeiras e flâmulas são padrões de continuação de curto prazo que marcam uma pequena consolidação antes de o movimento anterior continuar. Esses padrões são precedidos de uma subida ou de uma descida rápida e aguda, com volume alto, e marcam o meio do caminho do movimento.

1. **Movimento agudo:** para ser considerado um padrão de continuação, é necessário que exista evidência de uma tendência anterior. Esses padrões requerem evidência de um avanço ou declínio agudo e com volume. Movimentos desse tipo geralmente ocorrem com volume e podem conter *gaps*. Esse movimento representa a primeira perna de um avanço ou declínio significativo, e a flâmula ou bandeira é somente uma pausa para um fôlego.

2. **Mastro da bandeira:** é a distância da primeira resistência ou suporte para a máxima ou a mínima da bandeira/flâmula. A subida aguda (ou declínio) que forma o mastro deve quebrar uma linha de tendência ou um nível de resistência/suporte. A linha que se estende desse rompimento até a máxima da bandeira/flâmula forma a bandeira.

3. **A bandeira:** é um retângulo pequeno que se inclina contra a tendência corrente. Se a tendência anterior for para cima, então a inclinação da bandeira será para baixo. Se o movimento anterior for para baixo, a inclinação será para cima. Como as bandeiras são movimentos de curto prazo, as reações das máximas e das mínimas devem estar contidas em duas linhas de tendência paralelas.

4. **A flâmula:** é um pequeno triângulo simétrico que começa largo e converge ao vértice à medida que o tempo passa, como em um cone. A inclinação é neutra, às vezes não teremos máximas e mínimas para traçar as linhas de tendência, e a ação do preço deve estar contida nas linhas de tendência convergentes.

5. **Duração:** bandeiras e flâmulas são padrões de curto prazo que podem durar de 1 a 12 semanas. Existe um debate quanto aos períodos e alguns consideram 8 semanas o mínimo para um padrão confiável. De maneira ideal, esses padrões se formam de 1 a 4 semanas. Se uma bandeira fica com mais de 12 semanas, pode ser classificada como um retângulo. Além disso, o tempo de duração entre 8 e 12 semanas é controverso.

6. **Rompimento:** para uma flâmula ou bandeira, um rompimento acima da resistência sinaliza que o avanço anterior recomeçou. Caso seja baixista, uma quebra do suporte sinaliza que a descida anterior vai continuar.
7. Volume: deve ser alto durante o avanço ou a descida que forma o mastro. Volume alto nos dá legitimidade para esse movimento agudo e repentino que cria o mastro. Uma expansão do volume no rompimento credencia como válida a formação e indica boa probabilidade de continuação.
8. Objetivos: o tamanho do mastro pode ser aplicado no rompimento da resistência/suporte para estimar o movimento posterior.

Apesar de esses padrões serem formações comuns, esse guia de identificação não deve ser tomado a esmo. É importante que esses padrões sejam precedidos de um movimento agudo, sem o qual seria questionável o padrão e o risco extra poderia ser adicionado às operações. Procure por confirmações no volume, no movimento inicial, na consolidação e no rompimento do padrão para ter mais confiança na identificação deste.

**Gráfico 5.14**  Bandeira

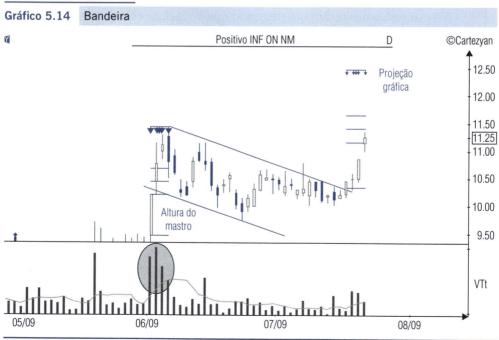

Fonte: cortesia da Cartezyan.

Capítulo 5 ■ Padrões gráficos 125

**Gráfico 5.15**  Operando uma bandeira na ARCZ6

Fonte: cortesia da Cartezyan.

**Gráfico 5.16**  Flâmula na GOLL4

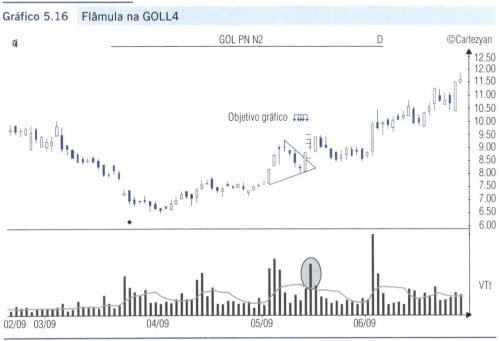

Fonte: cortesia da Cartezyan.

### 5.2.3 Retângulo

- Ranking de desempenho geral (1 é o melhor): 3 de 21.
- Taxa de fracasso: 9%.
- Subida/descida média: 39%.
- Quantos tiveram alguma correção durante o movimento: 64%.
- Quantos atingiram o objetivo: 80%.

Gráfico 5.17   Retângulo de baixa na WEGE3

Fonte: cortesia da Cartezyan.

Um retângulo é um padrão de continuação que forma área de oscilação durante uma pausa da tendência. Esse padrão é facilmente identificável com duas máximas e duas mínimas que tenham quase a mesma altura e podem ser conectadas para formar linhas paralelas que marcam topo e fundo do retângulo. Os retângulos costumam ser tratados como zona de consolidação, área de congestão ou pelo termo em inglês *trading range*.

**Gráfico 5.18**  Retângulo de alta na CSNA3

Fonte: cortesia da Cartezyan.

Existem várias semelhanças entre o retângulo e o triângulo simétrico. Enquanto ambos são, em geral, padrões de continuação, eles também podem marcar significantes topos e fundos de uma tendência. Da mesma forma que o triângulo simétrico, o retângulo padrão não está completo enquanto não houver o rompimento. Algumas pistas podem ser encontradas, mas a direção do rompimento geralmente não é determinável de primeira. Vamos examinar as partes do retângulo:

1. Tendência: para qualificar como padrão de continuação, deve existir uma tendência. Idealmente, ela deve ser de poucos meses e não muito madura. Quanto mais velha, menos chance de que o padrão marque uma continuação.
2. Quatro pontos: são requeridas, no mínimo, duas máximas equivalentes para formar a linha de resistência superior e duas mínimas equivalentes

para formar a linha inferior de suporte. Elas não precisam ser exatamente iguais, mas devem ter uma proximidade razoável. Apesar de não ser um pré-requisito, é preferível que as máximas e as mínimas se alternem.

3. **Volume:** em oposição ao triângulo simétrico, retângulos não exibem padrões usuais de volume. Algumas vezes, o volume declina enquanto o padrão se desenvolve. Outras vezes, vai variar, enquanto o preço "quica" entre o suporte e a resistência. Raramente o volume aumentará durante a formação do padrão. Se o volume declinar, será melhor esperar uma expansão deste para a confirmação do rompimento. Se variar muito na subida ou na descida, será melhor verificar qual dos dois movimentos está recebendo mais volume. Essa pista do volume pode nos trazer uma indicação da direção do rompimento futuro.

4. **Duração:** retângulos podem estender-se de poucas semanas até vários meses. Se o padrão for menor que três semanas, costuma ser considerado uma bandeira, ou um padrão de continuação. Idealmente, retângulos desenvolvem-se por mais de três meses. Em geral, quanto maior o padrão, mais significante o rompimento. Em um padrão de três meses, é esperada a chegada ao objetivo da projeção do rompimento; entretanto, em um padrão de seis meses, espera-se até que se exceda o objetivo de sua projeção.

5. **Direção do rompimento:** a direção do próximo movimento significante só pode ser determinada depois de o rompimento ter ocorrido. Como se verifica com o triângulo simétrico, retângulos são padrões neutros que são dependentes da direção futura do rompimento.

6. **Volume:** padrões podem, algumas vezes, oferecer pistas, mas não existe confirmação até que ocorra o rompimento acima da resistência ou abaixo do suporte.

7. **Confirmação do rompimento:** para um rompimento ser considerado válido, deve-se levar em conta o fechamento. Alguns analistas utilizam um filtro no preço (%), outros no tempo (x dias) ou volume (expansão) para confirmação.

8. **Retorno do rompimento:** um princípio básico da análise técnica é que um suporte rompido se torna uma resistência e vice-versa. Algumas vezes,

após o rompimento, há uma correção para testar esse suporte/resistência e, se essa correção ocorrer, poderá dar uma segunda chance de participar do movimento.

9. Objetivo: o movimento estimado é a altura do retângulo aplicada ao rompimento.

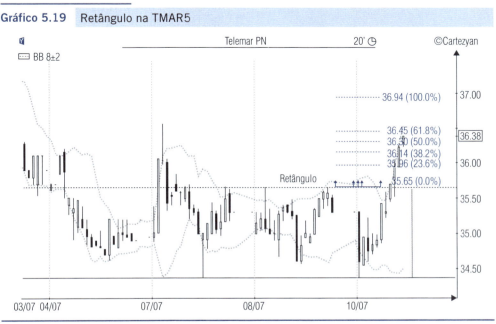

Gráfico 5.19 Retângulo na TMAR5

Fonte: cortesia da Cartezyan.

Os retângulos representam uma área de congestão em que touros e ursos duelam. Quando o preço alcança o suporte, compradores entram em cena. Quando o preço encontra a resistência, é a vez de os vendedores assumirem o controle e forçarem os preços para baixo. Alguns operadores gostam de trabalhar com esses rebotes comprando perto do suporte e vendendo próximo à resistência. Algum grupo – entre touros e ursos – vai-se exaurir e o ganhador emergirá quando houver o rompimento. É importante relembrar que retângulos têm viés neutro, e apesar das pistas que surgem com o volume, a ação dos preços está em conflito. Somente quando o preço quebrar a resistência ou romper o suporte ficará claro qual dos dois grupos venceu a batalha.

### Gráfico 5.20   Projetando um retângulo

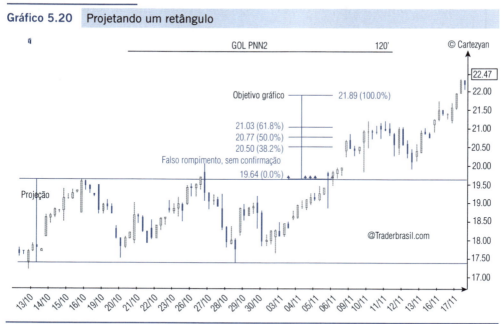

Fonte: cortesia da Cartezyan.

### 5.2.4 Movimento medido

- Subida na média na primeira perna: 46% em 87 dias.
- Correção média da fase intermediária: 47% em 32 dias.
- Subida na média na última perna: 32% em 60 dias.
- Quantos atingiram o objetivo de preço: 45%.
- Quantos atingiram o objetivo de tempo: 38%.

O movimento medido é uma formação de três partes que começa como um padrão de reversão e se transforma em um padrão de continuação. O movimento medido de alta consiste de uma reversão avançada, uma correção/consolidação e uma continuação do avanço. Esse padrão não pode ser identificado até depois do período de consolidação/correção, e isso é categorizado como um padrão de continuação. Esse padrão é, geralmente, de longo prazo e se forma durante vários meses.

Capítulo 5 ■ Padrões gráficos   131

### Gráfico 5.21   Movimento medido

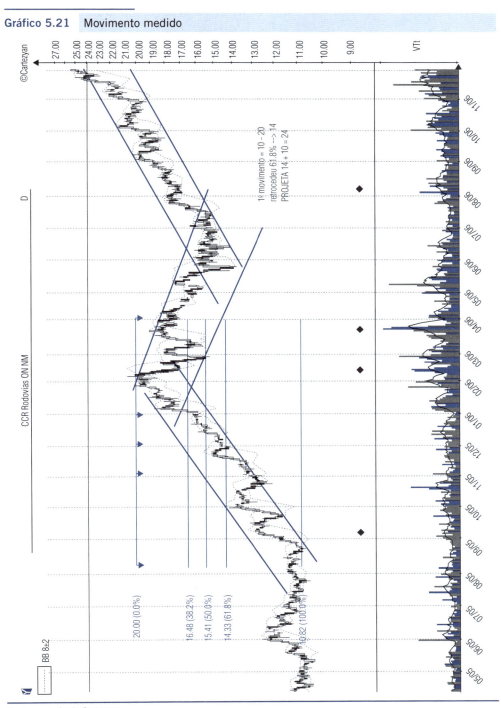

Fonte: cortesia da Cartezyan.

132 ANÁLISE TÉCNICA DOS MERCADOS FINANCEIROS

1. **Tendência anterior:** para que o primeiro avanço seja qualificado como reversão, é necessário que exista evidência de uma reversão de tendência de baixa. Esse padrão pode ocorrer como parte de um grande avanço, e o tamanho, bem como a inclinação da tendência anterior, pode variar de algumas poucas semanas a vários meses.

2. **Avanço de reversão:** o primeiro avanço geralmente começa perto de mínimas estabelecidas no declínio anterior e se estende por poucas semanas ou vários meses. Algumas vezes, o padrão de reversão pode marcar o início de uma mudança de tendência. Outras vezes, a nova tendência de alta é estabelecida por reações de alta ou de rompimento das máximas. Idealmente, o avanço é ordenado e longo com uma série de topos e fundos crescentes que podem formar um canal dos preços. Menos erráticos, os avanços são satisfatórios, mas correm o risco de formar um padrão diferente.

3. **Consolidação/correção:** depois de um avanço estendido, alguma consolidação ou correção pode ser esperada. Como consolidação, pode ocorrer um padrão de continuação como o retângulo ou o triângulo ascendente. Como correção, podem ocorrer retrações de 32% a 62% do avanço anterior e possíveis padrões, como uma bandeira ou uma cunha descendente. Em linhas gerais, quanto maior o avanço, maior a correção; assim, um avanço de 100% pode ter uma correção de 62% e um de 50% pode ter uma correção de somente 32%.

4. **Tamanho da continuação do avanço:** a distância da mínima à máxima do primeiro avanço pode ser aplicada à mínima da consolidação/retração para estimar o avanço projetado. Alguns analistas gostam de medir em pontos, outros, em termos de porcentagem. Se o primeiro avanço for de 30 a 50 (20 pontos) e a consolidação for até 40, então 60 será o objetivo do segundo avanço (50 − 30 = 20 | 40 + 20 = 60). Para aqueles que gostam de porcentagens, se o primeiro avanço for de 30 a 50 (66%) e a correção for de até 40, então 66,40 será o objetivo do avanço (40 × 66% = 26,40 | 40 + 26,40 = 66,40). A decisão sobre qual método você utilizará dependerá de sua experiência e de seu estilo de análise, sendo sempre preferível usar a menor projeção, adotando uma análise mais conservadora.

5. **Continuação do avanço-entrada:** caso a consolidação/correção seja formada por um padrão de continuação, então o ponto de entrada para a segunda perna pode ser identificado com a utilização de regras usuais de rompimento. Entretanto, se não houver padrão identificável, então outro sinal de confirmação deverá ser utilizado, baseado em seu estilo de operação,

seus objetivos, sua tolerância a risco e seu horizonte de tempo. Um método possível seria medir potenciais de retrações como 33%, 50% e 62% e observar padrões de reversões curtos para entrada com boa relação entre retorno e risco. Outro método seria o de esperar para a confirmação de um rompimento da máxima estabelecida no primeiro avanço, o que resultaria em uma entrada tardia; porém, o padrão seria confirmado.

6. **Volume:** o volume deve aumentar no começo da reversão do avanço, diminuir no final da consolidação/correção e elevar de novo no começo da continuação do avanço.

O movimento medido do tipo altista pode ser feito na forma de vários padrões, podendo ocorrer, no começo da reversão de avanço, um fundo duplo; depois, um canal de preços durante a reversão do avanço, usando-se um triângulo ascendente para marcar a consolidação, e outro canal para marcar a continuação do avanço. Durante anos de mercado de alta ou de baixa, vários movimentos medidos podem ser formados. Apesar de as projeções para a continuação do avanço serem úteis para os objetivos, elas devem ser usadas como guias, pois o mercado pode exceder os objetivos ou, ainda, cair antes.

O mercado sempre tem razão; assim, o que diferenciará o bom do mau *trader* será sua pronta resposta às movimentações do mercado. "Bom senso e canja de galinha não fazem mal a ninguém."

## 5.2.5 Canal de preços

O canal é um padrão de continuação que se estende inclinadamente para cima ou para baixo e é delimitado por uma linha de tendência inferior e uma superior. Esta marca a resistência, e a inferior, o suporte. Canais com inclinação negativa são considerados baixistas, e aqueles com inclinação positiva, altistas.

1. **Linha de tendência principal:** necessitamos de no mínimo dois pontos para desenhar a linha de tendência principal, que mostra a intensidade da tendência e sua inclinação. Quanto mais pontos de reação, melhor.

2. **Linha de canal paralela:** a linha paralela é chamada de linha de canal. De forma ideal, a linha de canal será baseada em duas reações de alta ou de baixa. Entretanto, depois de a linha de tendência principal ser estabelecida, alguns analistas desenham uma paralela por somente uma única reação de baixa ou de alta. A linha de canal pode marcar suporte ou resistência.

**Gráfico 5.22** Canal de preços

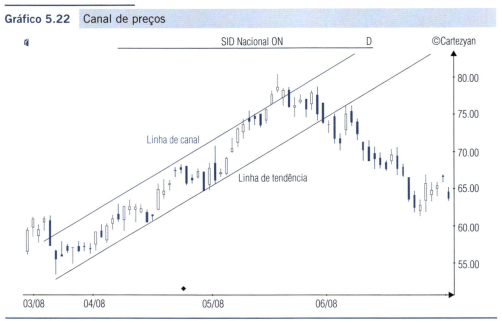

Fonte: cortesia da Cartezyan.

3. **Canal de preços**: à medida que os preços avançam dentro do canal, a tendência entra em vigor e uma quebra da linha de canal pode indicar uma aceleração da tendência, enquanto uma quebra da linha de tendência implica uma reversão.
4. **Escala**: apesar da minha preferência pessoal de optar pelo simples e utilizar escala aritmética, as linhas de tendência parecem se ajustar melhor quando são usadas escalas semilogarítmicas. A escala logarítmica reflete movimentações de preços em termos percentuais, em que um movimento de 50 para 100 aparece na mesma distância de 100 para 200.

Em um canal de alta, os operadores procuram comprar no fundo do canal em que a linha de tendência de alta funciona como suporte. E, da mesma forma, vendem em uma tendência de baixa quando alcançam a linha de resistência. Como os demais padrões, outros aspectos da análise técnica devem ser usados para confirmar os sinais.

Pelo fato de a análise técnica envolver um pouco de arte e de ciência, temos espaço para flexibilidade. Mesmo que toques exatos em uma linha de tendência sejam considerados ideais para testar sua efetividade e força, cada analista deve julgar a relevância e a colocação da linha de tendência principal e do canal.

Na prática, o método de experimentação lhe mostrará que a melhor linha será a que tiver mais pontos contidos nela. De qualquer forma, uma linha de canal considerada ideal será a paralela à de tendência principal.

## 5.3 OUTROS PADRÕES COMUMENTE CITADOS NA ANÁLISE TÉCNICA CLÁSSICA

### 5.3.1 Fundo arredondado (de reversão)

- Ranking de desempenho geral (1 é o melhor): 5 de 21.
- Taxa de fracasso: 5%.
- Subida média: 43%.
- Quantos tiveram alguma correção durante o movimento: 40%.
- Quantos atingiram o objetivo: 57%.

O fundo arredondado é um padrão de reversão de longo prazo e é mais adequado para gráficos semanais. É também chamado de fundo de pires e representa um período de longa consolidação que troca de viés baixista para altista.

1. **Tendência anterior:** para ser um padrão de reversão, deve existir uma tendência anterior. Idealmente, a mínima do fundo arredondado marcará uma nova mínima ou uma mínima de reação. Na prática, existem ocasiões em que a mínima é registrada vários meses antes e o ativo fica de lado antes de formar um padrão. Quando o fundo arredondado se forma, sua mínima pode não ser a mais baixa dos últimos meses.

2. **Declínio:** a primeira porção desse padrão é um declínio que leva à mínima do padrão. O declínio pode tomar diferentes formas: várias reações de altas e baixas, enquanto outras podem ser mais lineares.

3. **Mínima:** a mínima do fundo arredondado pode ter um formato em V, mas este não deve ser muito agudo e deve demorar algumas semanas para se formar. Como os preços estão em um declínio de longo prazo, a possibilidade de um clímax de venda existe e pode criar uma nova mínima aguda.

4. **Avanço:** o avanço posterior das novas mínimas forma a parte direita do padrão e deve demorar quase o mesmo tempo do declínio anterior. Se o avanço é muito íngreme, então a validade do padrão pode estar em questão.

### Gráfico 5.23  Fundo arredondado

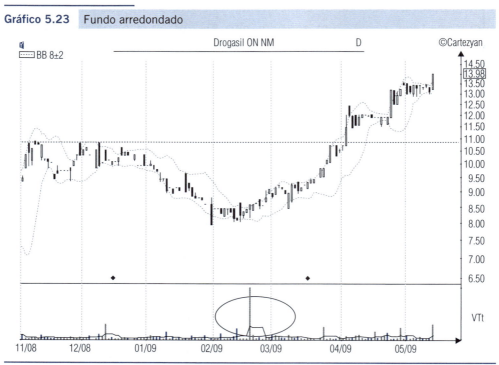

Fonte: cortesia da Cartezyan.

5. **Rompimento:** a confirmação altista vem quando o padrão rompe a reação de alta que marcou o início do declínio no começo do padrão. Como a maioria dos rompimentos de resistências, esse nível pode tornar-se um suporte. Entretanto, fundos arredondados representam reversões de longo prazo, e esse novo suporte pode não ser significativo.

6. **Volume:** em um padrão ideal, o nível de volume seguirá o padrão do fundo arredondado: alto no começo do declínio, baixo no fim do declínio e aumentando durante o avanço. O nível de volume não é importante durante o declínio, mas deve existir um incremento no avanço e, preferencialmente, no rompimento.

O fundo arredondado pode ser concebido como um ombro-cabeça-ombro invertido (OCOI) sem ombros prontamente identificáveis. A cabeça representa a mínima e fica próxima ao centro do padrão. Embora a simetria seja preferível no padrão de fundo arredondado, não é imperativo que os lados esquerdo e direito tenham inclinação e tamanho iguais. O aspecto mais importante é capturar a essência do padrão.

## 5.3.2 Formações de alargamento (de reversão)

- Ranking de desempenho geral (1 é o melhor): 19 de 21.
- Taxa de fracasso: 11%.
- Subida/descida média: 29%.
- Quantos tiveram alguma correção durante o movimento: 47%.
- Quantos atingiram o objetivo: 68%.

Padrão que ocorre em momentos de alta volatilidade, em um período de grande movimentação com pouca direção. A formação é identificada como uma série de máximas e de mínimas. A linha de tendência é desenhada por cima das máximas e por baixo das mínimas, alargando o padrão. A forma representada parece um megafone, como o inverso do triângulo simétrico, com as duas linhas divergindo do vértice do triângulo.

**Gráfico 5.24**   Formações de alargamento

Fonte: StockCharts.

Normalmente, esse padrão é usado em operações de *swing* em vez de operações em tendência.

Esse padrão é relativamente raro, mas quando aparece costuma ser um importante topo de mercado; a resolução do padrão é sinalizada pela violação da segunda mínima após o complemento do terceiro pico.

### 5.3.3 Formação de diamante (de reversão)

- Ranking de desempenho geral (1 é o melhor): 19 de 21.
- Taxa de fracasso: 10%.
- Subida/descida média: 27%.
- Quantos tiveram alguma correção durante o movimento: 59%.
- Quantos atingiram o objetivo: 69%.

Gráfico 5.25   Formações de diamante

Fonte: StockCharts.

Como os diamantes, essa formação é raríssima e geralmente é encontrada em topos. Edwards e Magee descrevem um padrão de "OCO" como uma linha de pescoço em V. O diamante pode ser visto como dois triângulos: uma formação de alargamento seguida de um triângulo simétrico. O rompimento projetado é a distância entre o topo e o fundo da formação, incidentalmente a mesma do triângulo simétrico.

### 5.3.4 Xícara com alça (de continuação)

- Ranking de desempenho geral (1 é o melhor): 13 de 23.
- Taxa de fracasso: 5%.
- Subida: 34%.
- Quantos tiveram alguma correção durante o movimento: 58%.
- Quantos atingiram objetivo: 50%.

**Gráfico 5.26** Xícara com alça

Fonte: StockCharts.

140   ANÁLISE TÉCNICA DOS MERCADOS FINANCEIROS

A xícara com alça é um padrão de continuação que marca um período de consolidação seguido de um rompimento. Foi desenvolvido por William O'Neil e introduzido em 1988 no livro *How to make money in stocks*.[3]

Como o nome diz, existem duas seções nesse padrão: a xícara e a alça. A xícara forma-se após um avanço e tem o formato de uma tigela, com fundo arredondado. Quando ela está completa, uma zona de acumulação lateral se forma no lado direito, compondo a alça. O rompimento subsequente da alça sinaliza a continuação do avanço anterior.

1. Tendência: para ser um padrão de continuação, deve existir uma tendência anterior. Idealmente, a tendência deve ter alguns meses e não ser muito madura. Quanto mais madura, menor a chance de ser um padrão de continuação ou menor o potencial de alta.
2. Xícara: deve ter o formato de um "U" e um fundo arredondado. Um formato em V seria considerado muito agudo para qualificar uma reversão. Quanto mais amena for a curva, mais consolidado será o padrão com suportes válidos no fundo do "U". O padrão perfeito teria máximas iguais em ambos os lados da xícara, mas não é sempre o caso.
3. Profundidade da xícara: idealmente, a profundidade deve retroceder um terço ou menos do avanço prévio. Contudo, em mercados voláteis e em reações exageradas, retrações podem variar de um terço à metade. Em situações extremas, a retração pode ser de dois terços, o que está de acordo com a Teoria de Dow.
4. Alça: depois que novas máximas se formam no lado direito, existe uma retração que forma a alça. Algumas vezes, parece uma bandeira ou uma flâmula que se inclina para baixo; outras vezes, apenas uma pequena retração. A alça representa a consolidação final antes do grande rompimento e pode retroceder um terço do avanço da xícara, mas geralmente menos. Quanto menor a retração, mais altistas serão a formação e o rompimento. É prudente, às vezes, esperar um rompimento acima da linha de resistência estabelecida pelas máximas da xícara.

---

3   O'NEIL, William. *How to make money in stocks*. London: McGraw-Hill, 1988.

5. **Duração:** a xícara pode se estender de dois a seis meses em gráficos semanais, às vezes mais ainda. A alça pode ter duração de uma a várias semanas, ainda que o ideal é que se complete de uma a quatro semanas.
6. **Volume:** deve existir um aumento substancial de volume no rompimento acima da resistência da alça.
7. **Objetivo:** o avanço projetado após o rompimento pode ser estimado medindo-se a distância do pico da direita até o fundo da xícara.
8. **Características:** como a maioria dos padrões, é mais importante capturar a essência do padrão do que suas particularidades. A consolidação em "U" e a alça de retração seguida do rompimento com volume em expansão são as características desse padrão. Uma retração da xícara de 62% pode não se adequar aos requerimentos do padrão, mas a essência dele pode-se encontrar lá.

**Gráfico 5.27** Xícara com alça na LLXL3

Fonte: cortesia da Cartezyan.

### 5.3.5 Reversão de solavanco e fuga (de reversão)

- Ranking de desempenho geral (1 é o melhor): 5 de 21.
- Taxa de fracasso: 5%.
- Descida média: 19%.
- Quantos tiveram alguma correção durante o movimento: 62%.
- Quantos atingiram o objetivo: 78%.

Como o nome indica, é um padrão de reversão que se forma depois de excessiva especulação, levando o preço para muito longe, muito rápido. Esse padrão foi desenvolvido por Thomas Bulkowsky e introduzido em junho de 1997 na revista *Technical Analysis of Stocks and Commodities* e publicado em seu *Encyclopedia of chart patterns*.

Bulkowsky identificou três fases principais no padrão: introdução, solavanco e fuga. Vamos vê-las por partes:

**Gráfico 5.28**   Reversão e solavanco

Fonte: StockCharts.

1. **Fase de introdução:** essa primeira parte do padrão pode durar um mês ou mais, e forma a base na qual deverá ser traçada a linha de tendência. Durante essa fase, preços avançam de maneira ordenada sem especulação excessiva. A linha de tendência deve ter inclinação moderada com ângulo de 30 a 45 graus.

2. **Fase de solavanco:** o solavanco forma um avanço agudo e os preços movem-se da linha de tendência da fase de introdução. Idealmente, o ângulo dessa linha deve ser 50% maior do que o da linha de tendência anterior, na faixa de 45 a 60 graus; se não for possível medir os ângulos, um diagnóstico visual será o suficiente.

3. **Validade do solavanco:** é importante que o solavanco represente um avanço especulativo que não poderá ser sustentado por um longo tempo. Bulkowsky desenvolveu uma medida arbitrária para validar o solavanco: a distância da máxima mais alta da fase de solavanco até a linha de tendência da fase de introdução deve ser o dobro da distância da máxima da fase de liderança até a linha de tendência da fase de introdução. Essas distâncias verticais serão medidas em escala aritmética, das máximas até a linha de tendência da fase de introdução.

4. **Reversão do solavanco:** depois de a especulação acabar, os preços começam a formar picos e um topo surge. Algumas vezes, um pequeno topo duplo ou uma série de picos descendentes se formam. Preços começam a declinar em direção à linha de tendência da fase de introdução, e o lado direito do solavanco a se formar.

5. **Volume:** enquanto a ação avança durante a fase de introdução, o volume se torna geralmente mediano e muitas vezes baixo. Quando o avanço especulativo começa a formar o lado esquerdo do solavanco, o volume se expande e o avanço acelera.

6. **Fase de fuga:** começa quando o padrão rompe o suporte da linha de tendência da fase de introdução. Preços vão hesitar ou "quicar" abaixo da linha de tendência antes de rompê-la. Uma vez que o rompimento tenha ocorrido, a fase de fuga toma o controle e o declínio continua, como o célebre ditado "o último que sair apaga a luz".

**7. Suporte torna-se resistência:** depois que a linha de tendência é rompida, ocorre uma retração que testa essa recém-descoberta resistência. Potenciais suportes, tornando-se níveis de resistência, podem ser identificados nas reações das mínimas dentro do solavanco.

Esse padrão pode ser aplicado em gráficos diários, semanais e mensais, e é desenhado para identificar avanços especulativos que são insustentáveis em um período mais longo. Como os preços se movem rapidamente para formar o lado esquerdo do solavanco, o declínio subsequente pode ser agressivo.

**Gráfico 5.29** Reversão e solavanco na BBAS3

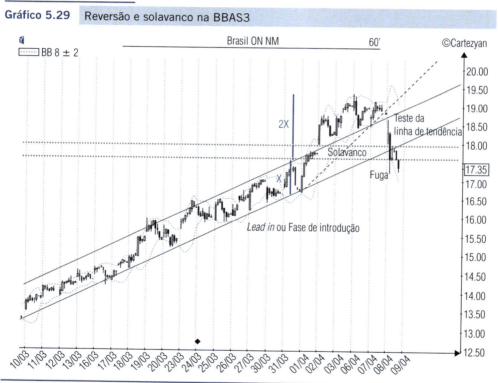

Fonte: cortesia da Cartezyan.

## Gráfico 5.30   Esquema reversão e solavanco

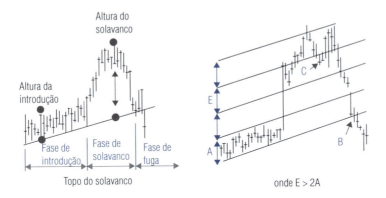

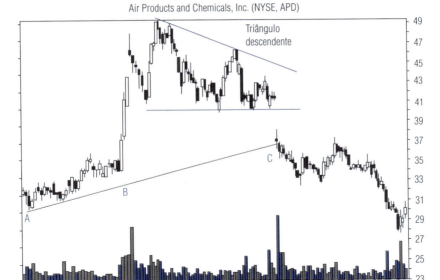

Legenda:
A = distância da máxima mais alta até a linha de tendência da fase de introdução
C = ponto para formação de um topo duplo, do tipo m
B = rompimento da linha de tendência
E = solavanco = no mínimo 2 vezes A

Fonte: BULKOWSKY, 2005.

# Capítulo 6

## Análise de Fibonacci e a dinâmica Fibonaccing

"A matemática é o alfabeto no qual Deus escreveu o universo."

*Galileu Galilei*

"Aprenda como enxergar. Perceba que tudo se conecta a todo o resto."

*Leonardo da Vinci*

Uma das críticas mais enfáticas que recebi dos meus livros anteriores era sobre o uso de Fibonacci. Alguns diziam que eu não entendia nada ou que eu aprendi errado.

Mas a beleza da análise técnica – defendida por mim, inclusive – é exatamente esta: aprender como outros analistas usam as ferramentas clássicas e depois adaptá-las ao seu jeito de analisar ou operar.

A essa altura da vida, você já deve ter ouvido falar em Fibonacci, nem que seja por ter visto o filme blockbuster *O Código Da Vinci*, afinal (já dando um *spoiler*), a tal sequência famosa era a senha do cofre, mais um dos vários enigmas do filme.

Os mais "experientes" talvez devam se lembrar de um desenho da Disney, de 1959, chamado *Donald no País da Matemágica*, que era exibido em muitas escolas e ilustrava as razões de Fibonacci na natureza e na arquitetura. Ainda hoje está disponível na internet e recomendo assistir.

148 ANÁLISE TÉCNICA DOS MERCADOS FINANCEIROS

Para a maioria dos *traders*, a aplicação dessa ferramenta pode ajudar a identificar as principais zonas de suporte e resistência no mercado. Isso é importante
para determinar as principais oportunidades e/ou configurações de negociação.

Vou mostrar como alguns analistas e *traders* diferentes aplicam a técnica em
qualquer mercado e em qualquer tempo gráfico. Assim, a aplicação pode lhe dar
uma grande vantagem como *trader*, se você usar as técnicas corretamente.

De forma alguma o uso de Fibonacci no mercado é uma profecia autorrealizável, algo que deva ser aceito cegamente porque alguém disse que era verdade.
No artigo de 2006, intitulado *Magic Numbers in the Dow*[1], os autores Batchelor e
Ramyar sugerem a ideia de que frações redondas e razões de Fibonacci no Dow
Jones Industrial Average podem ser dispensadas. No estudo *Fibonaccis are human
(made)*[2], de 2016, René Kempen deduziu que não há níveis gerais de retração estatisticamente significativos, apesar de quatro de cinco níveis de retração usados
por John Murphy serem empiricamente verificados.

Qualquer técnica de análise funciona bem quando usada em um ativo líquido e principalmente quando muita gente usa a mesma técnica, como no caso do
índice Bovespa Futuro e no dólar futuro. Mas isso é algo que você deve descobrir
e depois provar a si mesmo por experiência própria!

## 6.1 UM POUCO DA HISTÓRIA DE LEONARDO "FIBONACCI"

Leonardo Pisano Bigollo (1170-1250), filho de Guglielmo Bonacci (daí o apelido
Fibonacci, filho do Bonacci) – matemático e comerciante da Idade Média –, escre-
veu em 1202 um livro denominado *Liber Abaci* (que significa Livro do Cálculo ou
Livro do Ábaco), que chegou a nós graças à sua segunda edição em 1228.

Esse livro contém uma grande quantidade de assuntos relacionados à
Aritmética e Álgebra da época e realizou um papel importante no desenvolvimento matemático na Europa nos séculos seguintes, pois, por esse texto, os
europeus vieram a conhecer os algarismos hindus, também denominados

---

[1] BATCHELOR, R.; RAMYAR, R. *Magic numbers in the Dow*. London: Cass Business School, City of London, 2006. Disponível em: <https://openaccess.city.ac.uk/id/eprint/16276/1/magic%20numbers%20in%20the%20dow.pdf>. Acesso em: 26 abr. 2022.

[2] KEMPEN, R. Fibonaccis are human (made). *Ifta Journal*, 2016. Disponível em: <https://ifta.org/public/files/journal/d_ifta_journal_16.pdf>. Acesso em: 26 abr. 2022.

arábicos. A sequência numérica era conhecida por matemáticos indianos já no século VI, mas foi o *Liber Abaci* que a introduziu no Ocidente. A teoria contida na obra é ilustrada com muitos problemas, os quais representam uma grande parte do livro.

Um dos problemas é o dos pares de coelhos (*paria coniculorum*): quantos pares de coelhos podem ser gerados de um par de coelhos em um ano? Um homem tem um par de coelhos em um ambiente inteiramente fechado e deseja saber quantos pares de coelhos podem ser gerados a partir desse primeiro par em um ano, saben-do-se que, de modo natural, a cada mês ocorre a produção de um novo par e que um par começa a produzir coelhos quando completa dois meses de vida[3].

Como o par adulto produz um par novo a cada 30 dias, no início do segundo mês existirão dois pares de coelhos, sendo um par de adultos e outro de coelhos jovens; assim, no início do mês 1, existirão 2 pares: 1 par adulto + 1 par recém-nascido.

No início do terceiro mês, o par adulto produzirá de novo mais um par, en-quanto o par jovem terá completado um mês de vida e ainda não estará apto a produzir. Assim, no início do terceiro mês, existirão três pares de coelhos, sendo 1 par adulto + 1 par com 1 mês de idade + 1 par recém-nascido.

No início do quarto mês, existirão dois pares adultos, sendo que cada um já produziu um novo par, e um par novo que completou um mês. Logo, teremos 5 pares: 2 pares adultos + 1 par com 1 mês + 2 pares recém-nascidos.

No início do quinto mês, existirão três pares adultos, sendo que cada um já produziu um novo par, e dois pares novos que completaram um mês de vida. Assim, teremos 8 pares: 3 pares adultos + 2 pares (1 mês) + 3 pares recém-nasci-dos. No início do sexto mês, existirão cinco pares adultos, sendo que cada um já produziu um novo par, e três pares novos que completaram um mês, assim, exis-tirão 13 pares: 5 pares adultos + 3 pares com 1 mês + 5 pares recém-nascidos. Esse processo continua nos meses seguintes, até se completar um ano.

Observa-se essa formação no gráfico com círculos, e também se pode perce-ber que a sequência numérica, conhecida como a sequência de Fibonacci, indica o número de pares ao final de cada mês:

---

3    LEMOS, F.; CARDOSO, C. *Análise técnica clássica*. São Paulo: Saraiva, 2010.

## Figura 6.1    Problema do número de pares de coelhos

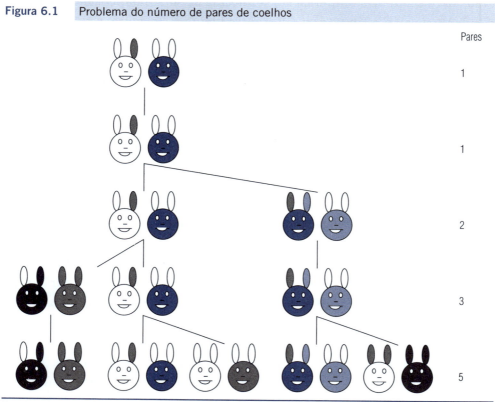

Fonte: elaborada pelo autor.

Então temos a seguinte quantidade de coelhos : 1, 1, 2, 3, 5, 8, 13, 21, 34, 55, 89 e, finalmente, 144 coelhos em 12 meses.

Logo, temos o resultado de 144 coelhos, e a fórmula para achar a resposta é conhecida a Sequência de Fibonacci:

(Fibonacci omitiu o zero – o primeiro termo – em Liber Abaci). A fórmula de recorrência para esses números é:

$F(0) = 0$

$F(1) = 1$

$F(n) = F(n - 1) + F(n - 2)$  n > 1.

Nesse caso, o número seguinte será a soma dos dois números anteriores.

A sequência geralmente começa de 0 e 1, embora alguns autores omitam os termos iniciais e comecem a sequência de 1 e 1 ou de 1 e 2. A partir de 0 e 1, os próximos valores na sequência são:

0, 1, 1, 2, 3, 5, 8, 13, 21, 34, 55, 89, 144, 233, 377, 610, 987... ao infinito.

A sequência forma um número de propriedades interessantes. Os dois números "um" são os primeiros e, posteriormente, cada número de Fibonacci é a soma dos dois números que o precedem, ou seja, é uma sequência aditiva[4].

Há, ainda, algumas outras propriedades intrigantes dos números de Fibonacci, resumidamente listadas a seguir:

- a soma de dez números consecutivos de Fibonacci é sempre divisível por 11;
- cada quarto número de Fibonacci é divisível por 3 e cada quinto, por 5;
- cada sexto número é divisível por 8 etc. (divisores que são números de Fibonacci);
- os números consecutivos de Fibonacci não têm divisor comum, à exceção de 1;
- enquanto a sequência continua, a relação entre os números consecutivos aproxima-se da relação dourada, 1,6180339..., conhecida também como o *phi* (φ). Para o exemplo: (34/55 = 55/89 = 144/233 = 0,618) (55/34 = 89/55 = 233/144 = 1,618) e 1,618 = 1/0,618; 144/89 = 1,617977; 233/144 = 1,618055;
- a partir do quinto número, a relação de todo número a seu número mais elevado aproxima-se de 0,618. O conhecimento do *phi* (φ = *phi* = 1,618...) vem dos gregos antigos. Euclides de Alexandria resolveu o problema ao encontrar a relação dourada de uma linha. Esse conhecimento se estendeu para além dos matemáticos e filósofos: artistas e arquitetos dos templos também o obtiveram.

Para provar que as proporções geométricas governavam a natureza, Leonardo da Vinci se inspirou em Marcus Vitruvius Pollio (conhecido como Vitrúvio), um escritor e arquiteto romano que escreveu as diversas proporções que orientaram Leonardo em seu célebre desenho *O Homem Vitruviano* (Figura 6.2), todo realizado a partir de cálculos matemáticos. A obra de Da Vinci é considerada um símbolo da simetria básica do corpo humano e, por extensão, para o universo como um todo. Na imagem, pode-se observar que a área total do círculo é idêntica à área total do quadrado (quadratura do círculo), por isso, o desenho pode ser considerado um algoritmo matemático para calcular o valor do número irracional *Phi*.

---

4   LEMOS; CARDOSO, 2010.

**Figura 6.2**  O Homem Vitruviano

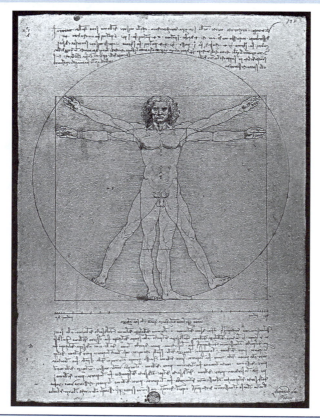

Fonte: disponível em: <https://www.culturagenial.com/homem-vitruviano-leonardo-da-vinci>. Acesso em: 10 mar. 2022.

A sequência e razões de Fibonacci são encontradas na natureza, nas artes, na medicina, na arquitetura e são muito usadas nas análises financeiras.

## 6.2 POR QUE USAR FIBONACCI NO MERCADO?

Segundo a renomada analista Constance Brown, a premissa para uso de Fibonacci é a de acreditar que os mercados se expandem e se contraem usando constantes universais que são previsíveis, mensuráveis e presentes em todos os horizontes temporais. Por meio da análise de Fibonacci e das razões de *Phi* (1,618) e seu *phi* recíproco (1/1,618 = 0,618), podemos provar que os mercados seguem as leis da natureza e, por sua vez, devemos trabalhar com esses princípios subjacentes, em vez de forçar nossa própria vontade nos dados de preços com suposições errôneas.

## 6.3 A TÉCNICA DA RAINHA DO FIBONACCI

Outra analista, conhecida como a "Rainha do Fibonacci", utiliza as razões de Fibonacci para se preparar, com antecedência, para futuras zonas de suporte e resistência de alta probabilidade onde uma mudança de tendência pode ocorrer.

Carolyn Boroden utiliza como suas principais razões de Fibonacci: 0,382, 0,50, 0,618, 0,786, 1,00, 1,272, e 1,618 e, às vezes inclui também o 0,236, 2,618, e 4,236.

E de onde surgiu o resto dessas razões? Na verdade, elas estão todas relacionados matematicamente.

Por exemplo:

- $1,0 - 0,618 = 0,382$.
- $0,618 \times 0,618 = 0,382$.
- $1,0/2 = 0,50$.
- Raiz quadrada de $0,618 = 0,786$.
- $0,618$ é o recíproco de $1,618$ ($1,618 = 1/0,618$).
- Raiz quadrada de $1,618 = 1,272$.
- $0,618 - 0,382 = 0,236$.
- $0,382 \times 0,618 = 0,236$.
- $1,618 \times 1,618 = 2,618$.
- $2,618 \times 1,618 = 4,236$.

Este tipo de análise de preços de Fibonacci geralmente funciona bem em qualquer ativo líquido e praticamente em qualquer período de tempo gráfico, desde que haja dados adequados e se puderem identificar os principais topos e fundos no gráfico.

Qualquer análise se preocupa em aumentar a probabilidade e não ter absoluta certeza. Não tente usar esse tipo de análise em algo como uma opção de 5 centavos, em que você não consegue identificar oscilações significativas, ou em um mercado com dados mínimos razoáveis. Nesses casos, essa técnica não terá valor.

Podemos executar três tipos diferentes de relação de preços de Fibonacci para encontrar configurações de negociação: as retrações; as extensões; e as projeções de preços (ou objetivos de preço).

### 6.3.1 Retrações de Preço de Fibonacci

Já observamos que o mercado se desenvolve em ciclos de alta e de baixa. Quando a tendência é de alta, os preços corrigem para baixo, quando a tendência é de baixa, para cima. Nos dois casos o mercado corrige parte do movimento percorrido pela tendência primária.

Normalmente, esses movimentos contra a tendência seguem um padrão previsível. Os ativos, frequentemente, fazem correções e retrocedem uma porcentagem do movimento anterior. Existem várias maneiras de colocar essas retrações. As principais técnicas são a retração externa e a interna.

Normalmente são operações de realização de lucros de *traders* de varejo, sem muitas formações gráficas, muitas limitadas a alguns *candles* e sem nenhuma alteração nos fundamentos. As reversões, por sua vez, são um sinal de vendas institucionais, com vários padrões gráficos com mudanças (ou especulação de possível mudança) nos fundamentos.

As retrações de preço de Fibonacci são executadas a partir de um topo anterior para um fundo posterior usando as razões 0,382, 0,50, 0,618 e 0,786 (a razão 0,236 também é usada em alguns casos, se a oscilação for relativamente longa) para identificar possíveis níveis de suporte quando o mercado recua de uma alta. As retrações também são executadas a partir de um oscilação de um fundo a um topo usando essas mesmas proporções, procurando uma possível resistência, quando o mercado vem de uma tendência de baixa[5].

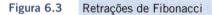

**Figura 6.3** Retrações de Fibonacci

Retrações R%: 23,6%, 38,2%, 50%, 61,8%, 78,6%

Fonte: elaborada pelo autor.

Na retração externa, usa-se o topo (A) e o fundo (B) de uma tendência mais proeminente, e o programa gráfico traçará as projeções (0%, 23,6% 38,2%, 50%, 61,8%, 78,6% e 100%). Em uma retração de pernada de alta, a linha de 0% ficaria no fundo e a linha de 100% no topo e vice-versa caso, no de uma pernada de baixa.

---

[5] BORODEN, C. *Fibonacci Trading*: how to master the time and price advantage. Nova York: McGraw Hill, 2008.

Capítulo 6 ▪ Análise de Fibonacci e a dinâmica Fibonaccing   155

Assim, serão obtidos os prováveis pontos de suporte/resistência em uma correção. No Gráfico 6.1 (a seguir), encontramos outro topo em C; e o traçado interno poderá ser feito usando-se o fundo (A) e os topos (B) para achar correções menores (C) e também as extensões (D), adotando o fator de 161,8% (ver Gráficos 6.1 e 6.2).

Gráfico 6.1    Ibovespa diário com retrações

Fonte: cortesia da Cartezyan.

Gráfico 6.2    Retração de Fibonacci

Fonte: cortesia da Cartezyan.

**DICA** — Antes de passar para as extensões de preços de Fibonacci, quero abordar uma questão que me perguntam em quase todas as apresentações: níveis antigos de suporte de Fibonacci se tornam uma nova resistência ou a antiga resistência se torna um novo suporte? A resposta é não. Isso simplesmente não faz parte da metodologia. Há momentos em que este parece ser o caso, pois um mercado tenderá a recuar para uma zona de preço depois que essa zona for violada. No entanto, a maneira mais precisa de encontrar novos níveis de suporte e resistência é executar novos traçados de níveis criados pela atividade do preço mais recente. Temos que tratar o mercado como algo dinâmico, vivo e em crescimento e continuar a analisá-lo como tal.

## 6.3.2 Extensões de Preço de Fibonacci

As extensões de preço de Fibonacci são semelhantes às retrações, pois também são executadas a partir de fundos para topos ou de topos para fundos anteriores, usando apenas dois pontos de dados para executar as relações de preço. A única diferença é que, com retrações, estamos executando os relacionamentos de uma oscilação anterior que são menores do que 100%, já com extensões, estamos executando as relações de uma oscilação anterior que estão se estendendo além 100% disso. Essas técnicas são usadas de forma diferente para indicar se a relação de preço está ocorrendo dentro da oscilação anterior ou estendendo-se para além dele.

**Figura 6.4**  Extensões de Fibonacci

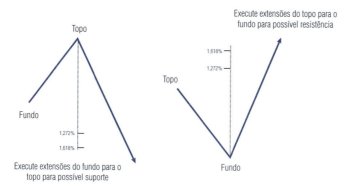

Fonte: elaborada pelo autor.

Extensões são executadas de oscilações de fundos para topos para achar potenciais suportes ou de topos para fundos para achar potenciais resistências. As proporções utilizadas são de 1,272 e 1,618. A Rainha também adiciona as razões

2,618 e 4,236 e usa 2,618 como o terceiro alvo para uma configuração de negociação, e só olha para o nível de 4,236 se estiver projetando um movimento muito extenso em um mercado e tentando procurar um lugar onde possa finalmente terminar. Veja o Gráfico 6.3.

**Gráfico 6.3** Extensão de Fibonacci

Fonte: cortesia da Cartezyan.

Em última análise, esta metodologia pode ser usada na negociação intradiária, bem como no monitoramento de mercado de longo prazo para localizar potenciais mudanças de direção da tendência.

**Gráfico 6.4** Extensão de Fibonacci

Fonte: cortesia da Cartezyan.

## 6.3.3 Projeções de Fibonacci

As projeções às vezes também são chamadas de objetivos de preço.

Essas projeções de preços são executadas a partir de três pontos de dados e comparam oscilações na mesma direção.

Elas são executadas a partir de uma oscilação de um nível anterior de fundo para topo e, em seguida, projetadas de outro fundo para uma possível resistência, ou eles são executadas a partir de uma oscilação anterior de topo a fundo e projetadas de outro topo para um possível suporte.

Carolyn usa as proporções de 1,00, 1,618 e eventualmente 2,618 para executar as projeções. Seu mentor e professor, Robert Miner, acredita que as projeções são as ferramentas de Fibonacci mais confiáveis e utiliza as expansões apenas como um fator de confirmação.

**Figura 6.5** Projeções de Fibonacci

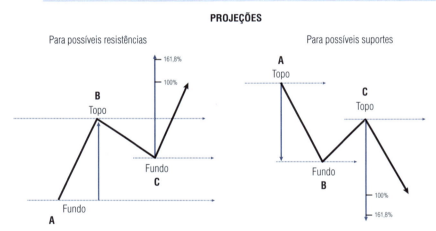

Projeções ou objetivos são medidos por 3 pontos ou topos/fundos anteriores.
Usamos normalmente 100% e 161,8% para estas projeções.

Fonte: elaborada pelo autor.

Capítulo 6 ▪ Análise de Fibonacci e a dinâmica Fibonaccing    159

**Gráfico 6.5**    Projeção de Fibonacci no Índice Bovespa Futuro

Fonte: cortesia da Cartezyan.

A projeção de 100% também é onde encontramos a simetria. A simetria é definida como semelhança ou igualdade de oscilações na mesma direção. Eu uso projeções de simetria todos os dias para configurar negociações na direção da tendência. Este conceito ficará claro como cristal à medida que percorrermos o gráfico a seguir.

**Gráfico 6.6**    Projeção de Fibonacci

Fonte: cortesia da Cartezyan.

## 6.3.4 Configurações de Negociação da Rainha do Fibonacci

Há três configurações básicas de negociação que ela utiliza:

1. agrupamento ou confluência (*cluster*) de preços;
2. configurações de simetria; e
3. configurações de padrão de duas etapas.

### 6.3.4.1 *Agrupamento ou confluência* (cluster*) de preços*

Um agrupamento de preços é a coincidência de pelo menos três ou mais relações de Fibonacci dentro de uma faixa relativamente estreita.

Esses *clusters* identificam possíveis zonas importantes de suportes e resistências. Se você fizer negócios nessas zonas de *cluster* com um bom "gatilho" ou um "filtro" (com a tendência em mente), você pode melhorar muito seus resultados de negociação.

Um *cluster* de preços pode ser criado a partir de três retrações, três extensões, três projeções ou a combinação de qualquer uma dessas relações de preço.

Um *cluster* de preços também pode se desenvolver com uma coincidência de mais de três relações de preços. Três é apenas o número mínimo necessário para atender a definição. Você pode ver cinco a dez relações de preços aparecendo em um intervalo relativamente curto, e quando isso acontece, não significa que a zona seja mais provável de se manter, mas que é uma zona de decisão de preços muito importante. Se a zona funcionar, é provável que muitas vezes você veja um bom movimento para fora dela. Se a mesma zona-chave for violada, não se surpreenda se você começar a ver uma aceleração da tendência original entrando na zona. Essas zonas muitas vezes funcionam como imã para os preços.

Capítulo 6 ▪ Análise de Fibonacci e a dinâmica Fibonaccing   161

**Gráfico 6.7** Passo 1: identificar a tendência e o lado para configurar a operação

Fonte: cortesia da Cartezyan.

**Gráfico 6.8** Passo 2: traçados de projeções e Passo 3: traçados de extensões

Fonte: cortesia da Cartezyan.

| Gráfico 6.9 | Passo 4: Verificar possibilidade de traçar mais extensões para possíveis alvos ou suportes |

Fonte: cortesia da Cartezyan.

**DICA 1 DO FLÁVIO**: Quando configuramos *clusters* de preços no mercado, no que diz respeito às entradas ou às saídas operacionais, focamos nos *clusters* que se estabelecem na direção da tendência no gráfico que estamos analisando. Estas serão as configurações de maior probabilidade de acerto.

**DICA**: O processo de execução dessas relações de preços de Fibonacci não precisa ser feito em uma ordem específica. Você pode executar as projeções ou as extensões primeiro, se desejar. O que é mais importante é que você faça todas elas e, em seguida, procure o efeito de agrupamento. Observe o passo a passo nos Gráficos 6.7, 6.8 e 6.9.

### 6.3.4.2 Configurações de simetria

A simetria por si só também pode ser usada para criar uma "configuração de negociação". É simplesmente a semelhança de oscilações na mesma direção.

Carolyn usa somente simetrias que são projetadas a partir de um oscilação corretiva anterior dentro de uma tendência maior para uma configuração de negociação a favor da tendência.

No exemplo do Gráfico 6.10, um nível de simetria já seria suficiente, mas comumente se veem múltiplas projeções de simetrias na mesma área. Na imagem veem-se oscilações para cima de 51, 45 e 40 pontos, contra a tendência de baixa. Essas oscilações se encaixam na definição de simetria, pois são todas semelhantes. Uma vez que estão dentro do contexto de uma tendência de baixa, também consideramos essas oscilações corretivas. Uma configuração de negociação poderia ter sido criada em alguns lugares neste gráfico, pois as subidas corretivas anteriores teriam sido projetadas a partir de qualquer nova baixa para identificar uma possível nova entrada de venda.

**Gráfico 6.10** Simetria

Fonte: cortesia da Cartezyan.

Note no Gráfico 6.11, que a simetria também pode ser projetada a partir de oscilações na direção da tendência maior para ajudar a determinar áreas-alvo onde um movimento de tendência pode terminar. A rainha usa essas projeções de simetria apenas para ajudar na saída de operações, ou como um área onde se começa a recomendar ajustar os *stops* de uma posição.

### Gráfico 6.11 | Simetria

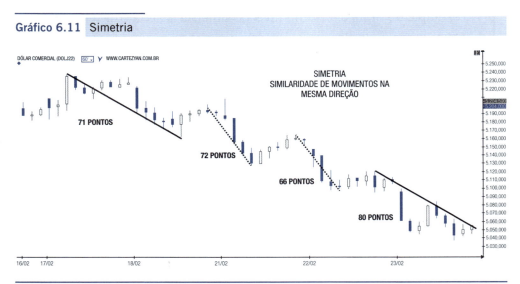

Fonte: cortesia da Cartezyan.

Pessoalmente, não considero usar essas projeções de simetria para uma negociação, uma vez que as projeções da tendência principal estão, na verdade, configurando uma negociação que é contra a tendência.

Observe que uma confluência de preços que inclui simetria tende a ser uma zona de *cluster* de preços mais forte. Somente simetrias que são projetadas a partir de uma oscilação corretiva anterior dentro de uma tendência maior se qualificam como uma configuração de negociação.

Pessoalmente, prefiro me concentrar nas configurações de entrada no mercado na direção da tendência principal após um movimento corretivo. Isso ajuda a mantenha as probabilidades a nosso favor.

Tenha em mente que importantes mudanças de tendência são frequentemente precedidas de uma falha de simetria.

#### 6.3.4.3  *Configurações de padrão de duas etapas*

Um padrão de duas etapas é um padrão em ziguezague que corrige uma tendência anterior. Se identificarmos esse padrão corretamente, ele deve seguir na direção da tendência anterior à evolução do ziguezague.

Dentro desse padrão, procuraremos relações de preço de Fibonacci específicas para se sobrepor ou agrupar, a fim de garantir que ele se enquadre na definição de padrão de dois passos adequados.

**Figura 6.6** Padrão de duas etapas

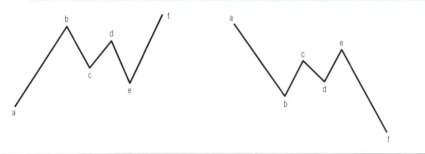

Fonte: elaborada pelo autor.

O padrão de ziguezague que estamos procurando identificar ocorre entre os pontos **b** até o ponto **e**.

A ideia é tentar achar o ponto **e** (colocando um *stop* curto) e após entrar neste ponto **e**, projetar o alvo de saída **f**.

As proporções para procurar um *cluster* em um possível ponto **e** aparecerão:

- Executando as retrações de **a** para **b** (0,382, 0,50, 0,618 e 0,786).
- Executando as extensões de preço de **c** para **d** (1,272 e 1,618).
- Executando a projeção de preços de **b** para **c**, projetada de d (1,00).

O *stop* máximo em uma configuração de padrão de duas etapas é a mesma que na uma configuração de *cluster* de preços (pouco acima ou abaixo do extremo do *cluster*).

O objetivo inicial de preço **f** para o padrão de duas etapas é um pouco diferente, será sempre a extensão de **1,272** de todo o ziguezague, calculado de **b** para **e**.

A execução desses números normalmente produzirá um *cluster* de três relações de preços de Fibonacci que se sobrepõem adequadamente.

Dentro do padrão em ziguezague, quando você tira o ponto **c**, você está rompendo um topo ou fundo anterior. Como discutido anteriormente, isso geralmente sinaliza uma mudança de tendência. Então, quando você começa a ver um padrão em ziguezague, você tem que se perguntar se isso é uma reversão de tendência ou um padrão de duas etapas. Inicialmente você não saberá a resposta. As maiores pistas sobre se é ou não um padrão de duas etapas virá de filtros de negociação como indicadores e médias.

Depois que essas relações de preço iniciais forem executadas, pode haver relações de preço de Fibonacci adicionais que aparecem de outras oscilações no gráfico. Isso apenas reforça a configuração, identificando-a como um importante nível de decisão de preço.

Essas configurações fornecem a definição de risco e objetivos de preços.

Observe o padrão no gráfico que você está configurando. Se for de baixa (fundos e topos mais baixos), configure para o lado de venda. Se for de alta (fundos e topos mais altos), configure para o lado da compra.

Depois de ter uma configuração, vá para um gráfico de período de tempo inferior para procurar uma entrada. Por exemplo, para uma configuração no gráfico de 60 minutos, desça para um gráfico de 15 minutos.

**Gráfico 6.12** Padrão de duas etapas

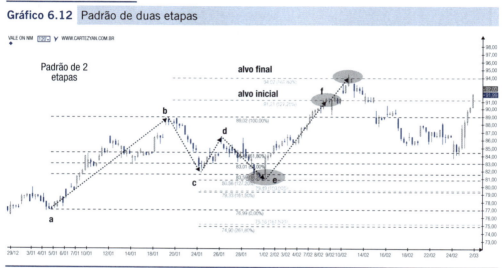

Fonte: cortesia da Cartezyan.

## 6.4 A DINÂMICA FIBONACCING

> "Toda vez que a gente entra com algum viés, a gente erra usando os gráficos."
>
> *Carloman Maia*

O operador e professor brasileiro Marco Rossi (falecido em 2016), com mais de 30 anos de experiência de mercado com passagens por quatro bancos, desenvolveu na década de 1990 a técnica que chamou de Fibonaccing.

Capítulo 6 ▪ Análise de Fibonacci e a dinâmica Fibonaccing    167

Pouco tempo antes de falecer, Rossi comentou com um de seus alunos mais chegados, Caco Maia, que gostaria de ver seus ensinamentos repassados e sua metodologia respeitada.

O engenheiro mecânico, investidor e pescador profissional Carloman Maia – mais conhecido nas redes sociais como Caco Maia – contou-me que Rossi conheceu um italiano que desenvolvia robôs de investimento para o banco americano em que ambos trabalhavam usando como alvo números de Fibonacci específicos.

Dizia que a maioria dos negócios realizados em ativos com alta liquidez é executada por robôs de negociação automática chamados HFT (*High Frequency Trading*, ou negociação de alta frequência). Esses robôs são programados por pessoas, logo, em seus algoritmos é necessário que existam referências para entradas em compras ou vendas, além de referências para realização de lucros, sejam parciais ou totais.

Os estudos de Rossi são baseados neste pressuposto: de que os programadores utilizam certos níveis de Fibonacci para definir entradas e saídas de operações dos robôs.

## 6.4.1 As razões do Fibonaccing

Antes da época de Leonardo, os antigos babilônios não usavam números de Fibonacci, eles usavam a geometria para produzir as razões de *phi* e *Phi*.

Mas o que tem a ver a Tabuleta de Samas (uma tabuleta de pedra de apenas 29,21 cm × 17,78 cm, datada de 800 a. C., encontrada na antiga cidade babilônica de Sipar, no Iraque, em 1881) com o Fibonaccing do Marco Rossi?

Os babilônios sabiam como criar o retângulo dourado e já na antiga tabuleta a relação matemática entre o Sol, Vênus, Terra e a Lua formando várias relações de *phi* pode ser observada, como mostra o esquema da Figura 6.8.

**Figura 6.7**     Tabuleta de Samas e o Retângulo Áureo

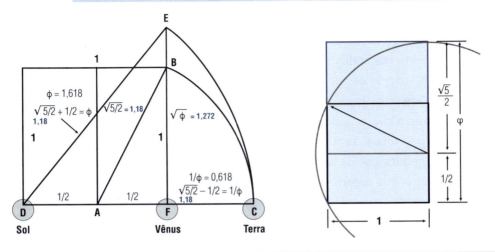

Fonte: elaborada pelo autor.

Rossi contava que um amigo estrangeiro sugeriu testar outro número de Fibonacci em suas projeções: a diagonal achada dentro de um retângulo áureo com a proporção dourada 1,618 × 1. Utilizando o Teorema de Pitágoras (o quadrado da hipotenusa é igual à soma dos quadrados dos catetos, logo a referida diagonal ao quadrado é igual à soma de 0,5^2 + 1^2), então achamos que o comprimento da diagonal é igual a $\sqrt{5/2}$ = 1,118.

Caco Maia, entre outras mil histórias, de grande pescador que é, inclusive, conta que em um dos cursos a que assistiu, sugeriu a Rossi incluir também o nível de –11,8% pela simetria ao 111,8%. Este nível sugerido de –11,8% é um ponto em que os compradores, no caso de uma tendência de alta, irão defender fortemente suas posições, já que o preço perdeu as retrações anteriores.

Rossi passou então a utilizar como suas principais razões: –0,118; 0; 0,236; 0,764; 0,786; 1,00; 1,118; 1,128; 1,272; 1,414 e 1,618. Esses são os níveis da Dinâmica do Fibonaccing que servem de apoio e sustentação de suas negociações.

Mas de onde surgiu o resto dessas razões? Da mesma forma, todas elas estão relacionadas matematicamente.

Por exemplo:

- 1,0 – 0,236 = 0,764.
- Raiz de 1,618 = 1,272.
- Raiz de 0,618 = 0,78.

- 1/raiz(0,786) = 1,128.
- 1/1,618 = 0,618.
- 1/raiz(0,236) = 2,058 (alguns alunos de Marco usavam este nível).

## 6.4.2 Dinâmica do Fibonaccing: "Até para subir, tem que cair"

Como dito anteriormente, a premissa principal do Fibonaccing é que existem regiões de atuação de robôs de vários tempos gráficos, que levam intencionalmente, dadas as suas programações, de um nível para outro.

No Fibonaccing, as extensões são, como o nome diz, "fibos" projetados na continuação ou extensão do movimento inicial (a favor da tendência), já as projeções vêm dos "fibos" traçados no sentido contrário ao do movimento inicial, e as retrações são todos os movimentos internos do "fibo".

Rompido um topo, é preciso traçar as projeções para os alvos, ou seja, onde os robôs estão configurados para realizar lucro. Em uma operação a favor da tendência, espera-se que essa realização só ocorra no nível final de 161,8% e, em operações contra a tendência principal, em 141,4%. Porém, temos dois níveis pelo caminho que serão discutidos agora.

O primeiro nível de extensão é o 111,8%, que representa a última chance de quem está vendido de defender sua posição, ou seja, ponto a partir do qual a posição vendida se torna insustentável e o *trader* nesta ponta necessita fechar suas posições através da recompra do ativo em questão (aumentando a pressão compradora). Nesse caso, segundo Rossi, existem robôs configurados para defender a posição e vender massivamente nesse ponto, no qual quem já se encontra vendido coloca ainda mais pressão vendedora no mercado para empurrar o preço para baixo e, muitas vezes, teremos uma grande dificuldade para passar desse nível.

Outro nível é o de 127,2%, região na qual os vendidos perderam a batalha e que, após ser atingida, indica com maior probabilidade que os robôs irão levar o preço para cima. É chamada de abre alas, ou seja, seu atingimento abre os alvos de 141% e 161%.

Esse movimento entre níveis do Fibonaccing é conhecido pelos praticantes da técnica como dinâmica do preço, isto é, espera-se que o preço transite entre os níveis após falhas de fundo, que levam a níveis superiores e falhas de topo, que levam a níveis inferiores.

A conjunção numérica no nível de 76 (com o 78,6 e o 76,4) e no nível de 111 (com o 111,8 e o 112,8), faz dessas duas conjunções os pontos-chave da técnica de Rossi.

Ele considerava a zona do filé mignon a área entre os níveis 23,6% e 76,4%, e de acordo com sua teoria essa área seria o principal objetivo de lucro.

Além dessa área, a passagem pelos 2 níveis do 76/78 indicaria uma grande probabilidade de teste futuro na zona de falsos rompimentos, localizada nos níveis de 111,8%/112,8%. Ele tinha certeza de que muitos *traders* já tinham sido estopados e ficaram chateados perdendo dinheiro nestes pontos.

**Gráfico 6.13** Dinâmica Filé mignon e Região do Violino

Fonte: cortesia da Cartezyan.

### 6.4.2.1 Falhas de topo e fundo

Os níveis de –11,8% e 111,8% são chamados de Zonas Stradivarius ou de Violino, porque, segundo Rossi, 70% dos rompimentos falham em romper topos e fundos, ou falham para então retornar seguindo um certo caminho (mostrado mais adiante) para então testar o rompimento. Então, segundo ele, o ideal seria operar contra o rompimento.

Quando ocorre este tipo de falso rompimento – um violino no jargão do mercado – que Rossi chamava de "falha de topo", o ativo provavelmente fará antes um novo fundo em uma zona de Fibonacci determinada pela dinâmica dos preços.

A falha em alcançar o próximo nível de Fibonacci superior ou um topo faz com que ele busque outro nível inferior. Exemplificando: se ele está no nível de 76 e busca o 111%, e depois retorna ao 76, mas falha em chegar de novo no nível de 111% e ainda perde o nível de 76%, a probabilidade de que ele chegue direto no nível inferior de 23% é muito grande.

Da mesma forma, a ocorrência de uma falha em alcançar o próximo nível de Fibonacci inferior ou um novo fundo faz com que ele busque um nível superior. Por exemplo: se o ativo está no nível de 23%, vai até o nível 0%, retorna ao 23%, mas falha em chegar de novo no nível de 0% e depois começa a subir deixando para trás o nível de 23%, a probabilidade de o ativo chegar direto no nível superior de 76% é muito grande.

A passagem ou não pela área de 111/12 pode nos indicar também, se ativo retorna à área de retração ou se vamos continuar seguindo em direção às extensões.

Então, resumindo, teremos o seguinte:

- 0% – área de força e acumulação – FUNDO. Região sobrevendida sinaliza possível exaustão com pressão de compra dos grandes *players*.
- 0/23% – área de formação de pivots de alta.
- acima de 23% – confirmação da alta.
- 23/76% – zona principal de batalha, o filé mignon, tenha sangue-frio e segure a posição.
- 76% – confirmação de tendência de baixa.
- 76/100 – área de formação de pivots de baixa.
- 100% – fraqueza e distribuição – TOPO. Região sobrecomprada sinaliza possível exaustão com pressão de venda dos grandes *players*.
- 111,8% e –11,8% – zona de reversão e violinos.

Gráfico 6.14  Dinâmica 76-161-alvo final

Fonte: cortesia da Cartezyan.

## 6.4.3 Prováveis caminhos da Dinâmica dos Preços

Os prováveis caminhos da dinâmica dos preços, segundo Rossi, são montados de acordo com a maior frequência de incidência estatística. Esses caminhos seriam:

- 23-76,4% – área de filé mignon.
- 76,4% a 111% – a zona de falso rompimento requer atenção.
- 76,4% a 141% – alvo final numa operação contra a tendência.
- 76,4% a 161% – alvo final numa operação a favor da tendência.
- 127-111-76-141-161% – o retorno de uma resistência em um nível de 127 (muitas vendas nesse nível) teria um possível caminho com possibilidades de trades no 111 ou no 76, em favor da tendência principal tendo como primeiro alvo o 141% e o alvo final em 161%. Trades contra a tendência não necessariamente fazem o 161 e podem encerrar seu ciclo no 141.
- 161%-111% – possível caminho de retorno quando entrarem muitas vendas no nível de 161%.
- 161%-76% – possível caminho de retorno quando entrarem muitas vendas no nível de 161% e, perdendo o 76%, pode ir até o 23%, caso contrário pode continuar a subir até o 141%.
- 141%-111%-76% – é o possível caminho de retorno quando entrarem muitas vendas no nível de 141%; se perder o 76%, pode ir até o 23%, caso contrário pode continuar a subir até o 161%.
- 111%-76% – é o possível caminho de retorno quando entrarem muitas vendas no nível de violino; se perder o 76%, pode ir até o 23%, caso contrário pode continuar a subir até o alvo de 161%.

**Gráfico 6.15** Dinâmica do Fibonaccing 76-111-127-141-111-161

Fonte: cortesia da Cartezyan.

Capítulo 6 ■ Análise de Fibonacci e a dinâmica Fibonaccing    173

## 6.4.4 *Clusters* Dinâmicos

Marco Rossi começava sempre traçando por topos e fundos – pelo lado esquerdo do gráfico, procurando ziguezagues do lado esquerdo ou formação de pivots do lado direito do gráfico.

Ele usava também o conceito de *clusters* dinâmicos, passando informações de suportes e resistências dos gráficos com tempos maiores como diários, semanais para operar no intradiário em tempos menores, como 15 minutos.

Uma Dica do Caco Maia importante: olhar as retrações mais à esquerda (traçadas por topos e fundos mais antigos à esquerda) lhe dá maiores chances de fazer diversas outras retrações.

Marco Rossi chamava de "visão aflorestada", observar a floresta (tempos maiores, como o diário ou semanal), para só depois nos fixarmos numa árvore específica, ou seja, o gráfico operacional com janelas de tempo menores de (5 a 15 minutos).

Segundo ele, essa visão anterior de conjunto é fundamental para avaliar a dinâmica dos preços, ainda antes do mercado abrir, bem como para definir o que esperar no curto prazo, após a abertura do dia. Evitam-se, assim, graves erros de perspectiva que podem ser gerados nas análises microfocadas em tempos muito curtos.

**Gráfico 6.16**  Dinâmica 23-76 com 111-141-111-161

Fonte: cortesia da Cartezyan.

### Gráfico 6.17  Dinâmica Fibonaccing com Simetrias e *clusters*

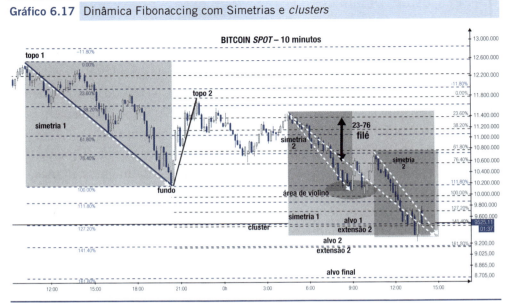

Fonte: cortesia da Cartezyan.

## 6.4.5 Gráficos amigáveis

A análise técnica funciona quando temos ativos líquidos e, principalmente, quando muitos *traders* utilizam a mesma técnica ou enxergam os mesmos níveis de suporte e resistência. Marco dizia que gráficos antigos que respeitavam os níveis dele eram os amigáveis, funcionando muito bem com o dólar futuro e o índice Bovespa.

## 6.4.6 A Estratégia "*Fibogap*"

Marco dizia que se houvesse um *gap* na abertura, o *fibogap* estaria no comando.

Mas como traçar o Fibonacci em um *gap*?

Se for um *gap* de baixa, ele ensinava que esperava fazer um fundo claro, colocando a linha de 100% na mínima deste fundo e colocando, na máxima do último *candle* anterior, a linha de 0%.

Se fosse um *gap* de alta, esperava fazer um topo claro, colocando na máxima deste a linha de 100% e, na mínima do *candle* anterior, a linha de 0%.

No Gráfico 6.18 você pode acompanhar uma operação que fiz dia 16-3-2022, dia de decisão de juros do FED. Usando um gráfico de 15 minutos, marquei o *gap* pela mínima do último *candle* do dia 15-3-2022, aguardei 1 hora e tracei o zero pela máxima do primeiro *candle*, que até então tinha sido a máxima do dia. Como o mercado estava muito nervoso, planejei entrar nas últimas 3 horas do dia, chegamos a ter uma falha de topo às 11h30min e acabou dando uma venda – perdendo o 76%, retornou fazendo o filé mignon da faixa de 23,6%, e, finalmente, dando a compra com entrada às 15h30min, no nível de 110.000. Coloquei o *stop* no nível do fundo de 0% – em 109.480 – com primeiro alvo nos 76% em 111.200 que foi alcançado às 16h e o segundo alvo no 111,8% em 12.000, alcançado às 17h.

**Gráfico 6.18** *Fibogap* Índice dia 16-3-2022

Fonte: cortesia da Cartezyan.

No Gráfico 6.19 você pode acompanhar uma operação que fiz dia 24-2-2022, quando a guerra da Ucrânia × Rússia estourou. Usando um gráfico de 15 minutos, marquei o *gap* pela máxima do último *candle* do dia 23-2-2022, aguardei 1 hora e tracei o zero pela mínima do primeiro *candle*, que até então tinha sido a mínima do dia. Como o mercado estava muito nervoso, planejei entrar nas últimas 3 horas do dia, chegamos a ter uma falha de fundo às 15h e acabou retornando na faixa de 23,6% dando entrada às 15h45min, no nível de 110.830. Coloquei o *sop* no nível da falha de fundo em 110.540 com alvo nos 76% em 112.440 que foi alcançado às 16h30min.

**Gráfico 6.19** *Fibogap* Índice dia 24-2-2022

Fonte: cortesia da Cartezyan.

### 6.4.7 Considerações finais

A metodologia Fibonaccing prevê ainda o aproveitamento da dinâmica de preços desde a entrada, com ampla possibilidade de executar diversas operações mais curtas e com *stops* pequenos, sendo muitas vezes desnecessário atingir ou não o preço alvo para assegurar seu lucro. Trata-se da gestão dinâmica de um ou mais trades, com gerenciamento de risco rigoroso e altamente eficaz, considerando os níveis derivados das razões de Fibonacci.

Além disso, há a previsão em lidar com possíveis falsos rompimentos, verdadeiro problema em utilizar retração de Fibonacci pura e simples, dependendo apenas do rompimento efetivo de um pivô para viabilizar uma operação lucrativa.

Uma grande diferença entre Carolyn Bowden e Rossi é que ele olhava sempre os *candles*, principalmente os de reversão como *dojis*, *spinning tops*, *haramis* e martelos. Muitos ex-alunos utilizam também indicadores e médias como de 20 e de 200 para apoiar suas decisões de operações.

# Capítulo 7

# Ondas de Elliott

"Os ventos e as ondas estão sempre ao lado dos navegadores mais capazes."

*Edward Gibbon*

Ralph Nelson Elliott (1871-1948) era um contador que, depois de se aposentar em 1927 por causa da contração de tuberculose, criou a Teoria das Ondas de Elliott enquanto esteve internado em um sanatório para tuberculosos na Califórnia.

Durante seu longo período de convalescença, desenvolveu sua teoria do comportamento de mercado. Foi, aparentemente, muito influenciado pela Teoria de Dow, que tem muito em comum com seu princípio da onda.

Elliott e Dow consultavam os ciclos da maré do mar e comparavam o ritmo das ondas à flutuação de preços no mercado. Elliott observou que o mercado seguia alguns padrões (da mesma maneira que Dow havia constatado), mas que estes variavam na amplitude e no tempo. Os três aspectos mais importantes da Teoria de Elliott são: os padrões, as proporções e o tempo.

Dois anos antes de sua morte, em 1946, Elliott escreveu seu trabalho definitivo e o intitulou de *Nature's Law:* The Secret of the Universe [*Segredo da lei da natureza do universo*].[1] Elliott estava convencido de que sua teoria era parte de uma lei muito maior que governa toda a atividade do ser humano.

---

1    ELLIOTT, Ralph Nelson. *Nature's Law:* The Secret of the Universe. Snowball Publishing, 2011.

## ESTUDO DE CASO

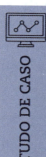

**NA EXPO TRADER BRASIL**

Em 2006, no III Congresso Internacional de gestores e operadores do mercado de capitais, Robert Prechter e Stephen Hochberg lançaram o filme *Socionomics* na Expo Trader Brasil, em São Paulo. Durante sua explanação, mostraram, por exemplo, que picos de otimismo de mercado coincidiam com construção de arranha-céus e com uso de roupas alegres, e que períodos de pessimismo extremo coincidiam com músicas pesadas e roupas fechadas.

**Figura 7.1**    Os prédios mais altos do mundo × crises econômicas

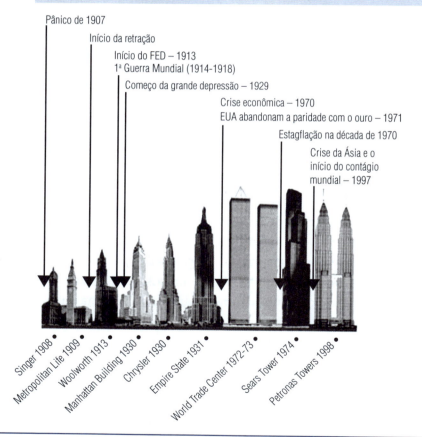

Fonte: SmartMoney.

**Tabela 7.1** Os prédios mais altos do mundo × crises econômicas

| Os prédios mais altos do mundo | | | | |
|---|---|---|---|---|
| Finalizado | Prédio | Local | Altura | Crise econômica |
| 1908 | Singer | Nova York | 187 m | Pânico de 1907 |
| 1909 | Metropolitan Life | Nova York | 213 m | Pânico de 1907 |
| 1913 | Woolworth | Nova York | 241 m | —— |
| 1930 | Manhattan Building | Nova York | 283 m | Grande Depressão |
| 1930 | Chrysler | Nova York | 319 m | Grande Depressão |
| 1931 | Empire State | Nova York | 381 m | Grande Depressão |
| 1972/73 | World Trade Center | Nova York | 417 m | Estagflação dos anos 1970 |
| 1974 | Sears Tower | Chicago | 442 m | Estagflação dos anos 1970 |
| 1998 | Petronas Tower | Kuala Lumpur | 452 m | Crise da Ásia |
| 2010 | Burj Khalifa | Dubai | 800 m | Calote de Dubai |
| 2012 | Shangai World Financial Center | Xangai | 492 m | Marcou Topo na China/Global |
| 2014 | Shanghai Tower | Xangai | 632 m | Marcou Topo na China/Global |
| 2014 | Sky City | Changsha | 838 m | Marcou Topo na China/Global |

Fonte: Elliott Wave International.

Há três aspectos básicos na teoria: o padrão, a relação e o tempo (nessa ordem de importância). Elliott reivindica que o mercado segue um ritmo repetitivo de cinco ondas de avanço seguidas por três de declínio. As ondas um, três e cinco seguem a tendência principal e são chamadas ondas de impulso. Dois e quatro são ondas corretivas. Depois da onda cinco, o avanço está terminado.

Três ondas de correção começam, subdividindo-se em uma estrutura do ABC. Após esse ciclo, um novo pode começar. Cada onda de correção (ABC) se reparte em três menores, sendo duas na direção de correção e uma na direção oposta, corrigindo a correção.

Esse é o padrão harmônico dos movimentos em ondas das oscilações de preços de ações em mercado, preconizado pela Teoria de Elliott, em conformidade com os princípios e as relações próprias da série de Fibonacci: cinco ondas contêm três e dois; três ondas, dois e um. Contudo, o comportamento humano não é totalmente harmônico. Logo, as correções não podem ser entendidas apenas como negociações nos cursos precisos de cada tendência. Elas também surgirão como forma de desdobramento dos movimentos, até aqui tomados harmonicamente.

Os erros na identificação das ondas levam a equívocos de projeções. A existência de correções, de extensões e de desdobramentos nos movimentos dos preços são os fatores básicos que respondem por essa dificuldade.

## 7.1 CARACTERÍSTICAS DE COMPORTAMENTO E ASSINATURA DAS ONDAS

Cada onda tem sua própria assinatura, e o analista tem de reconhecer suas principais características. Vamos mostrar, na Tabela 7.2, características de um mercado de alta – mas o inverso se aplica ao mercado de baixa:

| Tabela 7.2 Características das ondas de Elliott | |
|---|---|
| **Padrão de cinco ondas – tendência dominante impulsiva** | **Padrão de três ondas – tendência corretiva** |
| **Onda 1:** é raramente óbvia no seu começo. Quando a primeira onda de um novo mercado de alta começa, quase todas as notícias fundamentalistas são negativas. A tendência anterior é considerada fortemente em vigor. Analistas fundamentais continuam a revisar para baixo suas estimativas de lucros; a economia, provavelmente, não parece forte. Pesquisas de sentimento e expectativa estão pessimistas e baixistas e a volatilidade implícita das opções está alta. O volume pode aumentar um pouco nas subidas de preço, mas não o suficiente para alertar muitos analistas técnicos. | **Onda A:** as correções são geralmente mais difíceis de identificar do que movimentos de impulso. Na Onda A de um mercado de baixa, as notícias fundamentalistas, em geral, ainda são positivas. A maioria dos analistas enxerga a queda como uma correção normal de um mercado de alta. Alguns indicadores técnicos acompanham a Onda A como aumento de volume, da volatilidade implícita das opções e, possivelmente, dos contratos em aberto nos mercados futuros. |
| **Onda 2:** corrige a Onda 1, mas nunca se pode estender além do começo da Onda 1. Geralmente, as notícias continuam como uma retomada da tendência de alta ruim. Quando os preços voltam a cair, o sentimento baixista rapidamente retorna e a multidão relembra que o mercado ainda está entranhado. Além disso, alguns sinais positivos aparecem para aqueles que os procuram: o volume deve ser menor durante a Onda 2 do que durante a Onda 1, e os preços, geralmente, não devem retroceder mais do que 61,8% dos ganhos da Onda 1 e devem cair com um padrão de 3 ondas. | **Onda B:** os preços revertem para cima o que muitos veem. Aqueles que conhecem padrões gráficos podem verificar um pico aparentando o ombro direito do padrão "OCO" de reversão. O volume durante a Onda B deve ser menor do que na A. Nesse ponto, os fundamentos não devem estar melhorando, mas também ainda não se tornaram negativos. |
| **Onda 3:** geralmente, é a mais longa e poderosa da tendência – apesar de algumas pesquisas sugerirem que a Onda 5 nos mercados de *commodities* são as mais largas. O estágio inicial da Onda 3 é devagar, e quando chega ao topo da Onda 1 anterior, existem vários *stops* (ver Capítulo 18) acima desse topo. Quando a Onda 3 ganha força e rompe o topo da Onda 1, os *stops* são acionados e, dependendo do número, *gaps* frequentemente são deixados em aberto, eles são boas indicações de uma Onda 3 em progresso. Nesse ponto, a Onda 3 ganha a atenção do mercado. As notícias, então, serão positivas, e os analistas fundamentalistas começarão a aumentar suas estimativas de lucros. Os preços sobem rapidamente e as correções são pequenas em preço e curtas em tempo. Aqueles que esperam entrar no mercado em uma retração provavelmente vão perder o barco. Quando a Onda 3 começa, as notícias ainda são geralmente negativas e os atores do mercado permanecem negativos, mas, pelo meio da Onda 3, a multidão costuma se juntar a essa tendência de alta. A Onda 3, frequentemente, se estende a uma proporção de 1: 1,618 da Onda 1. | **Onda C:** os preços movem-se impulsivamente para baixo em ondas de padrão 5. O volume aumenta e, na terceira perna da Onda C, todo mundo se conscientiza de que um mercado de baixa está em vigor. A Onda C tem, no mínimo, o tamanho da Onda A e, frequentemente, se estende além ou até 1,618 da Onda A. |

| Padrão de cinco ondas – tendência dominante impulsiva | Padrão de três ondas – tendência corretiva |
|---|---|
| **Onda 4:** é claramente corretiva. Os preços podem ficar de lado por um período longo e, geralmente, retrocede 38,2% da Onda 3, da qual o volume é bem abaixo. Esse momento é bom para comprar em retração se você entender que há uma potencial Onda 5 pela frente. Uma característica marcante de distinção da Onda 4 é que ela é frequentemente muito difícil de contar. | |
| **Onda 5:** a perna final na direção da tendência dominante. As notícias são universalmente positivas e todos os investidores estão altistas (lembra-se do fim de maio de 2008?). Nesse momento, a maioria dos investidores entra no mercado, inoportunamente, quase na máxima. O volume é mais baixo do que na Onda 3 e vários indicadores começam a mostrar divergências – os preços fazem novas máximas e os indicadores não as alcançam. No final do mercado de alta, os baixistas podem ser questionados. No meu caso, lembro-me de como em 2000 fui xingado por um investidor após lhe dizer que participar de um IPO recente de internet era pagar ouro por lixo e, no dia do IPO, a ação abriu com 20% de alta. Ocorre que, pouco tempo depois, a mesma ação virou pó. A lição: mais vale dinheiro no bolso do que ouvir alguns desaforos. | |

Fonte: Trader Brasil Escola de Finanças & Negócios.

Concomitantemente à forma, também é importante considerar o tamanho das ondas. Elliott categoriza nove tamanhos diferentes de tendência que variam de um grande superciclo, que dura 200 anos, a um subgrau do diminuto de somente alguns minutos.

A teoria de ondas de Elliott atribui nomes às ondas em ordem decrescente de grau ou tamanho:

- Grande superciclo: vários séculos.
- Superciclo: multidécada (cerca de 40 a 70 anos).
- Ciclo: um ano até vários anos (ou até várias décadas em extensões).
- Primário: poucos meses a alguns anos.
- Intermediário: semanas a meses.
- Menor ou secundário: semanas.
- Miniciclo ou mínimo: dias.
- Diminuto: horas.
- Subdiminuto: minutos.

## Tabela 7.3  Numeração das ondas de Elliott

| Nível de ondas | Movimentos na tendência | Movimentos de correção | Período de Tempo |
|---|---|---|---|
| Grande superciclo | [I] [II] [III] [IV] [V] | [A] [B] [C] | Milenar, secular |
| Superciclo | (I) (II) (III) (IV) (V) | (A) (B) (C) | Secular, anual |
| Ciclo | I II III IV V | A B C | Anual, trimestral, mensal |
| Movimento primário | [1] [2] [3] [4] [5] | [A] [B] [C] | Trimestral, mensal, semanal, diário |
| Movimento intermediário | (1) (2) (3) (4) (5) | (A) (B) (C) | Mensal, semanal, diário |
| Movimento secundário | 1 2 3 4 5 | A B C | Semanal, diário, 240 min |
| Movimento mínimo | [i] [ii] [iii] [iv] [v] | [a] [b] [b] | Semanal, diário, 480 min até 60 min |
| Movimento diminuto | (i) (ii) (iii) (iv) (v) | (a) (b) (c) | Diário, 480 min até 60 min |
| Movimento subdiminuto | i ii iii iv v | a b c | 480 min até 5 min ou menos |

Fonte: Trader Brasil Escola de Finanças & Negócios.

As ondas maiores determinam a tendência vigente no mercado, e as ondas menores, tendências intermediárias. Essa é uma forma similar de especificar tendências principais e secundárias, que são utilizadas na teoria de Dow. Elliott providenciou inúmeras variações na onda principal e deu particular importância à média dourada – relação de ouro *phi* de Fibonacci, 0,618, explicada mais adiante – como um nível significativo para a correção.

Utilizar os padrões de ondas de Elliott nas negociações em bolsa de valores é bastante simples. O *trader* identifica a onda principal ou "superciclo" e entra comprando. Posteriormente, vende-se ou coloca-se vendido quando a inversão é determinada. Essa postura é mantida à medida que os ciclos vão encurtando e se completam até que a onda principal ressurge. O problema está na identificação dos ciclos em que se encontra o mercado, especialmente entre os analistas técnicos, pois surgem muitas discussões a esse respeito.

A partir de dados de mudança do preço de um mercado específico, as cinco sequências descritas da onda podem até ser detectadas nos movimentos de intradia, que duram menos de uma hora.

## 7.2 REGRAS BÁSICAS DAS ONDAS DE ELLIOTT

Você, neste ponto, deve estar pensando: "Poxa, estou me lembrando daquela aula chata na escola, que ficava pensando se algum dia iria precisar saber aquilo".

Capítulo 7 ■ Ondas de Elliott   183

Bem, quando estudei a Teoria de Elliott pela primeira vez não achei nada trivial, mas isso não significa que você não deva ser persistente: leia e releia este capítulo várias vezes para tentar aplicar na prática.

Voltando às ondas de Elliott, vemos que suas três regras básicas são:

1. A Onda 2 nunca pode retroceder 100% da Onda 1 e nem ir abaixo desta.
2. A Onda 3 nunca é a mais curta comparada à Onda 1 e à Onda 5.
3. A Onda 4 nunca pode ultrapassar o território da Onda 1, exceto em triângulos diagonais.

Observe o Gráfico 7.1, com a contagem básica assinalada.

Aqui estão cinco maneiras pelas quais o Princípio da Onda pode melhorar sua análise:

1. O Princípio da Onda identifica a tendência.
2. Identifica movimentos de preços de contratendência dentro da tendência maior.
3. Determina a maturidade da tendência.
4. Fornece objetivos de preços distintos e com boa assertividade.
5. Fornece pontos específicos de invalidação. Superpulo do gato de São Flavão: Vou explicar da maneira como ninguém nunca me explicou e eu demorei 20 anos para entender como uma onda de impulso para cima se desenvolve:
   - O repique da Onda 1 é resultado de não ter sobrado mais ninguém para vender aliado à zerada das vendas a descoberto (*short covering*) que fazem o ativo sair do fundo do ciclo.
   - Na Onda 2, velhos comprados despejam suas posições ainda perdedoras e os pessimistas triunfantes aproveitam para vender a descoberto mais uma vez.
   - A Onda 3 começa quando o fundo mais baixo que os pessimistas estavam esperando não acontece e os touros recomeçam a comprar.
   - A Onda 4 é quando o humor e a disposição dos comprados muda de: "O que pode dar errado?" para "Onde será que estão os novos compradores?"

- E finalmente a Onda 5 representa os novos compradores tardios em ação: aqueles que juraram entrar no "movimento que nunca acabará" assim que tivessem uma chance. Este grupo normalmente é o mais especulativo e são aqueles que são dizimados quando os preços revertem.

**DICA**

A análise de ondas fornece um ponto específico de invalidação, que é o nível em que uma interpretação não é mais viável. Saber quando você está errado em uma operação é tão importante quanto saber quando você está certo. Talvez até mais importante, com certeza será mais barato. Deixe o mercado se comprometer com você antes de se comprometer com o mercado. É interessante começar olhando a tendência primária e, em seguida, diminuir o tempo gráfico baixo para que provas apoiem sua contagem de ondas antes de tomar uma posição.

**Gráfico 7.1** Petrobras PN com a contagem de alta – repare que a Onda 4 não penetra na Onda 1, que a Onda 3 não é a menor entre a Onda 1 e a Onda 5 e que a Onda 2 não corrige 100% a Onda 1

Fonte: Trader Brasil Escola de Finanças & Negócios.

## 7.2.1 Princípios das ondas

Existem dois princípios básicos nessa teoria:

Alternância: diz que, se a primeira onda de correção for simples, a onda de correção seguinte será complexa – isso ocorre especialmente nas Ondas 2 e 4 – e que, se a Onda 2 for um simples zigue-zague, a Onda 4 deverá ter um padrão mais complexo.

Equidade: se a Onda 3 for a maior, a Onda 5 tenderá a ser igual à Onda 1. Existem dois tipos de padrões de onda: os padrões de impulso e de correção. O primeiro é sempre em cinco ondas, e o de correção, em três ondas.

Figura 7.2     Padrões de impulso nas ondas de Elliott

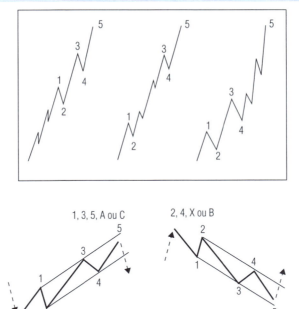

Fonte: elaborada pelo autor.

### 7.2.1.1 Extensões

A maioria das ondas de impulsão contém o que Elliott chamava de extensão, isto é, impulsos alongados com divisões exageradas. Grande parte das ondas de impulsão contém uma extensão em apenas uma de suas três subondas.

| Figura 7.3 | Extensões nas ondas de Elliott |

Fonte: elaborada pelo autor.

No mercado de ações, geralmente a Onda 3 é a estendida. Já no de *commodities*, a extensão mais comum ocorre na Onda 5.

 **DICA**: Quando há um movimento contratendência, este não terá impacto na tendência longa se a retração não se sobrepuser ao pivô secundário anterior.

Na Figura 7.4, demonstram-se três contagens incorretas: na primeira, a Onda 4 ultrapassa o topo da Onda 1; na segunda e na terceira, a Onda 3 é menor do que as Ondas 1 e 5. De acordo com as regras, as notações não serão aceitáveis; então, só restará considerar que a Onda 3 será estendida.

**Figura 7.4** Contagem correta das ondas de Elliott

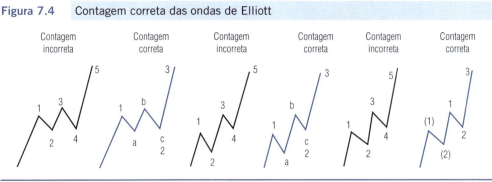

Fonte: elaborada pelo autor.

### 7.2.1.2 Falhas ou truncamentos

Quando uma Onda 5 não se move para além do fim da Onda 3, acontece o que chamamos de falha ou truncamento. Ela pode ser verificada quando a Onda 5 contém cinco subondas e ocorre após uma forte Onda 3 estendida. Uma Onda 5 truncada, é um sinal de exaustão na tendência principal no próximo grau mais alto, e é muitas vezes precedida por uma terceira onda excepcionalmente forte do mesmo grau. Uma quinta onda truncada é frequentemente seguida por uma reversão rápida e acentuada.

**Figura 7.5** Truncamento nas ondas de Elliott

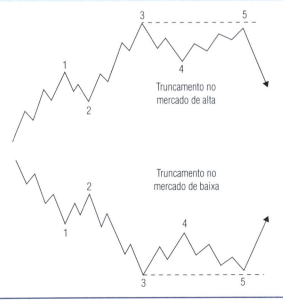

Fonte: elaborada pelo autor.

## 7.2.1.3 Diagonal Final

Na análise técnica convencional a chamam de "cunha". Na análise de ondas, chamamos isso de "diagonal final". Ambos os termos significam a mesma coisa – reversão à frente. As diagonais finais podem se formar como a Onda 5, em ondas de impulso, e como Onda C de correções em *flats* e zigue-zagues.

As diagonais finais consistem em 5 ondas, rotuladas 1-2-3-4-5. Cada onda subdivide-se em três. As Ondas 1 e 4 quase sempre se sobrepõem em uma diagonal final.

Em uma diagonal final em contração, a Onda 3 é sempre mais curta que a Onda 1, e a Onda 5 é sempre menor que a Onda 3.

Após o término de uma diagonal final, pode se esperar que o mercado reverta drasticamente para onde a diagonal começou. A reversão para onde a diagonal começou deve levar de um terço a metade do tempo que a diagonal levou para se desdobrar.

**Figura 7.6** Versão da Diagonal final e suas características

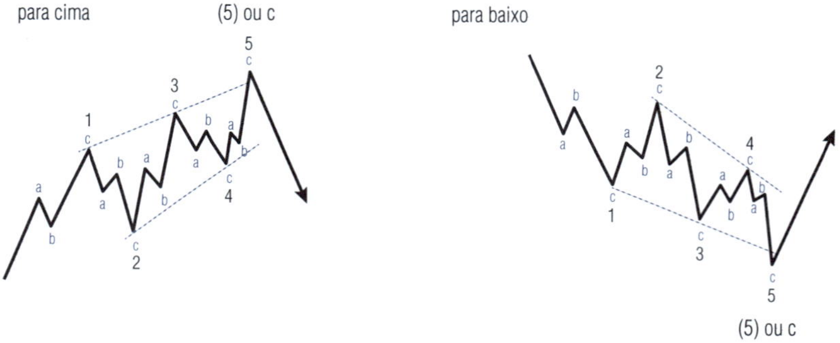

Fonte: elaborada pelo autor.

**Gráfico 7.2** Diagonal final no Euro com *zoom* na diagonal final 12345

Fonte: Bloomberg L.P. All rights reserved.

### 7.2.1.4 Padrões corretivos

As correções são muito difíceis de dominar. A maior parte dos analistas de Elliott ganha dinheiro durante a fase de impulso e logo o perde durante a fase corretiva.

Um padrão de impulso compõe-se de cinco ondas. Com exceção do triângulo, os padrões corretivos constam de três ondas. Um padrão de impulso sempre é seguido por um modelo corretivo.

Os modelos corretivos podem ser agrupados em duas categorias diferentes:

- correção simples (zigue-zague);
- correções complexas (*flat*, triângulo).

A regra mais importante do estudo das ondas de correção é que elas nunca vêm em cinco ondas. Somente ondas de impulsão são cinco. Por essa razão, um movimento inicial de cinco ondas contra a tendência maior nunca é o fim da correção e sim parte dele.

Os processos corretivos vêm em dois estilos. Correções agudas têm ângulos muito inclinados em relação à tendência principal. As correções laterais tipicamente contêm um movimento que vai e volta ao seu início.

Especificamente os padrões de correção caem em quatro categorias:

- Zigue-zagues (5-3-5;[2] incluem três tipos: duplo simples e duplo triplo).
- Flats (3-3-5;[3] incluem três tipos: regular, expandidos e corredores).
- Triângulos (3-3-3-3-3; quatro tipos: três de variedade de contração – ascendente, descendente e simétrico – e um de variedade expandida).
- Duplo três e triplo três (combinação de estruturas).

#### 7.2.1.4.1 Padrão zigue-zague

Um zigue-zague, em uma tendência de alta, é uma correção de três ondas rotulada de A-B-C. A sequência de subondas é de 5-3-5, e o topo da Onda B é notadamente mais baixo que o início da Onda A.

Se a Onda A se for dividida em 3 ondas será um *flat*. A Onda B é dividida em 3 ondas e é sempre complexa e a Onda C tem uma estrutura de 5 ondas.

DICA

---

[2] A notação 5-3-5 significa três ondas de correção subdivididas em cinco subondas de impulso, seguidas de três subondas de correção e, por fim, mais cinco subondas de impulso.

[3] A notação 3-3-5 significa três ondas de correção subdivididas em três subondas de correção, seguidas de mais três subondas de correção e, por fim, cinco subondas de impulso.

**Figura 7.7** Padrão zigue-zague

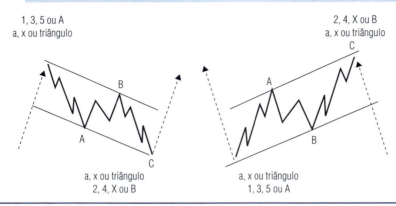

Fonte: elaborada pelo autor.

**Figura 7.8** Objetivos dos zigue-zagues

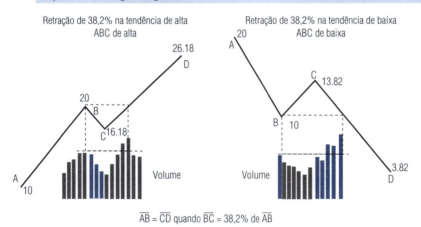

Fonte: elaborada pelo autor.

Capítulo 7 ■ Ondas de Elliott   191

**Grafico 7.3**   Contagem de ondas no Ouro 60 minutos com um provável zigue-zague ABC 5-3-5

[Gráfico XAU AO-FX, 60 1D]

Fonte: eSignal.

## 7.2.1.4.2 Flat ou padrão horizontal

Uma correção *flat* difere de um zigue-zague, pois a sequência de subondas é de 3-3-5. Já na primeira Onda A, falta força suficiente para desenvolver as cinco ondas de um zigue-zague; a reação da Onda B, não surpreendentemente, termina onde a Onda A começou. Por sua vez, a Onda C, em geral, termina próximo ao fim da Onda A, em vez de ir bem além desta, como ocorrem nos zigue-zagues.

Observe nas Figuras 7.9 e 7.10 e um exemplo real no Gráfico 7.4.

**Figura 7.9**   *Flat* ou padrão horizontal

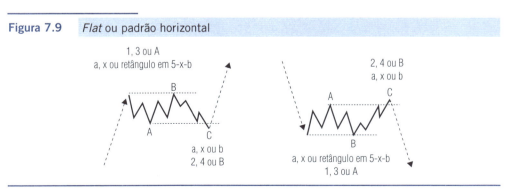

Fonte: elaborada pelo autor.

## Figura 7.10    Flat, flat expandido e flat corredor

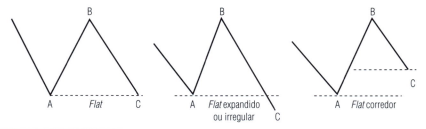

Fonte: elaborada pelo autor.

## Gráfico 7.4    Possível flat em formação o Euro USD

Fonte: cortesia da Trading View.

**DICA** — Elliott chama de *flat* quando há 2 toques numa linha horizontal como 2 topos ou 2 fundos. Suas variações irregulares, expandido ou corredor são devidas à não exatidão do nível horizontal dos fundos ou topos. A diferença entre um *flat* e um topo/fundo duplo é que no primeiro a tendência principal continua no grau superior e no segundo ela reverte. Possuem a estrutura (3, 3, 5). Acredite ou não, apenas alguns *traders* de ondas Elliott compreendem as semelhanças entre os padrões de topo, fundo duplo e o *flat*. O primeiro topo é o ponto terminal da primeira retração da quinta onda. Refiro-me à Onda A menor do *flat*. O segundo topo é o topo da Onda B menor (segunda retração da 5ª onda). A Onda C menor, que é subdividida internamente em cinco ondas menores, é a "onda de impulso" da correção do *flat* e atravessa o suporte do padrão do gráfico topo duplo para atingir o preço-alvo. É uma parada corretiva contra a tendência principal. Na Figura 7.10, é esperado que a tendência de queda anterior continue após o *flat*.

### 7.2.1.4.3 Triângulos

Triângulos aparecem para refletir o balanço de forças, causando um movimento lateral, associado normalmente à volatilidade e ao volume declinantes. Um triângulo indica que um movimento resta em direção à tendência principal de um grau maior.

**Atenção:** Triângulos podem se formar apenas nas posições da Onda 4, Onda B ou Onda X.

Os triângulos contêm cinco ondas que se subdividem em 3-3-3-3-3 (ou seja, somente ondas corretivas do tipo três) e são rotuladas de A-B-C-D-E. Um triângulo é delineado pela conexão dos pontos das Ondas A e C, bem como das Ondas B e D. A experiência nos diz que a Onda E pode ultrapassar essas linhas.

**Figura 7.11**  Triângulos – ondas corretivas

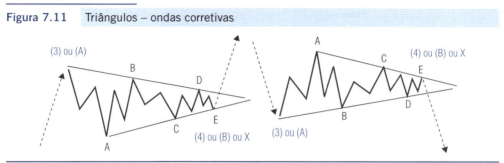

Fonte: elaborada pelo autor.

**Gráfico 7.5**  Triangulo dentro de outro triângulo em Dell

Fonte: cortesia da Trading View.

Observe no Gráfico 7.5, dentro de um triângulo, uma das subondas iniciais é geralmente complexa e se desdobrará em um padrão de zigue-zague múltiplo ou um outro triângulo. Se uma das subondas for um triângulo, será geralmente Onda E.

Existem duas variedades de triângulos: contraídos e expandidos. Dentre os contraídos existem três tipos: simétrico, ascendente e descendente. Não existem variações no raro triângulo expandido.

Observe, nos Gráficos 7.6 e 7.7, duas contagens alternativas, uma para rompimento superior, outra para rompimento inferior. Ter simultaneamente dois planos operacionais para a compra e para venda o prepara para se adaptar a um ambiente de mercado dinâmico, em constante mudança, que por sua vez permite-lhe aproveitar as oportunidades que o mercado financeiro oferece. A melhor prática é definir um *stop*, um pouco abaixo do ponto em que a contagem de ondas torna-se inválida.

Gráfico 7.6 — Ouro com triângulo em formação com contagem para compra

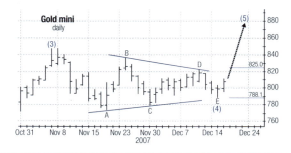

Fonte: cortesia da Trading View.

Gráfico 7.7 — Ouro com triângulo em formação com contagem para venda

Fonte: cortesia da Trading View.

### 7.2.1.4.4 Duplo três e triplo três

São combinações de estruturas corretivas. Qualquer combinação de um simples três (qualquer zigue-zague ou *flat*) com um triângulo pode ser chamado de um três. Um duplo três ou triplo três é a combinação de correções simples. Suas correções são rotuladas de W, Y e Z.

**Figura 7.12** Possíveis combinações

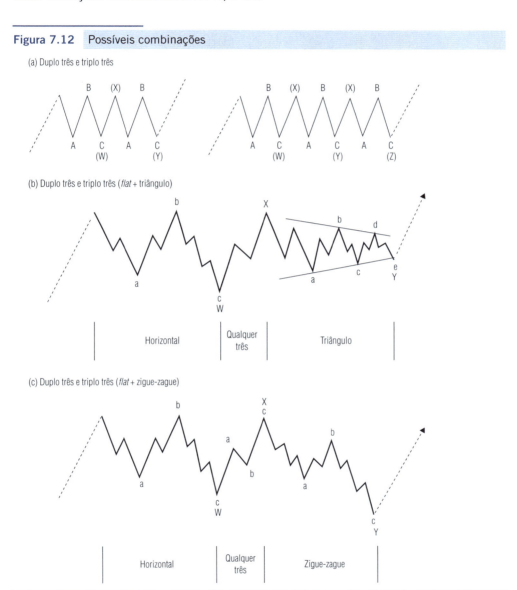

(a) Duplo três e triplo três

(b) Duplo três e triplo três (*flat* + triângulo)

(c) Duplo três e triplo três (*flat* + zigue-zague)

Fonte: FROST, PRECHTER, 2005.

Se você não conseguir contar direito, é porque se trata de uma correção. Elas são frequentemente mais complexas, pois podem ser combinadas

DICA

## Gráfico 7.8   Figura com zoom no zigue-zague duplo no S&P 500 com onda y = 1,618

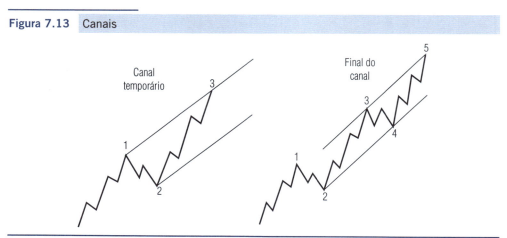

Fonte: cortesia da Trading View.

### 7.2.2 Uso de canais para projetar ondas

Por meio de retas paralelas, as linhas de tendência podem projetar preços e tempo para o movimento, mas os canais também podem ser ignorados pelo ativo, gerando linhas de tendência com inclinações maiores.

O ideal é começar pelos pontos 1 e 3 para tentar achar o 4 e, depois, ligar 2 e 4, traçando uma paralela pelo 3 para tentar achar o 5.

## Figura 7.13   Canais

Fonte: elaborada pelo autor.

O traçado de canais é uma importante ferramenta não apenas para determinar quais subondas estão juntas como também para projetar objetivos para a onda seguinte.

Os canais são linhas paralelas que contêm o movimento completo dos preços de uma onda.

Ondas com mesmo tamanho podem ser reconhecidas por meio dos canais, especialmente se forem ondas de impulso, zigue-zagues e triângulos. Se essa contagem não funcionar, você terá uma forte indicação para procurar uma contagem alternativa.

A Figura 7.14 mostra quais ondas devem ser agrupadas usando-se os canais.

**Figura 7.14** Ondas e canais

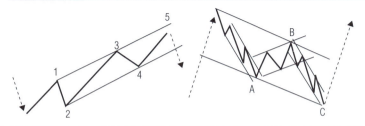

Fonte: elaborada pelo autor.

### 7.2.2.1 *Objetivos para a Onda 3 ou C*

Para traçar um objetivo para a Onda 3 ou C, você deve desenhar um canal tão logo as Ondas 1 e 2 sejam finalizadas. Conecte a origem da Onda 1 ao final da Onda 2 e, depois, trace uma paralela pelo topo da Onda 1. Geralmente, afirma-se que o canal não é muito útil, mas sim, ele é. Antes de tudo, as linhas paralelas servem como objetivo mínimo do desenvolvimento da terceira onda. Se esta não conseguir passar da linha superior ou falhar em conseguir, você, provavelmente, estará em uma Onda C e não em uma Onda 3.

A linha de base pode servir como um *stop*, pois, se rompida, haverá uma forte probabilidade de que a Onda 2 ganhe complexidade e, nesse caso, a Onda 3 ou a Onda C não começaram ainda. Tenha em mente que a Onda 3 é, normalmente, a mais forte e, com frequência, ultrapassa a linha paralela superior.

**Figura 7.15** Objetivos para a Onda 3 ou C

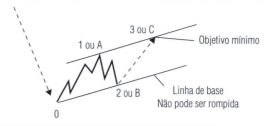

Fonte: elaborada pelo autor.

### 7.2.2.2 Objetivos para a Onda 4

Tão logo a Onda 3 tenha terminado, você poderá traçar um canal conectando o final da Onda 1 ao final da Onda 3 e desenhar uma paralela pelo final da Onda 2.

Dessa maneira, você pode projetar o objetivo da Onda 4. Tenha em mente que, de modo geral, a linha de base pode ser rompida levemente pela Onda 4. Se esta não chegar perto da linha da base, será sinal de uma forte tendência e você, provavelmente, ainda estará em uma Onda 3 ou poderá estar preparado para uma disparada da Onda 5.

**Figura 7.16** Objetivos para a Onda 4

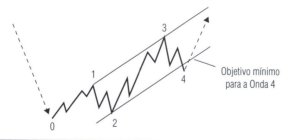

Fonte: elaborada pelo autor.

### 7.2.2.3 Objetivos para a Onda 5

*Método 1*

Tão logo a Onda 4 esteja terminada, você poderá refazer o canal, conectando o final da Onda 2 ao final da Onda 4 e traçar uma paralela pelo final da Onda 3 para determinar o objetivo da Onda 5. Em muitos casos, a Onda 5 vai fracassar em alcançar a linha superior, exceto quando se está lidando com uma Onda 5 estendida ou quando a Onda 3 for relativamente fraca. Em uma extensão indicada também pelo alto volume e indicadores de momento, poderá ocorrer um rompimento dessa linha.

**Figura 7.17**  Objetivos para a Onda 5 – Método 1

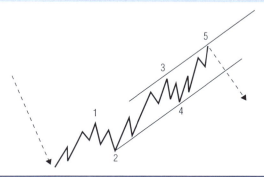

Fonte: elaborada pelo autor.

## Método 2

Na maioria das vezes, as Ondas 3 são mais fortes e mostram mais aceleração em relação às Ondas 1 e 5. Se uma Onda 3 mostra uma inclinação quase vertical (para cima ou para baixo), então desenhe uma linha de tendência conectando a Onda 2 à Onda 4 e uma paralela pela Onda 1. Essa paralela vai cortar a Onda 3 e resultará no objetivo da Onda 5. A experiência mostra que, então, você possui um canal com algum valor.

**Figura 7.18**  Objetivos para a Onda 5 – Método 2

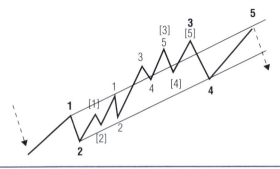

Fonte: elaborada pelo autor.

### 7.2.2.4 Objetivos para as Ondas D e E (caso de triângulos)

Tão logo a Onda B acabe, você poderá desenhar uma linha de tendência da origem da Onda A até o final da Onda B para obter o objetivo da Onda D, caso um triângulo esteja, de fato, se formando. Isso é mais certo após o complemento da Onda C.

Figura 7.19   Objetivos para as Ondas D e E

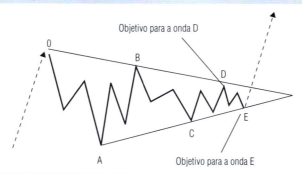

Fonte: elaborada pelo autor.

Assim que a Onda C acabar, você poderá desenhar uma linha de tendência conectando o final da Onda A até o final da Onda C, para achar o objetivo da Onda E. Esta quase nunca para precisamente na linha de tendência, pois ou nunca chega até a linha ou a romperá rapidamente e de forma temporária.

### 7.2.2.5 Objetivos de zigue-zague duplo

Desenhar um canal pode ser muito útil para separar zigue-zagues duplos de ondas impulsivas, o que é difícil, pois ambos possuem características impulsivas. Os zigue-zagues duplos tendem a se ajustar ao canal perfeitamente, enquanto, em uma onda impulsiva, a Onda 3 vai romper o canal.

Figura 7.20   Objetivos de zigue-zague duplo

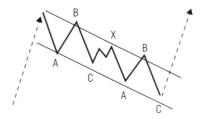

Fonte: elaborada pelo autor.

### 7.2.3 Uso de relações de Fibonacci para objetivos de ondas

No livro *Segredo da lei da natureza do universo*, Elliott indicou que a base matemática para o princípio da onda estava em uma sequência de números descoberta (ou redescoberta, mais exatamente) pelo matemático Leonardo Fibonacci, que viveu no século XIII.

Os ativos, frequentemente, fazem correções e retrocedem uma porcentagem do movimento anterior. Como vimos no capítulo anterior existem várias maneiras de traçar essas retrações (interna e externas com expansão), assim como projetar extensões.

Elliott não descobriu sozinho as relações de Fibonacci; esse fato foi trazido à sua atenção por Charles Collins.

A contagem das ondas impulsivas e corretivas (5 + 3 = 8 total) são números de Fibonacci e, quebrando as ondas em subondas, produzem números de Fibonacci indefinidamente.

Analisar as relações de Fibonacci entre as ondas é importante, pois você pode controlar a análise delas, projetar objetivos depois de determinar a contagem de ondas corretamente e, ainda, traçar cenários distintos.

As razões de Fibonacci manifestam-se em proporções de uma onda em outras, e as ondas são frequentemente relacionadas em razões de 2,618; 1,618; 1; 0,618; 0,382 e 0,236. Esse fato pode ajudar a estimar os objetivos de preços das ondas esperadas.

Se, por exemplo, uma Onda 1 ou A for completada em qualquer tempo gráfico, você pode projetar retrações de 0,382; 0,50 e 0,618 para objetivos da Onda 2 ou B. Na maior parte do tempo, a Onda 3 é a mais forte e é, aproximadamente, 1,618 vezes a Onda 1. A Onda 4, normalmente, mostra retrações que são menores do que as da Onda 2 – 0,236 ou 0,382. Se a Onda 3 é a maior, a relação entre as ondas 5 e 3 é, frequentemente, de 0,618. O comprimento da Onda 5 também é igual ao da Onda 1, na maioria das vezes.

As mesmas relações podem ser encontradas entre as Ondas A e C. Normalmente, a Onda C é igual à Onda A ou 1,618 maior.

É valioso experimentar as contagens das ondas para solucionar o ritmo dos mercados.

### 7.2.3.1 Clusters *de Preço e Tempo*

O ideal é que você projete as retrações e extensões de Fibonacci, e elas vão se juntar em determinado ponto, conhecido como *cluster*.

Sempre que possível, preferimos não confiar apenas em uma relação de Fibonacci na previsão dos movimentos de mercado. A aplicação mais poderosa da análise de Fibonacci é a identificação de Fibonacci aglomerados.

Um *cluster* de preços de Fibonacci ocorre quando dois ou mais relações de preços de Fibonacci projetam para aproximadamente o mesmo nível de preço.

Um *cluster* de tempo de Fibonacci ocorre quando duas ou mais relações de tempo de Fibonacci projetam aproximadamente ao mesmo tempo. Como padrões de ondas se desdobram em todos os intervalos de tempo simultaneamente, muitas vezes há uma oportunidade de detectar um *cluster* de Fibonacci.

A Figura 7.21 identifica um *cluster*, ao mesmo nível de preço geral, nas três seguintes relações de Fibonacci:

1. A onda primária [2] retraça 0,618 da onda primária [1].
2. No *flat* expandido, onda intermediária (C) é igual a 1,618 vezes o comprimento da onda Intermediária (A).
3. Dentro da onda de impulso da onda intermediária (C), a onda menor 5 é igual à onda menor 1.

**Figura 7.21** Formação de *cluster* de preços

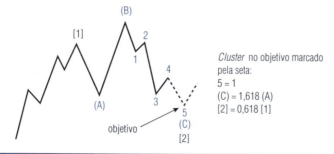

Fonte: elaborada pelo autor.

Veja o resumo de objetivos das ondas no Quadro 7.1.

## Quadro 7.1    Quadro resumo objetivos das ondas

| | | Legenda: |
|---|---|---|
| **Onda 2** | **Projeção do fim da Onda 2**<br>= (38,2%, 50%, 61,8%, 78,6%)  **0.1   Retração** | **0.1** = Onda 1 |
| **Onda 3** | **Projeção do fim da Onda 3**<br>= (100%, 162%, 262%)  **0.1   Projeção pela Onda 2**<br>= (162%, 262%)  **0.2**   Retração **externa (com extensão)** | **0.2** = Onda 2<br>**0.3** = Onda 3<br>**0.0-3** = Início da Onda 1 até<br>o fim da Onda 3 |
| **Onda 4** | **Projeção do fim da Onda 4**<br>= (100%, 162%)  **0.2**   Projeção **pela Onda 3**<br>= (38,2, 50%, 61,8%)  **0.3**   Retração<br>= (23,6%, 382%, 50%, 61,8%)  **0.0-3**   Retração | **0.4** = Onda 4<br>**0.5** = Onda 5<br>**0.A** = Onda A<br>**0.B** = Onda B<br>**0.C** = Onda C |
| **Onda 5** | **Projeção do fim da Onda 5**<br>= (100%, 162%)  **0.1**   Projeção **pela Onda 4**<br>= (38,2, 61,8%, 100%)  **0.0-3**   Projeção **pela Onda 4**<br>= (127%, 162%)  **0.4**   Retração **externa (com extensão)**<br>= (262%, 424%)  **0.2**   Retração **externa (com extensão)** | |
| **Onda B** | **Projeção do fim da Onda B (zigue-zague ABC)**<br>= (38,2, 50%, 61,8%, 78,6%)  **0.A**   Retração | |
| **Onda B** | **Projeção do fim da Onda B (irregular ABC)**<br>= (127%, 162%)  **0.A**   Retração **externa (com extensão)** | |
| **Onda C** | **Projeção do fim da Onda C**<br>= (61,8%, 100%, 162%)  **0.A**   Projeção **pela Onda B**<br>= (162%, 262%)  **0.B**   Retração **externa (com extensão)**<br>= (38,2, 50%, 61,8%, 78,6%)  **0.0-3**   Retração | |
| | **Zigue-zague Duplo**<br>Onda Y = Onda W<br>Onda Y = 0,618 Onda W<br>Onda Y = 1,618 Onda W<br><br>**Zigue-zague Triplo**<br>Igualdade para W, Y e Z<br>Onda Z = 0,618 Y | |

Fonte: Trader Brasil Escola de Finanças & Negócios.

**Gráfico 7.9** Ondas de Elliott aplicados ao índice Bovespa futuro com cálculos de quatro objetivos para Onda 3

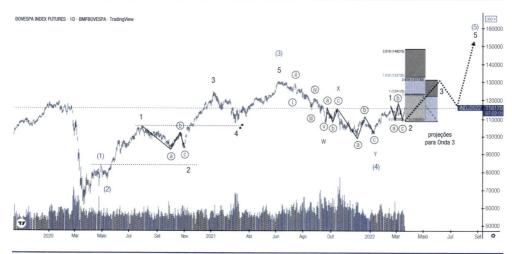

Fonte. Trading View.

Observe no Gráfico 7.9 o cálculo dos objetivos da Onda 3. Há formação de um *cluster* em 122.885-124.125 e outro em 131730-133.735, onde duas projeções diferentes aparecem muito próximas. Sempre utilize a projeção mais conservadora.

**Gráfico 7.10** Ondas de Elliott aplicados ao Bitcoin com cálculos de objetivos selecionados em escala logarítmica

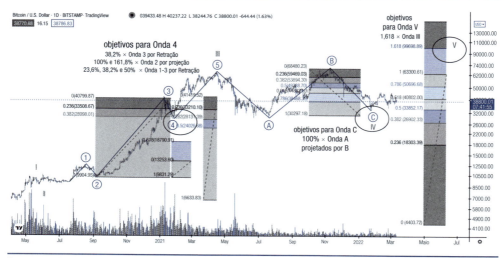

Fonte: cortesia da Trading View.

Observe no Gráfico 7.10 os cálculos de alguns objetivos das Ondas 4, C e V. Não fizemos todos para melhor compreensão do leitor. No Quadro 7.1 você encontra um resumo dos objetivos das ondas, para facilitar uma consulta posterior.

## 7.3 CRÍTICA ÀS ONDAS DE ELLIOTT

A premissa de que o mercado se desenvolve em padrões conhecidos contradiz a hipótese de mercado eficiente, a qual sustenta que os preços não podem ser previstos usando médias móveis e volume. Por essa razão, se essas previsões bem-sucedidas fossem possíveis, investidores poderiam comprar ou vender quando o método indicasse um ponto no qual os preços fossem mover-se imediatamente. Isso destruiria a lucratividade e o poder preditivo do método de Elliott ou de todas as formas de análise técnica.

Benoit Mandelbrot[4] questionou se as ondas de Elliott podem predizer o mercado: "previsão de ondas é um negócio incerto, é uma arte na qual o julgamento subjetivo de grafistas importa mais do que ser objetivo, replicando o veredicto dos números. Para registro disso, como em toda a análise técnica, ela é melhor se misturada, para uma coisa confirmar outra".

Críticos também afirmam que o princípio de ondas de Elliott é muito vago para ser útil, pois não pode ser consistentemente identificado quando uma onda começa ou acaba e pelo fato de que sua contagem precisa ter uma revisão subjetiva constante. O grande "xis" da questão é sua interpretação.

Contudo, Robert R. Prechter Jr., o mais famoso defensor e "elliottista" vivo, conseguiu, em um campeonato de *trades* nos Estados Unidos, um retorno real monitorado de 440% no período de quatro meses de duração do concurso, durante o qual, ele usou o princípio das ondas de Elliott, e em dezembro de 1989, a *Financial News Network* o nomeou Guru da década. No período de 1990 a 1991, Prechter foi presidente da Market Technicians Association.

---

4    MANDELBROT, Benoit B. *Objectos fractais*: forma, acaso e dimensão. Coimbra: Gradiva, 1991.

# PARTE II

## Incrementando sua análise

# Capítulo 8

# Explorando indicadores e osciladores

*"A mente que se abre a uma nova ideia jamais voltará ao seu tamanho original."*
*"Uma pessoa que nunca cometeu um erro nunca tentou nada de novo."*

*Albert Einstein*

## 8.1 INTRODUÇÃO

### 8.1.1 Afinal, o que é um indicador técnico?

Um indicador técnico é uma série de dados que são derivados pela aplicação de uma fórmula para os dados dos preços de um título, os quais incluem qualquer combinação da abertura, máxima, mínima ou fechamento de um período de tempo. Alguns indicadores podem utilizar apenas os preços de fechamento, enquanto outros incorporam volume e contratos em aberto em suas fórmulas. Os dados de preços são introduzidos na fórmula e um ponto com estes dados é produzido.

Por exemplo, a média de três preços de fechamento é um ponto de dados ((10 + 11 + 12) / 3 = 11).

No entanto, um ponto de dados não oferece muita informação e não compõe um indicador. Uma série de pontos de dados ao longo de um período de tempo é necessária para criar pontos de referência válidos para permitir a análise. Com a criação de uma série temporal de pontos de dados, a comparação pode ser feita entre os níveis atuais e passados.

Para fins de análise, os indicadores técnicos geralmente são mostrados em uma forma gráfica acima ou abaixo do gráfico dos preços. Uma vez mostrado na forma de um gráfico, um indicador pode então ser comparado com a tabela de preços correspondente ao ativo. Às vezes, os indicadores são representados em cima do preço para uma comparação mais direta.

## 8.1.2 O que um indicador técnico oferece?

Um indicador técnico oferece uma perspectiva diferente ao analisar a ação dos preços. Alguns indicadores, como as médias móveis, são derivados de fórmulas simples, e sua mecânica é relativamente fácil de entender. Outros, como o estocástico, têm fórmulas complexas e requerem mais estudos para compreender e apreciar. Independentemente da complexidade da fórmula, indicadores técnicos podem oferecer uma perspectiva única sobre a força e a direção do preço do ativo subjacente.

Existem dois tipos principais de indicadores: antecedentes e atrasados. Um indicador antecedente precede os movimentos de preços, dando-lhes uma qualidade de previsão, enquanto um indicador atrasado é um instrumento de confirmação, pois segue o movimento dos preços. Um indicador antecedente é para ser usado quando não houver uma tendência definida, enquanto os atrasados são ainda mais úteis durante os períodos de tendências.

Existem também dois tipos de construções de indicadores: os que caem em uma variação limitada e aqueles que não o fazem. Os que estão vinculados dentro de uma faixa são chamados de osciladores – esses são o tipo mais comum e popular de indicadores. Osciladores, por exemplo, têm uma variação entre zero e 100, e sinalizam períodos em que o ativo está sobrecomprado (perto de 100) ou sobrevendido (perto de zero). Indicadores não limitados ainda formam sinais de compra e de venda juntamente com a exibição de força ou de fraqueza, mas eles variam na forma como fazem isso.

Indicadores que são utilizados na análise técnica proporcionam uma fonte extremamente útil de informação adicional. Eles ajudam a identificar a impulsão, as tendências, a volatilidade e vários outros aspectos dos ativos para auxiliar na análise técnica de tendências. É importante notar que, enquanto alguns analistas usam um indicador somente para gerar sinais de compra e venda, sua função seria otimizada se adotada em conjunto ao movimento de preços, com os padrões gráficos e com outros indicadores.

### 8.1.3 Por que usar indicadores?

Indicadores servem para três funções principais:

1. para nos alertar a estudar a ação dos preços mais de perto;
2. para confirmar outras ferramentas de análise técnica, como os padrões gráficos;
3. para prever a direção futura dos preços.

Um indicador pode agir como um alerta para estudarmos a ação dos preços um pouco mais de perto. Se o *momentum* é de queda, pode ser um sinal para prestar atenção em uma quebra de suporte. Ou, se há uma grande divergência positiva estabelecendo-se, o indicador pode servir como um alerta para assistir a um rompimento de resistência.

Os indicadores podem ser utilizados para confirmar outras ferramentas de análise técnica. Se houver um *gap* de fuga no gráfico de preços, um cruzamento de médias pode servir para confirmar o rompimento da resistência. Ou, no caso de um rompimento de suporte, com uma baixa correspondente no *On-Balance Volume* (OBV) pode servir para confirmar fraqueza.

### 8.1.4 Dicas para uso de indicadores

Indicadores indicam. Isso pode parecer simples, mas às vezes os investidores ignoram a ação do preço de um título e se concentram apenas em um indicador, o qual filtra a ação dos preços com fórmulas. Como tal, elas são derivadas e não reflexos diretos da ação do preço. Isso deve ser levado em consideração quando a análise se aplicar. Qualquer avaliação de um indicador deve ser tomada com o preço da ação em mente. O que o indicador está dizendo sobre o preço do ativo? A ação dos preços está ficando mais forte? Ou mais fraca?

Mesmo que possa ser óbvio, quando os indicadores geram sinais de compra e venda, estes devem ser considerados no contexto de outras ferramentas de análise técnica. Um indicador pode piscar um sinal de compra, mas se o padrão gráfico mostra um triângulo descendente com uma série de picos em declínio, isso pode ser um sinal falso.

Como sempre acontece na análise técnica, aprender a ler indicadores é mais uma arte do que uma ciência. O mesmo indicador pode apresentar comportamentos diferentes quando aplicado a distintos ativos. Indicadores que funcionam bem para a Petrobras podem não trabalhar da mesma forma para a Ambev. Por meio de cuidadoso estudo e análise, seu conhecimento dos diversos indicadores vai se desenvolver ao longo do tempo. À medida que esse conhecimento se desenvolve, algumas nuances, bem como configurações e seus ajustes favoritos, se tornarão mais claras.

## 8.1.5 O que é um oscilador

Um oscilador é um indicador que flutua acima e abaixo de uma linha de centro ou entre níveis preestabelecidos – por exemplo, entre 0 e 100% quando seu valor muda ao longo do tempo. Os osciladores podem permanecer em níveis extremos (sobrecomprado ou sobrevendido) por longos períodos, mas eles não permanecem em tendência por um período sustentado. Em contraste, um indicador acumulado como OBV pode permanecer em tendência, uma vez que continuamente aumenta ou diminui de valor durante um longo período de tempo.

## 8.1.6 A escolha de um indicador

Há centenas de indicadores em uso hoje, com novos criados a cada semana. Você mesmo pode criar o seu! Ou copiar um e fazer algumas alterações, trocando a maneira de mostrar o sinal, por exemplo... Como dizia Chacrinha "Na televisão, *nada se cria, tudo se copia*". O estocástico e o Williams R%, por exemplo, são muito semelhantes, sendo um praticamente o outro de cabeça para baixo. Programas de análise técnica vêm com dezenas de indicadores construídos, e até permitem que os usuários criem seus próprios.

A escolha de um indicador para seguir pode ser uma tarefa assustadora. Mesmo com a introdução de centenas de novos indicadores, somente um grupo seleto de poucos realmente oferecem uma perspectiva diferente e são dignos de atenção. Estranhamente, os indicadores que em geral merecem mais atenção são aqueles que existem há mais tempo e com louvor resistiram ao teste da longevidade, mesmo com o avanço da tecnologia.

Ao escolher um indicador para usar na sua análise, faça-o com cuidado. Tentativas de cobrir mais de cinco indicadores são geralmente inúteis. É melhor se concentrar em dois ou três e aprender todos os seus meandros. Tente escolher os indicadores que se complementam, em vez daqueles que se movem sozinhos e geram os mesmos sinais. Por exemplo, seria redundante usar dois indicadores que são bons para mostrar os níveis de sobrecompra e sobrevenda, como o estocástico e o RSI. Ambos medem impulsão e mostram níveis de sobre-compra/sobrevenda.

### 8.1.7 Principais sinais de um indicador

Indicadores e osciladores fornecem sinais de compra e de venda de três manei-ras principais:

1. Por meio dos cruzamentos das linhas com médias móveis ou com a linha de centro.
2. Por meio da divergência (quando a tendência do indicador vai para uma direção, e a tendência dos preços, para outra), indicando que a direção da tendência dos preços está enfraquecendo-se.
3. Por meio de níveis extremos de sobrecompra e sobrevenda.

Sempre gostamos de dizer que o uso de indicadores na análise técnica cor-responde à navegação por instrumentos em um avião, na qual mesmo sob uma tempestade é possível de pilotar. Eles nos fornecem informações adicionais extremamente úteis, apresentando melhores resultados quando utilizados em conjunção ao movimento dos preços, padrões gráficos e outros indicadores.

## 8.2 CONSIDERAÇÕES SOBRE PARAMETRIZAÇÃO DOS INDICADORES E *BACKTESTING*

Seguindo a linha clássica deste livro, os parâmetros de configuração de cada indicador apresentado até aqui foram aqueles definidos inicialmente por seus criadores ou os mais comumente utilizados pela maioria dos analistas de mercado financeiro. Isso não significa, entretanto, que o leitor deva seguir à risca esses parâmetros; estimulamos que novos valores sejam testados.

Os parâmetros para indicadores de mercado foram definidos pelos autores em épocas em que os testes computacionais não eram tão simples de ser realizados. Com as facilidades tecnológicas atuais, é possível fazer testes contínuos que le-varão o leitor a melhorar o desempenho dos indicadores. Esses testes devem ser refeitos toda vez que o analista identificar que eles estão perdendo sua eficácia, e isso pode ser percebido à medida que as operações passam a dar mais prejuízo.

Por meio de dados históricos, o *backtesting* determinará as melhores condições de entrada e saída que um sistema apresentou, ou seja, revelará se a estratégia será – teoricamente – vencedora no longo prazo, baseada nos eventos passados.

Alguns softwares, como o MetaStock, permitem a programação de sistemas de testes fundamentados nos preços do ativo no passado. Apesar de lucros passados não garantirem lucros no futuro, essas são as únicas informações de que o analista dispõe para seus estudos.

Entretanto, é bom lembrar que o *backtesting* só pode ser feito em um ativo de cada vez, ou seja, a técnica será validada para operar um ativo.

E se você operar uma carteira?

Aqui a discussão acadêmica é enorme, pois existem várias formas de tentar otimizar uma carteira. Podemos utilizar o modelo da "Fronteira Eficiente" de Markowitz, por exemplo, que adota os retornos esperados de todos os ativos e a matriz de covariância destes a fim de se explorar os benefícios da diversificação de uma carteira. Outra forma seria um Portfolio *Backtesting* por meio de simulações baseadas em algoritmos de Monte Carlo, nas quais o analista realizará milhares de iterações computacionais para encontrar aquela com maior retorno para cada risco. Recomendamos que o analista teste periodicamente a eficácia da parametrização de seus indicadores.

# Capítulo 9

# Indicadores atrasados ou seguidores de tendência

*"A sabedoria consiste na antecipação das consequências."*

**Norman Cousins**

## 9.1 INTRODUÇÃO

Como seu nome sugere, os indicadores atrasados seguem o preço da ação e costumam ser referidos como indicadores de acompanhamento de tendências. Raramente, ou nunca, eles lideram o preço de um ativo. Os indicadores de tendência funcionam melhor quando o mercado apresenta uma tendência forte. Eles são projetados para fornecer aos investidores pontos de entrada em operações e mantê-los dentro da operação pelo tempo em que a tendência permanecer intacta. Como tal, esses indicadores não são eficazes em mercados laterais ou sem uma tendência definida. Se usado em mercados laterais, eles provavelmente nos fornecerão muitos sinais falsos e vários zigue-zagues que não levarão a lugar algum, somente gastarão dinheiro em corretagens. Os indicadores atrasados incluem as médias móveis (exponencial, simples, ponderada e variável).

### 9.1.1 Vantagens e desvantagens de indicadores atrasados

Um dos principais benefícios em usar os indicadores seguidores de tendência é a capacidade de capturar um movimento e permanecer em uma mesma operação. Desde que o ativo em questão sustente o movimento,

216  ANÁLISE TÉCNICA DOS MERCADOS FINANCEIROS

os indicadores atrasados podem ser extremamente rentáveis e fáceis de usar. Quanto maior a duração da tendência, menos sinais e operações envolvidas.

Como desvantagem, os benefícios dos indicadores atrasados são perdidos quando um ativo se move em uma faixa lateral de negociação.

Outra desvantagem dos indicadores de tendência é que os sinais se inclinam a ser tardios. No momento em que um cruzamento de média móvel ocorre, uma parte significativa do movimento já ocorreu. Pontos de entrada e de saída tardios podem distorcer a relação retorno/risco.

## 9.2 MÉDIAS MÓVEIS

Médias móveis suavizam os dados dos preços para formar um indicador que segue a tendência. Elas não preveem a direção dos preços, mas sim definem a direção atual com certo atraso. As médias móveis são atrasadas porque são baseadas em preços passados. Apesar desse atraso, elas ajudam a suavizar o preço e filtrar o ruído.

Elas também formam os blocos de construção para muitos outros indicadores técnicos e sobreposições, como Bandas de Bollinger, MACD e o Oscilador McClellan. Os dois mais populares tipos de médias móveis são a média móvel simples (MMS) e a média móvel exponencial (MME), que podem ser utilizadas para identificar a direção da tendência ou definir níveis potenciais de suporte e de resistência.

### 9.2.1 Média móvel simples ou aritmética (MMS)

Um dos primeiros indicadores que apareceu na análise gráfica foi a média móvel simples e, por sua facilidade e simplicidade de uso, até hoje é um dos mais utilizados.

A MMS é o calculo do preço médio de um ativo sobre um número específico de períodos. A maior parte das médias móveis é baseada em preços de fechamento.

Se um preço de um título for extremamente volátil, logo uma média móvel vai ajudar a suavizar os dados. Filtros de médias móveis diminuem ruídos aleatórios e oferecem uma perspectiva suave de preço de um ativo. Com a aplicação de uma média móvel simples na ação de preços, as flutuações aleatórias são alisadas para tornar mais fácil a identificação de uma tendência.

A MMS de cinco dias é a soma de cinco dias dos preços de fechamento dividido por cinco dias. Como o próprio nome indica, uma média móvel é uma média que se move. Os dados antigos são retirados assim que os novos dados se tornarem disponíveis. Isso faz a média se mover ao longo da escala de tempo.

A seguir está um exemplo de uma média móvel de cinco dias a evoluir ao longo de três dias:

Preços diários de Fechamento: 11, 12, 13, 14, 15, 16, 17.
Primeiro dia de cinco dias MMS: (11 + 12 + 13 + 14 + 15) / 5 = 13.
Segundo dia de cinco dias MMS: (12 + 13 + 14 + 15 + 16) / 5 = 14.
Terceiro dia de cinco dias MMS: (13 + 14 + 15 + 16 + 17) / 5 = 15.

O primeiro dia da MMS abrange os últimos cinco dias. O segundo dia da média móvel retira o primeiro ponto de dados (11) e adiciona o novo ponto de dados (16). O terceiro dia da média móvel subtrai o primeiro ponto de dados (12) e soma o novo ponto de dados (17). No exemplo anterior, os preços aumentam gradualmente de 11 a 17 ao longo de um total de sete dias. Observe que a média móvel também sobe de 13 para 15 durante um período de cálculo de três dias. Além disso, observe que cada valor de média móvel está um pouco abaixo do último preço. Por exemplo, a média móvel para um dia é igual a 13, e o último preço é 15. Os preços dos quatro dias anteriores foram mais baixos, e isso faz que a média móvel fique atrasada em relação ao preço mais atual.

A média móvel acompanha o mercado a uma "certa distância", que pode ser maior ou menor conforme a quantidade de períodos utilizados para calculá-la. Uma média móvel de 50 períodos, por exemplo, estará muito mais perto do preço do ativo que uma de 200 períodos. As médias móveis curtas são mais sensíveis ao preço do que as longas, mas isso não torna uma mais eficaz que a outra. Em certos tipos de mercado, as médias curtas mostram-se mais eficazes que as longas, e o contrário pode ocorrer em outros mercados.

## 9.2.2 Cálculo da MMS

A forma de cálculo da MMS é bastante simples: basta somar os preços de fechamento dos últimos "n" períodos e dividir o resultado por "n".

Duas observações importantes:

Ponto 1: a média móvel levará em consideração somente os valores cobertos pelo período de cálculo.

Ponto 2: todos os valores possuem o mesmo peso, ou seja, em uma média móvel de cinco períodos, cada um tem o peso de 20%.

O cálculo é feito dividindo-se a soma dos valores do período escolhido pela quantidade de períodos.

A fórmula de cálculo é:

$$(C1 + C2 + C3 + ... + Cn) / n$$

Em que:
C = preço de fechamento (*close*).
N = quantidade de dias da média móvel.

O Gráfico 9.1 ilustra uma média móvel aritmética calculada para um período de 50 dias. Podemos reparar que, em dezembro de 2012 e em janeiro de 2013, o gráfico de velas toca a MMS cinza e funciona como suporte. Repare também que essa média se movimenta próxima do preço. Isso se deve ao fato de se ter utilizado um período curto para a realização do cálculo. Podemos observar nos Gráficos 9.1 e 9.2 que, conforme o período aumenta, as linhas que representam as médias móveis se afastam dos preços.

**Gráfico 9.1**   Média móvel de 50 períodos sobre gráfico de velas

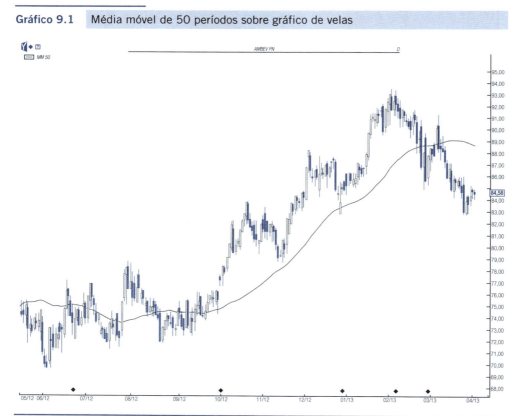

Fonte: cortesia da Cartezyan.

A média móvel mais curta sempre reagirá mais rapidamente à mudança dos preços, pois em uma MMS todos os pontos têm o mesmo peso.

#### 9.2.2.1 Sinais de compra e venda com uma média móvel

É possível gerar sinais de compra e venda apenas com uma média móvel, plotando-a sobre o gráfico de preços:

1. Sinal de compra: quando o preço de fechamento cruzar a média móvel de baixo para cima.
2. Sinal de Venda: quando o preço de fechamento cruzar a média móvel de cima para baixo.

Para aumentar o grau de certeza, é possível aguardar que a média móvel também vire para o lado que a tendência estiver apontando.

**Gráfico 9.2** Média móvel de 50 e de 100 períodos sobre gráfico de velas

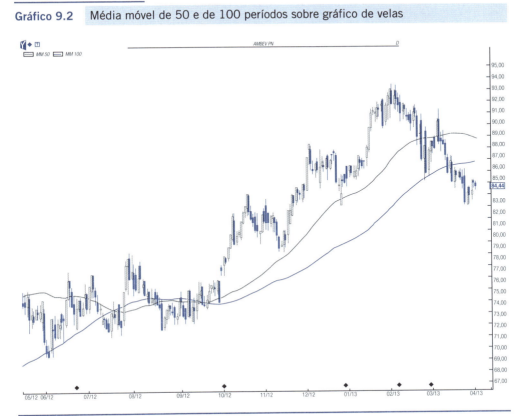

Fonte: cortesia da Cartezyan.

220   ANÁLISE TÉCNICA DOS MERCADOS FINANCEIROS

| Gráfico 9.3 | Média móvel de 50, de 100 e de 200 períodos sobre gráfico de velas |

Fonte: cortesia da Cartezyan.

A média móvel ficará mais próxima do preço quanto mais curto for o período especificado para seu cálculo e, consequentemente, cruzará com o preço mais vezes, apresentando mais quantidade de sinais de compra e venda.

O uso de uma média móvel mais curta resultará tanto na produção de grande quantidade de operações quanto de sinais falsos, pois, em se tratando de uma média móvel muito curta, qualquer "ruído" poderá gerar um ponto de entrada falso. Em contrapartida, uma média móvel mais curta, ainda que gerando uma grande quantidade de sinais falsos, encurta a distância com o preço e pode sinalizar uma entrada de tendência mais cedo (gerando mais lucro para o investidor).

O leitor, utilizando em conjunto sua experiência aliada a testes estatísticos, poderá achar a quantidade ideal de períodos para o cálculo da média móvel. Essa deve ser um número que faça a média móvel ignorar os sinais falsos gerados por "ruídos" do mercado e manter a capacidade de apontar, rapidamente, os pontos de entrada em operações lucrativas. Lembre-se de que a estatística trabalha com dados passados, e a descoberta do melhor período não necessariamente poderá perdurar no futuro.

A média móvel curta, em geral, funciona melhor quando os preços estão sem uma tendência definida, ou seja, em um período de acumulação. Como, nesse tipo de comportamento, os preços estão "de lado", faz-se necessária uma média móvel mais sensível para mostrar os pontos de entrada. Note que essas operações terão um prazo muito curto e a única pessoa que realmente ganhará dinheiro de verdade será sua corretora.

| Tabela 9.1 Períodos de ajuste da média móvel | |
|---|---|
| Tendência | Quantidade de barras/velas |
| Curtíssimo prazo | Entre 5 e 20 |
| Curto prazo | Entre 10 e 30 |
| Médio prazo | Entre 15 e 60 |
| Médio longo prazo | Entre 45 e 120 |
| Longo prazo | Entre 120 e 250 |

Fonte: Trader Brasil Escola de Finanças & Negócios.

## 9.2.3 Média móvel exponencial (MME)

Médias móveis exponenciais reduzem o atraso em relação aos preços, aplicando maior peso aos preços mais recentes. A ponderação para o preço mais recente depende do número de períodos na média móvel. Existem três etapas para o cálculo de uma MME. Em primeiro lugar, calculamos a MMS. Uma média móvel exponencial (MME) tem de começar em algum lugar, então uma MMS é usada como MME do período anterior no primeiro cálculo. Em segundo lugar, calculamos o fator de ponderação. E, por fim, a MME. A fórmula seguinte é para uma MME de 10 dias:

MMS: soma de 10 períodos / 10.
Fator de ponderação: (2 / (períodos de tempo + 1)) = (2 / (10 + 1)) = 0,1818 (18,18%).
MME: {Fechamento – MMS (dia anterior)} × fator + MME (dia anterior).

Uma MME de 10 períodos aplica uma ponderação de 18,18% sobre o preço mais recente. A MME de 10 períodos também pode ser chamada de MME 18,18%. A MME de 20 períodos aplica-se a 9,52% de peso para o preço que seja o mais recente (2 / (20 + 1) = 0,0952). Note-se que o fator de ponderação para o período de tempo mais curto é maior do que o fator para o período de tempo mais longo. De fato, o fator de ponderação diminui para metade toda vez que o período da média móvel dobra.

### 9.2.3.1 O fator de atraso

Quanto mais longa for a média, maior seu atraso em relação ao preço. A média móvel exponencial de 10 dias abraçará os preços muito de perto e virará logo depois que os preços também virarem. As médias móveis curtas são como lanchas – ágeis e rápidas para mudanças. Em contraste, a média móvel de 100 dias contém uma grande quantidade de dados passados que a retarda. Médias móveis mais longas são como navios – apáticos e lentos para mudanças. É preciso um movimento de preços maior e mais longo para uma média móvel de 100 dias mudar seu rumo.

**Gráfico 9.4** Média móvel simples e média móvel exponencial, ambas de 50 períodos sobre gráfico de velas

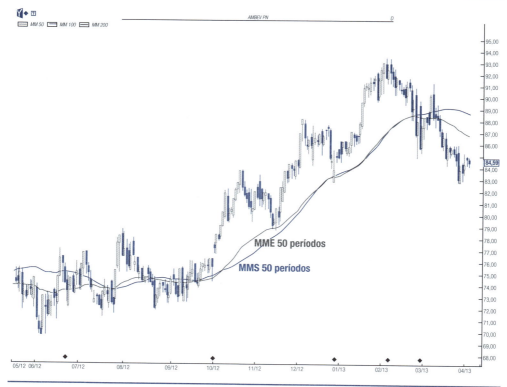

Fonte: cortesia da Cartezyan.

Capítulo 9 ■ Indicadores atrasados ou seguidores de tendência    223

Observe no Gráfico 9.4 que as médias móveis exponenciais respondem mais rapidamente às mudanças dos preços do que as médias móveis simples. Em outras palavras, quando os preços sobem, as médias exponenciais inclinam-se para cima antes das médias simples; da mesma forma, quando os preços caem, as médias exponencias inclinam-se para baixo antes das médias simples.

## 9.2.4 Médias móveis exponenciais *versus* simples

Mesmo que haja clara diferença entre médias móveis simples e médias móveis exponenciais, uma não é necessariamente melhor que outra. Médias móveis exponenciais têm menos atraso e são, portanto, mais sensíveis aos preços recentes e às mudanças destes. Médias móveis exponenciais virarão antes das médias móveis simples. Médias móveis simples, em contrapartida, representam um valor médio real de preços para o período de tempo inteiro. Como tal, médias móveis simples podem ser mais adequadas para identificar os níveis de suporte ou de resistência.

A preferência pela média depende de seus objetivos, seu estilo analítico e de seu horizonte de tempo.

### 9.2.4.1  *Sinais de compra e de venda usando médias móveis*

Existem sistemas de sinais com apenas uma média móvel. Neles, o preço cortando de baixo para cima a MMS nos fornece um sinal de compra, e o preço cortando de cima para baixo a MMS, o sinal de venda.

Observando o Gráfico 9.5, vemos um sinal de venda ocorrendo em novembro de 2010; por algumas vezes, a média foi tocada pelos preços posteriormente, oferecendo novas oportunidades de aumento da posição vendida, pois a média funcionou como resistência. No período lateral sem uma tendência definida, há vários zigue-zagues em cima da média e posteriormente um sinal de compra em setembro de 2012.

Duas médias móveis podem ser usadas em conjunto para gerar sinais de cruzamento. No livro *Technical Analysis of the Financial Markets*,[1] John Murphy chama isso de "método de cruzamento duplo". Esses cruzamentos envolvem uma média móvel relativamente curta e uma média móvel relativamente mais longa. Como acontece com todas médias móveis, o comprimento geral da média móvel

---

[1]    MURPHY, John. *Technical Analysis of the Financial Markets*. New York: New York Institute of Finance, 1999.

define o período de tempo para o sistema. Um sistema que utiliza médias móveis exponenciais de 5 e de 35 dias seria considerado de curto prazo, enquanto um que utiliza médias móveis simples de 50 e de 200 dias seria de médio prazo, talvez até de longo prazo.

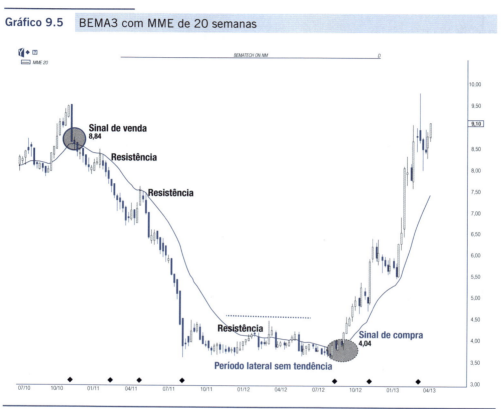

Gráfico 9.5  BEMA3 com MME de 20 semanas

Fonte: cortesia da Cartezyan.

Um cruzamento de alta ocorre quando a média móvel mais curta cruza acima da média mais longa, ele também é conhecido como "cruzamento de ouro". Um cruzamento de baixa ocorre quando a média móvel mais curta cruza abaixo da média mais longa; ele é denominado "cruzamento da morte".

Cruzamentos de médias produzem sinais relativamente tarde, afinal de contas, o sistema utiliza dois indicadores atrasados. Quanto maior o tempo de períodos nas médias, maior será o atraso nos sinais, que funcionam muito bem quando há uma boa tendência em vigor. No entanto, um sistema de cruzamentos de médias móveis produzirá vários sinais falsos na ausência de uma forte tendência.

## 9.2.5 Média móvel ajustada pelo volume (MMVOL)

A média móvel ajustada pelo volume é aquela na qual o peso de cada preço corresponde ao volume de ações negociadas naquele dia. Com essa metodologia, a quantidade de dinheiro movimentado dará um grau maior ou menor de importância ao preço de fechamento. Assim, um dia de grande movimentação financeira terá uma importância maior que aquele que tiver um volume pequeno de ações negociadas.

A fórmula de cálculo é:

$$MMAV = (V_n \times C) + (V(n-1) \times C(-1)) + \ldots + V1 \times C(-n) / V_n + V(n-1) + \ldots + V1$$

Na qual:

C = preço de fechamento.
V = volume negociado.

O Gráfico 9.6 apresenta uma média móvel simples e uma média ajustada pelo volume, ambas plotadas no gráfico de PFRM3.

**Gráfico 9.6** Média móvel ajustada pelo volume com média móvel simples – ambas de 9 períodos – na PFRM3

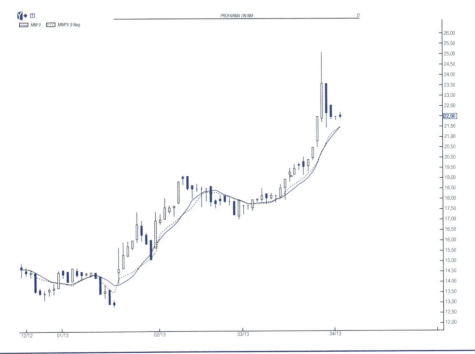

Fonte: cortesia da Cartezyan.

226 ANÁLISE TÉCNICA DOS MERCADOS FINANCEIROS

Pela observação do comportamento da média móvel ajustada pelo volume, concluímos que ela acompanha mais de perto a trajetória dos preços. Outro conceito interessante para se analisar é o uso do volume como ponderação. Conforme a Teoria de Dow, considera-se que o volume precede o preço; por isso, essa conceituação parece bastante adequada, mas lembre-se das considerações feitas no Capítulo 3, no qual comentamos sobre o *high frequency trading* e suas implicações atuais no volume.

## 9.2.6 Sistemas de três médias móveis

Há também um método de cruzamento triplo que envolve três médias móveis: o objetivo é reduzir a quantidade de falsos sinais que costumam ser produzidos com o uso de apenas uma média móvel no gráfico de preços.

Nesse caso, é gerado um sinal de alerta quando a menor média móvel atravessa a média intermediária e uma confirmação do sinal é gerada com o cruzamento da intermediária e da longa. Um sistema simples de cruzamento triplo pode envolver 5, 10 ou 20 dias de médias móveis; o leitor pode se sentir à vontade para experimentar outros períodos e tipos de médias para produzir seus estudos.

No Gráfico 9.7, temos esse sistema de três médias móveis simples – 5, 10 e 20. Com o cruzamento de baixo para cima em dezembro de 2012 da média mais curta cinza (cinco períodos) e a média intermediária azul (10 períodos), tivemos um alerta de compra que foi posteriormente confirmado com o cruzamento da média intermediária com a média mais longa (20 períodos) preta no preço em torno de R$ 18,50. Posteriormente, em meados de fevereiro de 2013, tivemos um alerta de venda com o cruzamento para baixo da média curta com a intermediária e sua posterior confirmação no valor de R$ 20,50. O sistema funcionou bem nesse caso, pois houve uma tendência forte bem definida e o investidor teria um lucro de cerca de 10% em dois meses.

A média móvel curta, em geral, funciona melhor quando os preços estão laterais, ou seja, em um período de acumulação. Como nesse tipo de comportamento os preços estão sem tendência, é necessária uma média móvel mais sensível para mostrar os pontos de entrada. Note que essas operações terão um prazo muito curto.

**Gráfico 9.7** Sistema de três médias móveis simples – 5, 10 e 20 períodos

Fonte: cortesia da Cartezyan.

## 9.2.7 Uso de filtros na média móvel

O analista técnico pode usar filtros para melhorar a probabilidade de acerto e a confiabilidade dos pontos de entrada apontados pela média móvel, reduzindo a quantidade de sinais falsos. Alguns dos filtros mais usados são:

- Filtro 1 – além do preço de fechamento, todo o corpo da vela deve estar abaixo ou acima da média móvel quando esta der o sinal de entrada na operação.
- Filtro 2 – regra de penetração: o ponto de entrada será dado quando o preço de fechamento romper a média móvel em um percentual ou um valor previamente determinado. Quanto mais curto o filtro, menor a proteção; quanto maior o filtro, maior será o prêmio pago para entrar na operação.

- Filtro 3 – utilização da média móvel com algum rompimento de padrão no gráfico: esse tipo de filtro aumenta o grau de confiabilidade no ponto de entrada fornecido pela média móvel, reduzindo a quantidade de sinais falsos; porém, abre-se mão de entrar no movimento mais cedo.

Repare no Gráfico 9.8 que o sinal de compra pela média móvel ficou em R$ 3,88, enquanto a confirmação do rompimento do fundo duplo foi no nível de R$ 4,51.

**Gráfico 9.8** Filtro 3: utilização da média móvel em conjunto com rompimento de fundo duplo

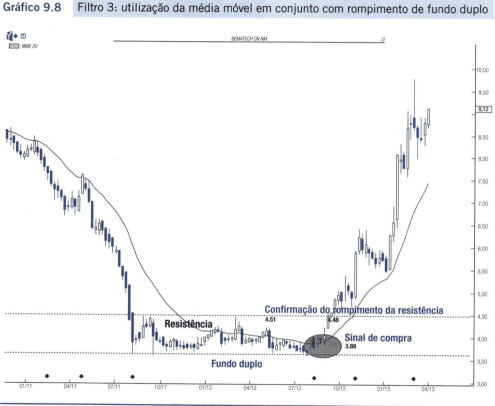

Fonte: cortesia da Cartezyan.

- Filtro 4 – filtro de tempo: para a abertura de posição, o investidor deve aguardar por determinado período, em geral de um a três períodos. Isso decorre do fato de que um sinal falso pode reverter rapidamente, e, se o sinal se mantiver firme durante o período de um a três dias, então teremos um grau de confiabilidade maior.

Capítulo 9 ■ Indicadores atrasados ou seguidores de tendência    229

**Gráfico 9.9**    Filtro 4: aguardar 3 períodos de tempo para entrada

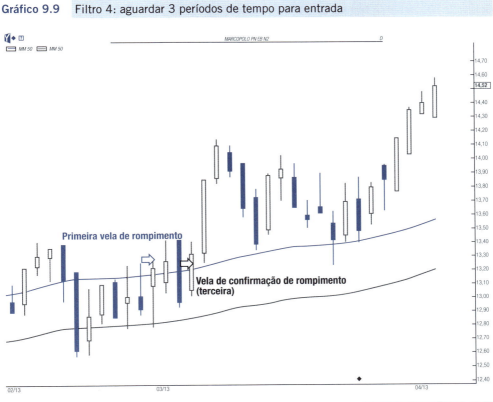

Fonte: cortesia da Cartezyan.

- Filtro 5 – uso de bandas ou envelopes: além de utilizar a média móvel, duas linhas adicionais, uma acima e outra abaixo, são desenhadas no gráfico a certa distância da média móvel. O sinal de entrada na operação de compra é dado quando o preço de fechamento estiver próximo ou abaixo da banda inferior, indo em direção à área interna do envelope (1), e o sinal de venda é fornecido quando o preço estiver tocando ou ficar acima da banda superior e caindo em direção à área interna do envelope (2).

As bandas de alta e de baixa são calculadas com a utilização dos preços da máxima e da mínima do dia, respectivamente. Como resultado, surgem duas linhas de médias móveis, uma para as máximas e outra para as mínimas. O sinal de entrada na operação é apresentado quando o preço de fechamento estiver acima da banda superior ou abaixo da banda inferior.

230   ANÁLISE TÉCNICA DOS MERCADOS FINANCEIROS

| Gráfico 9.10 | Filtro 5: bandas de alta e de baixa |

Fonte: cortesia da Cartezyan.

A utilização das bandas também pode ser estendida para determinar os preços de *stop* da operação. Em uma operação de compra, o investidor deve aguardar o preço cruzar a banda superior para abrir posição, colocando o *stop* abaixo da banda inferior – para proteção em caso de queda de preço. O inverso é a operação de venda a descoberto, em que o ponto de entrada ocorre quando o preço rompe a banda inferior indo para baixo. Nesse caso, o *stop* estaria acima da banda superior – para proteção, caso o preço subisse.

## 9.2.8 Sensibilidade de indicadores

Para indicadores técnicos, há um *trade-off* entre a sensibilidade e a coerência. Em um mundo ideal, nós queremos um indicador que seja sensível a movimentos de preços, dê sinais antecipados e poucos sinais falsos. Se aumentar a sensibilidade por meio da redução do número de períodos, um indicador fornecerá sinais antecipados, mas o número de sinais falsos aumentará. Se diminuir a sensibilidade pelo aumento do número de períodos, em seguida a quantidade de sinais falsos diminuirá, mas os sinais atrasarão e a relação retorno/ risco melhorará.

Quanto mais longa for uma média móvel, mais lentamente vai reagir e poucos sinais serão gerados. Se o número de períodos de uma média móvel for encurtado, ela torna-se mais rápida e mais volátil, aumentando o número de sinais falsos. O mesmo vale para os vários indicadores de *momentum*. O RSI de 14 períodos vai gerar menos sinais do que um RSI de 5 períodos. Este será muito mais sensível e terá mais leituras sobrecompradas e sobrevendidas. Cabe a cada investidor selecionar um período de tempo que se adapte ao seu estilo de negociação e aos seus objetivos.

### 9.2.8.1   *A agulhada do Didi*

A agulhada do Didi foi observada por um engenheiro e analista técnico brasileiro, o *showman* Odir "Didi" Aguiar. Ele estudou o comportamento das diversas médias móveis e observou uma conjuntura que fornecia os melhores resultados.

Vale a pena citar a peculiar visão geral de Didi sobre a análise técnica:

> os gráficos refletem a expectativa humana em relação a um determinado ativo... eles mostram o que é o consenso de todas as forças atuantes no mercado: os fundamentalistas, os grafistas, os loucos e os *insiders*.[2]

Sua explicação seria a seguinte: os "insiders" não precisam de nada, basta serem o que são. É o suficiente para operar e acertar, pois operam com informações não disponíveis publicamente (logo, ilegais).

Os "loucos" também não precisam de nada; afinal, são "loucos". E os "loucos" operam na "louca"! Só precisam de crédito na corretora e de certa "intuição". Na grande maioria das vezes, deixam de ser "loucos" e tornam-se "pobres". Não que não haja histórias de "loucos" bem-sucedidos.

Os "fundamentalistas" acordam cedo, devoram jornais, leem relatórios, acompanham entrevistas, participam de reuniões etc. E operam!

---

2   Doji Star Consultoria Ltda. Todos os direitos reservados.

Os "grafistas" abrem o gráfico e veem tudo o que os outros pensam, observando o que eles estão fazendo, de que maneira estão fazendo e a que preço. Os gráficos revelam-nos o consenso do mercado, mas com uma vantagem enorme: enxergamos os "*insiders*". Não sabemos o porquê de determinado movimento, ou quem. No entanto, sabemos "o quê"! E isso é o que interessa!

### 9.2.8.2 *Cruzamento das médias*

Como já vimos, em um sistema com três médias móveis, sinais de compra e de venda são sinalizados pelo cruzamento das médias móveis:

- O cruzamento da média curta com a média intermediária fornece-nos um alerta – que pode ser de compra ou de venda, dependendo da direção da média curta.
- O cruzamento da média longa com a média intermediária garante-nos uma confirmação – que pode ser de compra ou de venda, dependendo da direção da média longa (vale notar que a média longa vai em direção oposta ao preço).

Quando o alerta e a confirmação ocorrem ao mesmo tempo, nós temos o que Didi chama de "agulhada", ou seja, quando as três médias partem para lados distintos: uma para cima, outra para o lado direito e a outra pra baixo, como se três linhas entrassem ao mesmo tempo em um anel e saíssem para direções diferentes. Quando isso ocorre, os movimentos serão, quase sempre, mais contundentes.

A observação da agulhada do Didi é bastante simples: para visualizá-la, deve-se colocar em seu programa de gráficos as médias móveis simples (MMS) de 3, 8 e 21 dias, cada uma com uma cor a sua escolha (mas é importante usar sempre as mesmas cores). Se o gráfico for semanal, por exemplo, seriam 3, 8 e 21 semanas. Se o gráfico for de cinco minutos, seriam 3, 8 e 21 intervalos (*candles*) de cinco minutos.

DICA: No indicador original, Didi utiliza 20 em vez de 21 períodos. Na Trader Brasil, adota-se 21 e não 20 períodos, pois 21 é um número de Fibonnaci. Os resultados são muito próximos e não se alteram. Adoramos Fibonacci!

Capítulo 9 ▪ Indicadores atrasados ou seguidores de tendência   233

### Normas gerais

**a)** Escolha um ativo com grande volume e número de negócios elevados; a agulhada perde valor em mercados de pouca liquidez.

**b)** A agulhada é mais bem observada em gráficos de *candlesticks*.

### Preparação da agulhada

**a)** Fique atento sempre que as três médias começarem a correr juntas, ou ao menos próximas.

**b)** A agulhada acontecerá quando as médias, depois de estarem juntas, se separarem.

### A agulhada do Didi de alta

**a)** Observe quando as três médias se juntarem.

**b)** O ideal é que as três médias, antes de se separarem, passem por dentro de um *candle* (como a linha passando pela agulha).

**c)** Ao se separarem, a média de 3 períodos sai por cima, a de 8 fica no meio e a de 21 dias sai por baixo.

### A agulhada do Didi de baixa

**a)** Observe quando as três médias se juntarem.

**b)** O ideal é que as três médias, antes de se separarem, passem por dentro de um *candle* (como a linha passando pela agulha).

**c)** Ao se separarem, a média de 21 dias sai por cima, a de 8 fica no meio e a de 3 dias sai por baixo.

## 9.2.8.3   Didi Index

Para não ficarmos com muitas linhas em cima dos *candlesticks* ou das barras, dificultando assim a percepção da agulhada, foi desenvolvido o Didi Index, um indicador sem os preços, montado com a divisão de todas as médias pela média intermediária de 8 períodos.

## Cálculo do Didi Index

**TOQUE DO AUTOR**

1) É importante notar que é necessário ter tendência para que a agulhada seja válida. Podemos usar o Movimento Direcional ADX – veja mais sobre esse indicador neste capítulo – para notar se há tendência e quão forte ela é.
2) Em todo novo alerta, o movimento será mais forte caso ele seja dado na direção da confirmação anterior.
3) Repare que, quando os preços sobem, a média rápida – que dá o alerta – cresce junto, e a média lenta – que dá a confirmação – desce, em direção contrária dos preços.
4) Média de 3 cruzando com média de 8 fornece alertas. Com uma média de 21 cruzando com média de 8 obtém-se confirmações.

Primeiramente, são calculadas as médias móveis aritméticas de 3, 8 e 21 períodos. A média de 3 períodos, por exemplo, é o somatório dos 3 últimos fechamentos dividido por 3. Faz-se o mesmo para as médias de 8 e 21 períodos. Depois, as 3 são divididas pela média intermediária, de forma que esta passa a ser sempre 1 (a média intermediária dividida por ela mesma é igual a 1, pois qualquer número dividido por ele mesmo é igual a 1), ou seja, vira uma linha horizontal. As demais médias passam, então, a oscilar em torno dessa linha horizontal. Alguns softwares diminuem 1 da escala para que a linha horizontal fique no 0 em vez de 1.

Repare no Gráfico 9.11, na página seguinte, que a média curta (3 períodos) – linha pontilhada – acompanha os preços na mesma direção e a média longa (21 períodos) – linha cheia – vai em direção contrária dos preços, ou seja, o preço subindo, fica mais distante da média mais longa (21) e a média cai. Se o preço cai, a média longa também fica mais longe, ou seja, a média sobe à medida que o preço cai. A agulhada ocorre quando as três médias estão juntas e partem uma para cada lado.

## Estratégia bow tie ou gravata borboleta

Uma técnica semelhante à agulhada do Didi, mas com algumas variações, é a desenvolvida por Dave Landry.[3] Ela é chamada de *bow tie* ou gravata borboleta.

---

[3] LANDRY, Dave. *Dave Landry On Swing Trading*. M. Jersey City: Gordon Publishing Group, 2001

**Gráfico 9.11** Didi Index em Multiplus ON

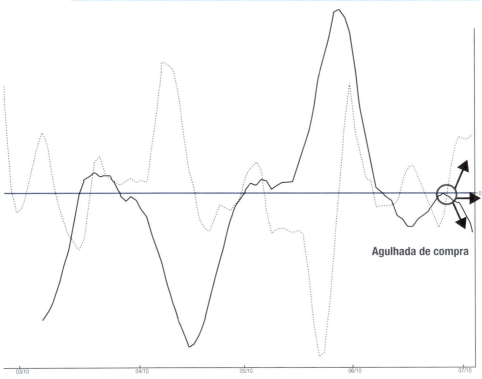

Legenda:
Média móvel simples curta de 3 períodos (linha pontilhada), a que dá o alerta
Média móvel simples intermediária de 8 períodos (linha horizontal) = azul
Média móvel simples longa de 21 períodos (linha reforçada) = preta, a que confirma
No ponto da agulhada, as três linhas tocam-se e partem em direções diferentes, com alerta de compra ao mesmo tempo em que ocorre a confirmação da compra.

Fonte: cortesia da Cartezyan.

As médias utilizadas são:

1. MMS de 10 períodos;
2. MME de 20 períodos;
3. MME de 30 períodos.

As regras para sinal de compra são (vale o inverso para sinal de venda):

1. As médias móveis têm de convergir e divergir na ordem apropriada (10 MMS < 20 MME < 30 MME) para (10 MMS > 20 MME > 30 MME) em três a quatro dias.

2. O mercado precisa apresentar uma mínima e uma máxima menores (de no mínimo uma barra de retração).
3. É necessário entrar no rompimento da máxima das últimas duas barras.

A última barra azul do Gráfico 9.12 demonstra o exato ponto de entrada segundo essa estratégia, após o rompimento da máxima das últimas duas barras de retração.

**Gráfico 9.12**  Representação da gravata borboleta ou *bow tie*

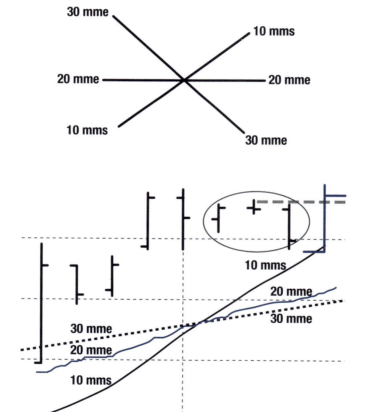

Fonte: elaborado pelo autor.

## 9.3 ENVELOPES

A MMS representa o centro da tendência de preço de um ativo. Os preços atuais tendem a oscilar em torno da média móvel. O movimento de preços é centrado nela, mas cai dentro de uma banda ou envelope ao redor da média móvel. Determinando-se os limites da banda em que os preços tendem a variar, o analista é capaz de determinar o intervalo em que o preço esperado poderá flutuar.

Envelopes de médias móveis são envelopes acima e abaixo de uma média móvel com base em porcentagem definida. A média móvel, que forma a base para esse indicador, pode ser uma média simples ou exponencial. Cada envelope é então definido com mesmo percentual acima ou abaixo da média móvel. Isso cria faixas paralelas que seguem a ação do preço, tendo uma média móvel como base. Envelopes de média móvel são utilizados como um indicador que segue uma tendência; no entanto, esse indicador não está limitado apenas a isso. Os envelopes podem também ser usados para identificar os níveis de sobrecompra e sobrevenda, e para quando a tendência é relativamente fraca ou inexistente.

Os parâmetros para os envelopes de média móvel dependem de seu objetivo de investimento e das características do ativo envolvido. Os mais especuladores provavelmente usarão envelopes com mais médias móveis curtas (mais rápidos) e envelopes relativamente apertados. É provável que os investidores mais conservadores preferirão médias móveis com mais tempo (mais lentas) com envelopes mais amplos.

A volatilidade do ativo também influenciará os parâmetros. Bandas de Bollinger e Canais de Keltner usam mecanismos que se ajustam automaticamente à volatilidade de um ativo. As Bandas de Bollinger usam o desvio-padrão para definir a largura de banda. Canais de Keltner usam o *Average True Range* (ATR) – veja mais sobre o ATR neste capítulo e no Capítulo 18 – para definir a largura do canal. Esses ajustam automaticamente à volatilidade. Analistas podem definir manualmente os envelopes de média móvel pela volatilidade: títulos com alta volatilidade vão exigir bandas mais largas para abranger ação dos preços e títulos com baixa volatilidade podem usar bandas mais estreitas.

O cálculo para envelopes de média móvel é simples. Em primeiro lugar, escolha uma MMS ou uma MME. Médias móveis simples colocam o peso de cada preço de forma igual; as exponenciais impõem mais peso sobre os preços mais recentes e têm menos atraso. Em segundo lugar, selecione o número de períodos para a média móvel. Em terceiro lugar, defina a porcentagem para os envelopes.

Banda superior = Mmóvel + 20%.
Banda inferior = MMóvel − 20%.

A utilização dos envelopes pode aprimorar a técnica de utilização da média móvel. As bandas superior e inferior servem para sinalizar que o mercado está muito "esticado", seja para cima, seja para baixo. Quando o preço se distancia muito da sua média móvel para cima e se aproxima da banda superior, a interpretação é de que o mercado está próximo de uma realização de venda. Se, porém, o preço estiver tocando a banda inferior, pode significar a volta dos compradores, marcando o início de uma alta.

Para se determinar o percentual a ser calculado, deve-se levar em consideração o perfil do investidor. Para aqueles que operam em curto prazo, esse percentual deve ser configurado a algo em torno de 1,5% a 3% de uma média móvel de 21 períodos. Aos investidores com horizonte de longo prazo, 10% de uma média móvel de 40 a 60 períodos é bastante razoável. É claro que não existe padrão para determinar o percentual de deslocamento das bandas em relação à média móvel, ficando a cargo do leitor/investidor o melhor ajuste baseado no seu próprio perfil.

O Gráfico 9.13 mostra dois pontos de entrada (1 e 3) de operação, sendo 1 para compra – seta para cima (*long*) – e saída em 2 e o ponto 3 para venda a descoberto – seta para baixo (*short*) – e recompra em 4.

Sinalização de compra: ocorre quando os preços tocam ou perfuram a banda inferior. Nesse caso, pode-se interpretar que o preço está muito baixo. O ponto de compra ocorrerá quando o preço mudar sua trajetória de volta para o centro das bandas. Pode ocorrer ainda que o preço rompa a banda inferior para baixo, representando uma queda mais forte que a determinada pelo envelope. Nesse caso, convém ao investidor aguardar que o preço volte a cortar a banda inferior para cima antes de abrir uma posição comprada. No gráfico, os pontos de compra estão representados pelos números 1 e 4.

Sinalização de venda: ocorre da mesma forma que a sinalização de compra com as devidas inversões. No gráfico, o ponto de venda a descoberto está representado pelo número 3.

Capítulo 9 ■ Indicadores atrasados ou seguidores de tendência   239

**Gráfico 9.13**   Envelope com duas operações diferentes

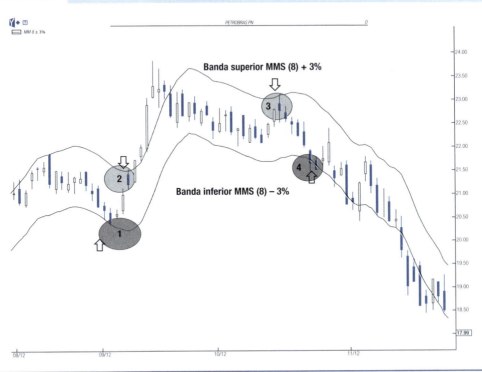

Fonte: cortesia da Cartezyan.

## 9.3.1 Envelope *high-low*

O conceito do envelope *high-low* é semelhante ao do envelope traçado a partir da média móvel dos preços de fechamento. A alteração introduzida aqui foi a utilização do preço das máximas para traçar a banda superior e a do preço das mínimas para a banda inferior. Da mesma forma que no envelope visto anteriormente, aqui também aplicamos um fator de deslocamento percentual em relação à média encontrada para melhor encapsular toda a volatilidade do gráfico de preço analisado.

## 9.3.2 Curiosidade: *Percentage Price Oscillator* (PPO)

O *Percentage Price Oscillator* (PPO) é um oscilador de impulso que mede a diferença entre duas médias móveis como uma percentagem da média móvel maior. Como acontece com o seu primo, o MACD, este oscilador mostra uma linha de sinal, um histograma e uma linha de centro. Sinais são gerados com cruzamentos da linha de sinal, cruzamentos de eixo e divergências.

240 ANÁLISE TÉCNICA DOS MERCADOS FINANCEIROS

**Gráfico 9.14** Envelope *high-low* com sinal de compra e venda

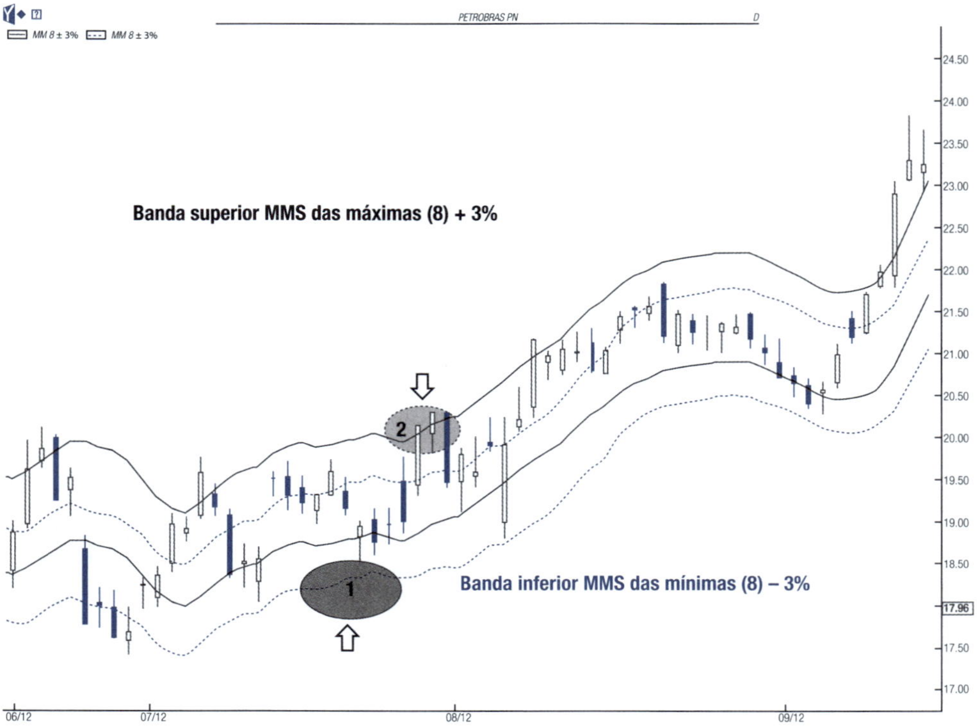

Fonte: cortesia da Cartezyan.

Cálculo:

PPO: {(MME de 12 dias – MME de 26 dias)/MME de 26 dias} × 100.
Linha de sinal: MME de 9 dias do PPO.
Histograma do PPO: PPO – Linha de sinal.

Envelopes de médias móveis são semelhantes ao PPO e nos dizem quando o ativo está negociando uma certa porcentagem acima de uma média móvel especial. O PPO mostra a diferença percentual entre a média móvel exponencial curta e a longa. No gráfico seguinte essa diferença está retratada pelo histograma.

No Gráfico 9.15, temos o PPO (1,20) mostrando a diferença percentual entre a MME de 1 período e a MME de 20 períodos. A MME de um dia é igual ao fechamento. Envelopes de MME de 20 períodos refletem a mesma informação.

### Gráfico 9.15  Envelope e PPO

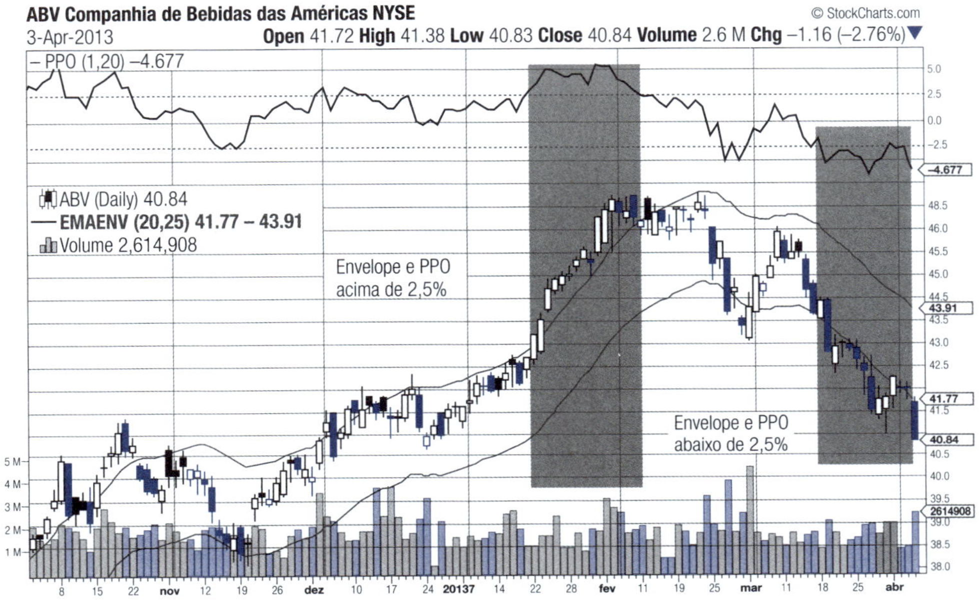

ABV Companhia de Bebidas das Américas NYSE — © StockCharts.com
3-Apr-2013 — Open 41.72 **High** 41.38 **Low** 40.83 **Close** 40.84 **Volume** 2.6 M **Chg** −1.16 (−2.76%)▼

– PPO (1,20) −4.677

ABV (Daily) 40.84
— EMAENV (20,25) 41.77 – 43.91
Volume 2,614,908

Envelope e PPO
acima de 2,5%

Envelope e PPO
abaixo de 2,5%

Fonte: cortesia da Cartezyan.

O Gráfico 9.15 mostra ainda a ADR da Ambev (ABV) com PPO (1,20) e envelopes de média móvel exponencial de 2,5%. As linhas horizontais foram fixadas em 2,5% e −2,5% no PPO. Observe que os preços se movem acima do envelope de 2,5% quando o PPO se movimenta acima de 2,5% (sombreamento cinza), e os preços se alteram abaixo do envelope de 2,5% quando o PPO se move abaixo de −2,5% (sombreamento cinza). O PPO é um oscilador de impulso que pode ser usado para identificar os níveis de sobrecompra e sobrevenda. Por extensão, envelopes de média móvel também podem ser adotados para identificar níveis de sobrecompra e sobrevenda. O PPO utiliza médias móveis exponenciais, assim, deve ser comparado a envelopes de média usando médias móveis exponenciais, não médias móveis simples.

## 9.3.3 Bandas de Bollinger

Seu autor, John Bollinger (CFA e CMT), desenvolveu esse indicador para uma média móvel calculada com *default* de 20 períodos, a partir da qual, são adicionadas duas bandas, uma superior e outra inferior, que se situam, respectivamente, a 2 desvios-padrão da média móvel base. Apesar dos valores *default* sugeridos por

Bollinger, de 20 períodos para a média móvel e 2 desvios-padrão para as bandas inferior e superior, o leitor poderá adaptá-los para que se ajustem a seu perfil da melhor maneira possível.

Em seu livro, *Bollinger on Bollinger bands*,[4] o autor sugere alguns ajustes no desvio-padrão em relação à média móvel, dependendo da quantidade de períodos informada pelo analista.

Tabela 9.2  Períodos de ajuste do desvio-padrão

| Quantidade de períodos | Desvio-padrão |
|---|---|
| 10 | 1,9 |
| 20 | 2,0 |
| 50 | 2,1 |

Fonte: John Bollinger.

**DICA**

John Bollinger foi um de meus padrinhos na MTA. A grande dica que ele me deu foi: no uso desse indicador, quando ambas as linhas caminham para direções opostas, ou se abrem, a oscilação ou volatilidade será grande.
As Bandas Bollinger, apesar de sinalizarem a entrada de movimento, não nos mostram para qual lado o mercado irá – somente que ocorrerá uma boa variação.

As Bandas de Bollinger fazem parte da família dos envelopes. No entanto, enquanto nestes o sistema de bandas móveis varia de uma porcentagem fixa à volta de uma média móvel, as bandas de Bollinger são calculadas por meio de desvio-padrão.

O desvio-padrão é um indicador de dispersão entre os elementos de um conjunto de dados. Quanto maior a dispersão do conjunto, maior será o desvio-padrão, e vice-versa. Uma vez que o desvio-padrão mede a volatilidade, a banda ajusta-se em uma forma mais rigorosa, afastando-se durante os períodos de aumento da volatilidade e aproximando-se durante os períodos mais calmos.

Para montar o indicador, o analista deve partir de uma média móvel simples ou aritmética. Alguns testes foram realizados para verificar as fórmulas de cálculo de média móvel, como a exponencial, por exemplo, porém os resultados não mostraram ganho significativo. A banda central, então, é uma MMS dos preços de fechamento dos últimos 20 dias.

---

[4]  BOLLINGER, John. *Bollinger on Bollinger bands*. London: McGraw-Hill Professional, 2001.

Utilizam-se 20 dias por ser a representação da quantidade média de dias de operação durante um mês. Pela teoria do desvio-padrão, quando adotamos o fator 2, temos, então, representados 95% dos elementos do conjunto de dados. De fato, pela teoria dos desvios-padrão, a amostragem deveria ser de 30 ou mais elementos; no entanto, a utilização de uma amostragem menor que a ideal continua sendo válida.

No Gráfico 9.16, as Bandas de Bollinger estão representadas pela linha pontilhada e parametrizadas para 20 períodos e 2 desvios-padrão. Repare que as bandas se afastam em períodos de maior volatilidade e se aproximam em fases mais calmas.

**Gráfico 9.16** Bandas de Bollinger

Fonte: cortesia da Cartezyan.

### 9.3.3.1 *Indicador %b*

Dois outros indicadores derivados das Bandas de Bollinger são o %b e o *Bollinger BandWidth*. O primeiro, o %b, mostra em que posição está o preço em relação às bandas, enquanto o segundo mostra a sua largura.

A fórmula do %b é:

(C − banda inferior) / (banda superior − banda inferior)

Na qual:

C = preço de fechamento.

Os valores esperados ficam entre 0 e 1, sendo 0 quando o preço estiver tocando na banda inferior, 0,5, no centro e 1, na banda superior. É possível que o indicador assuma valores superiores a 1 ou inferiores a 0 quando o preço estiver acima da banda superior ou abaixo da inferior, respectivamente. O Gráfico 9.17 mostra a oscilação do %b em função da posição do preço em relação às Bandas de Bollinger. O comportamento do indicador %b pode ser observado no gráfico a seguir.

**Gráfico 9.17**  Posição do preço relativo às bandas PETROBRAS diário com %b

Fonte: cortesia da Cartezyan.

Capítulo 9 ▪ Indicadores atrasados ou seguidores de tendência    245

Repare no Gráfico 9.17 que os topos do indicador coincidem com os topos do gráfico de preços, e os fundos do indicador coincidem com os fundos do gráfico de preços. O indicador assumiu valores superiores a 1 quando o preço do ativo ficou acima da banda superior das Bandas de Bollinger e inferiores a zero quando o preço do ativo esteve abaixo da banda inferior das Bandas de Bollinger.

### 9.3.3.2   BandWidth (*BW*)

O segundo indicador derivado das bandas de Bollinger é o *BandWidth* (BW).

A fórmula do BW é:

(banda superior – banda inferior) / média da Banda de Bollinger

O que esse indicador nos mostra é o distanciamento das bandas superior e inferior em relação à MMS de 20 dias. O BW fará topo quanto mais distante das bandas superior e inferior estiverem da média e fará fundo quando as bandas se estreitarem. Pelo comportamento dele, o indicador mostra a real volatilidade do mercado.

No Gráfico 9.18, observamos o comportamento do BW acompanhando de perto a volatilidade do preço da Petrobras (PETR4). No topo, o BW fez topo quando a banda superior atingiu o distanciamento máximo da banda inferior. Já no fundo, observamos um estreitamento da flutuação dos preços da Petr4 ao mesmo tempo em que o BW fez fundo, o que indica a aproximação entre as duas bandas. Quando o preço não oscila, as bandas se contraem, quando os preços sobem ou caem rapidamente, elas se expandem.

O BW, cuja tradução seria algo como "largura da banda", é útil para identificar momentos em que a volatilidade do ativo está mais alta.

Uma forma bastante eficiente de utilização das Bandas de Bollinger é a observação do seu comportamento baseado na volatilidade da ação que estiver sendo analisada. Toda vez que houver um movimento forte, tanto de alta quanto de baixa, as bandas se distanciam, pois a banda inferior estará apontando para baixo enquanto a banda superior, para cima.

Quando as bandas se abrem para cima e para baixo ao mesmo tempo, é sinal de que vai entrar um movimento (oscilação) grande. Devemos utilizar outros indicadores para verificar se a tendência será de alta ou de baixa, pois as bandas só dirão que um movimento rápido e contundente está chegando.

### Gráfico 9.18 Distância entre as bandas – Vale5

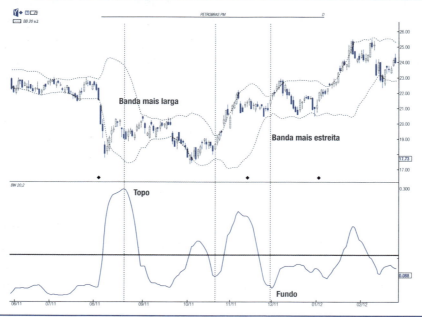

Fonte: cortesia da Cartezyan.

### Gráfico 9.19 Distância entre as bandas – AREZZO ON NM

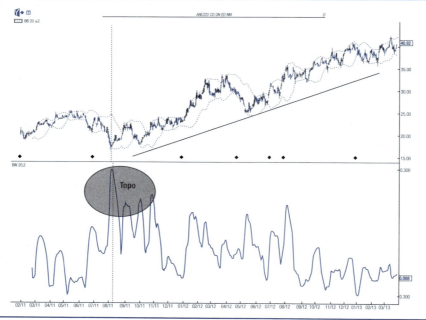

Fonte: cortesia da Cartezyan.

### 9.3.4 Canal Donchian

Canais estão entre as ferramentas mais apreciadas da análise técnica, pois transmitem visualmente ao analista os limites dentro dos quais a maior parte do movimento dos preços tende a ocorrer. Quem utiliza canais sabe que informações valiosas podem ser obtidas a qualquer momento, estejam os preços na região central de uma banda ou próximos de uma das linhas da fronteira.

A utilização das Bandas de Bollinger, que acabamos de ver, é uma das técnicas mais conhecidas a explorar esses conceitos. No entanto, John Bollinger não foi o único a pesquisar a aplicação de canais na análise de mercado. Antes dele, um bem-sucedido gestor de fundos e *trader* norte-americano chamado Richard Donchian já havia trazido ao mundo suas contribuições.

Donchian, um economista graduado na prestigiosa Yale, trabalhava nos negócios da família até ter acesso a um exemplar da biografia do famoso *trader* Jesse Livermore. Completamente fascinado pelo mercado financeiro e suas infinitas possibilidades, Donchian começou a dedicar-se exclusivamente à pesquisa de padrões de preço e ao desenvolvimento de técnicas que o auxiliassem em sua carreira de operador de futuros. Muitos de seus negócios ao longo dos anos tiveram por base o método chamado de Canal Donchian.

#### *O conceito*

O Canal Donchian é um indicador seguidor de tendência, baseado em volatilidade, formado por três elementos:

- Banda inferior: delimitada pela mínima dos últimos N períodos.
- Banda superior: delimitada pela máxima dos últimos N períodos.
- Linha central: não é uma média móvel como a utilizada por outras técnicas, mas sim o ponto central entre as bandas inferior e superior.

Analisando os componentes do método, podemos identificar algumas características interessantes. A principal delas é que não existem médias no cálculo; assim, as bandas tendem a reagir rapidamente às mudanças do mercado. Quando se trabalha com médias, mesmo ponderadas e exponenciais, existe a atenuação do impacto de cada dado no cômputo geral. Com o Canal Donchian, um movimento agressivo dos preços originará uma reação igualmente agressiva por parte do indicador.

248   ANÁLISE TÉCNICA DOS MERCADOS FINANCEIROS

## Utilizando o Canal Donchian

Esse sistema é adequado apenas para mercados em tendência. A essência da aplicação do método reside no fato de que um rompimento da banda superior ou inferior configura uma ação relevante (e muitas vezes de grande força) rumo a novas máximas ou mínimas. Ou seja, além de monitorar a volatilidade e de seguir tendências, o uso do indicador vale-se da ideia de rompimentos (*breakouts*) para construir operações. As principais regras de uso podem ser descritas da seguinte forma:

## Regra Donchian de quatro semanas

1. Ir "longo" quando o preço cruzar o Canal Donchian superior (a partir da máxima de quatro semanas, se 20 dias é o padrão usado).
2. Ir "curto" quando o preço cruzar o Canal Donchian inferior.
3. Se estiver negociando futuros, rolar as posições em aberto para o próximo vencimento futuro no último dia do mês anterior à expiração.

O objetivo é entrar na tendência em um rompimento e permanecer nela o maior tempo possível, evitando a volatilidade.

Esses eventos são vistos como acontecimentos que indicam continuação e até aceleração de tendência. Note que a técnica descreve sinais de entrada no mercado; se a intenção for analisar a saída e o gerenciamento de risco, devem ser utilizados outros recursos analíticos.

O Gráfico 9.20 de Porto Seguro ON (PSSA3) apresenta um exemplo de aplicação das regras de Donchian. As setas assinalam fechamentos abaixo do limite inferior do canal, gerando os sinais de venda e permitindo ao analista aproveitar a tendência de baixa. Naturalmente, o mesmo raciocínio é válido para um momento de alta, como mostra o Gráfico 9.21 com as setas marcando os rompimentos do limite superior.

Como já dissemos, o Canal Donchian é um indicador seguidor de tendências, ou seja, uma queda de rendimento é esperada em momentos de mercado em congestão lateral. O parâmetro de tempo do indicador indica quantos períodos para trás ele vai monitorar, sendo 20 o número típico. Muitos *traders*, no entanto, operam com valores menores, buscando uma reação ainda mais rápida da técnica à ação dos preços, em especial para *day-trading*.

Capítulo 9 ■ Indicadores atrasados ou seguidores de tendência    249

**Gráfico 9.20**   Sinais de venda (*short*) com Donchian

Fonte: cortesia da Cartezyan.

**Gráfico 9.21**   Sinais de compra com Donchian

Fonte: cortesia da Cartezyan.

250 ANÁLISE TÉCNICA DOS MERCADOS FINANCEIROS

É importante lembrar também que as regras de uso foram projetadas tendo em mente a entrada no mercado, seja pela ponta compradora, seja pela vendedora. Para as saídas, bem como para o posicionamento de *stop* e de gerenciamento de risco, é necessário utilizar outras técnicas complementares.

### 9.3.4.1 *Histórias do mercado: os* traders-*tartarugas*

Curtis Faith, em seu livro *Way Of The Turtle*,[5] descreve uma variação do sistema de Donchian usada pelos famosos *turtle traders*:

- Entre "longo" (compre) quando o preço cruzar acima do limite superior do Canal Donchian de 20 dias e saia quando o preço penetrar a banda inferior do Canal Donchian, em 10 dias.
- Entre "curto" (venda) quando o preço cruzar abaixo do limite inferior do Canal Donchian de 20 dias e saia quando o preço penetrar a banda superior do Canal Donchian, em 10 dias.

Eles usavam a MME de 25 dias/350 dias movimento como um filtro tendência. Aposte no longo apenas se o MME 25 dias estiver acima do MME de 350 dias, e no curto apenas quando o MME de 25 dias ficar abaixo do MME de 350 dias.

O sistema também utiliza ATR *stops* (veja o Capítulo 18) com um múltiplo de 2. Faith, no entanto, demonstra que com a substituição do Canal Donchian de 10 dias e ATR *stops* por uma saída baseada simplesmente no tempo, em que todos os negócios são desfeitos após 80 dias (16 semanas), obtém-se resultados semelhantes, sem perdas pelo *stop*.

### *Quem foram os* turtle traders*?*

No começo da década de 1980, em Chicago, Richard Dennis, conhecido como o "Príncipe do Pregão" – um bem-sucedido especulador de *commodities* e um dos entrevistados por Jack Schwager no seu primeiro livro *Market wizards:* interviews with the top traders, 1990 –, teve uma calorosa discussão com seu sócio da C&D Commodities, William Eckhardt, que também seria entrevistado por Schwager, no seu segundo livro *The new market wizards:* conversations with America's top traders, 1994. Dennis acreditava que bons *traders* poderiam ser treinados e que a

---

5   FAITH, Curtis. *Way of the turtle:* the secret methods that turned ordinary people into legendary traders. New York: McGraw-Hill, 2007.

especulação poderia ser ensinada; já Eckhardt achava que não: para ele, apenas algumas pessoas poderiam ser *traders*, e todas as outras, não, pois não tinham o talento natural.

Logo, como típicos milionários, eles decidiram apostar, ou melhor, fazer um experimento para descobrir quem estava certo. A ideia era tentar treinar os mais diversos tipos de pessoas para ver se elas poderiam se tornar bons *traders* e, assim, fazer dinheiro para a firma. Colocaram então um anúncio em vários jornais que dizia que Richard Dennis, da C&D Commodities, estava à procura de interessados em negociar mercadorias nas bolsas de mercantis e que experiências anteriores em *trading* seriam consideradas, mas não necessárias, ou seja, uma oportunidade única de trabalhar para um dos mais famosos e ricos (ele valia aproximadamente 200 milhões de dólares na época) *traders* de Chicago mesmo sem saber bulhufas sobre especulação. Os interessados começaram a enviar seus currículos de vários lugares diferentes, de vários tipos de profissionais, desde pessoas com MBA até desempregados, jogadores de *black jack*, entre outros.

Todos os currículos foram analisados; aqueles de pessoas que Dennis e Eckhardt achavam que seriam boas cobaias foram escolhidos, e assim elas passaram na primeira fase. Essas pessoas receberam uma carta e uma "prova". A carta dizia que aqueles que fossem realmente contratados receberiam como salário 15% de seus lucros feitos com o dinheiro de Dennis, mas teriam de se mudar para Chicago. A prova era composta de 63 questões de verdadeiro ou falso, sendo algumas delas "pegadinhas", além de cinco perguntas que deveriam ser respondidas em uma linha. Vou citar alguns desses testes e as perguntas para ilustrar.

Responder verdadeiro ou falso:

1.  *Você deve negociar o mesmo número de contratos em todos os mercados.* ( )
2.  *Se você tem 100 mil dólares, deve arriscar 25 mil em cada trade.* ( )
3.  *Uma alta porcentagem das suas operações deve ser lucrativa.* ( )
4.  *Vale a pena seguir os palpites de outras pessoas sobre os mercados.* ( )

As questões dissertativas eram:

1.  *Diga o nome de um livro ou filme de que você gosta e o porquê.*
2.  *Diga o nome de uma figura histórica de que você gosta e o porquê.*

**252** ANÁLISE TÉCNICA DOS MERCADOS FINANCEIROS

**3.** *Por que você gostaria de ser bem-sucedido nesse emprego?*
**4.** *Fale sobre alguma coisa arriscada que você fez e o porquê.*
**5.** *Existe algo que você queira adicionar?*

Ou seja, uma prova realmente fácil. No entanto, considerando que a maioria dos interessados não sabia nada a não ser que Dennis era muito rico e que iria ensiná-los a ficar ricos também, os testes poderiam representar um grande obstáculo. Felizmente para aqueles que estavam levando tudo a sério, a maioria das respostas corretas podia ser encontrada em artigos sobre o próprio Richard Dennis publicados no jornal *Chicago Tribune*.

Aqueles que conseguiram passar no teste foram, então, convidados para uma entrevista de verdade na C&D Commodities, conduzida pelos sócios.

Por que eles eram chamados de "tartarugas"? Em uma viagem à Cingapura, Richard Dennis visitou um local onde se criavam tartarugas e, depois de alguns anos, quando foi pensar em um nome para seu grupo de cobaias, decidiu por *turtles*, uma vez que eles tentariam "criar *traders* da mesma forma que se criavam tartarugas em Cingapura".

Dennis, então, recrutou e treinou, por duas semanas, 21 homens e 2 mulheres, divididos em dois grupos. Ensinou-os a respeito de um sistema de acompanhamento simples de tendências, em que se devia comprar quando os preços subissem acima de sua faixa recente e vender quando eles caíssem abaixo de sua faixa recente. Eles foram preparados a reduzir o tamanho da posição durante períodos perdedores e "piramidar" – ou seja, aumentar os lotes – agressivamente até um terço ou metade do total da exposição, embora apenas 24% do capital total seria exposto a qualquer momento. Esse tipo de sistema gera perdas em períodos em que o mercado é lateral (muitas vezes durante meses) e lucros durante os movimentos de grandes dimensões.

Então, Dennis deu a cada um dos "tartarugas" 1 milhão de dólares de seu próprio dinheiro para que se iniciassem no mercado. Quando sua experiência terminou, cinco anos depois, seus *turtles* supostamente tinham conseguido um lucro agregado de 175 milhões de dólares.

O sistema exato ensinado aos *turtles* por Dennis foi publicado em pelo menos dois livros e pode ser novamente testado para verificar o desempenho de seus pupilos nos últimos anos. O resultado do *back-testing* mostra uma queda drástica no desempenho depois de 1986, e até um desempenho estável de 1996 a 2009. No entanto, alguns tartarugas (como Jerry Parker, Liz Cheval e Paulo Rabar) começaram e deram prosseguimento a suas carreiras como gestores bem-sucedidos em

Capítulo 9 ▪ Indicadores atrasados ou seguidores de tendência    253

commodities, utilizando técnicas semelhantes, mas não idênticas, às descritas no sistema de tartaruga.

Durante o experimento com os turtles, Dennis negociava dinheiro de clientes de dois fundos públicos de uma famosa firma chamada Drexel Burnham Lambert. Tudo ia bem até que os mercados tiveram um mês ruim: era abril de 1988, e os turtles perderam, em média, 11% de seu capital; porém, os danos do próprio Richard Dennis nos fundos Drexel foram enormes, de 55%! Sim, o chefe deles detonou mais da metade do capital dos fundos em um único mês. Os clientes ficaram desesperados, pois, aparentemente, o pessoal da Drexel não os havia alertado de modo correto sobre os riscos desse tipo de fundo. Dennis argumentou que nada estava fora do esperado, porém ele vinha tendo resultados ruins desde o final de 1987, e o mês de abril foi a "gota d'água". Alguns clientes processaram a firma acusando o seu famoso gestor de não estar seguindo as próprias regras.

E os professores? O que aconteceu com William Eckhardt? Em 1991, ele fundou a Eckhardt Trading Company (ETC). Hoje negocia com 700 milhões de dólares de clientes, e nada de catastrófico aconteceu com ele durante esse tempo todo.

E Richard Dennis? Ele decidiu voltar a negociar com dinheiro público em 1994. Começou muito bem e teve um retorno anual médio de 63%. Em 1998, quando todos estavam perdendo dinheiro ou explodindo com o Long-Term Capital Management, o "Rei das tartarugas" estava lucrando 13,5% naquele mês. Contudo, em junho de 2000, Dennis sofreu uma perda de 50%, recuperou um pouco em julho e em seguida caiu para 52%. Considerando que quando você está com perdas de 52% é sempre possível que esse valor caia ainda mais, para um ponto sem volta (como 60% ou 80%), Richard Dennis, novamente, decidiu aposentar-se.

### 9.3.5 Canal de Keltner

O Canal de Keltner é explicado no livro New trading systems and methods,[6] de Perry Kaufman, embora a teoria só tenha sido publicada posteriormente, no livro How to make money in commodities [Como ganhar dinheiro em commodities], de Chester W. Keltner.[7]

O Canal de Keltner é formado por três linhas; uma central e outras duas no lado inferior e superior, que formam o canal propriamente dito. Partimos, em primeiro lugar, da linha central. Para construí-la, precisamos entender o conceito

---

6    KAUFMAN, Perry J. New trading systems and methods. San Francisco: John Wiley Trade, 2005.

7    KELTNER, Chester. How to make money in commodities – The Keltner Statistical Service, 1966.

de preço típico (PT): é a média aritmética entre máxima, mínima e fechamento de cada *candlesticks*, ou seja:

$$PT = (\text{máxima} + \text{mínima} + \text{fechamento}) / 3$$

Assim, precisamos saber o período que será considerado para construir o canal. Vamos usar como exemplo um período 10. A linha central é simplesmente uma média móvel simples do PT, (MMS(10) do PT).

A variação do *candlesticks* é a distância entre máxima e mínima. Para construir os lados superior e inferior precisamos desse dado. Vamos calcular a média da variação dos últimos 10 dias também, isto é, queremos saber a MMS(10) da diferença entre máxima e mínima.

O lado superior é a soma da linha central com a média da variação, e o lado inferior é a linha central menos a média da variação.

Resumindo:

- Linha central = MMS(10) de [(máxima + mínima + fechamento) / 3].
- Lado superior = Linha central + MMS(10) de (máxima – mínima).
- Lado inferior = Linha central – MMS(10) de (máxima – mínima).

É possível notar no Gráfico 9.22 que o canal se estreita quando a volatilidade diminui, ou seja, quando há tendência, e se alarga quando há aumento na volatilidade. Isso é compreensível, uma vez que no cálculo dos lados inferior e superior está embutido um parâmetro de volatilidade que é a média de variação dos *candlesticks*.

Também é interessante observar que quando uma tendência forte se inicia sempre há a quebra do canal; assim, há certa dificuldade dos *candlesticks* para tocar o lado oposto.

A aplicação dos Canais de Keltner em operações varia muito e é um tanto controversa. Quando há um rompimento para cima ou para baixo, há uma quebra na volatilidade atual. Ou seja, é como se houvesse uma indecisão e, de repente, os preços resolvessem assumir uma tendência definida. No entanto, há os que defendem justamente o contrário: se o preço rompe um dos lados do canal, é hora de se operar contra o rompimento.

Também há lógica nisso, desde que o movimento não seja exagerado, afinal os preços ainda estarão próximos ao seu *trading range* e tendem a voltar para dentro da média. Cada um deve achar o que é melhor para seu estilo, não existe o mais ou o menos certo. Eu, particularmente, prefiro operar a favor da tendência, junto do rompimento, com os devidos *stops* e outros indicadores auxiliares.

**Gráfico 9.22**   Canal de Keltner em PFRM3

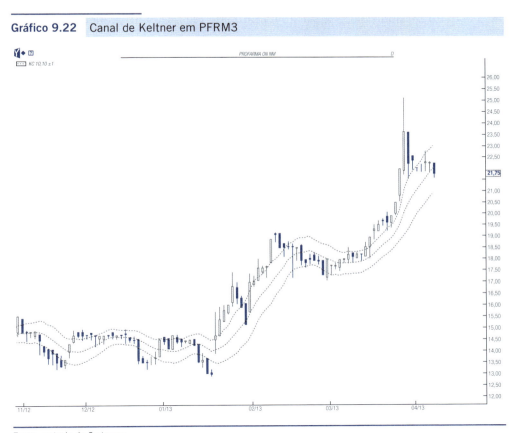

Fonte: cortesia da Cartezyan.

## 9.4 REGRESSÃO LINEAR

Fórmulas matemáticas podem juntar dois conjuntos de dados passados, como preço e tempo, em uma linha reta. Este método é chamado de regressão linear, e a linha derivada dessa fórmula, linha de regressão.

A regressão linear é uma ferramenta estatística usada para prever futuros valores a partir de valores passados. A linha de tendência da regressão linear usa o método dos quadrados para desenhar uma linha reta através dos preços com o objetivo de minimizar a distância entre eles e a resultante linha de tendência.

Esta linha tem duas variáveis – o ponto de partida e sua inclinação. Onde os dados iniciam e terminam é o que determinam as duas variáveis. O analista técnico está interessado na localização da linha de regressão no gráfico e, até certo ponto, na sua inclinação.

Na verdade, a equação matemática utilizada para determinar a linha minimiza a distância entre os pontos de dados e a linha teórica. Diz-se que a linha é o "melhor ajuste" para os dados.

Podemos calcular também os desvios-padrão sobre essa linha de melhor ajustamento que abrangerá mais dados. *Outliers*, os preços que ocorrem fora das linhas de desvio-padrão, são considerados como as anomalias, ou, para o analista técnico, se ocorrerem nos dados mais recentes, sinais de que a tendência pode estar mudando.

**Gráfico 9.23** Regressão linear

Fonte: Online Trading Concepts.

Para se estimar o valor esperado, usa-se uma função linear, que determina a relação entre ambas as variáveis:

$$Yi = \alpha + \beta\, Xi + \varepsilon\iota$$

Em que:

Yi é uma variável explicada (dependente); é o valor que se quer atingir.

α é uma constante, que representa a interceptação da reta com o eixo vertical.

β é outra constante, que representa o declive da reta.

Xi é uma variável explicativa (independente), que representa o fator explicativo na equação.

ει é uma variável que inclui todos os fatores residuais mais os possíveis erros de medição.

De forma geral, o uso desse indicador indica-nos que preços acima da linha são oportunidades para venda e que aqueles abaixo da linha são interessantes para compra, porque o ativo tende a ficar nessa linha – mas, em uma mudança de tendência, isso não vai funcionar.

## 9.5 PARABÓLICO SAR

Indicador seguidor de tendência desenvolvido por Welles Wilder Jr. (1935-2021), em seu livro de 1978, *New concepts in technical trading systems*,[8] o Parabólico SAR refere-se a um sistema de negociação baseado em preço e tempo. Wilder o chamou de "Sistema Parabólico Preço/Tempo".

SAR significa *stop and reverse* ("feche a operação e reverta a posição", ou "zere e vire a mão" em um jargão mais popular de operador).

O SAR segue o preço ao longo do tempo. O indicador está abaixo dos preços quando estes estão subindo e acima deles quando estes estão caindo. A esse respeito, o indicador para e inverte quando a tendência inverte e rompe acima ou abaixo do indicador. Permanecendo a tendência, o indicador ganha incrementos diários de aceleração. Quando o papel perde força, o indicador se aproxima do preço, chegando ao ponto em que ocorre a inversão.

O valor do indicador poderá aumentar em dois casos: quando o preço atual for maior que o do dia anterior no momento em que o mercado for de alta, ou quando o preço atual for menor que o anterior no mercado de baixa. O fator de aceleração vai provocar um aumento no valor do indicador, o que o fará se

---

8    WILDER Jr., J. Welles. *New concepts in technical trading systems*. Trend Research, 1978.

aproximar do preço. Quanto mais rápido o preço subir ou cair, mais rápido o indicador se aproximará do preço.

Os analistas costumam usar o parabólico SAR para identificar pontos de saída da operação. Nas operações de compra, a zerada ocorre quando o preço cruza o SAR para baixo enquanto as posições de venda a descoberto (*short*) são zeradas quando o preço corta o SAR para cima. É comum encontrar no mercado investidores que utilizam o parabólico SAR como *stop* móvel para suas operações.

A fórmula é:

Para mercado de alta: $SAR(n) = SAR(n - 1) + FAC \times (H(n - 1) - SAR(n - 1))$
Para mercado de baixa: $SAR(n) = SAR(n - 1) - FAC \times (L(n - 1) - SAR(n - 1))$

Em que:

$SAR(n)$ é o próprio indicador no dia seguinte ao inicial.

$SAR(n - 1)$ é o próprio indicador no dia inicial.

$H(n - 1)$ é a máxima do dia inicial.

$L(n - 1)$ é a mínima do dia inicial.

FAC é o fator de aceleração do SAR, podendo variar de 0,02 a 0,20.

**Sinalização de compra:** quando o preço de fechamento estiver acima da linha do parabólico SAR, é sinal de compra (*long*).

**Sinalização de venda:** quando o preço de fechamento estiver abaixo da linha do parabólico SAR, é sinal de venda a descoberto (*short*).

O incremento da aceleração do SAR é crescente e diário partindo de 0,02, podendo atingir até 0,20. Para aumentar a aceleração, é necessário que a máxima do dia seja superior à máxima do dia anterior no mercado de alta, ou o oposto no mercado de baixa. O ganho de aceleração é representado pela seguinte fórmula: $FAC = 0,02 \times n$, em que *n* representa a quantidade de dias. Não havendo alteração de máxima ou mínima de um dia para o outro, o valor do FAC permanecerá inalterado.

Quanto maior o fator de aceleração, mais sensível será o SAR, ou seja, mais – e também mais frequentes – reversões acontecerão.

Vale ressaltar que, quando os preços começam a andar de lado, em uma formação de retângulo, por exemplo, o parabólico SAR dará uma série de pontos falsos de entrada, obrigando o investidor a operar várias reversões com prejuízo. Para evitar esse comportamento, indica-se a utilização de filtros, evitando ao máximo esses pontos falsos.

O SAR segue o preço e pode ser considerado um indicador seguidor de tendência. Uma vez que uma tendência de baixa se inverte, o SAR segue os preços como um *trailing stop* de compra (*stop* móvel). O *stop* sobe indefinidamente, desde que a tendência de alta continue. Em outras palavras, o valor do SAR nunca diminui em tendência de alta e protege continuamente os lucros com o avanço dos preços. O indicador funciona como uma proteção contra a propensão a se baixar um *stop-loss*. Uma vez que o preço para de subir e inverte abaixo do SAR, começa uma tendência de baixa, e o SAR fica acima do preço. O SAR segue acima dos preços como um *trailing stop* de venda. O *stop* cai continuamente enquanto a tendência se estender, pois o SAR nunca sobe em uma tendência de baixa, protegendo continuamente os lucros em posições curtas.

Os Gráficos 9.24 e 9.25 mostram o comportamento do parabólico SAR que é representado por um traço no sentido horizontal e está posicionado ora acima, ora abaixo da vela do preço. A sinalização de entrada nas operações dá-se da seguinte forma – repare que quanto maior o FAC, mais reversões ocorrem.

**Gráfico 9.24**   Parabólico SAR em NATU3 com 0,02 de FAC

Fonte: cortesia da Cartezyan.

### Gráfico 9.25 Parabólico SAR em NATU3 com 0,03 de FAC

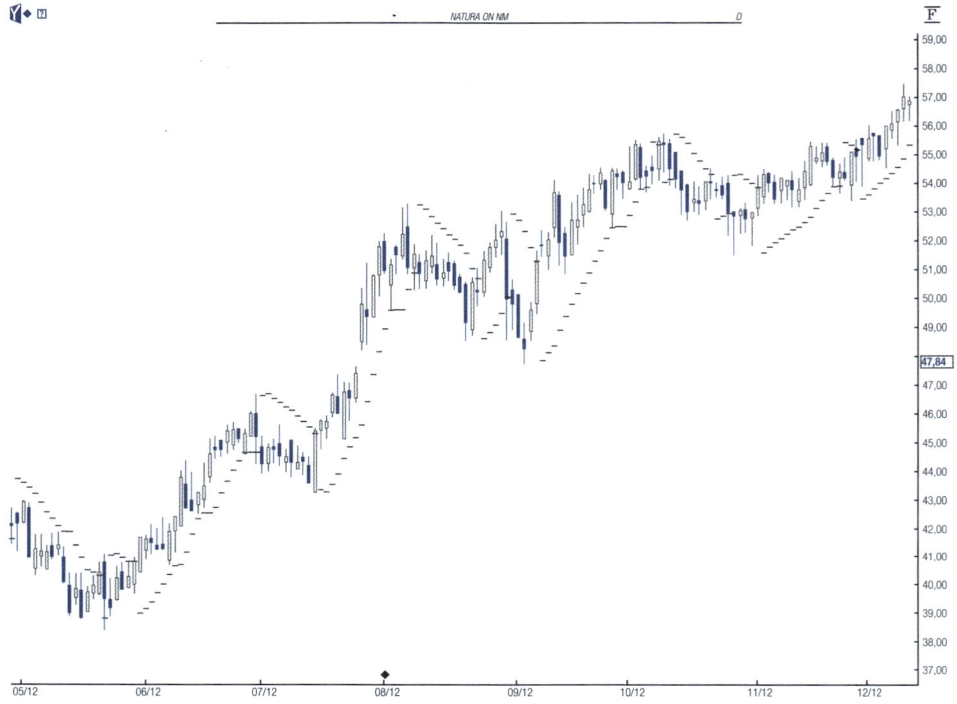

Fonte: cortesia da Cartezyan.

### CURIOSIDADE

O indicador parabólico tem algumas limitações e, em particular, quando o mercado fica de lado, fica sem uma tendência definida. Em 2021, Makenna Barbara ganhou o Charles Dow Award (espécie de prêmio Nobel de análise técnica) ao propor algumas modificações no Parabólico SAR. Uma das modificações, em especial, o "Parabólico SAR Desacelerado", mostrou-se bem efetiva em diminuir os sinais falsos em mercados laterais. Na modificação testada usou-se uma mudança de preço de 2% em um período de 3 dias. Se a variação dos preços for menor que 2%, então o fator de aceleração FAC diminui 0,05. Essa diminuição é classificada como um passo para trás e, na verdade, anula a constante para frente de 0,02 do fator de aceleração (FAC).

## 9.6 HILO ACTIVATOR OU GANN HILO

Desenvolvido por Robert Krausz, o Gann HiLo Activator é um indicador técnico de acompanhamento de tendências usado para ajudar a determinar a direção das tendências e gerar sinais de entrada e de saída com a tendência. Ele é outro indicador de tendência semelhante ao SAR.

Seu cálculo é feito da seguinte forma:

> **HiLo Compra** = soma da mínima dos últimos n períodos e divide por n.
> **HiLo Venda** = soma da máxima dos últimos n períodos e divide por n.

em que n geralmente é configurado como 3 períodos, mas o analista ajusta conforme achar melhor.

As linhas superiores e inferiores são baseadas em duas médias móveis simples dos preços mínimos ou máximos dos últimos n períodos, portanto é um seguidor de preços/tendência. Geralmente ele é plotado nos gráficos como uma "escadinha" acima ou abaixo dos preços.

Quando o HiLo estiver abaixo dos preços, estará indicando **tendência de alta**, portanto evite; da mesma forma, quando o HiLo estiver acima dos preços, estará indicando **tendência de baixa**.

Veja no Gráfico 9.26, que "inversão" (de compra pra venda ou vice-versa) do indicador ocorre quando há fechamento abaixo ou acima do último ponto do HiLo. São estes pontos que servirão de indicação para compra ou venda. Nota-se que se usar um período muito curto em um ativo muito volátil, como a criptomoeda Terra (LUNA), teremos muitos sinais falsos com muitas entradas e saídas. No entanto, quando o Projeto Terra (LUNA) colapsou em 9 de maio de 2022, a criptomoeda LUNA caiu 99% em apenas 7 dias, o indicador HI-LO Activactor fez o seu trabalho, pois alertou a saída em 29 de abril de 2022, salvando milhares (talvez milhões) de investidores desse prejuízo absurdo. Em termos de fundamentos, o projeto Terra (Luna) era muito promissor, até que seu criador, o sul-coreano Do Kwon, decidiu comprar Bitcoin para lastrear a *stablecoin* UST. Comprar Bitcoin como lastro de uma *stablecoin* não faz o menor sentido, pois o Bitcoin já tem uma volatilidade gigantesca. De qualquer forma, quem só olhou o gráfico e usou um indicador simples, como o Hilo Activator ou mesmo um parabólico, escapou dessa ruína.

**Gráfico 9.26** *Hilo Activator* em Terra (criptomoeda LUNA)

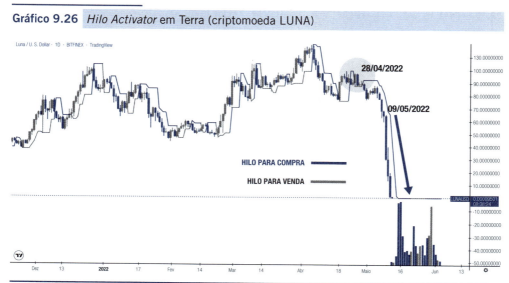

Fonte: cortesia da Trading View.

## 9.7 MOVIMENTO DIRECIONAL (ADX)

O conceito de movimento direcional foi também introduzido por Wilder (1978), com o objetivo de medir a força de uma tendência, não importando sua direção.

O movimento direcional (ADX) mede a força da tendência sem levar em conta sua direção. Os outros dois indicadores, Indicador Direcional Positivo (+DI) e Indicador Direcional Negativo (–DI), complementam o ADX definindo a direção da tendência. Ao usá-los em conjunto, analistas podem determinar a direção e a força da tendência.

O ADX é positivo quando a máxima corrente menos a máxima anterior é maior do que a mínima anterior menos a mínima corrente. É então chamado de movimento direcional positivo (+DM) e, em seguida, é igual à corrente máxima menos a máxima anterior, desde que seja positiva. Um valor negativo seria simplesmente igual a zero.

$$+DM = Máx(d) - Máx(d-1)$$

O movimento direcional é negativo, quando a mínima anterior menos a mínima corrente é maior do que a máxima atual menos a máxima anterior. É então chamado de Movimento Direcional Negativo (–DM) e, em seguida, é igual à mínima anterior menos a mínima atual, desde que seja positiva. Um valor negativo seria simplesmente igual a zero.

O −DM ocorre quando a mínima do dia for menor que a mínima do dia anterior e é representado pela fórmula:

$$-DM = Mín(d) - Mín(d-1)$$

Os sinais matemáticos + e − representam apenas que o movimento foi de alta ou de baixa, respectivamente, sem qualquer conotação algébrica. O +DM e o −DM exprimem o valor absoluto da diferença entre as máximas ou mínimas, como no exemplo a seguir na Figura 9.1.

**Figura 9.1** Calculando o Movimento Direcional

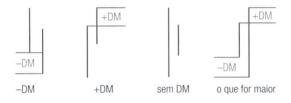

Fonte: ilustração do autor.

## 9.7.1 *True Range* (TR)

Para interpretar corretamente essa variação, precisamos aplicar o conceito do intervalo de variação de preço, chamado por Wilder de *True Range* (TR).

O TR, por definição, é o maior valor absoluto dos três intervalos a seguir:

1. Diferença entre a máxima e a mínima do dia.
2. Diferença entre a máxima do dia (d) e o fechamento do dia anterior (d − 1).
3. Diferença entre a mínima do dia (d) e o fechamento do dia anterior (d − 1).

Uma vez definido o TR, calcula-se o valor relativo do +DM ou do −DM. O resultado será chamado de indicador direcional ou simplesmente +DI / −DI:

$$+DI = +DM / TR \text{ ou } -DI = -DM / TR$$

O resultado da fórmula é igual à variação relativa do preço em relação ao intervalo TR de um dia. Contudo, para obtermos uma leitura do movimento do preço, é necessário aplicar a fórmula a um período de tempo que traga algum significado. Wilder sugere os últimos 14 dias como o prazo ideal para o cálculo em que se somarão todos os +DM ou os –DM desse período, dividindo cada um pelo TR para os mesmos 14 dias:

$$+DI(14) = +DM14 / TR14 \text{ ou } -DI(14) = -DM(14) / TR14$$

Conforme originalmente proposto por Wilder, o DM(14) seria, na verdade, uma aproximação graças à falta das facilidades computacionais de que dispomos hoje. A forma correta de cálculo seria a retirada do primeiro dia (d14) acrescentando-se o dia de hoje (d); no entanto, segundo sugestão do autor, o DM(14) seria calculado da seguinte forma:

$$\pm DM14 = 13/14 (\pm DM)(d - 1) + 1/14 (\pm DM)(d)$$

Como vimos, o +DI representa os dias de alta dentro do período analisado e o –DI, os dias de baixa. Assim, temos a diferença entre o +DI(14) pelo –DI(14), que será positiva quando a tendência for de alta e negativa se a tendência for de baixa. A essa diferença dá-se o nome de DX ou *true directional movement*:

$$DX = (+DI14) - (-DI14)$$

O *Directional Movement Index* (DMI), que será a base para o cálculo do ADX, é calculado levando-se em conta a razão entre a subtração e a soma dos DIs:

$$DX = [(+DI14) - (-DI14)] - [(+DI14) + (-DI14)]$$

A parte final do cálculo é o indicador de entrada de tendência chamado de ADX, calculado tirando-se a média móvel exponencial de 14 períodos:

$$ADX = MME(DX, 14)$$

## Interpretando o ADX

O ADX estará sempre oscilando entre 0 e 100. A interpretação usada pelos analistas é a que segue:

ADX < 20: indica que o mercado está sem tendência definida.

20 > ADX < 25: Passando de 20, indica uma entrada de tendência que tanto pode ser de alta quanto de queda. Wilder chama de "zona cinzenta" a área entre 20 e 25.

ADX > 25: indica que uma tendência forte definida está presente.

## Usando o sistema de cruzamentos de DI

Wilder coloca um sistema simples para operar com esses indicadores de movimentos direcionais. O primeiro requisito é o ADX estar negociando acima de 25. Isso garante que os preços estão em tendência. Muitos investidores, no entanto, usam o 20 como o nível fundamental. Um sinal de compra ocorre quando +DI cruza acima do –DI. Wilder coloca o *stop* inicial na mínima do dia do sinal, o qual permanece em vigor enquanto essa mínima não for tocada, mesmo se +DI cruzar para baixo do –DI. Aguarde essa mínima para ser penetrada antes de abandonar o sinal. Esse sinal de alta está reforçado, se ou quando o ADX virar para cima e a tendência se fortalecer. Uma vez que a tendência continue e estivermos com lucro, os *traders* terão de incorporar um *stop-loss* ou um *trailing stop* se a tendência continuar. Um sinal de venda é disparado quando –DI cruza acima +DI. A máxima no dia do sinal de venda inicial torna-se o *stop* de perda.

O Gráfico 9.27 mostra o ADX identificando uma entrada de tendência de baixa. No ponto cinza, percebemos o ADX (linha contínua preta) começando a subir enquanto o preço inicia uma queda. Vemos ainda que a linha do –DI está por cima da linha do +DI, indicando que a tendência é de queda. No gráfico de preços, vemos que o valor do ativo caiu de R$ 18,40 para R$ 7,30 na Elet6.

**Gráfico 9.27** ADX na ELET6

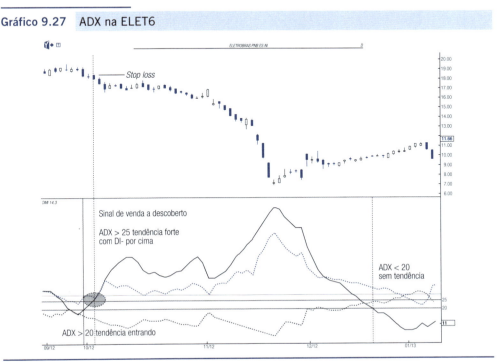

Fonte: cortesia da Cartezyan.

O Gráfico 9.28 mostra o ADX identificando uma entrada de tendência de alta. No círculo cinza, percebemos o ADX (linha contínua preta) começando a subir enquanto o preço inicia uma subida. Vemos ainda que a linha do +DI está por cima da linha do –DI, indicando que a tendência é de alta. No gráfico de preços, vemos que o valor do ativo subiu de R$ 99,50 para R$ 108 na PCAR4.

Gráfico 9.28    ADX na PCAR4

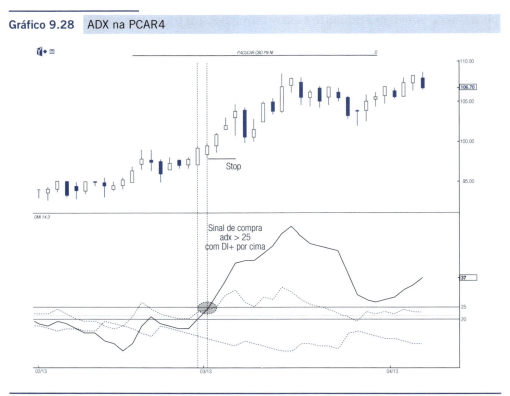

Fonte: cortesia da Cartezyan.

### 9.7.2 *Average Directional Movement Rating* (ADXR)

Uma variação do movimento direcional é o *Average Directional Movement Rating* (ADXR) que mede a mudança de *momentum* no ADX. Ele é calculado adicionando-se o ADX do dia ao ADX de 14 períodos, dividindo-se o resultado por 2. Esse indicador pode ser interpretado como um ADX suavizado, o que o torna um pouco mais "lento" na resposta às mudanças de mercado. A interpretação, no entanto, é a mesma do ADX:

$$ADXR = ADX(d) + ADX(14) / 2$$

## 9.8 AROON

Tushar Chande desenvolveu em 1995 o Aroon, um sistema de indicadores que determina se uma ação está em tendência ou não, e quão forte ela é. *Aroon*, em sânscrito, significa "a primeira luz do nascer do sol", e Chande escolheu esse nome porque esse indicador foi desenvolvido para revelar o início de uma tendência.

Esse indicador consiste de duas linhas: Aroon para cima e Aroon para baixo. Ele usa um único parâmetro: é o número de períodos de tempo usados no cálculo. Aroon para cima é a quantidade de tempo em uma base percentual que passou entre o começo do tempo e o ponto em que o preço máximo do período ocorreu. Se uma ação fecha em uma nova máxima no período, o Aroon para cima será +100. A cada período subsequente que passa sem uma nova máxima, o Aroon para cima move-se para baixo de uma quantidade igual a (1 / # (número) de períodos) 100.

Observe o cálculo:

Aroon para cima: {[(# de períodos) – (# de períodos desde a máxima daquele período)] / (# de períodos)} × 100. Por exemplo, considerando-se um período de 25 dias em um gráfico diário, se o preço máximo desses 25 dias ocorreu há 5 dias (20 dias desde o começo do período), o Aroon para cima para hoje será = [(25 – 5) / 25] × 100 = 800.

Aroon para baixo: O Aroon para baixo é calculado de maneira oposta. {[(# de períodos) – (# de períodos desde a mínima daquele período)] / (# de períodos)} × 100.

### *Uso*

Quando o Aroon para cima e o Aroon para baixo estão próximos e movendo-se para baixo, nenhuma tendência forte é evidente, sinalizando uma consolidação. Quando o Aroon para cima mergulha abaixo de 50, indica que a tendência corrente de alta perdeu seu momento, da mesma forma que, se o Aroon para baixo mergulha abaixo de 50, indica que a tendência de baixa corrente perdeu seu momento. Valores acima de 70 indicam uma tendência forte na mesma direção do Aroon para cima ou do Aroon para baixo corrente.

## 9.8.1 Oscilador de Aroon

Um indicador separado pode ser construído subtraindo-se o Aroon para baixo do Aroon para cima, pois ambos oscilam entre 0 e +100, então o oscilador sofrerá variação entre –100 e +100 com a linha do Equador no zero.

Gráfico 9.29  Aroon

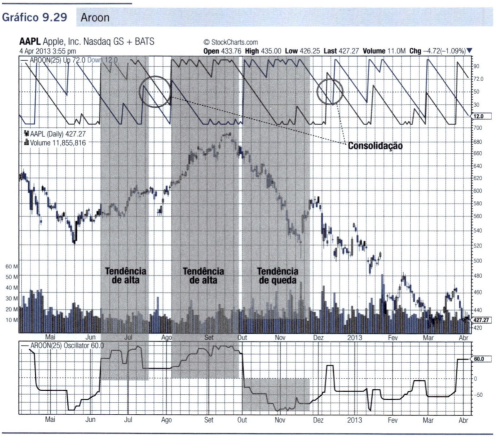

Fonte: StockCharts.com.

O oscilador de Aroon sinaliza tendência de alta acima da linha de zero e tendência de baixa abaixo dessa linha. Quanto mais longe da linha de zero, mais forte é a tendência.

De certo modo, Aroon é similar ao movimento direcional, e o oscilador de Aroon é similar ao ADX; entretanto, esses indicadores são construídos de formas completamente diferentes. Divergências entre os dois sistemas podem ser bastante instrutivas.

## 9.9 NUVEM DE ICHIMOKU (*ICHIMOKU KINKO HYO*)

O indicador técnico mais popular da Ásia foi desenvolvido para auxiliar o analista a captar a tendência, o *momentum*, as áreas futuras de suportes e de resistências e os pontos de entrada e de saída sem o auxílio de outro indicador.

Ele é composto de cinco linhas: *Tenkan sen, Kijun sen, Senkou span A, Senkou span B* (as duas que formam o *kumo* ou nuvem) e a *Chikou span*.

O nome original em japonês – *Ichimoku kinko hyo* – significa "uma olhada em um gráfico equilibrado", mas, em português, essa técnica é mais conhecida como Nuvem de Ichimoku. Ela foi criada por um jornalista japonês chamado Goichi Hosoda (1926-1983). Ele começou a desenvolver esse sistema ainda antes da Segunda Guerra Mundial com a ajuda de vários estudantes contratados para testar suas fórmulas em diferentes cenários e ações, em uma situação análoga ao modo como usamos o processo de *backtesting* para validar um sistema de negociação. O sistema foi finalmente lançado ao público em 1968, após mais de 20 anos de testes, quando o Sr. Hosoda publicou seu livro. O *Ichimoku kinko hyo* tem sido amplamente utilizado em países asiáticos desde então para negociar, com sucesso, moedas, *commodities*, futuros e ações.

Mesmo com sua enorme popularidade na Ásia, a Nuvem de Ichimoku não chegou ao ocidente até os anos 1990, graças, em grande parte, à total falta de instruções em inglês sobre como utilizar essa técnica. Esse desconhecimento relegou a Nuvem à categoria de outro indicador "exótico" pelos analistas ocidentais em geral. Apenas agora, no início do século XXI, os *traders* ocidentais realmente começaram a entender o poder desse sistema de gráficos.

É um sistema baseado em médias móveis que identificam tendências, como veremos a seguir.

### *Cálculos*

Quatro dos cinco indicadores da Nuvem Ichimoku baseiam-se na média da máxima e da mínima durante determinado período de tempo. Por exemplo, o primeiro indicador é simplesmente uma média da máxima e da mínima de nove dias. Antes de os computadores estarem amplamente disponíveis, teria sido mais fácil de calcular essa média da máxima e da mínima em lugar de uma média móvel de nove dias.

A Nuvem de Ichimoku consiste em cinco indicadores, mostrados no Gráfico 9.30. A configuração-padrão de suas linhas é de 9, 26 e 52 períodos.

**Gráfico 9.30**  Componentes da Nuvem de Ichimoku

Fonte: StockCharts.com.

### 9.9.1  *Tenkan sen* (linha de conversão ou "linha que vira")

A linha de conversão era primariamente usada para medir o *momentum* de curto prazo calculado pela fórmula:

(maior máxima + menor mínima) /2 pelos últimos 9 períodos

Embora muitos comparem o *Tenkan sen* a uma MMS de 9 períodos, ele é bastante diferente no sentido de que leva em consideração a média da maior máxima e da menor mínima dos preços para os últimos 9 pontos. Hosoda acreditava que utilizar a média de extremos de preços durante determinado período fosse uma medida melhor de equilíbrio do que simplesmente utilizar uma média do preço de fechamento.

Esse estudo do *Tenkan sen* será nossa primeira incursão no aspecto-chave de equilíbrio dessa teoria, tão relevante para o sistema de gráficos *Ichimoku kinko hyo*.

Capítulo 9 ▪ Indicadores atrasados ou seguidores de tendência    271

**Gráfico 9.31**    *Tenkan sen versus* MMS de 9 períodos

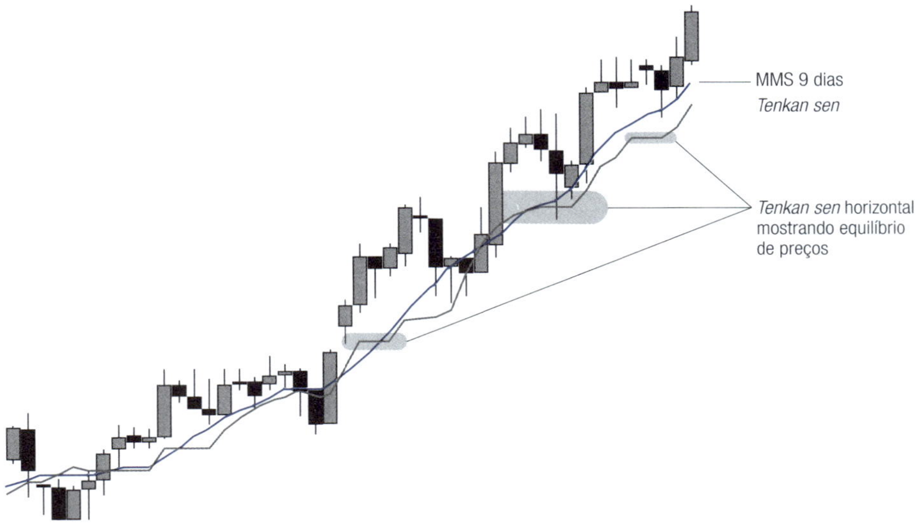

MMS 9 dias
*Tenkan sen*

*Tenkan sen* horizontal
mostrando equilíbrio
de preços

Fonte: StockCharts.com.

Como pode ser observado no Gráfico 9.31, o *Tenkan sen* geralmente apresenta "achatamento", o que o diferencia do período da MMS. Isso se deve ao fato de que o *Tenkan sen* utiliza a média da maior máxima e da menor mínima, em vez de uma média do preço de fechamento. Assim, durante os períodos em que o preço não varia, o *Tenkan sen* mostrará claramente o ponto médio da variação de preços por meio do seu aspecto plano.

Quando o *Tenkan sen* é plano, indica essencialmente uma condição de ausência de tendência ao longo dos últimos 9 períodos.

Também é possível observar que o *Tenkan sen* fornece um nível muito mais preciso de suporte de preços do que a média móvel simples, com apenas uma exceção: a ação do preço ficou acima do *Tenkan sen* nas três áreas de destaque do gráfico, enquanto o preço rompeu abaixo da média móvel simples inúmeras vezes. Isso porque o *Tenkan sen* tem uma proposta de cálculo mais conservadora, o que o torna menos reativo para pequenos movimentos de preços. Em um gráfico de baixa, o *Tenkan sen* será igualmente um nível de resistência.

O ângulo do *Tenkan Sen* pode, além disso, nos dar uma ideia da força relativa dos movimentos de preços ao longo dos últimos 9 períodos. Um ângulo íngreme do *Tenkan sen* indicará um aumento de preços quase vertical durante um curto período de tempo ou um forte impulso, ao passo que um ângulo agudo indicará menor impulso ou ausência de tendência durante esse mesmo período.

## 9.9.2 *Kijun sen* ("linha base")

O *Kijun sen* é usado, primariamente, para medir o *momentum* de médio prazo calculado pela seguinte fórmula:

(maior máxima + menor mínima) /2 nos últimos 26 períodos

Gráfico 9.32   *Kijun sen* determinando equilíbrio de mercado

Fonte: StockCharts.com.

O sinal de compra é dado quando o *Tenkan sen* se move acima do *Kijun sen*, e o de venda é criado quando o *Tenkan sen* se move abaixo do *Kijun sen*. Esse último é geralmente usado como linha de gatilho pelos *traders* que utilizam o método de Ichimoku. Podem, por exemplo, ser usadas como o MACD em cruzamentos, dando sinais de compra e venda, e também como suporte e resistência como uma MMS. Observe no Gráfico 9.32 que, toda vez que as médias ficam horizontais, demonstra-se equilíbrio nos preços, ou seja, não há uma tendência clara definida.

### 9.9.3 *Senkou span* A e B

Esses componentes são utilizados para medir o *momentum* e as futuras áreas de suporte e resistência. O *Senkou span* A (primeira linha que lidera) é plotado junto ao *Senkou span* B (segunda linha), conhecido como nuvem. A área entre os dois é preenchida com uma sombra que os *traders* utilizam para prever futuros níveis de suporte e de resistência, calculada pela fórmula:

**Senkou span A** ("primeira linha que lidera")
(*Tenkan sen* + *Kijun sen*) /2
Observação sobre esta linha: Colocada 26 períodos na frente do tempo.

Este é o ponto médio entre a linha de conversão e a de base.

O *Senkou span* A lidera e forma um dos dois limites da nuvem. Ele é chamado de "líder" porque é plotado 26 períodos à frente, no futuro, e constitui o limite mais rápido da nuvem.

O *Senkou span* B é a média móvel mais lenta, pois utiliza em seu cálculo um número maior de períodos (em geral, 52). Observe sua fórmula:

**Senkou span B** ("segunda linha")
(*maior máxima* + *menor mínima*) /2
Observação sobre esta linha: Para os últimos 52 períodos;
colocada 26 períodos na frente do tempo.

No gráfico diário, essa linha é o ponto médio da faixa de máxima e de mínima de 52 dias, que é um pouco inferior a três meses. A configuração-padrão é o cálculo de 52 períodos, porém ela pode ser ajustada. Esse valor é traçado 26 períodos no futuro e constitui o limite mais lento da nuvem.

Chama-se "tendência para baixo" quando o *Senkou span* A se localiza embaixo do *Senkou span* B. Na prática, é o mais comum indicador usado para prever a reversão da tendência corrente quando ocorrem os cruzamentos entre os *Senkous*.

### 9.9.4 *Chikou span* ("a linha atrasada")

A fórmula desse componente é dada pelo *preço de fechamento corrente* colocado atrás no tempo por 26 períodos.

Essa linha representa uma característica única do Ichimoku: ela indica o fechamento de hoje plotado 26 períodos atrás, o que ajuda a determinar a direção da tendência. Se o fechamento de agora estiver menor que 26 períodos atrás, designa potencial mais baixo para o ativo; da mesma forma, se estiver acima dos preços de 26 períodos atrás, determina potencial alto para o ativo. Conforme podemos observar no Gráfico 9.33, essa linha também marca suportes e resistências importantes.

**Gráfico 9.33** *Chikou span* determinando níveis de resistência

Fonte: StockCharts.com.

## 9.9.5 *Kumo* ou nuvem

Esse componente é o coração e a alma da Nuvem de Ichimoku e, provavelmente, a característica que primeiro salta aos olhos. O *kumo* é formado pelos *Senkous span* A e B e mostra uma área multidimensional de suporte e de resistência que fica mais fina ou mais espessa dependendo de onde o ativo se encontra – se em tendência (mais fina) ou não (mais grossa). Ele é, inclusive, plotado à frente do atual preço 26 períodos, indicando futuras áreas de suporte e de resistência.

A análise do *kumo* é muito indicada para se prevenir contra falsos rompimentos. Como mencionado anteriormente, um dos aspectos mais peculiares do *kumo* é sua capacidade de fornecer uma visão mais confiável de suporte e de resistência do que o previsto por outros sistemas gráficos. Em vez de fornecer um único nível de suporte e resistência, ele se expande e contrai com a ação histórica do preço e fornece, assim, uma visão multidimensional de suporte e resistência. Às vezes, a capacidade de previsão do *kumo* é bastante estranha, como pode ser observado no Gráfico 9.34, em que o preço respeitou os limites do *kumo* em cinco ocasiões diferentes durante um período de 30 dias.

**Gráfico 9.34** Nuvem (*kumo*) agindo como suporte e resistência

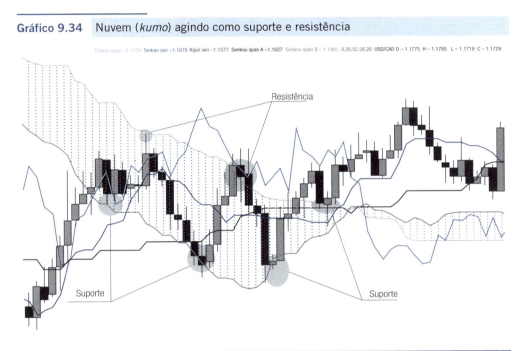

Fonte: StockCharts.com.

O Gráfico 9.35, a seguir, mostra a IBM com foco na tendência de alta e na nuvem. Primeiro, note que a empresa estava em tendência de alta entre junho e janeiro, pois era negociada acima da nuvem. Em segundo lugar, observe como a nuvem ofereceu suporte em julho, no início de outubro e no início de novembro. Por fim, observe como a nuvem fornece um vislumbre de uma resistência no futuro. Lembre-se de que a nuvem inteira é deslocada 26 dias para a frente. Isso significa que ela é plotada 26 dias à frente do ponto do último preço para indicar o futuro suporte ou resistência.

**Gráfico 9.35** IBM aplicando Ichimoku

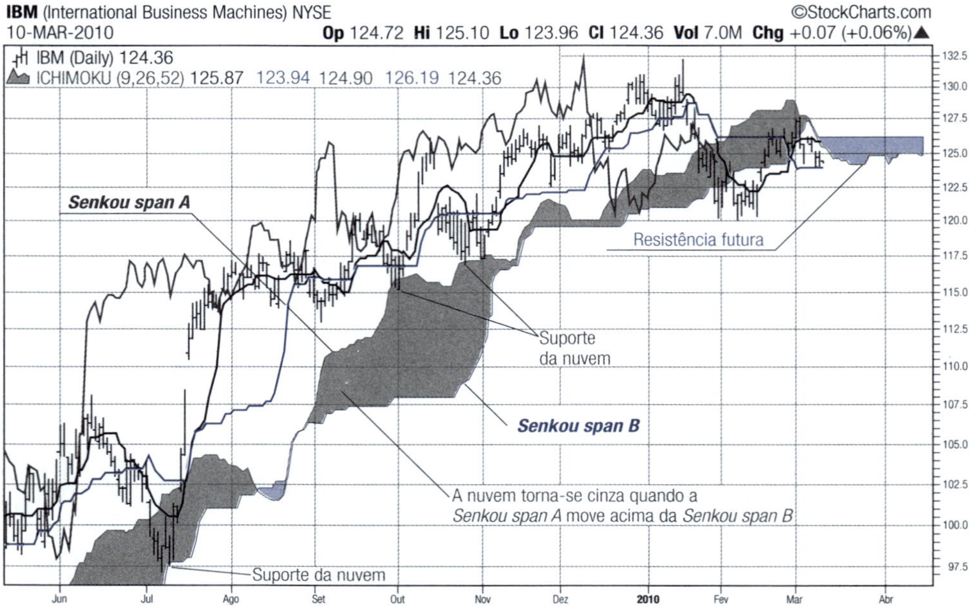
IBM (International Business Machines) NYSE
©StockCharts.com
10-MAR-2010
Op 124.72 Hi 125.10 Lo 123.96 Cl 124.36 Vol 7.0M Chg +0.07 (+0.06%)▲
IBM (Daily) 124.36
ICHIMOKU (9,26,52) 125.87 123.94 124.90 126.19 124.36
Senkou span A
Resistência futura
Suporte da nuvem
Senkou span B
A nuvem torna-se cinza quando a Senkou span A move acima da Senkou span B
Suporte da nuvem
132.5
130.0
127.5
125.0
122.5
120.0
117.5
115.0
112.5
110.0
107.5
105.0
102.5
100.0
97.5
Jun
Jul
Ago
Set
Out
Nov
Dez
2010
Fev
Mar
Abr

Fonte: StockCharts.com.

O Gráfico 9.36, a seguir, mostra ação da Boeing (BA) com foco na tendência de baixa e na nuvem. A tendência mudou quando a Boeing quebrou abaixo do suporte da nuvem, em junho. A nuvem mudou de cinza para azul quando o *Leading span* A (linha cinza) se moveu abaixo do *Leading span* B (linha azul), em julho. A quebra de nuvem representa o primeiro sinal de mudança de tendência, enquanto a mudança de cor representa o segundo sinal. Observe como a nuvem, em seguida, atuou como resistência em agosto e em janeiro.

Repare a seguir, no Gráfico 9.37, que o *kumo*, plotado no futuro, troca de cor de alta para baixa, e que temos um sinal de compra dado pelo cruzamento da *Senkan span* A com a *Senkan span* B. Esse sinal é considerado fraco, pois o gráfico do ativo se encontra abaixo da resistência do *kumo*.

### Gráfico 9.36 Boeing aplicada ao Ichimoku

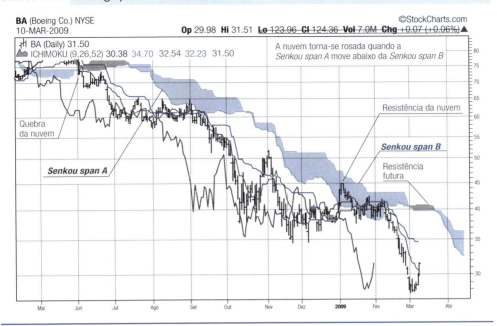

Fonte: StockCharts.com.

### Gráfico 9.37 Nuvem baixista e altista plotada no futuro

Fonte: StockCharts.com.

## Sinais melhores do Ichimoku

No Gráfico 9.38, temos um cruzamento altista do *Tenkan sen* com o *Kijun sen*, com o *Chikou span* acima do preço e do *kumo*, o que aumenta a força do sinal. Esse gráfico mostra dados da Kimberly Clark (KMB) e produz dois sinais de alta dentro de uma tendência de alta.

Em um primeiro momento, a tendência era de alta porque a ação era negociada acima da nuvem e a cor da nuvem era cinza. A linha de conversão (*Tenkan sen*) mergulhou abaixo da linha de base (*Kijun sen*) no final de junho para permitir o sinal de compra. Então, um sinal de cruzamento de alta foi acionado quando a linha de conversão voltou acima da linha de base, em julho.

O segundo sinal ocorreu quando a ação se moveu para o suporte da nuvem. A linha de conversão movimentou-se abaixo da linha de base em setembro, o que marca a sinalização. Outro sinal do cruzamento altista foi acionado quando a linha de conversão voltou acima da linha de base, em outubro.

Às vezes é difícil determinar os níveis exatos da linha de conversão e da linha de base no gráfico de preços. Para referência, esses números são exibidos no canto superior esquerdo de cada gráfico.

**Gráfico 9.38** Operando KMB com Ichimoku

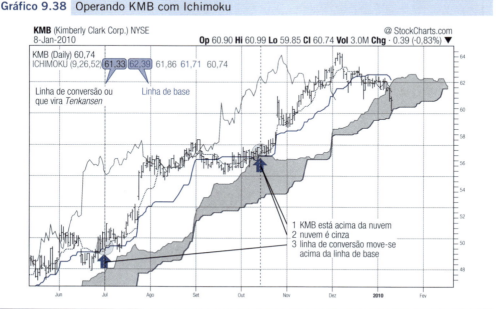

Fonte: StockCharts.com.

No Gráfico 9.39 temos um sinal de compra forte, pois o cruzamento foi acima do *kumo*.

### Gráfico 9.39  Operando com Ichimoku: sinal de compra forte

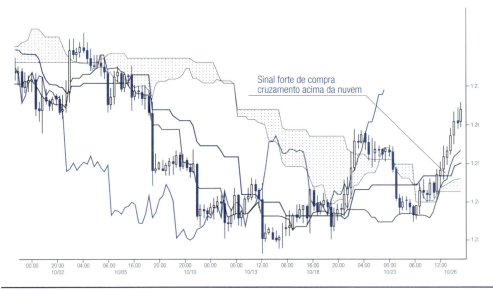

Fonte: StockCharts.com.

No Gráfico 9.40 temos um sinal médio de compra, pois, nesse caso, o cruzamento ocorreu dentro do *kumo*.

### Gráfico 9.40  Operando com Ichimoku: sinal de compra médio

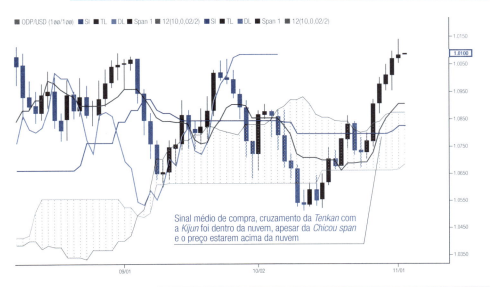

Fonte: StockCharts.com.

O Gráfico 9.41 mostra um sinal fraco de compra, pois, nesse caso, o cruzamento se deu abaixo do *kumo*, e o preço atual também está abaixo dele.

**Gráfico 9.41** Operando com Ichimoku: sinal de compra fraco

Fonte: StockCharts.com.

## Interpretando Ichimoku

Para interpretar o Ichimoku, você deve prestar atenção aos seguintes "conselhos":

- Se o preço está acima da nuvem, a tendência principal é de alta; se estiver abaixo, a tendência é baixista. Contudo, se estiver dentro da nuvem, mostra-se indefinido ou sem tendência.
- Se os preços estiverem acima da nuvem, a primeira linha da nuvem é um dos suportes, bem como a última; se os preços estiverem abaixo, a resistência é a primeira linha e o topo da nuvem, a segunda resistência.
- Se o preço atual estiver acima do *Kijun sen*, o mercado será de alta; se estiver abaixo, será de baixa.
- O *Tenkan sen* mostra a direção da tendência atual; se for lateral, não mostra tendência significativa.

- Cruzamentos entre *Kijun* e *Tenkan sen* são muito importantes. Se o *Tenkan sen* cruzar o *Kijun sen* de baixo para cima, a tendência é altista; se cruzar de cima para baixo, baixista.
- O *Chikou span* é usado para confirmar a tendência. A principal é encontrada com o cruzamento do *Kijun-Tenkan*, e se o *Chikou span* confirmar, a tendência será mais forte; do contrário, mais fraca.
- Nunca tente prever para onde o mercado vai.
- Nunca tente pegar topos e fundos.
- Sempre respeite a tendência.
- Deixe o mercado dizer-lhe onde a tendência acabou, não conte apenas com sua intuição.
- Você terá sinais mais claros e maior probabilidade de acerto se estiver operando com a mesma tendência dos tempos de intradiário, diário e semanal.

Observe no Gráfico 9.42 os três sinais representados no mesmo gráfico.

**Gráfico 9.42** Operando com Ichimoku: os três sinais

Fonte: StockCharts.com.

No Gráfico 9.43 foi apresentada uma estratégia bastante comum: comprar após o rompimento do *kumo*, depois de um sinal fraco de compra.

**Gráfico 9.43** Operando com Ichimoku: estratégia de compra após o rompimento do *kumo*

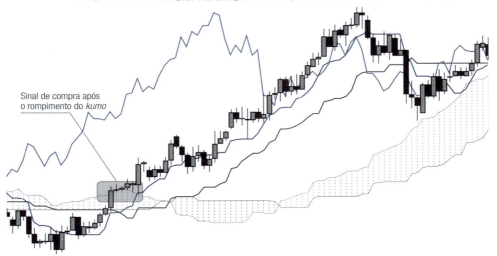

Fonte: StockCharts.com.

**Gráfico 9.44** Operando com Ichimoku: Comprando em B1 ou B2? Saindo em C1 ou C2?

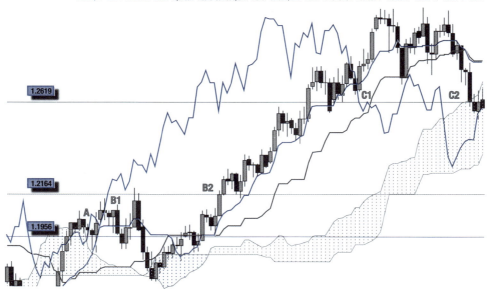

Fonte: StockCharts.com.

Repare, no Gráfico 9.44, como o melhor ponto de entrada foi o B2, apesar de o *Chikou* estar acima do gráfico nos pontos A e B1 e estarmos acima do *kumo*, com o *Tenkan sen* cruzado para cima no *Kijun sen*, embora o próprio *Chikou* indicasse que só seria quebrado em B2.

No ponto C1, o *Chikou* apontou tendência de baixa, que só foi confirmada com o cruzamento para baixo do *Tenkan sen* com o *Kijun sen*, fraco dessa vez, pois estava acima do *kumo*.

## Conclusões sobre Ichimoku

A Nuvem de Ichimoku é um indicador bastante abrangente, projetado para produzir sinais claros. Analistas podem, primeiro, determinar a tendência usando a nuvem. Uma vez que a tendência é estabelecida, os sinais adequados podem ser determinados utilizando o preço, a linha de conversão (*Tenkan sen*) e a linha de base (*Kijun sen*). O sinal clássico é dado quando a linha de conversão cruza a linha de base. Embora esse sinal possa ser eficaz, ele pode também ser raro em uma situação de forte tendência. Contudo, mais sinais podem ser encontrados se o analista procurar por cruzamentos de preço que atravessam a linha de base (ou mesmo a linha de conversão).

Essa técnica é interessante para procurar sinais na direção da tendência principal. Com a nuvem oferecendo suporte de demanda em tendência de alta, os analistas também devem estar em alerta para os sinais de alta, quando os preços se aproximam da nuvem em um retorno ou uma consolidação. Em contrapartida, em uma grande tendência de baixa, os analistas devem estar em alerta para sinais de baixa, quando os preços se aproximam da nuvem em um respiro de uma sobrevenda ou de uma consolidação.

> **DICA**
> O indicador de Ichimoku funciona melhor em recortes temporais maiores, mas também pode ser usado para análises intradiárias. Ele é um indicador de tendência que reduz o número de falsos rompimentos. Assim, pode mantê-lo em cerca de 80% do movimento, mas é preciso ter paciência para esperar os melhores sinais. Use-o como mais uma peça de sua artilharia na tomada de decisão.

A Nuvem de Ichimoku também pode ser utilizada com outros indicadores. Os *traders* podem, por exemplo, identificar a tendência usando a nuvem e, em seguida, usar osciladores de *momentum* clássicos para identificar as condições de sobrecompra ou de sobrevenda.

# Capítulo 10

# Indicadores antecedentes ou de *momentum*

"A História é um enorme sistema de aviso prévio."

*Norman Cousins*

Como seu nome sugere, os indicadores antecedentes são projetados para liderar os movimentos de preços. A maioria representa uma forma de impulso ao longo de um período de preços fixo no passado, que é o número de períodos utilizados para calcular o indicador. Por exemplo, um oscilador estocástico de 20 dias usa os últimos 20 dias de ação do preço (cerca de um mês) em seu cálculo. Toda a ação do preço antes seria ignorada. Alguns dos indicadores antecedentes mais populares incluem MACD, ROC, *Commodity Channel Index* (CCI), *Momentum*, Índice de Força Relativa (IFR ou RSI em inglês), oscilador estocástico e Williams %R.

## 10.1 OSCILADORES DE IMPULSÃO OU DE *MOMENTUM*

Os osciladores de impulsão ou de *momentum* lidam com a taxa a que os preços estão mudando. Por exemplo, em uma tendência de alta, os preços estão subindo e a linha de tendência inclina para cima. O *momentum* mede quão rapidamente os preços estão subindo, ou quão íngreme a linha de tendência é inclinada.

Alguém que tenha cursado engenharia ou economia e estudou Cálculo Diferencial provavelmente aprendeu que a inclinação de uma linha

286 ANÁLISE TÉCNICA DOS MERCADOS FINANCEIROS

é chamada a primeira derivada, e que a alteração no declive/aclive é a segunda derivada. Impulsão é, assim, a segunda derivada da ação de preços durante certo período. *Momentum* é semelhante à aceleração e a desaceleração.

Quando um oscilador mostra que determinada tendência está perdendo *momentum*, então um sinal de que a tendência pode estabilizar-se é dado. Isso significa que os preços podem permanecer de lado ou até reverter.

Muitos dos principais indicadores vêm na forma de osciladores de impulsão. De modo geral, esta mede a taxa de variação dos preços de um título. Quando o preço de um título aumenta, eleva a dinâmica de preços. Quanto mais rápido o ativo sobe, maior a variação de preços e maior será o crescimento no impulso. Uma vez que esse aumento começa a desacelerar, a impulsão também vai abrandar. Quando a subida passa a diminuir, o *momentum* também o faz. Quando o ativo inicia a negociação lateralmente, o *momentum* começa a diminuir a partir de níveis anteriores mais elevados. No entanto, o *momentum* em declínio diante de uma negociação lateral nem sempre é um sinal de baixa. Significa simplesmente que o *momentum* está retornando a um nível mais mediano.

## 10.2 VANTAGENS E DESVANTAGENS DOS PRINCIPAIS INDICADORES ANTECEDENTES

Há claramente muitos benefícios em se utilizar indicadores antecedentes. A sinalização precoce de entrada e de saída é seu principal benefício. Os indicadores antecedentes geram mais sinais e permitem mais oportunidades para a negociação. Os sinais precoces podem também agir para prevenir uma potencial força ou fraqueza. Porque geram mais sinais, os indicadores antecedentes são mais utilizados nos mercados. Esses indicadores podem ser utilizados em mercados de tendência, mas geralmente com a tendência principal, não contra ela. Em um mercado que está com tendência de alta, os indicadores antecedentes auxiliam a identificar as condições de sobrevenda momentânea de curto prazo e novas oportunidades de compra. Em um mercado que está em tendência de baixa, os indicadores podem ajudar a identificar situações de sobrecompra de curto prazo para novas oportunidades de venda.

Com sinais precoces vêm a perspectiva de retornos mais elevados, e com o maior retorno, a realidade do maior risco. Mais sinais anteriores significam que as chances de sinais falsos não confirmados aumentam. Sinais falsos ampliam o potencial de perdas. Sinais falsos podem gerar muitas comissões de corretagem que podem deteriorar os lucros e a autoconfiança do analista.

## 10.3 TIPOS DE OSCILADORES

Existem muitos tipos de osciladores e alguns pertencem a mais de uma categoria. A composição dos tipos de oscilador começa com duas categorias: osciladores centrados, que flutuam acima e abaixo de um ponto central ou linha, e osciladores em bandas, que variam entre os extremos de sobrecompra e de sobrevenda. Geralmente, os osciladores centrados são os mais adequados para a análise da direção da dinâmica de preços, enquanto os osciladores em bandas são ideais para identificar os níveis de sobrecompra e de sobrevenda.

### 10.3.1 Osciladores centrados

Osciladores centrados flutuam acima e abaixo de um ponto central ou linha. Esses osciladores são bons para identificar a força ou a fraqueza, ou a direção do impulso por trás do movimento de um ativo. Na sua forma mais pura, a direção é positiva (*bullish*), quando um oscilador centrado é negociado acima da sua linha central, e negativo (*bearish*) quando o oscilador está negociando abaixo de sua linha central.

#### 10.3.1.1 *Moving Average Convergence/Divergence (MACD)*

Desenvolvido por Gerald Appel no final dos anos 1970, o Moving Average Convergence/Divergence indicador (MACD) é um dos indicadores de impulsão mais simples e eficazes disponíveis.

O MACD transforma dois indicadores seguidores de tendência, duas médias móveis, em um oscilador de *momentum*, subtraindo a média móvel maior da menor média móvel. Como resultado, o MACD oferece o melhor de dois mundos: seguir tendência e a impulsão. O MACD flutua acima e abaixo da linha de zero quando as médias móveis convergem, atravessam e divergem. Os analistas podem procurar cruzamentos das linhas, cruzamentos com o eixo e divergências para gerar sinais de compra e de venda. Pelo fato de o MACD não ser limitado, não é particularmente útil para identificar níveis de sobrecompra e sobrevenda.

O MACD normalmente é pronunciado como "MAC-DI" ou "MACD".

O MACD é um exemplo de um oscilador que varia centrado acima e abaixo de zero.

A linha MACD é a de MME de 12 dias menos a MME de 26 dias. Preços de fechamento são usados para essas médias móveis. A MME de 9 dias da linha MACD é representada com o indicador para atuar como uma linha de sinal e identificar viradas de tendências.

288 ANÁLISE TÉCNICA DOS MERCADOS FINANCEIROS

Quanto maior o movimento adicional de uma média em relação à outra, maior a leitura. Mesmo não ocorrendo um limite de faixas de MACD, diferenças muito grandes entre as duas médias móveis são improváveis de perdurar por muito tempo.

Os valores de 12, 26 e 9 são os ajustes típicos usados com o MACD, no entanto, outros valores podem ser substituídos, dependendo do seu estilo de negociação e de seus objetivos.

Linha do MACD = MME (C, 12) – MME (C, 26)

Linha de Sinal = MME (C,9) da Linha do MACD

Histograma do MACD = Linha do MACD – Linha do sinal

Em que:

C = preço de fechamento.

O MACD é em sua essência uma diferença de médias móveis, o ponto onde elas se encontram será o valor zero, portanto, o gráfico traçado a partir do valor da diferença dessas duas médias móveis deve ser interpretado da seguinte forma: quando o valor passa de negativo para positivo, tem-se o sinal de compra; quando passa de positivo para negativo, sinal de venda.

Repare no Gráfico 10.1. Pode-se notar uma divergência entre fundos no período de julho a agosto de 2012, na qual o indicador antecipou a alta logo a seguir de onde o BRFS3 subiu de R$ 29,50 para R$ 33,00.

Para identificar a divergência, é necessário comparar os fundos do indicador, alinhando-os com os fundos do gráfico de preço. A divergência de alta ocorreu porque os fundos do indicador estavam ascendentes, enquanto os fundos do gráfico de preço estavam laterais:

Ponto 1: Linha de Sinal (azul) cruzando com MACD cinza sinalizando compra na BRFS3 aos R$ 29,50 – a linha azul cortando a cinza de baixo para cima.

Ponto 2: Linha de sinal cruzando MACD de cima para baixo sinalizando venda BRFS3 aos R$ 32,50.

MACD é um indicador único que tem elementos atrasados, bem como elementos que lideram. As médias móveis são indicadores atrasados e são classificadas como de acompanhamento de tendências. No entanto, ao tomar as diferenças entre as médias móveis, o MACD incorpora aspectos de impulso ou elementos líderes.

A diferença entre as médias móveis representa a taxa de variação. Ao medi-la, o MACD torna-se um indicador importante, mas ainda com um pouco de atraso. Com a integração de ambas as médias móveis e da taxa de variação, o MACD forjou um lugar único entre os osciladores por ser um indicador com formação peculiar com elementos de atraso e de liderança no mesmo indicador.

Gráfico 10.1  MACD mostrando divergência de alta e posterior compra em 1 e venda em 2

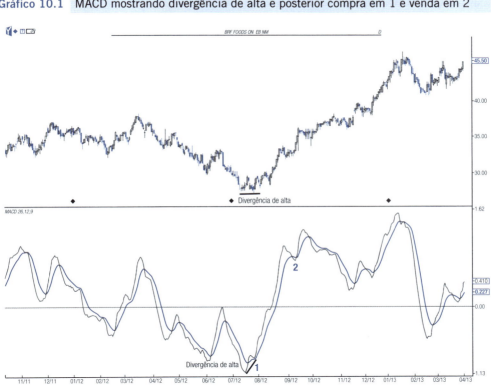

Fonte: cortesia da Cartezyan.

### 10.3.1.1.1  Histograma de MACD

Desenvolvido por Thomas Aspray em 1986, o histograma de MACD mede a distância entre o MACD e sua linha de sinal (o MMS de 9 dias de MACD). Como MACD, o histograma de MACD também é um oscilador que alterna acima e abaixo da linha de zero. Aspray desenvolveu o MACD Histograma para antecipar cruzamentos da linha de sinal com o MACD. Porque ele utiliza médias móveis, que ficam atrasadas em relação ao preço, os cruzamentos de linha de sinal podem vir tarde e afetar a relação Retorno/Risco de uma operação. As divergências de alta ou de baixa no Histograma de MACD podem alertar analistas para um cruzamento iminente da linha de sinal com o MACD.

O histograma do MACD representa a diferença entre este e sua linha de sinal. O histograma é positivo quando a linha do MACD está acima de sua linha de sinal e negativo quando ela está abaixo de sua linha de sinal.

**Gráfico 10.2** Histograma de MACD em BRFS3

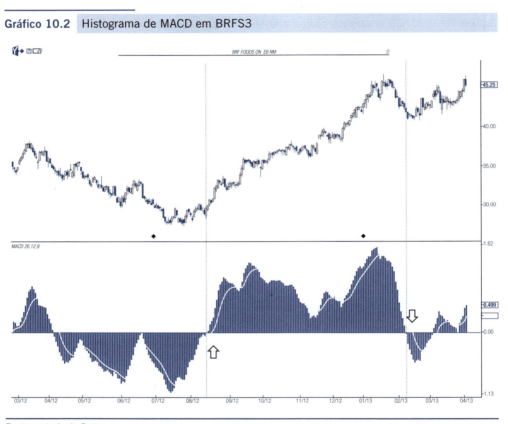

Fonte: cortesia da Cartezyan.

Usaremos nos gráficos setas para cima indicando compra, e setas para baixo, venda.

O Histograma de MACD antecipa cruzamentos da linha de sinal com ele formando divergências de alta e de baixa, as quais nos dizem que o MACD está convergindo para sua linha de sinal e pode estar próximo de um cruzamento.

**Gráfico 10.3** Histograma de MACD sinalizando uma divergência de baixa em NATU3

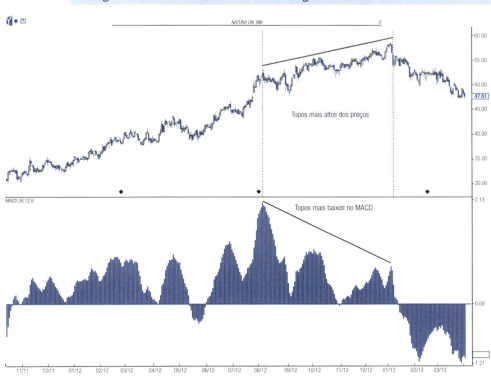

Fonte: cortesia da Cartezyan.

Para identificar uma divergência, é necessário comparar os topos do indicador, alinhando-os aos topos do gráfico de preço, ou fundos do indicador com fundos do gráfico de preço. A divergência de baixa ocorreu conforme mostrado no Gráfico 10.3, porque os topos do indicador estavam descendentes, enquanto os topos do gráfico de preço estavam ascendentes.

### 10.3.1.2 *Momentum*

O *momentum* pode ser encarado como uma espécie de medida de velocidade da tendência em determinado mercado ou ativo. Ele mede o preço do dia em relação ao do dia anterior.

Também proposto por Wilder Jr. (1978), sua concepção está ligada à variação diária do preço do ativo. Caso a diferença seja positiva, o preço subiu e, se for negativa, caiu. Esse indicador ficará oscilando em torno do zero.

O *momentum* pode ser definido como a diferença entre o preço da ação de hoje e o preço de *n* períodos atrás, como na fórmula:

$$MO = C - Cn - 1$$

Em que:
C = preço de fechamento;
n = quantidade de períodos.

Calculado dessa forma, quando o preço de um ativo começa a subir, o oscilador cortará o eixo zero de baixo para cima indicando compra (*long*). Ao contrário, caso o preço do ativo comece a cair, então o oscilador cortará o eixo zero de cima para baixo sinalizando venda (*short*). Formalizando essa relação, temos:

Compra: *momentum* > 0
Venda: *momentum* < 0

Gráfico 10.4  *Momentum* em MILS3 sinalizando no cruzamento da linha zero

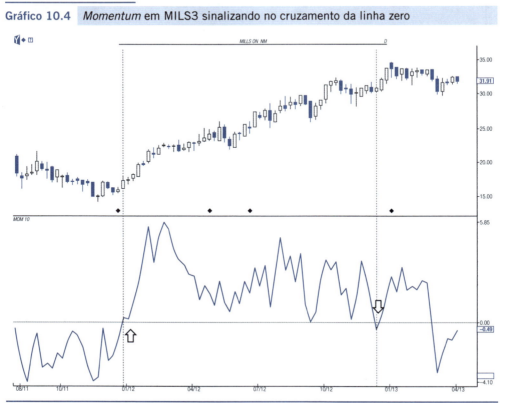

Fonte: cortesia da Cartezyan.

Capítulo 10 ▪ Indicadores antecedentes ou de *momentum* 293

Para ajustar esse indicador, o analista deverá fazer testes para aferir a melhor a sua sensibilidade por meio de *backtesting*. Nos exemplos a seguir, foi utilizado o *momentum* para dez períodos.

No Gráfico 10.4 adotamos um *momentum* de 10 períodos em um gráfico se-manal do ativo MILS3; repare que o indicador permaneceu no movimento por quase um ano – de janeiro de 2012 a dezembro de 2012.

### 10.3.1.3 Rate of Change – *taxa de mudança (ROC)*

A taxa de mudança (ROC) é um oscilador centrado que também flutua acima e abaixo de zero. Como o próprio nome indica – *Rate of Change* –, mede a variação percentual de preços ao longo de determinado período.

Por exemplo: ROC de 20 dias mediria a variação percentual de preços ao lon-go dos últimos 20 dias. Quanto maior a diferença entre o preço atual e o de 20 dias atrás, maior o valor do oscilador ROC. Quando o indicador está acima de 0, a va-riação de preços percentual é positiva (*bullish*). Se o indicador estiver abaixo de 0, é negativa (*bearish*).

Da mesma forma que o *momentum*, o ROC mede a diferença do preço atual em relação ao anterior. A distinção está na fórmula de cálculo, uma vez que o ROC utiliza a diferença percentual:

$$ROC = (C - Cn) / (Cn) \times 100\%$$

Em que:

    C = preço de fechamento na data de hoje.

    Cn = preço de fechamento de n períodos atrás.

Existem basicamente três movimentos de preços: para cima, para baixo e para os lados. Osciladores de *momentum* são ideais para a ação do preço de lado, com flutuações regulares. Isso torna mais fácil para identificar extremos e prever pontos de virada. O preço do ativo pode flutuar também quando em tendência. Por exemplo, uma tendência de alta é constituída por uma série de preços altos e baixos, em zigue-zagues mais elevados. Retornos muitas vezes ocorrem em intervalos regulares, baseados na mudança percentual ou no tempo decorrido ou em ambos. A tendência de baixa consiste de fundos e topos mais baixos em zigue-zagues descendentes. A taxa de variação pode ser utilizada para identificar os períodos em que a variação percentual se aproxima de um nível que antecipa um ponto de virada no passado.

## 294   ANÁLISE TÉCNICA DOS MERCADOS FINANCEIROS

**Gráfico 10.5**   Microsoft e o ROC de 20 períodos

Fonte: StockCharts.com.

A interpretação do ROC também é semelhante à do *momentum*. Quando a linha ROC cruza o eixo zero de baixo para cima, temos um sinal de compra, e quando ela corta o eixo zero de cima para baixo, sinal de venda.

### 10.3.1.4   Know Sure Thing *(KST) – Saiba com certeza*

*Know Sure Thing* (KST) – (em tradução livre seria "Saiba com certeza") é um oscilador de momento baseado na taxa de mudança suavizada para quatro períodos de tempo diferentes.

Pring descreveu o indicador pela primeira vez em 1992, na revista *Stocks & Commodities*. Em suma, o KST mede o momento do preço para quatro ciclos de preços diferentes, combinando-os em um único oscilador de momento. Como qualquer outro oscilador de momento não vinculado, os grafistas podem usar o KST para procurar divergências, cruzamentos de linha de sinal e cruzamentos de linha central.

Pring aplica linhas de tendência com frequência para KST. Embora os sinais da linha de tendência não ocorram com frequência, Pring observa que tais quebras reforçam os cruzamentos da linha de sinal.

A fórmula abaixo mostra as quatro combinações diferentes com suas configurações-padrão. Essas combinações são então ponderadas e somadas.

O período de tempo mais curto carrega o menor peso (1) e o período de tempo mais longo carrega o maior peso (4). Uma média móvel simples de 9 períodos é adicionada como uma linha de sinal.

$$RCMA1 = MMS\ 10\ de\ ROC\ de\ 10\ Períodos$$
$$RCMA2 = MMS\ 10\ de\ ROC\ de\ 15\ Períodos$$
$$RCMA3 = MMS\ 10\ de\ ROC\ de\ 20\ Períodos$$
$$RCMA4 = MMS\ 15\ de\ MMS\ de\ ROC\ 30\ Períodos$$

$$KST = (RCMA1 \times 1) + (RCMA2 \times 2) + (RCMA3 \times 3) + (RCMA4 \times 4)$$

$$Linha\ de\ sinal = MMS\ 9\ do\ KST$$

Os parâmetros-padrão são:

- Diário – curto prazo = KST (10,15,20,30,10,10,10,15,9).
- Semanal – médio prazo = KST (10,13,15,20,10,13,15,20,9).
- Mensal – longo prazo = KST (9,12,18,24,6,6,6,9,9).

Os primeiros quatro números representam as configurações de taxa de variação, os quatro segundos representam as médias móveis para esses indicadores de taxa de variação e o último número é a média móvel da linha de sinal. Em vez de apenas alternar entre gráficos diários, semanais e mensais, Pring sugeriu alterar as configurações para se adequar a cada período de tempo. O KST é ainda mais suave ao usar as configurações semanais e mensais.

O KST flutua acima/abaixo da linha zero. Em sua forma mais básica, o momento favorece os touros quando o KST é positivo e favorece os ursos quando o KST é negativo. Uma leitura positiva significa que os valores da taxa de variação ponderada e suavizada são principalmente positivos e os preços estão subindo. Uma leitura negativa indica que os preços estão se movendo para baixo.

Após cruzamentos básicos da linha central, os grafistas podem procurar cruzamentos de linhas de sinal e medir a direção geral. KST geralmente está subindo quando acima de sua linha de sinal e caindo quando abaixo de sua linha de sinal. Uma linha KST ascendente e negativa indica que o momento negativo está diminuindo. Por outro lado, uma linha KST descendente e positiva indica que o momento de alta está diminuindo.

Embora existam muitos sinais diferentes possíveis com KST, os cruzamentos básicos da linha central e da linha de sinal são geralmente os mais robustos.

**Gráfico 10.6** Ethereum com o KST e MACD

Fonte: Stockcharts.com.

> **DICA**
>
> O KST parece muito com o Trix. Isso significa que os grafistas devem usar cruzamentos de linhas de sinal para detectar mudanças direcionais no preço. O atraso para cruzamentos de linha central geralmente é muito grande. Ao contrário do RSI e do oscilador estocástico, o KST não possui limites superiores ou inferiores. Isso o torna relativamente inadequado para sinais de sobrecompra e sobrevenda.

### 10.3.1.5 Curva de Coppock

A Curva Coppock é um indicador de impulsão desenvolvido pelo economista Edwin "Sedge" Coppock, que introduziu o indicador na *Barron's Magazine*, em outubro de 1965, cujo objetivo é identificar oportunidades de longo prazo de compra no S&P 500 e no Dow Industrials. O sinal é muito simples. Coppock usa dados mensais para identificar oportunidades de compra quando o indicador passou do território negativo para o positivo. Embora Coppock não use o indicador para sinais de venda, muitos analistas técnicos consideram um cruzamento de positivo para território negativo como um sinal de venda.

Esse indicador foi projetado para o uso em uma escala mensal, sendo interpretado como a soma da "taxa de mudança" de 14 e de 11 meses, e por uma média móvel ponderada de 10 períodos.

Embora projetado para uso mensal, cálculos diários para um mesmo período podem ser feitos convertendo-se os períodos para 294 e 231 dias da ROC, e uma média móvel ponderada de 210 dias.

Assim, tem-se:

$$Coppock = MMP10 \text{ de } (ROC14 + ROC11)$$

Em que:

MMP10 é a média móvel ponderada de 10 períodos.
ROC14 é a taxa de mudança de 14 meses.
ROC11 é a taxa de mudança de 11 meses.

**Gráfico 10.7** Curva de Coppock com sinais de compra e de venda

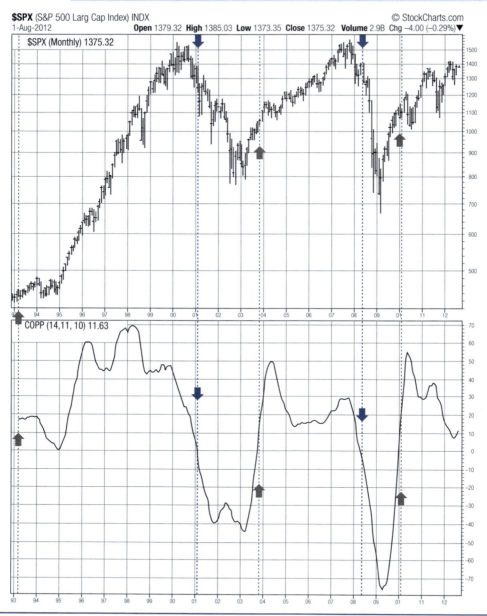

Fonte: Stockcharts.com.

### 10.3.1.6 Triple Smoothed Average *(Trix)*

O *Triple Smoothed Average* (Trix) é um indicador de impulsão que mostra a variação percentual de uma média exponencial de um preço de fechamento. Foi desenvolvido em 1980 por Jack Hutson, editor da revista *Technical Analysis of Stocks and Commodities*.

> **DICA**
> Como todos os osciladores, o Trix funciona melhor ao se procurar pontos de reentrada na direção da tendência principal ou quando não há tendência e o mercado se encontra de lado, sendo preferível a confirmação com outro indicador técnico, como o estocástico.

O Trix é projetado para filtrar os movimentos de preços insignificantes graças à sua suavização tripla. Analistas podem usá-lo para gerar sinais semelhantes ao do MACD. Uma linha de sinal pode ser aplicada para se procurar cruzamentos com a linha do Trix e gerar sinais de compra e venda. A polarização direcional pode ser determinada pelo nível absoluto. As divergências de alta e de baixa podem ser usadas para antecipar reversões.

A maior diferença entre o Trix e o MACD é a de que aquele é mais suave do que o MACD. As linhas do Trix são menos irregulares e tendem a virar um pouco mais tarde.

#### 10.3.1.6.1 *Sinais do Trix*

Como as semelhanças superam as diferenças, os sinais aplicáveis ao MACD também são ao Trix. Existem três sinais principais para observar. Em primeiro lugar, cruzamentos de linha de sinal são os sinais mais comuns. Esses indicam uma mudança de direção do Trix e o sentido nos preços. Um cruzamento acima da linha de sinal é a primeira indicação de alta (compra), enquanto um abaixo tem implicação negativa (venda). Segundo: cruzamentos do eixo zero fornecem aos analistas um viés de tendência geral. A tripla média móvel suavizada está subindo, quando o Trix é positivo, e caindo, quando ele é negativo. Da mesma forma, o momento favorece os touros, quando o Trix é positivo, e os ursos, quando negativo. Terceiro: divergências de alta e de baixa podem alertar grafistas de uma possível inversão de tendência.

### Gráfico 10.8 Trix com linha de sinal e MACD juntos em GGBR4

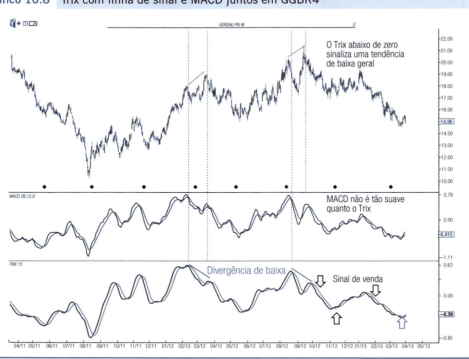

Fonte: cortesia da Cartezyan.

TRIX é um ROC de uma média móvel exponencial (MME) triplamente suavizada, que é uma MME de uma MME de um MME. Temos um aqui um exemplo das etapas envolvidas para um TRIX 15 período.

1. MME normal = MME do preço de fechamento de 15 períodos.
2. MME duplamente suavizada = MME de uma MME normal de 15 períodos.
3. MME triplamente suavizada = MME de uma MME duplamente suavizada de 15 períodos.
4. TRIX = variação percentual de 1 período da MME triplamente suavizada.

O Gráfico 10.9 mostra dois pontos de entrada para venda a descoberto e um ponto de recompra. Na primeira entrada, o sinal de venda foi ruim pois a tendência ficou lateral, e na segunda, ele foi ótimo com uma tendência de queda vertiginosa. Em todos os casos, o sinal foi dado pelo cruzamento do Trix com o eixo zero.

**Gráfico 10.9** Trix sinalizando venda e compra no cruzamento do eixo em GGBR4

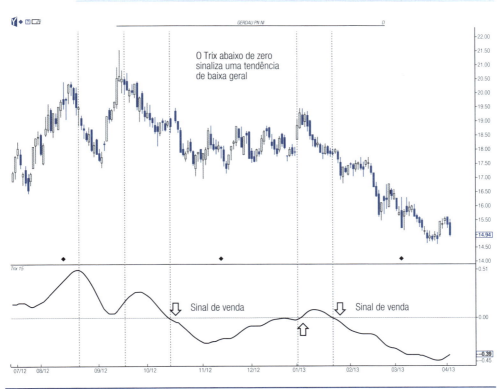

Fonte: cortesia da Cartezyan.

### 10.3.1.7 O sistema Elder-Ray

Desenvolvida pelo médico psiquiatra Alexander Elder com o objetivo de ser um escrutínio (exame minucioso) de mercado, essa técnica permite visão mais interna e profunda, tornando visíveis e compreensíveis os movimentos ocultos do mercado. Elder batizou a técnica fazendo uma analogia aos raios X (X-Ray, em inglês).

O indicador procura mensurar oferta e demanda, bem como quantificar a força de compradores e de vendedores, indicando posições com base na tendência mais provável.

No entanto, o Elder-Ray não é exatamente um indicador no sentido mais comum da palavra. Ele pode ser mais bem caracterizado como um sistema de análise e operação, uma vez que o processo de identificação de oportunidades avalia três elementos distintos:

- Um gráfico dos preços com uma média móvel.
- O indicador *bear power*.
- O indicador *bull power*.

Assim, antes de analisarmos o todo, vamos compreender as partes.

### 10.3.1.7.1   Indicadores bull e bear power

O primeiro componente a ser considerado no sistema Elder-Ray é a média móvel base (MME). Essa média exponencial (com tamanho-padrão de 13 períodos) será usada para o cálculo dos indicadores *bull* e *bear power*. A construção de ambos é muito semelhante:

$$\textbf{Bull power} = \text{Máxima} - \text{MME}$$
$$\textbf{Bear power} = \text{Mínima} - \text{MME}$$

O *bull power* procura, portanto, avaliar a distância da máxima do período até a média, o que pode ser interpretado como uma medida da força atual dos compradores. O *bear power*, por sua vez, tenta expressar de maneira análoga o poderio de fogo dos vendedores. A média móvel representa, nessas situações, a referência, ou seja, um valor de equilíbrio do mercado.

O Gráfico 10.10, a seguir, mostra ambos indicadores para WSON11. Sem sequer olhar o gráfico dos preços, podemos saber quais são os momentos altistas e baixistas e suas respectivas forças. Observando o período entre janeiro e abril de 2011, por exemplo, é possível notar barras grandes negativas de ambos indicadores. Isso significa que a distância da máxima e da mínima de cada *candlesticks* está aumentando em relação à média de maneira negativa, ou seja, baixista. O contrário também é verdadeiro: o aumento do tamanho das barras no período de janeiro a abril de 2012 mostra um ganho de terreno positivo em relação à média móvel, ou seja, um momento altista.

Conhecendo esses dois indicadores, podemos agora nos aprofundar na metodologia Elder-Ray.

**Gráfico 10.10** Indicadores *bull* (cinza) e *bear power* (azul)

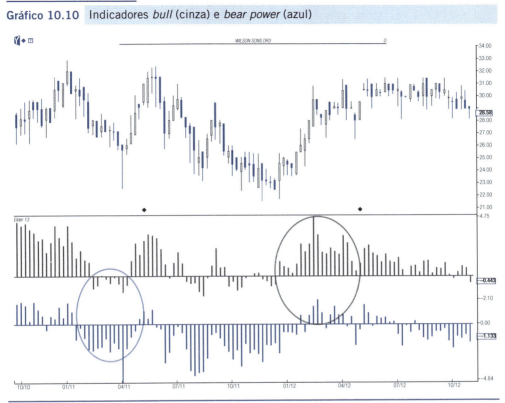

Fonte: cortesia da Cartezyan.

### 10.3.1.7.2 Metodologia Elder-Ray

Como já vimos, o sistema Elder-Ray baseia-se em três pressupostos principais:

1. Elder sugere que o gráfico dos preços com uma média móvel exponencial seja posicionado como a primeira janela. O valor mais tipicamente usado para essa média é de 21 períodos. O objetivo é que ela nos ajude a visualizar a tendência corrente.
2. A segunda janela deve conter o indicador *bull power*.
3. A terceira janela deve constar do indicador *bear power*.

Com essa configuração montada, avaliam-se alguns critérios. O primeiro fator é a inclinação da média móvel sobre os preços. Uma média móvel ascendente indica uma situação altista, já uma média móvel descendente sugere um momento baixista. Dessa maneira, para os sinais de compra e de venda existem algumas situações a serem observadas.

**Gráfico 10.11** Sistema Elder sinalizando compra

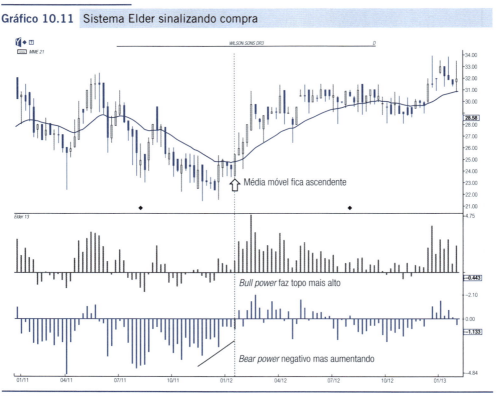

Fonte: cortesia da Cartezyan.

Situação de compra:
- A média móvel sobre os preços deve ser ascendente.
- *Bear power* está negativo, mas aumentando.

Fatores de reforço:
- *Bull power* faz um topo mais alto.
- *Bear power* apresenta uma divergência baixista.

Note que essas são condições de compra (Gráfico 10.11), pois o método Elder-Ray não especifica critérios tão objetivos de encerramento de posição.

Para abrir uma posição de venda a descoberto (operação curta ou *shorting*), as condições são reversas e semelhantes.

Gráfico 10.12  Sistema Elder-Ray para venda em WSON11

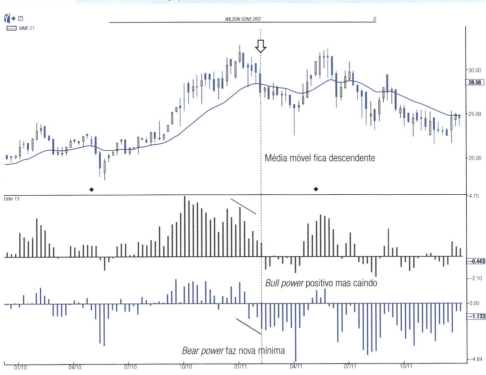

Fonte: cortesia da Cartezyan.

Situação de venda:
- A média móvel sobre os preços é descendente.
- Bull power está positivo, mas caindo.

Fatores de reforço:
- Bear power faz um fundo menor.
- Bull power apresenta uma divergência baixista.

Lembre-se de que esses são marcadores de abertura de posição (Gráfico 10.12); para a saída ou encerramento do trade, deve-se buscar outras ferramentas.

### 10.3.1.7.3 Críticas ao método de operação

Uma das principais críticas a essa técnica recai sobre o modo de definição da tendência do ativo, método que influirá diretamente no ponto de entrada da operação. Pela metodologia, a ação estará em tendência quando o preço fechar acima da

MME. Contudo, essa definição simples poderá gerar inúmeros rompimentos falsos e o *trader* será "estopado" inúmeras vezes por causa disso.

Para resolver esse tipo de problema, é aconselhável utilizar o cruzamento das médias móveis para confirmar o ponto de entrada, postando, portanto, uma média móvel mais rápida – de 10 períodos, por exemplo. Outra sugestão é combinar o oscilador com outros indicadores técnicos, a fim de evitar os falsos rompimentos.

Além disso, é sempre bom lembrar que qualquer implementação de ajuste operacional deve ser acompanhada por um tratamento estatístico adequado; também é recomendável comparar os resultados obtidos, a fim de maximizar sua operação no mercado.

Uma vez que uma média móvel é utilizada como motor principal do sistema, é natural que algumas carências da técnica, como o comportamento sem direção em momentos de congestão de mercado, sejam transferidas ao sistema. No entanto, quando um ativo se encontra em tendência definida, mesmo que moderada, Elder-Ray comporta-se de maneira bastante clara.

É importante realizar testes com o método e identificar também os critérios ideais de saída de posição. Uma possibilidade é observar o afastamento dos preços em relação à média móvel (mercado esticado) que pode ser visualizado também pela altura média das barras do *bull* e do *bear power*.

## 10.4 OSCILADORES EM BANDAS

Osciladores em bandas alternam acima e abaixo de duas bandas que significam níveis de preços extremos. A banda inferior representa leituras de sobrevenda e a superior, leituras de sobrecompra. Essas bandas são definidas com base no oscilador e mudam pouco de segurança para segurança, permitindo aos usuários facilmente identificar as condições de sobrecompra e sobrevenda. O Índice de Força Relativa (RSI) e o oscilador estocástico são dois exemplos de osciladores bandados. (Nota: as fórmulas e as razões por trás do RSI e do oscilador estocástico são mais complicados do que aqueles para MACD e ROC. Como tal, os cálculos são abordados em capítulos separados).

### 10.4.1 Índice de Força Relativa (IFR) ou *Relative Strength Index* (RSI)

Desenvolvido por J. Welles Wilder, o *Relative Strength Index* (RSI) ou Índice de Força Relativa (IFR) é um oscilador de impulsão que mede a velocidade e a mudança dos movimentos de preços. Ele compara a variação média de preços dos períodos de avanços com a variação média dos períodos de declínios.

RSI é um indicador de momento extremamente popular que tem tido destaque em uma série de artigos, entrevistas e livros ao longo de vários anos. Em particular, o livro de Constance Brown, *Technical analysis for the trading professional*,[1] apresenta o conceito de faixas de RSI para mercado de touro e de urso.

Constance Brown sugere que os osciladores não viajam entre 0 e 100. Brown identifica uma área de oscilação de mercado de touro e uma área de mercado de urso de RSI. O RSI tende a flutuar entre 40 e 90, em um mercado de touro (tendência de alta) com as zonas entre 40 e 50 atuando como suporte. Esses intervalos podem variar de acordo com os parâmetros do RSI, a força da tendência e a volatilidade do ativo subjacente.

Em contrapartida, o RSI tende a flutuar entre 10 e 60 em um mercado de urso (tendência de baixa), com a zona entre 50 e 60 atuando como resistência.

Wilder elaborou o RSI em seu livro de 1978, *New concepts in technical trading systems*, que também inclui os já descritos *Parabolic SAR*, *Average True Range* e o Conceito de Movimento Direcional (ADX). Apesar de ter sido desenvolvido antes da era do computador, os indicadores de Wilder têm resistido ao teste do tempo e continuam a ser extremamente populares.

**Gráfico 10.13** Dow Jones e a área de mercado de touro sugerida por Constance Brown

Fonte: cortesia da Cartezyan.

---

[1] BROWN, Constance. *Technical analysis for the trading professional*. New York: MCGraw-Hill, 2012.

O IFR compara a magnitude dos recentes ganhos do ativo com a de suas perdas e transforma essa informação em um número que vai de 0 a 100. Wilder recomenda o uso de 14 períodos. Como todo oscilador, ele marca as áreas de sobrecompra (acima de 70%) e de sobrevenda (abaixo de 30%), e dá os sinais de compra acima de 30% e de venda abaixo de 70%. Como os outros, se o mercado estiver em tendência, ele se inclina a ficar em uma das duas áreas. Os melhores sinais que ele pode fornecer são para verificar se há divergências do indicador com os preços.

Sua fórmula é a seguinte:

$$IFR = 100 - [100 / (1 + RS)]$$

Em que:
   RS = Média (n) fechamentos de alta (A) / Média(n) fechamentos de baixa (B)
      = A / B;
   n  = período a ser analisado, pela Metodologia da Trader Brasil, 14.

**Gráfico 10.14** Petrobras e a área de mercado de urso sugerida por Constance Brown

Fonte: cortesia da Cartezyan.

Capítulo 10 ▪ Indicadores antecedentes ou de *momentum*   309

Se substituirmos o RS por A/B, teremos:

$$IFR = 100 - [100 / (1 + RS)] = 100 - (100 / 1 + A / B) = 100 - 100 /$$
$$(B + A) / B = 100 - 100B / A + B = 100A + 100B - 100B / A + B$$

logo $IFR = [A / (A + B)] \times 100\%$.

Em outras palavras, quando o IFR se aproxima de 100%, significa que a média das baixas é próxima de zero e que, nos últimos $n$ dias, o fechamento tem sido positivo seguidamente, mostrando que a ação está sendo fortemente comprada e o indicador, entrando na área de sobrecompra.

De maneira análoga, quando o IFR se aproxima dos 0%, significa que a média das altas está perto de zero e que, nos últimos $n$ dias, o fechamento tem sido seguidamente negativo, mostrando que a ação está sendo fortemente vendida e o indicador, entrando em uma zona de sobrevenda.

Os melhores sinais são para verificar se há divergências do indicador com os preços.

**Gráfico 10.15** Divergência de baixa e áreas de sobrecompra e de sobrevenda em AMBV4

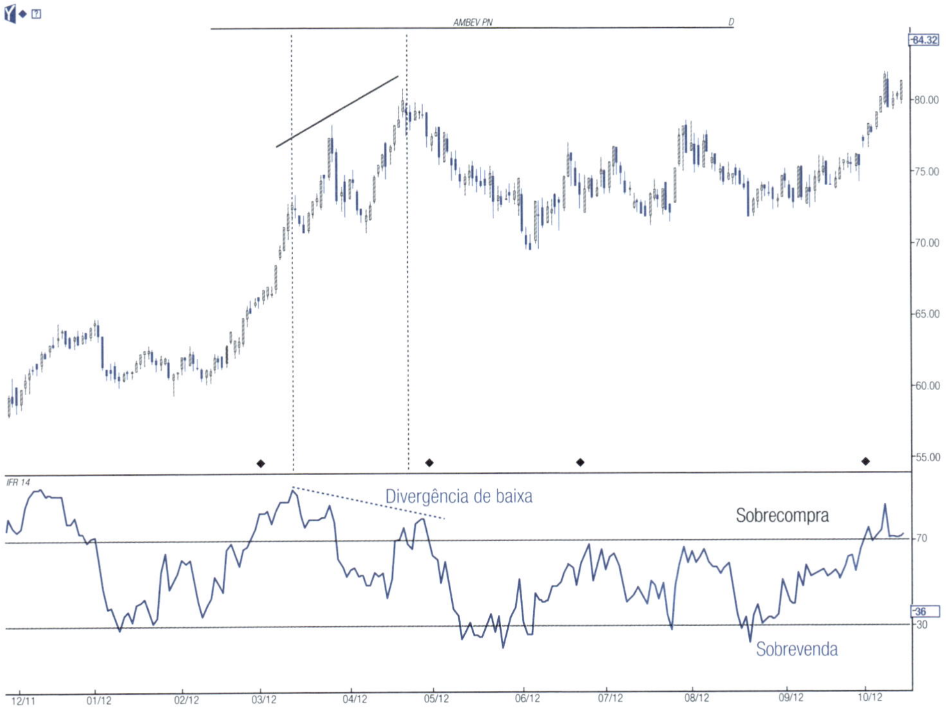

Fonte: cortesia da Cartezyan.

## 10.4.2 Estocástico

**DICA:** Como em outros osciladores, no estocástico também é possível verificar convergência e divergência com os preços.

Desenvolvido por George C. Lane nos anos 1950, o oscilador estocástico é um indicador de *momentum* que mostra a posição em que o preço está em relação à amplitude de variação relativa à máxima e à mínima de um número de períodos. Os níveis de fechamento consistentemente próximos à amplitude máxima indicam pressão compradora – acumulação –, e aqueles no fim da amplitude, distribuição ou pressão vendedora.

De acordo com uma entrevista de Lane[2], o oscilador estocástico "[...] não segue o preço, o volume ou qualquer coisa assim. Ele segue a velocidade ou a dinâmica de preços. Via de regra, o impulso muda de direção antes do preço".

**Gráfico 10.16** Divergência de baixa antes do sinal de venda em BRFS3

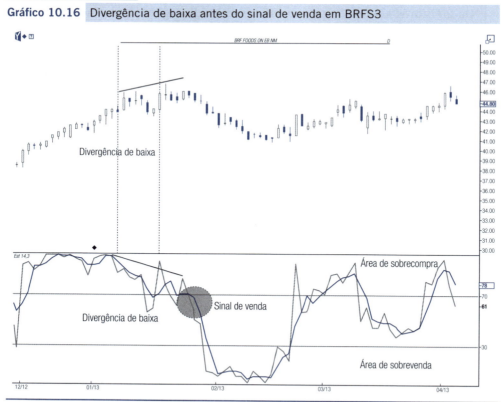

Fonte: cortesia da Cartezyan.

---

[2] LANE, George M.D. "Lane's Stochastics". *Technical analysis of stocks and commodities magazine*. 2. ed. p 87-90. May/june, 1984.

Divergências de alta e de baixa no oscilador estocástico podem ser usadas para prever essas reversões. Esse foi o primeiro e mais importante sinal que Lane identificou. O oscilador estocástico também é útil para identificar os níveis de sobrecompra e sobrevenda.

O estocástico oscila entre os valores 0 e 100 e implementa áreas de sobrecompra e sobrevenda. A área desta se encontra na faixa entre 0 e 30, enquanto a sobrecompra fica entre 70 e 100. A interpretação que se faz quando o estocástico estiver acima de 70 é que o mercado está sobrecomprado, ou seja, os investidores estão acumulando na compra. Quando o estocástico cai abaixo de 30 é pelo fato de o mercado ter acumulado na venda.

Os melhores sinais do indicador são oferecidos quando ele se encontra na área de sobrecompra ou na de sobrevenda. Quando o indicador sai da área de sobrevenda é sinal de que o mercado está zerando suas posições vendidas e, portanto, é um bom ponto de compra. Ao contrário, quando o indicador sai da área de sobrecompra apontando para baixo significa que o mercado está zerando suas posições compradas e se tornando, portanto, um bom ponto de venda.

**Gráfico 10.17** Sinais de compra e de venda com estocástico em BRML3

Fonte: cortesia da Cartezyan.

O estocástico é expresso na seguinte fórmula:

$$\%K = C - Ll(n) / Hh - Ll(n)$$

Em que:

C = preço de fechamento.

Ll(n) = mínimo dos mínimos dos últimos $n$ períodos.

Hh(n) = máximo dos máximos dos últimos $n$ períodos.

$n$ = período no qual serão definidos os valores de Ll e Hn.

## 10.4.3 Indicador %R de Williams

Desenvolvido por Larry Williams, o %R Williams é um indicador de momento que é o inverso do oscilador estocástico rápido. Também referido como %R, o %R de Williams representa o nível de fechamento relativo à maior máxima do período. Em contraste, o oscilador estocástico reflete o nível de fechamento relativo à menor mínima do período. O %R corrige a inversão pela multiplicação do valor bruto por –100. Como resultado, o oscilador estocástico rápido e o %R de Williams produzem as linhas exatamente iguais, apenas a escala é diferente. O %R de Williams oscila entre 0 e –100. Leituras de 0 a –20 são considerados de sobrecompra e de –80 a –100, sobrevendida. Sem surpresa, os sinais derivados do oscilador estocástico são também aplicáveis a %R de Williams.

O cálculo é feito com a seguinte fórmula:

$$\%R = [(\text{máxima de x períodos} - \text{fechamento}) /$$
$$(\text{máxima de x períodos} - \text{mínima de x períodos})] \times 100$$

Normalmente, usam-se 14 períodos, mas esse número pode variar, dependendo da sensibilidade e das características do ativo.

Como oscilador, esse indicador funciona bem em mercados sem tendência definida, mas em casos de tendência também pode ser usado nas seguintes circunstâncias: em uma tendência de alta, o analista pode procurar leituras sobrevendidas para um possível ponto de compra; da mesma forma, em uma tendência de baixa, leituras sobrecompradas podem ser um bom ponto para vendas a descoberto.

Por sua natureza de oscilador limitado, com o %R de Williams torna-se fácil identificar níveis de sobrecompra e sobrevenda. O oscilador varia de 0 a –100. Não importa quão rápido seja o avanço ou a queda, o %R de Williams sempre vai variar dentro dessa faixa. Configurações tradicionais usam –20 como o limite de sobrecompra e –80, de sobrevenda. Esses níveis podem ser ajustados para satis-fazer as necessidades de análise e características do ativo. Leituras acima de –20% para o %R de Williams de 14 dias podem indicar que o ativo subjacente esteja sendo negociado perto do topo de sua faixa de variação entre máxima e mínima de 14 dias. Leituras abaixo de –80 ocorrem quando um ativo está sendo negociado na faixa inferior da variação entre máxima e mínima para 14 dias.

Antes de olhar para alguns exemplos de gráfico, é importante notar que as lei-turas de sobrecompra não são necessariamente de baixa. Títulos podem tornar-se sobrecomprados e permanecer assim durante uma forte tendência de alta. Níveis de fechamento que são consistentemente próximos à parte superior da faixa de variação indicam uma compra sustentada. Na mesma linha, as leituras de so-brevenda não são necessariamente de alta. Títulos também podem tornar-se e permanecer sobrevendidos durante uma tendência de baixa forte. Níveis de fechamento consistentemente perto da parte inferior da faixa de variação podem indicar pressão de venda sustentada.

Gráfico 10.18  William's %R (linha azul escura) e o estocástico rápido (linha cinza) em Petr4

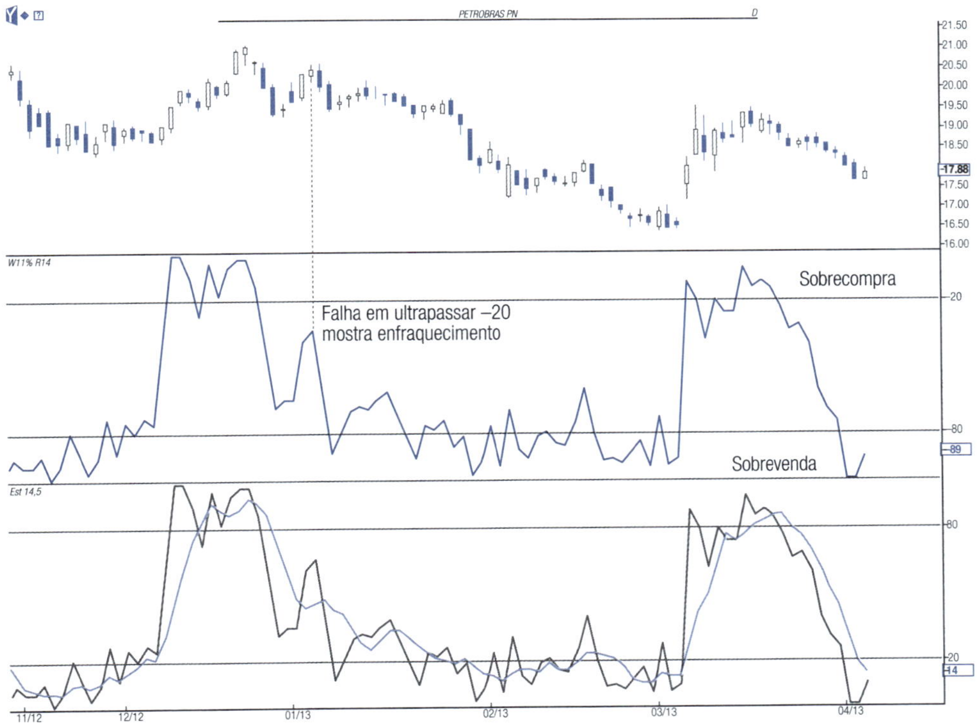

Fonte: cortesia da Cartezyan.

314　ANÁLISE TÉCNICA DOS MERCADOS FINANCEIROS

A incapacidade de voltar ao território sobrecomprado ou sobrevendido sinaliza uma alteração na dinâmica que pode prenunciar uma mudança significativa de preços. A capacidade de se mover de forma consistente acima dos −20 é uma demonstração de força. Afinal, é preciso pressão compradora para empurrar %R em território sobrecomprado. Uma vez que o ativo mostra a força entrando nesse território mais de uma vez, uma subsequente falha em ultrapassar esse nível mostra enfraquecimento que pode prenunciar um declínio.

## 10.4.4 *Commodity Channel Index* (CCI)

Não se deixe enganar pelo nome do indicador, que pode ser utilizado em qualquer mercado, não apenas nos de *commodities*. O CCI foi descrito por Donald Lambert, em 1980, na *Commodities Magazine* (atual *Futures Magazine*), para identificar os movimentos cíclicos nas *commodities*.

O CCI mede os desvios de preço de um título em relação a uma média móvel. Isso dá um quadro ligeiramente diferente da interpretação do estocástico e, em alguns casos, os sinais são mais confiáveis. No entanto, a diferença entre o CCI e o estocástico é tão minúscula que o uso de ambos ao mesmo tempo seria uma duplicação de esforços suscetível de criar uma falsa confiança. Esse indicador serve para detectar o início e o fim de uma tendência de mercado. O CCI representa a posição do preço em relação à média móvel do período.

Muitos mas não todos os osciladores bandados flutuam dentro de limites definidos, superiores e inferiores. O Índice de Força Relativa (RSI) é limitado entre 0 e 100 e nunca poderá ir além de 100 ou ser menor do que zero. O oscilador estocástico tem um intervalo definido e é obrigado a ficar entre 100 e 0 também. No entanto, o CCI é um exemplo de oscilador em bandas que não está limitado nem para cima nem para baixo.

O CCI não é limitado como o estocástico, isto é, pode subir acima de +100 e cair abaixo de −100, e isso incomoda alguns analistas. Para evitar esse problema, alguns analistas utilizam um cálculo estocástico no CCI, limitando de 0 a 100 e suavizando-o, ao mesmo tempo.

Esse indicador parte do pressuposto de que as *commodities*, bem como o mercado cambial, as ações e as obrigações, se movem em ciclos, com altas e baixas aparecendo em períodos de intervalos constantes. Lambert recomendou a utilização de um terço de um ciclo completo (baixa para baixa ou alta para alta) como o limite de tempo para o CCI. É importante ressaltar que a determinação da duração do ciclo ocorre independentemente do CCI; por exemplo, se um ciclo tem a duração de 60 dias (uma baixa a cada 60 dias), então um CCI de 20 dias seria o recomendado.

Considerando PT o preço típico (a média dos preços alto, baixo e de fechamento), MMS a média móvel simples e o desvio-padrão, tem-se o CCI:

**Preço típico** (PT) = (máxima + mínima + fechamento) / 3
CCI = {PT – média móvel simples (PT) / [σ (PT) × (constante)]}

Em que:
σ = desvio-padrão;
constante = 0,015.

O CCI é calculado pela diferença entre o preço típico (PT) e sua média móvel simples, dividida pela média padrão do preço típico. A CCI é geralmente dividida pela constante (0,015) para apresentar valores mais compreensíveis. Lambert definiu a constante em 0,015 para assegurar que cerca de 70% a 80 % dos valores do CCI caiam entre –100 e +100. Essa porcentagem depende também do período passado. Um CCI mais curto (10 períodos) será mais volátil, com uma porcentagem menor dos valores entre +100 e –100. Em contrapartida, um tempo maior no CCI de 40 períodos terá uma maior porcentagem de valores entre 100 e –100.

No Gráfico 10.19 são mostradas duas sinalizações dadas pelo CCI em que o ponto 1 é para compra (*long*) e o ponto 2 é para venda. No ponto 1, o indicador cortou o +100 para cima, sinalizando a entrada *long* aos R$ 57,66. O preço chegou a subir até R$ 67,75 na máxima da tendência de alta. No ponto 2, sinaliza a venda aos R$ 64,20.

Uma forma mais agressiva de utilizar o indicador é abrir posição quando o indicador cruza o eixo zero. Quando o CCI cruzar o ponto zero de baixo para cima, é dado o sinal de compra; e de cima para baixo, o sinal para venda a descoberto. Esse método permite ao investidor antecipar a entrada na operação, tentando maximizar o lucro ao mesmo tempo em que se expõe a mais risco.

**Gráfico 10.19** CCI: sinalização de compra no nível +100 e de venda no nível −100

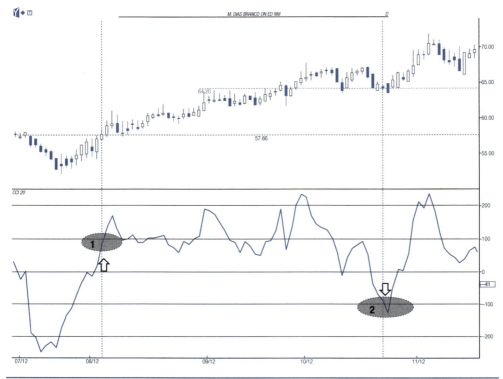

Fonte: cortesia da Cartezyan.

O Gráfico 10.20 apresenta um padrão idêntico ao da figura anterior. Nesse gráfico, foram antecipados os pontos de entrada, quando o investidor procura maximizar os lucros. No ponto 1, o sinal de compra é dado em R$ 57,25 (contra R$ 57,66 no gráfico anterior) enquanto o sinal de venda no ponto 2 foi dado em R$ 63,84 (contra R$ 64,20 do caso anterior). Não houve um ganho expressivo pela antecipação do ponto de entrada, além de expor o investidor a mais riscos.

**Gráfico 10.20** CCI: sinalização de compra e venda no nível zero

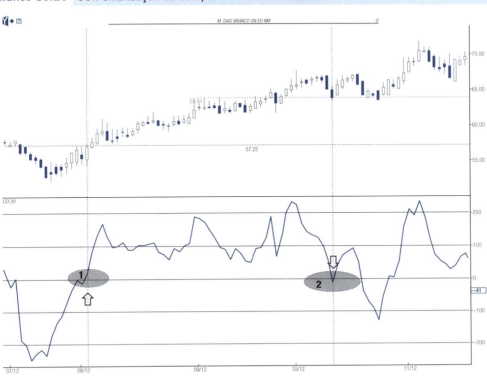

Fonte: cortesia da Cartezyan.

### 10.4.4.1 *Níveis de sobrecompra e sobrevenda com CCI*

Identificar níveis de sobrecompra e sobrevenda pode ser complicado com o CCI, ou com qualquer outro oscilador de impulso. Em primeiro lugar, o CCI é um oscilador não limitado. Teoricamente, não há limites ascendentes ou descendentes. Isso traz uma avaliação subjetiva de sobrecompra ou sobrevenda. Em segundo lugar, os títulos podem continuar se movendo para cima depois de um indicador se tornar sobrecomprado; e para baixo depois de um indicador se tornar sobrevendido.

A definição de sobrecomprado ou sobrevendido varia para o CCI. O nível ± 100 pode funcionar em uma faixa de negociação lateral, mas níveis mais extremos são necessários para outras situações. O nível ± 200 é muito mais difícil de alcançar e mais representativo de um extremo verdadeiro. A seleção de níveis de sobrecompra/sobrevenda também depende da volatilidade do ativo subjacente.

Utilizando o Gráfico 10.20, da página anterior, vemos os pontos de entrada 1 e 2. No ponto 1, o sinal de compra cruza a área de sobrevenda: quando o indicador

CCI cruza o –200 de cima para baixo em R$ 55,55. O ponto 2 sinaliza venda quando o indicador CCI cruza o +200 vindo de baixo para cima em R$ 65,54.

O CCI é um oscilador de impulso versátil que pode ser usado para identificar níveis de sobrecompra/sobrevenda ou reversões de tendência. O indicador torna-se sobrecomprado ou sobrevendido quando atinge um extremo relativo. Esse extremo depende das características do ativo subjacente e do intervalo histórico para o CCI. Títulos voláteis são suscetíveis de exigir maiores extremos do que os menos voláteis. Mudanças de tendência podem ser identificadas quando CCI cruza um limite específico entre 0 e 100. Independentemente de como CCI é usado, grafistas devem usá-lo em conjunto a outros indicadores ou análise de preços. Outro oscilador de impulsão seria redundante, mas *On Balance Volume* (OBV) ou a Linha de Distribuição Acumulação (LAD) pode agregar valor aos sinais do CCI.

**Gráfico 10.21** CCI: sinalização de compra e de venda antecipadas com sobrecompra e sobrevenda

Fonte: cortesia da Cartezyan.

# Capítulo 11

# Indicadores de volume

> "Quantidade: uma boa substituta da qualidade, quando se tem fome."
>
> *Ambrose Bierce*

Volume é um clássico indicador de confirmação. Medidas de volume são frequentemente retratadas em gráficos de ações e as estatísticas de volume são incorporadas em uma série de índices e osciladores. Os indicadores de volume são utilizados para confirmar a força das tendências. A falta de confirmação pode avisar sobre uma reversão. Preço e volume são os dois básicos insumos dos indicadores na análise técnica. Muitos indicadores são construídos com base no volume negociado, premissa de que este precede o preço, pois *insiders* tendem a acumular ou distribuir, e às vezes antes de o preço estar em tendência. O volume nos dará pistas da intensidade e vai determinar a saúde da tendência.

O famoso autor Nassim Taleb retrata bem isto em seu livro *Arriscando a própria pele: assimetrias ocultas no cotidiano*, dizendo: "... nunca confie em quem não arrisca sua própria pele. Sem isso, tolos e bandidos se beneficiarão, e seus erros nunca voltarão para assombrá-los". O volume é o comprometimento do investidor, ou seja, a sua própria pele.

O volume é a indicação de oferta e demanda; quanto maior o volume negociado, maior a liquidez, e, em geral, quanto maior a liquidez, menor a volatilidade dos preços. Um aumento do volume pode significar o fim de uma tendência e uma troca do controle entre os touros e os ursos (veja o Capítulo 1).

320  ANÁLISE TÉCNICA DOS MERCADOS FINANCEIROS

Esses indicadores de volume são divididos principalmente em duas categorias: índices e osciladores.

## 11.1 INDICADORES DE VOLUME BASEADOS EM ÍNDICES

Os analistas técnicos têm desenvolvido uma série de índices relacionados com o volume. O OBV (*On-Balance Volume*) é provavelmente o mais conhecido deles.

### 11.1.1 *On-Balance Volume* (OBV)

O OBV mede a pressão de compra e de venda como um indicador acumulativo que acrescenta volume no dia de alta e o subtrai em dias de baixa. O OBV foi desenvolvido por Joe Granville e introduzido em seu livro de 1963, *Granville's new key to stock market profits*.[1] Ele foi um dos primeiros indicadores de medida de fluxo positivo e negativo de volume. Analistas podem olhar para as divergências entre o OBV e preço para prever os movimentos de preços ou usar OBV para confirmar as tendências de preços.

A ideia por detrás do índice OBV é simplesmente adicionar o volume de um dia de alta ou subtrair todo o de um dia de baixa. O volume é positivo quando o fechamento for acima do anterior e negativo quando o fechamento for inferior ao anterior.

Se o preço de fechamento está acima do preço de fechamento anterior, então:

OBV Atual = OBV anterior + Volume Corrente

Se o preço de fechamento está abaixo do preço de fechamento anterior, então:

OBV Atual = OBV anterior – Volume Corrente

Se o preço de fechamento é igual ao preço de fechamento anterior, então:

OBV Atual = OBV anterior (sem alteração)

Quando os preços estão em uma faixa lateral de negociação e o OBV quebra o próprio suporte ou resistência, a ruptura muitas vezes indica a direção na qual a fuga de preços vai ocorrer; portanto, ele dá um aviso prévio da direção da fuga de um padrão de preço.

---

1  GRANVILLE, Joe. *Granville's new key to stock market profits*. Toronto: Prentice Hall, 1963.

Capítulo 11 ■ Indicadores de volume   321

Gráfico 11.1   OBV sinalizando rompimento antes dos preços

Fonte: cortesia da Cartezyan.

## 11.1.2   *Williams Variable Accumulation Distribution* (WVAD)

Larry Williams acreditava que os preços de abertura e fechamento são os dados mais importantes de um dia.

A WVAD calcula a diferença entre a abertura e o fechamento, e a relaciona como uma faixa em forma de uma porcentagem. Por exemplo, se um ativo abre na mínima e fecha na máxima, esse percentual seria de 100%, se o contrário acontece, seria de 0%.

Esse percentual é então multiplicado pelo volume diário para estimar a quantidade de volume negociado entre a abertura e o fechamento.

O valor do novo volume é então adicionado ou subtraído do WVAD do dia anterior e plotado em um gráfico de preços. Também pode ser convertido em uma média móvel ou um oscilador. A interpretação do WVAD é idêntica à interpretação dos outros índices de volume.

## 11.1.3 Linha de Acumulação e Distribuição (LAD)

É um indicador de volume criado por Marc Chaikin com o objetivo de medir o fluxo de dinheiro em um ativo. Em 1975, os jornais financeiros já não publicavam mais os preços de abertura das ações. Marc Chaikin, usando a fórmula Williams WVAD como base, criou a Linha de Acumulação e Distribuição (LAD), que usa os preços de máxima, mínima e fechamento de cada dia. A diferença entre ela e o OBV é que a LAD usa a abertura e o fechamento dos preços para o cálculo, priorizando o fechamento relativo à variação no período.

O cálculo é feito com a seguinte fórmula:

LAD = volume no período × [(fechamento − abertura) − (máxima − fechamento)] / (máxima − mínima)

É plotado, então, um gráfico similar ao OBV, geralmente utilizado como um indicador de divergência. Um sinal baixista é dado quando a LAD se move para baixo e os preços sobem. Um problema com a LAD é que ela não reflete *gaps* de preços.

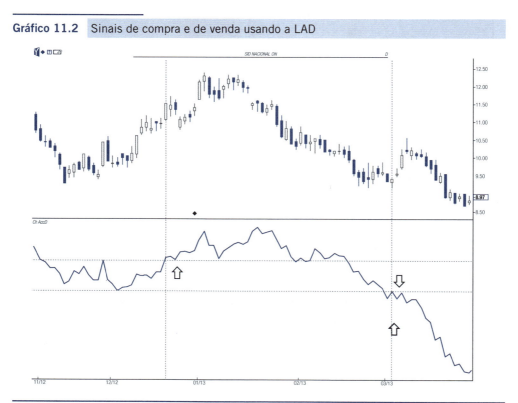

**Gráfico 11.2** Sinais de compra e de venda usando a LAD

Fonte: cortesia da Cartezyan.

Capítulo 11 ■ Indicadores de volume   323

### 11.1.4 Williams Distribuição Acumulação (WAD)

Esse indicador não deve ser confundido com os anteriores Williams Variable Accumulation Distribution (WVAD) ou a Linha de Distribuição Acumulação (LAD) de Chaikin; a Williams Distribuição Acumulação (WAD) também elimina a utilização do preço de abertura já não relatado nos jornais financeiros. Esse indicador usa o conceito de TR que Welles Wilder desenvolveu durante o mesmo período.

O TR usa o fechamento do dia anterior como referência e evita os problemas que surgem quando há um *gap* ou lacunas de preço entre os dias. Os cálculos para a máxima e a mínima do TR são com base em comparação. A máxima do TR, por exemplo, é a do dia corrente ou do fechamento anterior, o que for maior. A mínima do TR é a do dia corrente ou do fechamento anterior, o que for menor.

No WAD, o acúmulo ocorre em dias em que o fechamento é maior do que o do dia anterior; a mudança de preço nesses dias é calculada como a diferença entre o fechamento do dia atual e a mínima do TR. A distribuição ocorre no dia em que o preço de fechamento é inferior ao do fechamento do dia anterior; o movimento de preços nesses dias é a diferença entre o fechamento do dia atual e a máxima do TR, o que resultará em um número negativo. Cada movimento do preço é multiplicado pelo volume do respectivo dia, e os valores resultantes são acumulados em um índice, o WAD.

## 11.2 OSCILADORES DE VOLUME

Ao contrário dos índices relacionados com volume, os osciladores são de certa forma limitada. Quando um oscilador se aproxima do limite superior, uma condição sobrecomprada ocorre; quando se aproxima do limite inferior, uma condição de sobrevenda ocorre. Osciladores são especialmente úteis nas faixas laterais de negociação.

### 11.2.1 Fluxo de dinheiro de Chaikin

O fluxo de dinheiro de Chaikin é um oscilador que utiliza o cálculo da LAD para cada dia. O cálculo é feito da seguinte forma: considera-se o valor da LAD acumulado por 21 períodos dividido pelo volume total acumulado em 21 períodos.

Isso produz um oscilador que fica acima de zero quando uma tendência ascendente começa e declina abaixo de zero quando a tendência vira para baixo.

324 ANÁLISE TÉCNICA DOS MERCADOS FINANCEIROS

A premissa básica por trás da LAD é a de que o grau de pressão compradora ou vendedora pode ser determinado pela localização do fechamento em relação à máxima e à mínima correspondentes do período. Existe pressão compradora quando o ativo fecha acima da metade da variação do período (máxima menos a mínima) e vendedora ao se fechar na metade inferior da variação.

Sinais:

1. Se > 0, há pressão compradora, e se < 0, há pressão vendedora.
2. O tamanho da duração positiva ou negativa da leitura evidencia que o ativo está sob acumulação/distribuição sustentável. Períodos estendidos de acumulação são altistas.
3. Maior intensidade do oscilador evidencia maior pressão compradora.

**Gráfico 11.3** Fluxo de Dinheiro de Chaikin confirmando sinais de venda com rompimento do indicador

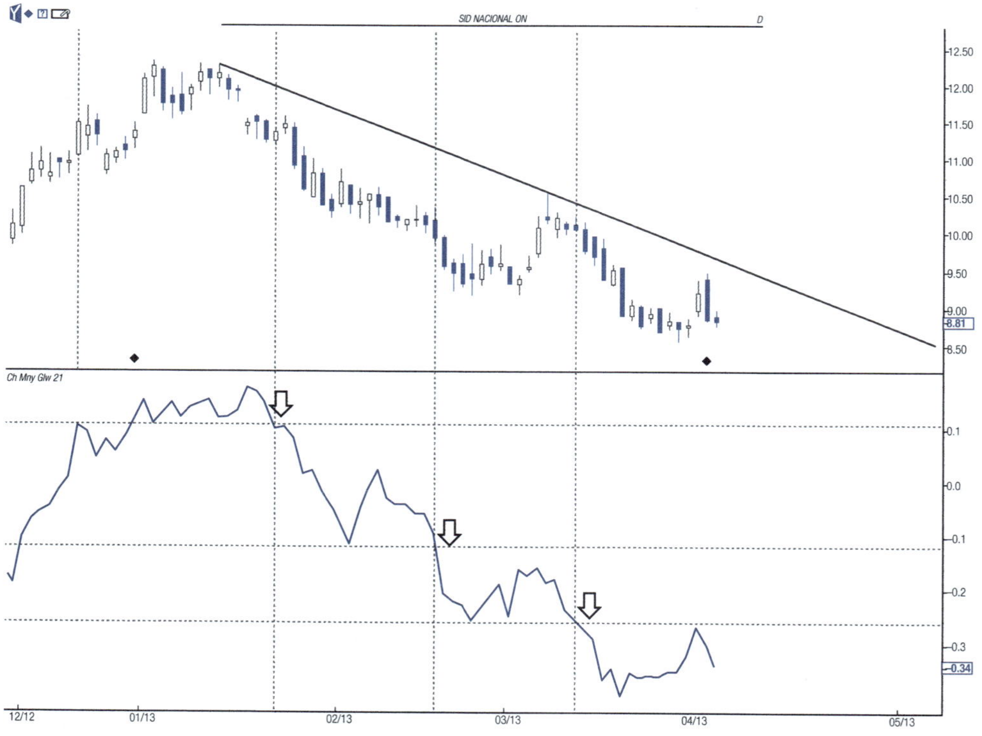

Fonte: cortesia da Cartezyan.

Lembre-se de que cada cálculo da LAD diária é baseado apenas em máxima mínima e fechamento; portanto, se um *gap* ocorrer, não será refletido nesse oscilador.

Outro problema potencial com ele, que acontece com todos os osciladores construídos usando MMS, é que, simplesmente diminuindo o número de períodos, ou alterando o período de cálculo, poderá influenciar o valor atual do oscilador. Recorde que este é uma ferramenta utilizada para confirmação, e não para gerar sinais.

## 11.2.2 Oscilador Chaikin

Só para confundir ainda mais as coisas, Marc Chaikin também inventou o Oscilador Chaikin, que é simplesmente a razão entre a MME de 3 dias da LAD com a MME de 10 dias da LAD. Chaikin recomenda o uso com um envelope de preço de 20 dias, tal como uma Banda de Bollinger para uma indicação mais confiável dos sinais do oscilador. A maioria dos sinais são por corte da linha do eixo ou por divergências.

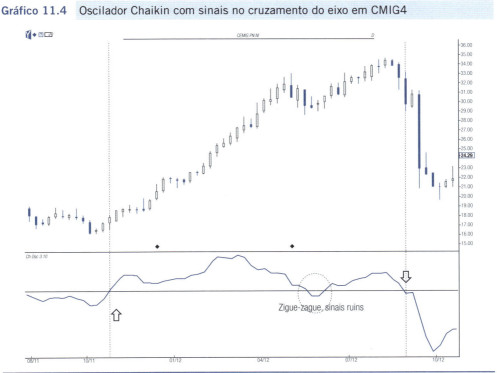

**Gráfico 11.4** Oscilador Chaikin com sinais no cruzamento do eixo em CMIG4

Fonte: cortesia da Cartezyan.

*Cálculo*

Multiplicador de Fluxo de Dinheiro = [(Fechamento – Mínima) –

(Máxima – Fechamento)] / (Máxima – Mínima)

Volume de Fluxo de Dinheiro = Multiplicador de Fluxo de Dinheiro × Volume no período

LAD = LAD Anterior ADL Volume + Volume do fluxo de dinheiro do período atual

Oscilador Chaikin = (MME de 3 dias da LAD) – (MME de 10 dias da LAD)

## 11.2.3 Índice de Fluxo de Dinheiro (oscilador) – *Money flow index*

Outro método de medição do fluxo de dinheiro é o Índice de Fluxo de Dinheiro. Ele considera dias de "alta" e dias de "baixa" para determinar o fluxo de dinheiro dentro e fora de um ativo.

O fluxo de dinheiro no dia i seria calculado como:

$$MF_i = [(Máxima_i + Mínima_i + Fechamento_i) / 3] \times Volume_i$$

Se, no dia i, o preço médio for maior que o do dia anterior, então o fluxo de dinheiro é positivo (PMF). Caso o contrário ocorra – se, no dia i, o preço médio for menor do que o do dia anterior –, o fluxo de dinheiro será negativo (NMF). O analista escolherá um período específico para analisar e somar todos PMF e NMF para esse período. A divisão da soma dos PMF pela soma de NMF resultados na razão de escoamento de dinheiro (MFR):

$$MFR = \Sigma PMF / \Sigma NMF$$

O índice de fluxo de dinheiro é então calculado usando a fórmula:

$$Índice\ de\ fluxo\ de\ dinheiro = 100 - (100 / (1 + MFR))$$

Esse é um oscilador com um máximo de 100 e um mínimo de 0. Quando o fluxo positivo de dinheiro é relativamente elevado, o oscilador se aproxima de 10; de modo inverso, quando o fluxo de dinheiro negativo é relativamente elevado, o oscilador se aproxima de 0. Um nível acima de 80 é com frequência considerado sobrecomprado, e abaixo de 20, sobrevendido. Esses parâmetros, bem como o período, são obviamente ajustáveis.

Capítulo 11 ▪ Indicadores de volume 327

Como outros osciladores, esse índice apresenta problemas quando os preços estão em tendência e dá prematuros sinais de saída.

Gráfico 11.5   Índice de fluxo de dinheiro mostrando um sinal prematuro

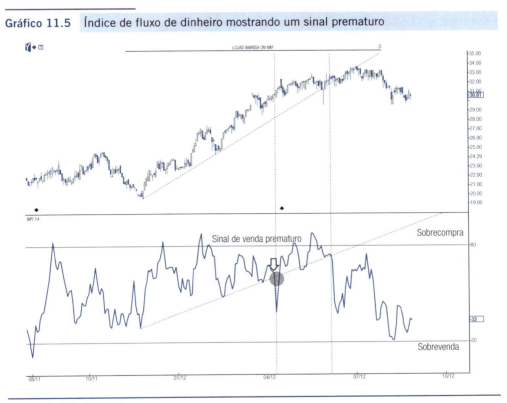

Fonte: cortesia da Cartezyan.

## 11.2.4 *Force Index* (índice de força de Elder)

Também concebido por Alexander Elder e explicado no livro *Trading for a living*, o Force Index tem a concepção de medir a força de compradores e de vendedores. Além da direção e da extensão do movimento dos preços, também se leva em conta o volume.

De acordo com Elder, há três elementos essenciais para o movimento dos preços de um ativo: extensão, direção e volume. O índice de força combina todos os três como um oscilador que se move em território positivo e negativo, sinalizando possíveis mudanças de poder entre comprados e vendidos.

O índice de força pode ser usado para reforçar a tendência geral e identificar correções que possam ser operadas ou reversões precursoras com divergências.

## 328 ANÁLISE TÉCNICA DOS MERCADOS FINANCEIROS

### *Forma de cálculo*

O índice de força relaciona preço e volume. A fórmula utiliza a amplitude do preço entre dois dias (ou entre duas unidades de tempo da periodicidade escolhida) e procura medir o tamanho da movimentação e sua força. Assim:

Force Index = [Fechamento (hoje) – Fechamento (ontem)] × Volume (hoje)
Force Index(13) = MME do índice de força de Elder Force Index de 13 períodos

Se a variação for maior que zero, o Force Index será positivo. De maneira semelhante, se o fechamento for inferior ao do dia anterior, ele será negativo. O volume entra como um fator que amplifica ou atenua a importância do dia, ou seja, ajuda a qualificar a relevância da variação.

O Force Index normalmente recebe mais um nível de tratamento, no qual se aplica uma média móvel aos seus resultados, sendo mostrado como uma linha e não como um histograma. Essa, aliás, é uma das recomendações do criador desse indicador. Assim, ao longo do restante deste capítulo a notação Force Index [13], por exemplo, se refere ao indicador atenuado por uma média móvel de 13 unidades de tempo.

Elder recomenda alisamento do indicador com uma MME de 13 períodos a fim de reduzir os cruzamentos positivo-negativos. Analistas devem experimentar diferentes períodos de suavização para determinar aquele que melhor se adapte a suas necessidades analíticas.

O índice de força pode ser usado para reforçar ou determinar a tendência. Além disso, a tendência em questão – curto prazo, médio prazo ou longo prazo – depende dos parâmetros do índice de força.

Enquanto o parâmetro de índice de força padrão é de 13, analistas podem usar um número maior para obter mais alisamento ou um número menor para menos alisamento. O Gráfico 11.6, a seguir, mostra a Home Depot com um índice de força de 100 dias e um de 13 dias. Observe como este é mais volátil e irregular. O índice de força de 100 dias é mais suave e cruza a linha de zero menos vezes e pode ser utilizado para determinar a tendência de médio ou de longo prazo. Observe como uma fuga de resistência no gráfico de preço corresponde a uma fuga de resistência no índice de força de 100 dias, o qual mudou para território positivo e quebrou a resistência em meados de fevereiro. O indicador manteve-se positivo durante toda a tendência de alta e tornou-se negativo em meados de maio. A quebra de suporte nos preços no início de junho foi confirmada com uma quebra de suporte no índice de força.

**Gráfico 11.6** Operando com o Force Index

Fonte: StockCharts.com.

## Entrando em uma operação

Uma das técnicas de utilização emprega um Force Index em combinação com um indicador de acompanhamento de tendência. No Gráfico 11.7, usamos essa técnica para acompanhar o movimento de uma MME de 22 períodos. Os pontos de entrada podem ser gerados de acordo com dois critérios:

- O indicador de acompanhamento de tendência aponta para cima.
- O índice de força está abaixo de zero.

## 330 ANÁLISE TÉCNICA DOS MERCADOS FINANCEIROS

A ideia por trás desse mecanismo é identificar um pequeno momento dos vendedores dentro de uma tendência de alta e, assim, conseguir comprar por um preço barato. Claro que os *stops* devem estar posicionados, pois o momento dos vendedores pode não ser tão breve como pensamos inicialmente.

Entretanto, essa técnica pode gerar melhores resultados se adicionarmos um pequeno recurso extra. Além dos itens mencionados anteriormente, o ponto de compra é gerado quando os preços estão próximos da média móvel. Esse item a mais diminuirá o número de sinais, mas, de acordo com nossos testes, os resultados serão superiores, de modo que recomendamos positivamente sua utilização.

O Gráfico 11.7 mostra a técnica sendo aplicada ao Ibovespa. As linhas verticais identificam claramente os pontos de entrada gerados.

**Gráfico 11.7** Operando com o Force Index

Fonte: cortesia da Cartezyan.

Os mesmos conceitos podem ser usados para uma operação de venda; basta, para isso, inverter as afirmações. O índice de força deve estar acima de zero, e o indicador de acompanhamento de tendência apontando para baixo.

## Exaustão

Muitas vezes, um movimento de alta ou de baixa dá um último e forte "suspiro" antes de finalizar sua trajetória. Esse acontecimento se chama exaustão e pode ser identificado de diferentes maneiras: a utilização do índice de força é uma delas.

Observe o Gráfico 11.8, a seguir, de Petrobras (PETR4). O indicador realiza um pico muito maior do que o normal. Essa sinalização mostra uma exaustão no movimento de alta, de modo que nos dias seguintes o papel iniciou um processo de correção.

**Gráfico 11.8** Operando com índice de força

Fonte: cortesia da Cartezyan.

## Divergências

Divergências altistas e baixistas podem alertar analistas sobre uma potencial mudança de tendência. Elas são sinais clássicos associados aos osciladores.

A confirmação é uma parte importante de divergências de alta e baixa. Mesmo que o sinal de divergência esteja aparecendo, a confirmação do gráfico do indicador ou dos preços é necessária. A divergência de alta pode ser confirmada com o índice de força movendo-se em território positivo ou um rompimento de resistência no gráfico de preço. A divergência de baixa pode ser confirmada com o índice de força entrando em território negativo ou com um rompimento de suporte no gráfico de preços. Analistas também podem usar *candlesticks*, cruzamento de médias móveis, rompimentos de padrões gráficos e outras formas de análise técnica para confirmação.

Como se deve proceder com muitos outros osciladores, procure sempre prestar atenção às divergências entre o Force Index e o preço. Uma distinção que se faz é que para a observação de divergências é muito melhor trabalhar com um Force Index maior, como 13 ou 22.

Assim, quando o Force Index falha ao fazer um topo mais alto, mas o gráfico dos preços obtém sucesso, temos um indicativo de possíveis problemas pela frente. A situação contrária também é verdadeira, ou seja, se o Force Index falha ao fazer um fundo mais baixo, mas os preços conseguem atingir um nível inferior, temos a indicação de que uma reação altista pode estar surgindo.

## 11.2.5 Volume Price Confirmation Indicator (VPCI)

Esse é um indicador desenvolvido por Buff Dormeier, CMT que veio na Expo Trader Brasil de 2007, no mesmo ano em que ganhou o prêmio máximo da análise técnica mundial, o Charles H. Dow Award, dado pela Market Technician Association justamente pela elaboração desse indicador.

Em uma série de dois artigos na revista *Active Trader* e um no *Journal of Technical Analysis*, Buff Dormeier introduziu em 2005 um método de comparar uma média móvel ponderada por volume e preço com uma MMS para determinar se o volume está confirmando ação dos preços.

A relação entre preço e volume é frequentemente enganosa, e esse indicador foi desenvolvido para nos chamar atenção para quando o preço e o volume estão em sincronia ou em conflito. O indicador confirma ou contradiz a tendência dos preços, revelando a relação entre preço intrínseco e volume.

O indicador envolve três cálculos: o Confirmador/contestador Preço Volume (CPV), a Proporção Preço Volume (PPV) e o Multiplicador de Volume (MV):

$$VPCI = CPV \times PPV \times MV$$

Em que:

CPV é a diferença entre a média móvel ponderada pelo volume de longo prazo e uma média móvel simples de mesmo período.

Quando positiva, é uma confirmação (CPV+), e é contestadora quando negativa (CPV–).

O PPV é calculado dividindo-se a Média Móvel Ponderada pelo Volume (MMPV) de curto prazo com uma MMS de mesmo período. E o MV é o volume médio de curto prazo dividido pelo volume médio de longo prazo. São três os sinais fornecidos pelo Indicador de Volume de Confirmação de Preço (IVCP):

1. Indicador subindo/caindo.
2. Cruzamento dos indicadores do VPCI com o VPCI em MMPV.
3. Indicador acima ou abaixo da linha zero.

| Tabela 11.1 | Interpretando o indicador de volume VPCI | | |
|---|---|---|---|
| Preço | VPCI | Relação entre preço e tendência | Implicação |
| Subindo | Subindo | Confirma | Altista |
| Subindo | Caindo | Contradiz | Baixista |
| Caindo | Subindo | Contradiz | Altista |
| Caindo | Caindo | Confirma | Baixista |

Fonte: Trader Brasil Escola de Finanças & Negócios.

O indicador pode ser usado tanto para *small caps*[2] quanto para *blue chips*, mas mostra sinais de confirmação melhor para posições compradas do que para vendidas.

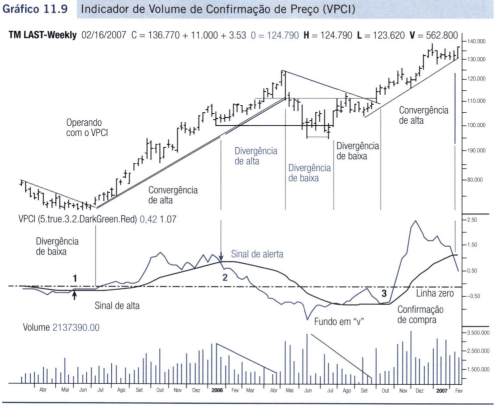

Gráfico 11.9 — Indicador de Volume de Confirmação de Preço (VPCI)

Fonte: Buff Dormeier em apresentação na Expo Trader Brasil 2007.

## 11.2.6 Média móvel de volume

A média móvel de volume representa o volume médio negociado em determinado período. Quando o volume supera a média, com outros indicadores, pode demonstrar uma reversão ou confirmação da tendência vigente. Normalmente usamos uma média semanal ou mensal para balizamento.

---

[2] *Small* (pequena) *caps* (capitalização) são ações de empresas com valor de mercado abaixo de R$ 3 bilhões. Há fundos norte-americanos que adotam o corte entre US$ 500 milhões e US$ 2 bilhões. Ou seja, o conceito de baixo valor de mercado varia muito a cada instituição. São normalmente menos negociadas que as *blue chips*.

### Gráfico 11.10   Média móvel de volume

Fonte: cortesia da Cartezyan.

## 11.2.7   Média móvel ponderada por volume (MMPV)

Essa média é feita ponderando-se cada preço de fechamento pelo volume negociado nele durante certo período.

O cálculo é feito com a seguinte fórmula:

MMPV = Soma {preço de fechamento (X) × [volume (X) / (volume total)]}

**Tabela 11.2   Dados para cálculo da MMPV**

|  | MMS | MMPV | |
|---|---|---|---|
|  | Preço | Preço | Volume |
| Dia 1 | 20 | 20 | 100.000 |
| Dia 2 | 22 | 22 | 300.000 |
| MMS = (20 + 22) / 2 | 21 | MMPV | 21,5 |

Fonte: Trader Brasil Escola de Finanças & Negócios.

Em que:

MMPV = [(20 × 100.000/400.000) + (22 × 300.000/400.000)] = 21,5

Ponderando-se os preços pelos volumes negociados, tem-se uma resposta mais rápida das médias, sinais mais confiáveis, retornos melhores e um controle de risco mais apurado.

Gráfico 11.11    MMPV

Fonte: cortesia da Cartezyan.

## 11.2.8 Volume por preço (*Volume Profile*)

É um histograma horizontal que sobrepõe o gráfico dos preços. O tamanho de cada barra é determinado pelo total acumulado de todo o volume localizado na faixa de variação vertical de cada preço. Pode indicar importantes áreas horizontais de suporte e resistência. Veja mais no Capítulo 25.

### Gráfico 10.12    Volume por preço

Fonte: StockCharts.com.

# Capítulo 12

# Indicadores de fôlego de mercado

> "A vida não é medida por sua respiração, mas pelos momentos de tirar o fôlego."
>
> *Michael Vance*

Como um indicador técnico, um indicador de fôlego de mercado é uma série de pontos de dados derivados a partir de uma fórmula. Nesse caso, no entanto, a fórmula para ele é aplicada aos dados dos preços de múltiplos títulos do mercado, em vez de apenas um ativo, que podem vir da abertura, da máxima, da mínima ou do fechamento para os títulos, para o seu volume ou para ambos. Esse dado é introduzido na fórmula do indicador e um ponto de dados é produzido.

Ao contrário dos indicadores técnicos, os de fôlego não são estabelecidos acima ou abaixo do gráfico. Eles são traçados no gráfico principal e, como tal, têm seus próprios códigos. Muitas vezes há códigos diferentes que aplicam a mesma fórmula de indicador de fôlego para distintos mercados. Por exemplo, no site StockCharts o $BPSPX e $BPNDX acompanham o Índice Percentual de altas para o S&P 500 e para o Nasdaq 100, respectivamente.

O uso de indicadores de fôlego não está mais restrito apenas aos índices como o NYSE Composite, o AMEX Composite e Nasdaq Composite. Agora, todos os indicadores de fôlego podem ser facilmente utilizados nos mais importantes índices e ETFs em sites como o Masterdata.

## 12.1 LINHA DE AVANÇOS E DECLÍNIOS (LINHA AD)

A Linha de Avanços e Declínios (Linha AD) é um indicador de fôlego em função do avanço líquido, que é o número de ações em alta menos o número de ações em baixa. O avanço líquido é positivo quando os avanços excederem as quedas, e negativo quando declínios excederem os avanços. A Linha AD é uma medida cumulativa de avanço líquido. Ela sobe quando este é positivo e cai quando é negativo. Tipicamente, as estatísticas avanço/declínio vêm da NYSE e da Nasdaq em uma base diária. A ideia de incluir esses indicadores neste livro serve como indicativo para que a B3[1] se empolgue e comece a fornecer esses números também, que não são nada difíceis de calcular.

> Linha AD (valor anterior) + Avanço líquido (valor atual)
>
> Avanço líquido = número de ações em alta menos o número de ações em baixa

Para calcular a Linha AD, duas estatísticas de fôlego de mercado são necessárias, ações que subiram e ações que caíram. Por exemplo, o S&P 500 Index ($ SPX) é composto de 500 ações ou "constituintes". Se 235 dos elementos constituintes subiram em relação ao fechamento, significa que as ações que subiram são 235. Como você pode imaginar, se 255 recuaram de preço, as ações em declínio serão 255. Ações inalteradas serão as 10 restantes.

Logo, no exemplo, as ações que subiram menos as ações que caíram serão iguais a –20, e adicionaremos esse valor ao total de todos valores similares anteriores – e em todos os dias futuros faremos a mesma coisa.

A Linha AD é um dos indicadores de fôlego mais simples e esclarecedores. Não há média ou cálculo complicado. Ao olhar para a própria linha, você imediatamente saberá que os avanços foram maiores do que quedas no período de dados passados. Então, só de olhar para a linha, saberá mais ou menos a história de avanços e declínios para o índice ou ETF.

### 12.1.1 Divergências

Analistas podem plotar a Linha AD para o índice e compará-la com o desempenho do índice real. Ela deve confirmar um avanço ou um declínio com movimentos similares.

---

[1] B3 (Brasil, Bolsa, Balcão) é a bolsa de valores oficial do Brasil. Surgiu após a fusão da BM&FBOVESPA e a CETIP S.A. Disponível em: <http://www.b3.com.br/pt_br/>. Acesso em: 29 jan. 2018.

Se ocorrerem divergências de alta ou de baixa na Linha AD, estas sinalizarão uma mudança na participação que poderá prenunciar uma reversão. As divergências são o uso primário da Linha AD, e quando ocorrem, embora não perfeitas, haverá um indicador muito confiável. A falta de divergência confirma (um pouco) a continuação de uma tendência. As divergências não ocorrem com frequência. Além disso, identificar uma é muitas vezes um exercício de retrospectiva e difícil de definir em código de programação, ou seja, tem algo de subjetividade da interação humana.

Gráfico 12.1  Linha AD da NYSE com Índice NYSE Composite abaixo

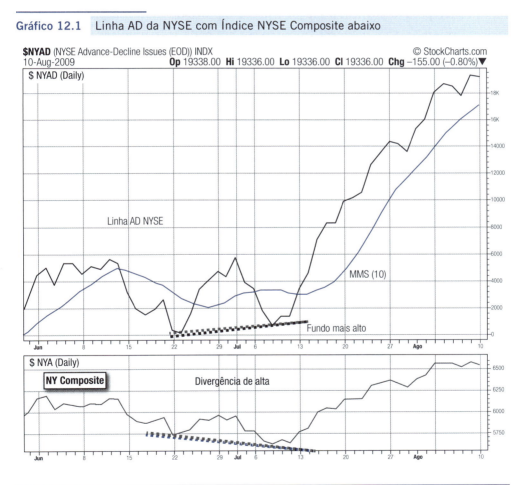

Fonte: StockCharts.com.

## 12.2 ÍNDICE ARMS OU TRIN

Também conhecido como *Trader's Index* (TRIN) ou ainda *Short-Term Trading Index*, o TRIN é um indicador de fôlego desenvolvido por Richard W. Arms em 1967. Esse índice é calculado dividindo-se a razão do número de avanços e de declínios pela relação do volume do avanços e dos declínios. Normalmente, essas estatísticas de fôlego são dados derivados da NYSE ou da Nasdaq Dados, mas o TRIN pode ser calculado usando-se estatísticas de fôlego de outros índices, como o S&P 500 ou Nasdaq 100. Atuando como um oscilador, o indicador é muitas vezes usado para identificar situações de curto prazo de sobrecompra e de sobrevenda. Uma média móvel também pode ser aplicada para analisar os dados.

TRIN = Índice de AD / volume de AD

Índice de AD = número de avanços / número de declínios

Volume de AD = volume dos avanços / volume dos declínios

Como uma razão de dois indicadores, o índice de Arms reflete a relação entre o índice de AD e a relação de volume de AD. O TRIN é inferior a 1 quando a relação de volume de AD é maior do que o índice de AD, e acima de 1 quando a relação de volume de AD é menor do que o índice de AD. Leituras baixas, inferiores a 1, mostram relativa força no índice de volume AD. Leituras elevadas, acima de 1, mostram relativa fraqueza no índice de volume AD. Em geral, avanços fortes do mercado são acompanhados por leituras relativamente baixas do TRIN porque o volume de alta ultrapassa o de baixa para produzir uma relação de volume AD relativamente elevada. É por isso que o TRIN parece mover-se inversamente ao mercado. Um dia de alta forte no mercado em geral empurra o TRIN para baixo, enquanto que um dia forte para baixo empurra-o para cima.

De acordo com Arms:

- MM (TRIN,10) < 0,8 = Mercado sobrecomprado
- MM (TRIN,10) > 1,2 = Mercado sobrevendido

Capítulo 12 ▪ Indicadores de fôlego de mercado   343

**Gráfico 12.2**   TRIN no Índice NYSE Composite

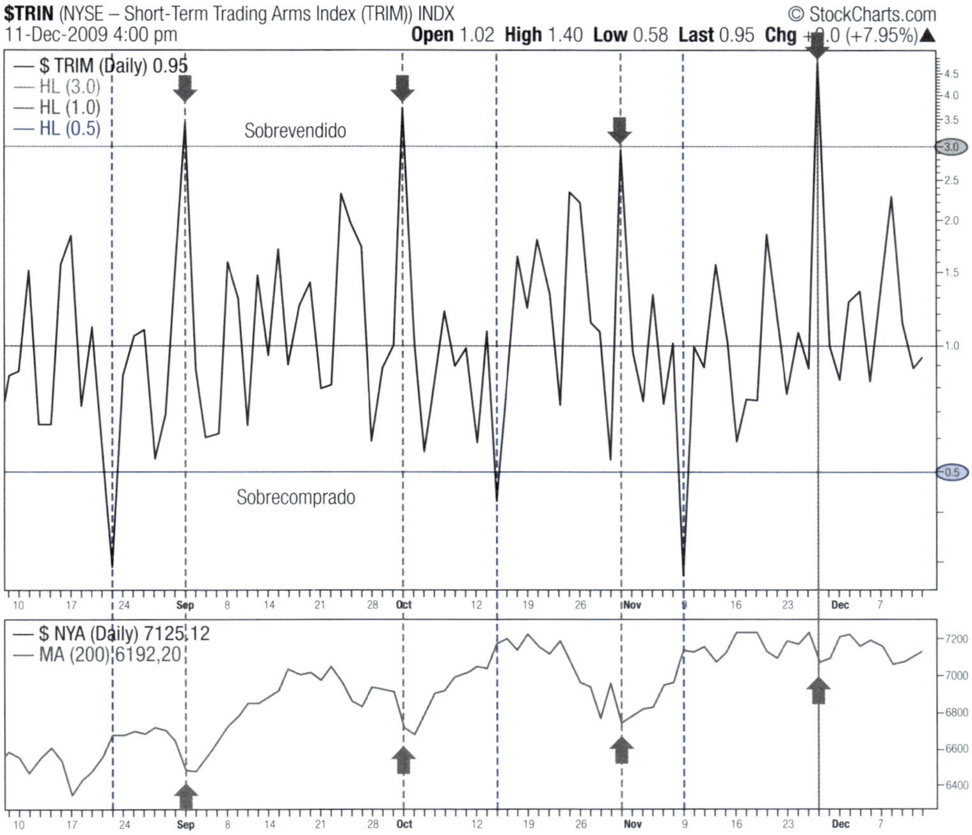

$TRIN (NYSE – Short-Term Trading Arms Index (TRIM)) INDX                                    © StockCharts.com
11-Dec-2009 4:00 pm                    **Open** 1.02  **High** 1.40  **Low** 0.58  **Last** 0.95  **Chg** +0.0 (+7.95%)▲

Fonte: cortesia da Cartezyan.

## **12.3** OSCILADOR McCLELLAN

Desenvolvido por Sherman e Marian McClellan, e apresentado na Expo Trader Brasil 2007 por seu filho Tom, o oscilador McClellan é um indicador de fôlego derivado de avanços líquidos, o número de ações que avançam menos o número de ações em declínio.

O oscilador forma-se subtraindo a MME de adiantamentos líquidos de 39 dias da MME de adiantamentos líquidos de 19 dias. Como a fórmula revela, o oscilador McClellan é um indicador de impulsão que funciona semelhantemente ao MACD.

Sinais típicos para o MACD aplicam ao oscilador McClellan:

1. O oscilador McClellan geralmente favorece os touros, quando positivo, e os ursos, quando negativo.
2. Analistas podem procurar divergências de alta e de baixa para antecipar reversões.
3. Analistas podem procurar mudanças bruscas para sinalizar o início de um movimento prolongado.

Mesmo que o oscilador McClellan seja bastante volátil, pode também se manter positivo ou negativo por longos períodos durante uma forte tendência de alta ou de baixa.

Razão Ajustada de Avanços Líquidos (RAAL): (Avanços − Declínios) / (Avanços + Declínios)

Oscilador McClellan: EMA de RAAL DE 19 dias: EMA de RAAL DE 39 dias

EMA DE 19 dias[2] = (RAAL do Dia atual − EMA do Dia anterior) * 0,10 + EMA do Dia anterior EMA DE 39 dias * = (RAAL do Dia atual − EMA do Dia anterior) * 0,05 + EMA do Dia anterior

Uma mudança brusca ocorre quando o oscilador McClellan sai de profundas leituras negativas e alcança fortes leituras positivas. Normalmente, o indicador vai passar abaixo de −50 e exceder 50 em um impulso de 100 pontos. Uma mudança brusca sinaliza um aumento do fôlego de alta, que pode levar a um avanço prolongado. Nem todas as mudanças bruscas prenunciam avanços longos, mas os fundos mais importantes são marcados por um aumento súbito de fôlego. Uma mudança brusca é reforçada quando precedida por uma divergência de alta.

---

2    O primeiro cálculo da EMA é uma média simples.

Capítulo 12 ■ Indicadores de fôlego de mercado   345

**Gráfico 12.3**   Oscilador McClellan com índice Nasdaq Composite abaixo

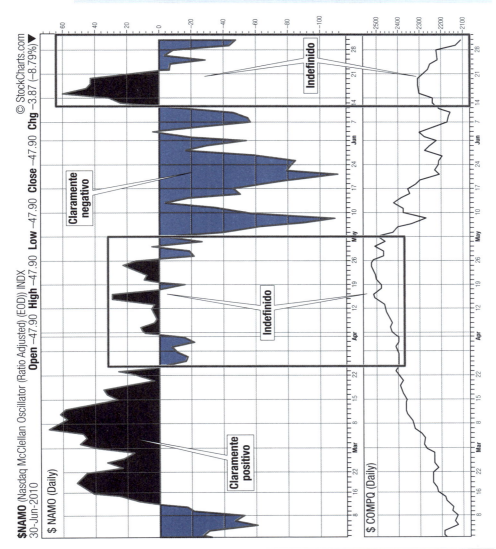

Fonte: StockCharts.com.

**Gráfico 12.4** Oscilador McClellan com índice Nasdaq Composite abaixo

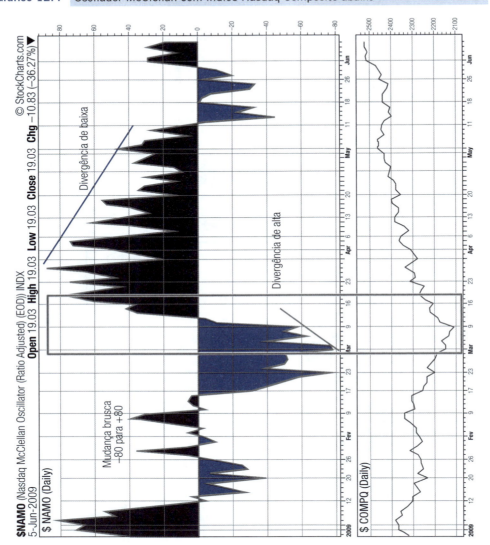

Fonte: StockCharts.com.

## 12.4 McCLELLAN *SUMMATION INDEX*

Também desenvolvido pelo casal Sherman e Marian McClellan, o McClellan *summation index* é um indicador de fôlego derivado do Oscilador McClellan, que é um indicador de fôlego em função dos avanços líquidos. O *summation index* é simplesmente uma soma total dos valores do Oscilador McClellan. Mesmo que ele seja chamado de índice de soma, o indicador é realmente um oscilador que flutua acima/abaixo de zero. Como tal, seus sinais podem ser derivados de divergências de alta/baixa, movimento direcional e cruzamentos de eixo. Uma média móvel também pode ser aplicada para identificar subidas e descidas.

McClellan *summation index* dia anterior[3] + oscilador McClellan dia atual

O *summation index* sobe quando o oscilador McClellan é positivo e cai quando este é negativo. Números positivos extendidos no oscilador McClellan fazem o *summation index* ter tendência de alta. Em contrapartida, leituras negativas extendidas causam tendência de baixa no *summation index*. Em razão de sua natureza cumulativa, esse índice é uma versão mais lenta do oscilador McClellan, já que cruza a linha zero menos vezes, divergências formam-se com menos frequência e produzem menos sinais em geral. Considerando que o oscilador McClellan possa ser utilizado para *timing* (sincronismo) de curto e médio prazos, o *summation index* é geralmente utilizado para o sincronismo de médio e longo prazos.

Existem três sinais básicos: no primeiro, o *summation index* costuma favorecer os touros, quando positivo, e os ursos, quando negativo. No segundo, grafistas podem procurar divergências de alta e de baixa para antecipar reversões. E, no terceiro, grafistas podem adicionar uma média móvel para identificar viradas para tendência de alta ou de baixa.

Como todos os indicadores, os sinais do *summation index* devem ser confirmados com outros indicadores ou táticas de análise técnica.

---

3   O primeiro McClellan *summation index* é simplesmente o valor do oscilador McClellan.

### Gráfico 12.5 McClellan *summation index* com oscilador McClellan abaixo

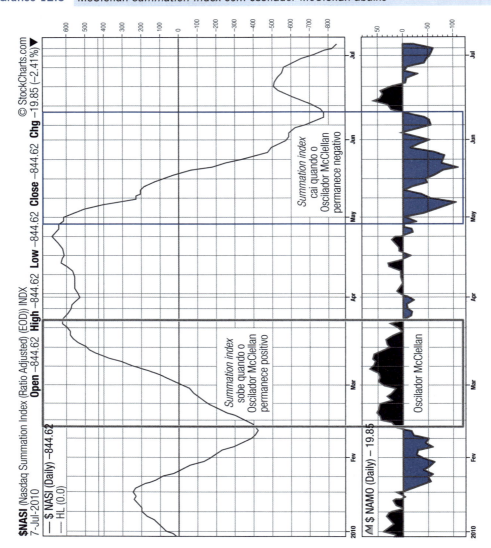

Fonte: StockCharts.com.

# Capítulo 13

# Indicadores de sentimento

> "Uma coisa sobre a psicologia que todos sabemos é a de que todo investidor é de longo prazo, mas só até o mercado despencar..."
>
> *Steve Forbes*
>
> "No mercado de ações, o órgão mais importante é o estômago – não é o cérebro."
>
> *Peter Lynch*

Indicadores de sentimento são indicadores psicológicos que tentam medir o grau de otimismo ou pessimismo em um mercado. Eles são contrários e usados da mesma maneira que osciladores sobrecomprados ou sobrevendidos. Seu maior valor ocorre quando se encontram em extremos históricos superiores ou inferiores.

## O que são "contrários"?

Os contrários são aqueles que se tornam:

- baixistas quando a maioria dos investidores está otimista;
- altistas quando os investidores estão pessimistas demais.

Segundo eles, quando a maioria dos *players* concorda com determinado cenário, está geralmente errada.

**DICA:** Os sentimentos são muito voláteis, mas em extremos eles são muito úteis, entretanto preveem apenas reversões de curto prazo, não servindo como um indicador de liderança para o longo prazo.

A lógica deles é a seguinte: se todos concordam com uma opinião otimista, então todos provavelmente já compraram; então, quem sobrou para comprar também?

## 13.1 PUT/CALL RATIO

O *put/call ratio* é um indicador que mostra o volume de opções de venda (*puts*) em relação ao de compra (*calls*).

Opções de venda são utilizadas para proteção contra a fraqueza do mercado ou apostas em um declínio. As opções de compra são usadas para se proteger contra a força de mercado ou aposta em uma subida.

**Gráfico 13.1**  *Put/call ratio* com o SPX

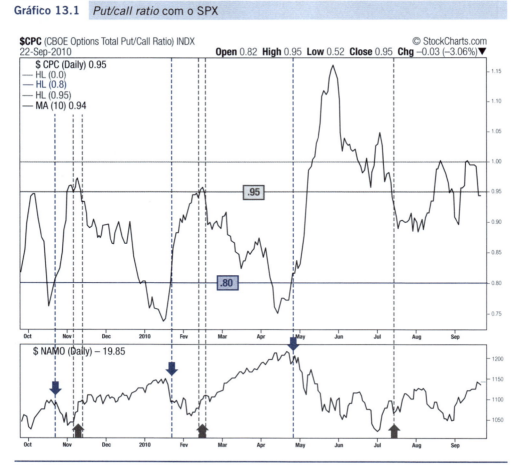

Fonte: StockCharts.com.

O *put/call ratio* é superior a 1 quando o volume de *puts* ultrapassar o de *calls*, e abaixo de 1 quando o de *calls* ultrapassar o de *puts*. Em geral, esse indicador é utilizado para avaliar o sentimento do mercado, que é considerado muito baixista quando a *put/call ratio* está negociando em níveis relativamente altos, e excessivamente otimista quando em níveis relativamente baixos. O analista pode aplicar médias móveis e outros indicadores para suavizar os dados e obter sinais.

*Put/Call Ratio = Put Volume / Call Volume*

Quando os operadores de opções estão otimistas, o volume das opções de compra excede o das opções de venda, e o *put/call ratio* cai.

Como acontece com a maioria dos indicadores de sentimento, o *put/call ratio* é usado como um indicador contrário para medir extremos otimistas e pessimistas.

## 13.2 *CBOE VOLATILITY INDEX* (VIX)

O *CBOE Volatility Index* (VIX) é muitas vezes referido como o "índice de medo". Com base nos preços de opções, o VIX aumenta quando os investidores compram opções de venda para garantir suas carteiras contra perdas.

Os índices de volatilidade medem a volatilidade implícita de uma cesta e opções de compra e de venda relacionadas a um índice específico ou ETF. O mais popular é justamente o VIX, que mede a volatilidade implícita de uma cesta de opções *out-of-the-money* de compra e venda para o S&P 500. Especificamente, ele é concebido para medir a volatilidade de 30 dias esperada para o S&P 500.

Um VIX crescente indica uma maior necessidade de seguro.

Procurando por pontos no índice, podemos identificar momentos extremos em que o medo tem sobrecarregado o mercado, dando-nos a oportunidade de comprar ações em níveis reduzidos.

Gráfico 13.2   VIX para o SPX

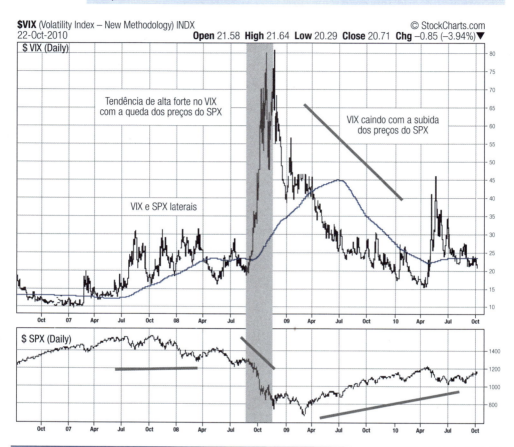

Fonte: StockCharts.com.

## 13.3 NYSE *HIGH/LOW* – ÍNDICE NYSE DE NOVAS MÁXIMAS E NOVAS MÍNIMAS

É calculado como o número de ações em 52 semanas de máximas menos o número de ações em 52 semanas de mínimas. Quando acontecem oscilações extremas de preços, esperamos ver picos nessa relação. Como o Gráfico 13.3, a seguir, mostra, cada baixa extrema durante esse mercado baixista foi acompanhada por um aumento posterior na proporção. Os investidores que adquirem nesses pontos rápidos materializam lucros.

Capítulo 13 ▪ Indicadores de sentimento    353

**Gráfico 13.3**    Índice NYSE de novas máximas e novas mínimas

Fonte: StockCharts.com.

## 13.4 MONITORAMENTO DO NÚMERO DE AÇÕES ALUGADAS

O número de ações alugadas pode ser um indicador de sentimento útil, uma vez que mede o nível de pessimismo dos investidores em direção a determinada ação. Especificamente, as ações alugadas são criadas quando um investidor vende ações a descoberto depois de pegar emprestado de uma corretora, ou seja, não as possui. Nos Estados Unidos, duas vezes por mês, as corretoras são obrigadas a comunicar o número de ações que tenham sido vendidas curtas em contas de seus clientes. Essa informação é compilada para cada título e em seguida liberada para o público. Ao monitorar alterações em um estoque de ações alugadas, os investidores são capazes de medir o nível de pessimismo do público para o ativo. De modo geral, um grande volume de ações alugadas indica que os investidores têm uma perspectiva negativa para a empresa (embora esse volume também possa ser criado a partir de situações de arbitragem, como fusões e liberação de debêntures conversíveis). Do ponto de vista contrário, vemos esse pessimismo como altista para o estoque se ele estiver em uma tendência de alta.

No Brasil, essa informação do dia anterior é fornecida pela Companhia Brasileira de Liquidação e Custódia (CBLC) diariamente.

**Tabela 13.1** Aumento e diminuição de empréstimos em abril de 2013

| Aumento dos empréstimos (D-1) | | | Diminuição dos empréstimos (D-1) | | |
|---|---|---|---|---|---|
| Ticker | Nº Ações alugadas | Var. (%) | Ticker | Nº Ações alugadas | Var. (%) |
| CESP6 | 11.511.701 | 21,42 | VAGR3 | 142.277.273 | −10,56 |
| CMIG4 | 21.318.999 | 20,52 | SANB11 | 40.781.641 | −9,29 |
| CSNA3 | 69.705.255 | 12,29 | CPFE3 | 12.683.957 | −4,11 |
| BVMF3 | 129.392.040 | 9,44 | ELET6 | 20.306.634 | −3,22 |
| BTOW3 | 5.890.916 | 7,46 | BRKM5 | 14.709.970 | −2,58 |
| TRPL4 | 1.813.644 | 6,32 | CCRO3 | 26.780.081 | −2,23 |
| SBSP3 | 5.011.886 | 6,07 | RENT3 | 15.119.356 | −1,83 |
| HYPE3 | 33.566.760 | 4,40 | ITSA4 | 61.730.576 | −1,68 |
| MRFG3 | 26.033.867 | 3,98 | MRVE3 | 41.024.794 | −1,38 |
| EMBR3 | 15.239.847 | 3,88 | HGTX3 | 12.678.271 | −1,33 |

Fonte: CBLC.

## 13.5 *DAYS TO COVER* (DTC) OU "DIAS PARA ZERAR"

*Days to cover* (DTC) é o cálculo do número de ações abertas em aluguel dividido pela média móvel do volume de negociações dos últimos 20 pregões. É um cálculo para se ter parâmetro do número de dias que os "tomadores" de DTC deverão ter em média para devolver sua posição alugada.

## Tabela 13.2 Maiores DTC em abril de 2013 e sua comparação ao *free float*

| Maiores *Days to Cover* ||| Maiores BTC / *Free Float* |||
|---|---|---|---|---|---|
| Ticker | Nº Ações alugadas | *DTC | Ticker | Nº Ações alugadas | Part. (%) |
| BRFS3 | 41.342.931 | 20,6 | ELPL4 | 25.393.810 | 27,22 |
| BVMF3 | 129.392.040 | 16,6 | USIM5 | 72.283.537 | 21,47 |
| ELPL4 | 25.393.810 | 15,5 | PDGR3 | 265.392.230 | 20,04 |
| DASA3 | 24.491.306 | 15,5 | OGXP3 | 251.938.120 | 20,01 |
| CRUZ3 | 18.325.869 | 14,7 | MMXM3 | 48.016.190 | 18,77 |
| RENT3 | 15.119.356 | 14,2 | RSID3 | 41.125.904 | 17,91 |
| VIVT4 | 19.734.119 | 14,0 | GFSA3 | 72.632.042 | 17,66 |
| ELET6 | 20.306.634 | 13,0 | CYRE3 | 35.628.953 | 14,13 |
| LAME4 | 26.428.016 | 12,8 | BRKM5 | 14.709.970 | 13,30 |
| ELET3 | 26.595.674 | 12,7 | MRVE3 | 41.024.794 | 13,12 |

Fonte: CBLC.

### Gráfico 13.4 Posição alugada em abril de 2013

Posição alugada/Mkt Cap Ibov (%)

Evolução posição alugada do mercado R$ MM (20 dias úteis)

Fonte: CBLC.

Este número pode ser monitorado pelo analista e ele procura pelo chamado *short squeeze*. Isso acontece quando uma ação com um grande estoque de cotas alugadas alcança níveis extremos com muitos dias acima de sua média para zerar o descoberto, mas por causa de uma mudança de expectativa, como uma notícia de ordem fundamentalista – um ganho de causa na justiça ou mesmo especulação, por exemplo –, o mercado vira bruscamente, espremendo e causando pânico ao vendido (pois sua perda é ilimitada) ao mesmo tempo em que fornece boas oportunidades de ganhos a quem entrar comprando.

## 13.6 AAII *INVESTOR SENTIMENTAL SURVEY*

A pesquisa AAII *investor sentimental survey* mede o percentual de investidores individuais que estão altistas, baixistas ou neutros em relação ao mercado de ações para os próximos seis meses. Os indivíduos membros do AAII são sondados em uma base semanal, e apenas um voto por membro é aceito em cada período de votação semanal. O problema é que ela tem atraso de uma semana ou mais.

*Leitura*

Altos índices altistas coincidem com topos de mercado; altos índices baixistas, com fundos de mercado.

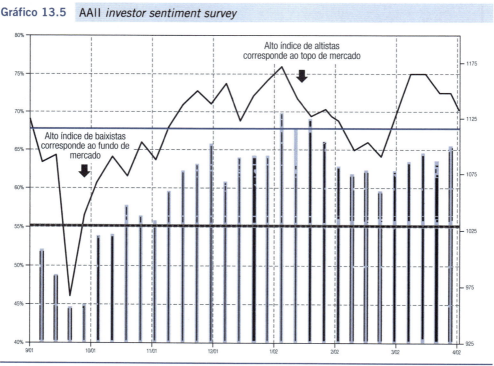

Gráfico 13.5 AAII *investor sentiment survey*

Fonte: AAII.

## 13.7 VOLATILIDADE HISTÓRICA

A volatilidade de uma ação deve ser entendida como uma medida da incerteza que temos sobre as variações futuras de seu preço.

A volatilidade histórica mede a variação dos preços do ativo subjacente durante determinado período passado; pode ser uma semana atrás, um mês, um ano, enfim. Ela faz parte do passado e não necessariamente reflete os acontecimentos do futuro. É apenas uma tentativa de estimar esse movimento.

Geralmente, a volatilidade histórica é usada como medida de risco apesar de os movimentos de subida dos preços serem considerados tão arriscados quanto os de descida.

Especificamente, a volatilidade de preços de ações é o desvio atualizado dos retornos diários de preços.

Costuma-se, utilizar um período de 21 dias úteis, por dois motivos: por ser, de modo geral, o número de pregões em um mês e também um número da sequência de Fibonacci.

Volatilidade histórica de *n* períodos = Raiz 252 × desvio-padrão dos retornos de *n* períodos.

O Gráfico 13.6 mostra a volatilidade calculada para 21 períodos de Vale5. Repare que, quando o mercado entra em tendência, a volatilidade sobe. Movimentos rápidos fazem-na subir e o mercado lateral, cair.

**Gráfico 13.6** Volatilidade histórica na Vale5

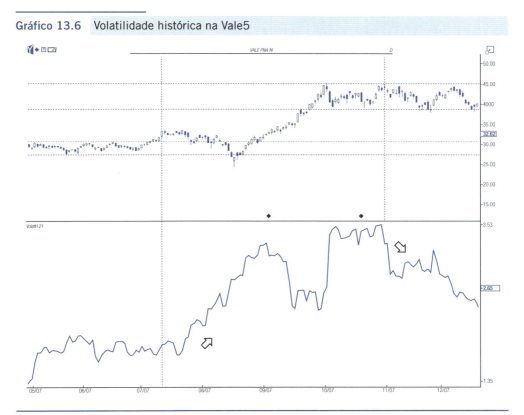

Fonte: cortesia da Cartezyan.

## 13.8 TD SEQUENCIAL©

> "A tendência é sua amiga, exceto quando estiver pronta para acabar."
>
> *Tom Demark*

O TD Sequencial© foi projetado por Tom Demark, especificamente para prever o esgotamento potencial dos preços e reversões de preços prováveis. Essa metodologia une indicador de sentimento com estratégia operacional e se torna progressivamente menos baixista enquanto os preços diminuem e, inversamente, menos altista à medida que eles avançam, contradizendo o comportamento de maior parte dos investidores seguidores de tendência.

O TD Sequencial© consiste de dois padrões componentes: a configuração TD e a contagem regressiva TD; a primeira é pré-requisito para a segunda.

### 13.8.1 A configuração TD

As configurações TD são as mais curtas de duração: exatamente nove barras de preços quando concluídas. Por exemplo, uma configuração de compra existe quando houver o fechamento de nove barras de preço consecutivas menores do que o preço de fechamento das quatro barras de preços anteriores.

Quando uma barra de preço fecha abaixo de anteriores, "1" aparece abaixo da barra. Se a próxima também fecha abaixo das quatro barras anteriores, um "2" aparece, e assim por diante. Se antes de chegar à nove, uma barra de preço não fechar abaixo das quatro anteriores, então a configuração é abandonada e os números são automaticamente excluídos.

Se em qualquer momento uma barra fecha acima do fechamento das quatro anteriores, a configuração TD é cancelada e estamos à espera de outra virada de preços.

Uma vez que nove barras consecutivas de preços forem concluídas, o analista estará à procura de uma configuração "aperfeiçoada", que agora será válida para negociação:

- O sinal para compra aperfeiçoada será fornecido quando a mínima da barra 8 ou da 9 for menor do que as mínimas de ambas as barras 6.
- O sinal de venda aperfeiçoada será fornecido quando a máxima da barra 8 ou da 9 for maior do que as máximas de ambas as barras 6 e 7.

## 13.8.2 A contagem regressiva TD

A contagem regressiva TD ocorrerá somente depois que uma configuração TD for concluída.

A contagem regressiva de venda é composta por 13 barras de preços cujo fechamento é maior ou igual à máxima de duas barras de preços anteriores. Ao contrário da configuração TD, a contagem regressiva não tem de consistir em dias consecutivos. A contagem regressiva TD é maior do que o padrão de configuração TD à medida que pode levar meses para a contagem regressiva TD se formar, e muitas vezes significa um movimento maior do mercado quando ocorrem as mudanças na tendência. Como a configuração TD, a contagem regressiva TD também tem dois critérios de "aperfeiçoamento":

- A contagem regressiva para compra requer que a mínima de 13 barras de preços seja menor ou igual ao fechamento da barra de preço 8.
- A contagem regressiva para venda requer que a máxima de 13 barras de preços seja maior ou igual ao fechamento da barra de preço 8.

| Tabela 13.3 Resumo do TD sequencial | | |
|---|---|---|
| | **Configuração TD** | **Contagem Regressiva TD** |
| Duração | 9 barras de preços | Ilimitada |
| Sinal de compra | 9 barras de preço consecutivas que são menores do que o fechamento de 4 barras de preços anteriores | 13 barras de preços cujo fechamento for menor ou igual à mínima de 2 barras de preços anteriores |
| Compra aperfeiçoada | Mínima da barra 8 ou da 9 for menor do que as mínimas de ambas as barras 6 e 7 | A mínima da barra 13 deve ser igual ou inferior ao fechamento da barra de preço 8 |
| Sinal de venda | A máxima da barra 8 ou da 9 for maior do que as máximas de ambas as barras 6 e 7 | 13 barras de preços cujo fechamento for maior ou igual à máxima de duas barras de preços anteriores |
| Venda aperfeiçoada | máxima da barra 8 ou da 9 for maior do que as máximas de ambas as barras 6 e 7 | A máxima da barra 13 deve ser igual ou maior ao fechamento da barra de preço 8 |

Fonte: elaborada pelo autor.

360　ANÁLISE TÉCNICA DOS MERCADOS FINANCEIROS

**Gráfico 13.7　O TD Sequencial em libras esterlinas**

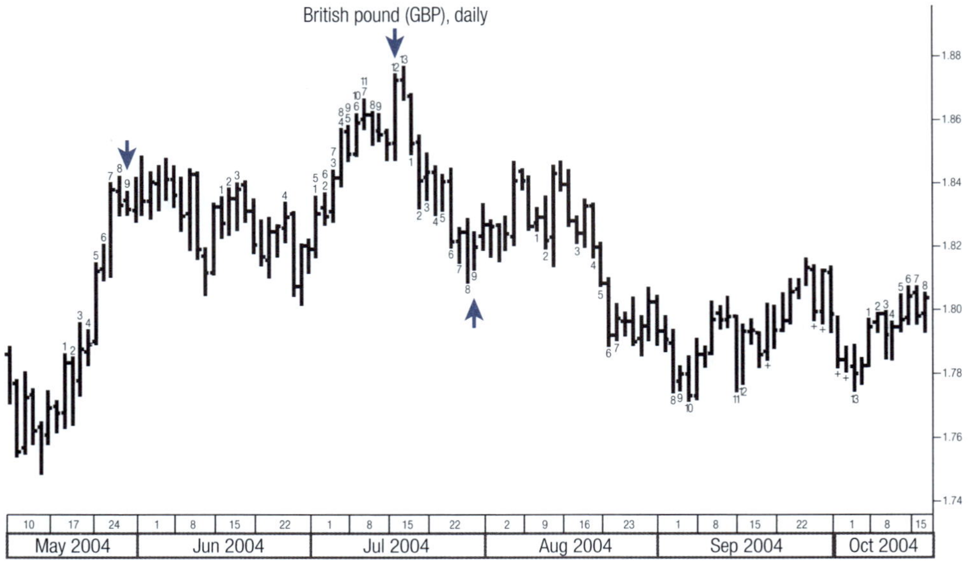

Fonte: Bloomberg.

A colocação de níveis de *stop loss* são um componente crucial do indicador TD sequencial e são gerados automaticamente após a conclusão de uma contagem regressiva.

Para um sinal de compra, o seu nível será calculado por meio da identificação da mínima de preço da contagem regressiva inteira (se numerados ou não) e, em seguida, subtraindo-se mínima de preço dessa barra de sua máxima, ou o fechamento da barra de preço anterior, o que for maior. Esse valor é, por sua vez subtraído da mínima da mesma barra, e o *stop loss* é estabelecido. Ele será apenas executado quando houver um fechamento acima do nível de *stop loss* seguido por um fechamento abaixo da barra. A próxima barra também deve abrir abaixo dele, mas deve também ter uma mínima abaixo de sua abertura.

O aparecimento de uma configuração TD confirma um forte impulso em sua direção. Depois de uma oscilação ter começado, para cima ou para baixo, o aparecimento de uma configuração TD nos diz que o impulso é suficientemente forte. A ausência dela é também uma informação valiosa: o movimento é apenas uma correção e esperamos uma retomada da tendência.

A contagem regressiva TD de 13 é a fase de tendência – quando uma configuração TD terminou e uma contagem regressiva TD já começou, o mercado está em uma fase de tendência. São muito elevadas as chances de que o movimento não terminará antes que se registre a barra 13 na direção correspondente; apenas atente para uma instalação na direção oposta. Quando a contagem regressiva TD terminar, o preço provavelmente deve ter atingido uma área de exaustão; logo, atente para uma reversão.

*Traders* devem esperar que o desenvolvimento para toda a formação tenha não menos de 21 dias, mas tipicamente o período é de 24 a 39 dias.

**ESTUDO DE CASO**

### JOSEPH KENNEDY: O INÍCIO DE UMA DINASTIA

> "Esperar o teto dos preços para vender ações é o que geralmente pessoas tolas fazem."
>
> *Joseph Kennedy*

Joseph Kennedy era um investidor do mercado de ações no final dos anos 1920. Um dia, no verão de 1929, ele ouviu um ascensorista ostentando sobre quanto dinheiro ele tinha feito no mercado de ações. Joseph Kennedy argumentou que, se pessoas leigas já foram atraídas para o mercado de ações, então os preços devem estar em seu valor mais alto de todos os tempos. Então, ele correu para o piso da bolsa de valores e gritou a famosa frase: "VENDO!".

Durante meses, os seus amigos riram dele pois os preços continuaram subindo e subindo e subindo. Então, no dia 29 de outubro de 1929, o mercado caiu. Joseph Kennedy e sua família estavam a salvo. Eles não tinham dinheiro algum no mercado.

Joseph Kennedy esperou. Os preços caíram. Ele esperou. Os preços caíram. Então, um dia, em 1932, um total de três anos depois, ele comprou uma cadeia de lojas de departamento a US$ 5. Ele comprou o imóvel, os edifícios, o inventário, o ágio – tudo com um desconto de 95%.

Ele transformou sua compra brilhante em uma fortuna, que gerou uma dinastia política famosa e bem-sucedida: os Kennedy, incluindo um presidente (John Kennedy). Sua riqueza e sua influência vão durar por séculos, porque ele teve a coragem de ir contra a sabedoria convencional.

Em vez de apenas ler as manchetes dos jornais, Joseph Kennedy vendeu quando todo mundo estava comprando. Então, comprou quando a depressão estava no seu pior e fez uma fortuna gigantesca por causa da Grande Depressão.

# Capítulo 14

# Força Relativa e o RRG

> "Não existe nada absoluto, tudo é relativo. Por isso devemos julgar de acordo com as circunstâncias."
>
> *Dalai Lama*

## 14.1 INDEXAÇÃO

Esse conceito técnico mede a relação entre dois ativos, na qual um é dividido por outro e plotado, geralmente, em um gráfico de linha. Não se deve confundi-lo com o índice de força relativa de Welles Wilder.

Indexar significa dividir um número qualquer por outro; no caso, esses números podem ser ativos, índices, moedas etc. Se utilizarmos o índice Bovespa e o indexarmos ao dólar comercial, teremos o índice Bovespa dolarizado. Se quisermos descontar o efeito da inflação no índice Bovespa, podemos indexá-lo por algum índice de inflação, como o IGPM ou o IPCA. No apêndice deste livro, trazemos a tradução livre de um artigo sobre indexação de índices por inflação, escrito pelo renomado analista John Murphy. A indexação é uma ferramenta útil para compararmos ações com diversos ativos (*commodities*, moedas, *bonds*), ações com ações, ações com setores, setores com setores e setores com índices. Em um gráfico de moedas, sempre será usado um gráfico de relação relativa, pois não existe o gráfico do real e sim o do real *versus* o dólar norte-americano, do dólar *versus* o euro. No gráfico relativo, podem ser usadas todas as técnicas de análise gráfica, como tendência, padrões, médias móveis, indicadores etc. Basicamente, são duas operações em conjunto: um sinal de compra no nosso ativo significa um sinal de venda simultâneo no indexador e vice-versa. O traçado de linhas de tendência, suporte, resistência e figuras gráficas continua aplicando-se. O gráfico relativo fica mais claro se visualizado em gráficos de linha ou de ponto e figura – o que já não ocorre no caso dos *candlesticks* ou barras –, contudo, é possível utilizá-lo em qualquer tipo de gráfico.

**DICA** A indexação pode servir também para você escolher entre duas ações distintas e perceber qual delas andará mais rápido, ou seja, trocar o cavalo pangaré pelo alazão.

Esse método pode ser usado para a seleção de ativos, estratégias *long-short*[1], troca de ações em um portfólio ou, simplesmente, para verificar qual ativo terá melhor desempenho.

No Gráfico 14.1, fizemos CSNA3 indexado por GGBR4. Observe o rompimento do triângulo, a entrada de tendência no ADX e o alerta de compra no Didi Index. Isso significa que você deve comprar GGBR4 e vender CSNA3, pois, concomitantemente, haverá a indicação de compra em um dos ativos e de venda no outro e vice-versa.

**Gráfico 14.1** Indexando ações: CSNA3 e GGBR4

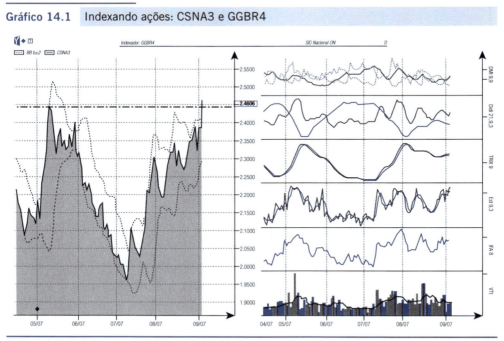

Fonte: cortesia da Cartezyan.

---

[1] Uma estratégia de *long-short* é formada por um par de posições casadas em ativos, comprado em um ativo e vendido no outro ao mesmo tempo.

**Gráfico 14.2**  Gráfico do Ibovespa mensal dolarizado

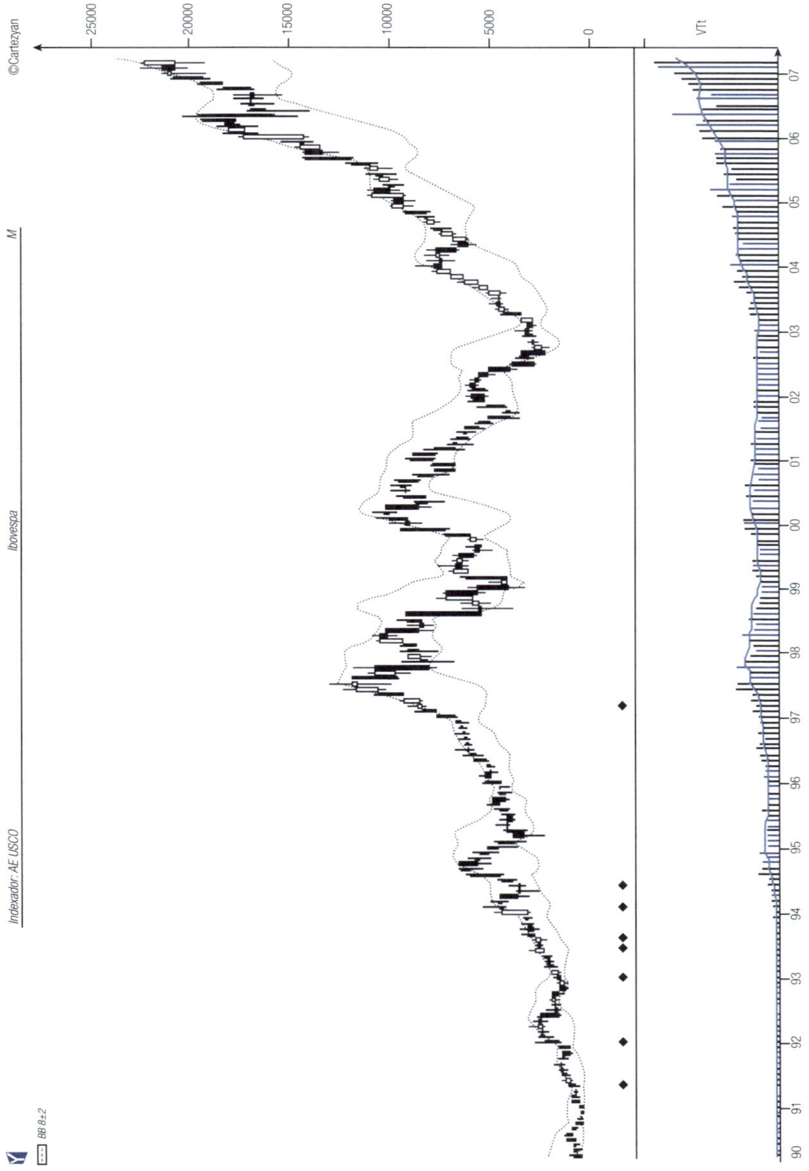

Fonte: cortesia da Cartezyan.

## 14.2 FORÇA RELATIVA

A força relativa é uma estratégia usada de *momentum* e na identificação de ativos de valor. Concentra-se em investir em ações ou outros investimentos que tiveram

**DICA:** Não confunda Força Relativa com o indicador IFR – Índice de Força Relativa! Com a análise da Força Relativa, as análises podem ser feitas para responder à questão de qual mercado se sairá melhor ou pior do que outro mercado, ou qual setor superará o índice de referência ou outro setor, e assim por diante.

um bom desempenho em relação ao mercado como um todo ou a um índice de referência (conhecido como benchmark) relevante.

A fórmula para calcular a Força Relativa é simples:

$$RS = \text{Preço do ativo A/Valor do índice de referência B}$$

Para se identificarem ativos candidatos a investimento, os investidores de força relativa começam observando um benchmark como o índice Bovespa. Depois procuram verificar quais empresas desse índice superaram seus pares, subindo mais rapidamente do que seus pares ou caindo menos rapidamente do que eles.

**Gráfico 14.3** ADR da Vale com força relativa ao ETF EWZ

Fonte: Stockcharts.com.

## Gráfico 14.4    Starbucks com força relativa ao S&P 500

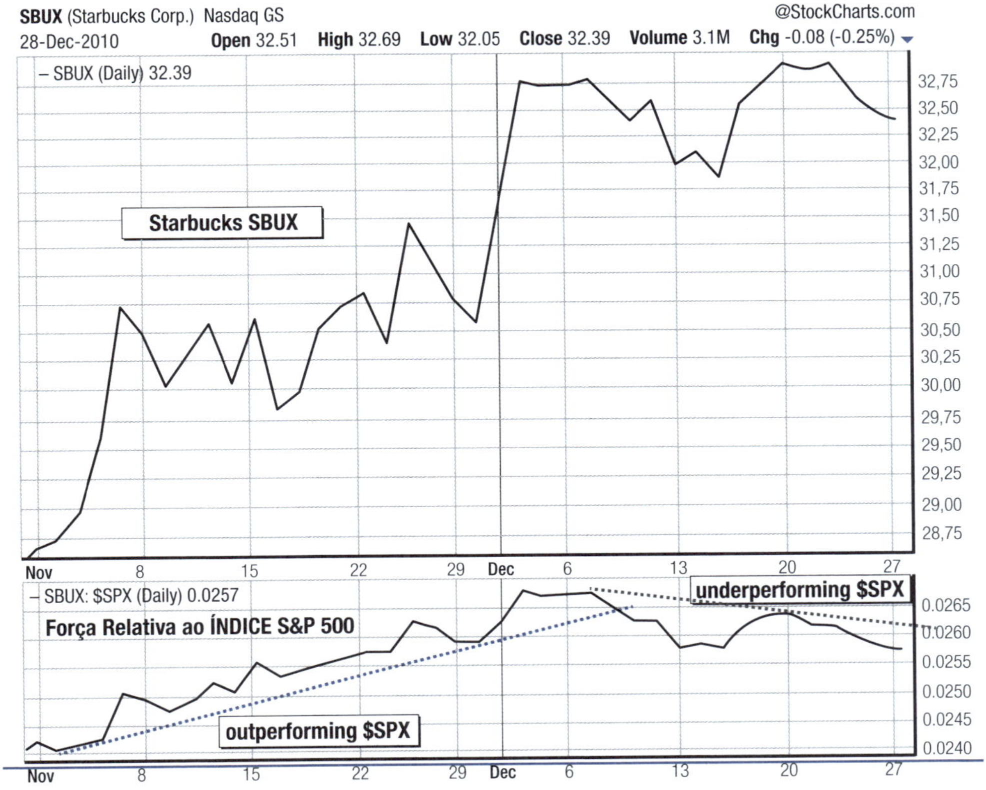

**SBUX** (Starbucks Corp.) Nasdaq GS                                                    @StockCharts.com
28-Dec-2010              **Open** 32.51   **High** 32.69   **Low** 32.05   **Close** 32.39   **Volume** 3.1M   **Chg** -0.08 (-0.25%) ▼

Fonte: Stockcharts.com.

Os gráficos de rotação relativa são baseados nesse conceito de força relativa comparativa. Como a análise tradicional de Força relativa (indexação) requer gráficos mostrando relações de um para um, provavelmente há uma quantidade infinita de combinações possíveis. E mesmo se você limitar seu escopo a um universo específico, como alguns setores da B3 ou os componentes de um determinado setor, ou classes de ativos, você ainda precisará estudar muitos gráficos mostrando relacionamentos um para um ou de força relativa para obter uma boa ideia do que está acontecendo nesse universo. É aí que entra o RRG.

## 14.3 O QUE SÃO GRÁFICOS DE ROTAÇÃO RELATIVA (RRG®)[2]?

*Relative Rotation Graphs*® (RRG®) é uma técnica de análise top down[3] completa desenvolvida pelo holandês Julius de Kempenaer, ex-piloto da força aérea, após muitos anos de pesquisa.

Julius trabalhava como analista para um banco de investimento em Amsterdã, quando deparou com dois problemas ao produzir pesquisas técnicas e quantitativas nos setores de mercados europeus.

Os clientes institucionais estavam muito mais interessados no desempenho relativo do que nas previsões direcionais; eles queriam saber onde estar acima do peso e onde estar abaixo do peso em suas carteiras de ações. Em segundo lugar, esses investidores institucionais enfrentavam uma enorme sobrecarga de informações; eles precisavam de uma ferramenta que separasse claramente os ativos líderes dos ativos retardatários.

Os gráficos de rotação relativa o ajudarão a observar o desempenho relativo de um título, índice ou classe de ativo e determinar como ele está se saindo em relação ao benchmark ou à média de seus pares.

O verdadeiro poder dessa ferramenta é sua capacidade de plotar o desempenho relativo em um gráfico e mostrar uma rotação real. Todos nós já ouvimos falar de rotação de setores e de classes de ativos, mas é difícil visualizar essa sequência de "rotação" em gráficos lineares.

O objetivo do RRG é rastrear de maneira eficiente a rotação entre os setores ou ativos dentro de uma cesta de ações previamente definidas.

### 14.3.1 Por que usar gráficos de rotação relativa?

Os RRGs permitem que você veja a rotação da liderança dentro de qualquer grupo de títulos. Anos de pesquisas subjetivas e quantitativas nos provaram que todo título que é líder um dia terá um desempenho inferior. Você já teve a situação em que selecionou um líder de mercado com base em seu desempenho histórico apenas para ver retornos mais fracos? Isso porque todos os títulos giram para longe de serem líderes. O RRG é o único gráfico disponível que permite visualizar isso em um único gráfico.

---

[2]    RRG® e *Relative Rotation Graphs*® são marcas registradas da RRG-Research. Saiba mais em: www. relativerotationgraphs.com.

[3]    Neste tipo de abordagem, o investidor inicia a análise de "cima para baixo", ou seja, o objetivo é visualizar o "quadro geral", para entender como os fatores macroeconômicos impulsionam os mercados e, finalmente, os preços das ações.

## 14.3.2 Construção do RRG

Os RRGs são construídos por 2 indicadores proprietários chamados de JdK RS-Ratio e JdK RS-Momentum. As iniciais Jdk vêm do nome do autor Julius de Kempenaer.

### 14.3.2.1 *JdK RS-Ratio*

Antes de olhar para a construção de gráficos de rotação relativa, vamos olhar para os dois *inputs* principais: o JdK RS-Ratio e JdK RS-Momentum.

Observe que ambos os indicadores de entrada são "normalizados", o que significa que esses indicadores são expressos na mesma unidade de medida e flutuam acima/abaixo do mesmo nível (100).

Este processo de normalização significa que os valores de RS-Ratio para diferentes títulos podem ser comparados, desde que o mesmo benchmark seja usado.

O RS-Ratio é um indicador que mede a tendência de desempenho relativo. Semelhante ao preço relativo, o RS-Ratio usa análise de proporção para comparar um título com outro (geralmente o benchmark). Ele é projetado para definir a tendência no desempenho relativo e medir a força dessa tendência.

Gráfico 14.5  Alphabet e indicadores JdK RS-Ratio e JdK RS-Momentum

Fonte: Stockcharts.com.

O RS-Ratio oferece aos analistas uma ferramenta clara para definir a tendência do desempenho relativo. Este indicador reflete uma tendência de alta no desempenho relativo quando acima de 100 (força relativa) e uma tendência de baixa no desempenho relativo quando abaixo de 100 (fraqueza relativa).

Quanto mais o indicador estiver acima de 100, mais forte será a tendência de alta no desempenho relativo. Quanto mais o indicador estiver abaixo de 100, mais forte será a tendência de baixa no desempenho relativo.

Tal como acontece com todos os indicadores de acompanhamento de tendências, como médias móveis, o modelo de acompanhamento de tendências que alimenta o RS-Ratio inclui um período de defasagem. Isso significa que haverá movimento ascendente no preço relativo antes que RS-Ratio cruze acima de 100. Por outro lado, haverá movimento descendente no preço relativo antes que RS-Ratio cruze abaixo de 100.

Lembre-se de que os valores de RS-Ratio podem ser comparados ao usar o mesmo ativo de referência, normalmente um índice.

### 14.3.3 JdK RS-Momentum

Antes de analisar o RS-Momentum em detalhes, vamos rever o conceito por trás do *momentum* e como ele se relaciona com a tendência. Assim como nos gráficos de preços, os analistas devem ter em mente que o momento muda de curso antes que a tendência realmente se inverta. Nem todos os movimentos de impulso, no entanto, resultam em reversões de tendência.

Considere um exemplo usando preço e uma média móvel. O preço primeiro se move em direção à média móvel e depois a cruza se o movimento se estender. O preço, no entanto, nem sempre cruza a média móvel para sinalizar uma reversão de tendência. Os *traders* agressivos provavelmente entrariam numa posição à medida que o preço se move em direção à média móvel, porque isso significa que o momento está melhorando. Os investidores conservadores provavelmente esperariam que o preço subisse acima da média móvel porque a tendência não foi totalmente revertida.

**Gráfico 14.6** 3M e indicadores JdK RS-Ratio e JdK RS-Momentum

Fonte: Stockcharts.com.

O RS-Momentum é um indicador que mede o momento (taxa de variação) do RS-Ratio. Como indicador de momento, ele lidera o RS-Ratio e pode ser usado para antecipar curvas no RS-Ratio.

Normalmente, o RS-Momentum cruza acima de 100 quando o RS-Ratio está formando um vale e começando a subir. Por outro lado, RS-Momentum cruza abaixo de 100 quando RS-Ratio está formando um pico e começando a se mover para baixo.

Tenha em mente que RS-Momentum é um indicador de um indicador (RS-Ratio). Além disso, como um indicador de momento, ele se moverá acima/abaixo do nível 100 com frequência. Os analistas podem querer se concentrar em movimentos sustentados acima/abaixo de 100 para antecipar um cruzamento semelhante no RS-Ratio.

#### 14.3.3.1 *Normalização dos indicadores*

A grande sacada do Julius, foi a de usar os indicadores RS-Ratio e RS-Momentum "normalizados", o que significa que esses indicadores são expressos na mesma unidade de medida e flutuam acima/abaixo do mesmo nível (100).

Este processo de normalização significa que os valores de RS-Ratio para diferentes títulos podem ser comparados, desde que o mesmo benchmark seja usado.

O setor com o RS-Ratio mais alto mostra a maior força relativa, enquanto o setor com o RS-Ratio mais baixo mostraria maior fraqueza relativa.

### 14.3.4 Os quatro quadrantes do RRG

Os gráficos de rotação relativa são plotados em uma tela de gráfico de dispersão-padrão, com um eixo x (horizontal) e um eixo y (vertical).

O indicador JdK RS-Ratio é a entrada para o eixo horizontal e o indicador JdK RS-Momentum é a entrada para o eixo vertical.

Esses eixos se cruzam em 100 para criar quatro quadrantes de desempenho relativo.

**Gráfico 14.7** Pfizer em relação SPX com indicadores JdK RS-Ratio e JdK RS-Momentum

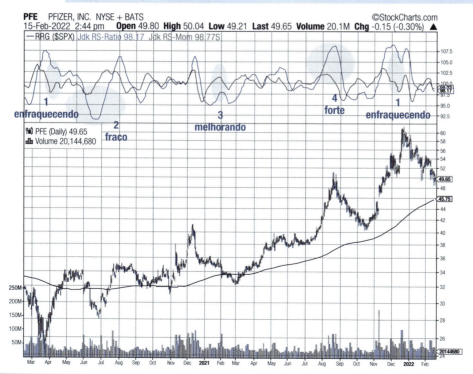

Fonte: Stockcharts.com.

O Gráfico de Rotação Relativa simplesmente plota os valores RS-Ratio e RS-Momentum para cada símbolo.

Os RRGs usam quatro quadrantes para definir as quatro fases de uma tendência relativa. Rotações verdadeiras podem ser vistas quando os títulos se movem de um quadrante para outro ao longo do tempo.

Os símbolos geralmente progridem no sentido horário em um gráfico RRG com a cor da linha representando o quadrante em que o símbolo está atualmente. Cada ponto na linha do símbolo representa o período de tempo que você definiu para o gráfico.

### RS-RATIO > 100 E RS-MOM > 100

Um ativo está no Quadrante Liderando (cinza escuro) quando RS-Ratio e RS-Momentum estão acima de 100 (+/+). Um RS-Ratio positivo indica uma tendência de alta no desempenho relativo e um impulso positivo significa que essa tendência ainda está subindo.

### RS-RATIO > 100 E RS-MOM < 100

Um ativo está no Quadrante Enfraquecido (azul claro) quando o RS-Ratio está acima de 100, mas o RS-Momentum se move abaixo de 100 (+/–). Um RS-Ratio positivo indica uma tendência de alta no desempenho relativo, mas um impulso negativo significa que essa tendência de alta está parando ou perdendo energia.

### RS-RATIO < 100 E RS-MOM < 100

Um ativo está no Quadrante Atrasado quando RS-Ratio e RS-Momentum estão ambos abaixo de 100 (–/–). Um RS-Ratio negativo indica uma tendência de baixa no desempenho relativo e um impulso negativo significa que essa tendência de baixa ainda está empurrando para baixo.

### RS-RATIO < 100 E RS-MOM > 100

Um ativo está no Quadrante Melhorando quando o RS-Ratio está abaixo de 100, mas o RS-Momentum se move acima de 100 (–/+). Um RS-Ratio negativo indica uma tendência de baixa no desempenho relativo, mas um impulso positivo significa que essa tendência de baixa está parando ou potencialmente sendo revertida.

Se o universo de símbolos são nove índices setoriais e o Índice Bovespa é o índice de referência, veremos dez pontos no Gráfico de Rotação Relativa (RRG), e cada ponto representa o valor RS-Ratio e RS-Momentum desse setor específico.

Quatro quadrantes são representados no Quadro 14.1.

**Quadro 14.1** Quadrantes Força Relativa

| Quadrante | Características |
|---|---|
| Liderando/Forte (cinza escuro) | Força relativa forte e impulso forte |
| Enfraquecendo (azul claro) | Força relativa forte, mas enfraquecimento do impulso |
| Atraso/Fraco (cinza claro) | Força relativa fraca e impulso fraco |
| Melhorando/Fortalecendo (azul escuro) | Força relativa fraca, mas melhorando o impulso |

Fonte: elaborado pelo autor.

## 14.3.5 Sequência de Rotação

Na Figura 14.1, as setas no gráfico de rotação relativa do modelo RRG mostram a rotação idealizada, que é no sentido horário.

Vamos supor que um setor esteja atualmente no Quadrante Liderando (cinza escuro) e siga a rotação idealizada.

Lembre-se, RS-Momentum é o principal indicador aqui e será o primeiro a girar. A partir do quadrante principal, o momento relativo começará a se estabilizar e o RS-Momentum se moverá abaixo de 100, o que fará com que o setor se mova para o quadrante inferior direito (enfraquecimento).

A fraqueza estendida no momento relativo acabará por afetar a tendência no desempenho relativo e o RS-Ratio também se moverá abaixo de 100, o que colocaria o setor no quadrante atrasado (cinza claro).

Uma vez no quadrante atrasado, o primeiro sinal de força será uma melhora no impulso relativo. Quando RS-Momentum cruza acima de 100, o setor se move para o quadrante de melhoria (azul escuro). Um setor neste quadrante ainda tem uma tendência de queda no desempenho relativo, mas o RS-Momentum está melhorando e isso pode prenunciar uma mudança para o quadrante líder (cinza escuro).

A força estendida no momento relativo afetará, em última análise, a tendência no desempenho relativo e o RS-Ratio se moverá acima de 100. Isso empurrará o setor para o quadrante principal (cinza escuro) e o ciclo começará novamente.

Capítulo 14 ▪ Força Relativa e o RRG   375

Figura 14.1   Rotação Relativa e Sequência de Rotação relativa

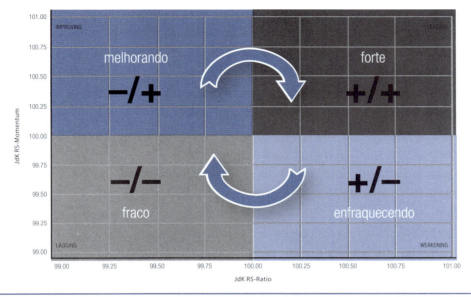

Fonte: cortesia de RRG-Research.

### 14.3.6 Trilhas Históricas

A Rotação ganha vida com as trilhas históricas traçadas.

O Gráfico 14.8 a seguir mostra os nove setores com trilhas de 6 semanas; podemos ver cada setor girando de um quadrante para outro. Cada ponto marca uma semana e o ponto sólido com a seta marca o ponto mais recente.

Na parte inferior, o índice financeiro, índice de *small caps* e o índice imobiliário vão perdendo *momentum*, passam do Quadrante Forte para o Quadrante Enfraquecendo/Atrasado e apontam para oeste. Vale proteção de lucros nos papéis deste setor.

O setor Industrial aponta para nordeste e melhorou bastante com evolução positiva de *momentum* passando do Quadrante Fraco para Fortalecendo. Vale procurar compras de ativos deste setor.

Os setores de Utilidade pública e de Energia Elétrica reverteram a direção e agora apontam a sudoeste, sinalizado fraqueza e perda de *momentum*. São setores que devem ser evitados.

Os analistas também podem obter informações sobre o comprimento das trilhas e a espessura das linhas das trilhas. Todas as linhas de trilha se estendem por 6 semanas nesse gráfico, mas algumas são mais longas que outras. A trilha do setor imobiliário vermelha é a mais longa, o que significa que tem o maior movimento e mostra a maior volatilidade. A trilha do setor elétrico ( é a mais curta, o que significa que tem o menor movimento e é a menos volátil.

A espessura das linhas depende da distância do ponto de referência, que é a mira no RRG. A cruz também é conhecida como a origem onde o eixo x (RS-Ratio) cruza o eixo y (RS-Momentum).

As linhas mais grossas estarão mais distantes do benchmark e as linhas mais finas estarão mais próximas do benchmark.

Quanto mais longe um título estiver do benchmark, maior será o movimento no desempenho relativo (para cima ou para baixo).

Quanto mais próximo um título estiver do benchmark, menor será o movimento no desempenho relativo (para cima ou para baixo).

Em outras palavras, as linhas mais grossas representam movimentos maiores e as linhas mais finas representam movimentos menores.

A direção que aponta a trilha depende do quadrante que se encontra. A direção nordeste, por exemplo um rumo entre 0-90 graus, é geralmente positiva, pois significa que o ativo está ganhando em ambos os eixos.

**Gráfico 14.8**   Nove setores da B3 em relação ao Ibovespa com trilhas de 6 semanas

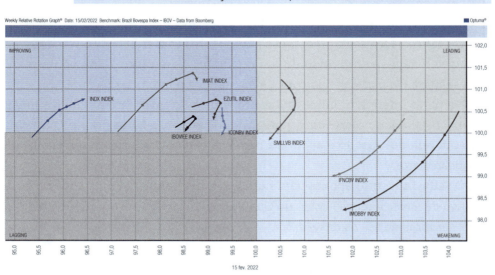

Fonte: cortesia de RRG-Research.

Os padrões de rotação nem sempre são perfeitamente circulares e nem sempre giram em todos os quatro quadrantes no sentido horário, podendo ocorrer viradas bruscas, chamadas de ganchos, que apontam para outro quadrante fora do roteiro "esperado". Afinal, os mercados financeiros são movidos por emoções como o medo e a ganância.

**DICA DO JULIUS**

Conversei com o Julius, enquanto ele se recuperava da Covid, em 2022. Ele esclareceu alguns pontos e deu algumas dicas. Repare o que acontece no Gráfico 14.9, com BEEF3 no RRG a seguir. Essa cauda gira do Quadrante Forte para o Enfraquecendo e agora faz um gancho sem atingir o Quadrante Fraco. Este é um sinal de uma forte tendência relativa. A rotação de levar ao Quadrante Enfraquecendo marcou uma pausa nessa tendência de alta, mas agora está começando a retomar a tendência anterior novamente.

Esta é uma rotação forte e confiável, pois reflete uma segunda ou terceira perna em uma tendência de alta relativa já existente.

**Gráfico 14.9** BEEF3 fazendo o gancho

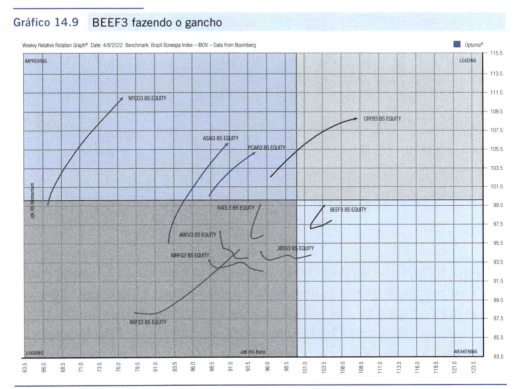

Fonte: cortesia de RRG-Research.

Outra possibilidade é uma cauda que volta para trás, como se estivesse girando no sentido anti-horário. No Gráfico 14.10, o RRG mostra esta situação para o CIEL3. Uma vez dentro do Quadrante Melhorando, a cauda de repente retorna para baixo novamente. Algumas pessoas chamam isso de "navalha para baixo", com uma rotação no sentido anti-horário. Isso acontece quando a rotação é muito rápida para este período de tempo (neste caso semanal). A melhor maneira de esclarecer e visualizar isso é descer um período de tempo, portanto, neste caso, observe o RRG diário para esse período.

Gráfico 14.10    Efeito Navalha em CIEL3

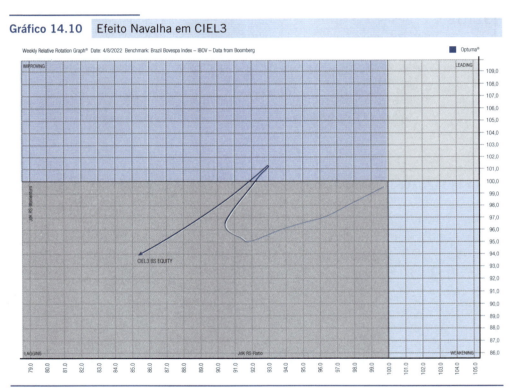

Fonte: cortesia de RRG-Research.

Uma trilha histórica pode permanecer no lado direito do RRG quando há uma forte tendência de alta no desempenho relativo. Isso significa que o RS-Ratio está acima de 100 e o RS-Momentum está flutuando acima/abaixo de 100.

Por outro lado, uma trilha histórica pode permanecer no lado esquerdo do RRG quando há uma forte tendência de baixa no desempenho relativo. Isso significa que o RS-Ratio está se mantendo abaixo de 100 e o RS-Momentum está flutuando acima/abaixo de 100.

Em geral, um cruzamento da metade esquerda para a metade direita sinaliza uma nova tendência de alta no desempenho relativo. Isso significa que o RS-Ratio subiu acima de 100. Por outro lado, um cruzamento da metade direita para a metade esquerda sinaliza uma nova tendência de baixa no desempenho relativo. Isso significa que o RS-Ratio ficou abaixo de 100.

O modelo de acompanhamento de tendências subjacente que alimenta o RRG inclui um período de defasagem, assim como todos os modelos de acompanhamento de tendências. Isso significa que já haverá um movimento ascendente no preço relativo antes que a linha RRG realmente cruze o Quadrante Principal. Da mesma forma, o preço relativo atingirá o pico e se moverá para baixo antes que a linha RRG realmente cruze o Quadrante Atrasado.

Os símbolos no Quadrante Principal devem estar na sua lista de compra porque mostram força relativa. Símbolos no Quadrante Enfraquecido devem estar em sua lista de observação para deterioração. Símbolos no Quadrante Atrasado devem estar na sua lista de evitar porque mostram fraqueza relativa. Símbolos no Quadrante de Melhoria devem estar em sua lista de compras como compras em potencial.

No Gráfico 14.11 colocamos algumas criptomoedas com força relativa ao Bitcoin. Repare que nessa semana Cardano (que viajou a maior distância mostrando uma maior valorização relativa), Ethereum e Litecoin entraram no Quadrante Fortalecendo, enquanto o Ripple e o Monero fizeram um gancho e entraram no Enfraquecendo.

Gráfico 14.11   Criptomoedas com força relativa ao Bitcoin

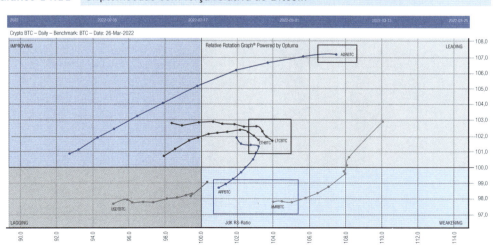

Fonte: cortesia de RRG-Research.

## 14.3.7 Rotações semanais *versus* diárias

Tal como acontece com todos os aspectos da análise técnica, estudar diferentes prazos para obter uma visão completa é um hábito muito saudável.

Assumindo que as rotações semanais são mais fortes que as diárias e que uma rotação seguirá seu curso normal no sentido horário, seria de esperar que a rotação positiva no período diário fosse de natureza temporária.

Em uma rotação normal, o setor se moveria pelo Quadrante Principal, cruzaria para o Quadrante Enfraquecido e empurraria para o Quadrante Atrasado, mantendo-o solidamente dentro do Quadrante Atrasado no período semanal!

Em outras palavras, o movimento diário é um "soluço" de curto prazo dentro de uma tendência relativa de queda no semanal.

## 14.3.8 Conclusão

Os gráficos de rotação relativa por si só não são suficientes para orientar a tomada de decisões. Em vez disso, os RRGs são ótimos para focar sua atenção nas áreas do mercado que a merecem.

# Capítulo 15

# Ciclos de tempo

"O tempo é o mais sábio de todos os conselheiros."

*Péricles*

"Tempo perdido nunca é achado novamente."
*"Time is money."*

*Benjamin Franklin*

O uso de ciclos é, talvez, o mais mal interpretado aspecto da análise técnica. Isso se deve, em parte, à variedade de visões completamente díspares umas das outras: de astrologia a ondas, tudo é colocado na categoria de ciclos. A ideia de incluí-los neste livro objetiva mostrar como funcionam e como podem ajudar a análise técnica.

A possível existência de ciclos ou ondas em dados de séries temporais financeiras é um assunto controverso que continua sem definição. No entanto, uma simples observação dos dados de preços mostra-nos que os preços oscilam. Se os preços oscilarem de forma regular, a análise deve focar em identificar essa regularidade e torná-la útil para a projeção da ação do preço no futuro. Os conceitos de Dewey, Hurst, Ehlers e outros – a maioria engenheiros profissionais, como eu – são intrigantes e, mesmo que as ideias sejam difíceis de aplicar, nos fornecem *insights* (visões) interessantes sobre o funcionamento dos mercados financeiros.

Antes de passar aos assuntos dos ciclos em si, é interessante saber a origem desse estudo e como ele passou do campo da física para o mercado.

## 15.1 CICLOS: DA FÍSICA AO MERCADO

Sir Isaac Newton proveu uma base matemática para a moderna análise do espectro ou banda de cores da luz. Contudo, antes, na primavera de 1720, quando todos em Londres clamavam por ações da South Sea Trading Company, Sir Newton foi perguntado sobre a aplicação do processo matemático para prever o mercado – "Eu posso calcular os movimentos dos corpos humanos, mas não a loucura do mercado" – ele teria respondido. Depois desse fato, ele descobriu que a luz do sol, ao passar por um prisma de vidro, se expandia em uma banda de várias cores. Foi Isaac Newton que percebeu que a luz branca, proveniente do Sol, se dispersava em feixes coloridos e a esse conjunto de cores chamou de espectro de cores, no qual cada cor representava um particular tamanho de onda de luz. Apesar disso, o matemático e brilhante cientista tinha um processo de investimento falho, pois vendeu suas ações da South Sea Trading Company por 7 mil libras para, pouco tempo depois, vê-las chegar a 20 mil libras, quando acabou por recomprá-las no topo do mercado. Contudo, não demorou muito para que elas despencassem de preço e levassem todo o seu investimento embora.

Daniel Bournoulli desenvolveu a solução da equação da onda para a corda vibratória musical em 1738. Depois, em 1822, o engenheiro francês Jean-Baptiste Joseph Fourier estendeu os resultados da equação da onda, afirmando que qualquer função pode ser representada como um somatório infinito de termos de seno e cosseno. A matemática dessa representação – a transformada de Fourier – se tornou conhecida como *análise harmônica* graças à relação harmônica entre termos de seno e cosseno.

Em 1931, Edward R. Dewey foi nomeado analista-chefe de economia do Departamento de Comércio dos EUA, com a tarefa especial de descobrir o que havia causado o colapso do mercado dois anos antes. Quando ele perguntou a outros economistas o que, na opinião deles, teria sido a causa, cada um respondeu de uma forma, e ele descobriu que a resposta mais honesta era "não sabemos". Ele sempre foi um homem cauteloso ao chegar a conclusões, mas descobriu que havia ciclos em muitas variáveis econômicas e que, às vezes, vários ciclos se juntavam para causar quedas especialmente grandes. Dewey fundou e tornou-se presidente da Foundation for the Study of Cycles, em 1942, uma organização que estuda ciclos em qualquer esfera: ao longo dos anos, ele traçou diferentes ciclos nos preços do mercado de ações, na economia, nos preços do trigo, milho e algodão, na precipitação de chuvas, em guerras, *designs* de moda e muitos, muitos mais. Ciclos foram encontrados com períodos que variam de meses a centenas de anos e vários milhares de ciclos foram registrados. Em 1960, J. M. Hurst descreve o aninhamento de ciclos: combinações de ciclos de diferentes comprimentos, responsáveis por algumas das variabilidades observadas nos ciclos. Hurst observa que ciclos de diferentes durações tendem a convergir em fundos significativos de preços de mercado. Quanto mais diferentes ciclos coincidirem, maior será a tendência de formação de um fundo cíclico importante.

No início da década de 1980, John Ehlers desenvolveu um método que tenta resolver os problemas de Análise de Fourier sem comprometer a precisão dos resultados.

Seu enfoque é também aplicável à análise técnica porque produz estimativas de espectro de alta resolução usando dados mínimos. Isso é importante porque os ciclos de curto prazo são dinâmicos e estão sempre mudando. Para esse fim, Ehlers criou um programa de operações chamado de MESA (*Maximum Entropy Spectral Analysis*).

### 15.1.1 O modo de tendência e o modo de ciclos

O ponto significativo para a análise técnica é que o mercado pode ser dividido em dois modos diferentes: o modo de tendência e o de ciclos. Eles são operados de maneiras diferentes e, por vezes, opostas. Apesar de o mercado se mover randomicamente em uma perspectiva

> **DICA**: Topos e fundos dos preços nem sempre são as máximas e as mínimas do ciclo. Não é incomum, em tendência de alta, que a máxima dos preços ocorra antes da máxima do ciclo.

mais longa, o objetivo do analista técnico é explorar o comportamento de curto prazo. Já foi considerado que o mercado pode ser eficiente e/ou pode seguir o princípio do caminho randômico. O fato é que Paul Tudor Jones, Larry Williams e alguns outros *traders* notáveis, usando os ciclos, tiram consistentemente dinheiro do mercado, o que, por sua vez, nega categoricamente tal suposição.

**ESTUDO DE CASO — NA EXPO TRADER BRASIL**

Larry Williams foi palestrante da Expo Trader Brasil de 2005; nós jantamos juntos e ele deu até entrevista para a Globo News. Seu desempenho é realmente inacreditável: no campeonato norte-americano de *trading* real, em 1987, Larry conseguiu rentabilidade de 11,376% ao ano. Dez anos mais tarde, em 1997, sua filha, a atriz Michelle Williams – que ganharia o Oscar pelo filme *O Segredo de Brokeback Mountain* alguns anos mais tarde –, na época com 16 anos, ganhou o mesmo concurso com 1.000% de rentabilidade seguindo os ensinamentos do pai.

# 384 ANÁLISE TÉCNICA DOS MERCADOS FINANCEIROS

**Figura 15.1**    Ciclos de tempo: formação gráfica hipotética

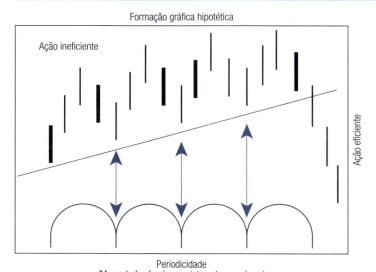

Fonte: *Journal of Technical Analysis.*

**Figura 15.2**    Ciclos de tempo: medida do período feita de fundo a fundo

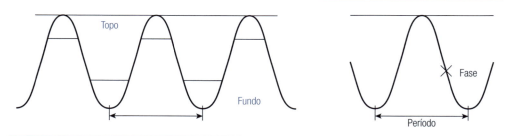

Fonte: *Journal of Technical Analysis.*

Capítulo 15 ■ Ciclos de tempo   385

| Figura 15.3 | Ciclos de tempo: fase de distância de um ciclo para outro ciclo |

DXY – diário

Ciclo de aproximadamente 10 dias

104.40
104.20
104.00
103.80
103.60
103.40
103.20
103.00
102.80
102.60
102.40
102.20
102.00
101.80
101.60
101.40
101.20
101.00
100.80
100.60
100.40
100.20
100.00
99.80
99.60
99.40
99.20
99.00
98.80
98.60
98.40
98.20
98.00
97.80
97.60
97.40
97.20

Jul                    Ago                    Set

Fonte: *Journal of Technical Analysis.*

## 15.1.2 As quatro fases de um ciclo

Ciclos estão presentes em todos os aspectos da vida. Eles variam de prazos muito curtos, como o ciclo de vida de um mosquito – que vive poucos dias –, até o de um planeta – que dura bilhões de anos.

Não importa a qual mercado você está se referindo, todos têm características similares e passam pelas mesmas fases. Todos os mercados são cíclicos: vão para cima e fazem topo; vão para baixo e fazem fundo. Quando um ciclo é finalizado, outro recomeça.

**386** ANÁLISE TÉCNICA DOS MERCADOS FINANCEIROS

O problema é que a maioria dos investidores e operadores falha em reconhecer que os mercados são cíclicos e se esquecem de esperar o fim da fase corrente deles. Outro desafio significativo é que, mesmo aceitando a existência de ciclos, é praticamente impossível achar o topo e o fundo de um deles. Contudo, entender ciclos é essencial se você quer maximizar o retorno de seus investimentos.

A seguir, explicamos as quatro principais fases que compõem um ciclo de mercado e orientamos como reconhecê-las.

### 15.1.2.1  *Fase de acumulação*

Essa fase ocorre depois que o mercado fez fundo, pois os pioneiros (*insiders* de empresas, alguns poucos investidores de valor, gestores de recursos espertos e *traders* experientes) começam a comprar, refletindo que o pior já passou. As avaliações fundamentalistas estão muito atraentes, o sentimento do mercado em geral é baixista. Artigos na mídia só falam em crise e perdas. Aqueles que estavam comprados no pior do mercado de baixa capitularam, vendendo suas posições em desgosto. Entretanto, na fase de acumulação, os preços ficaram estáveis, e para cada vendedor jogando a toalha, alguém estava pronto a comprar com um bom desconto. O sentimento do mercado, em geral, começa a mudar de negativo para neutro.

### 15.1.2.2  *Fase de alta*

Nesse estágio, o mercado ficou estável por um tempo e começou a subir. Agora, analistas técnicos começam a perceber fundos e topos mais altos, reconhecendo que a direção do mercado e o sentimento mudaram. As histórias da mídia começam a discutir a possibilidade de que o pior já passou, mas o desemprego continua a subir e demissões em vários setores ainda são reportadas. Quando essa fase matura, mais investidores sobem no bonde, uma vez que o medo do mercado foi suplantado pela ganância e pelo medo de estar de fora.

Quando essa fase começa a acabar, o grande público entra e o volume do mercado começa a subir substancialmente. As avaliações fundamentalistas ficam acima de níveis históricos, e a razão e a lógica dão lugar à ganância. Enquanto as pessoas físicas estão entrando, os gestores de recursos e os *insiders* estão saindo. Preços começam a diminuir a alta, e aqueles que estavam de fora acham que entrar é uma boa oportunidade, fazendo um último movimento parabólico, conhecido em análise técnica como clímax de compra, momento em que os maiores ganhos em períodos curtos ocorrem. No entanto, o ciclo está chegando ao topo da bolha. O sentimento do mercado move-se de neutro para altista nessa fase eufórica.

### 15.1.2.3 *Fase de distribuição*

Na terceira fase do ciclo do mercado, vendedores começam a dominar. Essa parte é identificada por um período no qual o sentimento altista da fase anterior se torna confuso. Preços podem ficar estacionados lateralmente durante algumas semanas ou meses. Quando essa fase acaba, o mercado reverte a tendência. Padrões clássicos como topos duplos ou triplos, bem como OCOs, são exemplos de movimentos que podem ocorrer nesse momento. A fase de distribuição é um período muito emocional para o mercado, pois investidores são surpreendidos por períodos de medo misturados a fases de esperança e mesmo de ganância, uma vez que o mercado parece que vai decolar novamente. As avaliações fundamentalistas estão em extremos, em vários ativos, e investidores de valor estão fora do mercado, cujo sentimento geral lentamente começa a mudar; porém, algumas vezes, essa transição pode acontecer de forma rápida se for acelerada por algum forte acontecimento geopolítico negativo ou por notícias econômicas ruins. Aqueles que foram incapazes de vender para embolsar lucros agora partem para empatar ou realizar uma pequena perda.

### 15.1.2.4 *Fase de queda*

A quarta e final fase do ciclo é mais dolorosa para aqueles que ainda mantêm as posições. Muitos se seguram, pois o investimento caiu abaixo do preço pago. Comportam-se como piratas na prancha, segurando uma barra de ouro e recusando-se a deixá-la com a esperança vã de serem resgatados. Somente quando o mercado cai 50%, ou mais, os retardatários, muitos dos quais compraram durante a fase de distribuição ou no começo da descida, desistem e capitulam. Infelizmente, isso é um sinal de compra para aqueles pioneiros da fase 1 e uma evidência de que um fundo é iminente. Aliás, são esses investidores pioneiros que compram os ativos depreciados na próxima fase de acumulação e aqueles que vão se esbaldar com a fase de subida.

## 15.1.3 *Timing*

Um ciclo pode durar de poucas semanas a vários anos, dependendo do mercado em questão e do horizonte de tempo que você está considerando. Um *day trader* usando um gráfico de cinco minutos pode enxergar quatro ou mais ciclos completos por dia. Para um investidor imobiliário, um ciclo pode durar de 18 a 20 anos.

**Figura 15.4** Ciclos de tempo: as fases

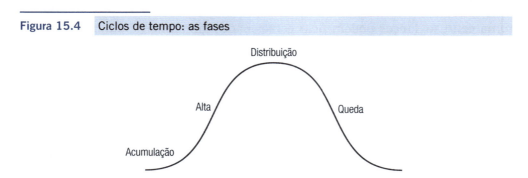

Fonte: *Journal of Technical Analysis.*

**Gráfico 15.1** Ciclos de tempo: as fases

Fonte: *Journal of Technical Analysis.*

Princípios nos quais se baseia a filosofia dos ciclos:

- Princípio da adição – preconiza que todos os movimentos de preços são simples adições de todos os ciclos ativos. Uma mínima de ciclo é reforçada quando vários ciclos sinalizam um fundo ao mesmo tempo.
- Sincronicidade – refere-se à forte tendência das ondas em diferir quanto à distância para o fundo ao mesmo tempo.
- Proporcionalidade – descreve a relação entre os períodos de ciclo e amplitude. Ciclos com tamanhos maiores têm amplitudes maiores.
- Harmonicidade – simplesmente significa que ondas vizinhas são em geral relacionadas por um número (normalmente, o número dois). Se um ciclo de 20 dias existe, o próximo ciclo curto terá 10 dias, e o próximo longo, 40 dias.
- Variação – mesmo com o reconhecimento de que os princípios anteriores são tendências e não uma lei, variações podem ocorrer, pois essas, geralmente, também existem no mundo real em função de considerações de ordem fundamental e psicológica.
- Nominalidade – apesar de existir diferenças nos vários mercados e de estes permitirem algumas variações ao implementar os princípios dos ciclos, deve-se usar, então, uma média ou um período nominal. Esse período de tempo teórico é usado como base de previsão.
- Inversões – às vezes, uma máxima de ciclo acontece quando deveria haver uma mínima de ciclo e vice-versa. Isso ocorre quando uma máxima ou mínima de ciclo salta ou é mínima. Uma mínima de ciclo pode ser curta ou quase inexistente em uma boa tendência de alta. Ao mesmo tempo, os mercados podem cair rapidamente e pular uma máxima de ciclo de alta quedas acentuadas.

## 15.1.4 Somando tudo

**DICA**
A maioria dos principais topos e fundos do mercado pode ser explicada por uma superposição simultânea de extremos de vários ciclos de mercado diferentes. Os extremos de mercado podem ser previstos com base nas fases do ciclo atual em vários prazos. A superposição simultânea dos picos e fundos resulta na ocorrência dos principais extremos de mercado.

Embora não seja óbvio, ciclos existem em todos os mercados. Investidores espertos que reconhecem as diferentes partes dos ciclos do mercado estão mais aptos a tomar vantagem dessas situações para obter lucro. Também é menos provável que comprem na pior hora possível.

**Figura 15.5**    Interação entre os ciclos

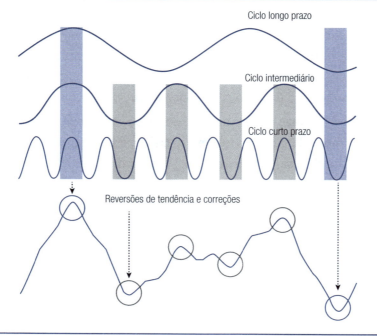

Fonte: elaborada pelo autor.

## 15.1.5 Translação à esquerda e à direita

As maiores variações nos ciclos ocorrem nos topos e não nos fundos; por isso, utilizamos a medida de fundo a fundo para medir o tamanho dos ciclos.

Na alta, os preços passam mais tempo subindo do que descendo. Observe que se trata de "mais tempo", e nos seus topos ocorre uma translação à direita, ou seja, a translação fica à direita do centro do ciclo. Em mercados de baixa, da mesma forma, os preços passam mais tempo descendo e a translação fica à esquerda.

**Figura 15.6** Ciclos de tempo: translação à esquerda e à direita

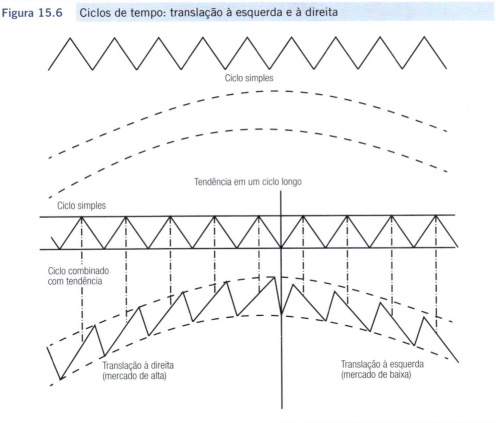

Fonte: *Journal of Technical Analysis*.

392  ANÁLISE TÉCNICA DOS MERCADOS FINANCEIROS

**Gráfico 15.2**  Ciclos de tempo aplicados na Sabesp

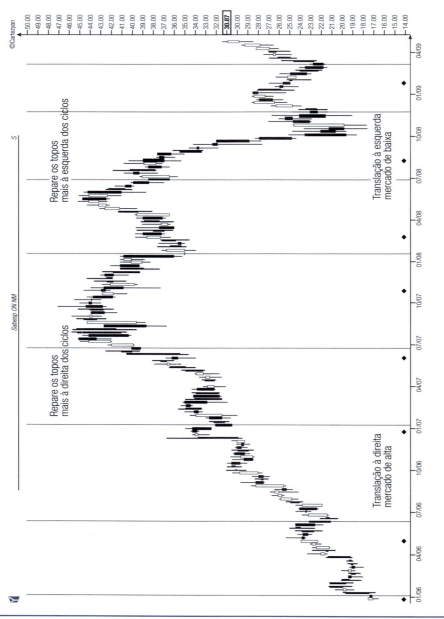

Fonte: cortesia da Cartezyan.

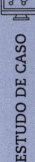

**ESTUDO DE CASO**

### NA EXPO TRADER BRASIL

Walter Bressert é um dos mais importantes *experts* de ciclos e esteve operando ao vivo, utilizando sua técnica, na Expo Trader Brasil 2004, em São Paulo. Em 2004, John O'Donnel nos apresentou o gráfico a seguir, mostrando a força de ciclos combinados.

**Gráfico 15.3**    Modelo de ciclos de tempo aplicado, mostrando a translação à esquerda e à direita

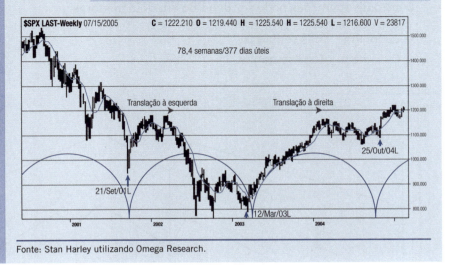

Fonte: Stan Harley utilizando Omega Research.

## 15.1.6 Ciclos dominantes

Existem ciclos diferentes que afetam o mercado. Os de real valor para intenções de previsões futuras de tendências são os ciclos dominantes, que consistentemente afetam os preços e podem ser identificados. Muitos mercados têm, ao menos, cinco ciclos dominantes. Nos capítulos anteriores, percebemos que, geralmente, começamos a observar os gráficos partindo de tempos gráficos de prazos mais longos, passando por prazos intermediários e, por último, verificando os de prazos mais curtos. Esse princípio se mantém verdadeiro para o estudo dos ciclos.

    O procedimento correto consiste em começar com o ciclo dominante de longo prazo, que pode durar alguns anos, depois o intermediário, de algumas semanas a alguns meses e, finalmente, o de curtíssimo prazo, de algumas horas a alguns dias. Este último pode ser usado para posicionar no tempo correto os pontos de entrada e de saída de uma operação e, ainda, para ajudar a confirmar os pontos de virada dos ciclos mais longos.

## 15.1.7 Classificação dos ciclos

A categoria geral dos ciclos é:

- Longo prazo – dois ou mais anos de tamanho.
- Ciclo sazonal – um ano.
- Ciclo primário ou intermediário – de 9 a 26 semanas.
- Ciclo de operações – quatro semanas.

O ciclo de operações pode ser dividido em dois menores:

- Ciclo alfa – duas semanas.
- Ciclo beta – duas semanas.

**Figura 15.7** Ciclos dominantes

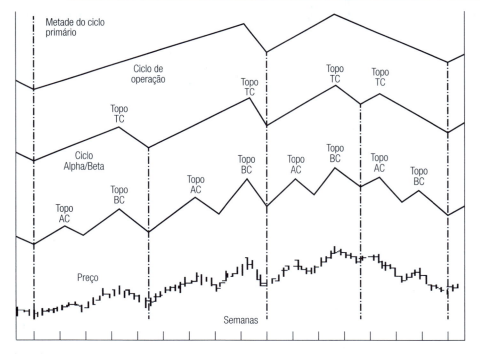

Legenda:
TC = Trading cicle
Ciclo operacional composto de AC e BC

Fonte: The Power of Oscillator/Ciclos dominantes por Walter Bressert.

Capítulo 15 ▪ Ciclos de tempo   395

**Gráfico 15.4**   John O'Donnel na Expo Trader Brasil 2004 com Elliott Wave International

Fonte: arquivo da Expo Trader Brasil.

Interessante notar, no Gráfico 15.4, que o próximo fundo de ambos os ciclos combinados aconteceria em 2022 pois, 2010 + 12 e 2006 + 8 + 8 e enquanto atualizo o livro, em 24 de fevereiro de 2022, o índice Dow Jones já caía 12% no ano. Repare ainda no Gráfico 15.5, de uma palestra de Robert Prechter, que em janeiro de 2021 ele já mostrava a combinação do ciclo de 20 e 40 anos projetando um fundo no Índice Dow Jones em 2022. Parece bruxaria, mas assim é o estudo dos ciclos...

**Gráfico 15.5** Combinação do ciclo de 20 e 40 anos projetando um fundo no Índice Dow Jones em 2022

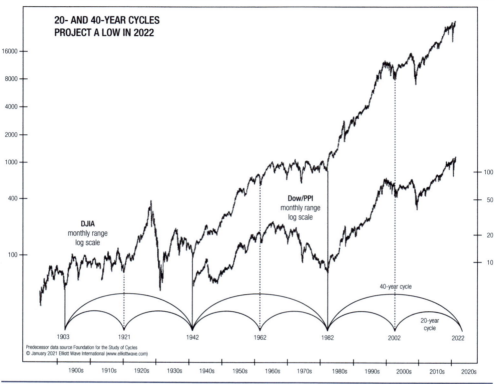

Fonte: arquivo da Expo Trader Brasil.

**Gráfico 15.6** Topo nas *commodities* em 2022

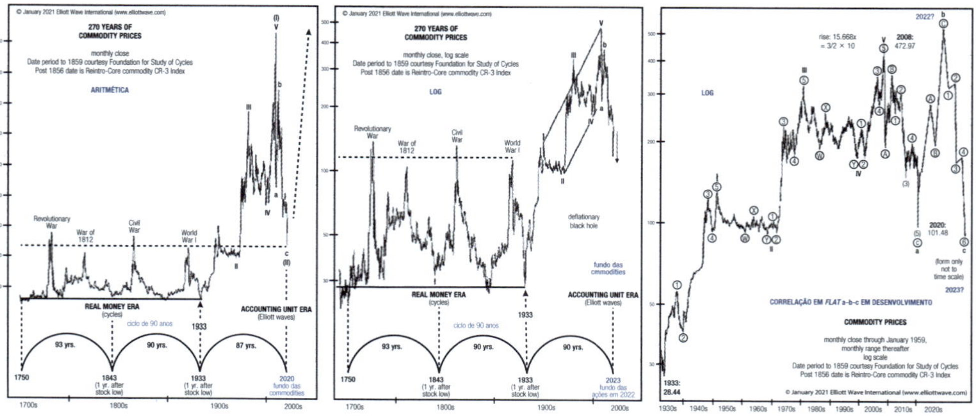

Fonte: arquivo da Expo Trader Brasil.

Na mesma palestra, o bruxo Prechter, digo o analista chamado de guru da década pela rede de TV CNBC, cravou que as *commodities* tinham feito um fundo em 2020, iriam fazer um megatopo em 2022 – junto com o fundo das ações – e iriam voltar para o fundo em 2023, em um *flat* a-b-c. Veja no Gráfico 15.6. E ainda que as taxas de juros americanas fizeram um fundo em 2020 e iriam subir muito nos próximos anos como no Gráfico 15.7. A conferir.

**Gráfico 15.7** Fundo nas taxas de juros americanas em 2020

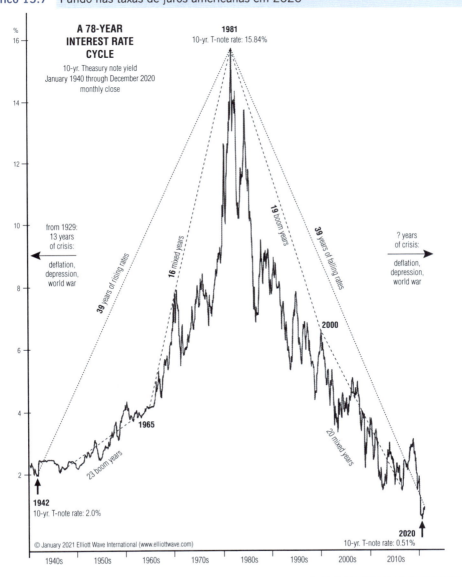

Fonte: arquivo da Expo Trader Brasil.

#### 15.1.7.1 Ciclos sazonais

Todos os mercados são afetados, em alguma extensão, por ciclos anuais sazonais, regulares e previsíveis, que se referem à tendência dos mercados de se mover em determinada direção em certas épocas do ano. A sazonalidade mais óbvia é representada pelos mercados agrícolas em que mínimas sazonais ocorrem por volta da colheita, quando a oferta é maior.

Os gráficos sazonais mostram a tendência média dos últimos anos. O eixo do tempo é dimensionado em meses, o eixo vertical mostra a variação do valor relativo em comparação com 100. O valor final de cada gráfico mostra o desenvolvimento médio da tendência ao longo dos anos correspondentes. Existem *softwares* disponíveis do mercado que analisam qualquer ativo em busca destes padrões sazonais com um relatório de ganhos, estatísticas etc. Veja o exemplo do Gráfico 15.8 para o Petróleo.

**Gráfico 15.8** Gráfico Sazonal para o Petróleo

Fonte: SEASONAX. Disponível em: <http://www.app.seasonax.com>. Acesso em: 23 mar. 2022.

### 15.1.8 Ciclos do mercado de ações

Você sabia que os quatro meses mais fortes do ano para ações são novembro, dezembro, janeiro e abril? E que setembro é, tradicionalmente, o pior mês do ano? A média de outubro – mês de eleições nos EUA – é, historicamente, positiva, apesar dos recordes de queda em 1929, 1987 e 2008.

**Gráfico 15.9** Média dos retornos mensais do S&P 500 entre janeiro 1950 e maio 2021

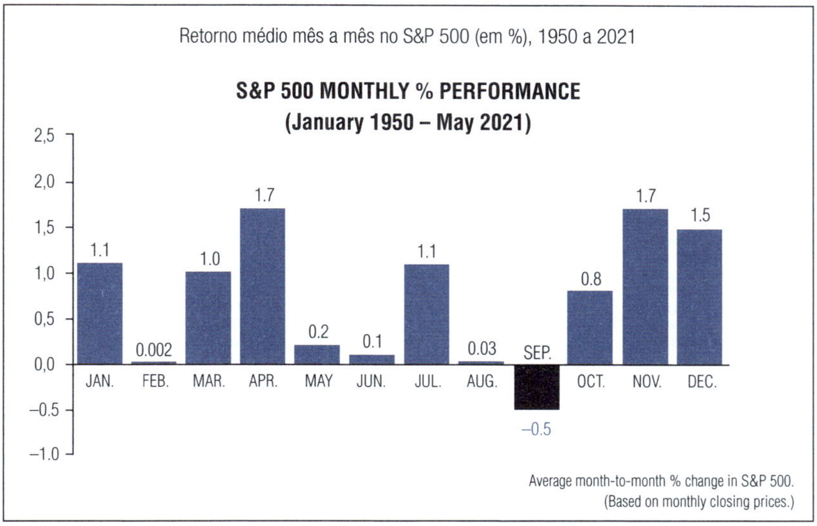

Retorno médio mês a mês no S&P 500 (em %), 1950 a 2021

**S&P 500 MONTHLY % PERFORMANCE**
**(January 1950 – May 2021)**

| JAN. | FEB. | MAR. | APR. | MAY | JUN. | JUL. | AUG. | SEP. | OCT. | NOV. | DEC. |
|------|------|------|------|-----|------|------|------|------|------|------|------|
| 1.1 | 0.002 | 1.0 | 1.7 | 0.2 | 0.1 | 1.1 | 0.03 | -0.5 | 0.8 | 1.7 | 1.5 |

Average month-to-month % change in S&P 500.
(Based on monthly closing prices.)

Fonte: Stock Trader's Almanac 2022.

Uma fonte interessante para esses estudos é o site de Jeffrey Hirsch[1].

De acordo com Hirsch, "aonde janeiro for, o resto do ano irá". Ele chama isso de barômetro de janeiro, quando parte dos investimentos dos fundos são realocados em diferentes partes do mundo e também quando os bônus, os salários e as participações das pessoas físicas entram nos fundos de investimento para serem alocados. Esta estratégia teve uma assertividade de 84,5% desde 1950. Veja a Tabela 15.1. Ainda em relação a janeiro, há o que se chama de "Efeito de janeiro", o qual estipula que, em geral, ações de empresas menores – chamadas de *small caps* – têm, em janeiro, desempenho melhor do que empresas maiores – *blue chips*.

---

[1] STOCK TRADER'S ALMANAC. Disponível em: <http://www.stocktradersalmanac.com>. Acesso em: 1º jul. 2015.

400 ANÁLISE TÉCNICA DOS MERCADOS FINANCEIROS

**Tabela 15.1** Barômetro de janeiro desde 1950

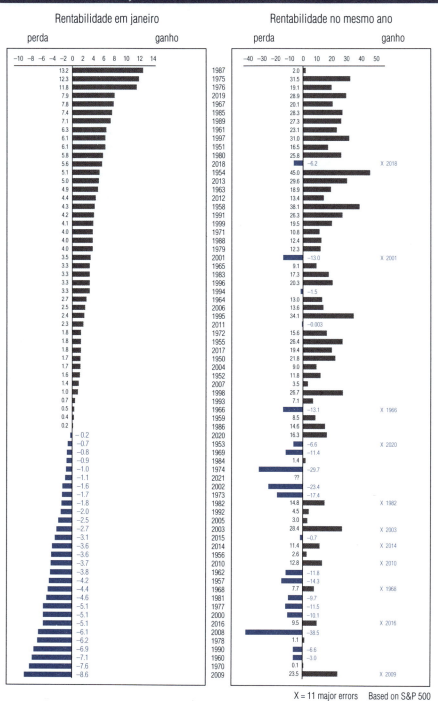

Fonte: Stock Trader's Almanac 2022.

A Estratégia de Investimento de Troca dos Seis Melhores Meses prega investir entre 1º de novembro e 30 de abril de cada ano e depois mudar para renda fixa pelos outros seis meses e vem produzindo retornos confiáveis com risco reduzido desde 1950. Ela vem do ditado em inglês "*Sell in May and go away*" ("venda em maio e vá embora). O motivo é a redução do fluxo de dinheiro para os fundos durante o verão americano. Veja no Gráfico 15.10 como se reduz a entrada de dinheiro nos fundos de maio a outubro.

**Gráfico 15.10** Entrada de dinheiro mensal nos fundos desde 1984, em bilhões

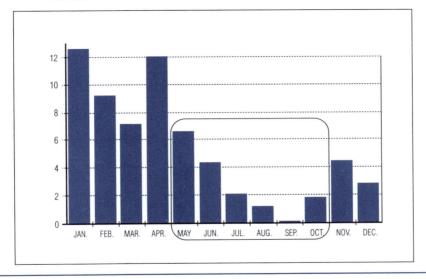

Fonte: Alan Newman.

As origens específicas desse ditado são obscuras, mas a versão original era "Venda em maio, vá embora e fique longe até o dia de St. Leger". O dia de St. Leger era a temporada de corrida de cavalos na Grã-Bretanha. Hoje, o evento final acontece no Halloween, mas não rima tão bem, então o ditado foi encurtado. Veja o resultado dos melhores (abril a novembro) e dos piores (maio a outubro) períodos na Tabela 15.2 e Gráfico 15.11.

## 402 ANÁLISE TÉCNICA DOS MERCADOS FINANCEIROS

| Tabela 15.2 | Estratégia de troca entre os melhores e dos piores períodos | | | |
|---|---|---|---|---|
| | DJIA % Change May 1 – Oct 31 | Investing $ 10,000 | DJIA % Change Nov 1 – Apr 31 | Investing $ 10,000 |
| 1950 | 5.0% | $ 10,500 | 15.2% | $ 11,520 |
| 1951 | 1.2 | 10,626 | −1.8 | 11,313 |
| 1952 | 4.5 | 11,104 | 2.1 | 11,551 |
| 1953 | 0.4 | 11,148 | 15.8 | 13,376 |
| 1954 | 10.3 | 12,296 | 20.9 | 16,172 |
| 1955 | 6.9 | 13,144 | 13.5 | 18,355 |
| 1956 | −7.0 | 12,224 | 3.0 | 18,906 |
| 1957 | −10.8 | 10,904 | 3.4 | 19,549 |
| 1958 | 19.2 | 12,998 | 14.8 | 22,442 |
| 1959 | 3.7 | 13,479 | −6.9 | 20,894 |
| 1960 | −3.5 | 13,007 | 16.9 | 24,425 |
| 1961 | 3.7 | 13,488 | −5.5 | 23,082 |
| 1962 | −11.4 | 11,950 | 21.7 | 28,091 |
| 1963 | 5.2 | 12,571 | 7.4 | 30,170 |
| 1964 | 7.7 | 13,539 | 5.6 | 31,860 |
| 1965 | 4.2 | 14,108 | −2.8 | 30,968 |
| 1966 | −13.6 | 12,189 | 11.1 | 34,405 |
| 1967 | −1.9 | 11,957 | 3.7 | 35,678 |
| 1968 | 4.4 | 12,483 | −0.2 | 35,607 |
| 1969 | −9.9 | 11,247 | −14.0 | 30,622 |
| 1970 | 2.7 | 11,551 | 24.6 | 38,155 |
| 1971 | −10.9 | 10,292 | 13.7 | 43,382 |
| 1972 | 0.1 | 10,302 | −3.6 | 41,820 |
| 1973 | 3.8 | 10,693 | −12.5 | 36,593 |
| 1974 | −20.5 | 8,501 | 23.4 | 45,156 |
| 1975 | 1.8 | 8,654 | 19.2 | 53,826 |
| 1976 | −3.2 | 8,377 | −3.9 | 51,727 |
| 1977 | −11.7 | 7,397 | 2.3 | 52,917 |
| 1978 | −5.4 | 6,998 | 7.9 | 57,097 |
| 1979 | −4.6 | 6,676 | 0.2 | 57,211 |
| 1980 | 13.1 | 7,551 | 7.9 | 61,731 |
| 1981 | −14.6 | 6,449 | −0.5 | 61,422 |
| 1982 | 16.9 | 7,539 | 23.6 | 75,918 |
| 1983 | −0.1 | 7,531 | −4.4 | 72,578 |
| 1984 | 3.1 | 7,764 | 4.2 | 75,626 |
| 1985 | 9.2 | 8,478 | 29.8 | 98,163 |
| 1986 | 5.3 | 8,927 | 21.8 | 119,563 |
| 1987 | −12.8 | 7,784 | 1.9 | 121,835 |
| 1988 | 5.7 | 8,228 | 12.6 | 137,186 |
| 1989 | 9.4 | 9,001 | 0.4 | 137,735 |
| 1990 | −8.1 | 8,272 | 18.2 | 162,803 |
| 1991 | 6.3 | 8,793 | 9.4 | 178,106 |
| 1992 | −4.0 | 8,441 | 6.2 | 189,149 |
| 1993 | 7.4 | 9,066 | 0.03 | 189,206 |
| 1994 | 6.2 | 9,628 | 10.6 | 209,262 |
| 1995 | 10.0 | 10,591 | 17.1 | 245,046 |
| 1996 | 8.3 | 1,470 | 16.2 | 284,743 |
| 1997 | 6.2 | 12,181 | 21.8 | 346,817 |
| 1998 | −5.2 | 11,548 | 25.6 | 435,602 |
| 1999 | −0.5 | 11,490 | 0.04 | 435,776 |
| 2000 | 2.2 | 11,743 | −2.2 | 426,189 |

➤

Capítulo 15 ▪ Ciclos de tempo 403

|  | DJIA % Change May 1 – Oct 31 | Investing $ 10,000 | DJIA % Change Nov 1 – Apr 31 | Investing $ 10,000 |
|---|---|---|---|---|
| 2001 | −15.5 | 9,923 | 9.6 | 467,103 |
| 2002 | −15.6 | 8,375 | 1.0 | 471,774 |
| 2003 | 15.6 | 9,682 | 4.3 | 492,060 |
| 2004 | −1.9 | 9,498 | 1.6 | 499,933 |
| 2005 | 2.4 | 9,726 | 8.9 | 544,427 |
| 2006 | 6.3 | 10,339 | 8.1 | 588,526 |
| 2007 | 6.6 | 11,021 | −8.0 | 541,444 |
| 2008 | −27.3 | 8,012 | −12.4 | 474,305 |
| 2009 | 18.9 | 9,526 | 13.3 | 537,388 |
| 2010 | 1.0 | 9,621 | 15.2 | 619,071 |
| 2011 | −6.7 | 8,976 | 10.5 | 684,073 |
| 2012 | −0.9 | 8,895 | 13.3 | 775,055 |
| 2013 | 4.8 | 9,322 | 6.7 | 826,984 |
| 2014 | 4.9 | 9,779 | 2.6 | 848,486 |
| 2015 | −1.0 | 9,681 | 0.6 | 853,577 |
| 2016 | 2.1 | $ 9,884 | 15.4 | $ 985,233 |
| 2017 | 11.6 | $ 11,031 | 3.4 | $ 1,018,721 |
| 2018 | 3.9 | $ 11,461 | 5.9 | $ 1,078,826 |
| 2019 | 1.7 | $ 11,656 | −10.0 | $ 970,943 |
| 2020 | 8.9 | $ 12,693 | 27.8 | $ 1,240,865 |
| Average/Gain | 0.8% | $ 2,693 | 7.5% | $ 1,230,865 |
| # Up/Down | 44/27 |  | 56/15 |  |

Fonte: Stock Trader's Almanac 2022.

**Gráfico 15.11**  Resultado desde 1960 da Estratégia de troca dos 6 melhores meses

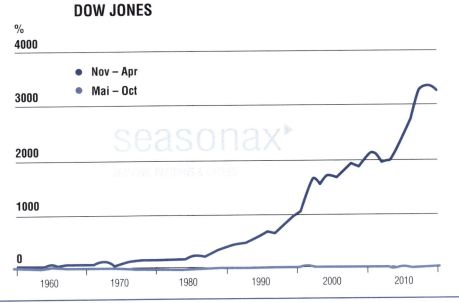

Fonte: Stock Trader's Almanac 2022.

404   ANÁLISE TÉCNICA DOS MERCADOS FINANCEIROS

## 15.1.9   Viradas de mês

As ações tendem a subir na virada de cada mês e a cair no período subsequente. Essa tendência é quase toda relacionada a fluxos periódicos de dinheiro para os fundos de investimento no começo e no fim do mês, quando a maioria das pessoas recebe seus salários e os aplica nos fundos.

---

**Gráfico 15.12**   Média dos retornos diários no DJIA

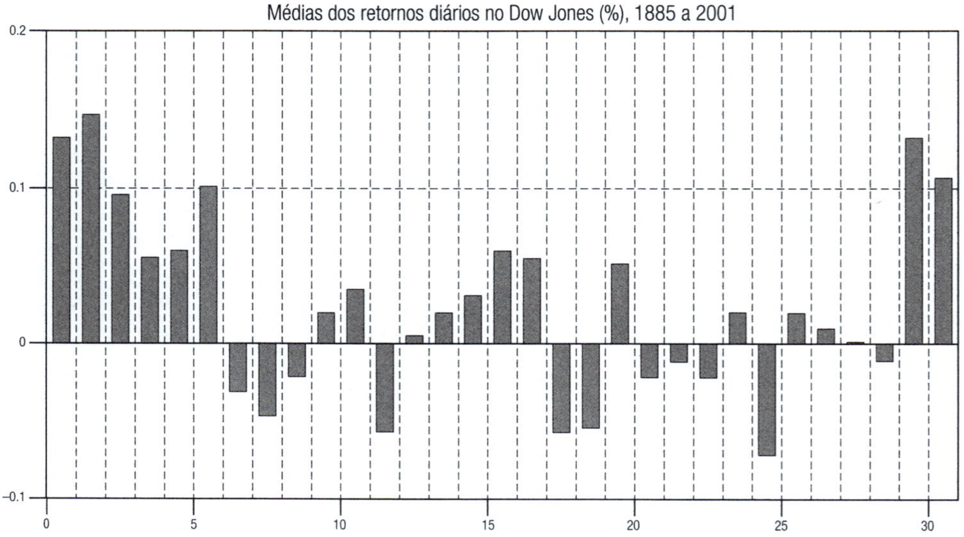

Médias dos retornos diários no Dow Jones (%), 1885 a 2001

Fonte: Investopedia.

## 15.1.10   Efeito segunda-feira

Por décadas, o mercado tem a tendência de cair às segundas-feiras. Alguns estudiosos, como Glenn Pettengill, atribuem isso à quantidade de notícias ruins durante o fim de semana, e outros acreditam que isso está relacionado ao mau humor dos investidores, típico de uma manhã de segunda-feira. Em nossa opinião, ocorre apenas que os fundos estão aguardando um melhor momento de alocação no mercado ou a definição da tendência para a semana.

**Gráfico 15.13** Média dos retornos por dia da semana no DJIA

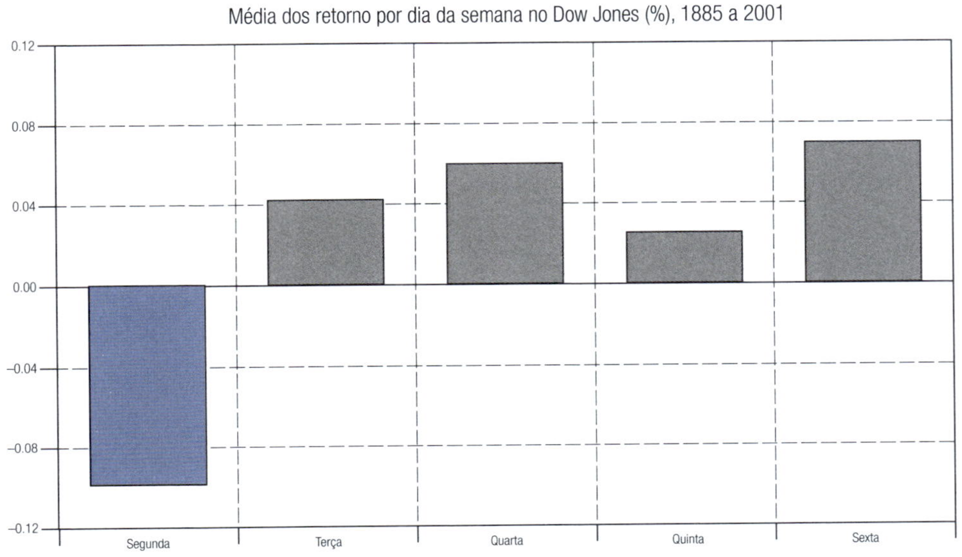

Média dos retorno por dia da semana no Dow Jones (%), 1885 a 2001

Fonte: Investopedia.

## 15.1.11 Ciclo presidencial

Outro exemplo para o fenômeno dos ciclos é o presidencial, que nos Estados Unidos e no Brasil é de quatro anos. A teoria dos ciclos nos diz que sacrifícios econômicos são geralmente feitos durante os dois primeiros anos de mandato. As guerras, recessões e o mercado de baixa acontecem nos primeiros dois anos. Quando as eleições se aproximam, os administradores têm o hábito de fazer qualquer coisa para estimular a economia e, obviamente, conseguir a reeleição ou eleger o sucessor, uma vez que, infelizmente, os eleitores têm memória curta. As taxas de juros costumam ser baixas no período eleitoral, o que favorece o mercado de ações. Em geral, o ano anterior às eleições é o mais forte para o mercado. Veja na Tabela 15.3.

## 406 ANÁLISE TÉCNICA DOS MERCADOS FINANCEIROS

### Tabela 15.3 Desempenho do Dow Jones no ciclo presidencial

**Mercado de ações americano deste 1833**

Rentabilidade % Anual no Dow Jones Industrial Average[1]

| Início do ciclo de 4 anos | Presidente eleito | pior período | | melhor período | |
|---|---|---|---|---|---|
| | | Ano após a eleição | Segundo ano após eleição | Ano pré-eleição | Ano da eleição |
| 1833 | Jackson (D) | –0.9 | 13.0 | 3.1 | –11.7 |
| 1837 | Van Buren (D) | –11.5 | 1.6 | –12.3 | 5.5 |
| 1841* | W. H. Harrison (W)** | –13.3 | –18.1 | 45.0 | 15.5 |
| 1845* | Polk (D) | 8.1 | –14.5 | 1.2 | –3.6 |
| 1849* | Taylor (W) | N/C | 18.7 | –3.2 | 19.6 |
| 1853* | Pierce (D) | –12.7 | –30.2 | 1.5 | 4.4 |
| 1857 | Buchanan (D) | –31.0 | 14.3 | –10.7 | 14.0 |
| 1861* | Lincoln (R) | –1.8 | 55.4 | 38.0 | 6.4 |
| 1865 | Lincoln (R)** | –8.5 | 3.6 | 1.6 | 10.8 |
| 1869 | Grant (R) | 1.7 | 5.6 | 7.3 | 6.8 |
| 1873 | Grant (R) | –12.7 | 2.8 | –4.1 | –17.9 |
| 1877 | Hayes (R) | –9.4 | 6.1 | 43.0 | 18.7 |
| 1881 | Garfield (R)** | 3.0 | –2.9 | –8.5 | –18.8 |
| 1885* | Cleveland (D) | 20.1 | 12.4 | –8.4 | 4.8 |
| 1889* | B. Harrison (R) | 5.5 | –14.1 | 17.6 | –6.6 |
| 1893* | Claveland (D) | –24.6 | –0.6 | 2.3 | –1.7 |
| 1897* | McKinley (R) | 21.3 | 22.5 | 9.2 | 7.0 |
| 1901* | McKinley (R)** | –8.7 | –0.4 | –23.6 | 41.7 |
| 1905 | T. Roosevelt (R) | 38.2 | –1.9 | –37.7 | 46.6 |
| 1909 | Taft (R) | 15.0 | –17.9 | 0.4 | 7.6 |
| 1913* | Wilson (D) | –10.3 | –5.4 | 81.7 | –4.2 |
| 1917 | Wilson (D) | –21.7 | 10.5 | 30.5 | –32.9 |
| 1921* | Harding (R)** | 12.7 | 21.7 | –3.3 | 26.2 |
| 1925 | Coolidge (R) | 30.0 | 0.3 | 28.8 | 48.2 |
| 1929 | Hoover (R) | –17.2 | –33.8 | –52.7 | –23.1 |
| 1933* | F. Roosevelt (D) | 66.7 | 4.1 | 38.5 | 24.8 |
| 1937 | F. Roosevelt (D) | –32.8 | 28.1 | –2.9 | –12.7 |
| 1941 | F. Roosevelt (D) | –15.4 | 7.6 | 13.8 | 12.1 |
| 1945 | F. Roosevelt (D)** | 26.6 | –8.1 | 2.2 | –2.1 |
| 1949 | Truman (D) | 12.9 | 17.6 | 14.4 | 8.4 |
| 1953* | Eisenhower (R) | –3.8 | 44.0 | 20.8 | 2.3 |
| 1957 | Eisenhower (R) | –12.8 | 34.0 | 16.4 | –9.3 |
| 1961* | Kennedy (D)** | 18.7 | –10.8 | 17.0 | 14.6 |
| 1965 | Johnson (D) | 10.9 | –18.9 | 15.2 | 4.3 |
| 1969* | Nixon (R) | –15.2 | 4.8 | 6.1 | 14.6 |
| 1973 | Nixon (R)*** | –16.6 | –27.6 | 38.3 | 17.9 |
| 1977* | Carter (D) | –17.3 | –3.1 | 4.2 | 14.9 |
| 1981* | Reagan (R) | –9.2 | 19.6 | 20.3 | –3.7 |
| 1985 | Reagan (R) | 27.7 | 22.6 | 2.3 | 11.8 |
| 1989 | G. H. W. Bush (R) | 27.0 | –4.3 | 20.3 | 4.2 |
| 1993* | Clinton (D) | 13.7 | 2.1 | 33.5 | 26.0 |
| 1997 | Clinton (D) | 22.6 | 16.1 | 25.2 | –6.2 |
| 2001* | G. W. Bush (R) | –7.1 | –16.8 | 25.3 | 3.1 |
| 2005 | G. W. Bush (R) | –0.6 | 16.3 | 6.4 | –33.8 |
| 2009* | Obama (D) | 18.8 | 11.0 | 5.5 | 7.3 |
| 2013 | Obama (D) | 26.5 | 7.5 | –2.2 | 13.4 |
| 2017* | Trump (R) | 25.1 | –5.6 | 22.3 | 7.2 |
| **Total % Gain** | | **137.7** | **188.9** | **489.6** | **282.4** |
| **Average % Gain** | | **3.0** | **4.0** | **10.4** | **6.0** |
| # Up | | 22 | 28 | 35 | 32 |
| # Down | | 24 | 19 | 12 | 15 |

\* Partido no poder deposto    \*\*Morreu no mandato    \*\*\*Renunciou    **D** – Democrata, **W** – Whig, **R** – Republicano.
[1] Baseado em fechamento anual antes de 1886, com fundamento em Cowles e outros índices.

Fonte: Stock Trader's Almanac 2022.

## 15.1.12 Ciclo Kondratieff

Existem ciclos ainda mais longos. Talvez o mais conhecido tenha aproximadamente 54 anos. Esse ciclo longo e controverso da atividade econômica foi descoberto pelo economista russo Nikolai Kondratieff, em 1920, e parece exercer grande influência em todos os mercados. Ele foi identificado, em particular, em taxas de juros, cobre, algodão, ações, trigo, entre outros ativos. O Ciclo Kondratieff tornou-se um assunto popular em discussões recentes, principalmente porque seu último topo ocorreu nos anos 1970, e o próximo ainda vai demorar a acontecer. O russo pagou um preço muito alto por sua visão cíclica das economias capitalistas. Acredita-se que Kondratieff tenha morrido em um campo de trabalho na Sibéria. Para mais informações, consulte os livros *Kondratieff*,[2] de Guy Daniels e, *The k wave*, de David Knox.[3]

**Gráfico 15.14** Ciclo ideal de Kondratieff × o índice real de preços no atacado norte-americano

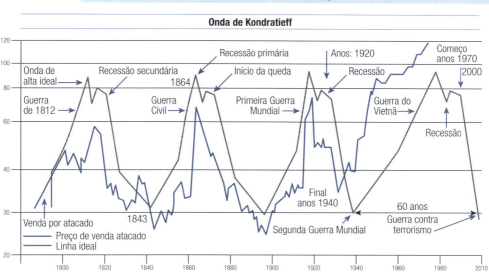

Fonte: *A long wave cycle*, de Nikolai Kondratieff, por Guy Daniels.

---

[2] KONDRATIEFF, Nikolai; DANIELS, Guy. *A long wave cycle*. Boston: E. P. Dutton, 1984.
[3] KNOX, David. *The K Wave*: Profiting from the Cyclical Booms and Busts in the Global Economy. New York: McGraw-Hill, 1995.

# Capítulo 16

# Elementos básicos da teoria de William Delbert Gann (1878-1955)

> "Os meus cálculos baseiam-se na teoria dos ciclos de tempo e em sequências matemáticas."
>
> "A ciência matemática, que é a única verdadeira ciência com que todo o mundo civilizado concorda, apresenta prova inequívoca de histórias repetindo-se e mostra que a teoria do ciclo, ou análise harmônica, é a única coisa que podemos confiar para determinar o futuro."
>
> "A matemática é a única ciência exata. Todo o poder debaixo do céu e na terra é dado ao homem que domina a ciência simples de matemática."
>
> *W. D. Gann*

W. D. Gann foi um *trader* de *commodities* que ficou conhecido por suas previsões e pelo boato de que acumulou US$ 56 milhões entre os anos 1920 e 1930. Suas projeções e seus estudos podem ser utilizados para medir preço e tempo.

A primeira profecia de Gann foi a da queda do Kaiser ao fim da Primeira Guerra Mundial, em 1918. Depois, em 1927, ele previu a guerra entre os Estados Unidos e o Japão e que os japoneses iam atacar Pearl Harbour. Suas previsões financeiras foram ainda mais profundas: no começo do ano de 1929, ele previu que o mercado faria novas máximas até abril, quando despencaria, e, em 1932, recomendou a seus clientes que comprassem agressivamente ações nas mínimas da Grande Depressão de 1932.

Em 1908, Gann descobriu o que ele chamava de fator de tempo de mercado, tornando-se um dos pioneiros da análise técnica. Em suas previsões, Gann baseava-se em três premissas:

1. Preço, tempo e variação são os três únicos fatores a considerar.
2. Os mercados são cíclicos por natureza.
3. Os mercados são geométricos em desenho e função.

Com base nesses pontos de partida, Gann desenvolveu estratégias em áreas diferentes:

- Estudo do preço – usa suportes, resistências, pontos de pivô e ângulos.
- Estudo do tempo – observa datas históricas recorrentes, derivadas com significado natural e social.
- Estudo de padrões – analisa as movimentações do mercado usando linhas de tendência e padrões de reversão.

**Figura 16.1** Ângulos de Gann

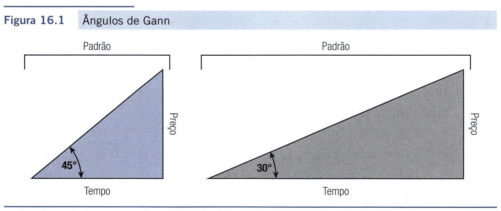

Fonte: elaborada pelo autor.

Capítulo 16 ■ Elementos básicos da teoria de William Delbert Gann (1878-1955)   411

### Gráfico 16.1   Ângulos de Gann como resistências

Fonte: Tradestation.

### Gráfico 16.2   Ângulos de Gann como resistências (continuação)

Fonte: Tradestation.

## 16.1 ÂNGULOS DE GANN

De todas as técnicas disponíveis de Gann, a de desenhar ângulos para operar e prever é provavelmente a mais popular ferramenta entre operadores.

Gann era fascinado pela relação de tempo (T) e preço (P). Ele usava um ponto de pivô – pontos de máxima ou de mínima principais – para desenhar ângulos que subiam ou caíam a predeterminadas e fixas taxas de velocidade:

T × P = $n$ graus – assumindo um mercado de alta (o inverso para mercado de baixa)

1 × 8 = 82,5 graus – resistência

1 × 4 = 75 graus – resistência

1 × 3 = 71,25 graus – resistência

1 × 2 = 63,75 graus – resistência

1 × 1 = 45 graus – neutro

2 × 1 = 26,25 graus – suporte

3 × 1 = 18,75 graus – suporte

4 × 1 = 15 graus – suporte

8 × 1 = 7,5 graus – suporte

Em que:

T = é o número de unidades de tempo, plotado horizontalmente

P = é o número de unidades de preço, plotado verticalmente

Note que, dependendo da escala, a relação 1:1 nem sempre é de 45 graus, pois terá de mover uma unidade de tempo para uma de preço.

Esses ângulos geralmente são comparados erroneamente a linhas de tendência.

Um ângulo de Gann é uma linha diagonal que se move em uma taxa uniforme de velocidade, enquanto uma linha de tendência é criada ligando fundos com fundos (em uma tendência de alta) e topos com topos (em uma tendência de baixa). O benefício de traçar os ângulos de Gann em vez das linhas de tendência decorre do fato de que ele se move a determinada velocidade. Isso permite ao analista saber onde o preço estará em uma data específica no futuro.

**Gráfico 16.3**  Esquema dos ângulos de Gann

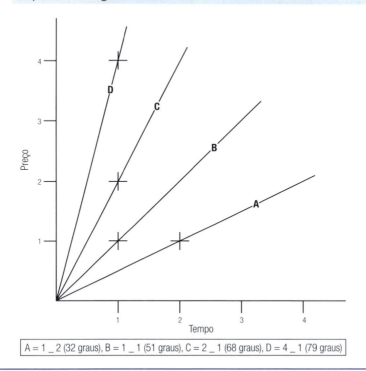

A = 1 _ 2 (32 graus), B = 1 _ 1 (51 graus), C = 2 _ 1 (68 graus), D = 4 _ 1 (79 graus)

Fonte: ilustração do autor.

### 16.1.1  Passado, presente e futuro

O conceito-chave para compreender os ângulos de Gann é de que o passado, o presente e o futuro existem ao mesmo tempo nos ângulos. Assim, estes podem ser usados para prever suportes, resistências, força da tendência e tempo de topos e fundos.

Gann favorecia o ângulo de 45 graus, chamado de "linha da morte", que, se rompida, indica que o *trader* deve vender o ativo.

## 16.2  O PRINCÍPIO DO VENTILADOR

É uma técnica baseada em três linhas; quando uma é rompida, uma segunda é traçada em um ângulo menor; se esta também for fragmentada, é desenhada uma terceira linha com um ângulo ainda menor. Se essa terceira linha é quebrada, uma reversão da tendência é provável.

414   ANÁLISE TÉCNICA DOS MERCADOS FINANCEIROS

A "regra de todos os ângulos" estipula que, quando o mercado rompe um ângulo, ele segue em direção ao seguinte.

**Figura 16.2**   Princípio do ventilador

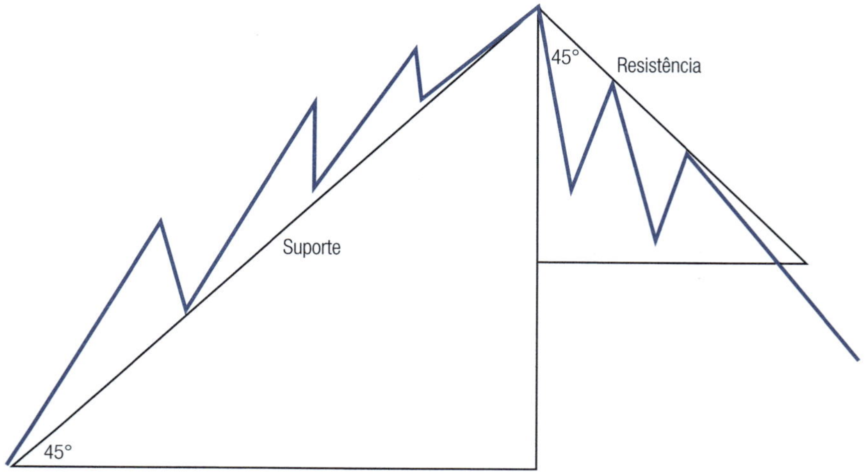

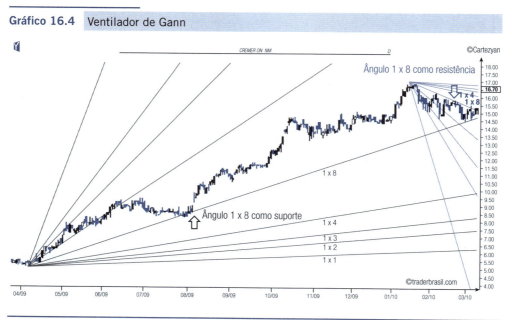

Fonte: elaborada pelo autor.

**Gráfico 16.4**   Ventilador de Gann

Fonte: Tradestation.

## 16.3 RETRAÇÕES DE GANN

Uma retração é uma reversão dos preços contra a tendência corrente.

**Tabela 16.1** Níveis de preço de Gann

| Níveis | Porcentagem |
|---|---|
| 1/8 | 12–1/2 |
| 2/8 | 25 |
| 1/3 | 33–1/3 |
| 3/8 | 37–1/2 |
| 4/8 | 50 |
| 5/8 | 62–1/2 |
| 2/3 | 66–2/3 |
| 6/8 | 75 |
| 7/8 | 87–1/2 |
| 8/8 | 100 |

Fonte: Trader Brasil Escola de Finanças & Negócios.

Gann dividia a tendência em oitavos e também em terços.

1/8, 2/8, 3/8, 4/8, 5/8, 6/8, 7/8, 8/8 – olhando para suporte e resistência nesses níveis de retração.

As frações em destaque (38%, 50%, 62%) são níveis aos quais Gann dava mais importância.

O mais popular é o de 50%. Esse nível foi identificado por Gann, Elliott, Dow e também no sistema de Fibonacci.

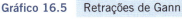

**Gráfico 16.5** Retrações de Gann

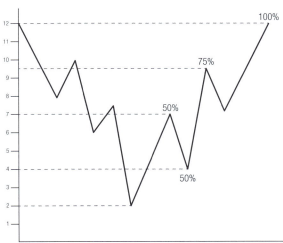

Fonte: ilustração do autor.

Gann dizia que, se ultrapassado o nível de 50% de correção, ele provavelmente iria continuar em direção ao nível de 100%.

## 16.4 ÂNGULOS DE GANN PARA PROJETAR O TEMPO

Gann acreditava que o equilíbrio ideal entre tempo e preço existe quando este sobe ou cai a 45 graus de ângulo em relação ao eixo de tempo. Isso também é chamado de ângulo 1 × 1 (por exemplo, quando o preço eleva uma unidade de preço para cada unidade de tempo).

Os ângulos de Gann são desenhados entre um fundo significante e um topo (ou vice-versa) com vários ângulos. A linha de tendência 1 × 1, considerada de maior importância para Gann, significa um mercado altista se os preços estão acima dela, ou baixista se estão abaixo.

Gann sentiu que a linha de tendência 1 × 1 é o suporte principal durante uma tendência de alta, e sua quebra significa uma reversão significante na tendência.

**Gráfico 16.6** Ângulos de Gann no tempo

Fonte: Tradestation.

## 16.4.1 Técnica do enquadramento

Por fim, os ângulos de Gann são usados para tentar prever importantes topos, fundos e mudanças de tendência. Essa técnica matemática conhecida como enquadrar é usada para determinar zonas de tempo e também para estimar quando o mercado vai mudar de direção.

O conceito básico é o de esperar uma mudança de direção tão logo o mercado alcance uma unidade de tempo igual a uma de preço (para cima ou para baixo). O gráfico foi enquadrado quando o ângulo de Gann alcançou o topo da variação que aparece na tela (linha horizontal no limite inferior ou superior).

Esse indicador de *timing* funciona melhor em gráficos mensais e semanais, pois nos diários existem vários fundos e topos a serem analisados.

Como na ação dos preços, essas ferramentas de tempo tendem a trabalhar melhor com outros indicadores de tempo e ferramentas da análise técnica.

Gráfico 16.7    Ângulos de Gann no Ibovespa

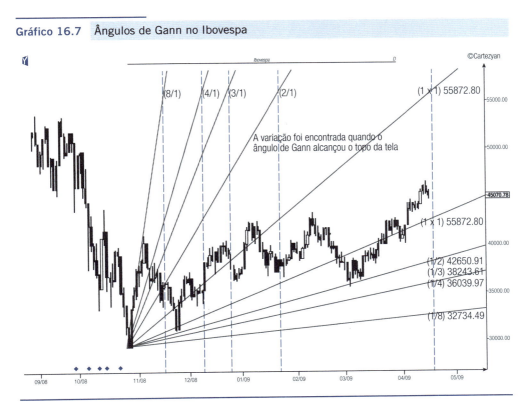

Fonte: cortesia da Cartezyan.

# Capítulo 17

# Uso de Fibonacci no tempo

> "O tempo é mais importante que o preço. Quando o tempo acabar, o preço reverterá."
>
> William D. Gann

> "Ter o controle do próprio tempo é o maior dividendo que o dinheiro pode pagar."
>
> Morgan Housel

Além de Gann, muitos analistas utilizam projeções de Fibonacci no eixo horizontal do tempo para tentar encontrar possíveis pontos de reversão de tendência no futuro.

A ideia é usar estas ferramentas de timing para identificar janelas de tempo em que ocorrerá uma probabilidade maior de reversão, pois geralmente quando o tempo, o preço e os padrões coincidem, uma mudança é muito provável, senão inevitável.

DICA DO FLÁVIO

Dica do Flávio: se o analista já usa ferramentas de Fibonacci no preço, como retrações, extensões e projeções, ao adicionar o parâmetro tempo a essas projeções, aumentará muito a possibilidade de a análise estar correta, principalmente quando ambas ocorrerem ao mesmo momento. Da mesma forma como ocorre com os fibos de preço, quando ocorre confluência de fibos de tempo (*clusters*), as chances aumentam ainda mais. Como ocorre com a simetria de preços, a simetria de tempo é outra poderosa ferramenta.

## 17.1 RELAÇÕES DE TEMPO

As relações de tempo são projetadas por dois pontos, da mesma forma como as de preço. De maneira geral, medimos tempo de:

- fundo para fundo;
- topo para topo;
- fundo para topo;
- topo para fundo.

### 17.1.1 Retração de Fibonacci no tempo

As retrações de tempo de Fibonacci são calculadas da mesma forma como as de preço, medindo a oscilação entre um topo ou fundo (ou vice-versa). As geralmente utilizadas são: 0,382; 0,50; 0,618; 0,786; 1,0 e as extensões, 1,618; 2,0; e 2,618.

**Figura 17.1** Retração de Fibonacci no tempo

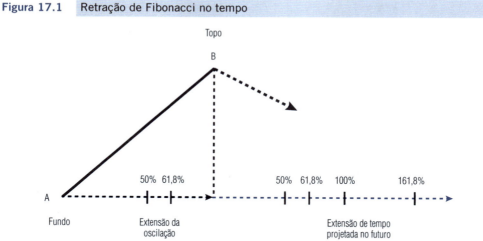

Fonte: elaborada pelo autor.

Capítulo 17 ■ Uso de Fibonacci no tempo   421

**Gráfico 17.1** Projeção de Fibonacci no tempo no Índice Futuro Bovespa

Fonte: cortesia da Trading View.

## 17.1.2 Projeções de Fibonacci no tempo

As projeções de tempo são calculadas da mesma forma como as projeções de preço. O tempo da oscilação atual em favor da tendência é comparado com a oscilação anterior na mesma tendência, e as contratendências compradas da mesma forma. As projeções de tempo de Fibonacci geralmente utilizadas são: 0,382; 0,50; 0,618; 0,786; 1,0 e as extensões, 1,618; 2,0; 2,618; e 4,24.

Como na Figura 17.2, o tempo da oscilação anterior do fundo A para o topo B é medido e projetado à frente no começo da nova oscilação pelo ponto C.

**Figura 17.2**   Projeção de Fibonacci no tempo

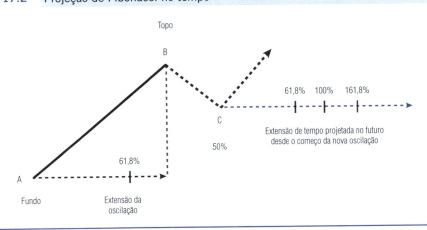

Fonte: elaborada pelo autor.

**Gráfico 17.2**   Projeção de Fibonacci no tempo no Índice Futuro Bovespa

Fonte: cortesia da Trading View.

Uma observação importante é que se deve ajustar o gráfico para dias úteis e não corridos. Segundo Robert Miner, as retrações e projeções no tempo são as mais confiáveis, mas outras projeções podem ser realizadas, como as de topo para topo e de fundo para fundo.

### 17.1.3   Método de projeção de tempo com vibração da tendência

O método de projeção de tempo com vibração da tendência assume que um ciclo de fundo a fundo ou topo a topo, ou de outra maneira, o impulso inicial e seu posterior recuo frequentemente fornecem as próximas faixas de tempo em que ocorrerão os topos e fundos subsequentes na direção da tendência.

Em ondas de Elliott, as Ondas 1 até a 2 são a vibração inicial de uma impulsão de 5 ondas. O mais importante é que o pivô final da tendência deve estar na proporção da vibração inicial, como no Gráfico 17.3, em que o final da Onda 5 cai exatamente na projeção de 261,8% da vibração inicial da Onda 1 a 2, medida de fundo a fundo.

**Gráfico 17.3** Ethereum com contagem de ondas e projeção usando vibração inicial

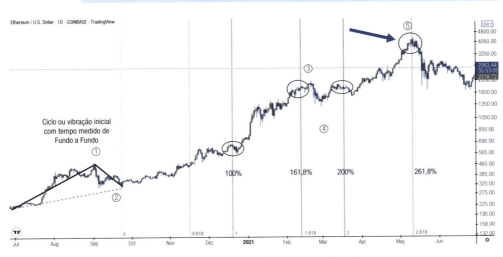

Fonte: cortesia da Trading View.

## 17.1.4 Ciclos de tempo com Fibonacci

Ciclos anteriores de tempo são extendidos e proporcionados à frente do tempo da mesma forma como os ciclos de preços são proporcionados por retração, projeção e extensão.

Sempre que ocorrer uma nova oscilação com topo e fundo, haverá uma oportunidade de executar um nova relação de fibos para preço e tempo. Geralmente ocorrerá um agrupamento (cluster) de projeções nessas faixas de tempo com alta probabilidade de encontrar zonas de suportes e resistências futuras que podem identificar uma reversão de tendência, se esta estiver ocorrendo.

Note no exemplo, em Petrobras PN, que topos e fundos estão espaçados em torno de 40 dias.

424 ANÁLISE TÉCNICA DOS MERCADOS FINANCEIROS

**Gráfico 17.4** Fibonacci no tempo na Petr4

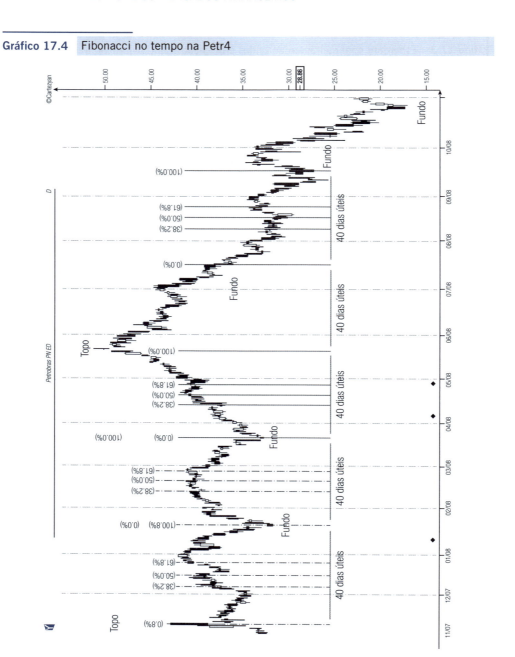

Fonte: cortesia da Cartezyan.

Capítulo 17 ■ Uso de Fibonacci no tempo 425

### Gráfico 17.5  Fibonacci no tempo na Vale 3

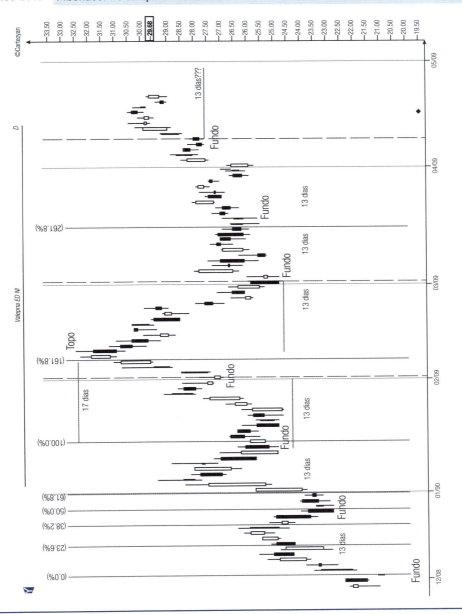

Fonte: cortesia da Cartezyan.

**DICA** Essa é mais uma ferramenta que deve ser utilizada com outras.

Prever o tempo é tão, ou mais, complicado que projetar o preço, pois estamos tentando achar o aspecto mais difícil, ou seja, quando irá ocorrer o topo ou o fundo daquele movimento. Dessa forma, você poderá tentar utilizar ferramentas da análise técnica em conjunto (Elliott, indicadores, padrões, Fibonacci, Gann etc.) que auxiliem na projeção de preços e tempo.

No Gráfico 17.5, da Vale 3, o intervalo entre vários fundos é um número de Fibonacci: 13 dias. A extensão de 161,8% pegou o topo, e a de 261,8% pegou outro fundo.

Não existe fórmula mágica, mas toda vez que acontecer uma oscilação na qual um topo ou fundo ocorram, existirá uma nova oportunidade de se estimarem as projeções de preço e de tempo.

**Gráfico 17.6** Projetando topos e fundos com Fibonacci

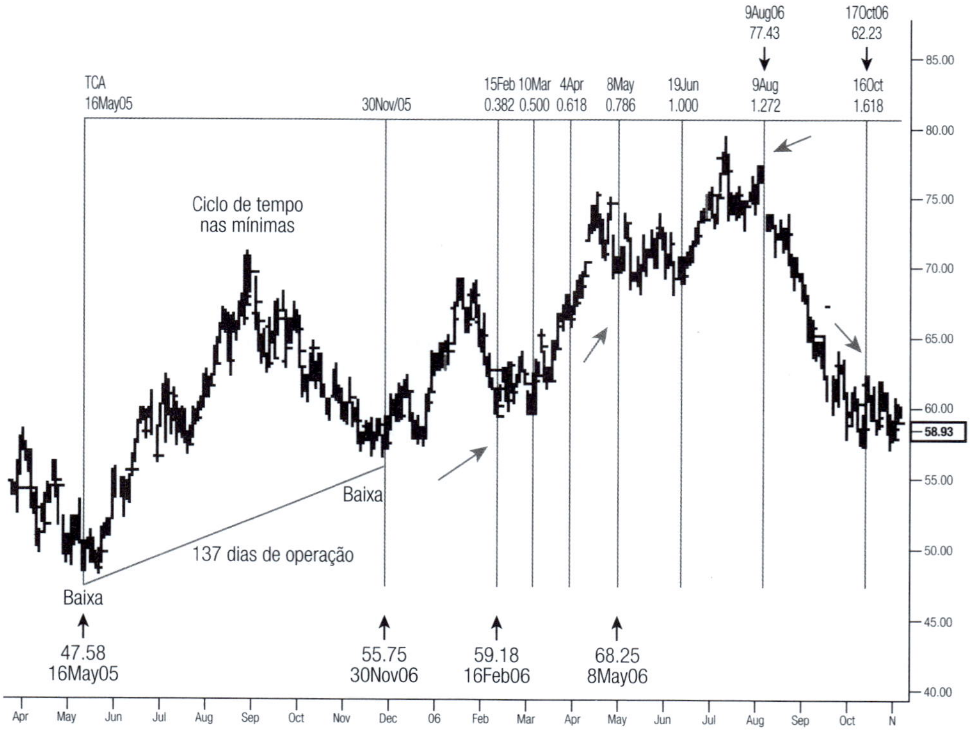

Fonte: *Journal of Technical Analysis*.

## CURIOSIDADE

Robert Prechter, o já falado guru, apresentou, em janeiro de 2021, este gráfico que representa o mercado americano desde 1787, alertando para um possível topo em 2021, achado por ciclos de anos com números em Fibonacci. Observe no Gráfico 17.7.

**Gráfico 17.7** Fibonacci projetando topo em 2021 por Robert Prechter

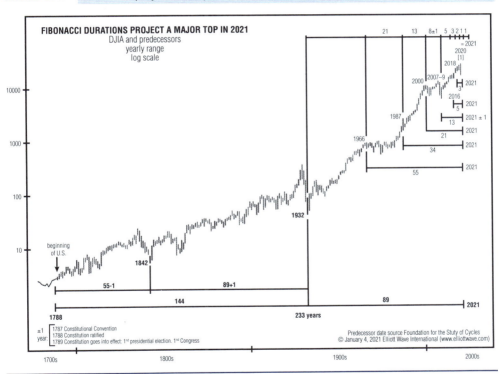

Fonte: Elliott Wave International.

# III

## PARTE

Análise com
planejamento:
a sua
sobrevivência

# Capítulo 18

# Colocação de *stops*

"O medo da morte é o mais injustificável de todos os medos, pois não há risco de acidentes para quem já está morto."

*Albert Einstein*

"Se você não sabe quem você é, o mercado de capitais será um lugar caro para você descobrir."

*Adam Smith*

"A mínima de hoje pode ser a máxima de amanhã."

*Joaquim, funcionário antigo de corretora*

"Ganhos tomam conta de si próprios, perdas nunca o fazem."
"Bons *traders* têm boas entradas, e ótimos *traders*, boas saídas."

*Jargões de mercado*

## 18.1 POR QUE OU QUANTO?

Qual dessas perguntas é mais importante para um analista? Para mim, pelo menos, "por que" é a informação mais cara e menos importante.

Quando você conhece o "porquê" errado (e age em conformidade) você perde muito dinheiro. Você só pode saber "por que" com certeza após o fato acontecido (quando é inútil).

Então, você tem de aprender a conviver com a realidade de que existem coisas (que o mercado conhece) que estão além do indivíduo (você). A busca pelo "por que", se certo ou errado, pode facilmente levá-lo para questões irrelevantes, ou, pior ainda, a dados válidos que não terão impacto no mercado.

A melhor analogia seria uma situação em que você discute com seu cônjuge: estar certo é, muitas vezes, irrelevante, se não for contraproducente.

Em mercados de alta, observamos os preços subir na frente dos lucros das empresas, na expectativa de que estes também continuarão a subir, uma das razões pela qual os economistas estão sempre errados em viradas. Fundamentos seguem os preços, não o contrário. Da mesma forma, em mercados em queda, indicadores fundamentalistas parecem ficar cada vez mais atraentes, mas, se considerarmos que os lucros futuros cairão, não funcionará tão bem assim.

É totalmente irrelevante a verdade na discussão sobre qual tipo de análise é o mais importante. Achamos que todas devem ser utilizadas em conjunto e principalmente aliadas a um controle de risco.

DICA: O grande segredo do mercado não é escolher os melhores ativos ou fazer as previsões mais acertadas, o segredo é sobreviver. O futuro é incerto, e estar errado é inevitável e normal.

É inegável que um bom gerenciamento de risco impacta positivamente o desempenho de uma carteira. Acionar mecanismos de limitação de perdas no momento apropriado pode ser a diferença que torna certa sistemática de operação lucrativa ou não.

## 18.2 O QUE É UMA ORDEM *STOP*

A ordem de *stop* serve para comprar ou vender quando um preço específico for atingido. Um *stop* de compra é uma ordem para comprar um título a um preço especificado acima do preço atual; ele é utilizado em uma operação de venda a descoberto. Caso o preço suba até o especificado no *stop* de compra, o ativo será comprado a mercado. Inversamente, um *stop* de venda é uma ordem para vender um título a um preço especificado abaixo do preço atual; ele é utilizado em uma operação de compra. Caso o preço caia até o especificado no *stop* de venda, o ativo será vendido a mercado.

### 18.2.1 "Jogando a toalha" com o *stop loss*

A palavra *loss* em inglês significa perda. Uma ordem de *stop loss* tem como objetivo evitar perdas. O prazo de validade dessa ordem é controlado e/ou alterado pelo investidor.

O *stop loss* pode ser tanto um *stop* de compra quanto de venda, isso dependerá do fato de o investidor estar vendido ou comprado. Em uma operação de compra, *stop loss* é um nível de preços abaixo do preço de mercado atual, quando uma operação é encerrada a fim de proteger o capital.

*Stop loss* é o menor nível em que um investidor está preparado para ver o preço de seu investimento cair.

## 18.2.2 *Stop gain*

A palavra *gain* em inglês significa ganhos. Uma ordem de *stop gain* tem como objetivo permitir que as metas de ganho do investidor sejam quantificadas. O prazo de validade é definido como na ordem de *stop loss*. O *stop gain* também pode ser tanto um *stop* de compra como de venda; isso dependerá do fato de o investidor estar vendido ou comprado.

## 18.2.3 *Stop* de entrada

É possível utilizar ordens do tipo *stop* para programar entradas em uma operação nova. Por exemplo, você quer comprar se, e somente se, ultrapassar uma resistência; então, você coloca uma ordem de *stop* de compra acima daquele preço atual.

> **RECORDAR É VIVER**
>
> O ano de 2008 foi devastador para investidores de estilo fundamentalista do tipo "compra e senta em cima". O *stop loss* é o mecanismo para limitar perdas, e o *stop gain,* para proteger os lucros.

## 18.2.4 *Stop* móvel (*trailing stop*)

É uma ordem de *stop loss* programada para um nível abaixo do preço de mercado (para uma posição de compra). O preço do *stop* móvel é ajustado automaticamente conforme os preços flutuam. Diferente do *stop loss*, à medida que a cotação do papel aumenta, o *stop* móvel reprograma automaticamente os valores de perda programados.

O uso de um *stop* móvel permite que o investidor deixe os lucros correr e garante, ao mesmo tempo, cortes de perdas. A maioria dos sistemas brasileiros de negociação (até junho de 2015) infelizmente ainda não possui essa útil ferramenta.

434   ANÁLISE TÉCNICA DOS MERCADOS FINANCEIROS

**Exemplo de uso do *stop* móvel**

Um investidor envia uma ordem *stop* móvel para USIM5 que no momento está cotada a R$ 10,00.
Preço de disparo do *stop loss*: R$ 9,10
Preço de limite do *stop loss*: R$ 9,00
Início: R$ 11,00
Ajuste: R$ 0,50

Nesse exemplo, quando ocorrer algum negócio neste papel no valor de R$ 11,00 (início) ou mais, será somado R$ 0,50 (ajuste) ao preço de disparo e ao preço de limite.

Os novos valores ficam com a seguinte configuração:

Preço de disparo do *stop loss*: R$ 9,60
Preço de limite do *stop loss*: R$ 9,50

Caso a cotação do papel continue subindo, os valores do preço de disparo e do preço de limite sobem conforme a cotação do papel. Quando este subir R$ 0,01, o preço de disparo e o de limite crescem R$ 0,01 também. Caso o preço do papel recue, ou seja, caia de R$ 11,50 para R$ 10,90, por exemplo, os valores de *stop loss* permanecem constantes.

O *stop* é o seguro contra a queda dos preços, permitindo os benefícios da subida deles.

## 18.2.5 Erros na colocação de *stops*

Muitos investidores e *traders* colocam o *stop* muito próximo ao preço atual do ativo no qual têm uma posição. Isso leva, muitas vezes, a zigue-zagues, mesmo quando o *stop* é ajustado para a volatilidade.

Um método mais adequado é permitir espaço para que o ativo se movimente, colocando o *stop* de proteção abaixo de onde a correção seria grave.

Capítulo 18 ▪ Colocação de *stops*   435

Sabemos que os preços dos ativos fazem seus avanços em uma progressão de passos ao longo da tendência, que nunca iremos comprar e vender no pico ou no fundo absoluto e que temos de decidir sobre em que horizonte de tempo iremos operar.

Um dos benefícios do uso da análise técnica é o de encontrar lugares lógicos para colocar nossos *stops* em vez de usar relações fundamentalistas de P/L (preço da ação/lucro por ação) que parecem cada vez melhor à medida que os preços caem, pois a análise fundamentalista não oferece colocação de *stops* lógicos.

Então, se não nos é permitido ter a esperança (pois não há garantia alguma de que o ativo vai retornar), a paciência (se retornar, pode demorar anos) e o dinheiro (você tem dinheiro infinito?) de Warren Buffett, vamos conhecer algumas técnicas de colocação de *stops*.

## 18.2.6  Tipos de *stops*

### 18.2.6.1  Stops *de dinheiro*

Em vez de usar pontos de preço em que o risco de perda significante é possível, alguns investidores se baseiam em valores monetários. Por exemplo, valores "redondos" como R$ 1.000,00 ou R$ 10.000,00.

Do ponto de vista da gestão estratégica e de dinheiro, o método é uma forma pobre de estabelecer um *stop* de proteção. O melhor método é determinar os pontos de risco no ativo e trabalhar de lá. Um *stop* de dinheiro baseia-se não apenas na mudança dos preços, mas também na quantidade de títulos ou de contratos da posição. Ele não é, portanto, um bom método de determinação do aumento de probabilidade de perda adicional e, muitas vezes, causa zigue-zagues caros, especialmente se a posição tem grande número de ações ou contratos e é encerrada depois de apenas uma pequena mudança no preço.

### 18.2.6.2  Stops *baseados em níveis de suporte e resistência*

#### *Swing stop*

Coloca-se o *stop* um pouco abaixo da área de rompimento, que provavelmente será o ponto de entrada do investidor. O problema é que se o ativo continuar sua tendência, o *stop* ficará muito longe, e se o mercado retornar, o investidor entregará todos os ganhos. Convém, então, ajustar o *stop* de tempos em tempos.

## Gráfico 18.1 *Swing stop*

Fonte: Metastock.

**DICA**

Usamos para colocar o *stop*, operando para compra, pontos um pouco abaixo do suporte; e, para venda, pontos um pouco acima da resistência, pois o mercado provavelmente pode retornar a esses pontos e seguir na direção da tendência.
Evite também utilizar números redondos – por exemplo, R$ 10,00 – como *stop*. Em vez dele, utilize R$ 9,97. Às vezes, essa pequena diferença de R$ 0,03 pode significar muito no mercado.

A máxima "corte seus prejuízos e deixe seus lucros crescerem" remete-nos à questão-chave da estratégia de saída. *Stops* devem ser afastados do preço de mercado no início da operação. Se, porém, eles ficarem muito longe e tudo der errado, vão levar muito de nosso capital.

Os *stops* devem, ainda, ser ajustados para proteger o "ganho de papel" acumulado (ou seja, não devem ser movidos contra a tendência). Se eles ficarem muito perto, podemos ser "estopados" toda hora pela volatilidade normal do mercado, o que levará de nós dinheiro de corretagem e emolumentos.

## Stop *máxima ou mínima de* n *dias atrás*

Esse recurso é autoexplicativo: utilizamos como *stop* a máxima ou mínima de um período de tempo; por exemplo, o Gráfico 18.2 mostra uma projeção de 3 semanas.

**Gráfico 18.2** *Stop* máxima ou mínima de *n* dias atrás

Fonte: Metastock.

## *Sistema parabólico SAR (*Stop and reverse*)*

Como vimos no Capítulo 9, o indicador parabólico SAR é um seguidor de tendência designado para criar um *stop* móvel.

Esse é um indicador que segue uma tendência predominante, dando um possível valor para uma ordem de *stop loss* longe o bastante da tendência original para evitar ser "estopado" com um pequeno movimento de consolidação e retração.

O *stop* móvel movimenta-se com a tendência, acelerando e ficando mais perto do preço do papel enquanto o tempo passa, o que dá ao trajeto do indicador uma aparência parabólica. Quando o preço penetra o SAR, um novo cálculo começa, atingindo o outro lado do mercado com um cenário inicial que permite novamente certa quantidade de volatilidade inicial se a tendência é lenta para continuar em andamento.

**Gráfico 18.3** *Stop* SAR

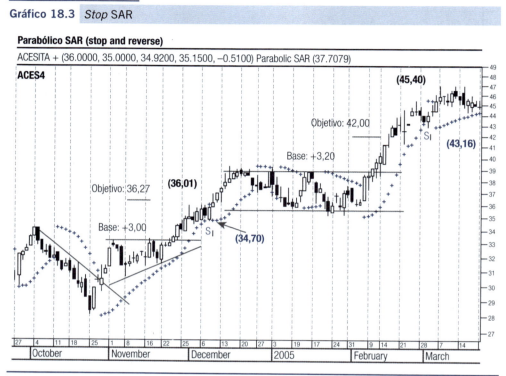

Fonte: Metastock.

### 18.2.6.3 Stops *baseados na volatilidade dos preços*

*Máxima local – n períodos* versus *Average True Range (ATR)*

O *stop Average True Range* (ATR) é um indicador que combina informações do movimento de preços e nos auxilia nessa tarefa. Ele é calculado com base na amplitude do movimento dos preços, ou seja, existe um forte componente de volatilidade em sua formação.

O elemento central é o *True Range* (TR), isto é, um montante (um pedaço) do movimento dos preços calculado entre dois períodos, sendo o maior número entre as três condições seguintes:

1. O valor máximo atual menos o valor mínimo atual.
2. O valor absoluto da seguinte operação: máximo atual menos o fechamento anterior.
3. O valor absoluto da seguinte operação: mínimo atual menos o fechamento anterior.

O Gráfico 18.4, na página seguinte, mostra um exemplo de cada uma dessas situações. O valor do TR é sempre positivo.

**Figura 18.1**  *Stop* cálculo do TR em *candlesticks* e barras

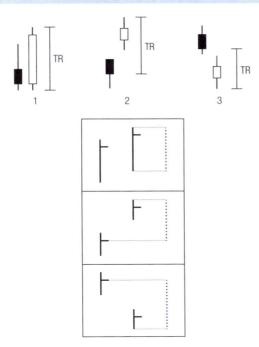

Fonte: ilustração do autor.

Observe que a utilização apenas da amplitude de uma barra seria ineficaz, uma vez que não reflete com precisão a movimentação recente, bem como não é abrangente o suficiente para acomodar a ocorrência de *gaps*. O TR resolve essas questões e nos fornece uma base sólida, estruturada sobre os montantes específicos de variação de preços que determinado ativo vem apresentando.

Contudo, o que isso significa na prática? Significa que em um mercado mais nervoso, com os preços andando em passos mais bruscos, o TR (e por consequência o *stop* ATR) será maior, o que nos guia a posicionar o *stop* com um pouco mais de distância de segurança. Assim, torna-se possível evitar saídas erradas, causadas por oscilações temporárias de mercado. Em contrapartida, em um ambiente menos volátil, o TR apresentará leituras menores, permitindo que coloquemos nossa rede de proteção um pouco mais perto. Em suma, trata-se de um elemento que observa a volatilidade do mercado e, por meio desse mecanismo, nos ajuda a aperfeiçoar nossa estratégia de defesa.

O ATR mede a distância média que o mercado percorreu em determinado número de períodos e é um excelente dado técnico para inferir a distância que um mercado "normalmente" transitará no próximo período (e também o nível de risco).

**Gráfico 18.4** *Stop* ATR (14 dias)

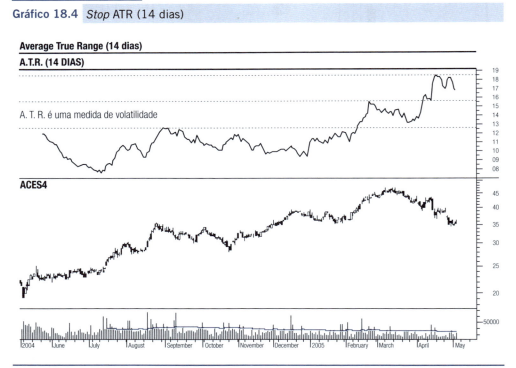

Fonte: Metastock.

Capítulo 18 ■ Colocação de *stops*　441

## Usando o stop *ATR*

Conhecendo o conceito de *true range* fica fácil entender o *stop* ATR. Para a plotagem do indicador realiza-se, em primeiro lugar, uma atenuação dos valores de TR com uma média móvel. Tipicamente, utilizam-se 20 períodos. Com base nesse valor, calcula-se, para cada posição, a linha de *stop*, sendo que:

- Em uma tendência de baixa, com fechamentos abaixo da média móvel, o *stop* será posicionado em uma zona acima dos preços.
- Em uma tendência de alta, com fechamentos acima da média móvel, o *stop* será posicionado em uma zona abaixo dos preços.

O Gráfico 18.5 ilustra essa dinâmica. As linhas azuis indicam os *stops* de venda (*short*), e as linhas cinzas, os *stops* de compra (*long*).

**Gráfico 18.5** *Stop* ATR em BVMF3

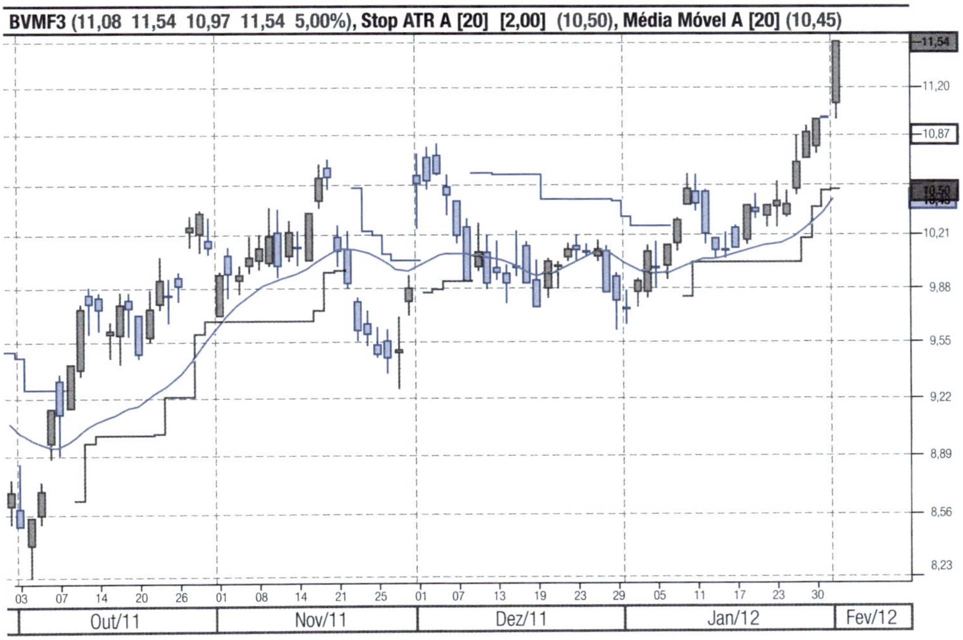

Fonte: cortesia da Cartezyan.

No Gráfico 18.6, temos um exemplo do *stop* tipo máxima local – *n* períodos *versus* ATR.

**Gráfico 18.6** *Stop* máxima local: *n* períodos *versus* ATR

Fonte: Metastock.

## *O papel do analista no* stop *ATR*

Existe uma última e fundamental peça na construção do *stop* ATR. Como já foi mencionado, graças ao TR temos uma medida de distância para posicionamento das ordens *stop* que leva em conta as leituras de volatilidade.

No entanto, na maioria das situações, trabalhamos com um múltiplo dessa distância. Esse número vai multiplicar o valor do *stop* ATR e, assim, aumentar ou diminuir a "folga" que deixamos para o mercado se movimentar. Cabe ao analista determinar o valor desse coeficiente, que vai variar entre ativos, mercados e até estilos de operação. Um *day trader*, por exemplo, poderá sentir-se confortável com um *stop* um pouco mais longo e usar um coeficiente de 3 ou 4; já um operador em gráfico semanal talvez opte por uma configuração mais curta.

O *stop* ATR fornece-nos uma metodologia concreta para otimizar com ordens do tipo *stop*. Tendo por base informações do próprio mercado, esse indicador procura estruturar uma distância adequada para a rede de proteção, levando em consideração a volatilidade recente.

### 18.2.6.4 Stop *com bandas de Bollinger*

As bandas de Bollinger (para definições e fórmulas, reveja o Capítulo 9) são faixas de volatilidade colocadas acima e abaixo de uma média móvel, com um *default* para a média móvel de 20 dias e dois desvios-padrão acima da média móvel.

Tecnicamente, os preços estão relativamente altos quando estão acima da banda superior e relativamente baixos quando abaixo da banda inferior. Podemos, então, utilizar o limite superior ou o inferior das bandas de Bollinger como pontos de *stop*.

### 18.2.6.5 *Conclusão sobre* stops

O analista pode e deve intervir na configuração do estudo, transmitindo para o indicador, por meio de seu parâmetro de multiplicação ou desvio, um fator de calibração em sintonia com seu plano de *trade*. O alinhamento entre todas as ferramentas utilizadas nos eventos de entrada, no gerenciamento de risco e na saída é um fator essencial na obtenção de regularidade no resultado das operações.

> O *stop* é a sua única arma para limitar perdas ou proteger os lucros. *Stops* devem ser afastados do preço de mercado no início da operação e não devem ser movidos contra a tendência: "ruim com ele, pior sem ele". Veja o porquê a seguir, na seção Histórias do mercado.
>
> **DICA**

Portanto, quando estruturamos nossas operações, é fundamental que exista uma rede de proteção prevista em nosso plano de *trade*. Uma maneira adequada é aplicar alguma metodologia que nos guie na colocação das ordens *stop*.

**ESTUDO DE CASO**

## HISTÓRIAS DO MERCADO: BREVE HISTÓRICO DOS *CRASHES*

Tema fascinante e igualmente trágico, os *crashes* são um dos aspectos mais carismáticos e marcantes dos mercados. Raros e com diversos formatos, existem, no entanto, algumas concepções erradas do que é um *crash* e de qual é a sua frequência.

### O que é um *crash*?

Um *crash* é uma queda abrupta e muito significativa nos mercados. Não existe, contudo, um critério claro sobre o valor mínimo a partir do qual poderemos considerar um *crash*: há quem defenda que é necessário ter uma queda em um só dia de pelo menos 8% ou 10%, e outros afirmam que no global terá de haver uma queda de pelo menos 20% em um curto espaço de tempo, sendo que abaixo desse valor o fenômeno toma normalmente o nome mais discreto e menos sonante de *correção*.

Os *crashes* são normalmente produto de uma euforia desmedida e de uma prolongada fase de ascensão exagerada e irracional nos mercados, cujo nome simbólico é "bolha". Ou seja, por norma, o *crash* é o resultado natural de uma bolha; no entanto, é muito imprevisível quando, como e por que ele ocorre.

Vale a pena, ainda, sublinhar o período a que se chama de *bear market*, em alguns casos associado a uma situação de depressão econômica, um período que tende a arrastar-se no tempo – por vezes, por dois ou três anos –, com quedas lentas mas diárias e quase constantes que podem ser tão ou mais dolorosas do que o próprio *crash* em si.

Se há uma característica associada aos *crashes* é o pânico. É o denominador comum de todos os *crashes* e a sua característica mais marcante. As vendas sucessivas e descontroladas que originam as avalanches são produto do pânico dos investidores.

### O *Crash* das Tulipas (1634-1637)

Esse foi, provavelmente, o primeiro *crash* minimamente documentado. Em pleno século XVII, na Holanda, já podemos encontrar as características habituais dos *crashes* modernos. Por isso, não deixa de ser, do ponto de vista histórico, extremamente interessante recordar esse evento e compará-lo aos *crashes* dos mercados modernos.

A "bolha das tulipas" iniciou-se com a importação dessas flores da Turquia, a partir do fim do século XVI. Entretanto, a flor foi atacada por um vírus que não a matou, mas levou à produção de novos padrões, que variavam a cada tulipa, o que fez dessa flor "infectada" um artigo raro, procurado e apreciado.

▶

Assim (o que talvez não seja muito surpreendente, conhecendo-se a natureza dos mercados e a irracionalidade que pode atingir os investidores), a cotação das tulipas começou a subir de tal forma que, a dada altura, havia investidores dispostos a se desfazerem de todas as suas economias de uma vida ou mesmo de seus terrenos e suas casas para adquirirem mais tulipas – quando não para adquirir uma única tulipa –, sempre com base no pressuposto de que a(s) flor(es) seria(m) vendida(s) mais tarde a um preço mais elevado. Em um só mês chegaram a registrar uma valorização de 30 vezes!

**Gráfico 18.7**  *Crash* das Tulipas (1634-1637)

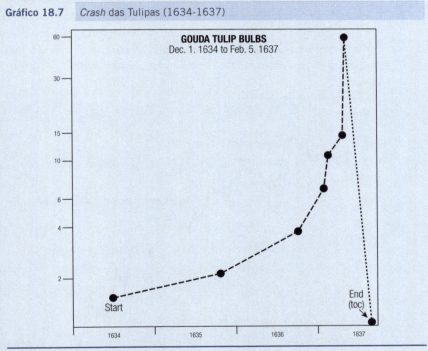

Fonte: Elliott Wave International.

Em determinado momento, os investidores mais prudentes começaram a se desfazer do seu espólio, o que provocou uma correção no valor das tulipas e não tardou em provocar o efeito de avalanche característico dos *crashes*. O que começou por uma correção mais do que justificada a tanta irracionalidade em torno de um produto de valor subjetivo, mas cuja avaliação tinha atingido valores perfeitamente irracionais, transformou-se, não muito mais tarde, em pânico; os investidores buscaram vender a qualquer preço aquilo que tinham comprado a peso de ouro, e não que fossem movidos por uma repentina crise de racionalidade, mas movidos por puro e simples pânico.

Os efeitos desse *crash* foram tão profundos que ele se transformou em uma depressão econômica.

## O *Crash* de 1929 (outubro de 1929)

Sem dúvida, esse foi o mais famoso e marcante *crash* da história, cujos efeitos de depressão subsequentes se fizeram sentir fortemente durante mais de três anos.

A queda iniciou-se em 3 de setembro de 1929, mas fez-se sentir em particular durante o mês de outubro – mês que, desde então, tem estado ligado a vários períodos "negros" dos mercados – e de forma ainda mais marcante durante o mês de novembro. O mercado só pararia de cair em julho de 1932, atingindo uma queda global de aproximadamente 90%.

Gráfico 18.8 *Crash* de 1929

Fonte: Elliott Wave International.

A bolha deveu-se, sobretudo, ao desenvolvimento industrial e à proliferação e democratização dos transportes. Esses indicadores correspondiam, em uma comparação entre diferentes períodos históricos, à internet da década

Capítulo 18 ▪ Colocação de *stops*   447

de 1990 e a tudo o que se lhe associou. Mais uma vez, a irracionalidade atingiu os investidores que, a partir de certa altura, estavam dispostos a arriscar todas as suas economias sem conhecer nem os riscos associados aos mercados nem o que exatamente estavam comprando.

Na fase final da bolha e em particular durante o ano de 1929, ocorreram diversas correções ou *minicrashes*, mas o mercado conseguia sempre se recuperar desses movimentos e partir para novas máximas. Essa movimentação chegou ao fim em 3 de setembro de 1929, quando o mercado iniciou uma correção da qual não mais se recuperou.

Aqui vale a pena assinalar uma das características dos *crashes*, sobre a qual existem alguns equívocos: a mensagem que se passa correntemente é a de que os *crashes* ocorrem no pico da bolha, mas, na realidade, não é exatamente assim que acontece. O *crash* inicia-se em geral como uma correção que em nada se distingue de muitas outras que provavelmente ocorreram antes, o que torna esses eventos difíceis de se diagnosticar até ser demasiado tarde.

E foi assim que ocorreu a partir do dia 3 de setembro de 1929, quando o mercado iniciou uma correção como outras tantas que tinham ocorrido antes, tanto em 1928 quanto durante esse mesmo ano de 1929.

O que começou como uma mera e natural correção não tardou a se transformar em drama. Antes disso, o mercado viria a realizar um mínimo relativo em 4 de outubro para encenar um falso arranque, que terminou no dia 11 desse mês com um máximo relativo inferior.

O mercado foi incapaz de realizar novas máximas! O drama propriamente dito iniciou-se em 21 de outubro com a primeira sessão de quedas de fato fortes e anormais. O segundo dia mais característico e um dos mais importantes do *crash* ocorreu em 24 de outubro, sessão que ficou marcada pelo valor recorde de ações transacionadas (o triplo do recorde anterior à data) e que passou a ser conhecida, desde então, como "Quinta-Feira Negra" ou *Black Thursday*, em inglês.

As sessões mais terríveis ocorreram após o fim de semana, em 28 de outubro (o dia de maior queda desse *crash*, com 12,8%, e conhecido como "Segunda-Feira Negra de 1929" ou *Black Monday*) e com a "Terça-Feira Negra" ou *Black Tuesday*, em 29 de outubro, a segunda maior queda, de 11,7%.

A terceira pior sessão desse período dramático ocorreu em 6 de novembro, a quarta pior da história do Dow Jones.

O mercado teria a primeira de muitas recuperações inconsequentes apenas em dezembro daquele ano. Foram muitos sinais falsos de esperança que só terminariam em julho de 1932. No final, os mercados tinham sido esmagados por um peso de 90% de desvalorização, fato verdadeiramente aterrador e sem paralelo na história dos *crashes* norte-americanos.

## O *Crash* de 1987 (outubro de 1987)

Trata-se do maior *crash* das últimas décadas e o detentor do recorde da maior queda em um único dia: 22,6% no Dow Jones em um período de cerca de seis horas, em 19 de outubro de 1987 (igualmente conhecido como "Segunda-Feira Negra" ou *Black Monday*).

**Gráfico 18.9**  *Crash* de 1987

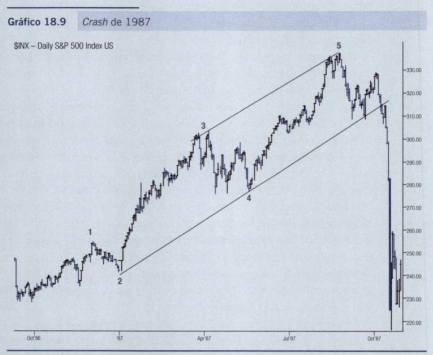

Fonte: Elliott Wave International.

No entanto, para muitos autores, esse é ao mesmo tempo o *crash* menos justificado e mais incompreendido de todos, o mais atípico e ao qual esteve associado pouco pânico, principalmente se levarmos em consideração sua violência.

Acontece que esse *crash* teve uma faceta até então desconhecida dos mercados e da história dos *crashes*: foi significativamente amplificado pela execução automática de ordens, pelo que muitos investidores venderam "ao preço da chuva", sem ter consciência de que o tinham feito. Na verdade, em muitos casos, muitos investidores nem mesmo deram qualquer ordem deliberada de venda ou então nem sabiam, ainda que aproximadamente, a que preços estavam vendendo.

No entanto, não deixa de ser curioso que o produto final, em termos gráficos, tenha acabado por ser bastante semelhante ao *Crash* de 1929. Porém, nesse caso e por razões particulares, a queda concentrou-se na maior parte em uma única sessão, eclipsando os trágicos recordes de 1929.

Convém sublinhar que a Securities and Exchange Comission (SEC) nasceu com o *Crash* de 1929 por ordem de Franklin Roosevelt. Uma das principais funções dessa organização era prevenir futuros *crashes*, entre outras práticas fraudulentas. E, durante algum tempo, pensou-se que o mercado estaria livre de novos *crashes*.

No entanto, e por maior que fosse o esforço por parte da SEC para fazer chegar aos investidores informação clara sobre as empresas, a organização não tinha controle algum sobre a irracionalidade dos investidores, como mais tarde se verificou. Durante a década de 1980, viveu-se de novo um período de euforia, época em que começou a surgir pela primeira vez a noção de "Nova Economia", que sobreviveria, inclusive, ao *Crash* de 1987, e perduraria ao longo da década de 1990.

Muito sucintamente, o topo dos mercados foi atingido em 25 de agosto de 1987 e, como ocorreu 1929, teve início uma correção aparentemente inofensiva. Em 21 de setembro o mercado realizava um mínimo relativo e experimentava um falso *rally* que, de forma extremamente semelhante ao que ocorreu em 1929, não foi capaz de trazer o índice para novos máximos. Em 5 de outubro de 1987, o mercado realizou um máximo relativo inferior que guarda paralelo com o dia 11 de outubro de 1929.

Iniciava-se, então, o período mais dramático, com o clímax na sessão de 19 de outubro, e outra digna de registro (a sexta pior da história do Dow Jones) em 26 de outubro.

Nos períodos mais dramáticos desse *crash* os investidores chegaram a não ter ideia alguma dos preços a que estavam vendendo suas ações, pois as ordens eram geradas automaticamente (ordens de *stop loss*) e sem restrição.

O mercado conseguiu livrar-se de uma depressão dessa vez – o mérito histórico dessa vitória cabe a Alan Greenspan –, e para corrigir os sistemas foram introduzidos novos mecanismos com o objetivo de interromper as ordens geradas automaticamente a partir do momento que o mercado atinge determinado nível de queda, período em geral conhecido como de consolidação de ofertas. A partir de certo ponto previamente definido, o título é suspenso, estabelecendo um período de consolidação, interrompendo as ordens automáticas e dando tempo aos investidores para que tenham conhecimento e consciência dos preços a que estão tentando vender suas ações.

## O *minicrash* de 1997 (outubro de 1997)

Esse acontecimento não merece, nesse breve histórico dos *crashes*, mais do que uma menção honrosa, pois não constituiu um verdadeiro *crash*, mas um *minicrash*.

As razões para que esse não seja tratado convencionalmente como um *crash* estão relacionadas a sua situação particular: seus efeitos foram de curta duração, pois o mercado se recuperou rapidamente desse *crash* e partiu para novos máximos. Isto é, ao contrário de outros *crashes* maiores e mais dignos desse nome, a crise de 1997 não marcou o final de uma bolha, mas podemos dizer que surgiu no meio dela.

A pior sessão ocorreu em 27 de outubro de 1997, mas seus efeitos foram bastante limitados pelas medidas introduzidas nos sistemas após o *crash* de 1987.

Esse *minicrash* foi tão diferente dos demais aqui apresentados que o maior período de exuberância ocorreu precisamente no período posterior, entre 1998 e 1999.

## O *Crash* das Dot-Com (2000)

O mais recente *crash* de todos é também o mais prolongado e disforme. Mais do que um *crash*, tratou-se de um *bear market* severo, muito severo (embora o termo *crash* também se aplique a esse caso e seja efetivamente usado para descrever esse período).

Durante a década de 1990 e já depois do *Crash* de 1987 e de uma depressão evitada, recuperou-se a noção de "Nova Economia", que nunca tinha feito tanto sentido como fazia então, com a proliferação sem precedentes da internet.

Sem perceberem que estavam prestes a embarcar em uma euforia tão justificada como tantas outras anteriores e que a internet era tão revolucionária quanto a Revolução Industrial do fim do século XIX e início do século XX, o mercado embalou na bolha das dot-com. O *bull market* culminaria em março de 2000 e no *bear market* que então se iniciou. O índice do Nasdaq viria a sofrer uma desvalorização próxima de 80% até outubro de 2002.

No Nasdaq, em particular, são visíveis as semelhanças da década de 1990 com os primeiros anos do século XXI. O mesmo ocorre no Dow Jones, com indicações de três anos subsequentes de *bear market* em ambos os casos.

O topo foi atingido em março de 2000; no entanto, o período mais dramático fez-se sentir entre 1º de setembro de 2000 e 2 de janeiro de 2001: nesses aproximadamente quatro meses, o Nasdaq sofreu depreciação de quase 50%, ou seja, mais da metade da desvalorização de todo o *bear market* concentrou-se nesses quatro meses.

Algumas das piores fases surgiriam ainda nos meses subsequentes, com os ataques aos Estados Unidos em 11 de setembro de 2001 e no verão de 2002, na sequência do escândalo Enron, já na ponta final do *bear market*. Convém, no entanto, mencionar que algo semelhante se passou com o *bear market* pós-1929 naquilo que é hoje conhecido como capitulação: um derradeiro clímax vendedor que marca o fim do *bear market*.

### *Flash crash* ou "dedo gordo" de 2010

No dia 6 de maio de 2010, exatamente às 14h43, o mercado presenciou momentos de pânico ao sofrer cerca de 10% de queda em poucos minutos, lembrando a misteriosa situação de 1987.

Mesmo o mercado tendo voltado a sua movimentação normal em um período consideravelmente rápido, as causas do pânico não deixaram de gerar especulações. Para muitos, o "gatilho" para a forte queda foi a crise da Grécia, que já começava a afetar a Europa.

Uma explicação noticiada em vários portais sobre economia associou a baixa ao chamado *fat finger*, ou "dedo gordo": um erro de uma ordem de um *trader* do Citigroup, que colocou uma ordem de venda da Procter & Gamble de bilhões em vez de milhões de dólares, o que incitou várias ordens automáticas (*algorithmic trading*) intencionadas a derrubar o ativo.

Depois de cinco anos, em Londres, Navinder Singh Sarao finalmente foi preso. Ele desenvolveu um algoritmo dinâmico de negociação robotizada e, o mais incrível: de sua própria residência ganhou US$ 880.000,00 em cerca de 2 horas.

O que, porém, tornou as coisas ruins de vez foi o que se chamou de "efeito batata quente": no meio da confusão, um por um os corretores-robôs tentaram se livrar dos papéis em queda, e os computadores da bolsa de valores não conseguiram lidar com a quantidade de transações.

**Figura 18.2**    *Flash crash* de 2010 ou "*fat finger*"

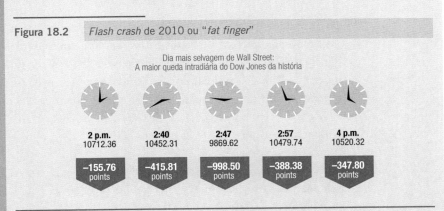

Fonte: WSJ Market Data Group.

## O *Crash* da Pandemia do Covid-19

O *crash* de mercado mais recente foi o *crash* da pandemia de coronavírus em março de 2020. Foi um *crash* global do mercado de ações que começou em 24 de fevereiro de 2020, atingiu o fundo em março e terminou no início de abril de 2020.

Quando a pandemia de coronavírus começou a fechar os EUA, em março de 2020, e a causar estragos em todo o mundo, os mercados caíram. O Dow continuaria a cair 9,99% em 12 de março – sua maior queda em um dia desde a Segunda-feira Negra de 1987 – seguido por uma queda ainda mais profunda de 12,9% em 16 de março. Essa queda nos preços das ações foi tão grande que a Bolsa de Valores de Nova York teve que suspender as negociações várias vezes durante esses dias.

No entanto, ao contrário de *crashes* anteriores cujas recuperações exigiram anos, o mercado de ações se recuperou de volta ao seu pico pré-pandemia em maio de 2020. Abastecendo essa rápida recuperação foi uma enorme quantidade de dinheiro de estímulo, com o Federal Reserve cortando as taxas de juros e injetando US$ 1,5 trilhão em mercados monetários e o Congresso aprovando um pacote de ajuda de US$ 2,2 trilhões no final de março.

O Brasil, no dia 24 de fevereiro, estava no feriado de Carnaval e quando o mercado reabriu, na quarta-feira de cinzas, tivemos vários *circuit breakers* neste período, equiparando às quedas dos mercados mundiais. Do dia 21 de fevereiro até a mínima em 19 de março, o Índice Bovespa caiu mais de 50%.

## A imagem que marca um *crash*

Vale a pena ressaltar algumas concepções-chave relacionadas aos *crashes*.

- Os *crashes* realmente considerados como tal se contam pelos dedos de uma mão: são, portanto, eventos extremamente raros. Existe uma tendência de banalizar o termo *crash*, mas essa expressão é tida como a descrição para determinados e específicos momentos da história dos mercados. Um pouco mais frequentes são os *minicrashes* (como o de 1997 e mais uma meia dúzia de situações ao longo do século XX) e as vulgares correções, por vezes violentas, que antecedem os *crashes* propriamente ditos.
- Os *crashes* podem chegar com várias formas e características, mas destacam-se, essencialmente, por serem precedidos por uma bolha (um período de euforia e valorizações irracionais) e seguidos de um período de *bear market*. O *crash* propriamente dito não é algo de que

o mercado se recupere facilmente. Em seu ponto alto, o pânico é o denominador comum.

- Os *crashes* não são períodos que se isolam facilmente no tempo; por norma, arrastam-se por várias sessões – destacando-se, é claro, algumas mais marcantes – e ocorrem não exatamente a partir do pico, mas após uma primeira correção semelhante a tantas outras. Por isso é tão difícil identificar o início de um *crash*, até que este seja demasiado evidente – e também quando já é muito tarde.

# Capítulo 19

# Planejamento das operações

"Há coisas que acontecem na vida e há coisas que você faz acontecer. Esta é a diferença de ter ou não um plano."

"A maioria das pessoas não planeja falhar; elas falham em não planejar."

*Flávio Lemos*

Planejar como você vai operar nos mercados antes de apresentar suas ordens é de extrema importância, pois isso lhe permitirá saber como agirá em uma variedade de cenários que podem desenvolver-se após o início de sua operação, da qual esse procedimento retira uma reação emocional, em função da movimentação dos preços, e faz você agir proativamente, tirando vantagem das oportunidades criadas pela emoção de outros *traders*.

Questões importantes a se considerar para um planejamento:

- Qual o planejamento adequado à sua maneira de ser?
- Como entrar nas suas operações?
- Como sair das suas operações?
- Que tipo de ordens você vai executar para entrar e sair?
- Quanto de capital você precisará para começar?
- Qual porcentagem de capital você investirá em cada operação?
- Quantas posições você vai focar de uma só vez?
- Como será o seu fichário de planejamentos?
- Como você vai adicionar ou encerrar posições?
- Como será seu processo de preparação antes de operar?
- Qual e que tipo de corretora você utilizará?

Antes de qualquer coisa, é necessário saber se você está preparado para o esforço mental que vem a seguir. Tem problemas de saúde? Alguma preocupação? Barulho de obra na vizinhança? Cerca de 95% dos investidores novatos perdem em seu primeiro ano de operações.

Você pode saber muito sobre o mercado (destrinchar um balanço, observar padrões gráficos de relance ou quando vender e quando comprar), mas quanto você sabe de você mesmo? Operar requer 30% de técnica e 70% de controle da mente.

Depois, você deve definir seu processo operacional.

## 19.1 CONTROLE DO RISCO

> "O momento mais arriscado é quando você está certo."
>
> *Peter Bernstein*

O método sugerido por este autor e ensinado pela Trader Brasil (escola de investidores criada por ele) inclui desde avaliação do ambiente macro até estudos sobre como este vai influenciar o micro, observando ações que estão relativamente fortes ou fracas nos setores corretos. Depois de definir setor e papéis, deve-se fazer a análise técnica e montar um planejamento que gerencie objetivos e riscos, sempre indicando preços de entrada e de saída, *stop* de preço e de tempo e lote operado.

### 19.1.1 Retorno *versus* risco

A chave para boas entradas é participar de operações nas quais haja, relativamente, pouco risco para determinado retorno – e um bem maior. Uma ideia seria relação de retorno *versus* risco de 3:1.

### 19.1.2 *Stop* de preço e/ou *stop* de tempo

Quanto às saídas, é importantíssimo definir um *stop* inicial de preço e de tempo antes de entrar na operação. Na hora em que toca o sino do pregão, a adrenalina injetada em nossa corrente sanguínea nos faz tomar decisões com o lado emocional do cérebro, em vez de priorizar o racional; passamos a ser torcedores em vez de *traders*, efeito que será minimizado com o planejamento feito previamente e por escrito.

### 19.1.2.1 *Mas por que, também*, stop *de tempo?*

Bem, vamos a um exemplo hipotético: em uma segunda-feira, você planejou fazer um *scalper* – uma operação rápida – de 15 minutos para ganhar R$ 0,20, arriscando R$ 0,06 por lote de ações. Passam-se seis horas, o mercado está em queda e você cancelou seu *stop* e ainda não fechou sua posição. Primeiro erro: você transformou sua operação inicial de 15 minutos em um *day trade* que já perderia R$ 0,20 por lote de ações, e isso se você tivesse zerado no fim do dia. Mas não, você é torcedor teimoso. Decide mudar seu planejamento inicial, e no dia seguinte o mercado abre em queda; você já começa perdendo R$ 0,80 por lote de ações, transformando o *day trade* em um *swing trade* (operações de um a cinco dias), e, na sexta-feira, seu prejuízo já passaria de R$ 2,00 por lote de ações; dez vezes o prejuízo da primeira operação de *scalper*. E agora? Normalmente, o *swing trade* – contaminado pela emoção –, infelizmente se transforma, equivocadamente, em uma posição de meses e, nesse caso, seu prejuízo já passa de R$ 20,00 por lote de ações.

Com o mercado aberto, mudar o planejamento de tempo e/ou de preço é mortal. Nesse caso hipotético, você mudou o plano inicial de arriscar R$ 0,06 para ganhar R$ 0,20 por lote de ações em determinado período, e sua falta de disciplina o fez, lamentavelmente, perder cem vezes o valor inicialmente pretendido em um período de tempo muito maior.

Quanto maior o prazo, além da possibilidade de maior retorno, muito maior é o risco. Imagine: o que pode acontecer de errado em um mês? Tudo! Desde balanços fraudados a ataques terroristas.

## 19.1.3 Chegando ao objetivo

Ao chegar a um objetivo, dê um presente a si mesmo: realize! O ato de realizar pequenos ou grandes lucros é recompensado pelo cérebro na forma de ganho de autoestima, confiança e segurança. No mínimo, deve-se zerar metade do lote inicial ao alcançar um objetivo e subir o *stop* inicial para colocá-lo na zona de lucro. Não encerrar uma operação no objetivo é como se você estivesse comprando a mesma ação por um preço mais caro, e de você mesmo! Será que a operação, agora, ainda continua com a mesma relação de risco *versus* retorno inicial? Claro que não. Refaça o planejamento e não se esqueça do seu presente, ou seja, lucro no bolso!

Tome cuidado com ordens ao mercado, pois estas podem mudar a relação risco *versus* retorno de uma operação, sobretudo se o ativo em questão não tiver muita liquidez. Ordens ao mercado são aquelas executadas instantaneamente

**DICA:** Segundo Larry Williams, "Tudo o que é de graça vale exatamente quanto custa". Afinal, por que alguém lhe daria dicas de graça para você ganhar dinheiro? Fuja de dicas de jornais, revistas e fóruns de internet. Confie em sua análise e em você.

em sua totalidade, enquanto ordens limitadas são executadas até um preço determinado.

Uma pergunta normal é com qual quantia se deve começar. Se você opera e paga de corretagem R$ 40 (ida e volta) por operação, isso gera um montante de R$ 10 mil em 250 dias úteis ou um ano. Então, se você começa com R$ 20 mil, terá de rentabilizar o montante inicial em 50% para cobrir essas taxas, enquanto uma conta de R$ 100 mil precisará de apenas 10% para cobrir as comissões. O que se pode observar, rapidamente, é que dinheiro chama dinheiro, pois quanto mais você disponibiliza, mais fácil se torna pagar os custos.

Arrisque, no máximo, 1% do capital de risco em suas operações. Isso significa que, se você tiver um patrimônio de R$ 100 mil e for uma pessoa conservadora que aplica 10% do patrimônio em ações, você poderá perder por operação 1% dos R$ 10 mil (10% do patrimônio = capital de risco conservador), ou seja, uma perda máxima de R$ 100 por operação.

### 19.1.3.1 Cálculo do lote máximo

Para cálculo do lote máximo, deverão ser observados dois aspectos:

Primeiro aspecto: o prejuízo com o lote tem de ser menor ou igual ao prejuízo máximo.

**Exemplo:** ação: Lame4; preço à vista: R$ 10; hipótese do *stop* em R$ 9,90.
Patrimônio = R$ 200.000 | Capital de risco conservador = R$ 20.000 | Perda máxima = R$ 200
1 ação 0,10 (perda no *stop*)
Xis ações 200 (perda máxima por operação)
X = 2.000 ações

Segundo aspecto: é necessário ter dinheiro disponível, caso não haja alavancagem, ou seja, caso não ocorra liberação de crédito pela corretora.

No exemplo: 2.000 ações × R$ 10 = R$ 20.000,00 ⇒ certo, há capital de risco disponível!

### 19.1.3.2 *Fórmula de Kelly*

Outra maneira de calcular qual seria o percentual ótimo de capital a arriscar em cada operação é dada pela fórmula de Kelly:

$$\% = G - (1 - G) / V$$

Em que:

%  = porcentagem de seu capital de risco em cada operação

G = percentual de ganhos

1 – G = percentual de perdas

V = ganho médio por operação / perda média por operação

Se G = 70%

Se ganho médio por operação = R$ 450

Se perda média por operação = R$ 150

Então, por essa fórmula de Kelly, você arriscaria 50% do seu capital.

## 19.1.4  Registrando suas operações

Tenha um registro de todas as suas operações. Reveja planejamentos anteriores. Tenha uma parte dedicada a seus comentários e às lições aprendidas.

No registro de sua operação, inclua aspectos psicológicos, como cansaço, doenças, falta de segurança, medo etc. O perfeccionismo pode ajudar as pessoas a serem bem-sucedidas em várias carreiras, mas pode ser fatal no mercado financeiro. Ironicamente, não leva a um desempenho melhor nem à grande felicidade. Erros são normais ao longo do processo e é fundamental aprender com eles.

Tenha uma rotina para iniciar seu dia. Reveja o calendário de divulgação de resultados e o de indicadores econômicos. Como estão os índices futuros, as moedas mundiais, as *commodities* e os *bonds*?

## 19.1.5  Corretora *versus* preços

Encontre uma corretora de confiança. Corretagens baratas podem esconder a falta de serviços fundamentais a um *trader*, como não disponibilizar alavancagem ou venda descoberta, demora em aceitar uma ordem, gráficos de baixa qualidade etc.

460   ANÁLISE TÉCNICA DOS MERCADOS FINANCEIROS

## 19.1.6  A esperança matemática positiva e a roleta

Seu método deve ter uma esperança matemática positiva ao longo do tempo. A fórmula da esperança matemática é dada por:

E = (probabilidade de ganho $ × ganho médio) – (probabilidade de perda $ × perda média)

Vejamos o caso de uma roleta, onde há 38 números (de 1 a 36, o 0 e o 00):

$$E \text{ roleta} = 1/38 \times \$\ 36 - 37/38 \times \$\ 1 = -2,6\%$$

Sugere-se que, a cada $ 100 aplicados, perdem-se $ 2,60 depois de várias tentativas.

Estatisticamente, apostando em um único número por vez na roleta, perdem-se 37 em 38 chances. E, ainda assim, quando se ganha, você teria de adquirir $ 38 para ficar positivo, mas, no máximo, os cassinos só vão lhe pagar $ 36. Conclui-se que o jogo tem esperança matemática negativa.

## 19.1.7  Diferença entre jogo e investimento

"Nunca gaste dinheiro antes de tê-lo."

*Thomas Jefferson*

A alegria, a dor e a intensidade dos desejos são parecidas, tanto nos mercados quanto em jogos.

Os cassinos adoram clientes alcoolizados; por isso, oferecem *drinks* grátis aos apostadores, pois, com o álcool, eles se tornam mais emocionais, raciocinam menos e apostam mais na ânsia de recuperar o que perderam – e perdem dobrado, senão triplicado. Os cassinos tentam se livrar de bons contadores de cartas.

Em Wall Street, certamente, consome-se menos álcool do que em um cassino, mas lá, pelo menos, ninguém é tirado do mercado por ser um bom operador.

### 19.1.7.1 *Jogatina* versus *operações*

Existem dois pontos principais que separam a jogatina das operações:

1. A esperança matemática positiva pode ser operada, enquanto a esperança matemática negativa é jogo. Se você utilizar um *trading system* com disciplina e gestão financeira, isso não será jogo e, sim, um negócio.
2. Quantia arriscada em cada operação. Se você arriscar 1% do seu capital de risco em cada operação, isso significaria, em termos de jogo, que você poderá perder até 100 fichas. No entanto, sempre existem aqueles operadores-jogadores que preferem o famoso *all in* do poker (jogada em que se colocam todas as fichas disponíveis) e, para eles, o jogo pode ter um fim mais rápido e *game over*.

## 19.1.8 O lema da Trader Brasil Escola de Finanças e Negócios

> "Perder pouco faz parte do processo de ganhar muito."
>
> *Flávio Lemos*

Perder dinheiro cria um sentimento ruim duas vezes maior do que o sentimento bom de ganhar dinheiro. Então, esse é o motivo para manter suas perdas no menor nível possível e evitar a torcida ou a reza para tornar uma operação perdedora em um empate. Não liquide uma operação vencedora para ficar com uma perdedora.

As cicatrizes de perdas passadas são difíceis de apagar, por isso, realize seus *stops* e continue seguindo seu plano.

# Capítulo 20

# Psicologia do investidor

"Existem três maneiras de ganhar sabedoria: a primeira é a reflexão, que é a melhor; a segunda, a imitação, que é a mais fácil; e a terceira, a experiência, que é a mais amarga."

*Confúcio*

"A melhor maneira de não ter problemas é, em primeiro lugar, não os arrumando."

*Ben Bernanke*

Você deve operar o máximo possível sem seu ego. Decisões de ego criam desejos de realizar os ganhos rapidamente e as perdas lentamente. Além disso, você deve estar consciente de que qualquer competição fará o seu ego aumentar, pois quer ter desempenho não apenas para você, mas também para os outros. Deve-se mentalizar que o mercado não é uma competição com outros e sim um fluxo constante de oportunidades, as quais você pode aproveitar de vez em quando. O mercado é o maior mestre, logo, aprenda com os sinais dele.

## 20.1 A CURVA DE APRENDIZADO

A curva de aprendizado, em qualquer esforço, envolve quatro estágios:

1. Incompetência inconsciente (quando o *trader* não tem a menor ideia de quanto sabe sobre operações).
2. Incompetência consciente (quando o *trader* descobre, após algumas perdas iniciais, que ainda tem muito a aprender).

464    ANÁLISE TÉCNICA DOS MERCADOS FINANCEIROS

3. Competência consciente (quando o *trader* se desenvolveu e agora vai bem, utilizando seu sistema e suas regras).
4. Competência inconsciente (quando o *trader* dominou as regras e também sabe quando quebrá-las na oportunidade de algumas mudanças, em um fluxo completo com o mercado baseado em grande experiência).

Ninguém consegue desenvolver-se olhando para os sucessos realizados, mas sim estudando os fracassos cometidos. Os erros não são para serem ignorados, mas para serem compreendidos.

**Tabela 20.1**   Crenças de *traders* de sucesso *versus* crenças de *traders* perdedores

| Crenças de *traders* de sucesso | Crenças de *traders* perdedores |
|---|---|
| O mercado fornece-nos um constante fluxo de oportunidades. Temos 252 dias úteis no ano. | Eu tenho de operar todos os dias. |
| Se eu perder um trem, logo vem outro. | Se eu perder esta oportunidade, vou me sentir um perdedor. |
| Vou me ater ao meu plano e não darei ouvidos ao ruído da mídia. Se for "estopado", terei de reconsiderar esta operação. | Eu tenho de pegar a ação que está na mídia, apesar de meu *trading system* não ter dado sinal algum nela. |
| Eu negocio apenas uma operação por vez e atenho-me ao meu plano. | Eu não suporto perder nada nesta operação. |
| Eu persigo um padrão de excelência e não de perfeição. | Eu não vou quebrar realizando pequenos lucros rápidos. |
| Perder pouco faz parte do meu plano de maximizar lucros. | Quando esta operação perdedora empatar, eu saio na hora. |
| Vou operar pequeno. | Vou aumentar meus lotes. |
| Vou operar ações líquidas. | Vou operar micos (ações com preço menor que R$ 2), pois posso alavancar meus ganhos. |

Fonte: elaborada pelo autor.

## 20.2 VIESES COMPORTAMENTAIS

Já vimos no Capítulo 1, quando comentamos sobre as finanças comportamentais, que os investidores, em determinadas circunstâncias, cometem erros sistemáticos e previsíveis chamados de vieses.

O mercado não tem memória, somente os indivíduos possuem memória. A cada ano novos investidores entram no mercado e são mais propensos aos vieses do que investidores que já viram pelo menos um mercado de baixa. Eu já perdi as contas quantos eu já vi. (Risos.)

As emoções influenciam a tomada de decisões financeiras. Elas são uma fonte importante de avaliações rápidas fornecidas pelo sistema intuitivo e podem sobrecarregar a análise do investidor. O bom humor aumenta o otimismo e a aceitação de riscos e, consequentemente, as decisões de compra são tomadas mais rapidamente.

Se as taxas de juros subirem, o desemprego aumentar, a inflação aumentar ou o mercado de ações cair como suas decisões, sua confiança e expectativas serão afetadas? Você se sentirá mais rico ou mais pobre? A tecnologia pode mudar, as roupas podem mudar, mas os seres humanos são criaturas de hábitos com certas tendências recorrentes. Essas tendências se refletem na precificação, no volume e na volatilidade do dia a dia dos mercados financeiros.

Tenha em mente que as decisões são muitas vezes tomadas em momentos de incerteza e podem levar a vieses comportamentais.

Muitos investidores conhecem a montanha-russa de emoções ou o ciclo da curva de emoções do mercado. Observe a Figura 20.1, que descreve um espectro completo de sentimentos de emoção como: euforia, ansiedade, negação, medo, pânico, entre outros, ao tomar decisões.

**Figura 20.1** Ciclo da curva de emoções do mercado

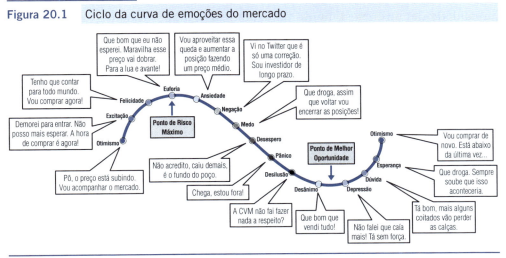

Fonte: elaborada pelo autor.

Para evitar erros sistemáticos de julgamento é fundamental reconhecer que estamos sujeitos a eles e até mesmo nos conscientizarmos de quando estivermos incorrendo neles. Vejamos os principais vieses:

## 20.2.1 A aversão ao arrependimento

A aversão ao arrependimento pode fazer com que os investidores sejam muito conservadores em suas escolhas de investimento.

Muitas pessoas evitam tomar novas decisões de investimento ousadas e aceitam apenas posições de baixo risco, por terem sofrido perdas no passado (ou seja, ter sentido a dor de uma má decisão em relação a um investimento arriscado). Esse comportamento pode levar a um desempenho inferior a longo prazo e pode comprometer os objetivos de investimento.

A aversão ao arrependimento pode fazer com que os investidores se afastem, indevidamente, de mercados que recentemente despencaram. Indivíduos avessos ao arrependimento temem que, se investirem, esse mercado possa posteriormente continuar sua tendência de queda, levando-os a se arrepender da decisão de comprar. Muitas vezes, no entanto, os mercados deprimidos oferecem pechinchas, e as pessoas podem se beneficiar de aproveitar, decisivamente, esses investimentos subvalorizados.

A aversão ao arrependimento pode fazer com que os investidores mantenham posições perdedoras por muito tempo. As pessoas não gostam de admitir quando estão erradas, e farão de tudo para evitar vender (ou seja, confrontando a realidade de) um investimento perdedor. Esse comportamento, semelhante à aversão à perda, é perigoso para a formação de riqueza.

A aversão ao arrependimento pode causar "comportamento de manada" porque, para alguns investidores, comprar um aparente consenso público pode limitar o potencial de arrependimento futuro. O desaparecimento da bolha de ações de tecnologia do final da década de 1990 demonstrou que mesmo o rebanho mais numeroso pode ter uma debandada na direção errada.

A aversão ao arrependimento leva os investidores a preferirem ações de boas empresas subjetivamente designadas, mesmo quando uma ação alternativa tem um retorno esperado igual ou superior. Investidores com aversão ao arrependimento podem sentir que as empresas "mais arriscadas" exigem uma tomada de decisão mais ousada; portanto, se o investimento falha, as consequências refletem mais dramaticamente no julgamento de um indivíduo do que as consequências de investir em uma ação "rotineira", "segura" ou "confiável". Com aumento da percepção de responsabilidade pessoal, é claro, vem com maior potencial de arrependimento.

Investir em boas empresas pode não permitir aos investidores maior ou menor retorno do que aquelas empresas percebidas como arriscadas.

A aversão ao arrependimento pode fazer com que os investidores mantenham as ações vencedoras por muito tempo. As pessoas temem que, ao vender uma ação que está indo bem, possam perder mais oportunidades iminentes de novos ganhos. O perigo aqui é que ativos financeiros não são árvores que crescem só para cima.

## 20.2.2 Mentalidade de rebanho

A mentalidade de rebanho descreve a preferência dos indivíduos por imitar os comportamentos ou ações de um grupo maior. A razão para isso é a pressão social para se conformar e a lógica comum de que um grande grupo não pode estar errado. As pessoas sentem conflitos emocionais (conhecidos como "dissonância cognitiva") para ir contra a multidão.

Nos mercados financeiros, pode-se observar que os investidores seguem as recomendações dos analistas. Durante a bolha das pontocom, várias empresas não tinham modelos de negócios financeiramente sólidos, mas muitos investidores as compraram porque todos os outros o fizeram.

As pessoas tendem a preferir restaurantes que estão cheios aos que estão vazios, supondo que devem ser bons porque muitas outras pessoas estão lá. O mesmo princípio se aplica à loucura da Black Friday.

Entrar numa tendência junto com a manada por si só não é ruim, o problema que o excesso de confiança pode ser desastroso: com uso de alavancagem e/ou aumento da posição, se o mercado realizar. Agora adicione a isso a teoria do prospecto, que sugere que o efeito de disposição pode nos levar a segurar nossas posições perdedoras muito tempo: por isso seguir a manada pode ser irracional. De toda forma, quem entrou no início de uma tendência já teve ganhos antes da negociação estar lotada de investidores, o importante é sair antes que essa festa acabe através de seus sistema de negociação.

## 20.2.3 Aversão à perda

Este é o viés que os investidores sentem ao manter investimentos perdedores na esperança de recuperar o que perderam. Este comportamento tem consequências seriamente negativas ao reduzir os retornos da carteira. A aversão à perda pode fazer com que os investidores vendam os investimentos vencedores cedo demais, com medo de que seus lucros evaporem se não venderem naquele momento. Esse comportamento limita o potencial de valorização de um portfólio e pode levar a excesso de negociação, o que reduz os retornos do investimento.

A aversão à perda pode fazer com que os investidores, sem saber, assumam mais riscos em seu portfólio do que eles fariam se simplesmente eliminassem o investimento e mudassem para outro melhor (até mesmo se guardassem o dinheiro no cofre).

Exemplos: não vender uma ação que está abaixo do preço pago; ou vender investimentos vencedores em vez de investimentos perdedores pelo único motivo de não aceitar a derrota.

## 20.2.4 Representatividade e a falácia do apostador

A falácia do apostador está em ver padrões onde não existem. O nome é devido a apostadores que acreditam que uma sequência de boa sorte acontecerá após uma sequência de azar em um cassino. As pessoas tendem a perceber probabilidades que ressoam com suas próprias ideias preexistentes: sentem que um determinado resultado é "devido", apesar da independência estatística de um processo.

O exemplo mais proeminente é jogar uma moeda e ela dá coroa a cada vez. Os seres humanos são provavelmente mais propensos a apostar que a próxima moeda será cara. Eles assumem que a lei das médias funciona, deixando de considerar a probabilidade de dar cara na próxima vez é a mesma.

No contexto de investimentos, esse viés pode dar credibilidade infundada às declarações de gestores de fundos que foram bem-sucedidos por alguns anos consecutivos. Também pode fazer com que investidores percebam tendências onde não existem e ajam com base nessas impressões errôneas. Os investidores também cometem erros semelhantes ao investigar o histórico de indicações de um analistas, analisam o sucesso das últimas três recomendações de um analista erroneamente com base apenas nessa amostra de dados limitada; ou, ainda, quando recebem uma dica de um IPO quente para longo prazo, ignorando a estatística e a probabilidade de que IPOs geralmente sobem nos primeiros dias após a oferta mas, com o tempo, essas ações tendem a cair, muitas vezes nunca retornando aos seus níveis originais.

## 20.2.5 Ilusão de controle

> "Coisas que nunca aconteceram antes acontecem o tempo todo."
>
> *Morgan Housel*

Ilusão de controle é a tendência de as pessoas superestimarem sua capacidade de controlar eventos. Ocorre quando alguém sente uma sensação de controle sobre os resultados que não pode influenciar e há pouco ou nenhum vínculo causal. Em geral, faz as pessoas agirem com excesso de confiança.

Exemplos são a recusa de tratamento médico na falsa crença de que, por exemplo, o câncer pode ser curado por bons pensamentos ou orações.

O viés ilusão de controle pode levar os investidores a negociarem mais do que o prudente. Os pesquisadores descobriram que os *traders*, especialmente os *traders* on-line, acreditam manter mais controle sobre os resultados de seus investimentos do que eles realmente têm. Um excesso de negociações resulta, no final, em retornos reduzidos.

As ilusões de controle podem levar os investidores a manterem carteiras pouco diversificadas. Pesquisadores descobriram que os investidores mantêm posições concentradas porque gravitam em empresas sobre cujo destino eles sentem algum controle. No entanto, esse controle se mostra ilusório, e a falta de diversificação prejudica as carteiras dos investidores.

## 20.2.6 Excesso de confiança

Investidores superconfiantes superestimam sua capacidade de avaliar uma empresa como potencial investimento. Como resultado, eles podem ficar cegos para qualquer informação negativa que indique um sinal de alerta de que uma compra de ações não deva ocorrer ou, se já foi comprada, que deva ser vendida.

O termo estatístico "regressão à média" refere-se a pontos de dados oscilando acima e abaixo da média. Os registros de desempenho dos *traders* geralmente superam ou apresentam desempenho inferior às suas médias de longo prazo. Infelizmente, quando superam eles podem pensar que estão em uma nova era em suas carreiras. Você precisa perceber que em algum momento os rebaixamentos ocorrerão e farão com que os retornos regridam ao meio.

Investidores com excesso de confiança podem negociar excessivamente por acreditarem que possuem conhecimento especial que outros não têm. O comportamento de negociação excessivo comprovadamente leva a retornos ruins ao longo do tempo.

Os investidores excessivamente confiantes podem subestimar seus riscos negativos, pois não sabem, não entendem ou não dão atenção às estatísticas históricas de desempenho. Como resultado, eles podem inesperadamente ter um baixo desempenho do portfólio.

Investidores com excesso de confiança mantêm carteiras subdiversificadas, assumindo assim mais risco sem uma mudança proporcional na tolerância ao

470    ANÁLISE TÉCNICA DOS MERCADOS FINANCEIROS

risco. Muitas vezes, os investidores excessivamente confiantes nem sabem que estão correndo mais riscos do que normalmente tolerariam.

## 20.2.7  Viés de confirmação

As pessoas prestam muita atenção às informações que confirmam suas próprias crenças e ignoram as informações que as contradizem.

Esse viés pode levar, por exemplo, os investidores a serem excessivamente confiantes, ignorando as evidências de que suas estratégias os farão perder dinheiro.

## 20.2.8  Viés de ancoragem

As pessoas confiam demais em informações preexistentes ou nas primeiras informações que encontram. Elas ancoram sua decisão em pontos de referência mental.

No contexto de investimento, os investidores podem ancorar-se no preço de compra de uma ação ou nos níveis de índice de mercado. Na verdade, números redondos (como 100.000 pontos no índice Bovespa) geralmente atraem um interesse desproporcional.

Os investidores tendem a fazer uma previsão da porcentagem que uma determinada classe de ativos pode aumentar ou cair com base no nível atual de retornos. Por exemplo, se o índice Bovespa retornou 15% no último ano, os investidores estarão ancorados nesse número ao fazer uma previsão para o próximo ano.

## 20.2.9  Reação exagerada

Se um investidor classificar milhares de ações com base em como as ações se comportaram nos últimos três a cinco anos, então pode separá-las em 2 categorias: uma para os maiores ações perdedoras, e outra para as maiores ações vencedoras. O que você vai descobrir é que, em média, o grupo das maiores perdedoras vai realmente se sair muito bem nos próximos anos. Então é pode ser uma boa estratégia comprar essas ações subvalorizadas perdedoras anteriores.

Como a reação exagerada dos investidores pode explicar essas descobertas? Suponha que uma empresa anuncia boas notícias em um período de três a cinco anos, como relatórios de lucros consistentemente acima das expectativas. É possível que os investidores reajam exageradamente a essas notícias e tornem-se excessivamente otimistas sobre as perspectivas da empresa – ignorando o poder da reversão a media e o ciclo econômico –, empurrando o preço de suas ações para níveis anormalmente altos. Nos anos seguintes, no entanto, os investidores percebem que estavam excessivamente otimistas sobre o negócio e que o preço das ações se corrigirá para baixo.

Da mesma forma, as ações perdedoras podem ser simplesmente ações sobre as quais os investidores se tornaram excessivamente pessimistas. À medida que a percepção errônea é corrigida, essas ações obtêm altos retornos.

## 20.2.10 Efeito halo

O efeito halo é um viés cognitivo que influencia nossa percepção sobre uma pessoa, produto ou empresa, concentrando-se em apenas um traço de personalidade ou característica dessa pessoa ou produto.

O efeito halo é criado pelas empresas quando elas tentam capitalizar seus pontos fortes existentes. As empresas tentam comercializar seus novos produtos por meio de seus produtos já existentes e de alto desempenho.

Um exemplo da influência do efeito halo no investimento em ações são as empresas que têm códigos de negociação similares como CSAN3 e CSNA3, que tentam negociar em valores mais altos do que empresas cujos códigos de negociação são difíceis de serem lembrados.

Outro fator importante pelo qual até mesmo os investidores experientes também são influenciados é a simpatia do CEO. Muitas vezes, grandes negócios de M&A tendem a ser influenciados pelo fator de simpatia.

Muitas vezes houve situações em que as ações de uma empresa subitamente deram um salto depois que adjetivos como "expansão", "integração futura" etc. foram expressos nas notícias. Em tais situações, os investidores investem sem pensar e muitas vezes acabam perdendo seu dinheiro.

Um *crash* do mercado também é algo que leva ao fracasso das ações, já que os investidores são influenciados contra o investimento. Após qualquer queda de mercado, os investidores se tornam vítimas do pânico e da aversão ao risco. Devido a esse pânico induzido, os investidores cometem alguns erros de julgamento e, em vez de comprar mais, esperam. Como resultado, muitas vezes perdem as boas oportunidades.

Mesmo investidores inteligentes são tendenciosos ao investir e tendem julgar uma empresa com base em apenas um relatório. Mesmo que os outros relatórios mostrem alguns erros, os investidores não percebem isso porque não fizeram uma análise desses outros relatórios.

## 20.2.11 Viés retrospectivo

O viés retrospectivo é conhecer o resultado de um evento após ter ocorrido. Os dados históricos são usados para pesquisa porque são tudo que temos para trabalhar. Não há nada de errado em usar dados históricos, mas devemos estar ciente dos potenciais ajustes forçados de modelos e estratégias.

Era óbvio que isso iria acontecer: dada uma falha cognitiva, pessoas tendem a sofrer distorções da memória e a produzir falsas sensações de inevitabilidade e previsibilidade. Por causa do viés retrospectivo, *traders* tendem a acreditar que são mais hábeis em prever corretamente os resultados.

## 20.2.12 Viés do *status quo*: não se mexe em time que está perdendo?

O viés do *Status Quo* é a tendência a preferir manter as coisas na situação em que estão, seja por não fazer nada ou por insistir em uma decisão já tomada, ainda que mudar represente a escolha mais proveitosa.

Para tomarmos a melhor decisão de investimentos possível, devemos tentar minimizar a influência de qualquer viés em nossa análise, certo?

No entanto, é muito comum investidores decidindo comprar "para melhorar seu preço médio", ou "ah, não preciso vender pois meu preço médio está lá embaixo", logicamente excluindo os efeitos tributários. Se você fizer isso, está fazendo errado! Você está buscando um conforto cognitivo para tomar uma decisão provavelmente ruim.

Dado que você não consegue negociar em algum preço que não seja o do momento presente, toda decisão deve ser tomada comparando o valor justo encontrado pela sua análise (que espero que esteja sendo feita) e o preço atual, de tela. Se você conseguir fazer isso já vai poder reduzir vários vieses nocivos, como o de *status quo*.

## 20.2.13 O que o analista – ou o investidor – pode fazer para atenuar os vieses das finanças comportamentais?

Igualmente ao gerenciamento de vieses em geral, a tomada de decisão financeira pode ser aprimorada ao considerar as seguintes etapas. Veja no Quadro 20.1:

| **Quadro 20.1** O que o analista – ou o investidor – pode fazer para atenuar os vieses das finanças comportamentais? |
| :--- |
| • Aprender a reconhecer erros e estar ciente sobre os vieses. |
| • Eliminar as emoções dos processos de tomada de decisão, automatizando os processos de negociação, principalmente o controle do risco. |
| • Sair do mundo da ilusão. Levar a sério o alerta de que ganhos passados não representam garantia de rentabilidade futura e embasar suas decisões de investimento. |
| • Diversificar as opções de investimento. |
| • Usar trilhas de auditoria, *feedback*, listas de verificação, algoritmos e automatizar o processo de investimento sempre que possível. |
| • Bancar o advogado do diabo, tentando ver pontos de vista opostos ao seu. |
| • Fazer várias estimativas. |
| • Pensar duas vezes. Evitar tomar decisões financeiras por impulso e sem informações suficientes, uma vez que, na falta de base racional, a mente irá apelar para o que estiver mais facilmente à disposição, porém nem sempre a favor. Adiar as decisões financeiras em momentos de crise ou de forte impacto emocional, a fim de proteger os investimentos dos efeitos nocivos de tais situações. |
| • Reduzir a frequência de negócios e ter posições menores. |
| • Buscar múltiplas perspectivas e ter uma visão externa. Pedir auxílio de uma pessoa de confiança na hora de tomar decisões financeiras importantes e comparar informações de diferentes fontes, a fim de não aceitar qualquer informação como verdadeira, simplesmente por falta de base para comparar. |

Fonte: Trader Brasil Escola de Finanças & Negócios.

## 20.3 OPERANDO DENTRO DA ZONA

> "A invencibilidade situa-se na defesa, e a possibilidade de vitória, no ataque. Aquele que sabe quando pode ou não lutar será o vitorioso."
>
> *Sun Tzu*

Ao operar, frequentemente surgirão numerosas possibilidades de resultados; o *trader* deve estar preparado para negociar com casos que não preenchem o melhor cenário.

Quando o *trader* se encontra na zona, ele está totalmente focado e absorvido naquele momento, com adrenalina na corrente sanguínea, o tempo parece esticar, a mente está clara, e assim ele pode ver o que o mercado vai fazer depois. Quanto mais o *trader* permanece na zona, mais seu ego não admite ficar fora dela. E adivinhe... vicia.

Então, o *trader* começa a operar demais, fazendo preço médio, convencido de que sua ação perdedora vai se recuperar rapidamente e ele terá lucro dobrado. Esse é o momento no qual você pode implodir como *trader*.

Pense nisso quando fizer preço médio para baixo.

É um erro tentar diminuir seus custos médios em relação ao preço atual da ação corrente, a fim de reduzir a dor causada ao seu ego pelo seu erro anterior. Essas condutas baseadas em ego, invariavelmente, são o que há de mais errado a fazer. Pensando em termos de preços, compradores anteriores sentem-se aliviados em sair em busca de qualquer melhora de preço a fim de reduzir suas perdas e seguir em frente – portanto, uma pressão vencedora ocorre em cada pequena alta e em uma tendência de baixa. A realidade é que o dinheiro novo adicional, usado para fazer o preço médio, poderia ser mais bem utilizado se aplicado em uma nova ideia, com a chance de ser uma oportunidade melhor. O buraco pode aumentar, uma vez que você está dentro dele e continua cavando.

Mihaly Csikszentmihalyi, em seu livro *Flow*,[1] descreve seis características-chave que precipitam a entrada na zona:

1. Confiança – entrar em operações com esperança matemática positiva de que a probabilidade está a seu favor. Você realmente acredita ser um *trader* hábil e capaz.
2. Foco – a zona é alcançada por um foco estreito no momento presente. Medo de resultados no futuro e lamentações de perdas anteriores não existem nesse momento.
3. Visualização – em foco total, o *trader* processa visualmente os dados. Sinais verbais podem tirar o indivíduo da zona.
4. Prazer – divertir-se com o que você faz na vida aumenta as chances de você se entregar àquilo que realiza. Isso aumenta a chance de dominar e, por isso, gostar ainda mais da atividade.
5. Relaxamento – uma vez na zona, você pode começar a ficar nervoso de uma maneira que você nunca ficou antes. Fique relaxado para que possa entrar a fundo na zona. Alguns vão ficar com medo, o que fará que saiam.
6. Excitação – certo nível de tensão ajuda no desempenho, mas muita intensidade vai criar estresse indevido, impactando seu desempenho negativamente.

---

1 CSIKSZENTMIHALYI, *Mihaly. Flow*. New York: Simon & Schuster, 2002.

As palavras-chave para um *trader* são dedicação e disciplina. Quanto mais prática, melhor. Lembre que Oscar – grande jogador de basquete da seleção brasileira – treinava duas horas a mais de lances livres e bolas de três pontos após o treino regular de seus companheiros. Para quê? Para que quando faltassem dois segundos para acabar o jogo, com a torcida adversária gritando e os defensores pressionando, ele pudesse ter a tranquilidade, ou melhor, a mecanicidade necessária para encestar a bola e comemorar a vitória no último lance. A ideia é que haja um ato mecânico, sem pausa para pensar, não deixando o lado emocional atrapalhar quando a adrenalina agir.

Com a prática desenvolve-se habilidades automáticas, tornando-se lógico e mecânico seguir o plano.

Acredite em você mesmo e em sua habilidade de ter sucesso. Pessoas bem-sucedidas assumem sucessos e fracassos, enquanto as malsucedidas tendem a acusar o azar ou alguém por essa situação. Suas crenças sobre você influenciam nessas tarefas, nos esforços que fazemos e nos resultados que conseguimos. Pense e aja positivamente e você aumentará sua chance de resultados positivos, não apenas nas operações como em sua vida.

| Tabela 20.2 Sete tarefas de um *trader* | |
| --- | --- |
| Passos | Estado mental |
| 1 – Sem posição | Indiferente, calmo, apreciativo |
| 2 – Análise de uma oportunidade usando gráficos | Curioso, alerta, objetivo, sistemático |
| 3 – Ação 1 (de olho na caça) | Paciente, vigilante, cauteloso, controlado |
| 4 – Ação 2 (tomando decisão, colocando ordem) | Corajoso, agressivo, sozinho |
| 5 – Abortar (sair do mercado empatando ou perdendo) | Ansioso, receoso, confuso, desapontado |
| 6 – Monitorar (deixar os lucros correrem, surfando a tendência) | Calmo, vigilante |
| 7 – Realizar lucros (saindo da estratégia) | Motivado, satisfeito, encorajado |

Fonte: Trader Brasil Escola de Finanças & Negócios.

# Capítulo 21

# Juntando tudo

"Uma só flecha pode ser facilmente quebrada, mas dez juntas não."

*Provérbio japonês*

Todas as técnicas apresentadas neste livro funcionam melhor quando usadas e confirmadas em conjunto, cada uma com as outras.

Uma figura que está sendo rompida com volume acima da média, com médias móveis confirmando venda, bandas de Bollinger abertas, contagem de Elliott indicando a próxima onda, o ciclo mostrando que está por vir uma área de fundo: tudo isso mostra que teremos grande chance de executar a operação com sucesso. Digo chance, pois o futuro a Deus pertence. E, se estivermos errados – pois o mercado está sempre certo –, teremos nosso *stop* protetor para minimizar nossos riscos.

Veja, a seguir, o rompimento do padrão de reversão ombro-cabeça-ombro, com: uma vela de *marubozu* negra, com volume no rompimento acima da média; o MACD sinalizando venda e as bandas de Bollinger abertas sinalizando que o movimento seria rápido.

No planejamento dessa operação, colocaríamos o ponto de entrada (PE) a R$ 14,90, com *stop* a R$ 15,50 e um objetivo da projeção do OCO de R$ 12,50. A relação retorno/risco ficaria em:

Retorno = 14,90 – 12,50 = 2,40
Risco = 15,50 –14,90 = 0,60
Retorno / Risco = 4

Em palavras, o retorno esperado está 4 vezes o risco máximo projetado para esta operação.

Gráfico 21.1 Juntando tudo na GGBR4: padrão gráfico OCO, volume, MACD e Bandas de Bollinger

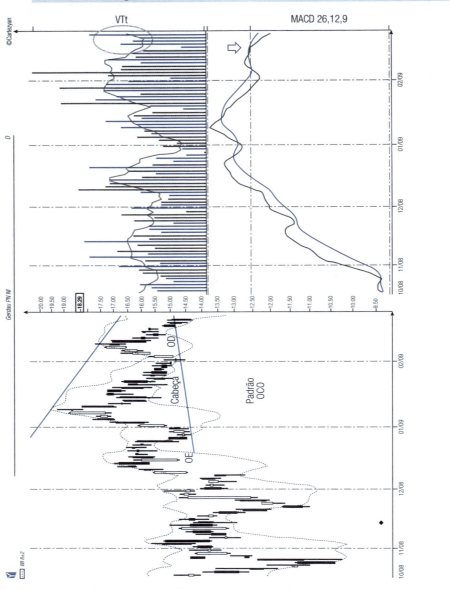

Fonte: cortesia da Cartezyan.

**Gráfico 21.2**  Juntando tudo na GGBR3: padrão de fundo duplo, volume, Trix, estocástico e IFR

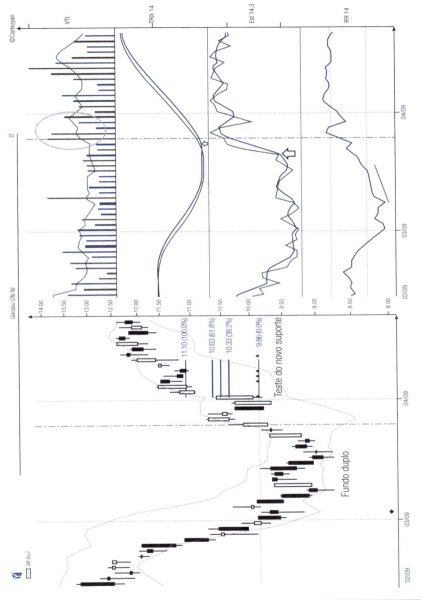

Fonte: cortesia da Cartezyan.

Nesse outro exemplo, o estocástico sinalizou a compra depois do Trix, mas somente após o rompimento do fundo duplo, com a confirmação do volume e as bandas de Bollinger abertas, poderíamos entrar com mais possibilidades nessa operação. Note que o IFR já sugeria uma divergência de alta. Uma segunda possibilidade seria tentar comprar na correção, por volta do ponto da resistência rompida, agora exercendo papel de suporte.

Nesse caso, com o PE = 9,86, *stop* = 9,50 e objetivo = 11,00, o retorno seria de 11 − 9,86 = 1,14; o de risco = 9,86 − 9,50 = 0,36 e a relação retorno/risco = 1,14/0,36 = 3,16, que é acima de 3, logo, seria uma boa operação.

## 21.1 A BENDITA CONFIRMAÇÃO

Muitas vezes estamos na iminência de um rompimento ou cruzamento de média móvel, ou seja, estamos muito próximos de apertar o botão e iniciar uma operação.

Devemos aguardar a vela/barra acabar de se formar e a próxima vela ou barra ter a "bendita" confirmação. Lembre que o "jogo só termina quando o juiz apita", portanto muitas vezes nos deparamos com falsos rompimentos ou cruzamentos exatamente porque as velas estão em formação e não já finalizadas.

Esse é um momento crucial. A paciência de aguardar o sinal formado corretamente é determinante para o sucesso da operação. Entrar antes de o sinal ser confirmado ou muito depois disso pode custar muito caro.

Obviamente, o mercado não nos espera sempre, às vezes os movimentos de rompimento são muito rápidos e agudos e o ativo "vai embora" sem ter a confirmação, mas paciência: operando com confirmação, você terá uma probabilidade de acertar bem maior e, ao longo do tempo, vai notar que sua esperança matemática de acerto ficará positiva.

# Capítulo 22

# Alguns exemplos de estratégias

"Dez homens, dez gostos."

*Provérbio japonês*

Existem infinitas maneiras de se fazer um *trading system*; contudo, se o caminho não for o adequado para você ou, ainda, se você não possuir a disciplina necessária para segui-lo, de nada adiantará ele ser ganhador. O importante em qualquer estratégia é fazer o que se chama de *backtesting*, como vimos no Capítulo 8, ou seja, fazer um teste da estratégia para o passado, utilizando programas específicos de computador, e verificar como ela se comportaria – quais foram os lucros e as perdas máximas, qual o retorno obtido, quantas ordens originadas, tempo de duração das operações, relação retorno e risco, porcentagem de erro e acerto etc. Obviamente, resultados passados não garantem resultados futuros, mas é possível ter uma ideia de como funcionará no futuro.

"Loucura é repetir a mesma coisa esperando cada vez um resultado diferente."

*Albert Einstein*

## 22.1 MÉTODO DO DIAMANTE

"Melhor um diamante com uma falha do que um seixo sem nenhuma."

*Confúcio*

O método do diamante é um exemplo de sistema de médias móveis. Como todo sistema que as usa, esse funciona bem em tendência. Pode ser usado com média móvel simples ou exponencial, cada uma com resultados diferentes. Veja mais informações sobre médias no Capítulo 9.

Esse método age determinando a fraqueza ou a força do ativo a ser analisado com base em médias móveis. Existem seis fases do comportamento dos preços: duas claramente em tendência e quatro outras em que a tendência é menos evidente e nas quais ela pode acabar ou uma nova pode começar. As duas fases em que existem os movimentos mais agudos dos preços são chamadas de altista e baixista.

Figura 22.1  Estratégias: diamante

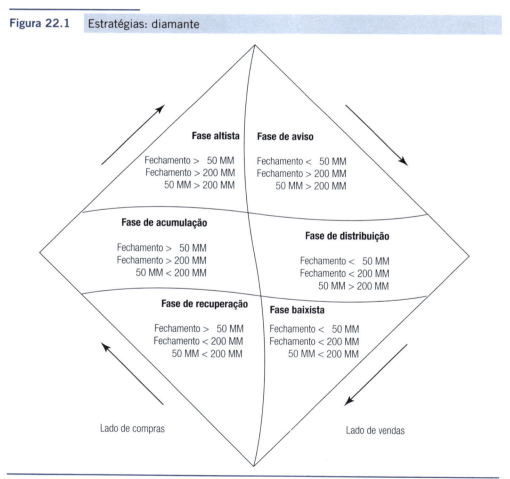

Fonte: ilustração do autor.

Capítulo 22 ■ Alguns exemplos de estratégias 483

**Gráfico 22.1** Estratégias: diamante aplicado no S&P 500

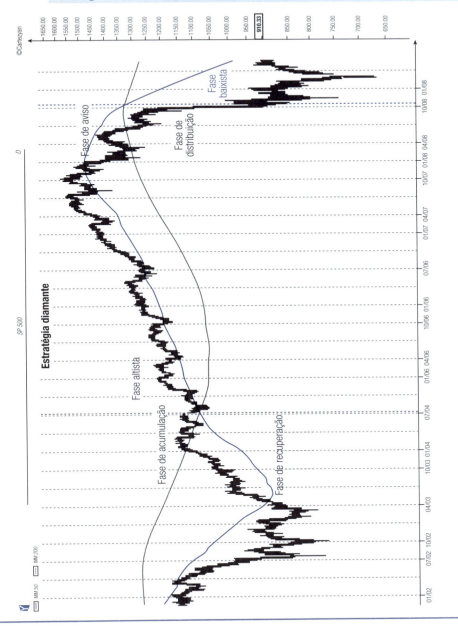

Fonte: cortesia da Cartezyan.

O ponto de compra ideal seria nos fundos, após o cruzamento para cima da MM de 50 com a de 200 períodos. Nesse caso, a MM de 50 funciona como suporte. Da mesma forma, a venda ideal ocorre após o cruzamento, para baixo, da MM de 50 com a de 200 períodos, funcionando como resistência nos topos próximos à MM de 50 períodos.

Esse exemplo de sistema gera poucos negócios ao longo do tempo e, por esse motivo, normalmente, é mais utilizado para posições de longo prazo.

## 22.2 ESTRATÉGIAS DE PIVÔ

Há muitos anos, investidores e formadores de mercado usam os pontos de pivô para determinar suportes e resistências críticas. É uma ferramenta útil para identificar pontos de entrada em operações.

Por definição, o ponto de pivô é de rotação. Os preços do ativo usados para o cálculo são a máxima, a mínima e o fechamento do período anterior. Esses preços, geralmente, são retirados dos gráficos diários, mas os pivôs podem ser calculados, também, pelos gráficos de 60 minutos. O tempo pode ser reduzido, mas, em períodos mais curtos, a significância e a acurácia do método tendem a ser menores.

O cálculo é feito da seguinte forma:

Ponto de pivô central (P) = (máxima + mínima + fechamento) / 3

Primeiro suporte e resistência:

Resistência 1 (R1) = (2 × P) – mínima
Suporte (S1) = (2 × P) – máxima

Da mesma forma, o segundo suporte e resistência são calculados:

Resistência 2 (R2) = P + (R1 – S1)
Suporte 2 (S2) = P – (R1 – S1)

**Gráfico 22.2** Estratégias: pivô

Fonte: FXTrek Intellicharts.

## 22.2.1 Pivô de alta

Como você poderá perceber, existem estratégias de pivô derivadas de uma simplificação das ondas de Elliott, as quais utilizam os seguintes três pontos:

Ponto 1 – Fundo.
Ponto 2 – Topo.
Ponto 3 – Fundo mais alto que o anterior.

No momento em que o mercado ultrapassar o ponto 2, produzindo, por consequência, um topo mais alto que o anterior, o pivô de alta estará formado.

Estando o pivô de alta formado, utilizaremos as extensões de Fibonacci para tentar prever os objetivos do movimento de alta. Os cálculos serão feitos da seguinte forma:

$$Z \text{ (tamanho da Onda 1)} = \text{Ponto 2} - \text{Ponto 1}$$
$$A = Z \times 0{,}618$$
$$B = Z \times 1$$
$$C = Z \times 1{,}618$$

Em que:

A = Tamanho da extensão de 38% (quando você multiplica por um número menor do que 1, deve usar a diferença: 1% – 38,2% = 61,8%).

B = Tamanho da extensão de 50%.

C = Tamanho da extensão de 62%.

A partir do ponto 2, traçamos os objetivos:

$$\text{Objetivo de 38\%} = \text{Ponto 2} + A$$
$$\text{Objetivo de 50\%} = \text{Ponto 2} + B$$
$$\text{Objetivo de 62\%} = \text{Ponto 2} + C$$

## 22.2.2 Pivô de baixa

Da mesma forma, o pivô de baixa é formado com estes três pontos:

Ponto 1 – Topo.
Ponto 2 – Fundo.
Ponto 3 – Topo mais baixo que o anterior.

No momento em que o mercado ultrapassar o ponto 2, produzindo, por consequência, um fundo mais baixo que o anterior, o pivô de baixa estará formado.

Estando o pivô de baixa formado, utilizaremos as extensões de Fibonacci para tentar prever os objetivos do movimento de baixa. Os cálculos serão feitos da seguinte forma:

$$Z \text{ (tamanho da Onda 1)} = \text{Ponto 2} - \text{Ponto 1}$$
$$A = Z \times 0{,}618$$
$$B = Z \times 1$$
$$C = Z \times 1{,}618$$

Em que:
A = Tamanho da extensão de 38%.
B = Tamanho da extensão de 50%.
C = Tamanho da extensão de 62%.

A partir do ponto 2, traçamos os objetivos:

$$\text{Objetivo de 38\%} = \text{Ponto 2} - A$$
$$\text{Objetivo de 50\%} = \text{Ponto 2} - B$$
$$\text{Objetivo de 62\%} = \text{Ponto 2} - C$$

Não é necessário que o pivô seja montado na primeira tentativa, mas é importante que o fundo anterior (ponto 3) não seja perdido durante as tentativas. No caso de rompimento do ponto 1 pelo mercado, antes do rompimento do ponto 2, a queda está continuando e nada mudou.

### 22.2.3  Cálculo

O cálculo das correções é muito simples. Basta pegar o movimento e utilizar percentuais. Para um mercado que subiu R$ 10, por exemplo, a correção de 38% é de R$ 3,8, a de 50% é de R$ 5 e a de 62% é de R$ 6,2. Para as quedas é a mesma coisa. As extensões e as correções de Fibonacci são usadas de modo que criem estratégias para operar. Os pontos de objetivos e as extensões servem como pontos em volta dos quais podemos traçar nossas estratégias, mas nunca teremos certeza de que serão atingidos; todavia, quanto maior a extensão ou a correção, maior a chance de uma reversão ocorrer.

**Gráfico 22.3** Pivô de baixa na CSNA3

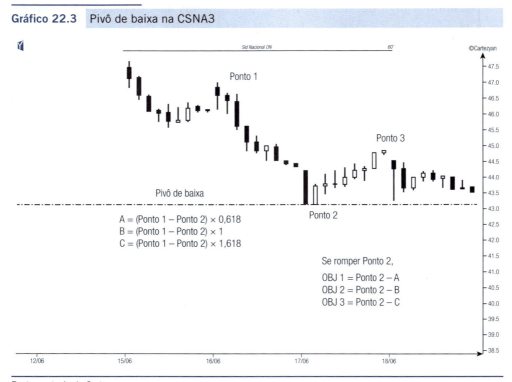

Fonte: cortesia da Cartezyan.

# Capítulo 23

# *Price action*

> "Não existe um jeito certo de operar nos mercados. Entretanto, existe um jeito melhor para VOCÊ operar no mercado."
>
> *Jack Schwager*

Todos os dias nossa Escola de Finanças Trader Brasil recebe telefonemas pedindo cursos sobre *Price action*. As pessoas veem algum anúncio milagroso na internet de como ficar rico em 60 segundos usando alguma técnica infalível e às vezes querem até o depoimento real de um conhecido ou mesmo do autor.

Price Action nada mais é que uma estratégia de tomar todas as decisões de negociação a partir de um gráfico de preços do tipo *candlesticks* – sem médias, indicadores, nada: "nuzinho" ou "pelado", se assim o preferir.

Isso significa que não há indicadores, fora talvez um par de médias móveis para ajudar a identificar dinamicamente áreas de suporte, resistência e tendência. Em outras palavras, é uma forma pura de análise técnica que não inclui nenhum outro indicador de segunda mão derivado do histórico dos preços, somente existindo o movimento dos preços, usando *candlesticks* ao longo do tempo.

Você pode rever os padrões de *candlesticks* no Capítulo 3 e no Anexo A.

Quem usa esse tipo de técnica é um adepto da simplicidade e, portanto, do mantra KISS (*Keep it Simple Stupid*), em referência ao fato de que muitas pessoas utilizam técnicas bem complicadas com vários indicadores "poluindo" o gráfico de preços e geralmente superanalisam o mercado de forma pouco efetiva.

## 23.1 OS PADRÕES DE *PRICE ACTION*

Os padrões, geralmente chamados de gatilhos, sinais ou *setups*, são o que realmente importa, pois estes podem prover ao *trader* pistas de para onde os preços irão. Vamos a eles:

### 23.1.1 *Pin bar*

A formação da barra de Pinóquio ou *pin bar* é um padrão de reversão dos preços que mostra certo nível de preços do mercado sendo rejeitado. O sinal de *pin bar* funciona tanto em um mercado lateral como em um mercado em tendência, geralmente tomando-se posições contrárias ao utilizar os níveis de suporte e resistência.

A *pin bar* propriamente dita é uma vela com uma "cauda" ou "sombra" longa, um "corpo" bem menor e às vezes com um nariz (uma pequena sombra). A *pin bar* implica que os preços devem se mover na direção contrária da atual tendência, em geral sinalizada pelo lado da sombra grande.

Em outras palavras, quando aparecer a sombra grande de um lado, em uma tendência de alta, é indicação de que as ofertas fornecidas pelos vendedores acharam um preço adequado naquele momento; e o inverso, numa tendência de baixa, indicará que a demanda achou um preço adequado e os compradores entraram.

---

**Figura 23.1**   Barra de Pinóquio ou *pin bar*

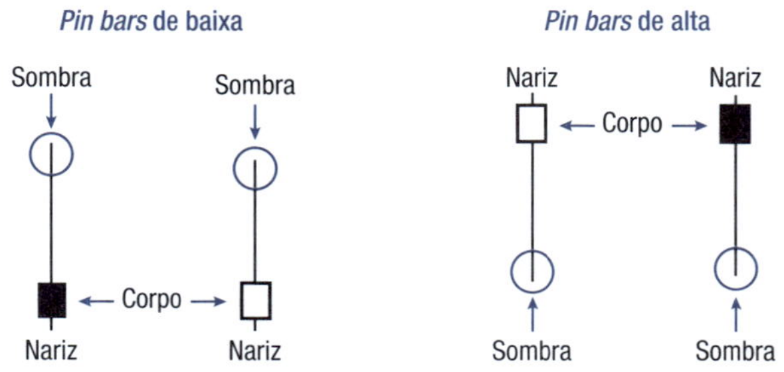

Fonte: elaborada pelo autor.

Verifique agora na Figura 23.2 como você deve proceder para colocar suas ordens de entrada na compra e como colocar os *stops* usando a *pin bar*.

Capítulo 23 ▪ *Price action* 491

Figura 23.2   Estratégias de compra usando a *pin bar*

Fonte: elaborada pelo autor.

Gráfico 23.1   Resistência e *pin bar*

Fonte: elaborada pelo autor.

## 23.1.2 Inside bar – Engolfo

Este é um padrão de duas velas que consiste em uma vela de corpo maior (a barra-mãe) que engloba todo o corpo da *inside bar*.

Lembra da soma das velas? Consulte o item 3.1.4 deste livro. Relembrando: é preciso verificar onde estão a abertura do primeiro dia e o fechamento do último, então teremos a cor do corpo, além da máxima e da mínima do período; veja na Figura 23.3 que este engolfo de alta nada mais é que, somando as velas, um martelo que geralmente aparece numa reversão de tendência de baixa para tendência de alta.

**Figura 23.3**    Somando velas temos um martelo

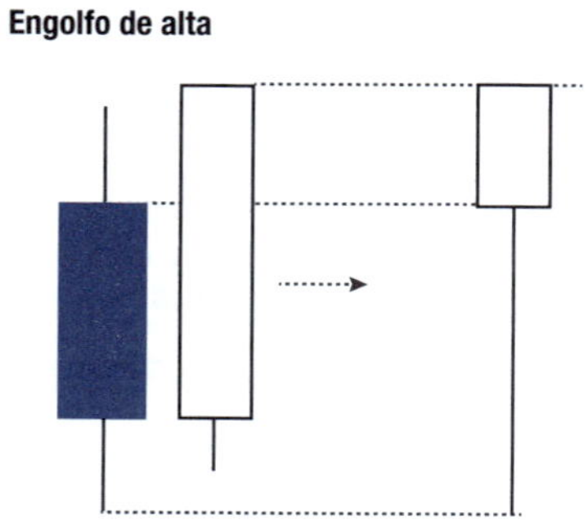

Fonte: elaborada pelo autor.

Verifique na Figura 23.4 como devemos proceder para colocar as entradas para compra ou venda a descoberto e onde colocar o *stop loss*.

**Figura 23.4**    Entradas com *inside bar*

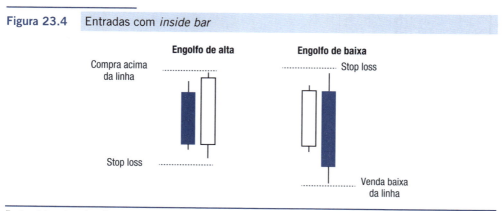

Fonte: elaborada pelo autor.

**Gráfico 23.2** *Inside bar* em suporte

Fonte: elaborada pelo autor.

## 23.1.3 Padrão falsificado

O padrão falsificado consiste em um rompimento falso de um padrão de *inside bar*. Trocando em miúdos: se um engolfo rompe brevemente a resistência e depois reverte e fecha de volta a faixa nos limites da vela-mãe ou da *inside bar*, então tem-se um padrão falsificado.

**Figura 23.5** Padrão falsificado

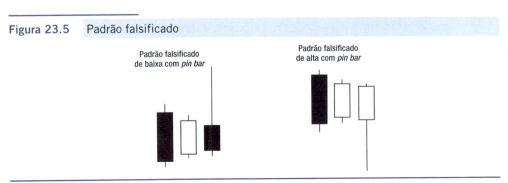

Fonte: elaborada pelo autor.

**Gráfico 23.3** Usando *price action* e estudo de suporte e resistência

Fonte: adaptado do gráfico Cartezyan.[1]

**TOQUE DO AUTOR**

Se você chegou até esta página do livro, vai ter preguiça de usar o que aprendeu, apenas em nome da simplicidade? Muito do que você já aprendeu pode auxiliá-lo no processo de tomada de decisão, bem como aumentar sua probabilidade de acerto, elementos importantes tais como: os indicadores, os osciladores e o volume. Como bem alerta a frase atribuída a Albert Einstein: "O único lugar onde sucesso vem antes de trabalho é no dicionário". No mais, use tudo o que quiser e bem entender, afinal a análise é sua.

---

[1] Terminal Cartezyan é um terminal de informações e de negociação no mercado financeiro. Disponível em: <http://www.cartezyan.com.br>. Acesso em: 16 jan. 2018.

# Capítulo 24

# As criptomoedas e a análise técnica

"O papel-moeda eventualmente retorna ao seu valor intrínseco – Zero."

*Voltaire*

"Bitcoin é uma notável conquista criptográfica, e a habilidade de criar algo que não é duplicável no mundo digital tem um enorme valor."

*Eric Schimdt, ex-CEO do Google*

"Acabo de tentar comprar um café com Bitcoin. Negado. Quando o mundo vai acordar para o meu vanguardismo?"

*Drew Carey, ator*

"O mercado pode permanecer irracional por mais tempo do que você pode permanecer solvente."

*Keynes*

"As criptomoedas basicamente não têm valor e não produzem nada. Em termos de valor: zero."

*Warren Buffet*

Pouca gente sabe, mas minha formação como analista é clássica. Comecei primeiro com análise fundamentalista – *valuation*, matéria em que tive a honra de ter como professor Aswath Damodaran, o papa do assunto. Para Damodaran, o Bitcoin não é um ativo, mas uma moeda, e, como tal, você não pode avaliá-la ou investir nela. Você só pode precificá-la e cambiá-la por outra moeda.

Para a CVM e diversos juristas brasileiros, ela é um bem intangível ou uma "moeda virtual". De qualquer forma, se o contribuinte possuir mais de R$ 5.000,00, a Receita Federal o obriga a declarar os ativos em

**496** ANÁLISE TÉCNICA DOS MERCADOS FINANCEIROS

criptomoedas; e além disso, se o contribuinte realizar vendas de moedas virtuais em montante superior a R$ 35 mil por mês, os eventuais lucros com essas operações estão sujeitos à retenção de imposto de ganho sobre capital, que deve ser pago no mês seguinte ao da venda.

## 24.1 HISTÓRIAS DO FLÁVIO: A LENDA DA CRIAÇÃO DO JOGO DE XADREZ

Reza a lenda que, na Índia, um rajá hindu estava inconsolável com a morte do seu filho na guerra. Estabeleceu-se, então, uma competição entre seus súditos, para ver quem poderia trazer um pouco de alegria para o rajá. Surgiu um camponês humilde, que havia inventado o jogo de xadrez.

O rajá ficou maravilhado com o jogo e prometeu ao camponês o que ele quisesse como recompensa. Do fundo de sua humildade, o pobre camponês pediu algo simples: um grão de arroz na primeira casa do tabuleiro, dobrando progressivamente a quantidade a cada nova casa:

1. um grão de arroz pela primeira casa do tabuleiro de xadrez,
2. dois grãos pela segunda casa,
3. quatro grãos pela terceira,
4. oito grãos pela quarta casa, e
5. assim por diante, até a 64ª casa do tabuleiro.

O rajá ficou surpreso com a humildade do pedido e insistiu para que o camponês pedisse algo mais valioso. O camponês, no entanto, não mudou de ideia e insistiu em seu pedido. O rajá, então, acedeu, e chamou o matemático oficial do reino para calcular o montante de arroz que devia ao camponês como pagamento. O matemático fez as contas e chegou à conclusão de que a quantidade de grãos de arroz era equivalente a uma montanha que, tendo como base a cidade real, teria a altura do Himalaia. O rajá, perplexo, obviamente disse que não tinha como pagar aquela dívida e, impressionado pela inteligência e argúcia do camponês, nomeou-o primeiro-vizir.

O número de grãos de arroz pedido pelo camponês é equivalente a $2^{64}$ (2 elevado a 64), o equivalente a aproximadamente 470 bilhões de toneladas de arroz, ou mais de 500 anos da produção corrente mundial do cereal.

Capítulo 24 ▪ As criptomoedas e a análise técnica   497

Esta lenda descreve bem como é lidar com grandezas exponenciais e explica uma parte da grande procura por criptomoedas: **a possibilidade de enriquecer rapidamente**.

## 24.2 FUNÇÕES E CARACTERÍSTICAS DA MOEDA

Dinheiro é uma invenção genial, pois nos permite que consertemos um pneu num borracheiro sem sujar as mãos e que o cabeleireiro compre um jornal sem ter de cortar o cabelo do jornaleiro. Uma moeda serve para, essencialmente, três funções: reserva de valor, unidade de conta e meio de pagamento.

A essência ímpar do dinheiro é a fé de que você vai conseguir trocar os valores que aparecem no aplicativo/site do seu banco ou os papéis que se encontram no seu bolso por coisas para comer, vestir, morar, transportar etc.

As características inerentes à (boa) moeda são:

- ser aceita por todos: para ser uma moeda de troca, um meio de pagamento intermediário entre as mercadorias;
- ser durável: não deve perder seu valor com a passagem do tempo; se for perecível, as poupanças nesse bem de nada servirão;
- ser portável: se for de difícil transferência, não poderá ser usada como meio de pagamento;
- ser difícil de falsificar;
- ser divisível: sem perder o valor, para poder ser usada como meio de pequenos pagamentos;
- ter valor intrínseco;
- ser escassa: deve possuir oferta limitada em quantidade suficiente comparada à sua demanda. Essa qualidade faz com que mais e mais pessoas queiram mais e mais dinheiro para atender às necessidades básicas da vida;
- ser facilmente mensurável: caso contrário, não poderia ser de aceitação generalizada.

Originalmente, o meio de troca preferido era o ouro, pois conseguia cumprir esses critérios. À medida que as economias cresciam e a demanda por um meio de troca aumentava, os governos foram forçados a criar um meio de troca mais acessível que pudessem controlar e regularizar.

498　ANÁLISE TÉCNICA DOS MERCADOS FINANCEIROS

E foi assim que nasceu a moeda fiduciária chamada também de *moeda fiat*. Esse meio particular de troca foi adotado em todo o mundo; no entanto, vem com o seu próprio conjunto de problemas.

A criptomoeda, também chamada de cripto, é qualquer forma de moeda que exista digitalmente e use criptografia para proteger as transações.

## 24.3 AS CRIPTOS *VERSUS* AS MOEDAS

As criptomoedas compartilham muitas características com dólares, euros, libras e ouro, pois podem ser usadas para pagamento, para o armazenamento de riqueza e para o valor de medição.

No entanto, o Bitcoin é diferente das outras moedas em uma série de aspectos importantes:

- está fora do controle dos governos e dos bancos, ou de qualquer organização;
- suas operações são anônimas;
- toda a transação pode ser verificada por qualquer pessoa, sem revelar a identidade pessoal;
- as transações são muito rápidas e baratas em comparação com as transferências correntes eletrônicas de fundos;
- as contas não podem ser congeladas ou confiscadas;
- Bitcoin é à prova de inflação porque a quantidade de Bitcoins é comprovadamente finita e nunca pode ser aumentada.

Ela também é transparente: embora transações Bitcoin sejam anônimas, elas também são transparentes. Bitcoins são realmente registros únicos de transações de Bitcoin entre diferentes endereços que fazem até a cadeia em bloco. Todo mundo na rede pode ver quantos Bitcoins são armazenados a cada endereço público de Bitcoin, mas eles não podem identificar facilmente a quem o endereço pertence.

É irrevogável: não há nenhuma maneira de estornar uma transação de Bitcoin, a menos que o destinatário efetivamente envie as moedas de volta para o remetente.

Contudo, julgar se essas características representam vantagens depende, naturalmente, da sua perspectiva. Estamos tão acostumados a usar o dinheiro que é raro pararmos para pensar sobre o que de fato é e como funciona.

Capítulo 24 ▪ As criptomoedas e a análise técnica    499

E, para quem tem dúvida, a tecnologia do *blockchain* realmente veio para ficar, pois imagine não precisar mais ir ao cartório autenticar um documento ou dispensar vários carimbos e taxas para registrar um imóvel, pois todas as transações estarão em uma contabilidade pública digital.

## 24.4 PARA COMEÇAR DEVAGAR, O QUE É BITCOIN?

A criptomoeda Bitcoin é a primeira moeda descentralizada do mundo. Foi lançada em 2009 por um desconhecido cientista da computação, que usava o pseudônimo Satoshi Nakamoto, como uma alternativa para as moedas tradicionais.

Bitcoins não são moedas impressas como as fiduciárias; em vez disso são "mineradas" usando o poder de computação em uma rede global distribuída de desenvolvedores voluntários de software.

O que é algo que funciona de forma descentralizada e pode estar distribuído ao mesmo tempo em milhões de lugares diferentes? A internet funciona dessa forma, pois não existe nenhuma Internet S.A. ou alguém que faça sua administração, por isso ela é descentralizada.

O Bitcoin é como um grande livro-caixa público de transações distribuído por vários locais no mundo, ou seja, existem várias cópias desse livro-razão e qualquer pessoa pode acessá-lo e verificá-lo on-line.

Os Bitcoins são transferidos entre endereços – uma sequência de 34 letras e números que também são chamados de "chaves públicas" – e não contas bancárias. Cada endereço (chave pública) tem uma "chave privada" correspondente de 64 letras e números, que deve ser mantida secreta e segura. Na sua essência, Bitcoin nada mais é do que um arquivo digital que lista todas as transações que já aconteceram na rede na sua versão de uma contabilidade geral pública chamada de *blockchain* ou "cadeia de bloqueio".

Ele é o primeiro exemplo de uma categoria crescente de dinheiro conhecido como criptomoedas, em que um software de código aberto resolve cálculos matemáticos complexos para minerar mais Bitcoins.

No início de 2022 já existiam, segundo o site Coinmarketcap.com, quase 20 mil criptomoedas diferentes, e toda semana novos ICOs (sigla de *Initial Currency Offering*, uma espécie de Oferta Pública Inicial [IPO] de moeda não regulamentada por qualquer autoridade monetária e, diga-se *en passant*, de altíssimo risco) "pipocam" no mercado.

## 24.4.1 Como é criado o Bitcoin?

Os "mineiros" fazem a função de rede Bitcoin que validam as diversas transações, criando assim novos Bitcoins.

Isso ocorre quando a rede Bitcoin recolhe todas as transações efetuadas durante determinado período (geralmente a cada 10 minutos) em uma lista chamado de "bloco".

Mineiros confirmam esses blocos de transações e os gravam na *blockchain* competindo uns contra os outros para resolver cálculos matemáticos, pois quem resolver primeiro recebe uma recompensa, a chamada prova de trabalho ou *proof of work* (PoW).

Toda vez que o sistema de um mineiro encontra uma solução que valida um bloco de operações, ele recebe 6,25 Bitcoins.

*Halving* é quando, de quatro em quatro anos, essa recompensa aos mineiros é reduzida à metade, de modo que o número total de Bitcoins nunca excederá no futuro a quantidade de 21 milhões de Bitcoins. Isto faz com que a taxa de inflação seja decrescente ao longo do tempo, pois menos Bitcoins serão criadas a cada processo de *halving*.

| Quadro 24.1 *Halving* | | | |
|---|---|---|---|
| *Halving* | Data estimada | Altura do bloco | Recompensa por bloco (BTC) |
| 0 | N/A | 0 | 50 |
| 1 | 28/11/2012 | 210.000 | 25 |
| 2 | 09/07/2016 | 420.000 | 12,5 |
| 3 | 2020 | 630.000 | 6,25 |
| 4 | 2024 | 840.000 | 3,125 |
| 5 | 2028 | 1.050.000 | 1,5625 |

Fonte: Binance.

A mineração demanda alto investimento em tecnologia, além de consumir muita energia elétrica, então não é acessível à maioria das pessoas.

Nos meus livros *Dinheiro: Modo de Usar* e *Bitcoin na veia*, eu dou mais detalhes sobre funcionamento, riscos etc.

## 24.4.2 Ethereum

A segunda criptomoeda mais líquida, depois do Bitcoin, é a Ethereum.

Idealizada em 2013 pelo russo Vitalik Buterin – é uma plataforma descentralizada utilizada para executar "contratos inteligentes" alimentada pela tecnologia *blockchain* que é mais conhecida por sua criptomoeda nativa, chamada ether, ou ETH, ou simplesmente Ethereum.

A natureza distribuída da tecnologia *blockchain* é o que torna a plataforma Ethereum segura, mas mesmo assim, em 2016, um *hacker* encontrou uma falha no sistema do Ether original, roubando o equivalente a U$ 50 milhões. O Ether original – alvo do roubo – passou a ser chamado de Ethereum Classic e a moeda que começou a circular na nova rede ganhou o nome de Ethereum.

### 24.4.2.1  *Finanças Descentralizadas (DeFi)*

As negociações realizadas dentro da Ethereum são feitas diretamente entre as duas partes (*peer-to-peer*, pessoa a pessoa), dispensando a atuação de um intermediário, como corretoras e bancos, na transação financeira.

Não podemos usar os dados de negociação centralizados como volume negociado, abertura e fechamento, pois estes dados são privados e não ficam disponíveis na plataforma gráfica, o que causa este tipo de problema nos gráficos.

### 24.4.2.2  *O que é um contrato inteligente* (smart contract)?

Um contrato inteligente é um contrato autoexecutável com os termos do acordo entre comprador e vendedor sendo escritos diretamente em linhas de código. O código e os acordos nele contidos existem em uma rede *blockchain* descentralizada e distribuída. O código controla a execução e as transações são rastreáveis e irreversíveis. Os contratos inteligentes, originados na plataforma Ethereum, são um componente central de como a plataforma opera.

### 24.4.2.3  *Ethereum* versus *Bitcoin*

Embora o Ethereum seja frequentemente comparado ao Bitcoin e ambos possuam muitas semelhanças, os potenciais investidores devem prestar atenção a algumas distinções importantes. O Ethereum é uma altcoin[1] descrita como "o *blockchain* programável do mundo", posicionando-se como uma rede eletrônica programável com muitos aplicativos. O *blockchain* do Bitcoin, por outro lado, foi criado apenas para suportar a criptomoeda Bitcoin.

---

1   Altcoin é toda criptomoeda que surge como alternativa ao Bitcoin.

O tempo de mineração é outro ponto importante: no Ethereum a velocidade para negociações é muito maior.

Outra grande diferença que afeta os investidores é como as redes Ethereum e Bitcoin tratam as taxas de processamento de transações. Essas taxas são pagas pelos participantes das transações Ethereum enquanto as taxas associadas às transações Bitcoin são absorvidas pela rede Bitcoin.

### 24.4.2.4 *O que é o metaverso?*

O metaverso é uma realidade digital que combina aspectos de mídia social, jogos on-line, realidade aumentada (RA), realidade virtual (RV) e criptomoedas para permitir que os usuários interajam virtualmente.

A realidade aumentada sobrepõe elementos visuais, audio e outras entradas sensoriais em configurações do mundo real para aprimorar a experiência do usuário. Em contraste, a realidade virtual é totalmente virtual e aprimora as realidades ficcionais.

À medida que o metaverso cresce, ele cria espaços on-line onde as interações do usuário são mais multidimensionais do que a tecnologia atual suporta. Em vez de apenas visualizar o conteúdo digital, os usuários do metaverso poderão mergulhar em um espaço onde os mundos digital e físico convergem.

As moedas do metaverso podem ser livremente transferidas e comercializadas entre os usuários, bem como utilizadas em aplicações descentralizadas (dApp). São aplicativos que utilizam *smart contracts*, que servem para comprar e vender terrenos, customizar seu avatar e até mesmo pagar produtos e serviços no metaverso.

Também podem ser usados na governança, em votações para decidir o desenvolvimento, taxas e funcionalidades de cada projeto.

As principais criptomoedas do Metaverso são a Decentraland e a SandBox.

### 24.4.2.5 *O que são* Play-to-earn games*?*

Ao longo dos mais de 50 anos de história dos videogames, os jogos têm sido uma diversão, algo para distrair sua mente depois de um dia de trabalho árduo. Mas agora, uma nova geração de videogames está usando tecnologias *blockchain* como NFTs para recompensar os jogadores com criptomoedas. Simplificando, os jogos de "jogar para ganhar" (*play-to-earn*) são videogames nos quais o jogador pode receber recompensas com valor no mundo real.

Existem vários jogos neste modelo, como o Axie Infinity, Thetan Arena, Alien Worlds entre outros.

### 24.4.2.6 *O que são NFTs?*

Os NFTs, ou *tokens* não fungíveis, são *tokens* criptograficamente exclusivos que podem ser usados para provar a propriedade de conteúdo, como imagens ou músicas. Nos jogos *blockchain*, eles permitem que os usuários se apropriem de itens do jogo, como roupas virtuais ou terrenos.

Ao contrário dos videogames normais, onde os itens do jogo são mantidos em redes isoladas de dados e de propriedade das empresas que criaram o jogo, as NFTs permitem que os jogadores possuam os ativos exclusivos que compram. Além disso, uma vez que você possui o NFT, você pode vendê-lo livremente fora da plataforma onde foi criado, algo que não é possível com jogos normais.

Isso significa que NFTs representando itens do jogo podem ser negociados e vendidos por moeda fiduciária em qualquer mercado NFT. E porque esses NFTs são escassos, eles têm valor no mundo real.

## 24.5 INVESTINDO EM CRIPTOS

Mas tomar uma decisão sobre um investimento exige a devida diligência do investidor. Isso inclui a necessidade de avaliar esse investimento com base em uma análise fundamental desse investimento, bem como uma análise técnica das tendências de preços desse investimento.

Ao considerar um investimento em criptos, você precisa estar ciente do que é uma criptomoeda e de como é usada. Não é como uma ação, pois não há informações da empresa ou uma estrutura subjacente.

Ao contrário de um imóvel, que pode ter rendimentos com um aluguel, ou de uma empresa, que paga dividendos, ou ainda como os títulos de renda fixa ou de debêntures, que pagam cupons e juros, no investimento em criptomoedas não há taxa de juros ou pagamento de capital garantido.

Se você planeja fazer operações, principalmente de curto prazo, com essa moeda, tenha muito cuidado com as oscilações.

Para comprar ou vender criptos você deve ter primeiro uma *wallet*, depois abrir a conta em uma corretora ou bolsa, de preferência regulamentada como a CME, Nyse ou a B3.

Nela você vai transferir fundos para compras e margens de garantia e poder colocar suas ordens de compra e de venda.

Nas bolsas de valores tradicionais você conseguirá operar os futuros e os Etfs (fundos listados em bolsa de valores) das criptomoedas, enquanto nas corretoras de criptomoedas e as DEX (*exchanges* descentralizadas sem intermediários) os usuários podem operar as moedas *spots*.

### 24.5.1 Ganhando um extra com *staking*

O *staking* consiste em simplesmente manter passivamente criptos em carteira com o objetivo de receber recompensas pela validação de operações. Nesse método, as moedas ficam "travadas" na *Blockchain* e os usuários recebem mais moedas.

No *Proof of Stake* (PoS), as transações não precisam ser mineradas, logo os computadores apenas validam as transações e são recompensados com uma determinada quantidade de criptos. Essa quantidade é baseada no volume de criptomoedas que eles já possuíam anteriormente.

Na prática, funciona como uma alternativa à mineração, na qual menos recursos são exigidos. Isso porque na mineração com *Proof of Work* (PoW) são exigidos muitos gastos de energia e poder computacional. Já no *Proof of Stake* (PoS) os gastos são bem menores.

O *staking* pode ser uma alternativa financeira interessante para criptoinvestidores com pouco ou nenhum conhecimento técnico, que querem ficar posicionados nessas moedas em vez de negociarem diariamente, mesmo se a quantia for pequena.

As taxas de retorno variam entre plataformas e podem mudar, dependendo do número de validadores ativos na rede.

Vale destacar que o *staking* é diferente de empréstimos de cripto. Isso porque com o *staking* você ajuda a garantir a segurança da rede. Por outro lado, com o empréstimo você recebe uma taxa e ajuda a dar liquidez para as negociações de criptos.

## 24.6 ANÁLISE FUNDAMENTALISTA DAS CRIPTOS

Apesar de este ser um livro de análise técnica, vamos tentar mostrar que mesmo alguns dados de origem fundamentalista podem ser cruzados com a análise técnica. O leitor está convidado a seguir essa experiência.

Em uma preguiçosa manhã de uma segunda-feira de 2017, você acorda com a notícia de que a Coreia do Norte acusou os Estados Unidos de declarar guerra depois que o presidente norte-americano 'tuitou' que a Coreia do Norte "não iria existir por muito mais tempo".[1] Essa retórica linha-dura acabou fazendo com que

---

1 Disponível em: <http://www.bbc.com/portuguese/internacional-41392140>. Acesso em: 28 dez. 2017.

investidores vendessem suas ações e migrassem para reservas de valor como o dólar em caixa, o ouro e surpreendentemente também o Bitcoin.

**Reserva de valor** é qualquer forma de riqueza que mantenha seu valor sem se depreciar ao longo do tempo. *Commodities* como o ouro e outras formas de metal são usadas frequentemente como reserva de valor, pois suas vidas em prateleira são essencialmente perpétuas, enquanto um bem como o leite é uma terrível reserva de valor devido ao seu processo natural de deterioração.

O dinheiro em caixa, no caso o dólar, é uma reserva comum de valor, mas seu poder de compra é erodido pela inflação.

O ouro é outra reserva comum de valor, usada para proteger o investidor da inflação ao longo dos tempos. A oferta de ouro é finita e, como possui custos para sua extração, há valor em sua escassez.

Similarmente ao ouro, o Bitcoin é minerado digitalmente e possui uma escassez por limitar o número de moedas em circulação em 21 milhões, e a quantidade de *tokens* que podem ser minerados é reduzida pela metade aproximadamente a cada quatro anos. Nas taxas atuais, essa oferta finita de Bitcoins será alcançada por volta do ano de 2140.

Críticos do Bitcoin como reserva de valor apontam a habilidade da moeda em se bifurcar, um processo em que desenvolvedores clonam digitalmente a criptomoeda para melhorar as funcionalidades existentes logo criando novos *tokens*, o que pode diluir a oferta existente e causar queda nos preços.

Quando você está fazendo a análise fundamentalista de criptomoedas como investimento, terá de utilizar análises e métricas diferentes de ações ou títulos, mas é um passo necessário antes de se fazer qualquer investimento. Em primeiro lugar, precisará tomar consciência do que criptomoedas são e do que não são. Aqui está um bom ponto de partida.

Uma vez que se sinta confortável com sua compreensão de criptos, você precisará continuar sua educação para avaliá-la como uma opção de investimento. Felizmente, há muitos dados disponíveis sobre o Bitcoin para fazer isso. Você precisará se familiarizar com o papel da criptomoeda como forma de moeda e avaliar fatores como a oferta de criptos, em uso e sendo criadas.

Você pode acompanhar as transações realizadas com criptomoedas, bem como as estatísticas de criação associadas à cripto. É bom também estar ciente de quantas carteiras de criptos existem e são recém-criadas. Isso mostrará

506 ANÁLISE TÉCNICA DOS MERCADOS FINANCEIROS

tendências na demanda, e esses dados devem ser considerados e avaliados antes de se fazer um investimento na criptomoeda.

Na maioria das economias tradicionais de moeda fiduciária, uma parte substancial da atividade econômica a partir da qual os dados fundamentais são derivados ocorre usando o próprio dinheiro – que é totalmente anônimo e não pode ser estudado de modo direto. Isso significa que dados indiretos devem ser usados; por exemplo, as receitas dos grandes varejistas podem ser usadas como medida indireta para avaliar os gastos do consumidor. Mesmo os pagamentos digitais, que são rastreados, ocorrem usando sistemas proprietários e provavelmente não são imediata e amplamente disponíveis para análise pelos investidores.

Bitcoin e outras criptomoedas nativamente digitais que usam uma forma de contabilidade distribuída, como uma cadeia de blocos, possuem um registro público de cada transação que já ocorreu, que qualquer pessoa com conexão à internet pode acessar livremente. Isso significa que não só existe uma maior profundidade de dados fundamentais disponíveis para análise, mas também que os dados utilizados podem ser extraídos diretamente da fonte e não por meio de medidas e pesquisas aproximadas, tornando-a mais precisa e confiável.

A seguir estão alguns tipos e fontes comuns de dados que podem ser usados na análise fundamentalista de criptomoedas.

## 24.6.1 Inflação e oferta monetária

Não há métricas específicas para a taxa de inflação do Bitcoin, como a usada na maioria dos países ao redor do mundo, portanto não há um conjunto único de preços para usar. Teoricamente, deve ser possível calcular a inflação por região e, em seguida, criar uma média ponderada usando alguma medida de adoção em cada país, como a distribuição do volume de câmbio pelo fator nacional, mas a utilidade disso é discutível.

No entanto, temos uma boa métrica para mudanças na oferta monetária por meio do número de novas moedas geradas por dia. Quando as pessoas falam sobre inflação e deflação em relação ao Bitcoin, quase certamente se referem à inflação no suprimento monetário. Essa inflação de oferta monetária começou em um nível muito alto nos primeiros dias da rede e declinará de forma geométrica até atingir, eventualmente, zero na base de oferta máxima de 21 milhões de moedas. Esse declínio ocorre em saltos discretos, com a recompensa de bloco (que determina o número médio de moedas geradas por hora) reduzida em 50% em cada salto. Isso ocorre aproximadamente a cada quatro anos. O número de moedas atualmente geradas por dia pode ser encontrado através de um explorador de blocos.

O site Blockchain.info executa um explorador de blocos que possui algumas estatísticas interessantes nas últimas 24 horas, consulte em https://blockchain.info/stats.

A taxa de inflação real da oferta monetária em termos práticos é menor do que a taxa em que as novas moedas estão sendo geradas e acabará reduzindo-se a um número negativo quando nenhuma nova moeda estiver sendo criada, porque sempre haverá algum nível de desgaste em decorrência das carteiras perdidas ou abandonadas.

**Quadro 24.2** Estatísticas do site *Blockchain*

| Estatísticas monetárias | | | |
|---|---|---|---|
| **Resumo do bloco** | | **Resumo do mercado** | |
| Blocos minerados | 184 | Preço de mercado | $ 11.810,50 | Ver gráfico |
| Tempo entre blocos | 7,22 minutos | Volume de troca | $ 458.264.684,17 | |
| Bitcoins minerados | 2.300.00000000 BTC | Volume de troca | 38.689.10000000 BTC | |
| **Resumo das transações** | | | |
| Total de taxas de transação (BTC) | | 227.91770478 BTC | Ver gráfico |
| Número de transações | | 436.484 | Ver gráfico |
| Valor total de saída (BTC) | | 2,908.672.13074787 BTC | Ver gráfico |
| Volume estimado de transações (BTC) | | 225.372.57207429 BTC | Ver gráfico |
| Volume estimado de transações (USD) | | $ 2,669.492.590.96 | Ver gráfico |

Fonte: Blockchain.info.

Muitas vezes, é útil sugerir que a inflação na oferta monetária represente a quantidade de novos investimentos que precisa ser transformada na economia Bitcoin para que o preço por moeda permaneça o mesmo. Por exemplo, se forem geradas 3.000 moedas e a taxa de câmbio for de US$ 230 por moeda, então 3.000 × 230 = US$ 690.000 de novos investimentos são necessários para manter um preço estável.

Na economia tradicional, costuma ser ensinado que o aumento da oferta monetária não conduz necessariamente a um nível correspondente de inflação, porque o novo dinheiro que entra no sistema pode estimular a atividade econômica para compensar o aumento da oferta. Isso também é verdade aqui, embora a mecânica seja um pouco diferente.

Com base na correlação do Bitcoin com *spreads* de crédito (a diferença entre a taxa dos títulos avaliados com BBB – grau de investimento – rating dado pela Standard & Poors em comparação aos US Treasury Bonds (Títulos da dívida do governo americano), parece que os programas dos bancos centrais de QE Quantitative Easing[3] podem de fato ter estimulado a impulsionar o valor do Bitcoin, pois muitos investidores da moeda alavancaram em posições de diminuição do *spread* de crédito para financiar investimentos em Bitcoin.

Podemos ver no Gráfico 24.1 que 1% de estreitamento do crédito BBB causa uma redução de 100 pontos logarítmicos no valor do Bitcoin e vice-versa.

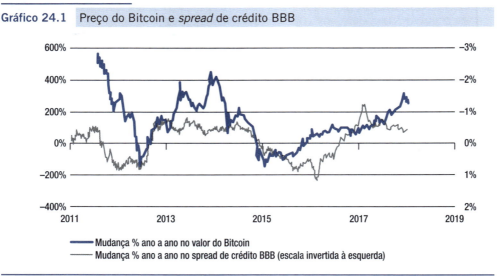

Gráfico 24.1 Preço do Bitcoin e *spread* de crédito BBB

Fonte: BUSSINES INSIDER, 2018.[4]

## 24.6.2 Transações

Ao analisar uma moeda digital com uma cadeia de blocos pública, você pode ver exatamente quantas transações foram realizadas, quais os volumes e como elas são distribuídas. Isso oferece uma riqueza de informações que não estão disponíveis nos mercados de moeda tradicionais.

---

[3] Termo também conhecido como *flexibilização quantitativa*, é a criação de quantidades significativas de dinheiro novo por um banco, mediante o cumprimento das normas de percentuais preestabelecidos. O objetivo é aumentar o dinheiro em circulação e, assim, estimular a concessão de crédito e o consumo.

[4] BUSINESS INSIDER. *Credit Suisse says bitcoin's fair value is almost half its current price*. Disponível em: <https://www.businessinsider.com.au/bitcoin-fair-value-2018-1#HDFzMH4vY19kJIk0.99>. Acesso em: 29 jan. 2018.

Número de transações: o número de transações ocorridas durante determinado período, geralmente um dia, é uma medida bruta da atividade econômica.

**Gráfico 24.2** Volume de transações

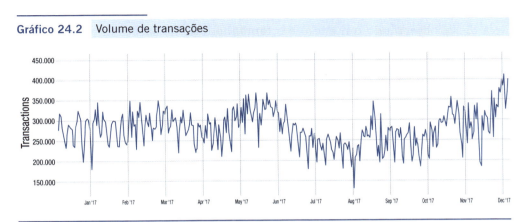

Fonte: Blockchain.info.

Volume de transações: o número de moedas transacionadas durante um período de 24 horas fornece informações adicionais sobre a quantidade de atividade econômica. Vários serviços também possuem gráficos para o volume medido em várias moedas fiat, além de oferecer gráficos separados para o volume de câmbio.

Número de transações excluindo endereços populares: endereços populares estão associados a trocas e a outras grandes empresas usando Bitcoins. Ao excluí-los, um analista pode ter uma ideia melhor de como os usuários ativos de rede regular estão em determinado período.

**Gráfico 24.3** Número de transações excluindo endereços populares

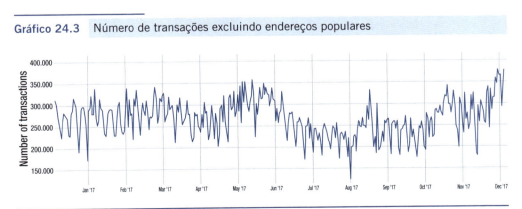

Fonte: Blockchain.info.

### 24.6.3 Medindo a adoção de Bitcoin

Além da especulação, talvez o fator mais importante que gere o valor do Bitcoin seja o número de usuários e quão ativos eles são. Claro que você já pode ter uma ideia disso, observando o número e o tamanho das transações, mas vasculhar mais a fundo os dados pode dar uma imagem muito mais clara. Aqui estão algumas das métricas mais importantes a ter em consideração:

Número de endereços únicos usados por dia: olhar para o número de endereços que possuem saldo de moedas ou o número total de endereços que foram usados não lhe diz muito, porque muitos investidores usarão mais de um endereço. Mas, observando o número de endereços únicos que foram utilizados em determinado dia, você pode obter uma imagem sólida das mudanças no uso da rede e, portanto, saber se as taxas de adoção estão subindo ou caindo. Essa estatística é uma medida combinada de quantos usuários existem e como esses usuários são ativos. O Bitcoin aumenta em valor quanto mais gente usa a rede da moeda, similar a uma mídia social como o Facebook.

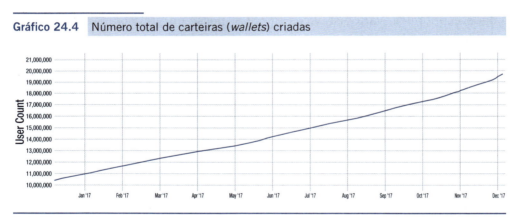

**Gráfico 24.4** Número total de carteiras (*wallets*) criadas

Fonte: Blockchain.info.

Dias destruídos: esta é uma métrica exclusiva inventada especificamente para Bitcoin, que pode ser notoriamente difícil de interpretar. Ela pode ser usada para dar uma indicação da velocidade do dinheiro e da adoção pelo usuário. Veja como funciona: se 10 moedas forem mantidas em um endereço por um dia e depois transferidas para outra pessoa, então 10 (10 × 1) dias Bitcoins foram destruídas. A finalidade por trás da criação desta métrica era dar uma imagem mais clara da atividade econômica genuína do que você obteria de dados brutos no número ou volume de transações. Também é usada para mensurar a medida em que os usuários estão acumulando ou gastando moedas – um número alto em dias destruídos significa que as moedas estão se movendo da poupança para a circulação ativa, enquanto uma queda indicaria que as moedas mais antigas não estão sendo gastas, muitas das quais provavelmente teriam sido retiradas de circulação ativa e deixadas em carteiras de economia de longo prazo. Os gastos podem ser considerados positivos a longo prazo como indicação do crescimento da utilidade da rede e da saúde da economia Bitcoin, mas podem diminuir o preço no curto prazo, uma vez que muitas empresas vendem instantaneamente para a moeda fiduciária corrente. Em contrapartida, o acúmulo reduz o fornecimento de moedas no mercado e pode aumentar o preço no curto prazo, mas pode ser visto por alguns como um indicador negativo de adoção genuína por usuários. Para complicar a imagem, o acúmulo também pode indicar que os usuários antecipam os futuros aumentos de preços.

Proporção de volume de operações para volume de transação: o Bitcoin sempre foi popular entre especuladores e investidores, então a questão que sempre surge é: em que medida o volume de transações é conduzido por *traders* e até que ponto está sendo conduzido por usuários regulares? Os dias destruídos não podem dizer-lhe isso, pois podem incluir moedas transferidas de carteiras de poupança para bolsas. O número de endereços exclusivos pode dar-lhe alguma ideia, porém, mais uma vez, pode incluir um aumento na atividade entre os *traders* à medida que movem dinheiro entre diferentes contas. A proporção de volume nas principais trocas em relação ao volume total em toda a rede é, portanto, usada para dar uma imagem mais clara; um aumento na relação significa que os *traders* estão tendo um impacto proporcionalmente maior nas mudanças que podemos ver em outras métricas, ao passo que uma diminuição pode indicar que as mudanças são cada vez mais conduzidas por usuários regulares.

## 24.6.4 Utilidade de rede

Vários conjuntos de dados estão disponíveis, o que lhe dá uma ideia das mudanças na qualidade do serviço oferecido pela rede Bitcoin para seus usuários:

Tempo médio de confirmação: o tempo médio que leva para que um pagamento seja confirmado pelos mineiros. Aumento no tempo de confirmação pode indicar problemas mais profundos, além de afetar negativamente a experiência do usuário.

**Gráfico 24.5** Tempo médio de confirmação

Fonte: Blockchain.info.

Custo absoluto por transação: o valor que custa para fazer uma transação afeta, obviamente, o utilitário e a capacidade de atrair e reter usuários.

**Gráfico 24.6** Custo absoluto por transação

Fonte: Blockchain.info.

Custo percentual por transação: o custo de uma transação depende da quantidade de dados que ela usa. Embora isso não esteja diretamente conectado ao valor de um pagamento, há alguma correlação. Muitos usuários podem julgar que uma taxa de transação é justa com base em seu tamanho como uma porcentagem do valor que estão enviando – por isso é útil considerar o custo das transações como uma porcentagem do que está sendo enviado, além de considerar seu valor absoluto.

### Gráfico 24.7   Custo percentual por transação

Fonte: Blockchain.info.

## 24.6.5 Saúde da rede

Os mineiros são essenciais para manter a rede Bitcoin, por isso os dados relacionados à mineração podem ser úteis para avaliar a saúde da rede e fornecer alertas avançados de quaisquer problemas que possam estar no horizonte. Aqui estão alguns dos conjuntos de dados mais úteis para investidores.

*Tamanho médio do bloco*: atualmente, há um limite no tamanho máximo de bloco permitido, embora haja um debate enfurecido para tentar fazer alterações nesse limite; então, quando você ler isso, pode ser que já tenha sido alterado. Se o tamanho médio do bloco se aproximar ou atingir o limite, as taxas de transação podem aumentar e os pagamentos podem demorar mais para serem confirmados.

### Gráfico 24.8   Tamanho médio do bloco

Fonte: Blockchain.info.

Taxa de *Hash*: *Hashes* são os cálculos de "prova de trabalho" que garantem a rede. Uma alta taxa de *hash* significa que há uma abundância de mineração e uma rede segura. Uma queda significativa e súbita na taxa de *hash* pode ter um impacto de curto prazo nos tempos e nas taxas de confirmação (fazendo-os crescer) e, se suficientemente grande, pode ter implicações para a segurança da rede.

**Gráfico 24.9** Taxa de *Hash*

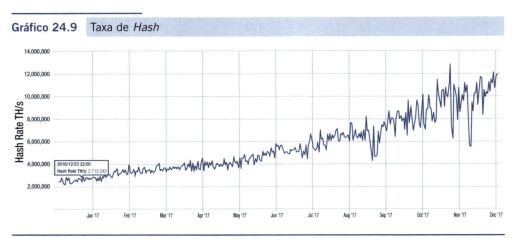

Fonte: Blockchain.info.

Déficit da rede: no momento, o custo da mineração é suportado pela geração de moedas novas, mas essa geração de moeda diminuirá gradualmente ao longo do tempo como descrito aqui. Quando isso acontecer, as taxas se tornarão cada vez mais importantes para suportar o custo da mineração e manter a rede. Eventualmente, o custo total da mineração precisará ser suportado pelos usuários, que passarão a pagar taxas. O déficit de rede mede a diferença entre o custo da mineração e a receita gerada pelos mineiros de taxas e, portanto, pode ser usado para dar um fator de longo prazo para prever quão bem a rede poderá se manter através de reduções na geração de moeda.

## 24.6.6 Fontes de dados

Os seguintes sites fornecem uma ampla gama de dados e gráficos que podem ser baixados gratuitamente, incluindo as métricas mencionadas aqui e outras:

Capítulo 24 ■ As criptomoedas e a análise técnica    515

Blockchain.info: um explorador de blocos que talvez seja a fonte de dados mais popular para a rede Bitcoin. Você pode visualizar gráficos on-line ou baixar os dados para o seu próprio computador.

Quandl: desenha uma variedade de fontes, incluindo Blockchain.info, e oferece ferramentas fáceis para importar os dados em ferramentas de software de análise e gráficos populares.

## 24.7 ANÁLISE TÉCNICA DAS CRIPTOMOEDAS

Uma das coisas que destacam a maturação de um investimento e fornecem uma base para a negociação desse investimento é quando ele pode ser avaliado em uma base técnica. A seguir, todo o exposto se cruzará. Uma característica comum das moedas e das criptos, o valor correto fundamental delas é mais difícil de ser estimado, se comparado ao de outros ativos e ambos têm uma natureza psicológica com toda sorte de boatos e rumores. Ambas são afetadas por políticas, especulações e interesses corporativos que são difíceis de quantificar, e por isto, funcionam muito bem com análise técnica.

A criptomoeda Bitcoin tem sido negociada em bolsas com volume por tempo suficiente para avaliá-la de maneira técnica. Quando ativos são negociados sem liquidez, acontecem variações absurdas de preços que tornam difícil a aplicação de qualquer cripto das técnicas de análise gráfica para investimentos, como por exemplo o *flash crash* ocorrido com a criptomoeda Ethereum, que caiu de US$ 319 para US$ 0,10 em questão de segundos.

Atualmente, os *traders* e os investidores das criptomoedas estão realmente dependendo de uma avaliação usando a análise técnica das suas tendências de preços como principal motor para fazer seus investimentos nessa moeda.

Verifique a linha horizontal preta traçada no Gráfico 24.10, no nível de US$ 10.500, foi o primeiro nível importante de resistência, depois de ultrapassado se tornou um suporte, mostrando a inversão da polaridade já ilustrada nos capítulos anteriores.

## Gráfico 24.10  Análise de gráfico de 1 hora Bitcoin

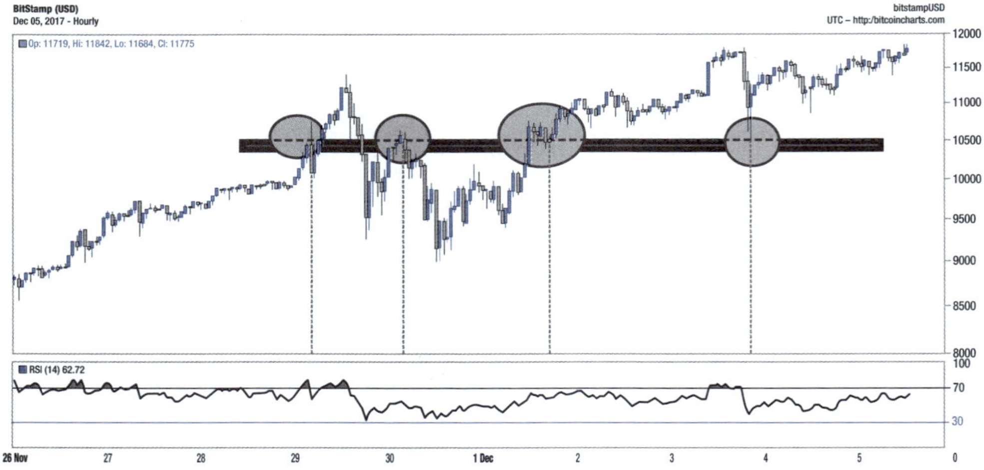

Fonte: análise do autor sobre gráficos de Bitcoincharts.com.

A teoria da análise técnica é que o preço de um investimento se move em tendências. Ao mapear os gráficos que exibem as mudanças de preços de um investimento ao longo do tempo, um investidor pode encontrar essas tendências.

Essas tendências geralmente indicam se um investimento está em uma tendência de alta (preço crescente) ou de baixa (preço decrescente). Ao longo do tempo, essas tendências oferecem a capacidade de traçar linhas entre os altos preços e preços baixos dessas tendências. Isso permite desenhar um "canal" que mostra as flutuações de preços dentro dessa tendência.

Esses canais em geral criarão, naturalmente, um intervalo que indicará quando um investimento está atingindo um nível de resistência e quando está atingindo um nível de suporte. Você então inclui técnicas como estudos de padrões e *candlesticks* para uma análise mais refinada.

**DICA**: Um ponto importante em analisar as criptomoedas é o de que além de negociarem por 24h em 7 dias da semana, não existe uma bolsa centralizada, onde todos os dados de negociação como volume, máxima, mínima, abertura e fechamento estejam consolidados. Em cada bolsa vão existir valores diferentes para esses dados. Daí a preferência de alguns analistas em usar os gráficos dos futuros na CME ou dos ETFs líquidos na Nasdaq ou B3.

A aplicação efetiva da análise técnica pode indicar potencial para aumento ou redução de preço.

Em 1º de dezembro de 2017, foi feita essa análise, como mostra o Gráfico 24.11, utilizando escala logarítmica como alertado no Capítulo 3, pois a variação foi absurda – cerca de 10 vezes o preço inicial – e este tipo de escala minimiza as distorções.

Foram criadas duas linhas de tendência e uma linha paralela a esta última linha de tendência para traçar um canal e projetar pelo ponto 3 preto possíveis topos no futuro. Repare que corretamente encontrou o ponto 3 cinza em setembro de 2017 em US$ 5.000 e o ponto 5 preto em US$ 10.000 em dezembro. Para esta contagem presente no gráfico foram utilizadas as ondas de Elliott, conforme explanado no Capítulo 7.

**Gráfico 24.11** Análise de gráfico diário Bitcoin

Fonte: análise do autor sobre gráficos de Bitcoincharts.com.

No Gráfico 24.11, devido a grandes variações tivemos de usar várias linhas de tendência com suas respectivas paralelas por topos intermediários, ficando cada vez mais íngremes, de qualquer forma mostrando uma região de topo provável na faixa de 18.000-20.000.

No Gráfico 24.12, fizemos uma linha de tendência, projetamos o canal. Traçamos uma nova linha de tendência, mais íngreme.

O padrão gráfico, ainda não confirmado pois parece estar em formação, se assemelha ao padrão descrito no Capítulo 5, como Reversão de Solavanco e Fuga ou BARR (em inglês Bump and Run Reversal). Como o nome indica, é um padrão de reversão que se forma depois de excessiva especulação, levando o preço para muito longe, muito rápido.

## Gráfico 24.12 — Reversão de Solavanco e Fuga aplicado ao Bitcoin

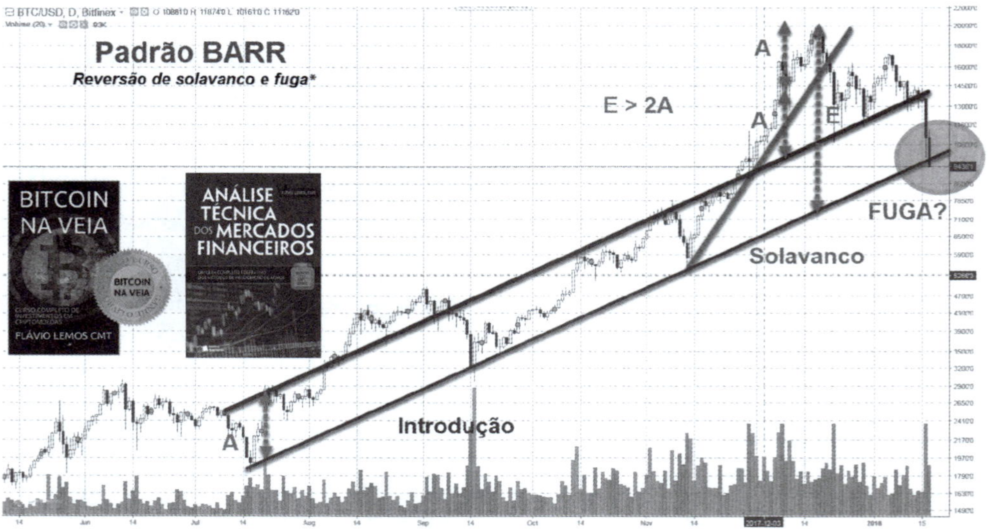

\* Descrito por Flávio Lemos, CMT no livro *Análise técnica dos mercados financeiros* e alertado em *Bitcoin na veia*.

Fonte: Trader Brasil.

Lembrando as três frases descritas:

1. Fase de introdução: essa primeira parte do padrão pode durar um mês ou mais, e forma a base na qual deverá ser traçada a linha de tendência. Durante essa fase, preços avançam de maneira ordenada sem especulação excessiva.
2. Fase de solavanco: o solavanco forma um avanço agudo, e os preços movem-se da linha de tendência da fase de introdução.
3. Fase de fuga: começa quando o padrão rompe o suporte da linha de tendência da fase de introdução.

É importante que o solavanco represente um avanço especulativo que não poderá ser sustentado por um longo tempo. Para validar o solavanco: a distância E, que vai da máxima mais alta da fase de solavanco até a linha de tendência da fase de introdução, deve ser maior que o dobro da distância A da máxima do canal da fase de introdução até a linha de tendência da fase de introdução.

Essas distâncias verticais serão medidas em escala aritmética, das máximas até a linha de tendência da fase de introdução, sendo que $E > 2A$.

Provavelmente não se sustentará; uma correção (para baixo) é saudável para o mercado, mas só o tempo dirá.

Chegou-se à conclusão de que realmente a análise técnica funciona com esse ativo. Talvez funcione por ter liquidez ou por ser a única ferramenta de análise prática operacional disponível, afinal, tudo de origem tanto de fundamento como especulativa – *hash rate*, número de carteiras novas, contratos derivativos etc. – está refletido nestes preços.

Ao longo do livro, mostramos o uso de diversas metodologias com as criptos como: Ondas de Elliott, RRG, Fibonaccing e o Método Wyckoff. Agora convido-lhe a testar outras com as criptomoedas.

## 24.8 RISCOS DAS CRIPTOS

> **Histórias do Flávio**
>
> Certa vez, o bilionário Jeff Bezos (fundador da Amazon) perguntou ao investidor mais famoso do mundo, o também bilionário Warren Buffett, por que nem todo mundo copiava sua filosofia de investimentos, que era tão simples e tinha o tornado um dos homem mais ricos do mundo. Buffett respondeu: "Porque ninguém quer ficar rico devagar."

Existem dois tipos de reações emocionais que o investidor médio pode experimentar:

## 24.8.1 Medo de perder Oportunidade – *Fear of Missing Out* (FOMO)

A primeira decisão emocionalmente motivada vem do Medo de perder Oportunidade (MDO) ou em inglês *Fear of Missing Out* (FOMO). Esses investidores perseguirão ações que parecem estar indo bem, por medo de deixar de ganhar dinheiro. Isso leva a especulações sem considerar uma estratégia de investimento. Os investidores não podem se dar ao luxo de se envolver na "próxima grande mania" ou podem ficar com ações sem valor quando a mania desaparecer.

O FOMO pode levar a decisões especulativas em áreas emergentes que ainda não foram estabelecidas. Um exemplo disso foi a recente mania de shitcoins (traduzido educadamente como "moedas-porcaria"), projetos que prometem grandes margens de lucro, mas não oferecem os fundamentos necessários para tal. Um caso desse ficou famoso: a Dogecoin, que foi criada a partir do meme de um cachorro e se propõe a ser uma alternativa divertida ao Bitcoin, mas sem grande estrutura de desenvolvimento por trás.

**Gráfico 24.13**   Dogecoin em dólar

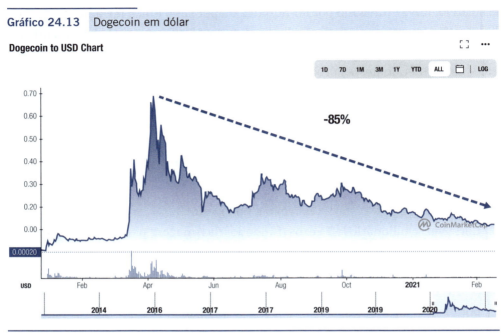

Fonte: Coinmarketcap.com.

Muitos investidores, talvez empolgados com o medo de que seus colegas de trabalho e vizinhos "ficassem ricos rapidamente" e eles não, perseguiram ações de criptos com modelos de negócios não comprovados. Quando o comportamento racional começou a se restabelecer e as criptomoedas despencaram, investidores inexperientes ficaram segurando a peteca.

## 24.8.2 Medo de Perder Tudo (MDPT) – *Fear of Losing Everything* (FOLE)

A outra emoção que os investidores frequentemente enfrentam é o Medo de Perder Tudo (MDPT) – *Fear of Losing Everything* (FOLE). Esta é uma emoção muito mais poderosa.

Quando a volatilidade do mercado causa grandes oscilações no mercado de ações, as pessoas podem ficar nervosas, levando-as a marginalizar seus investimentos para evitar uma grande liquidação ou queda do mercado de ações.

Esse comportamento foi mais notável após a crise financeira de 2008. Os investidores retiraram seu dinheiro do mercado de ações como uma reação à liquidação do mercado e, posteriormente, deixaram de ganhar com a recuperação do mercado.

A natureza abstrata do Bitcoin representa um desafio para reguladores. Como qualquer forma de valor monetário, incluindo dinheiro, moeda eletrônica e cartões de crédito, o Bitcoin pode ser usado tanto para fins legítimos quanto para fins ilícitos. A questão é se o Bitcoin torna mais fácil para os criminosos canalizar dinheiro para fins ilícitos, e como reguladores devem responder a esses riscos percebidos ou reais de fato.

A flutuação de valor do Bitcoin também aumenta seu risco.

O Bitcoin não está atrelado a nenhuma moeda do mundo real. Suas cotações são determinadas pela oferta e demanda e pela confiança no sistema. Veja no Gráfico 24.14 a enorme oscilação em dez anos.

Estudos acadêmicos mostram que os formadores de mercado, ou *market makers*, são facilitadores da liquidez pois são obrigados a sempre ter uma oferta de compra e de venda nos mercados em que atuam, diminuindo os *spreads* entre a compra e a venda, aumentando o volume de negócios.

Como não há um *market maker*, ou alguém responsável para coibir a volatilidade extrema, o Bitcoin tem histórico de vários *crashes* em seu curto histórico de vida.

**Gráfico 24.14** Gráfico de linha até março de 2022 de Bitcoin

Fonte: Coinmarketcap.com.

522 ANÁLISE TÉCNICA DOS MERCADOS FINANCEIROS

Em abril de 2013, por exemplo, caiu de US$ 233 para US$ 63, uma queda de 71%, em apenas uma noite. Em fevereiro de 2014 o preço caiu de US$ 867 para US$ 439, queda de 49%, com o ataque *hacker* que roubou 850.000 Bitcoins da Mt.Gox, uma bolsa de criptomoedas, o que colocou uma enorme pulga atrás das orelhas quanto à segurança e à liquidez de todas as criptomoedas.

## 24.8.3 Falta de regulação e incerteza regulatória

O Bitcoin como investimento não é reconhecido pelo Banco Central nem pela Comissão de Valores Mobiliários (CVM), ou seja, ninguém poderá ajudar se algo der errado.

Outro problema já comentado é o da segurança da carteira, ou seja, como você vai guardar seus Bitcoins? Pois você pode perder seu celular, queimar o HD do computador ou ainda, se você guardar on-line em um terceiro dispositivo, este pode lhe enganar ou ser *hackeado* e até quebrar e/ou desaparecer, como já aconteceu antes em 2014 com a bolsa de criptomoedas Mt.Gox.[4]

## 24.8.4 Ataque de 51%

Bitcoin e outras criptomoedas são baseadas em cadeias de bloqueio, de outra forma referidas como livros contábeis distribuídos. Esses arquivos digitais registram todas as transações feitas em uma rede de criptografia e estão disponíveis para todos os usuários para revisão, o que significa que ninguém pode gastar uma moeda duas vezes – o equivalente digital de uma falsificação perfeita, essa habilidade rapidamente destruirá a fé no valor da moeda.

O ataque de 51% refere-se a um ataque em uma cadeia de blocos – geralmente de Bitcoins mas por enquanto ainda hipotético – por um grupo de mineiros que controlam mais de 50% da taxa de *hash* de mineração da rede ou do poder de computação. Os atacantes poderão impedir que novas transações obtenham confirmações, permitindo-lhes deter os pagamentos entre alguns ou todos os usuários. Eles também poderão reverter as transações que foram concluídas enquanto eles estavam no controle da rede, o que significa que poderiam gastar duas vezes as moedas.

No entanto, ao controlar a maior parte do poder de computação na rede, um invasor ou um grupo de atacantes pode interferir no processo de gravação de

---

4 Saiba mais acessando os links: <https://motherboard.vice.com/pt_br/article/4xnkvq/como-o-mt-gox-implodiu>; <https://tecnoblog.net/152062/mtgox-fecha-bitcoins-somem/>; <https://en.wikipedia.org/wiki/Mt._Gox>. Acessos em: 29 jan. 2018.

Capítulo 24 ▪ As criptomoedas e a análise técnica    523

novos blocos. Eles podem evitar que outros mineiros completem blocos, teoricamente permitindo que eles monopolizem a mineração de novos blocos e ganhem
todas as recompensas (para Bitcoin, a recompensa é atualmente de 12.5 Bitcoins
recém-criados, embora eventualmente caia para zero). Eles podem bloquear as
transações de outros usuários. Podem enviar uma transação, depois inverter,
fazendo parecer que ainda tinham a moeda que acabavam de gastar. Essa vulnerabilidade, conhecida como despesa dupla, é o obstáculo criptográfico básico que
a cadeia de blocos foi construída para superar, de modo que, se a rede permitir
uma dupla despesa, rapidamente sofrerá uma perda de confiança.

A alteração dos blocos históricos (transações já realizadas) seria extremamente difícil mesmo no caso de um ataque de 51%. Quanto mais atrasadas as
transações forem, mais difícil seria mudá-las. Seria impossível alterar as transações antes de um ponto de controle, após as transações serem codificadas de
forma complicada pelo software do Bitcoin.

Por outro lado, é possível uma forma de ataque de 51% com menos de 50% do
poder de mineração da rede, mas com menor probabilidade de sucesso.

O pool de mineração ghash.io excedeu brevemente 50% do poder de computação da rede Bitcoin em julho de 2014, levando o grupo a se comprometer volun-
tariamente a reduzir sua participação na rede. Ele disse em uma declaração que
não chegaria a 40% do total de poder de mineração no futuro.

Krypton e Shift, duas cadeias de blocos baseadas em etéreas, sofreram 51%
de ataques em agosto de 2016.

Portanto, como cuidado e canja de galinha não fazem mal a ninguém, não
convém guardar suas criptomoedas em um terceiro dispositivo.

### 24.8.5  Perda da carteira

Outro problema já comentado é o da segurança da carteira, ou seja, como você vai
guardar seus Bitcoins? Pois você pode perder seu celular, queimar o HD do computador ou ainda se você guardar on-line em um terceiro dispositivo, este pode
lhe enganar, ou ser hackeado e até mesmo quebrar e/ou desaparecer, como já
aconteceu antes em 2014 com a bolsa de criptomoedas Mt.Gox.

## 24.9 CAMINHOS POSSÍVEIS PARA O BITCOIN

Olhando para a frente, podemos traçar três caminhos possíveis para o Bitcoin
como moeda. Exercitando a futurologia, vejamos o que pode acontecer, do melhor caso para o pior caso.

## 24.9.1 A moeda digital global

No melhor dos casos, o Bitcoin ganha larga aceitação em transações em todo o mundo, tornando-se uma moeda digital global amplamente utilizada. Para que isso aconteça, ela deve ter grande aceitação em transações em todo o mundo, tornando-se uma moeda digital global extensivamente utilizada. Para que isso aconteça, a aura de desconfiança no Bitcoin deve ser desvanecida. Se isso acontecer, ela poderia competir com as moedas fiat, e, em decorrência de o seu algoritmo estabelecer limites na criação de novos Bitcoins, seu preço alto poderia ser justificado.

## 24.9.2 Ouro para *Millennials*

Neste cenário, o Bitcoin torna-se um porto seguro para aqueles que não confiam em bancos centrais, governos ou moedas fiduciárias. Ele toma o papel que o ouro tem historicamente para aqueles que perderam a confiança ou temem a autoridade centralizada. É interessante que a linguagem de Bitcoin seja preenchida com a terminologia de mineração, uma vez que sugere que, intencionalmente ou não, os criadores do Bitcoin compartilharam dessa visão. Na verdade, o teto limite de 21 milhões de Bitcoins é mais compatível com esse cenário do que o do primeiro. Se esse cenário acontecer, e o Bitcoin mostrar o mesmo poder de reserva de valor que o ouro, ele se comportará como o ouro, subindo em crises e caindo em períodos mais tranquilos.

## 24.9.3 A tulipa do século XXI

Nesse pior caso, o Bitcoin é como uma estrela cadente, atraindo mais dinheiro à medida que sobe, daqueles que o veem como fonte de lucros fáceis, mas tão rapidamente dispara à medida que esses investidores o trocam por algo novo e diferente (que poderia ser uma moeda digital diferente e mais bem projetada), deixando os detentores do Bitcoin com lembranças do que poderia ter sido. Se isso acontecer, o Bitcoin poderia muito bem se tornar o equivalente ao bem se um *case* especulativo na Holanda em que seus preços subirem mais de 1.000%, antes de colapsarem. (Veja mais sobre esse assunto no Capítulo 18 sobre o *Crash* das tulipas.)

Eu estaria mentindo se dissesse que sei qual desses cenários acontecerá, mas todos são absolutamente plausíveis.

# Capítulo 25

# *Market Profile* e *Volume Profile*: a procura pelo valor justo

> "Bons *traders* não dão desculpas, não reclamam. Eles aceitam de bom grado os caprichos da vida e dos mercados."
>
> *Peter Steidlmayer*

Todo *trader*, uma vez ou outra, beneficiou-se de uma negociação surpreendentemente rápida e boa. Imediatamente começamos a nos perguntar: devo pegar o que consegui e me mandar ou devo esperar por uma apreciação adicional? Provavelmente nosso próximo pensamento será: "eu gostaria de saber o que o mercado está me dizendo".

Os *traders* são escravos da prática de como fazer negócios vencedores. A "teoria" muitas vezes parece esotérica, o oposto de prática. Mas esse não é o caso aqui. A teoria se faz necessária para unir as inúmeras pontas soltas de dados de mercado e, ainda: organizar e simplificar a análise de mercado.

## 25.1 TEORIA DO MERCADO DE LEILÕES: O QUE O MERCADO ESTÁ DIZENDO

> "O preço anuncia, o tempo regula, o volume confirma ou rejeita."
>
> *James Dalton*

A Teoria do Mercado de Leilões junta a totalidade dos dados e informações do mercado e os comprime em um conjunto de suposições e regras. A estrutura resultante permite que o *trader* entenda a migração de valor e em que condição de mercado a mudança de valor está ocorrendo. Esse conhecimento responde à pergunta: "o que o mercado está dizendo?".

O valor é a variável dominante nos mercados. A demanda impulsiona o valor. A mudança no valor revela a demanda. Leia o caminho de valor de um mercado e você poderá tomar decisões de negociação racionais e razoáveis. A Teoria do Mercado de Leilões é o seu guia. Baseia-se em fatos observáveis. Fatos levam a conclusões, a estratégias de negociação consistentes e inteligentes.

Um *trader* está interessado em duas coisas: quando uma tendência começa e quando ela termina. Em termos de mercado de leilões, a questão é quando o valor começa a mudar e quando o valor muda.

Os mercados de leilões têm um formato de compra e venda baseado em preço. Preço e valor são apenas vagamente relacionados. O preço traça a atividade, mas o valor revela o significado da atividade.

O tempo é o árbitro do valor. Acompanhando um mercado ao longo do dia, nota-se que alguns preços ocorrem com pouca frequência (topos e fundos), enquanto os preços do meio do intervalo do dia são negociados repetidamente.

Os preços médios são uma região de alto volume (e, portanto, tempo) por tick de preço. Os preços médios são os vencedores do concurso de popularidade do dia. Normalmente, a distribuição do preço ao longo do tempo, ou seja, o volume, mapeia uma curva em forma de sino. A negociação mais pesada está perto do preço central, suavizando para baixo volume perto da máxima e da mínima. Os preços ao redor do centro são os que os *traders* consideram 'justos', onde percebem valor; onde ocorre a esmagadora maioria das negociações. A curva em forma de sino de preço e volume descreve um perfil de mercado ou em inglês, o *Market Profile*.

## 25.2 INTRODUÇÃO AO *MARKET PROFILE*

O *Market Profile* é uma ferramenta analítica para embasar decisões e mostrar informações geradas pelo mercado. Ele organiza de maneira gráfica os dados de negociação em uma distribuição que reflete os preços que o mercado está aceitando ou rejeitando durante o leilão. É uma ferramenta para entender a condição atual do mercado, refletindo e organizando o processo de leilões. Os leilões de alta estendem-se até que não haja mais compradores, da mesma forma como leilões de baixa vão até que não haja mais vendedores.

A ferramenta criada pelo *trader* da *Chicago Board of Trade*, chamado J. Peter Steidlmayer, em 1985, tem como objetivo auxiliar o *trader* no entendimento e na percepção dos mercados numa base intradiária.

**Steidlmayer**, uma vez foi perguntado "*Se suas teorias são tão boas, por que compartilhá-las com mais alguém?*". A resposta de Peter não foi a que se esperaria de um *trader* de *commodities* muito bem-sucedido. Ele disse: "*O mercado tem sido bom para mim. Assim como a contribuição de Marshall Field para a cidade de Chicago foi o Field Museum, minha contribuição para o mundo financeiro é uma maneira melhor de negociar*". Peter Steidlmayer sempre encorajou seus alunos a recolher as informações que ele forneceu e torná-las suas.

A ferramenta desconta incontáveis fatores de oferta e demanda no preço do mercado atual.

Os componentes-chave são o tempo, o preço e o volume que são combinados e mostrados em uma distribuição estatística muito parecida com uma curva normal ou de sino e revelam padrões de preços e valor.

A vantagem do *Market Profile* sobre outras formas de exibições de dados intradiários é que você pode observar a construção do valor à medida que o dia de negociação avança, sabendo que a parte "gorda" da exibição de preço-volume é onde seus colegas *traders*, ou seja, o mercado, localizam os preços justos.

## 25.2.1 O que é uma distribuição normal

**Figura 25.1** A curva normal

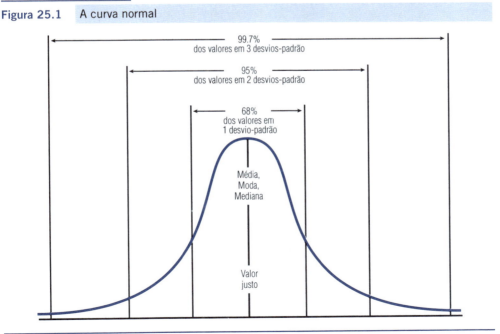

Fonte: Trader Brasil Escola de Finanças & Negócios.

528 ANÁLISE TÉCNICA DOS MERCADOS FINANCEIROS

Peter Steidlmayer fez um curso de estatística em Berkeley, em 1958, onde foi apresentado ao conceito da distribuição normal.

Em uma distribuição normal ou curva de sino ideal, a área do valor é aproximadamente um desvio-padrão acima e abaixo do centro da distrbuição, que são os 68% centrais da atividade. Numa distribuição normal simétrica a moda, a média e a mediana são iguais.

Lembrando que:

- A moda é o valor com maior frequência absoluta em um conjunto.
- A mediana é o valor que está posicionado no centro do conjunto. Para encontrar a mediana, é possível listar os termos em ordem crescente ou decrescente e encontrar o termo que ocupa a posição central.
- A média aritmética é calculada pela soma de todos os elementos dividida pela quantidade de elementos.

## Cálculo da moda:

Em uma loja de tênis, o estoque é reposto mensalmente. Para melhor entender o consumo de seus clientes, o dono da loja decidiu anotar o tamanho escolhido pelos 11 primeiros clientes em uma lista:

$$N = \{39, \mathbf{37}, \mathbf{37}, 36, \mathbf{37}, 33, \mathbf{37}, 35, 38, 39, 40\}$$

A partir da moda, é possível perceber que **37** é o tamanho mais recorrente entre as clientes dessa loja, dado esse que ajudaria a loja na escolha dos tamanhos na hora de repor o estoque.

## Cálculo da mediana:

Para encontrar a mediana, é essencial que o primeiro passo seja **colocar os dados em ordem crescente ou decrescente**.

$$N = \{33, 35, 36, 37, 37, \mathbf{37}, 37, 38, 39, 39, 40\}$$

Note que há 11 elementos no conjunto, sabemos que 11/2 = 5,5. Como há uma quantidade ímpar de elementos, **a mediana será o termo que está exatamente na metade da lista**. Sempre vamos arredondar para o termo posterior, então a mediana desse conjunto é o 6º termo do conjunto. Neste caso o 37.

**Cálculo da mediana:**

$$N = (33 + 35 + 36 + 37 + 37 + 37 + 37 + 38 + 39 + 39 + 40)/11 = 37,09$$

**Steidlmayer aplicou este conceito ao** *Market Profile* e chamou de "área de valor" a área destes 68% do meio da distribuição com um desvio-padrão. O valor, então, é um grupo de preços, não apenas um.

## 25.3 ESTRUTURA DO *MARKET PROFILE*

### 25.3.1 Tempo, Preço e Oportunidade ou TPOs

A estrutura do *Market Profile* é formada por **T**empo, **P**reço e **O**portunidade – ou TPOs, sigla cunhada pelo próprio Steidlmayer para representar cada uma destas letras que são plotadas no gráfico que compõe sua unidade básica.

O **T**empo de abertura e fechamento do mercado funciona como um regulador dessas oportunidades, criando as diversas janelas de operação.

O **P**reço negociado funciona como um leiloeiro anunciando todas as oportunidades.

O **V**olume negociado nos níveis de preço mede o "sucesso" ou "fracasso" das oportunidades anunciadas.

Com esses conceitos na cabeça fica mais claro entender o porquê da sigla TPO (Tempo, Preço e Oportunidade).

Uma oportunidade de preço – tempo é apenas isso, uma janela de oportunidade para uma negociação a um determinado preço em um determinado ponto em tempo.

Por exemplo, quando um preço é anunciado, o volume negociado lá vai medir a aceitação ou rejeição do preço por parte dos participantes do mercado.

Uma oportunidade atraente de comprar abaixo do valor ou vender acima do valor não durará muito, pois os grandes jogadores agem muito rapidamente e o tamanho da sua posição empurra o preço muito rapidamente para o outro lado.

Uma rápida rejeição significa uma falha, ou seja, não há continuidade dos preços naquela direção e pode indicar um ponto de reversão.

## 25.3.2 Construção do *Market Profile*

Cada letra no *Market Profile* representa o TPO. Cada período de tempo começará com uma letra diferente, representando 30 minutos de mercado, podendo ser customizado.

Exemplo: a Figura 25.2 mostra que a cada preço tocado dentro de uma janela de 30 minutos, a mesma letra é impressa: A de 10h até 10h29min, B = 10h30min – 10h59min.[1]

**Figura 25.2**  Letras e horas do dia

Fonte: Trader Brasil Escola de Finanças & Negócios.

A Figura 25.2 mostra um exemplo em que cada barra recebe uma letra. No *Market Profile* original, cada barra tem 30 minutos. As barras são divididas em blocos. O tamanho do bloco é a unidade de preço.

---

[1] As negociações com ações na B3 normalmente começam às 10h e terminam às 17h, mas quando acaba o horário de verão nos Estados Unidos, o horário se estende em 1 hora, das 10h às 18h.

Repare agora, na Figura 25.3, que para formato gráfico de perfil de mercado, deixamos os blocos se acumularem do lado esquerdo, encaixando-se como no jogo Tetris. A forma resultante nos dirá as condições atuais do mercado.

---

**Figura 25.3**    Perfil de mecado separado e agrupado

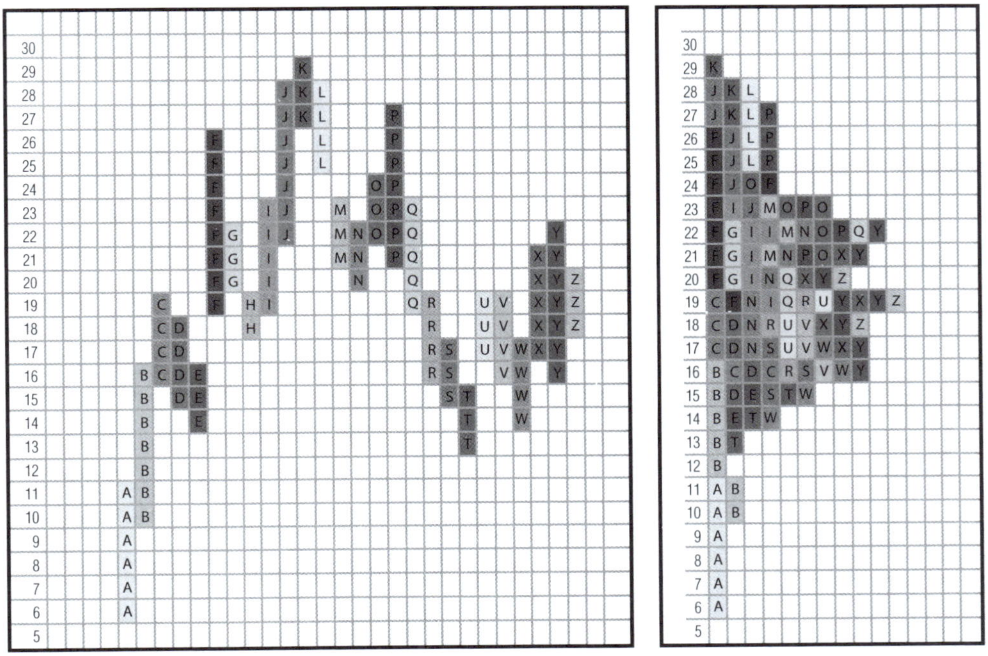

```
    Perfil separado                                  Perfil agrupado
30                                               30
29                  K                            29  K
28                J K L                          28  J K L
27                J K L         P                27  J K L P
26          F     J   L         P                26  F J L P
25          F     J   L         P                25  F J L P
24          F     J         O P                  24  F J O F
23          F   I J     M   O P Q                23  F I J M O P O
22          F G I J     M N O P Q       Y        22  F G I I M N O P Q Y
21          F G I J     M N   P Q     X Y        21  F G I M N P O X Y
20          F G I           N   Q     X Y Z      20  F G I N Q X Y Z
19    C     F   H I           Q R   U V X Y Z    19  C F N I Q R U Y X Y Z
18    C D       H               R   U V X Y Z    18  C D N R U V X Y Z
17    C D                       R S U V W X Y    17  C D N S U V W X Y
16  B C D E                     R S   V W   Y    16  B C D C R S V W Y
15  B   D E                       S T   W        15  B D E S T W
14  B     E                         T   W        14  B E T W
13  B                               T            13  B T
12  B                                            12  B
11  A B                                          11  A B
10  A B                                          10  A B
 9  A                                             9  A
 8  A                                             8  A
 7  A                                             7  A
 6  A                                             6  A
 5                                                5
```

Fonte: Trader Brasil Escola de Finanças & Negócios.

O Gráfico 25.1 mostra uma sessão de negociação de três maneiras diferentes. Na primeira imagem, você pode ver um gráfico de TPO expandido, começando com o TPO A. Assim, na segunda imagem após a sessão terminar, o Perfil do Mercado pode ser agrupado para nos mostrar a distribuição finalizada. A terceira imagem mostra o gráfico de velas no mesmo período.

## Gráfico 25.1  Comparação *Market Profile* separado e agrupado com *candlesticks*

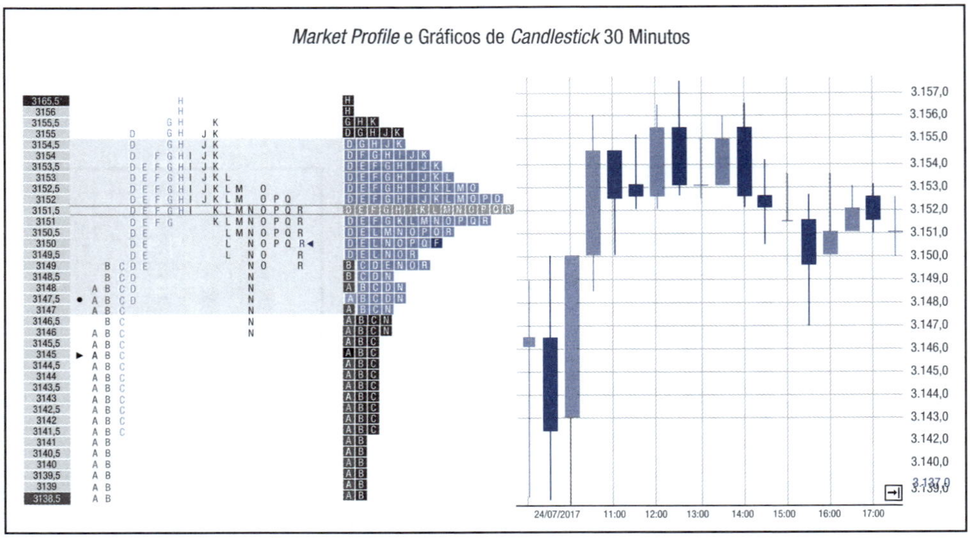

[Gráfico: Market Profile e Gráficos de Candlestick 30 Minutos]

Fonte: Trader Brasil Escola de Finanças & Negócios.

Muitos *traders* gostam de ver ambos os gráficos: o agrupado e o separado por letras. A função de ver separado por letras é porque nela se enxerga o caminho percorrido ao longo do tempo. Veja, nos Gráficos 25.2 e 25.3, o do Índice Bovespa agrupado e separado.

## Gráfico 25.2  Gráfico Agrupado

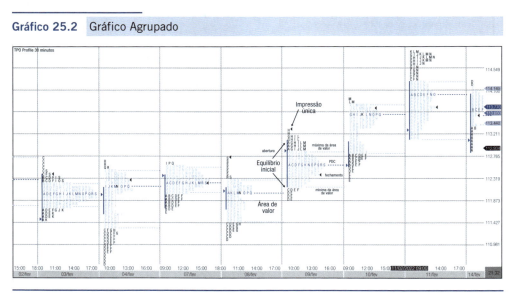

Fonte: Trader Brasil Escola de Finanças & Negócios usando Profit chart Pro.

### Gráfico 25.3 Gráfico Separado

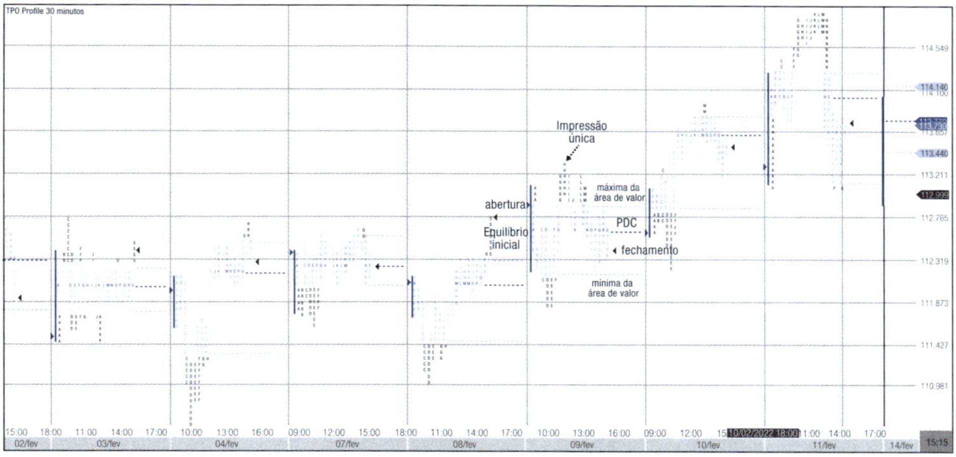

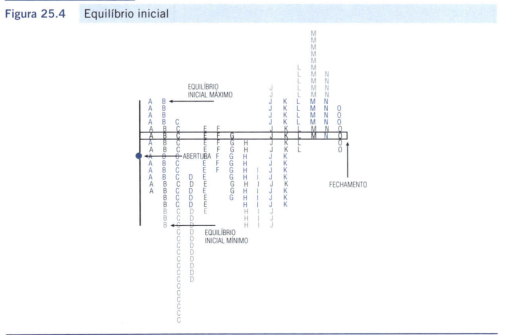

Fonte: Trader Brasil Escola de Finanças & Negócios usando Profit chart Pro.

## 25.3.3 Equilíbrio inicial

A faixa de EI, ou equilibrio inicial, representa a região formada na primeira hora de negociação e, como tal, é representada pelas letras A e B juntas.

**Figura 25.4 Equilíbrio inicial**

Fonte: Trader Brasil Escola de Finanças & Negócios.

Usando a hora da abertura dos futuros de Índice Bovespa da B3, a letra A se estende das 9h às 9h30min. A letra B se estende das 9h30min às 10h.

De acordo com os conceitos de *Market Profile*, 30 minutos e a primeira hora são considerados normais. São usados para determinar se o mercado vai entrar em tendência no dia ou permanecer numa faixa lateral.

Os primeiros momentos do mercado são importantes para saber o quão agressivos e dispostos os participantes estão já no início do pregão.

Podemos filtrar boas oportunidades se observarmos a região de abertura e como o mercado se desenvolve nos primeiros minutos. A faixa de fechamento nos dará a última indicação de sentimento para o dia.

## 25.3.4 Equilíbrio inicial como suporte ou resistência

A seguir, veja que o Gráfico 25.4 está separado por letra, ou melhor, por TPO, mas não agrupado por preço. Repare que o EI do dia 9/fev. foi resistência em 10/fev., mas suporte em 11/fev.

**Gráfico 25.4** Equilíbrio inicial agindo como suporte e resistência

Fonte: Trader Brasil Escola de Finanças & Negócios usando Profit chart Pro.

## 25.3.5 Participantes

**Figura 25.5** Participantes

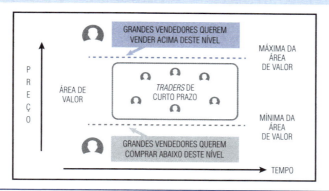

Fonte: Trader Brasil Escola de Finanças & Negócios.

Basicamente existem dois tipos de participante no mercado:

1. **Traders de Curto Prazo – TCP** (como *scalpers* e *day traders*) – também chamados de locais ou *traders* de varejo, que usam uma janela de gráfico diária.
2. **Traders de Longo Prazo – TLP** (*swing traders* e *holders*) – que carregam posição, são os *big players* (como bancos, fundos e outras instituições) que possuem dinheiro e poder da informação, ou também chamados de *traders* de outras janelas de tempo. Eles estão abrindo grandes posições que influenciam o momento nos mercados e movem o preço. Eles não podem simplesmente abrir uma posição se quiserem; eles precisam de preços favoráveis para fazê-lo. Se eles simplesmente entrassem a qualquer momento, poderiam sofrer *front running*[2] dos TCPs e teriam preços de execuções piores. Por isso, eles precisam esperar e construir lentamente suas posições. Isso geralmente faz com que os mercados entrem em tendência.

A ideia dos *traders* de curto prazo é identificar e seguir esses grandes tubarões que orientam os mercados.

---

[2] *Front Running* é uma prática criminosa que acontece quando o corretor ou corretora toma conhecimento de uma ordem de seu cliente e tenta tirar proveito disso por meio de uma movimentação antecipada.

Seus comportamentos ainda são determinados por suas visões de valor. E o valor ainda está no centro da atividade do mercado. Portanto, saber como cada grupo impacta a atividade em uma única sessão facilita a compreensão de como eles distribuem os ativos por longos períodos de tempo. A ideia do *Market Profile* é identificar quem está no controle, quem é o lado mais forte do leilão, se *day traders* ou *traders* de outras janelas de tempo.

Por quê? Porque é a interação entre participantes de curto e de longo prazo que distribui o volume de negociação em forma de uma curva de sino. O movimento de vai e vem reflete o cabo de guera contínuo entre a "influência do preço a futuro" dos *traders* de longo prazo e a "influência de preço por resposta" dos participantes do mercado de curto prazo.

Os *traders* de curto prazo provêm a liquidez e negociam com os *traders* de posição, mas são estes últimos que criam o movimento do mercado. Os *day traders* não causam um movimento maior no mercado.

Os *traders* de longo prazo ou de posição entram ou saem do mercado quando sentem que o mercado está abaixo ou acima do seu valor percebido. Quando o *trader* de longo prazo faz uma negociação na área de valor, ele está comprando barato ou vendendo caro em relação ao valor do longo prazo, e não em relação ao valor de hoje.

Outra nomenclatura usada por Steidlmayer é a de mercado rápido, em tendência, com predomínio dos *traders* de longo prazo com área de valor pequena, e mercado lento, com área de valor grande com predomínio dos *traders* de curto prazo conforme o Gráfico 25.5.

**Gráfico 25.5** Mercado Rápido e Lento

Fonte: Trader Brasil Escola de Finanças & Negócios usando Profit chart Pro.

## 25.3.6 Extensão de intervalo

O termo intervalo pode referir-se a um intervalo de sessões, um intervalo diário, semanal ou mesmo mensal.

O equilíbrio inicial, o EI, é considerado o intervalo da primeira hora.

O movimento do preço além do equilíbrio inicial conseguido pelos *day traders* na primeira hora de negociação é chamado de **Extensão de intervalo ou de faixa**.

A extensão do intervalo são movimentos verticais que expandem a região do Saldo Inicial. É a atividade de mercado que leiloa além do IB alto e ou baixo e tende a indicar que o *trader* de prazo mais longo entrou no mercado, assim como a sua dominância.

**Figura 25.6** Extensão de intervalo ou de faixa

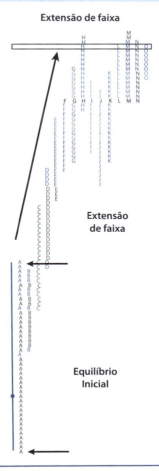

Fonte: Trader Brasil Escola de Finanças & Negócios.

538   ANÁLISE TÉCNICA DOS MERCADOS FINANCEIROS

Quando extensões de preço ocorrem, ou o preço seguirá em tendência ou enfrentará resposta na direção oposta dos *traders* de posição.

Quando há extensão de alcance, a percepção é de que o preço foi muito barato ou muito caro ou que um evento de notícias alterou o valor justo atual.

Um teste ao se negociar num preço fora do intervalo de primeira hora estabelecido indica que participantes mais agressivos entraram no leilão.

- Negociação de preço acima do Balanço Inicial ou abaixo.
- Nenhuma extensão de intervalo geralmente significa que investidores de curto prazo estão no controle do mercado.
- Extensão de faixa geralmente significa que investidores de longo prazo estão no controle do mercado.

## 25.3.7  Área de valor e valor

O objetivo principal de qualquer mercado é facilitar as negociações. O preço de um ativo subirá até que o último comprador tenha comprado e não haja mais compradores em um preço mais alto, o que é reconhecido como máxima injusta.

Da mesma forma, o preço desce até que o último vendedor tenha vendido, até que não haja mais vendedores em um preço mais baixo, que é identificado como mínima injusta.

O fim do leilão de alta é o início do leilão de baixa e vice-versa. Assim, podemos dizer que o mercado facilita as negociações com o processo de leilão duplo.

A área de valor representa o primeiro desvio-padrão de uma sessão concluída do *Market Profile* com aproximadamente 70% da atividade de negociação ou 70% dos TPOs do gráfico.

A área de valor está delimitada pela área de valor inferior na parte inferior e uma área de valor superior no topo da área de valor.

O valor se desenvolve à medida que o dia avança em cada período de TPO de meia hora.

Os 2º e 3º desvios-padrão contêm 95% e 99,7%, respectivamente, do horário de um dia e/ou volume de negociação.

**Figura 25.7**    Analogia *Market Profile* e curva normal (repare que não são iguais)

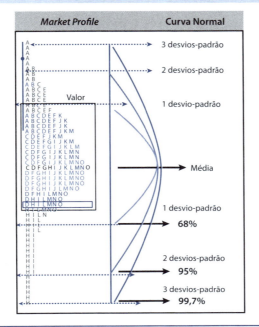

Fonte: Trader Brasil Escola de Finanças & Negócios.

A identificação da área de valor também ajuda o *trader* de longo prazo a identificar níveis de preços que podem ser vantajosos para uma decisão de compra ou venda.

À medida que os preços caem abaixo da área de valor, eles apresentam oportunidades para o *trader* de longo prazo. Quando os preços estão abaixo do valor, são considerados vantajosos e, assim, atraem os clientes de longo prazo, compradores que buscam um preço vantajoso no mercado.

Quando os preços sobem significativamente acima de uma área de valor definido, eles apresentam os vendedores de longo prazo com uma oportunidade de venda vantajosa.

Consequentemente, muitas vezes descobrimos que, à medida que os preços ficam muito acima do valor, vendedores de longo prazo serão atraídos para abastecer o mercado e os preços cairão de volta para a área de valor.

Quando os participantes do mercado estão incertos sobre a direção futura do mercado, eles tendem a limitar e focar sua atividade para a área de valor. Se o mercado rejeitar uma alta injusta ou uma baixa injusta, os preços voltarão para a área de valor.

O valor é identificado pela aceitação de preços, ou seja, uma zona de preço em que o mercado é negociado ao longo do tempo.

A área de valor é usada para indicações de tendências. Abertura de mercado acima da área de valor favorece preços mais altos e abertura abaixo da área de valor favorece preços mais baixos.

Quanto maior a faixa de 70%, mais o mercado está facilitando a negociação. Por quê? Quando os participantes do mercado se sentem confiantes sobre o valor, ficam dispostos a negociar em uma área maior.

A área de valor contém o Ponto de Controle PDC. Essa é a linha com mais impressões de TPO, representando a atividade de negociação máxima naquele nível, sendo considerado o preço mais justo da sessão.

Fora da área de valor temos a área de rejeição.

### 25.3.7.1 Área de Valor

Uma vez que o mercado define um intervalo com uma alta injusta e uma baixa injusta, ele negocia dentro do intervalo para estabelecer uma "Área de Valor".

Figura 25.8  Área de Rejeição × Área de Valor

Fonte: Trader Brasil Escola de Finanças & Negócios.

Capítulo 25 ■ *Market Profile* e *Volume Profile*: a procura pelo valor justo   541

Os pontos notáveis do *Market Profile,* como os limites superior e inferior da área de valor (a máxima e a mínima) e o ponto de controle, são normalmente empregados como suportes e resistências e podem ser usados como objetivos e *stops*.

### 25.3.7.2   *Área de Rejeição*

Área de Rejeição: nos fundos e topos, a região rejeitada é onde o mercado permaneceu por um tempo mínimo de negociação, ou seja, deixa caudas/impressões únicas de TPO.

**Preço + Tempo = VOLUME + 70% = Valor!**

A área de valor é aquela área/zona onde aproximadamente 70% (1 desvio-padrão) do volume da sessão foi registrado.

A área de valor é onde os negócios ocorreram de forma bilateral principalmente, funcionando como uma medida-chave da atividade geral de mercado atual.

O intervalo da área de valor é um dos aspectos utilizados para definir o mercado em tendência ou lateral.

- Abertura de mercado e negociação acima da área de valor favorecem preços mais altos.
- Abertura de mercado e negociação abaixo da área de valor favorecem preços mais baixos.

Muitas vezes o viés direcional do mercado pode ser determinado pela contagem de TPOs.

## 25.3.8   Ponto de controle – PDC

O Ponto de controle é o preço em que a maioria das atividades ocorreram durante uma sessão de negociação; no caso, aqui, é igual à moda de linha de TPOs.

Podemos dizer que define uma área onde há muita participação, portanto é uma área de referência importante que deve atuar como um eixo no centro de uma figura balanceada. É importante notar que o PDC nem sempre cai no centro da área de valor.

542 ANÁLISE TÉCNICA DOS MERCADOS FINANCEIROS

O ponto de controle é consistentemente um nível de preço-chave dentro da área de valor. É frequentemente visitado e testado durante uma determinada sessão de negociação. Quanto maior o número de TPOs que compõem o PDC, mais significativo ele se torna.

Muitos *traders* utilizam o PDC de forma equivocada, executando seus trades exatamente nessa região. O PDC não é considerado uma região de vantagem para se comprar ou vender, além de acionar *stops* desnecessários, pois se encontra na região de maior atividade do dia (maior ruído).

Há uma teoria de que um PDC que foi formado e ainda não foi revisitado determinaria a próxima área provável na qual os preços poderiam se deslocar. Como os mercados buscam liquidez, *players* institucionais e algoritmos tenderiam a ser atraídos para essas áreas.

## 25.3.9 Extremos

Os extremos são regiões onde o mercado se encontrou em desequilíbrio, ou seja, onde os preços foram vistos como injustos pelos participantes.

Essas regiões se encontram abaixo e acima da área de valor. São regiões onde houve rejeição do mercado, onde o mercado ficou pouco tempo negociando.

### 25.3.9.1 *Impressões únicas e Caudas*

Impressões únicas, incluindo caudas, são frequentemente vistas nos extremos tanto na parte superior como inferior do *Market Profile*. Elas são formadas pelo preço se afastando rapidamente e exigem que pelo menos dois TPOs sejam confirmados.

São níveis emocionais, frequentemente aparecem em rompimentos, notícias, divulgação de indicadores econômicos e cobertura de posições vendidas.

- Uma cauda de compra ocorre na parte inferior do intervalo e então compradores entram no mercado agressivamente.
- Uma cauda de venda ocorre no topo do intervalo e vendedores entram no mercado agressivamente.

**Figura 25.9**   Extremos: Impressões únicas e Caudas

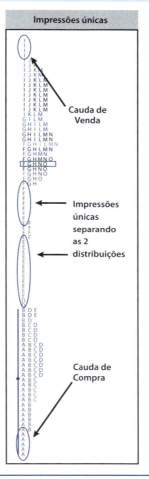

Fonte: Trader Brasil Escola de Finanças & Negócios.

O comprimento da cauda indica sua importância e sua força. As caudas são formadas por *traders* de posição respondendo aos preços. As que ocorrem no último período da sessão são chamadas de picos ou *spikes* porque não podem ser confirmadas por um período de tempo seguinte.

Às vezes, impressões **únicas** são vistas separando distribuições dentro de um Perfil, geralmente como em um dia de distribuição dupla ou em um dia de tendência.

Impressões **únicas** nos extremos (caudas) são termos importantes do leilão; elas frequentemente marcam o fim de um leilão e o início de outro.

Os pontos de extremidade servem como suportes ou resistências.

## 25.3.10 Preços aceitos e rejeitados

Uma área de preço aceita é simplesmente uma área de preço onde o mercado é negociado ao longo do tempo. Os preços aceitos são exibidos valor.

Uma área de preço rejeitada é simplesmente uma área de preço onde o mercado gasta muito pouco tempo. Os preços rejeitados mostram excessos no mercado – uma máxima e uma mínima injustas.

### 25.3.10.1 *Atividade Iniciativa* versus *Responsiva*

O conceito é simples: toda vez que o preço for negociado acima da área de valor, dizemos que os compradores estão tendo a iniciativa de levar os preços a novos valores, ao mesmo tempo em que os vendedores são responsivos, ou seja, estão respondendo, com vendas, a esse preço mais alto do que o valor.

O inverso também vale: vendedores que vendem abaixo da área de valor são iniciativos e os compradores são responsivos.

Assim, temos: Acima da área de valor: "compradores com iniciativa e vendedores responsivos" e Abaixo da área de valor: "vendedores com iniciativa e compradores responsivos."

Assim, de acordo com James Dalton em *Markets in Profile*:

> *"Independentemente da janela de tempo que se esteja analisando, quando os preços se afastam de uma área de valor, pode acontecer tanto uma **aceitação** – representada pela acumulação de TPOs no novo nível de preços, o que efetivamente muda a forma do Market Profile e desloca a área de valor – ou uma **rejeição**, quando os preços retornam a área de valor com pouca mudança no volume da distribuição."*

Note, na Figura 25.10, que a tendência é que a atividade Responsiva traga o preço de volta à área de valor, assim como, na Figura 25.11, que a atividade Iniciativa leva o preço a extrapolar e buscar novas regiões de aceitação.

Capítulo 25 ■ *Market Profile* e *Volume Profile*: a procura pelo valor justo   545

**Figura 25.10**  Atividade Responsiva

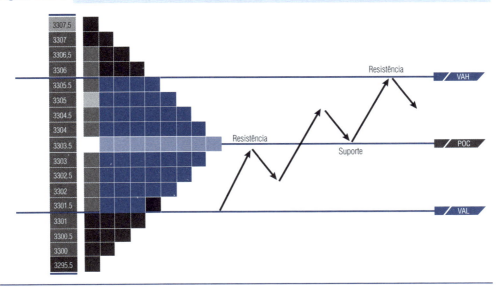

Fonte: Trader Brasil Escola de Finanças & Negócios.

**Figura 25.11**  Atividade Iniciativa

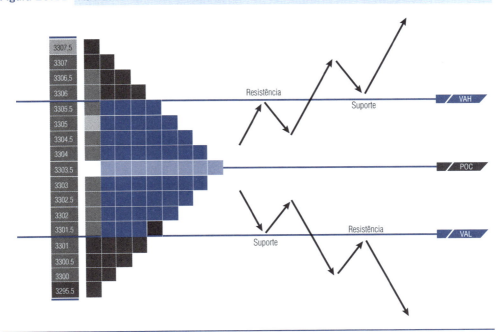

Fonte: Trader Brasil Escola de Finanças & Negócios.

**Importante:** fique atento para não cair no erro de confundir os conceitos de atividade Iniciativa/Responsiva, que estão relacionados ao comportamento do mercado em relação às regiões de valor, com os conceitos de agressão ou absorção, usados na análise do fluxo de ordens.

## 25.4 ESTRUTURAS DIÁRIAS TÍPICAS NO PERFIL DE MERCADO

Vender área de valor de alta e comprar área de valor baixa só são estratégias lucrativas nas condições certas de mercado dentro do prazo adequado.

Determinar e identificar as condições de mercado nem sempre é fácil, mas é essencial para selecionar e usar a estratégia de negociação apropriada.

Se você pensar em todos os grandes jogadores como uma personalidade única, é possível estimar sua atividade com base nessa convicção única.

O *Market Profile*, com suas características únicas, identifica alguns padrões legíveis no período diário com base no nível de participação dos grandes *players*.

O Saldo Inicial é o primeiro intervalo de uma hora no mercado, criado por *traders* de varejo (na maioria das vezes) que só podem fornecer profundidade e liquidez ao mercado, mas não conseguem dar magnitude e direção ao preço.

Com base na faixa de IB e variação de preço em torno da faixa de Saldo Inicial, o *Market Profile* identifica 6 estruturas de dia importantes:

### 25.4.1 Dia Normal

- Equilíbrio Inicial largo ou extenso mostrando mercado equilibrado;
- a ação dos preços está dentro do EI;
- 80% do volume é de curto prazo, 20% de longo prazo;
- operar não é uma boa ideia.

**Figura 25.12** Estrutura de Dia Normal

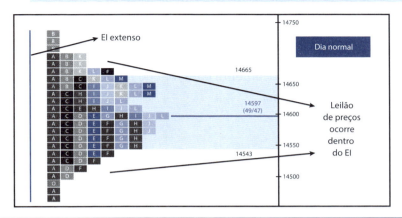

Fonte: Trader Brasil Escola de Finanças & Negócios.

## 25.4.2 Dia de Variação Normal

- Faixa de EI média;
- o controle está dividido, mostrando equilíbrio e desequilíbrio;
- o preço se move em apenas uma direção para fora da EI;
- se ocorrer uma pequena extensão fora da EI, 80% do volume é de curto prazo e 20% é de longo prazo. Se muita extensão fora da EI, o volume 60% é de curto prazo e 40% é de longo prazo;
- operar é uma boa ideia.

**Figura 25.13** Estrutura de Dia de Variação Normal

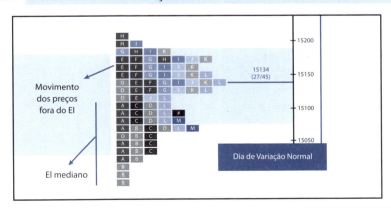

Fonte: Trader Brasil Escola de Finanças & Negócios.

## 25.4.3 Dia da Tendência

- EI pequeno;
- *Traders* de longo prazo no controle;
- 40% do volume é de curto prazo, 60% de longo prazo;
- o preço se move drasticamente para fora do EI, o mercado é rápido;
- operar é uma boa ideia.

**Figura 25.14** Estrutura de Dia de Tendência

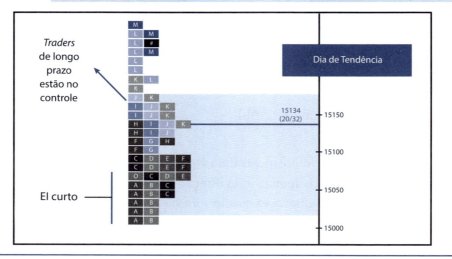

Fonte: Trader Brasil Escola de Finanças & Negócios.

## 25.4.4 Dia de Distribuição Dupla

- EI pequena;
- o preço se move drasticamente para fora do EI;
- operar é uma boa ideia.

**Figura 25.15** Estrutura de Distribuição Dupla

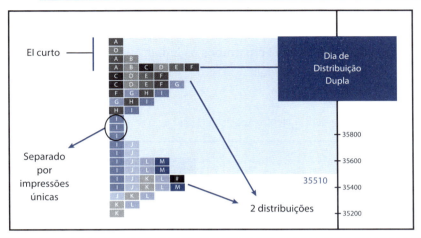

Fonte: Trader Brasil Escola de Finanças & Negócios.

### 25.4.5 Dia sem Tendência

- Faixa EI média;
- ação dos preços dentro do EI;
- operar não é uma boa ideia.

**Figura 25.16** Estrutura de Dia sem Tendência

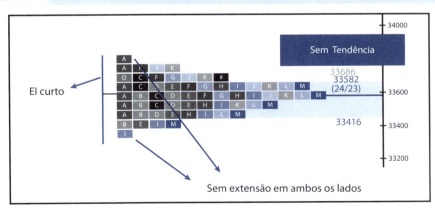

Fonte: Trader Brasil Escola de Finanças & Negócios.

## 25.4.6 Dia Neutro

- Faixa EI média;
- 70% do volume é de curto prazo, 30% de longo prazo, o mercado é lento;
- o preço rompe a faixa EI em ambos os lados;
- operar não é uma boa ideia.

**Figura 25.17** Estrutura de Dia Neutro

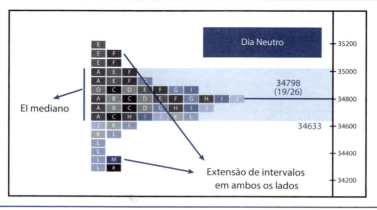

Fonte: Trader Brasil Escola de Finanças & Negócios.

## 25.5 FORMATOS NOTÁVEIS

A Cobertura de vendas a descoberto (comprando para zerar posições vendidas) normalmente cria a formação ou padrão **p**. A haste do **p** deve iniciar a formação ou padrão.

A liquidação longa (venda de posição previamente comprada) normalmente cria a formação ou padrão **b**. A haste do **b** deve iniciar a formação ou padrão.

As figuras mostram o *Market Profile* agrupado e separado por letra, note no padrão agrupado o formato do perfil em **p** na cobertura de vendas e em **b** na liquidação longa.

**Gráfico 25.6** Liquidação longa em **b** *versus* Cobertura de vendas a descoberto em **p**

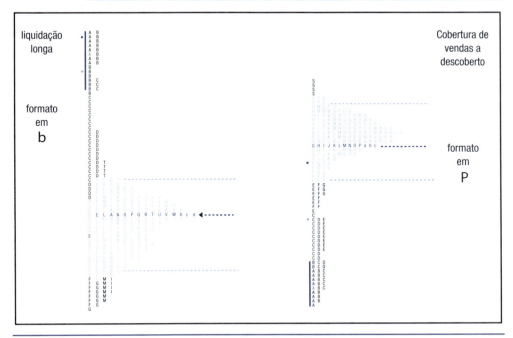

Fonte: Trader Brasil Escola de Finanças & Negócios.

> **DICA**
> Quando vários dias começam a formar um certo equilíbrio, com pouca variação, formando séries de áreas de valor próximas em vários dias (não precisam estar exatamente na mesma linha), você pode agrupar essas áreas em um perfil maior como no Gráfico 25.7. Isso lhe permite identificar o maior PDC resultante, servindo como indicação da direção dos preços. Além disso, você pode combinar o *Market Profile* com indicadores e outras ferramentas da análise técnica.

## Gráfico 25.7  Combinando *Market Profiles*

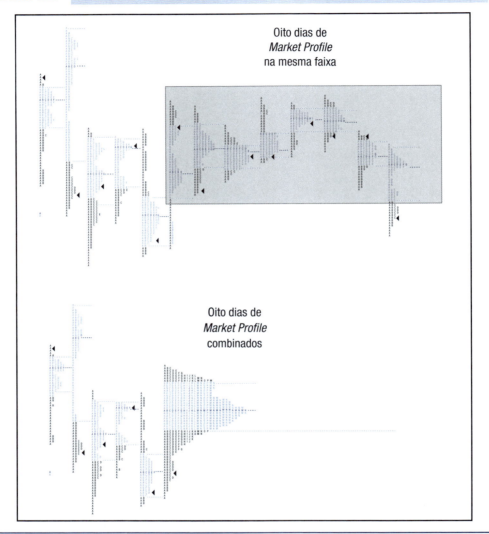

Fonte: Trader Brasil Escola de Finanças & Negócios.

**DICA**

Áreas com menos PDC podem servir como tentativas do mercado de consertar o seu próprio perfil. Lembre-se que a teoria do *Market Profile* nos mostra que o mercado é eficiente e procura o preço onde há as maiores concentrações de participantes no mercado. Essas áreas de poucos PDCs podem funcionar como descoberta do preço e podem operar como objetivos para potenciais movimentos em sua direção. Como poucos PDCs foram feitos, podemos potencialmente ter o mercado preenchendo esse *gap* no perfil enquanto procura a próxima área de alto interesse dos participantes.

## 25.6 ESTRATÉGIAS DE NEGOCIAÇÃO DE *MARKET PROFILE*

Os *traders* podem desenvolver diversas estratégias de negociação usando diferentes conceitos de Perfil de Mercado.

### 25.6.1 Estratégias de quebra de intervalo

O dia de variação normal e o dia da tendência são os dias de negociação em que o preço se estende, rompendo a mínima ou a máxima da faixa de EI.

Uma estratégia simples de negociação baseia-se no conceito "*amadores abrem o mercado e profissionais fecham o mercado*".

Funciona assim:

O primeiro passo é aguardar a primeira hora para a formação da zona EI.

Como no esquema do Gráfico 25.8, se o preço romper para cima, opte por uma compra acima da máxima do intervalo de abertura de 1 hora, mantendo um *stop loss* um pouco abaixo da máxima do EI. Repare que o preço se consolidou dentro dessa faixa por algum tempo. Nas últimas sessões, o preço rompeu acima da máxima do intervalo de 1 hora e exibiu um bom movimento de alta.

Gráfico 25.8   Rompimento de EI no *intraday* usando gráfico de 15 minutos

Fonte: Trader Brasil Escola de Finanças & Negócios.

Alguns *traders* preferem acompanhar seu *stop loss* junto com o preço, usando uma média móvel (MA), VWAP, Parabólico SAR, ATR ou indicadores Bollinger Bands.

No entanto, alguns *traders* preferem manter a operação com *stop loss* inicial até a conclusão do mercado para evitar a zerada da operação devido a zigue-zagues intradiários.

## 25.6.2 Estratégia do corredor

Em um *gap* de abertura, o preço de abertura cai totalmente fora do perfil do dia anterior, podendo ser interpretado como um potencial "corredor" na direção da abertura.

Ou seja, se o preço abrir completamente acima do perfil do dia anterior, o preço pode potencialmente continuar a "subir" durante toda a sessão. Por outro lado, se o preço abrir completamente abaixo do perfil do dia anterior, isso pode ser interpretado como um potencial corredor no lado vendido.

No exemplo abaixo, depois que o preço foi aberto abaixo da mínima do perfil do dia anterior, o preço continuou caindo para fechar ainda mais baixo. O sinal é dado no rompimento do Equilíbrio inicial no TPO C assinalado no Gráfico 25.9.

**Gráfico 25.9** Esquema estratégia do corredor

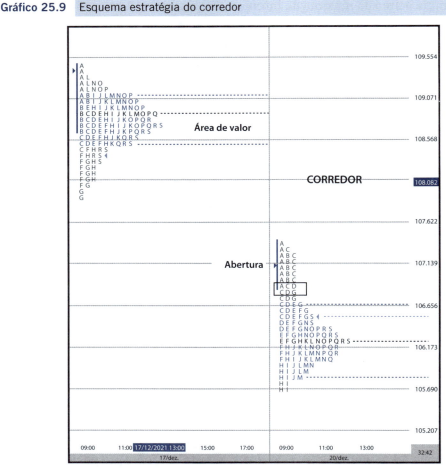

Fonte: Trader Brasil Escola de Finanças & Negócios usando Profit chart Pro.

## 25.6.3 Sinal de alta

Para um sinal de *Market Profile* de alta, observe no gráfico 25.10 que o preço de abertura do dia atual cairá acima da área de valor do dia anterior, mas abaixo da máxima da área de valor do perfil do dia anterior. Quando a abertura está nesta faixa, observe que o preço retorna ao Ponto de Controle (PDC) do dia anterior e, a partir daí, reverte na direção positiva.

Quando o preço remonta ao PDC do dia anterior, é uma oportunidade de compra potencial.

**Gráfico 25.10** Esquema sinal de alta

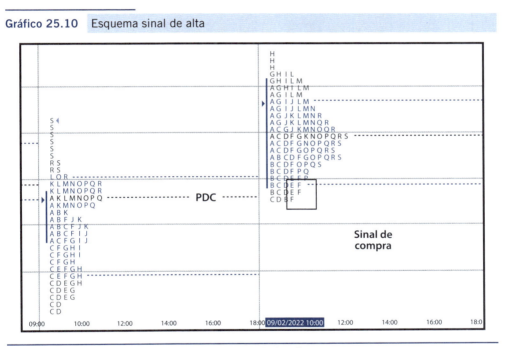

Fonte: Trader Brasil Escola de Finanças & Negócios usando Profit chart Pro.

## 25.6.4 Sinal de baixa

Oposto ao exemplo anterior, para um sinal de baixa, observe no Gráfico 25.11 a abertura do dia atual abaixo da área de valor do dia anterior, mas ainda acima da mínima do perfil do dia anterior. Se a abertura estiver nesse intervalo, o preço pode primeiro voltar para cima em direção ao POC do dia anterior antes de cair e colocar novas mínimas.

Portanto, uma oportunidade de venda em potencial ocorre quando o preço retorna no início do dia.

## Gráfico 25.11  Esquema sinal de baixa

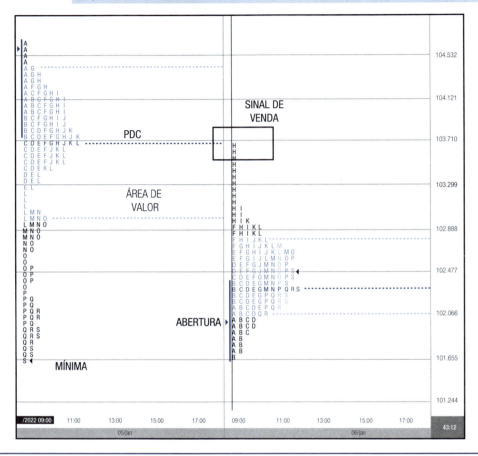

Fonte: Trader Brasil Escola de Finanças & Negócios usando Profit chart Pro.

**Atenção:** como em todas as abordagens de análise técnica, o uso do *Market Profile* pode resultar em sinais falsos e a gestão de risco é fundamental para os *traders* protegerem o capital. Como sempre faça seus próprios testes e implemente somente se você encontrar bons resultados.

## 25.7 *VOLUME PROFILE*

Na minha opinião, o volume é a informação mais importante que o mercado pode nos dar. Por que é tão importante? É porque cerca de 80% de todos os negócios e volumes são feitos apenas por 10 maiores instituições financeiras. Elas movem e manipulam os mercados. Ter assim muito dinheiro também é um problema. É difícil para elas movimentarem esses valores, investirem e também esconder suas intenções de negociação, sem serem notadas.

Elas precisam entrar em suas posições lentamente, desapercebidas. Ainda assim, elas nunca serão capazes de se esconder. Seus volumes estarão sempre visíveis e sempre poderemos rastreá-los. Como? Uma das formas é com o Perfil de Volume.

Ao contrário dos indicadores de volume-padrão, que mostram apenas os volumes no tempo, o Perfil de Volume pode fornecer informações muito mais importantes, como o volume em um nível de preço específico. Quanto mais volume se acumula no nível de preço específico, mais significativo será esse nível.

Gráfico 25.12   *Volume Profile versus* volume no tempo

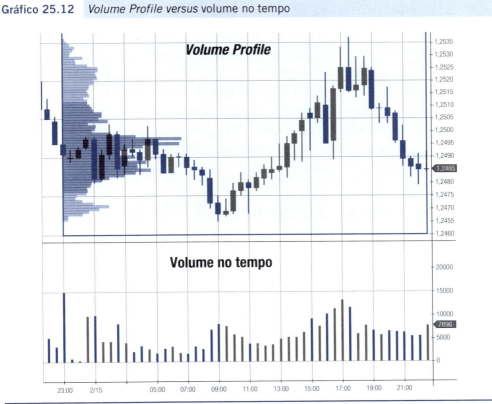

Fonte: Stockcharts.com.

O Ponto de controle é o local onde as instituições negociaram a maior parte de seu volume, possivelmente um local onde elas estavam acumulando suas grandes posições. Elas acumularam suas posições em um alcance mais amplo, mas PDC é um lugar onde acumularam a maior parte de seus volumes. Ele serve como um ponto de referência muito forte para todos os participantes do mercado porque mostra onde o reside o interesse das instituições.

## 25.8 EXEMPLO DE ESTRATÉGIA COM *VOLUME PROFILE*

Se você observar os volumes acumulados em uma tendência, notará que o perfil de volume é bem estreito. Isso porque geralmente não há tanto volume acumulado em tendências. A razão para isso é que o preço está se movendo muito rapidamente para as instituições construirem suas posições.

No entanto, geralmente há lugares dentro da tendência onde o preço para de se mover rapidamente por um tempo, desacelera, e os participantes do mercado são capazes de adicionar a suas posições. Tal ação cria um "*cluster* ou confluência de volume" dentro da tendência. É importante que esse *cluster* de volume criado dentro da tendência e que a tendência continuem depois disso. Podemos supor que os volumes criados dentro desses *clusters* de volume foram devidos ao participante agressivo do mercado, que estava adicionando suas posições atuais.

Observe no Gráfico 25.13: a confluência de volume dentro de uma forte tendência de alta indica que os compradores estavam adicionando para suas posições compradas nesse perfil de volume. Da mesma forma, dentro de uma forte tendência de baixa indica que os vendedores estavam adicionando para suas posições vendidas nesse perfil de volume.

**Gráfico 25.13**  Confluência de Volume em tendência

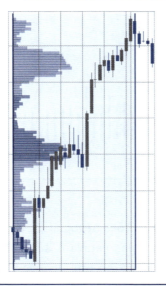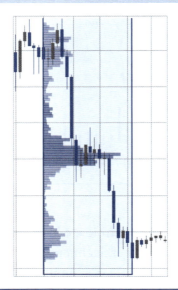

Fonte: Stockcharts.com.

Alguns *traders* utilizam a configuração de tendência, na qual somente precisam observar o nível exato em que os volumes foram maiores dentro do *cluster* de volume e esperar até que o preço atinja este nível novamente. Melhor ainda seria se houvesse um suporte ou resistência anterior já estabelecida no mesmo nível de preços, o que reforçaria a entrada.

Quando isso acontecer, então simplesmente o *trader* pode entrar na direção da tendência. Se houver uma tendência de alta, ele insere uma ordem de compra. Se houver uma tendência de baixa, ele entrará em uma posição vendida. Como no Gráfico 25.14.

**Gráfico 25.14**   Cenário de compra

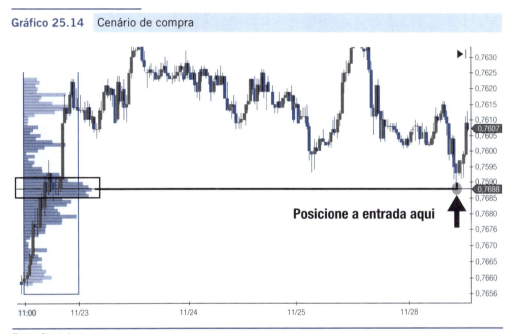

Fonte: Stockcharts.com.

O melhor cenário seria se houvesse um suporte de preços anterior já estabelecido nos preços, o que reforçaria a entrada.

## 25.9 PERFIL DE MERCADO *VERSUS* PERFIL DE VOLUME

**Figura 25.18**   Perfil de mercado *versus* Perfil de volume

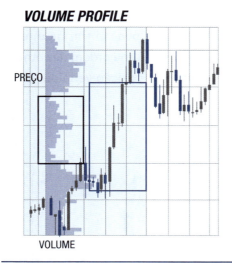

Fonte: Trader Brasil Escola de Finanças & Negócios.

Apesar de aparentemente bem parecidas, as duas ferramentas acima são diferentes.

Em um *Market Profile*, as contagens totais de TPO (letras) serão usadas para calcular a área de valor do dia, são plotados o Preço × Tempo. Ele não precisa de dados de volume e mostra apenas volumes estimados. O PDC será determinado pela moda de TPOs, ou seja, nós antecipamos que a maior parte do volume acumulou nesse ponto. Funciona bem em rotação, mas não em tendência.

Com o **Volume Profile** (Perfil de Volume), é possível visualizar no gráfico da plataforma em quais regiões efetivamente houve maior volume de negociações.

No Perfil de Volume, é baseado no volume real, plotado Preço × Volume, sem considerar o tempo. O PDC determinado através do perfil de volume será o mesmo que o preço médio ponderado por volume (VWAP). O volume é essencial, pois 80% do volume de negociação é dado por 20% dos grandes jogadores.

No entanto, o tempo também desempenha um papel crucial, pois um preço não aceito ao longo do tempo é um sinal de rejeição desse nível de preços. O perfil de mercado dá importância ao tempo negociado em um determinado preço comparado ao perfil de volume, que considera o volume negociado a um preço específico.

**Figura 25.19**  Comparação áreas de valor *Market Profile versus Volume Profile*

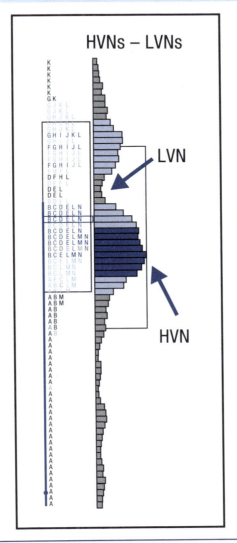

Fonte: Trader Brasil Escola de Finanças & Negócios usando Profit chart Pro.

Note na Figura 25.19 que há uma diferença nas áreas de valor. À esquerda do exemplo, o valor é determinado pelo tempo nos TPOs, enquanto à direita o valor é determinado pelo volume de negócios executados.

# Capítulo 26

# Trading systems e os robôs de investimentos

"Tenho duas regrinhas básicas tanto na minha vida quanto nas minhas operações:

1. se você não aposta, você não ganha;
2. se você perder todas as suas fichas, você não pode apostar."

*Larry Hite*

"Lembre-se: seu objetivo é operar bem, e não operar com frequência."

*Alexander Elder*

Cobrimos os métodos usados pelos analistas técnicos para analisar os mercados. Agora entramos no campo de como utilizar esse conhecimento para produzir lucros e reduzir riscos.

## 26.1 POR QUE SISTEMAS SÃO NECESSÁRIOS?

Nenhum mercado sobe para sempre. A estratégia *buy and hold* (comprar e segurar) de ações, popular no Brasil, é baseada em uma anomalia estatística que depende do período analisado. No nosso país, a renda fixa (medida pelo IMA-B – índice de fundos de renda fixa atrelados à inflação) acumulada nos últimos dez anos – de 2008 a 2017 – bate tranquilamente o índice Bovespa.

Em contrapartida, usar somente a maioria dos métodos técnicos e fundamentais também não é lucrativo, pois a maioria dos métodos depende primariamente de circunstâncias de mercado no período, do método usado e, sobretudo, de controle de risco.

Os *traders* têm a falsa crença de que o mercado age numa ordem determinada e que se você conseguir encontrá-la seus lucros serão grandes e consistentes. Não existe fórmula mágica. O dinheiro é ganho baseado no uso de entradas e saídas bem controladas, em especial aquelas que limitam o tamanho das perdas que possam ocorrer. Um sistema vai ajudar o investidor a definir o *timing* dessas entradas e saídas no mercado.

## 26.2 SISTEMAS DISCRICIONÁRIOS × NÃO DISCRICIONÁRIOS

Os sistemas são o próximo passo no desenvolvimento de um plano operacional após o entendimento de investimento fundamentalista ou técnico ou ambos.

Os sistemas podem ser:

- discricionários: quando entradas e saídas são determinadas pela intuição;
- não discricionários: quando as entradas e saídas são determinadas mecanicamente pelo computador.

Um sistema não discricionário provém de um diferencial matemático competitivo que é determinado por testes e ajustes. Este é basicamente o princípio matemático por trás da estratégia de um cassino ou de uma seguradora que obtém perdas ocasionais e pequenos lucros, mas de várias operações.

A ideia por trás do sistema não discricionário é a de evitar as emoções, o que é uma grande vantagem, pois os *traders* costumam perder dinheiro por causa delas.

O investidor amador em geral usa um sistema discricionário. Analisar e testar e desenvolver um sistema não discricionário requer tempo, conhecimento, experiência e "queimar a mufa" em busca de soluções.

**DICA**

**Lembre-se:** um *trade system* é um algoritmo que vai lhe permitir testar se esse sistema é lucrativo e se vale a pena operá-lo. Nosso objetivo final é ter lucro, entretanto não podemos perder o foco de ter o controle do risco. A quantia perdida, ou potencialmente perdida, em termos técnicos, o *drawdown*, é o que o analista técnico deve focar. Repetindo: você não pode perder todas as suas fichas.

O *drawdown* é quanto os investidores perderão em uma negociação específica entre a entrada e a saída, mesmo que a saída seja acima da entrada e produza lucro final. É a dor potencial de segurar uma posição perdedora em virtude principalmente da volatilidade.

Capítulo 26 ▪ *Trading systems* e os robôs de investimentos   565

O risco para o investidor inclui intangíveis. As perdas vêm das perdas nos ativos, mas também das perdas emocionais. Nada é mais perturbador para nossa mente que perder dinheiro e ficar provado que nós estamos errados. Esses riscos podem ser reduzidos pelos sistemas. Um sistema bem desenvolvido pode gerar essa confiança ao realizar pequenos prejuízos em vez de uma grande perda traumática.

## 26.3 PRÉ-REQUISITOS PARA CONSTRUÇÃO DE UM *TRADING SYSTEM*

Antes de começar a construir um *trading system* de sucesso, precisamos definir algumas características básicas de atitudes pessoais que são fundamentais, tais como:

- entender o que um sistema discricionário e um não discricionário fazem, e então direcionar a um sistema mecânico não discricionário que pode ser precisamente quantificado e para quais regras serão explícitas e constantes;
- não ter uma opinião sobre o mercado. Os lucros são obtidos reagindo ao mercado, não antecipando-se a ele. Seu sistema mecânico vai reagir, não predizer;
- saber que perdas vão ocorrer, então as mantenha pequenas e não frequentes;
- saber que lucros não vão ocorrer constante ou consistentemente;
- saber que suas emoções tentarão encorajá-lo a mudar o sistema, o que deve ser controlado;
- ser organizado;
- desenvolver um plano consistente com: seu perfil de risco, seu horizonte e sua disponibilidade de tempo;
- testar, testar e testar de novo, sem ajustar demais as curvas de lucro às séries históricas. Essa característica é muito importante, pois a maioria dos sistemas fracassam por não terem sido testados ou por terem sido ajustados em demasia à série histórica dos preços;
- seguir o plano testado final sem exceções com disciplina. Ninguém é mais esperto do que um computador, não importando quão duras forem as perdas.

## 26.4 DECIDINDO O QUE USAR

A construção de um *trading system* precisa seguir uma filosofia e ter determinadas premissas:

1. Como escolher os ativos a serem negociados?
2. Vai utilizar dados fundamentalistas ou somente dados técnicos?
3. Qual volatilidade e liquidez necessária do ativo a ser negociado?
4. Qual o horizonte de tempo (*time frame*) para o sistema? Fará *day trades*, *swing trades* ou longo prazo? Além disso, psicologicamente para você, qual o tempo mais adequado? Você tem tempo para passar o dia inteiro monitorando ou apenas a noite ou o fim de semana? Para *day trades*, normalmente se usa o intradiário de 15 minutos, mas dependerá da liquidez do ativo.
5. Quais serão os *inputs*, filtros e métodos utilizados para gerar os sinais? Aqui você pode colocar desde velas específicas de *candlestick*, indicadores sobre indicadores como médias móveis em volumes e o que mais sua imaginação permitir.
6. Quais serão as regras de entrada e as regras de saída? Vai ter *stop loss* e/ou *stop* de tempo? Quanto ao *stop*, ele será um valor fixo ou percentual? O *stop* será fixo ou móvel para reter o lucro obtido assim que o mercado caminhar na sua direção? Quais serão os objetivos de preços? Vai entrar ou sair, realizando o lote integralmente ou por partes? Vai acrescentar lotes durante uma entrada? Vai parar de operar se já perdeu dinheiro no mesmo dia?
7. Como você controlará o risco? Admitir perdas diferencia o profissional do amador. Desculpas não pagam as contas, portanto entenda que as perdas são inevitáveis, mas podem e devem ser controladas. Sua estratégia deve incluir *stops* de perdas – estes podem ser *stops* móveis protetores, objetivo de preços, *stop* de tempo (se for um *day trade*, deve finalizar antes do fim do pregão) e ajustes para volatilidade, tipos de ativos e qualquer outra situação que o mercado possa ter.
8. Como fazer uma rotina diária com seus planejamentos de operações e seu histórico ou *track record*?
9. Com que frequência realizar regularmente o *backtesting*?

## 26.5 O QUE É *BACKTESTING*

*Backtesting* é o processo de testar uma estratégia de negociação em períodos anteriores. Em vez de aplicar uma estratégia para o período vindouro, o que poderia levar anos, um *trader* pode fazer uma simulação de sua estratégia de negociação em dados passados relevantes, a fim de avaliar sua eficácia.

Tome cuidado com o *overfitting*, pois existe uma grande chance de obter uma estratégia que funcione excepcionalmente bem somente no período de testes utilizado, mas que tenha desempenho ruim em qualquer outro período. Não adianta ajustar a estratégia para o período selecionado; ela tem de funcionar bem em qualquer tipo de mercado.

Em um estudo feito pela empresa Quantopian,[1] que analisa os dados de vários *backtestings* e do desempenho da estratégia de investimento após o período dos testes, foi descoberto que não há relação entre o retorno de um investimento em um *backtesting* e o retorno do investimento no futuro.

**DICA** — **Importante:** tenha em mente que você quer encontrar uma boa estratégia de investimento para qualquer situação em que esteja, e não selecionar a melhor estratégia para o período testado. Você só estará enganando a si próprio.

O Gráfico 26.1 mostra uma curva de capital usando como simulação um *backtesting* em uma estratégia automatizada no Minidólar Futuro da B3 em 2016.

O investimento em renda variável, por meio de estratégias automatizadas de negociação, é um investimento de risco que pode causar perdas de 100% do capital investido, além de gerar custos de negociação e corretagem, razão pela qual não poderá esperar um resultado de ganho certo e predeterminado.

Outro fator importante: os dados para realização de testes devem ser corretos, impecáveis e provenientes de um *vendor* fidedigno. Sem dados confiáveis, os testes são inúteis. Qualquer anomalia dos preços deve ser limpa, senão afetará os resultados de maneira não realista.

---

1 Estudo disponível em: <https://papers.ssrn.com/sol3/papers.cfm?abstract_id=2745220>. Acesso em: 15 dez. 2017.

568   ANÁLISE TÉCNICA DOS MERCADOS FINANCEIROS

---

**Gráfico 26.1**   Exemplo de *Backtesting* de uma curva de capital inicial de R$ 10 mil

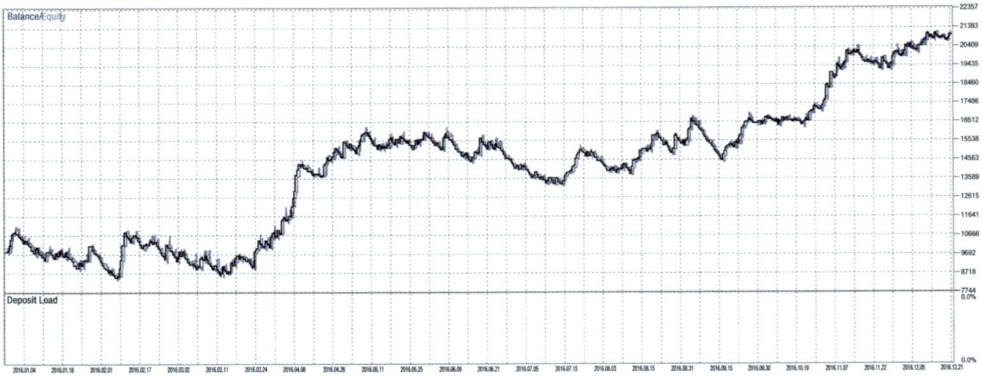

Fonte: MetaTrader.[2]

A quantidade de dados requerida depende do período de seu sistema. Em tese, deve gerar no mínimo 30 a 50 sinais e cobrir períodos de alta, de baixa e de lado. Isso vai assegurar que o teste tenha história e exposição suficientes a todas as circunstâncias do mercado.

Um problema digno de nota é o dos gráficos de contratos futuros, pois existem três tipos de gráficos de futuros: o gráfico do contrato perpétuo (que emenda diversos vencimentos futuros utilizando ajustes e interpolações dos preços dos contratos mais próximos), o gráfico contínuo (que emenda vencimentos geralmente em uma data de rolagem específica, como por exemplo cinco dias antes do vencimento) e o gráfico de cada vencimento isoladamente (que possui uma série histórica muito menor). Por exemplo: você pode ver o gráfico do Ibovespa Futuro contínuo ou o gráfico do Ibovespa Futuro com vencimento em dezembro de 2019. Na verdade, você deve simular e fazer os testes no gráfico contínuo, mas operará de verdade no gráfico com vencimento futuro definido.

## 26.6 TIPOS DE SISTEMA

Existem milhares de sistemas prontos que apesar de numerosos se dividem basicamente em quatro categorias:

---

2   Plataforma de negociação eletrônica que permite executar transações no mercado Forex, de ações, futuros e contratos por diferença, além de realizar análise técnica, trabalhar com programas para *algotrading* (robôs de negociação, conselheiros) e copiar transações de outros *traders*. Disponível em: <https://www.metatrader5.com/>. Acesso em: 17 jan. 2018.

## 26.6.1 Seguidores de tendência

Pelo meu conhecimento de sistemas técnicos, os mercados algumas vezes estão em tendência e em outras estão de lado. O cenário mais lucrativo é aquele com tendência, porque os movimentos são maiores e geram custos de transação menores.

Logo, é de se imaginar que os sistemas não discricionários seguidores de tendência são os mais produtivos. Em vez de tentar achar topos e fundos, os sistemas seguidores de tendência agem na direção da tendência assim que ela for detectada, logo ele vai tentar comprar um ativo em um preço alto para tentar vender ainda mais caro.

A maioria dos sistemas seguidores de tendência adiciona indicadores de reconhecimento de tendência como o ADX ao seu sistema de regras, para ter certeza de que há uma tendência vigente. Entretanto, já é sabido de antemão que a performance desse tipo de sistema sofre em um mercado lateral, sem tendência.

### 26.6.1.1 *Sistema de médias móveis*

Um sistema clássico de médias móveis é composto do cruzamento de duas médias móveis que geram sinais quando cruzam acima da outra. Sem a utilização de estratégias de controle de risco adequadas, esses sistemas geralmente não são lucrativos.

### 26.6.1.2 *Sistema de rompimento*

Outra variação dos sistemas seguidores de tendência, este sistema gera sinais de compra e de venda quando os preços se movem para fora de um canal ou de uma banda. O mais popular desses sistemas é baseado na variação do rompimento de canal *Donchian* ou outra medida de faixas de volatilidade. Este sistema pode ser utilizado em qualquer horizonte de tempo desde intradiário a semanal.

### 26.6.1.3 *Problemas com sistemas seguidores de tendência*

Estes sistemas são populares em decorrência da lucratividade. Então várias pessoas vão receber o mesmo sinal ao mesmo tempo que você, o que pode acarretar preços de entrada piores.

*Slippage* é o nome, tecnicamente falando, da diferença entre o preço desejado e o preço executado.

Esse problema pode ser solucionado mudando o sistema ou dividindo o lote de entrada ao longo do tempo.

## 570 ANÁLISE TÉCNICA DOS MERCADOS FINANCEIROS

Outro problema é que, sobretudo em mercados laterais, violinos são comuns quando o sistema tenta identificar uma tendência. De fato, esses sistemas produzem menos operações ganhadoras por causa desse vaivém durante mercados sem tendência. Esse problema pode ser reduzido com o uso de confirmações como requerimentos de penetração, atraso na entrada entre outros tipos de confirmações, assim que for dado o sinal ou por meio de filtros e diversificação em mercados não correlacionados.

Inevitavelmente, para evitar o vaivém, os sistemas seguidores de tendência entrarão ainda mais atrasados nela, logo diminuindo o lucro potencial ao final da mesma. Para a estratégia de saída, você pode utilizar *stops* móveis (que irão se movendo junto da tendência conforme ela se desenvolva) que evitam devolver boa parte do lucro obtido durante a operação, mas sempre haverá o risco de perder um próximo novo movimento na direção da tendência.

A maior falha desse tipo de sistema é a grande porcentagem de pequenas perdas que produzem um *drawdown* significativo, o que afeta a confiança no sistema. Para melhorar a eficiência, outros indicadores e ajustes de volatilidade dos mercados devem ser adicionados, aumentando a complexidade e diminuindo a adaptabilidade do sistema.

## 26.6.2 Sistema de reconhecimento de padrões

O uso de padrões requer testes consideráveis e a superação do grande problema de definição dos padrões. Padrões maiores não são facilmente identificáveis pelos computadores, por causa de sua natureza variável.

Em geral esses sistemas preferem padrões de curto prazo e são parcialmente discricionários, pois requerem alguma interpretação durante a entrada.

## 26.6.3 Sistemas contra a tendência

Esses sistemas são baseados na filosofia "compre na baixa e venda na alta" de determinada faixa de valores. Esse tipo de sistema requer certa dose de volatilidade entre topos e fundos, senão os custos de corretagem, de *slippage* e de ser *stopado* em movimentos falsos vão engolir seus lucros potenciais.

Geralmente são sistemas discricionários. Eles lucram com movimentos mínimos contra a tendência e se utilizam de indicadores e osciladores tais como o estocástico, o índice de força relativa (IFR), o CCI ou ciclos. O pior problema quanto ao uso desses sistemas é a possibilidade de criar riscos ilimitados, então o uso de *stops* protetores é uma necessidade.

Capítulo 26 ■ *Trading systems* e os robôs de investimentos   571

De forma geral, esses sistemas não têm boa performance. Por exemplo, em um número de testes publicamente disponível, sinais de compra e venda gerados dentro de Bandas de Bollinger, mas a melhor performance se obteve exatamente dos sinais de compra e venda de rompimentos das bandas, em vez da compra nas bandas inferiores e de venda nas bandas superiores da faixa.

A maior utilização desses sistemas contra a tendência é o de executar concomitantemente com sistemas seguidores de tendência para reduzir uma série de perdas em um sistema seguidor de tendência durante a ocorrência de um mercado lateral.

## 26.6.4 Sistemas de sinais exógenos

Alguns sistemas geram sinais fora do sistema em que são negociados. Sistemas intermercados, como usar os preços do ouro para decisões no sistema de títulos de renda fixa em dólar, são um exemplo de um tipo de sinal exógeno. Outros exemplos são sinais de análise fundamentalista, como política monetária ou índices de inflação.

Quais sistemas funcionam melhor?

John Hill e George Pruitt, cujo negócio se baseia em testar todos os *trading systems*, disseram que os sistemas mais confiáveis são os seguidores de tendência e, dentro dessa categoria, os sistemas de rompimento seguidos dos sistemas de cruzamento de médias móveis possuem os melhores resultados.

## 26.7 SOBRE OS ROBÔS DE INVESTIMENTO

Os robôs de investimento (*robotraders*) são programas de computador que realizam uma sequência de tarefas específicas para a execução de operações na Bolsa de Valores de maneira totalmente automatizada, sem nenhuma intervenção humana. Eles operam de acordo com regras preestabelecidas, respeitando cenários, indicadores, condições de entrada e saída e outros critérios usados para investir, realizando de modo automático o roteamento de ordens para a bolsa.

Na prática, quem investe em uma estratégia cujas regras operacionais são omitidas ao investidor está investindo em uma curva de capital como visto no Gráfico 26.1, algo similar a investir em um fundo de investimento, por exemplo, obviamente sem nenhuma garantia de que resultados passados vão se repetir no futuro – no máximo você terá resultados estatísticos.

**Gráfico 26.2** Exemplo de um robô de investimento usando estratégia seguidora de tendência em PETR4

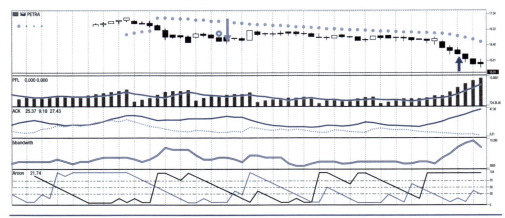

Detalhe: esse robô operou vendido primeiro (seta azul-clara) para tentar recomprar, mais barato, uma posição em um *day trade* (seta azul-escura).

Fonte: MetaTrader.

O investimento em renda variável, por meio de estratégias automatizadas de negociação, é um investimento de risco que pode causar perdas de 100% do capital investido, além de gerar custos de negociação e corretagem, razão pela qual não se poderá esperar um resultado de ganho certo e predeterminado.

Se você já tem conta em uma corretora e possui algum conhecimento e experiência em *day trade*, já está bem próximo de fazer boas operações com robôs.

O passo seguinte é escolher um robô pronto, como o do Gráfico 26.2, que se adapte ao seu perfil de risco para que, com a combinação de indicadores e de regras, ela seja transformada em um robô investidor. A maioria das corretoras já oferece diversos robôs para você testar e escolher ou ainda dão a possibilidade de você usar o seu próprio. Contudo, antes de operar vale a pena fazer testes e encontrar uma plataforma para automatização que seja eficiente, rápida, on-line, segura e que permita ao investidor ter um painel de controle completo sobre seus *trades*.

É possível ganhar dinheiro com negociação automatizada?

Como dizem, o diabo encontra-se nos detalhes. Se fosse assim tão fácil de ganhar dinheiro usando robôs, todo mundo estaria utilizando um, e não veríamos ninguém nas ruas indo para o trabalho.

A verdade é que depende de vários fatores:

- da mente humana que bola a estratégia operacional;
- do sistema que ela desenvolve;

Capítulo 26 ▪ *Trading systems* e os robôs de investimentos   573

- de como o plano lida com o controle de risco e lucros;
- do tipo de mercado (ações, futuros, forex, *commodities*) em que o robô atua;
- do horizonte de tempo (dias ou minutos);
- da corretora;
- da plataforma operacional; e
- da forma de colocação das ordens: se em computador próprio ou se em servidor na nuvem.

Desenvolvimento e utilização de sistemas de negociação podem ajudar os *traders* a atingir retornos consistentes enquanto limitam o risco.

Em uma situação ideal, os *traders* devem se sentir como robôs, realizar operações de forma sistemática e sem emoção.

Então, talvez você já tenha se perguntado: O que vai impedir ou atrapalhar um robô de negociar meu sistema? A resposta: Nada! Ou melhor, quase nada. E se faltar luz? Vamos entender melhor mais à frente.

## 26.7.1  Pessoas programam a estratégia

*Traders* e investidores podem transformar regras precisas de entrada, de saída e de gestão de risco operacional em sistemas de negociação automatizados que permitem que os computadores executem e monitorem sozinhos as operações.

Uma das maiores atrações da estratégia de automação é que ela retira um pouco da emoção da negociação, pois as ordens são colocadas automaticamente uma vez que determinados critérios sejam cumpridos.

Vamos tentar explicar algumas das vantagens e desvantagens, bem como as realidades, dos sistemas de negociação automatizados.

## 26.7.2  O que é um *trading system* automatizado?

Sistemas de negociação automatizados, também conhecidos como sistemas de negociação algorítmica, negociação automática ou mesmo *trading systems* permitem que os *traders* estabeleçam regras específicas para entradas e saídas de operações que, uma vez programadas, possam ser executadas automaticamente por meio de um computador.

## 26.7.3  Automação baseada em servidor (nuvem)

Um detalhe importante: não precisa nem ser necessariamente o seu computador, pois você pode colocar seu *trading system* para negociar em um computador remoto, na nuvem, como a da Amazon ou da Google Cloud Services, ou seja, seu computador poderá ficar até desligado, pois o software ficará hospedado em "nuvem", ou seja, o programa ficará localizado em um servidor remoto ligado perpetuamente, 24 horas por dia, 7 dias na semana. Essas nuvens são pagas, mas podem ser testadas gratuitamente por um período determinado.

Ao utilizar a nuvem você terá maior estabilidade, menor latência, maior segurança (só você poderá entrar na sua nuvem), além de não precisar fazer parte do dia a dia das operações.

Os *traders* também têm a opção de executar seus sistemas de negociação automatizados por meio de uma plataforma de negociação baseada em servidor remoto, como do MetaTrader ou do Strategy Runner. Essas plataformas oferecem frequentemente estratégias operacionais para venda, um assistente para que os *traders* possam conceber os próprios sistemas ou capacidade para hospedar os sistemas existentes na plataforma baseada em servidor.

Depois de pagar uma assinatura ou taxa pelo robô, também chamado de Expert Advisor, o sistema de negociação automática pode procurar, executar e monitorar operações — com todas as ordens já residindo no seu servidor, resultando em colocação de entradas operacionais potencialmente mais rápidas e mais confiáveis.

### 26.7.4 Regras, regras e mais regras

As regras de entrada e saída das operações podem ser baseadas em condições simples, como um cruzamento de média móvel, ou podem ser estratégias complicadas que exigem uma compreensão abrangente da linguagem de programação específica para a plataforma de negociação do usuário, ou a perícia de um programador qualificado.

Sistemas de negociação automatizados em geral requerem o uso de software que está ligado a uma corretora de acesso direto ao mercado, e quaisquer regras específicas devem ser escritas em uma linguagem própria daquela plataforma.

### 26.7.5 Plataformas no mercado

Existem algumas plataformas no mercado. Algumas são abertas para você criar a sua própria plataforma ou ainda contratar programadores para seguir seus parâmetros. A mais conhecida delas, usada tanto para o mercado brasileiro como no exterior, é a MetaTrader, mas existem outras como:

- TradeStaton;
- Ninjatrader;

Capítulo 26 ■ *Trading systems* e os robôs de investimentos    575

- Amibroker;
- WealthLab;
- MetaStock;
- Smartbott (brasileira).

## 26.7.6 Linguagem da programação usada

A plataforma MetaTrader, por exemplo, utiliza a linguagem MQL5, que é semelhante à C++; a plataforma TradeStation usa a linguagem de programação EasyLanguage; a plataforma Ninjatrader, por outro lado, utiliza a linguagem de programação NinjaScript.

Algumas plataformas de negociação têm estratégias automatizadas simplificadas com construção de "assistentes" que permitem aos usuários fazer seleções a partir de uma lista de indicadores técnicos comumente disponíveis para construir um conjunto de regras que podem então ser negociados automaticamente.

Vantagens do MetaTrader:

- maior número de corretoras nacionais para oferecer;
- para testes você pode alugar capacidade de processamento em terceiros, ou seja, há capacidade de ser processado em múltiplas instâncias na rede de computadores, o que minimiza muito o tempo dos testes;
- comunidade ativa na internet com ampla biblioteca de *scripts* (programa que executa um conjunto de ações), indicadores customizados, osciladores e Expert Advisors (sistema de negociação completo com capacidades de teste, otimização e operação reais) prontos, assim como capacidade de contratar seu programador próprio;
- conta demo para testar tudo com dinheiro virtual.

## 26.7.7 Exemplo de estratégia simples

O usuário pode estabelecer, por exemplo, que uma operação de compra será realizada quando a média móvel de 50 períodos cruzar acima da média móvel de 200 períodos em um gráfico de quinze minutos de um instrumento de negociação particular (ações, moedas, futuros, *commodities*).

Os usuários também podem introduzir o tipo de ordem (de mercado ou limite, por exemplo) que será realizada e quando a operação será acionada (por exemplo, no final da barra ou na abertura da próxima barra), ou utilizar as entradas-padrão

576 ANÁLISE TÉCNICA DOS MERCADOS FINANCEIROS

da própria plataforma. Muitos *traders*, no entanto, optam por programar os próprios indicadores e estratégias personalizadas ou trabalham em estreita colaboração com programadores terceirizados para desenvolver seu sistema.

Em geral isso requer mais esforço do que usando apenas o assistente da plataforma, mas permite maior grau de flexibilidade e os resultados podem ser mais gratificantes (infelizmente, não há nenhuma estratégia de investimento perfeita que garanta sucesso).

Uma vez que as regras sejam estabelecidas, o computador pode monitorar os mercados para encontrar oportunidades de compra ou de venda baseadas nas especificações da estratégia de negociação.

Dependendo das regras específicas, assim que uma operação for colocada, todas as ordens de proteção para *stopar* as perdas ou *stops* móveis como *trailing stops* e metas de lucro serão geradas de maneira automática. Em mercados que oscilam rapidamente, essas ordens de proteção instantânea podem significar a diferença entre uma pequena perda e uma perda catastrófica no caso de uma operação se mover contra o *trader*.

## 26.8 RELATÓRIO DE TESTES DE UM *TRADING SYSTEM*

| Quadro 26.1 Dois exemplos de estatísticas de testes de um *trading system* | | | |
|---|---|---|---|
| Negociações: | 50 | Fator de recuperação: | 28,78 |
| Negociações com lucro: | 48 (96,00%) | Negociações de posição comprada: | 50 (100,00%) |
| Negociações com prejuízo: | 2 (4,00%) | Negociações de posição vendida: | 0 (0,00%) |
| Melhor negociação: | 760.00 BRL | Fator de lucro: | 29,78 |
| Pior negociação: | −107.50 BRL | Resultado esperado: | 123.76 BRL |
| Lucro bruto: | 6403.00 BRL (1962 pips) | Lucro médio: | 133.40 BRL |
| Perda bruta: | −215.00 BRL (214 pips) | Perda média: | −107.50 BRL |
| Máximo de vitórias consecutivas: | 43 (5860.00 BRL) | Máximo de perdas consecutivas: | 2 (−215.00 BRL) |
| Máximo lucro consecutivo: | 5860.00 BRL (43) | Máxima perda consecutiva: | −215.00 BRL (2) |
| Índice Sharpe: | 0,79 | Crescimento mensal: | 4,36% |
| Atividade de negociação: | 100.00% | Algotrading: | 0% |
| Depósito máximo carregado: | 62,98% | | |

Fonte: MetaTrader.

Capítulo 26 ▪ *Trading systems* e os robôs de investimentos    577

## Quadro 26.2    Exemplo de resultados completos de um *trading system*

| | | | | | |
|---|---|---|---|---|---|
| Broker: | **XP Investimentos CCTVM S/A** | | | | |
| Currency: | **BRL** | | | | |
| Initial Deposit: | **10.000,00** | | | | |
| Leverage: | **1:1** | | | | |

**Results**

| | | | | | |
|---|---|---|---|---|---|
| History Quality: | **96%** | | | | |
| Bars: | **6.785** | Ticks: | **538.715** | Symbols: | **1** |
| Total Net Profit: | **10.940,00** | Balance Drawdown Absolute: | **1.525,00** | Equity Drawdown Absolute: | **1.620,00** |
| Gross Profit: | **49.590,00** | Balance Drawdown Maximal: | **2.715.00 (17,00%)** | Equity Drawdown Maximal: | **3.010.00 (18,54%)** |
| Gross Loss: | **−38.650,00** | Balance Drawdown Relative: | **22,14% (2.410,00)** | Equity Drawdown Relative: | **24,91% (2.780,00)** |
| | | | | | |
| Profit Factor: | **1,28** | Expected Payoff: | **23,89** | Margin Level: | |
| Recovery Factory: | **3,63** | Sharpe Ratio: | **0,09** | Z-Score: | **0,45 (34,73%)** |
| AHPR: | **018 (0,18%)** | LR Correlation: | **0,91** | OnTester result: | **0** |
| GHPR: | **016 (0,16%)** | LR Standard Error: | **1.411,11** | | |
| | | | | | |
| Correlation (Profits, MFE): | **0,82** | Correlation (Profits, MAE): | **0,49** | Correlation (MFE, MAE): | **0,40** |
| Minimal position holding time: | **0:01:00** | Maximal position holding time: | **7:45:00** | Average position holding time: | **3:34:18** |
| | | | | | |
| Total Trades: | **458** | Short Trades (won %): | **233 (46,78%)** | Long Trades (won %): | **225 (39,56%)** |
| Total Deals: | **748** | Profit Trades (% of total): | **198 (43,23%)** | Loss Trades (% of total): | **260 (56,77%)** |
| | | Largest profit trade: | **800,00** | Largest loss trade: | **−200,00** |
| | | Average profit trade: | **250,45** | Average loss trade: | **−148,65** |
| | | Maximum consecutive wins ($): | **6 (2.890,00)** | Maximum consecutive losses ($) | **14 (−2.125,00)** |
| | | Maximal consecutive profit (count): | **2.890,00 (6)** | Maximal consecutive loss (count) | **−2.125,00 (14)** |
| | | Average consecutive wins: | **2** | Average consecutive losses: | **2** |

Fonte: MetaTrader.

No relatório de testes estarão disponíveis os seguintes indicadores:

- Depósito inicial (*Initial Deposit*): depósito inicial para testar.
- Broker: sua corretora.
- Lucro líquido (*Total Net profit*): resultado financeiro de todas as operações. Esse indicador representa a diferença entre Lucro bruto e Perda bruta.
- Lucro bruto (*Gross Profit*): soma de todas as operações de lucro em unidades monetárias.
- Perda bruta (*Gross Loss*): soma de todas as operações de perda em unidades monetárias.
- Máximo valor de perda absoluta do saldo (*Balance Drawdown Absolute*): queda do saldo abaixo do valor do depósito inicial.

- *Drawdown* máximo do saldo (*Balance Drawdown Maximal*): a maior queda no saldo na moeda de depósito e na porcentagem do depósito.
- Rentabilidade (*Profit Factor*): relação entre o lucro bruto e a perda bruta. A unidade indica que a soma dos lucros é igual à soma das perdas.
- Fator de recuperação (*Recovery Factor*): esse indicador reflete o risco da estratégia, ou seja, quanto o *trading system* arrisca para receber lucro. É calculado como a relação entre lucro recebido e *drawdown* máximo.
- Retorno esperado (*Expected Payoff*): esse indicador, calculado estatisticamente, reflete rentabilidade/perda esperada média de um sistema. Você também pode considerar que ele reflete a rentabilidade/perda presumível da operação seguinte.
- Coeficiente Sharpe (*Sharpe Ratio*): esse indicador caracteriza a eficácia e a estabilidade da estratégia. Ele exibe a correlação entre a média aritmética do lucro, durante o tempo de retenção da posição, e o seu desvio-padrão. Além disso, aqui se tem em conta o valor da taxa livre de risco, que é o lucro acumulado do montante no depósito bancário.
- Z-Score: teste em série (probabilidade de correlação entre negociações). O teste em série serve para medir o grau de correlação entre negociações e permite que você avalie quão consecutivos ou aleatórios são os períodos de ganhos ou perdas do histórico de negociação. A existência de uma dependência permite aplicar os métodos de gestão de capital e/ou alterar o algoritmo do sistema de negociação para maximizar os lucros e/ou eliminar a dependência. A ocultação da dependência real e a revelação errônea de uma dependência inexistente entre negociações são igualmente perigosas. O Z-score exibe o desvio em relação a uma distribuição normal em sigmas. Um valor superior a 3 indica que após um ganho se segue uma perda com uma probabilidade de 3 sigmas (99,67%). Um valor inferior a –3 indica que depois de um ganho se segue outro ganho, também com uma probabilidade de 3 sigmas (99,67%).
- Total de *trades*: número total de *trades* (negociações com as quais foram fixados lucros ou perdas).
- Operações vendidas (% de ganhos) (*Short Trades (won %)*): número de negociações com lucros de vendas e porcentagem de rentabilidade de operações vendidas.
- Operações compradas (% de ganhos) (*Long Trades (won %)*): número de negociações com lucros de vendas e porcentagem de rentabilidade de operações compradas.

- Operações rentáveis (% de todos) (*Profit Trades (% of total)*): número de negociações rentáveis e sua renda em total de *trades*, representada em porcentagem.
- *Trades* desfavoráveis (% do total) (*Loss Trades (% of total)*): número de negociações desfavoráveis e sua parte em total de trades, representada em porcentagem.
- *Trade* mais rentável (*Largest profit trade*): o maior lucro entre todas as negociações rentáveis.
- *Trade* mais desfavorável (*Largest loss trade*): a maior perda entre todas as negociações desfavoráveis.
- *Trade* rentável médio (Average profit trade): média do lucro por negociação (soma do lucro dividida pelo número de operações rentáveis).
- *Trade* desfavorável médio (*Average loss trade*): média da perda por negociação (soma das perdas dividida pelo número de operações desfavoráveis).
- Máximo de ganhos consecutivos ($) (*Maximum consecutive wins ($)*): a mais longa série de negociações rentáveis e a soma dos seus ganhos.
- Máximo de perdas consecutivas ($) (*Maximum consecutive losses ($)*): a mais longa série de negociações desfavoráveis e a soma das suas perdas.
- Máximo de lucros consecutivos (número de ganhos) (*Maximal consecutive profit (count)*): máximo de lucros por série de negociações rentáveis e o número correspondente de operações rentáveis.
- Máximo de perdas consecutivas (número de perdas) (*Maximal consecutive loss (count)*): máximo de perdas por série de negociações desfavoráveis e o número correspondente de operações desfavoráveis.
- Média de ganhos consecutivos (*Average consecutive wins*): média de negociações rentáveis em séries rentáveis consecutivas.
- Média de perdas consecutivas (*Average consecutive losses*): média de negociações desfavoráveis em séries desfavoráveis consecutivas.
- *Correlation (Profits*, MFE): correlação entre os resultados das posições e o MFE (*Maximum Favorable Excursion* – tamanho máximo do lucro potencial observado durante a retenção da posição). Cada posição no período entre a abertura e o fechamento atingiu um máximo de lucro e de perda. O MFE mostra o lucro em um movimento favorável da direção do preço. A cada posição fechada corresponde um resultado dessa posição e dois indicadores – MFE e MAE (*Maximum Adverse Excursion* – perda máxima potencial observada durante a retenção da posição). Assim, podemos traçar cada posição numa área, onde o eixo X é o MFE e o eixo Y é o resultado da

posição. Quanto mais próximo o resultado da posição estiver do valor MFE, melhor foi usado o movimento do preço em uma direção favorável. A linha reta no gráfico mostra a aproximação da função Profit=A*MFE+B. O indicador *Correlation* (*Profits*, MFE) permite avaliar a relação entre os lucros/perdas obtidos e o MFE. Quanto mais próximo de 1 for esse valor, melhor serão posicionados na reta de aproximação. Quanto mais próximo de zero, menos importante será a relação. Acima de tudo, o MFE caracteriza a capacidade de perceber um lucro potencial.

- *Correlation* (Profits, MAE): relação entre os resultados das posições e o MAE (*Maximum Adverse Excursion*). Cada posição no período entre a abertura e o fechamento atingiu o máximo de lucro e de perda. O MAE mostra a perda em um movimento desfavorável da direção do preço. A cada posição fechada corresponde um resultado dessa posição e dois indicadores – MFE e MAE. Assim, podemos traçar cada posição numa área, onde o eixo X é o MAE e o eixo Y é o resultado da posição. Quanto mais próximo o resultado da posição estiver do valor MAE, melhor foi efetuada a proteção frente ao movimento do preço em uma direção desfavorável. A linha reta no gráfico mostra a aproximação da função Profit=A*MAE+B. O indicador *Correlation* (*Profits*, MAE) permite avaliar a relação entre os lucros/perdas obtidos e o MAE. Quanto mais próximo de 1 for esse valor, melhor serão posicionados na reta de aproximação. Quanto mais próximo de zero, menos importante será a relação. O MAE é caracterizado pelo *drawdown* obtido durante a vida da posição, bem como pelo uso do *stop loss* de proteção.

- *Correlation* (MFE, MAE): relação entre o MFE e o MAE. Mostra a correlação entre duas séries de características. Valor ideal 1 – tomamos o lucro máximo e protegemos, ao máximo, a posição ao longo da sua vida. Um valor próximo de zero indica que não há praticamente nenhuma relação.

- Tempo mínimo de retenção da posição: esse indicador mostra o período mínimo decorrido entre a abertura e o fechamento da posição durante o teste. O fechamento total da posição é considerado sua liquidação; o fechamento parcial e a mudança de posições não são tidos em conta.

- Tempo máximo de retenção da posição: esse indicador mostra o período máximo decorrido entre a abertura e o fechamento total da posição durante o teste.

- Tempo médio de retenção da posição: esse indicador mostra o tempo médio decorrido entre a abertura e o fechamento total da posição durante o teste.

## 26.8.1 Diagramas

No relatório de teste estão disponíveis os seguintes diagramas:

Gráfico 26.3   Número de entradas da estratégia por horas

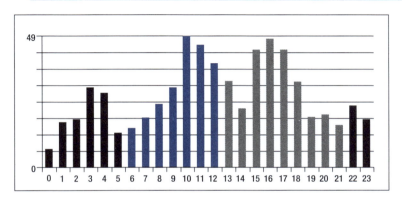

Fonte: MetaTrader.

Esse diagrama exibe a distribuição das operações de entrada no mercado (abertura, aumento e reversão de posições) por horas em dias. As cores das barras do diagrama denotam as sessões de negociação mundial: Asiática (preto), Europeia (azul) e americana (cinza).

Gráfico 26.4   Entradas por dias da semana

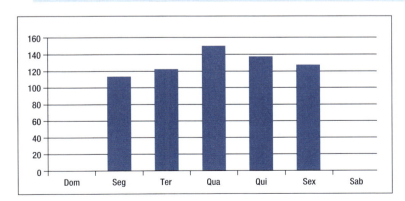

Fonte: MetaTrader.

Esse diagrama exibe a distribuição da quantidade das operações de entrada no mercado (abertura, aumento e reversão de posições) por dias da semana.

### Gráfico 26.5 Entradas por meses

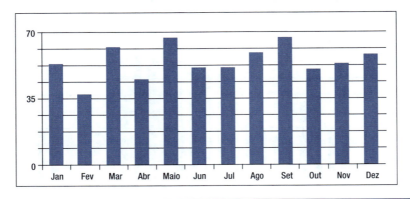

Fonte: MetaTrader.

Esse diagrama exibe a distribuição da quantidade das operações de entrada no mercado (abertura, aumento e reversão de posições) por meses.

### Gráfico 26.6 Lucros e perdas por horas

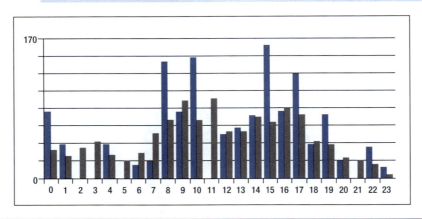

Fonte: MetaTrader.

Esse diagrama exibe a distribuição das operações de saída do mercado (abertura, aumento e reversão de posições) por horas em dias. As cores das barras do diagrama denotam as operações de lucro (azul) e de perda (cinza).

**Gráfico 26.7** Lucros e perdas por dias da semana

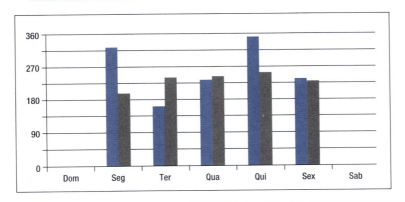

Fonte: MetaTrader.

Esse diagrama exibe a distribuição das operações de saída do mercado (abertura, aumento e reversão de posições) por dias da semana. As cores das barras do diagrama denotam as operações de lucro (azul) e de perda (cinza).

*Lucros e perdas por meses*

**Gráfico 26.8** Perdas e lucros por mês em uma estratégia automatizada aplicada do robô

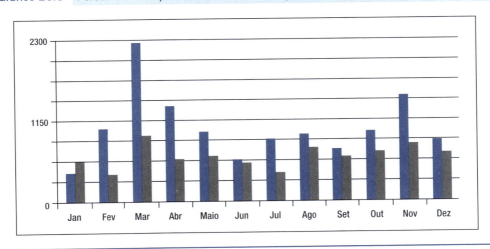

Fonte: MetaTrader.

Esse diagrama exibe a distribuição das operações de saída do mercado (abertura, aumento e reversão de posições) por meses. As cores das barras do diagrama denotam as operações de lucro (azul) e de perda (cinza).

**Gráfico 26.9** Distribuição de lucros e MFE

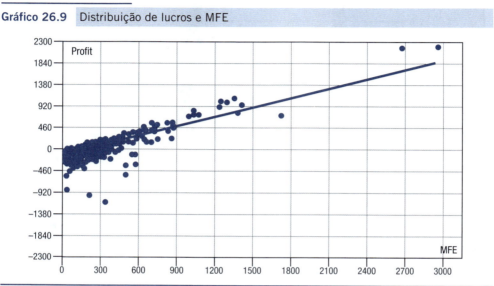

Fonte: MetaTrader.

No diagrama as posições na área MFE (*Maximum Favorable Excursion* – tamanho máximo do lucro potencial observado durante a retenção da posição) – estão representadas por uma distribuição de pontos. O valor de ambos os eixos está na moeda do depósito. Assim, para cada posição, vemos não apenas o valor de lucro adquirido, incluindo as *swaps* ao longo do eixo Y, mas também o lucro máximo possível no tempo de vida da posição. Isso permite avaliar quão bem protegido está o lucro de papel (ainda sem ser ganho).

Embora a própria distribuição de pontos ao longo do gráfico já dê uma imagem razoavelmente boa do sistema de negociação, para uma avaliação mais objetiva é exibida uma regressão linear, que é uma aproximação do método de quadrados mínimos. Idealmente a reta deve estar em um ângulo de 45 graus.

No diagrama as posições na área MAE (*Maximum Adverse Excursion* – perda máxima potencial observada durante a retenção da posição) – está representadas por uma distribuição de pontos. O valor de ambos os eixos estão na moeda do depósito. Assim, para cada posição, vemos não apenas o valor de lucro adquirido, incluindo as *swaps* ao longo do eixo Y, mas também o *drawdown* máximo no tempo de vida da posição. Isso permite avaliar a posição segundo o objeto de permanência demorada dos *drawdowns*.

**Gráfico 26.10** Distribuição dos lucros e MAE

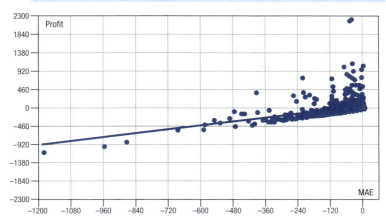

Fonte: MetaTrader.

Embora a própria distribuição de pontos ao longo do gráfico já dê uma imagem razoavelmente boa do sistema de negociação, para uma avaliação mais objetiva é exibida uma regressão linear, que é uma aproximação do método de quadrados mínimos. Quanto menos posições com grandes valores negativos X (MAE) houver, melhor. Isso também permite que você tome uma decisão baseada na análise gráfica da perda máxima tolerável, após a qual a probabilidade de receber lucro é muito pequena (se a análise for sobre uma moeda e em pontos).

**Gráfico 26.11** Distribuição de lucro e tempo de retenção da posição

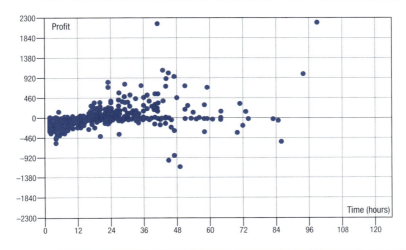

Fonte: MetaTrader.

586 ANÁLISE TÉCNICA DOS MERCADOS FINANCEIROS

Nesse diagrama as posições, na área Lucro – Tempo, estão representadas por uma distribuição de pontos. O diagrama exibe a dependência do tempo de vida da posição e do lucro recebido da posição fechada. Os valores no eixo de tempo podem ser ajustados em segundos, minutos ou horas, dependendo da escala necessária. O lucro é exibido na moeda do depósito. O tempo de vida da posição é calculado desde o momento da sua abertura até ao fechamento total. O fechamento total da posição é considerado sua liquidação; o fechamento parcial e a mudança de posições não são tidos em conta.

## 26.9 OTIMIZAÇÕES DE ESTRATÉGIAS

Otimização de estratégias é a execução repetida do seu *trading system* utilizando os dados históricos, com diferentes conjuntos de parâmetros, a fim de selecionar os melhores valores para estes parâmetros. Durante execuções repetidas ocorre a busca de combinações possíveis de parâmetros de entrada no *trading system* e a seleção das suas melhores combinações.

O teste de estratégias permite testar e otimizar estratégias de negociação antes de usá-las em uma negociação real.

Ao otimizar, a estratégia de negociação é iniciada várias vezes com diferentes conjuntos de parâmetros, permitindo que você selecione a sua combinação mais adequada.

A otimização consiste na pesquisa dos valores e combinações possíveis de parâmetros de entrada para obter o melhor resultado, ou seja, o maior lucro com a menor perda possível.

Por exemplo, você pode explorar o trabalho do *expert* com diferentes distâncias de colocação de ordens *stop loss* e *take profit*, com os diferentes períodos da média móvel usada para análise do mercado e tomada de decisões etc.

Para cada otimização serão exibidos os seguintes indicadores:

- Passagem: número de cada passagem, que representa cada cálculo usando cada variação de variável do valor inicial até o valor final estabelecido para o teste.
- Resultado: valor total do parâmetro que é o critério de otimização (por exemplo, o saldo máximo de lucro menos perdas) segundo o qual são selecionadas as melhores passagens.
- Lucro: ganhos/perdas baseados nos resultados da passagem.

Capítulo 26 ▪ *Trading systems* e os robôs de investimentos   587

- Total de *trades*: número total de *trades* (negociações que trouxeram lucro ou prejuízo) efetuados nessa passagem.
- Rentabilidade: relação entre o lucro bruto e a perda bruta em porcentagem. A unidade significa que a soma dos lucros é igual à soma das perdas.
- Retorno esperado: indicador calculado estatisticamente que reflete a rentabilidade média do lucro/perda de uma única negociação.
- *Drawdown*: diferencial relativo de fundos, perda máxima em porcentagem frente ao valor máximo dos fundos.
- Fator de recuperação (*recovery factor*): esse indicador reflete o risco da estratégia e a soma que o *trading system* arriscou para receber lucro. É calculado como a relação entre lucro recebido e *drawdown* máximo.
- Coeficiente de *Sharpe* (*Sharpe ratio*): esse indicador caracteriza a eficácia e a estabilidade da estratégia. Ele exibe a correlação entre a média aritmética do lucro, durante o tempo de retenção da posição, e o seu desvio-padrão. Além disso, aqui se tem em conta o valor da taxa livre de risco, que é o lucro acumulado do montante no depósito bancário.
- Parâmetro(s) otimizado(s): além dos indicadores estatísticos, são exibidos os valores das variáveis de entradas definidas para essa passagem.

## 26.10  VANTAGENS DE SISTEMAS AUTOMÁTICOS DE *TRADING*

Há uma longa lista de vantagens em ter um computador para monitorar oportunidades nos mercados e executar as operações, incluindo:

- Minimizar emoções. Sistemas de negociação automatizados minimizam emoções ao longo do processo de negociação. Ao manter as emoções sob controle, os *traders* em geral conseguem mais facilmente seguir seu plano. Desde que ordens de negociação sejam executadas de maneira automática uma vez que as regras de negociação sejam cumpridas, os *traders* não poderão hesitar ou questionar a operação. Além de ajudar os *traders* que têm medo de "puxar o gatilho", a negociação automatizada pode refrear aqueles que estão aptos à superprodução ou até a consideram uma mera jogatina – compra e venda em todas as oportunidades percebidas.
- Capacidade de *backtest*. *Backtesting* aplica regras de negociação com os dados históricos do mercado para determinar a viabilidade da ideia. Ao projetar um sistema de negociação automática, todas as regras precisam ser

absolutas, sem margem para interpretação (o computador não pode fazer suposições – pois tem de ser dito exatamente o que fazer). Os *traders* podem tomar esses conjuntos de regras precisas e testá-los em dados históricos antes de arriscar o dinheiro na negociação ao vivo. Cuidar do *backtesting* permite que os *traders* avaliem e ajustem uma ideia de negociação e determinem a expectativa do sistema – o valor médio que um *trader* pode esperar ganhar (ou perder) por unidade de risco.

- Manter a disciplina. Porque as regras operacionais são estabelecidas e a execução de operação é realizada automaticamente, a disciplina é preservada mesmo em mercados voláteis. Disciplina é muitas vezes perdida em decorrência de fatores emocionais como o medo de assumir uma perda, ou o desejo de ganhar um pouco mais de lucro de um *trade*. A negociação automática ajuda a garantir que a disciplina seja mantida porque o plano de negociação vai ser seguido à risca. Além disso, o erro operacional é minimizado e uma ordem para comprar 100 ações não será digitada incorretamente como uma ordem para vender 10 mil ações.

- Ter consistência e coerência. Um dos maiores desafios na negociação é planejar a operação e executar o plano com um ponto de entrada, um objetivo de saída e um *stop loss*. Mesmo que um plano de negociação tenha potencial para ser rentável, os *traders* que menosprezam ou alteram regras como controle de risco e as relações entre risco e retorno prejudicam uma eventual esperança matemática[3] positiva que o sistema poderia ter. Não existe tal coisa como um plano de negociação que ganhe 100% do tempo – as perdas são parte do jogo. Mas as perdas podem ser psicologicamente traumatizantes. Sendo assim, um *trader* que tem duas ou três operações perdedoras seguidas pode decidir ignorar a próxima oportunidade de negociação e desligar o sistema. Se essa próxima operação fosse vencedora, o *trader* já teria destruído qualquer esperança matemática positiva que o sistema tivesse. Sistemas de negociação automatizados permitem que os *traders* atinjam consistência no plano de negociação. (É impossível evitar o desastre sem regras de negociação.)

- Melhorar a velocidade das ordens de entrada. Desde que os computadores respondam imediatamente às mudanças do mercado, os sistemas automatizados são capazes de gerar ordens tão logo critérios operacionais

---

3   Fórmula da Esperança Matemática: probabilidade de ganhar vezes o valor do ganho menos a probabilidade de perder vezes o valor da perda.

sejam atendidos. Entrar ou sair de uma operação alguns segundos mais cedo pode fazer uma grande diferença em seu. Assim que uma posição é inserida, todas as outras ordens são geradas automaticamente, incluindo perdas de parada de proteção e metas de lucro. Os mercados podem mover-se rapidamente, e é desmoralizante uma operação alcançar a meta de lucro ou estourar um nível de *stop loss* antes de as ordens serem inseridas. Um sistema de negociação automática impede que isso aconteça.

- Diversificar as operações. Sistemas de negociação automatizados permitem que cada usuário opere contas múltiplas ou várias estratégias ao mesmo tempo. Isso tem o potencial de se dividir e espalhar seu risco pelos mais diversos instrumentos, criando um *hedge* contra as posições perdedoras. O que seria extremamente difícil para um ser humano realizar de modo eficiente é executado por um computador em questão de milésimos de segundo. O computador é capaz de digitalizar para oportunidades comerciais através de uma variedade de mercados, gerar ordens e monitorar operações.

- Escolher e testar um *trader* robô pronto de um terceiro. Sem precisar programar nada, apenas fazendo as configurações ou pedindo ao desenvolvedor que as faça, é possível para qualquer pessoa assinar um robô de um terceiro. Nele você poderá testar, simular e até operar de verdade em sua corretora.

## 26.11 DESVANTAGENS E REALIDADES DOS SISTEMAS DE NEGOCIAÇÃO AUTOMATIZADOS

Sistemas de negociação automatizados gabam-se de muitas vantagens, mas há também algumas desvantagens e realidades de que os *traders* devem estar cientes.

- Falhas mecânicas. A teoria por trás de negociação automática faz parecer simples: configurar o software, programar as regras e vê-lo em operação. Na realidade, porém, a negociação automática é um método sofisticado de negociação, ainda não infalível. Dependendo da plataforma de negociação, uma ordem de operação poderia residir em um computador – e não em um servidor. Isso significa que, se a conexão à internet for perdida, uma ordem pode não ser enviada para o mercado. Também pode haver uma discrepância entre os "*trades* teóricos" gerados pela estratégia e o componente da plataforma de entrada que os transforma em operações reais. A maioria dos *traders* deve esperar uma curva de aprendizagem ao utilizar sistemas de negociação automatizados, e é geralmente uma boa ideia começar com tamanhos de operação reduzidos enquanto o processo é refinado.

- Monitoramento. Embora pudesse ser ótimo ligar o computador e depois sair para o parque ou para a praia, os sistemas de negociação automatizados exigem acompanhamento. Isso é devido ao potencial de falhas mecânicas, tais como problemas de conectividade, perdas de energia ou falhas no computador e peculiaridades do sistema. É possível para um sistema comercial automatizado experimentar anomalias que poderiam resultar em ordens erradas, falta de ordens, ou ordens duplicadas. Se o sistema for monitorado, esses acontecimentos podem ser identificados e resolvidos rapidamente.

- Otimização em excesso. Apesar de não serem específicos para sistemas de negociação automatizados, os *traders* que empregam técnicas de *backtesting* podem criar sistemas que sejam ótimos no papel, mas que têm performance terrível em um mercado ao vivo. *Over* otimização refere-se à excessiva curva apropriada que produz um plano de negociação que não é confiável em negociações ao vivo. É possível, por exemplo, ajustar uma estratégia para alcançar resultados excepcionais sobre os dados históricos em que foram testados. Os *traders*, por vezes incorretamente, pressupõem que um plano de negociação deve ter perto de 100% de operações rentáveis ou que nunca devam experimentar uma perda enorme para ser considerado um plano viável. Como tal, os parâmetros podem ser ajustados para criar um plano "quase perfeito" – que falha completamente, logo que seja aplicado a um mercado real ao vivo. (Essa *over* otimização cria sistemas que ficam bem apenas no papel.)

## 26.12 CONCLUSÃO

Apesar de apelar para uma variedade de fatores, os sistemas de negociação automatizados não devem ser considerados substitutos para uma negociação cuidadosamente executada. Falhas mecânicas podem acontecer, e, como tal, esses sistemas exigem monitoramento. Plataformas baseadas em servidor (na nuvem) podem fornecer uma solução para os *traders* que desejam minimizar os riscos de falhas mecânicas.

# Capítulo 27

# O Método Wyckoff – Negocie com os tubarões (não contra)!

"Ouça o que o mercado está dizendo sobre os outros, não o que os outros estão dizendo sobre o mercado."

"Não espere que o mercado se comporte exatamente da mesma maneira duas vezes. O mercado é um artista, não um computador. Tem um repertório de padrões básicos de comportamentos que sutilmente se modifica, se combina e aparece inesperadamente para seu público. Um mercado de negociação é uma entidade com mente própria."

Richard Demille Wyckoff

"Metade do povo mente com os lábios; a outra metade com suas lágrimas."

Nassim Nicholas Taleb

Richard Demille Wyckoff (1873-1934) é considerado um dos cinco "titãs" da análise técnica, junto com Dow, Gann, Elliott e Merrill.

Wyckoff era um ávido estudante dos mercados, bem como um *trader* leitor de fitas ativo (literalmente ele fazia *tape reading*[1] na década de 1920). Ele observou vários investidores de varejo sendo repetidamente escalpelados. Consequentemente, dedicou-se a instruir esse público sobre "as verdadeiras regras do jogo" jogado pelos grandes *players*, ou o "dinheiro inteligente".

---

1  A leitura de fita é uma técnica antiga que os *day traders* usavam para analisar o preço e o volume de uma determinada ação. De aproximadamente a década de 1860 até a década de 1960, os preços das ações eram transmitidos por linhas telegráficas em fitas que incluíam um símbolo, preço e volume.

592  ANÁLISE TÉCNICA DOS MERCADOS FINANCEIROS

Wyckoff analisou, observou e entrevistou lendários operadores de ações de seu tempo, incluindo JP Morgan e Jesse Livermore, e compilou as melhores práticas, em leis, princípios e técnicas de metodologia de negociação, gestão de dinheiro e disciplina mental. De fato o livro de Edwin Lefevre, *Reminiscências de um Especulador Financeiro* dedicado a Jesse Livermore, é um excelente modelo do Homem Composto criado por Wyckoff.

Este método continua mais atual do que nunca e é de grande valia para os analistas, por isso resolvemos incluí-lo neste livro.

## 27.1 AS TRÊS LEIS DE WYCKOFF

A metodologia baseada em gráficos de Wyckoff apoia-se em três "leis" fundamentais que afetam muitos aspectos da análise. Isso inclui determinar o viés direcional atual e potencial futuro do mercado e dos ativos individuais, selecionar os melhores ativos para comprar ou vender, identificar a prontidão de um ativo para sair de uma faixa de negociação e projetar objetivos de preço em uma tendência a partir do comportamento de uma ação em um faixa de negociação. Essas leis formam a análise de cada gráfico e a seleção de cada ativo para negociação.

### 27.1.1  A lei da oferta e da procura determina a direção dos preços

Esse princípio central do método de Wyckoff afirma que quando a demanda é maior que a oferta, os preços subirão (pois o investidor terá de oferecer um valor maior, encarecendo o ativo), e quando a oferta for maior que a demanda, os preços cairão. Aqui, o analista estuda a relação entre oferta × demanda usando preço e volume ao longo do tempo, conforme encontrado em um gráfico.

Apesar de ser aparentemente simples, essa lei requer muita prática a fim de se avaliarem corretamente a oferta e a demanda.

### 27.1.2  A lei de causa e efeito

Postula que para ter um efeito sobre você deve primeiro ter uma causa, e esse efeito será proporcional à causa.

A causa é um acumulo visível de volume de ativos em condição de demanda ou uma distribuição em condição de oferta. Em outras palavras, causa e efeito são a troca do dinheiro das mãos fortes (Homem Complexo) para as mãos fracas e das mãos fracas para as mãos fortes. O efeito obtido sempre estará em proporção direta à causa e isso não acontece da noite para o dia, ou seja isso demora a ocorrer.

Capítulo 27 ▪ O Método Wyckoff – Negocie com os tubarões (não contra)!   593

Pelo método, o investidor, por meio do uso de gráfico de ponto e figura, poderá definir os objetivos de preço, medindo a extensão potencial de uma tendência emergente – para baixo ou para cima – de uma faixa de negociação.

### 27.1.3  A lei do esforço *versus* resultado

Fornece um alerta antecipado de uma possível mudança de tendência no futuro próximo. Divergências e desarmonias entre volume e preço muitas vezes pressagiam uma mudança na direção da tendência dos preços.

Em termos da lei do esforço *versus* resultado, o resultado é o que acontece com o preço, mas é o volume que produz o esforço. Sem esforço não pode haver resultado.

Quando a quantidade de esforço e a extensão do resultado não estão em harmonia, ocorrem divergências, levando-nos a crer que algo está errado. Caso contrário, temos um mercado equilibrado quando o esforço é harmônico em relação resultado.

## 27.2  UMA ABORDAGEM DE MERCADO EM CINCO ETAPAS

O Método Wyckoff envolve uma abordagem de cinco etapas para a seleção de ativos e entrada na negociação, que foi adaptada por Hank Pruden em *The Three skills of Top Trading: behavioral systems building, pattern recognition and mental state management* e que pode ser resumida da seguinte forma:

1. **Determinar a posição atual e a provável tendência futura do mercado como um todo**.

   *O mercado está se consolidando ou em tendência? Sua análise da estrutura de mercado, oferta e demanda indica a direção provável no futuro próximo? Você vai estar fora ou dentro do mercado? Estando dentro, vai estar comprado ou vendido?*

   Use gráficos de *candles*/gráficos de pontos e figuras dos principais índices de mercado para este passo.

2. **Selecionar ativos em harmonia com a tendência**. Defina a força do ativo. Em uma tendência de alta, selecione ações que são mais fortes que o mercado, ou seja que possua uma força relativa maior que o índice. Por exemplo, procure ações que demonstrem aumentos percentuais maiores do

que o mercado durante as altas e quedas menores durante as reações. Para uma tendência de baixa, faça o contrário: escolha as piores ações em relações ao índice de mercado. Se você ficar na dúvida em um ativo, deixe-o de lado e passe para o próximo. Use gráficos de *candles* de ações individuais para comparar com os dos índices de mercado mais relevantes para o passo 2.

3. **Selecionar ativos com uma "causa" igual ou superior ao seu objetivo mínimo**. Um componente crítico da seleção e gerenciamento de negociações de Wyckoff foi seu método exclusivo de identificar alvos de preços usando projeções de ponto e figura (P&F) para compras e vendas. Portanto, se você planeja assumir posições compradas, escolha ações que estejam acumuladas ou reacumuladas e tenham construída uma causa suficiente para satisfazer seu objetivo. A etapa 3 baseia-se no uso de gráficos de ponto e figura de ações individuais.

4. **Determinar se os ativos estão prestes a se mover**. Faça testes de compra ou venda (veja mais no item 27.9). Por exemplo, em uma faixa lateral de negociação após uma alta prolongada, os testes de venda sugerem que uma oferta significativa está entrando no mercado e que uma posição vendida pode ser justificada? Ou em uma aparente faixa de negociação de acumulação, os testes de compra indicam que a oferta foi absorvida com sucesso, como evidenciado ainda por um baixo volume e um teste de volume ainda mais baixo? Use gráficos de barras e gráficos de pontos e figuras de ações individuais para a Etapa 4.

5. **Entrar na posição em conjunção com uma virada simultânea no índice do mercado de ações**. O último passo é puramente relacionado ao timing. Três quartos ou mais dos ativos se movem em harmonia com o mercado geral, então você aumenta as chances de uma negociação bem-sucedida tendo o poder do mercado geral como seu aliado. Por exemplo, um *trader* pode comparar o movimento do preço de uma ação em relação ao Índice Bovespa. Vale destacar que esse método funciona melhor com ativos que

se movem junto com o mercado ou índice geral. Nas criptomoedas, essa correlação nem sempre existe. Não se esqueça de usar *stop loss* e, em seguida, monitorar o mercado até fechar a posição. Use gráficos de barras e de pontos e figuras para esta Etapa 5.

## 27.3 O "HOMEM COMPLEXO" DE WYCKOFF

O Wyckoff reconheceu que o dinheiro inteligente entra nos mercados quase simultaneamente. Para fins educacionais, Wyckoff criou o "Homem Complexo", formado pelo grupo que tem o verdadeiro poder sobre o mercado: bancos, corretoras, market-makers, fundos de pensão, fundos de investimentos e gestores de recursos.

Ele aconselhou os *traders* de varejo a tentar jogar o jogo do mercado da forma como o Homem Complexo joga. Na verdade, ele chegou a afirmar que não importa se os movimentos do mercado "*são reais ou artificiais; isto é, reais se realizadas pelo público e por investidores de boa-fé ou artificiais se feitas por grandes operadores*".

Segundo Hank Pruden, em *The Three skills of Top Trading: behavioral systems building, pattern recognition and mental state management*, com base em seus anos de observações de grandes operadores no mercado, Wyckoff concluiu que:

* O Homem Complexo planeja, executa e conclui cuidadosamente suas campanhas.
* O Homem Complexo atrai o público para comprar um ativo na qual ele já acumulou uma posição considerável envolvendo muitas transações, com efeito, anunciando suas ações criando a aparência de um "mercado amplo".
* Devem-se estudar gráficos de ativos individuais com o objetivo de julgar o comportamento do ativo e quais os "motivos" dos grandes operadores que o dominam.

Wyckoff e seus discípulos acreditavam que se alguém pudesse entender o comportamento de mercado do Homem Complexo, seria possível identificar muitas oportunidades de investimentos com antecedência suficiente para lucrar com elas.

**Figura 27.1** Esquema Homem Complexo e o público

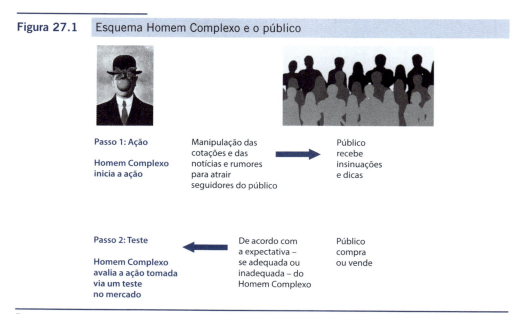

Fonte: elaborada por Hank Pruden em *The Three skills of Top Trading: behavioral systems building, pattern recognition and mental state management* e adaptada pelo autor.

## 27.4 CICLO DE PREÇOS WYCKOFF

De acordo com Wyckoff, o mercado pode ser entendido e antecipado por meio de análises detalhadas da oferta e demanda, que podem ser verificadas a partir do estudo da ação do preço, do volume e do tempo.

Como corretor, ele observava as atividades de clientes e grupos altamente bem-sucedidos que dominavam o mercado; consequentemente, ele foi capaz de decifrar, através do uso de gráficos, as intenções futuras desses grandes *players*.

Um esquema idealizado de como ele conceituou a preparação dos grandes *players* e a execução dos mercados de alta e baixa está representado na Figura 27.2. O momento para compras é no final da acumulação para um mercado de alta (depois de acumular grandes quantidades de ativo), enquanto o momento para iniciar posições vendidas é no final da distribuição.

**Figura 27.2** Esquema Wyckoff idealizado

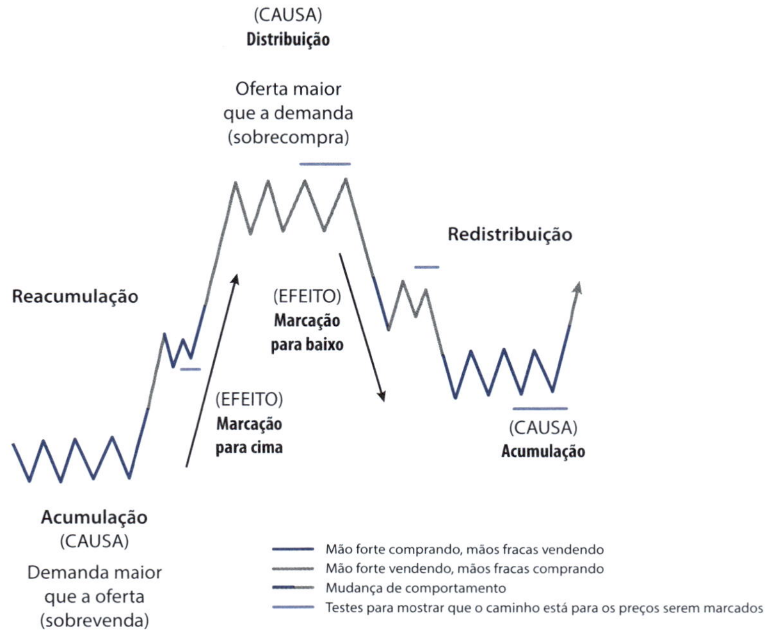

(CAUSA)
**Distribuição**

Oferta maior
que a demanda
(sobrecompra)

**Redistribuição**

**Reacumulação**

(EFEITO)
**Marcação
para baixo**

(EFEITO)
**Marcação
para cima**

(CAUSA)
**Acumulação**

**Acumulação**
(CAUSA)

Demanda maior
que a oferta
(sobrevenda)

— Mão forte comprando, mãos fracas vendendo
--- Mão forte vendendo, mãos fracas comprando
— Mudança de comportamento
— Testes para mostrar que o caminho está para os preços serem marcados

Fonte: elaborada pelo autor.

## 27.5 AS FASES DE WYCKOFF

### 27.5.1 A fase de acumulação

Nesta fase, há uma alta oferta com baixa demanda. O efeito da alta oferta aliada a baixa demanda são preços baixíssimos. Essa fase ocorre no fundo de um mercado de baixa desagradável. Normalmente, por causa da desaceleração, o ativo tornou-se odiado e o investidor de varejo médio está com muito medo de tocá-lo. É quando o dinheiro inteligente entra. Wyckoff ensinou o público em geral a entrar no mercado durante as fases de acumulação.

### 27.5.2 A fase de marcação para cima

Esta fase ocorre quando a oferta de um ativo foi diminuída pela compra silenciosa do Homem Complexo. A demanda então aumenta quando os investidores de varejo começam a perceber a subida do ativo. Com essa nova demanda de compras, o preço sobe e inicia a primeira "pernada" para cima de um mercado em alta.

## 27.5.3 A fase de distribuição

Durante esta fase, a demanda permanece a mesma, enquanto a oferta aumenta. Isso faz com que os preços comecem a se estabilizar enquanto o Homem Complexo "distribui" seus ativos nas mãos dos investidores de varejo. É muito comum que o investidor comum entre no mercado nesse momento e seja tosquiado.

## 27.5.4 A fase de marcação para baixo

Durante a fase de marcação para baixo, a oferta está em alta, o que significa que os vendedores superam os compradores e os investidores estão em pânico para sair do mercado. Esta é a fase em que um ativo muda de curso e entra em uma tendência de baixa, ou mercado de baixa. No momento em que isso ocorre, o Homem Complexo já obteve seus lucros com alguns ganhos robustos.

**Figura 27.3** Fases do mercado e o volume

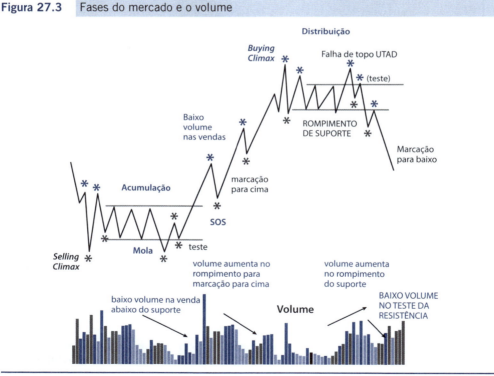

Fonte: elaborada pelo autor.

A fases de reacumulação e redistribuição estão sinalizadas na Figura 27.4 com as possíveis entradas na compra e na venda. Os acrônimos serão explicados mais adiante.

**Figura 27.4** Esquema Wyckoff com fases de reacumulação e redistribuição e possíveis entradas

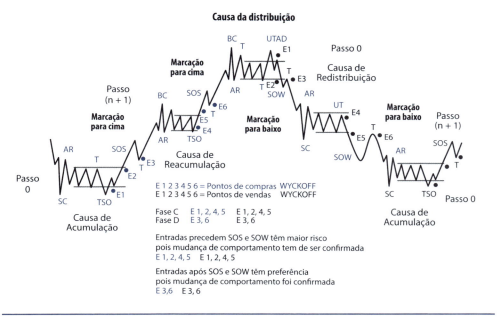

Fonte: elaborada pelo autor.

## 27.6 ANÁLISES DE FAIXAS DE NEGOCIAÇÃO

Em *How I Trade and Invest in Stocks and Bonds*, Richards Wyckoff explica que as faixas de negociação FN são locais onde a tendência anterior (para cima ou para baixo) foi interrompida e existe um equilíbrio relativo entre oferta e demanda. Nela, o Homem Complexo se prepara para sua próxima jornada de alta (ou baixa) à medida que acumula (ou distribui) ativos dentro das faixas FN.

Tanto nas FNs de acumulação quanto de distribuição, o Homem Complexo está ativamente comprando e vendendo – a diferença é que, na acumulação, os ativos comprados superam os vendidos, enquanto na distribuição o oposto é verdadeiro. A extensão da acumulação ou distribuição determina a causa que se desdobra na saída subsequente da FN.

O grande diferencial do método Wyckoff está em identificar as mudanças de características de mercado. Quando você consegue identificar e antecipar essas mudanças, o cenário ficará mais claro para tomar suas posições. Um analista de Wyckoff bem-sucedido deve ser capaz de antecipar e julgar corretamente a direção e a magnitude da saída de uma FN.

O Método Wyckoff estabelece critérios objetivos para identificar e demarcar as fases e os eventos dentro de uma FN, que, por sua vez, fornecem a base para estimar os objetivos de preço na tendência subsequente.

Estes critérios são ilustrados nos esquemas a seguir, representando FNs de acumulação, seguido, por exemplo, de FNs de distribuição. Os esquemas a seguir foram adaptados do livro *The Three skills of Top Trading: behavioral systems building, pattern recognition and mental state management*, de Hank Pruden.

## 27.6.1 Esquema Wyckoff para Acumulação[2]

**Figura 27.5**   Esquema Wyckoff para Acumulação[3]

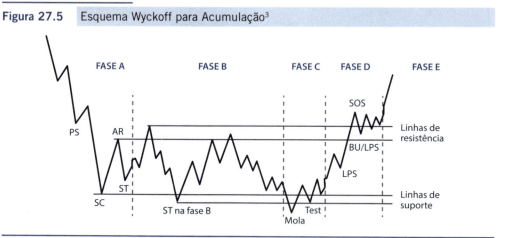

Fonte: Stockarts.com e WyckoffAnalytics.com.

---

[2] Estes esquemas foram criados por Roman Bogomazov, editados por Henry Pruden e adaptados pelo autor.

[3] Siglas traduzidas do inglês: Preliminary Support (PS), Selling Climax (SC), Automatic Rally (AR) e Secondary Test (ST).

**PS – Suporte Preliminar**, onde compras substanciais começam a fornecer suporte pronunciado após uma queda prolongada. O volume aumenta e a volatilidade (com máxima e mínimas muito distantes) de preços aumenta, sinalizando que o movimento de baixa pode estar chegando ao fim.

**SC – Clímax de vendas**, o ponto em que o aumento da volatilidade (com longas barras/velas mostrando oscilação) e a pressão de venda geralmente atingem o máximo e as vendas pesadas ou em pânico pelo público estão sendo absorvidas por *players* profissionais maiores no fundo ou perto dele. Muitas vezes o preço fechará bem longe da mínima em um SC, refletindo a compra por esses grandes *players*.

**AR – Rali automático**, que ocorre porque a pressão de venda intensa diminuiu bastante. Esse movimento ocorre pela execução dos *stops* dos vendidos a descoberto e realização rápida dos comprados de fundo. A alta deste rali ajudará a definir o limite superior de uma acumulação FN.

**ST – Teste secundário de sucesso**, onde o preço volta à área do SC para testar o equilíbrio da oferta/demanda nesses níveis. É um teste do nível de oferta em relação à ação climática. Mais adiante, veremos que ele estabelece o fim da Fase A e o início da Fase B. Se um fundo for confirmado, o volume e o tamanho das velas de preço devem diminuir significativamente à medida que o mercado se aproxima do suporte na área do SC. É comum haver vários STs após um SC.

*Molas ou sacudidas*[4] geralmente ocorrem no final de uma FN e permitem que o Homem Complexo do ativo faça um teste definitivo da oferta disponível antes que uma campanha de marcação se desenrole. Uma "mola" leva o preço abaixo da mínima da FN e depois reverte para fechar dentro da FN; essa ação permite que grandes *players* induzam o público em erro sobre a direção da tendência futura e adquiram ações adicionais a preços de pechincha. Uma sacudida terminal no final de uma FN de acumulação é como uma mola com anabolizantes. As sacudidas também podem ocorrer uma vez que um avanço de preço tenha começado, com um rápido movimento de queda destinado a induzir *traders* de varejo e investidores em posições compradas a vender suas ações para grandes *players*. O objetivo da mola ou sacudida é

---

4    Expressões traduzidas do inglês: Spring ou Shakeouts.

tirar dinheiro das mãos fracas. Esse movimento costuma acontecer na Fase C de mercado e seguir na direção oposta a tendência anterior.

**Teste** – Grandes *players* sempre testam o mercado quanto ao fornecimento ao longo de uma FN (por exemplo, STs e molas) e em pontos-chave durante um avanço de preço. Caso apareça uma oferta volumosa em um teste, o mercado geralmente ainda não está pronto para ser marcado. Uma mola é frequentemente seguida por um ou mais testes; um teste bem-sucedido (indica que mais aumentos de preços se seguirão) normalmente faz uma mínima mais alta em um volume menor.

**SOS – sinal de força**, um avanço de preço com aumento da volatilidade e volume relativamente maior. Muitas vezes, um SOS ocorre após uma mola, validando a interpretação do analista dessa ação anterior. Movimento de alta gerado após o evento Teste de Fase C que consegue atingir o topo da faixa. O termo também é chamado de JAC – *Jump across the creek*, uma abreviação de uma metáfora cunhada pelo professor Robert Evans. Evans comparou o SOS a um "salto sobre o riacho" de resistência ao preço, e o "retorno ao riacho" representou tanto a obtenção de lucros de curto prazo como um teste para oferta adicional em torno da área de resistência.

**LPS – último ponto de suporte da oferta**, o ponto mais baixo de uma reação ou de um recuo após um SOS. Fazer um retorno para um LPS significa um recuo para o suporte que anteriormente era resistência, com velas pequenas e volume reduzido. Em alguns gráficos, pode haver mais de um LPS, apesar da precisão ostensivamente singular desse termo.

**BU – "backup"**. É a última reação antes do mercado de alta começar. Pode assumir várias formas, incluindo um simples recuo ou uma nova FN em um nível mais alto. Também chamado *BUEC (BackUp to the Edge of the Creek)*. De volta ao riacho.

**CHoCH[5]. Mudança de caráter.** Indica o ambiente em que o preço se moverá em breve. O primeiro CHoCH é estabelecido na Fase A, onde o preço passa de uma tendência descendente para um ambiente de consolidação. A segunda CHoCH é definida a partir do mínimo da Fase C até o máximo de SOS em que o preço se move de um ambiente de consolidação para um ambiente de tendência ascendente.

---

5  Sigla traduzida do inglês: CHoCH. *Change Of Character.*

**Gráfico 27.1** Análise Wyckoff no Euro na acumulação

Fonte: Trading View.

### 27.6.1.1 *Acumulação: Fases de Wyckoff*[6]

Fase A: marca a interrupção da tendência de baixa anterior. Até este ponto, a oferta tem sido dominante. A diminuição da oferta que se aproxima é evidenciada no suporte preliminar (PS) e no clímax de venda (SC). Esses eventos geralmente são muito claros em gráficos de barras ou velas, nos quais a volatilidade mostrará grandes oscilações (velas com máxima e mínima distantes) e aumento de volume, retratando a transferência de um grande número de ativos do público para poucos grandes *players* profissionais.

Uma vez que essas intensas pressões de venda tenham sido aliviadas, geralmente ocorre um rali automático (AR), consistindo tanto na demanda institucional por ativos como na cobertura da venda a descoberto. Um teste secundário (ST) bem-sucedido na área do SC mostrará menos vendas do que anteriormente e uma diminiuição das velas de preços e da diminuição do volume, geralmente parando no mesmo nível de preço ou acima do SC. Se o ST for inferior ao do SC, podem-se antecipar novas baixas ou uma consolidação prolongada. As mínimas do SC e do ST e as máximas do AR definem os limites da FN. Linhas horizontais podem ser desenhadas para ajudar a focar a atenção no comportamento do mercado, como visto no Gráfico anterior.

---

[6] Estes esquemas foram criados por Roman Bogomazov, editados por Henry Pruden e adaptados pelo autor.

Às vezes, a tendência de baixa pode terminar de forma menos dramática, sem um *selling climax* e sem ação do volume; no entanto é preferível ver o PS, SC, AR e ST, pois estes pontos fornecem não apenas uma visão geral mais compreensível do gráfico, mas uma indicação clara de que o Homem Complexo iniciou definitivamente a acumulação.

As fases B a E geralmente têm uma duração mais curta e amplitude menor do que as da base de acumulação primária.

**Fase B:** Segundo a Lei da Causa e Efeito de Wyckoff, a Fase B pode ser vista como a Causa que leva a um Efeito (uma nova tendência de alta).

Na Fase B, instituições e grandes *players* profissionais estão acumulando ativos com preços relativamente baixos em antecipação a uma subida próxima. O processo de acumulação do Homem Complexo pode levar muito tempo (às vezes um ano ou mais) e envolve a compra de ativos a preços mais baixos e a verificação de avanços de preço com vendas a descoberto. Geralmente há vários STs durante a Fase B, bem como breves rompimentos falsos na extremidade superior da FN. No geral, os grandes *players* são compradores líquidos de ativos à medida que a FN evolui, com o objetivo de adquirir o máximo possível da oferta flutuante restante. A compra e venda institucional transmite os zigue-zagues de alta e baixa característicos da faixa de negociação.

No início da Fase B, as oscilações de preços tendem a ser amplas e acompanhadas de alto volume. À medida que os profissionais absorvem a oferta, no entanto, o volume de quedas dentro da FN tende a diminuir. Quando a oferta parece ter se esgotado, o ativo está pronto para a Fase C.

**Fase C:** É na Fase C que o preço da ação passa por um teste decisivo da oferta restante, permitindo aos operadores de "smart money" verificarem se o ativo está pronto para ser erguido. Como observado acima, uma mola é um movimento de preço abaixo do nível de suporte da FN (estabelecido nas Fases A e B) que reverte rapidamente e volta para a FN. Parece uma armadilha de ursos porque a queda abaixo do suporte parece sinalizar a retomada da tendência de baixa. Na realidade, porém, isso marca o início de uma nova tendência de alta, fazendo uma espécie de emboscada para estes vendidos atrasados (estes últimos ursos). No método de Wyckoff, um teste bem-sucedido da oferta representado por uma mola (ou uma sacudida) fornece uma oportunidade de negociação de alta probabilidade. Uma mola (ou uma sacudida) de baixo volume indica que o ativo provavelmente estará pronto para subir, então este é um bom momento para iniciar pelo menos uma posição comprada parcial.

O aparecimento de um SOS logo após uma mola ou sacudida valida a análise. Conforme observado no Esquema de Acumulação nº 2 (Gráfico 27.2), no entanto, o teste de suprimento pode ocorrer mais acima na FN sem uma mola ou sacudida; quando isso ocorre, a identificação da Fase C pode ser um desafio.

Fase D: Se estivermos corretos em nossa análise, o que deve seguir é a dominância consistente da demanda sobre a oferta. Isso é evidenciado por um padrão de avanços (SOSs) na ampliação da volatilidade e aumento do volume, bem como reações (LPSs) em velas menores e volumes diminuídos. Durante a Fase D, o preço se moverá pelo menos para o topo da FN. Os LPSs nesta fase são geralmente excelentes locais para iniciar ou adicionar posições compradas lucrativas.

Fase E: Na Fase E, o ativo sai da FN, a demanda está no controle total e a subida dos preços é óbvia para todos.

Contratempos, como sacudidas e outras reações típicas, geralmente são de curta duração. Novas FNs de nível superior, englobando tanto a obtenção de lucros como a aquisição de ativos adicionais ("reacumulação") por grandes operadores, podem ocorrer em qualquer ponto da Fase E. Essas FNs às vezes são chamadas de "degraus" no caminho para os objetivos de preços.

> Wyckoff sugere que os pontos mais seguros para entrar em uma operação são as **FASES C** e início da **FASE D**. Isso independente de uma acumulação ou distribuição, porém nem sempre estão identificados de forma clara, daí a necessidade de sempre utilizar *stops*.

DICA

### Gráfico 27.2    Análise Wyckoff no Bitcoin com reacumulação

Fonte: cortesia da Trading View.

### Gráfico 27.3    Análise Wyckoff no ETF Global Litium

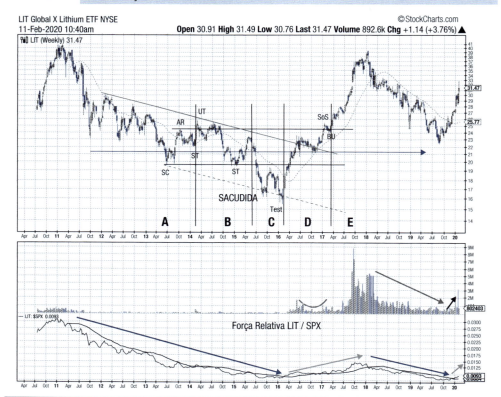

Fonte: Stockcharts.

Por que os ativos entram em períodos estendidos de Marcação para cima e para baixo?

A resposta é a qualidade da propriedade. As mãos fracas carregarão um ativo mesmo através de uma Marcação para baixo. No estudo de caso acima, a acumulação pode ser detectada nas características de preço e volume durante cada Fase. A narrativa aqui é que a volatilidade está diminuindo à medida que as ações estão sendo absorvidas por mãos fortes. O Homem Complexo – HC tem o objetivo de comprar ativos dentro dos limites de preço da faixa de Acumulação sem puxar para cima o ativo antes que tenha comprado toda a quantidade que deseja possuir.

A leitura de gráficos no Mundo de Wyckoff é a ciência (ou seria arte?) de identificar as ações do HC enquanto este conduz suas operações e também de conseguir seguir seus passos. No momento no gráfico em que o equilíbrio da oferta *versus* demanda muda (o que significa que a oferta de ativo foi amplamente absorvida), a tendência de alta começa. Os wyckoffianos têm o objetivo de embarcar nesse momento e participar da nova subida de preços.

**DICA**

Os vendidos a descoberto são o pulo do gato de todo este método. Grandes posições vendidas a descoberto geralmente são construídas durante a Marcação para baixo que antecede o Clímax de Venda e o início da Acumulação. Algumas partes desses shorts não são cobertas ou fechadas e são transportadas durante todo o período de Acumulação. Outros vendedores a descoberto negociarão ativamente (durante a Acumulação), vendendo a descoberto perto da área de Resistência e cobrindo (fechando) ao redor do Suporte. Esses vendidos a descoberto são frequentemente surpreendidos pelo avanço altista dos preços durante as Fases D e E, e essa compra em pânico para zerar posições vendidas ajuda a forçar o início de uma nova tendência de alta no ativo. A cobertura das vendas a descoberto é uma importante fonte de demanda quando a marcação para cima começa.

## 27.6.2 Esquema Wyckoff para distribuição[7]

**Figura 27.6** Esquema de distribuição Wyckoff

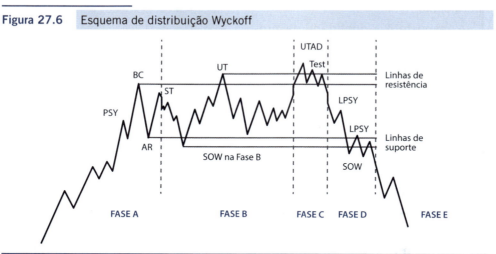

Fonte: Stockarts.com e WyckoffAnalytics.com.

**PSY – oferta preliminar**, onde grandes *players* começam a descarregar ativos em quantidade após um movimento ascendente pronunciado. O volume se expande e o tamanho das velas se amplia, sinalizando que uma mudança na tendência pode estar se aproximando.

**BC – O clímax de compra**, durante o qual geralmente há aumento acentuado no volume e na volatilidade de preços (velas compridas). A força de compra atinge um clímax, com compras pesadas ou urgentes do público tendo como contraparte *players* profissionais a preços próximos da máxima. Um BC muitas vezes coincide com a data da liberação de um bom demonstrativo de resultados ou outras boas notícias, já que o Homem Complexo exige grande demanda do público para vender suas ações sem depreciar o preço das ações.

---

[7] Estes esquemas foram criados por Roman Bogomazov, editados por Henry Pruden e adaptados pelo autor.

**AR – Reação Automática.** Com a compra intensa substancialmente diminuída após o BC e a oferta pesada continuando, ocorre um AR. A mínima dessa liquidação ajuda a definir o limite inferior da distribuição FN.

**ST – Teste secundário**, em que o preço revisita a área do BC para testar o equilíbrio demanda/oferta nesses níveis de preços. Para que um topo seja confirmado, a oferta deve superar a demanda; o volume e a volatilidade devem, portanto, diminuir à medida que o preço se aproxima da área de resistência do BC. Um ST pode assumir a forma de um falso rompimento (UT), no qual o preço se move acima da resistência representada pelo BC e possivelmente outros STs, antes de reverter rapidamente para fechar abaixo da resistência. Após um UT, o preço geralmente testa o limite inferior da FN.

**SOW – Sinal de fraqueza**, observável como um movimento para baixo (ou ligeiramente além) do limite inferior da FN, geralmente ocorrendo em aumento de volatilidade e do volume. O AR e a(s) SOW(s) inicial(is) indicam uma mudança de caráter na ação do preço do ativo ação: a oferta agora é dominante.

**LPSY – último ponto de oferta.** Depois de testar o suporte em um SOW, um rali fraco com velas pequenas mostra que o mercado está tendo dificuldade considerável para avançar. Essa incapacidade de recuperação pode ser devida à fraca demanda, oferta substancial ou ambos. Os LPSYs representam o esgotamento da demanda e as últimas ondas de distribuição dos grandes operadores antes do início da remarcação.

**UTAD – Falso rompimento após a distribuição.** Um UTAD é a contraparte distributiva da mola e da sacudida terminal na acumulação FN. Ele ocorre nos últimos estágios da FN e fornece um teste definitivo da nova demanda após um rompimento acima da resistência da FN. Análogo a molas e sacudidas, um UTAD não é um elemento estrutural necessário.

**Gráfico 27.4** Análise Wyckoff em ARK inovation

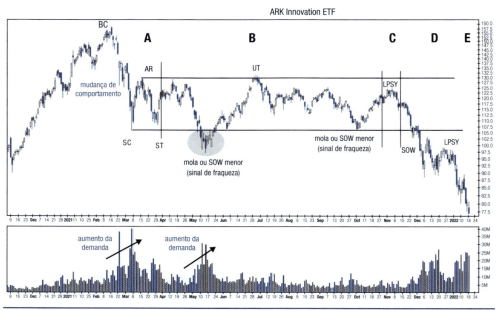

Fonte: Stockcharts.

**Gráfico 27.5** Análise Wyckoff em Walt Disney Co.

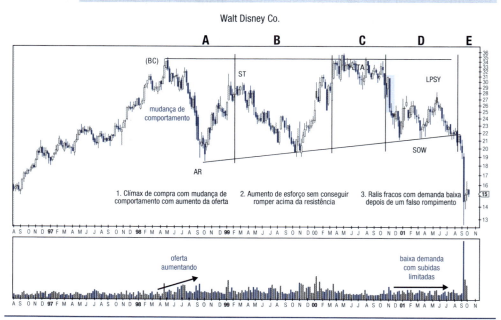

Fonte: Stockcharts.

## 27.6.2.1 Distribuição: Fases de Wyckoff

Gráfico 27.6   Análise Wyckoff em Ethereum

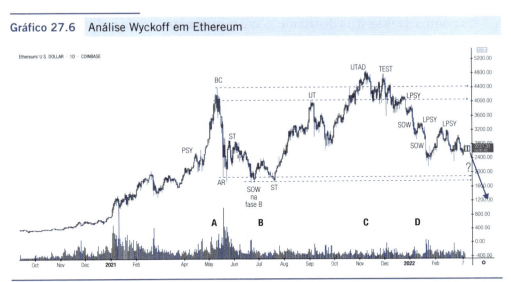

Fonte: Trading View.

**Fase A:** A Fase A em uma distribuição em FN marca a interrupção da tendência de alta anterior. Até este ponto, a demanda tem sido dominante e a primeira evidência significativa de entrada de oferta no mercado é fornecida pela oferta preliminar (PSY) e pelo clímax de compra (BC). Esses eventos geralmente são seguidos por uma reação automática (RA) e um teste secundário (ST) do CB, muitas vezes com volume diminuído. No entanto, a tendência de alta também pode terminar sem ter um clímax de compra, demonstrando esgotamento da demanda com diminuição da volatilidade e do volume; menor progresso ascendente é feito em cada rali antes que uma oferta significativa surja.

Em uma FN de redistribuição dentro de uma tendência de baixa maior, a Fase A pode se parecer mais com o início de uma FN de acumulação (por exemplo, com preço climático e ação de volume para baixo). No entanto, as fases B a E de uma redistribuição FN podem ser analisadas de maneira semelhante à distribuição FN no topo do mercado.

**Fase B:** A função da Fase B é construir uma causa em preparação para uma nova tendência de baixa. Durante esse período, instituições e grandes *players*

612   ANÁLISE TÉCNICA DOS MERCADOS FINANCEIROS

profissionais estão se livrando de seus ativos comprados e iniciando posições vendidas em antecipação à próxima remarcação.

Os pontos da Fase B na distribuição são semelhantes aos feitos para a própria Fase B na acumulação, exceto que os grandes *players* são vendedores líquidos de ações à medida que a FN evolui, com o objetivo de esgotar o máximo possível a demanda restante. Esse processo deixa indícios de que o equilíbrio oferta/demanda pendeu para a oferta em vez da demanda.

Por exemplo, as SOWs geralmente são acompanhadas por velas de preços e volume significativamente maior na queda.

**Fase C:** Na distribuição, a Fase C pode revelar-se através de um falso rompimento (UT) ou UTAD. Como observado acima, um UT é o oposto de uma mola. É um movimento de preço acima da resistência TR que rapidamente reverte e fecha na FN. Este é um teste da demanda restante. É também uma armadilha para touros – parece sinalizar a retomada da tendência de alta, mas na realidade destina-se a *traders* desinformados e pés trocados. Uma UT ou UTAD permite que grandes *players* induzam o público em erro sobre a direção da tendência futura e, posteriormente, vendam ativos adicionais a preços elevados para esses *traders* e investidores antes do início da remarcação. Além disso, uma UTAD pode induzir *traders* menores em posições vendidas a cobrir suas vendas aos grandes *players* que projetaram esse movimento.

Os especuladores agressivos podem querer iniciar posições curtas após um UT ou UTAD. A relação risco/retorno é muitas vezes bastante favorável. No entanto, o Homem Complexo estopa repetidamente os especuladores que iniciam essas posições vendidas a descoberto com um UT após o outro, por isso é mais prudente aguardar até a Fase D e um LPSY.

Muitas vezes a demanda é tão fraca em uma distribuição FN que o preço não atinge o nível do BC ou ST inicial. Nesse caso, o teste de demanda da Fase C pode ser representado por um UT de máxima mais baixa dentro da FN.

**Fase D:** A Fase D chega depois que os testes da Fase C nos mostram os últimos suspiros de demanda. Durante a Fase D, o preço viaja para ou através do suporte da FN. A evidência de que a oferta é claramente dominante aumenta com uma clara quebra de suporte ou com um declínio abaixo do ponto médio da FN após uma UT ou UTAD. Muitas vezes, há vários ralis fracos na Fase D; esses LPSYs representam excelentes oportunidades para iniciar ou aumentar as posições vendidas lucrativas. Qualquer um que ainda esteja em uma posição comprada durante a Fase D está pedindo para estar em maus lençóis.

**Fase E:** A Fase E retrata o desdobramento da tendência de baixa; o ativo sai da FN e a oferta fica sob controle. Uma vez que o suporte da FN é rompido em um SOW principal, essa quebra é frequentemente testada com um rali que falha no suporte ou bem próximo dele. Isso também representa uma oportunidade com maior probabilidade de vender a descoberto. Os ralis subsequentes durante a remarcação geralmente são fracos. Os *traders* que assumiram posições vendidas podem diminuir seus *stops* à medida que os preços caem. Após um movimento descendente significativo, a ação de um clímax de venda pode sinalizar o início de uma redistribuição da FN ou de acumulação.

Gráfico 27.7    Análise Wyckoff em Petróleo Futuro WTI

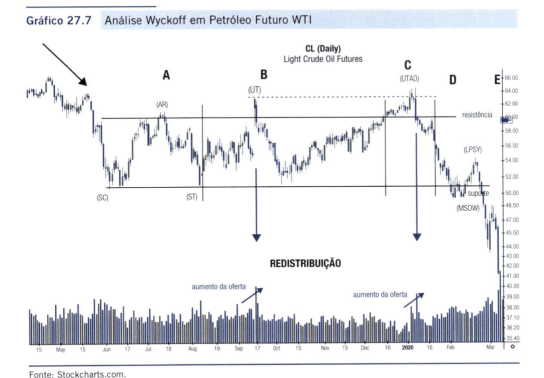

Fonte: Stockcharts.com.

## 27.7 ANÁLISE DE OFERTA E DEMANDA

O volume – além do preço – é o dado mais importante para se analisar. Um alto volume confirma a atividade profissional no mercado e nos diz que o Homem Complexo está trazendo desequilíbrio para o mercado.

Por exemplo, uma vela de preço com ampla oscilação (com máxima e mínimas muito distantes), fechando em alta bem acima das várias velas anteriores e acompanhada de volume acima da média, sugere a presença de demanda. Da mesma forma, uma vela de preço de alto volume com uma vela grande, fechando em uma baixa bem abaixo das mínimas das velas anteriores, sugere a presença de oferta.

É costumeiro identificar tudo nos gráficos – com setas, linhas ou palavras – a fim de entender as implicações dos eventos e fases de Wyckoff nas faixas de negociação, bem como determinar quando o preço está pronto para ser marcado para cima ou para baixo, baseado na avaliação correta da oferta e da demanda.

**Gráfico 27.8** Apple – Esforço *versus* Resultado

Fonte: Stockcharts.com.

Capítulo 27 ▪ O Método Wyckoff – Negocie com os tubarões (não contra)! 615

No Gráfico 27.8, da Apple, podemos observar o princípio do Esforço *versus* Resultado em três reações de preços. Na primeira, vemos os preços caindo em várias barras largas e o volume aumentando. Isso sugere harmonia entre volume (Esforço) e queda de preço (Resultado). Na segunda reação, o preço cai em uma quantidade semelhante à da Reação 1, mas em *spreads* menores e volume menor, indicativo de oferta reduzida, o que por sua vez sugere o potencial de pelo menos um rali de curto prazo. Na Reação 3, o tamanho do balanço diminui, mas o volume aumenta. De outra forma: o esforço aumenta (mostrando a presença de grandes compradores absorvendo a oferta em antecipação à continuação do rali), enquanto o resultado (influência nos preços) diminui.

## 27.8 GUIA DE CONTAGEM DE PONTO E FIGURA (P&F) WYCKOFF

Wyckoff desenvolveu um método excepcionalmente eficaz para identificar alvos de preços para negociações de compra e de venda usando gráficos de ponto e figura (P&F). Este método incorpora a lei fundamental de Causa e Efeito de Wyckoff, onde a contagem horizontal de P&F dentro de uma faixa de negociação representa a Causa e o movimento de preço subsequente fora da faixa de negociação representa o Efeito.

O Guia de Contagem de Wyckoff mostra ao *trader* como calcular a Causa construída durante um intervalo de negociação de acumulação para poder projetar alvos de preços futuros. O processo consiste no seguinte:

1. Use um gráfico de barras e um gráfico P&F abrangendo o(s) mesmo(s) intervalo(s) de negociação e período de tempo.
2. Escolha um tamanho de box apropriado para o gráfico P&F: por exemplo, para ações de baixo preço, o tamanho da caixa pode ser de 0,5 a 1 ponto, enquanto para ações de alto preço (> $ 200), um tamanho de caixa de 5 pontos seria mais apropriado.
3. Depois de identificar um sinal de força (SOS) no lado direito da FN no gráfico de barras, localize o último ponto em que o suporte foi encontrado em uma reação – o último ponto de suporte (LPS).

616　ANÁLISE TÉCNICA DOS MERCADOS FINANCEIROS

4. Localize este ponto em seu gráfico P&F também e conte da direita para a esquerda no nível de preço do LPS, fazendo sua contagem mais conservadora primeiro e movendo-se mais para a esquerda à medida que o movimento avança. Esses incrementos nas contagens devem ser baseados em fases correspondentes a eventos Wyckoff específicos dentro do TR.

5. Movendo-se para a esquerda, olhe no gráfico de barras e divida a área de acumulação em fases, adicionando uma fase completa de cada vez. Observe que as fases de P&F NÃO são iguais às Fases **A – E** usadas na análise das faixas de negociação descritas nas seções anteriores sobre Acumulação e Distribuição.

6. Para metas de preços de longo prazo, você deve adicionar a contagem de P&F à mínima exata da faixa de negociação na qual a contagem está sendo medida, bem como ao ponto intermediário entre a mínima e o nível de preço da linha de contagem. Assim, você usará a contagem mais conservadora como guia para estimar metas de preço mínimo mais realistas.

7. Os alvos de preço derivados das contagens de P&F da Wyckoff representam pontos em que você deve "parar, olhar e ouvir". Essas metas nunca devem ser vistas como pontos exatos onde uma tendência mudará; em vez disso, use-os como pontos projetados onde uma curva pode ocorrer. Além disso, você pode usar o gráfico de barras para observar a ação dos preços e o volume à medida que esses pontos são abordados.

O Gráfico 27.9 mostra o fundo do S&P 500 em 2009 com dois padrões de fundo. Observe que há dois *breakouts*: um em maio (azul 5) e outro em julho (azul 7). Ambos os padrões compartilham o mesmo ponto de mínima (670). Com base no rompimento da resistência, o padrão menor se estende por 20 colunas, que vai da coluna de entrada até a coluna de saída. Com base em 10 pontos por caixa e uma configuração de reversão de 3 boxes, o avanço projetado seria de 600 pontos (20 colunas × 10 pontos × 3 boxes = 600 pontos) e o alvo seria em torno de 1270 (670 + 600 = 1270). O segundo padrão é muito maior e estende cerca de 42 colunas para um avanço projetado de 1260 pontos (42 colunas × 10 pontos × 3 boxes). Com isso o alvo resultante seria de 1930 (670 + 1260 = 1930), o que seria uma bela alta.

### Gráfico 27.9  Ponto e Figura do S&P 500 mostrando Contagem de objetivos

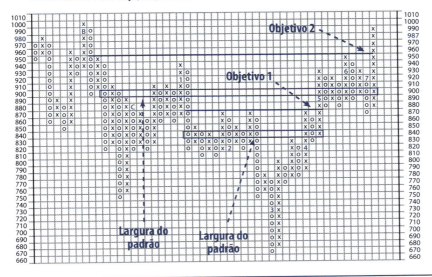

Fonte: Stockcharts.com.

Embora Wyckoff usasse contagens horizontais para fazer projeções, ele também advertiu contra levar essas projeções muito a sério. Como já observado, nada é definitivo quando se trata de mercado financeiro e análise técnica. Os analistas recebem diretrizes amplas e devem fazer seus próprios julgamentos à medida que a ação dos preços se desenrola, pois nem sempre os preços reais chegam nas estimativas obtidas através das contagens de preço.

## 27.9 NOVE TESTES DE COMPRA/VENDA

Enquanto as três leis Wyckoff fornecem uma base geral para o método Wyckoff, os nove testes de compra e venda são um conjunto de princípios específicos mais restritos para ajudar a orientar a entrada na operação. Esses testes ajudam a delinear quando uma faixa de negociação está chegando ao fim e uma nova tendência de alta (*markup*) ou tendência de baixa (*markdown*) está prestes a começar. Ou seja, os nove testes definem a linha de menor resistência do mercado. A seguir, está uma lista dos nove testes de compra e nove testes de venda, incluindo as referências de que tipo de gráfico deve ser usado.

618  ANÁLISE TÉCNICA DOS MERCADOS FINANCEIROS

## 27.9.1  *Checklist*: testes para acumulação

| 1. | Objetivo de preço negativo alcançado | Gráfico P&F |
|----|----|----|
| 2. | Suporte preliminar, clímax de venda, teste secundário | Gráficos de barras e P&F |
| 3. | Há Atividade de alta (o volume aumenta em ralis e diminui durante as reações) | Gráfico de barras |
| 4. | Linha de oferta ou linha de tendência de baixa penetrada | Gráfico de barras ou P&F |
| 5. | Fundos mais altos | Gráfico de barras ou P&F |
| 6. | Topos mais altos | Gráfico de barras ou P&F |
| 7. | Ativo mais forte que o mercado (ou seja, ativos que sobem mais em altas e caem menos que o índice de mercado) | Gráfico de barras com força relativa |
| 8. | Formação de base (linha de preço horizontal) | Gráfico de barras ou P&F |
| 9. | O potencial de lucro estimado é de pelo menos três vezes a perda se o *stop loss* inicial for atingido | P&F e gráficos de barras |

## 27.9.2  *Checklist*: testes para distribuição

| 1. | Objetivo positivo alcançado | Gráfico P&F |
|----|----|----|
| 2. | Atividade de baixa (o volume diminui nas altas e aumenta nas reações) | Gráficos de barras e P&F |
| 3. | Fornecimento preliminar, clímax de compra | Gráficos de barras e P&F |
| 4. | Ativo mais fraco do que o mercado (ou seja, mais responsivo do que o mercado nas reações e lento nas altas) | Gráfico de barras |
| 5. | Linha de tendência de alta penetrada | Gráfico de barras ou P&F |
| 6. | Topos mais baixos | Gráfico de barras ou P&F |
| 7. | Fundos mais baixos | Gráfico de barras ou P&F |
| 8. | Formação da coroa (movimento lateral) | Gráfico P&F |
| 9. | O potencial de lucro negativo estimado é pelo menos três vezes o risco se a ordem de parada inicial fosse atingida | P&F e gráficos de barras |

# Capítulo 28

# Conclusão

"Bons *traders* sabem como gerar lucros. Grandes *traders* sabem como lidar com prejuízos."

*Flávio Lemos*

"Absorva o que for útil, rejeite o que for inútil. Acrescente o que é especificamente seu."

*Bruce Lee*

"Os inimigos mortais dos especuladores são: ignorância, ganância, medo e esperança."

*Edwin Lefevre*

"Quando a maré enche, levanta todos os barcos."

*J. F. Kennedy*

*Trading* é uma mistura de humildade, paciência, disciplina e oportunidade. É como esperar uma oportunidade de mercado para colher aquela fruta que está à altura da nossa mão, esperando ser colhida.

Este livro foi escrito para elucidar formas diferentes de análise técnica. Não é viável utilizar todas ao mesmo tempo, até porque o mercado não ficará esperando sua análise. Tente manter seu método o mais simples possível para, assim, se ater ao lado racional do seu cérebro. Uma técnica diz "compre!"; outra, "venda!"; outra, ainda, "fique quietinho no seu canto" e, por fim, "adicione à sua posição". Os analistas norte-americanos adoram colar um adesivo em sua mesa de trabalho com o lembrete: K.I.S.S. (*Keep It Simple, Stupid* – "Mantenha isso simples, palerma!).

Lembra que no início do livro mencionei que um gráfico pode ser comparado a uma partitura? Tal qual um músico que acrescenta letras, solos ou muda o ritmo da música, seu papel, leitor, é aproveitar estes ensinamentos, se aprofundando, filtrando e testando aquilo que lhe convier, incrementando com seu próprios solos – inclusive me questionando – e, por favor, me avisando de possíveis erros, pois este livro aqui é um material em evolução.

Existem várias formas de se analisar um ativo, desenvolva a sua! A complexidade é inimiga da execução, por isso, analistas norte-americanos adoram colar um adesivo em sua mesa de trabalho com o lembrete: K.I.S.S. (*Keep It Simple, Stupid* – "Mantenha isso simples, palerma!).

## 28.1 MINHA OPINIÃO SOBRE *DAY TRADE*

O *daytrade* – comprar e vender no mesmo dia, ou o inverso – é o tópico mais debatido e incompreendido na comunidade de *traders*.

Todos os dias ouvimos muitos golpes relacionados a *daytrades*, que promete grandes retornos, até mesmo em operações fictícias com criptomoedas, boi gordo e até mesmo avestruzes.

Infelizmente, muitos iniciantes que acreditam em esquemas de "enriquecimento rápido" falham e perdem seu dinheirinho suado.

No entanto, muitos *day traders* bem-sucedidos e extremamente disciplinados ganham a vida apenas fazendo suas negociações intradiárias.

Digamos que você tenha a oportunidade de pilotar um carro de Fórmula 1.

O que você diz: "Carro de Fórmula 1 não funciona!" ou "Eu não sei dirigir um carro de Fórmula 1."?

Se você for inteligente, provavelmente escolherá a segunda afirmação. Não é mesmo?

A mesma explicação vale para a negociação intradiária.

É apenas um tipo de negociação em que você deve fechar a negociação no mesmo dia. Se você estiver certo, você ganha dinheiro, se estiver errado, você perde dinheiro!

Quem está começando a negociar tem de engatinhar primeiro, para depois andar, correr e sobreviver a maratona da vida.

Se você começar a operar no *daytrade* com derivativos alavancados ou opções binárias por exemplo, provavelmente engrossará a estatística dos 90% que perdem no *daytrade*[1]. Comece por ativos mais lentos e por gráficos mais longos.

---

[1] Um levantamento encomendado pela CVM e realizado pelos pesquisadores Fernando Chague e Bruno Giovannetti, da Fundação Getulio Vargas, destacou que de 2012 a 2017 mais de 90% dos *day traders* tiveram prejuízo.

## 28.2 ALGUMAS REGRINHAS BÁSICAS

1. A primeira regra diz que, em mercados de alta, você deve comprar. Parece óbvio, mas quantas vezes vimos alunos querendo vender a descoberto na primeira disparada dos preços afirmando que subiu muito rápido e que precisam realizar. Em tendência de alta, ou você está comprado ou está fora. Lembre: não ter uma posição é ter uma posição!

2. Compre aquilo que está mostrando força, venda aquilo que mostra fraqueza. O público continua comprando quando os preços caem. O profissional compra porque os preços estão subindo. Essa diferença pode não parecer lógica, mas comprar "força" funciona. A regra de sobrevivência não é "compre na baixa e venda na alta", mas, sim, comprar quando começar a subir e vender mais alto. Quando comparar ações de um mesmo grupo, adquira a mais forte e venda a mais fraca.

3. Quando entrar em uma operação, entre como se tivesse potencial para o melhor *trade* do ano. Não entre em alguma operação sem que tenha sido planejada. Inclusive adição para posição e planos de contingência para sair da operação devem ser planejados.

4. Em correções menores contra a tendência principal, pode-se adicionar as posições, tanto na alta como na baixa.

5. Seja paciente. Caso perca o ponto de entrada em uma operação, espere para que uma correção ocorra, a fim de encontrar um novo ponto de entrada antes de colocar a operação. Não tem nada de errado em ficar líquido com dinheiro disponível (ou numa aplicação de curto prazo como um CDB), pois te dá tempo para pensar, planejar e aproveitar correções.

6. Se você não tem paciência para esperar, então nunca haverá nada, nem lucro, para esperar. Seja paciente. Depois que estiver em um *trade*, deixe-o se desenvolver tempo suficiente para dar os lucros que você esperava.

7. As perdas pequenas e rápidas são as melhores dentro do contexto de prejuízo. Com elas, seja impaciente. Não é a perda do dinheiro que importa, mas sim seu estado de espírito, que fica minado quando você permanece em uma operação perdedora.

8. Nunca altere o plano feito com o mercado fechado quando o pregão abrir. A adrenalina injetada na corrente sanguínea após a abertura do mercado nos torna mais emocionais, e fica mais fácil perder o controle.

9. Nunca adicione, em nenhuma hipótese, uma posição perdedora. Se você está comprando, cada nova entrada deve ser mais alta que a anterior.

Fazer preço médio, "piramidando" (aumentando os lotes) para baixo, somente se você for Warren Buffett ou tiver dinheiro infinito...

10. Deixe seus lucros correrem.

11. Use todas as análises que você conhece a seu favor e só opere quando todas apontarem na mesma direção, umas confirmando as outras.

12. Se tiver uma grande perda em seu patrimônio, descanse um tempo. Feche todas as posições e pare de operar por algum tempo. A mente pode pregar peças na gente logo depois de perdas significativas. O pensamento de querer recuperar o dinheiro rapidamente atrapalha e faz perder o bom senso.

13. Torne seus lotes adequados ao seu patrimônio. Não opere lotes maiores do que você pode. A gestão de suas finanças com um plano detalhado de operações vai ajudá-lo em sua autopreservação.

14. Pense como um guerreiro. Nós queremos lutar do lado do mercado que está ganhando, sem perder tempo e capital em esforços inúteis para ganhar fama por comprar fundos e vender topos de algum movimento do mercado. Nosso trabalho é lucrar lutando ao lado das forças vencedoras. Se nenhum lado está ganhando, então, não lutamos!

15. Mercados formam seus topos com violência, e seus fundos, em condições silenciosas.

16. Os últimos 10% do tempo de uma subida vão responder por 50% ou mais dos movimentos dos preços; portanto, os primeiros 50% do movimento dos preços tomarão 90% do tempo, o que vai requerer mais trabalho árduo e será mais difícil do que os últimos 50%.

17. Os mercados mudam em um estalar de dedos, a maioria dos *traders*, não.

18. Opere a realidade e não o que você deseja.

19. Se você não tem a disciplina de seguir um método, nenhuma estratégia ou técnica será boa para você.

20. Respeite o seu entendimento. Se você acha que pode, faça. Se você acha que não pode, não faça. Das duas maneiras, você estará certo. Pense positivo.

Essas regras não são de gênio algum, constituem apenas senso comum; mas, como Voltaire disse, "senso comum é incomum". Evite sistemas obscuros ou milagrosos e opere sempre na direção da tendência.

## 28.3 PRINCIPAIS RAZÕES PELAS QUAIS OS *TRADERS* PERDEM

Recentemente, um ex-aluno publicou em um site de defesa do consumidor, uma reclamação que eu, como diretor da Escola Trader Brasil, fiquei extremamente surpreso e orgulhoso em receber: ele disse que durante o nosso curso de *trader* intensivo tinha perdido muito tempo aprendendo a analisar ativos e a planejar as operações em vez de só ficar operando.

*Traders* que demandam muita atividade e não gostam nem de planejamento e nem de análise estão fadados ao seu destino: o fracasso.

Existem 3 tipos de posições no mercado: comprado, vendido ou do lado de fora.

A posição de fora do mercado é tomada quando o *trader* não reconhece nenhuma entrada com alta probabilidade de lucro. O grande *trader* espera até que o dinheiro esquecido esteja esperando para ser pego ali do chão, em outras palavras, espera que sua análise reconheça que existem condições com alta probabilidade de sucesso.

Então, afinal por que os *traders* perdem? Eis aqui uma amostra do que não fazer com os 23 principais motivos:

1. Falta de um plano.
2. Excesso de informação.
3. Falta de capital suficiente.
4. Tentar acertar topos e fundos.
5. Sair rápido de ganhos e segurar perdas.
6. Comprar um novo *trading system* "melhor".
7. Espalhar sua posição para evitar perdas e falta de foco.
8. Operar por razões erradas: adrenalina, desafio, passatempo.
9. Falta de educação específica suficiente.
10. Desorganização.
11. Não ter regras depois de perdas/não aprender com os erros.
12. Ficar operando muito tempo e não desistir, como em um jogo, sem saber a hora de parar.
13. Acreditar que risco é para os outros ou que é só um rabisco no papel. Risco é, principalmente, a perda permanente de capital.
14. Operar sem a habilidade necessária para responder prontamente aos movimentos do mercado
15. Irracionalidade/insegurança.

**624** ANÁLISE TÉCNICA DOS MERCADOS FINANCEIROS

16. Esperança de que o mercado reverta.
17. Não seguir seu plano durante um *trade*.
18. Não seguir *stop* de tempo e/ou preço automático ou com operador.
19. Não deixar os lucros correrem.
20. Alavancagem elevada.
21. Excesso de confiança/ignorância.
22. Não fazer *hedging* (proteção).
23. Perfeccionismo.

## 28.4 SOBRE MULHERES E HOMENS

Sempre falo para meus alunos e alunas que, normalmente, os melhores operadores são mulheres. Fácil de explicar: as mulheres, em geral, são mais organizadas, detalhistas e pacientes para executar o planejamento das operações.

Ao contrário, os homens, até em função do hormônio testosterona, são muito mais competitivos, torcedores emocionais e irracionais em matéria de investimento. Muitos, infelizmente, acham que o planejamento é uma perda de tempo.

Segundo pesquisadores de Berkeley[2], as mulheres superam os homens porque os homens frequentemente operam 45% mais vezes do que as mulheres, e as taxas de corretagem resultantes reduzem seus lucros.

**Deixe-me explicar:** em primeiro lugar, as mulheres são geralmente mais avessas ao risco do que seus homólogos masculinos, e, portanto, realmente aceitam a abordagem de "baixo risco", que é uma das características de uma negociação bem-sucedida. Essa aversão ao risco também ajuda com a paciência em aguardar as oportunidades certas.

Em **segundo lugar**, as mulheres tendem a ser melhores planejadoras e, portanto, estão mais orientadas para os detalhes. Para negociação, isso significa mapear negócios que seguem um conjunto rigoroso de regras. E, sim, as mulheres tendem a seguir melhor as regras. As senhoras conseguem mais quando são dadas listas de verificação com instruções precisas, em oposição aos homens que gostam de adivinhar ou torcer e pensar que podem reinventar a roda.

---

[2] Estudo publicado em: BARBER, Brad; ODEAN, Terrance. Boys will be Boys: Gender, Overconfidence, and Common Stock. *The Quaterly Journal of Economics*, feb. 2001. Disponível em: <http://faculty.haas.berkeley.edu/odean/papers%20current%20versions/boyswillbeboys.pdf>. Acesso em: 8 mar. 2022.

## 28.5 A GRANDE QUESTÃO

O ato de operar no mercado de capitais pode ser dominado, ou seja, é possível operar com técnica, mecanicamente e sem estresse?

A análise é um domínio da observação, enquanto a negociação bem-sucedida é um domínio de si mesmo.

Já vimos neste capítulo que a maioria dos *traders* novatos perde. Nesse grupo estão profissionais bem-sucedidos em suas respectivas áreas, como médicos, dentistas, advogados, engenheiros, CEOs, inclusive alguns ótimos analistas. Os erros mais comuns são: entrar na operação cedo demais ou tarde demais; sair de operações ganhadoras muito cedo, ou não sair, deixando os ganhos virarem prejuízos. Esses erros são comuns e minam a autoconfiança de qualquer pessoa. E como solucionar esse problema?

O método desenvolvido pela Trader Brasil, que utiliza três tipos de análise: análise fundamentalista (o que e por que fazer?), análise técnica (quando fazer?) e análise condicional (como fazer?) pode ser assunto de um próximo livro e outras sugestões serão bem-vindas.

## 28.6 CURIOSIDADE: POR QUE NÚMEROS REDONDOS E TERMINADOS EM MÚLTIPLOS INTEIROS FECHAM MAIS NEGÓCIOS?

No Gráfico 28.1, na página seguinte, repare na porcentagem de ordens executadas *versus* os dois últimos dígitos da cotação.

Vamos tentar elucidar por que os números terminados em redondos (,00 e ,50) são aqueles em que se fecham mais negócio.

### O viés dos números redondos

Os preços das ações tendem a se agrupar em um número redondo (ou seja, números que terminam em um ou mais zeros) ou, em menor grau, os que terminam em 5 ou 25.

Há muito tempo, o comércio já utiliza o viés do número redondo, por exemplo, nas lojas de R$ 9,99, explorando a maneira irracional como nossa mente converte símbolos numéricos para magnitudes análogas de tomadas de decisões.

Preços logo abaixo do número redondo serão percebidos como muito menores do que aqueles com o número redondo graças à mudança do algarismo mais à esquerda. Exemplo de 9,99 para 10,00.

Essa pequena diminuição é percebida pela mente como proporcionalmente maior; o preço percebido é menor do que o do valor do produto, causando uma descontinuidade em volta dos números redondos.

Esse viés dos números redondos se estende para ativos reais e outras métricas.

Números terminados .00 ocorreram o dobro de vezes em uma distribuição normal. Preços terminados em .X0 ( .10, .20, .30 etc.) e especialmente .50 ocorrem acima da média. Nos Estados Unidos .25 e .75 possuem uma grande ocorrência em preços terminados em .X5.

Até 1999, as ações norte-americanas eram negociadas em incrementos de 1/8 ou $ 0,125 por ação. Naquele ano, os incrementos diminuíram para 1/16 ou $ 0,0625 e logo em seguida, em 2001, para $ 0,01.

As diferenças entre ofertas de compra e de venda diminuíram com o aumento da tecnologia beneficiando a liquidez.

Isso também pode ser explicado pelo fato do uso rotineiro de moedas de $ 0,25.

Interessante notar, porém, que isso não é global: na China, o X.88 possui mais ocorrências que qualquer outro número não redondo, com exceção de X.99 e X.98. Esse fato é atribuído ao número 8 ser o da sorte na cultura chinesa, e o 8 dobrado, X.88 traz ainda mais sorte.

**Gráfico 28.1** Os centavos em que se fecham mais negócios

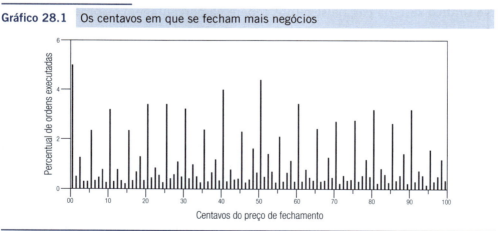

Fonte: *Journal of Technical Analysis*.

E lembre-se de que Deus não tem nada a ver com o mercado; afinal Deus tem de ajudar católicos, budistas, protestantes, judeus, ateus, comprados e – por que não? – vendidos. No final das contas, Deus perdoa, mas o mercado nem sempre...

> "Sua maior glória não é nunca cair, e sim levantar a cada queda."
>
> *Confúcio*
>
> "Viver não é nada. Continuar vivendo é que constitui um ato de bravura."
>
> *Carlos Drummond de Andrade*

# Anexo I

# Dicionário de padrões de *Candlesticks*

## A.1 ABANDONED BABY

**Figura A.1** Bebê abandonado

Fonte: ilustração do autor.

Padrão de reversão raro caracterizado por um *gap* seguido de uma *doji* e seguido de outro *gap* na direção oposta. As sombras da *doji* têm de estar dentro do *gap* em comparação ao dia anterior e ao posterior.

## A.2 DARK CLOUD COVER

**Figura A.2**    Tempestade

Fonte: ilustração do autor.

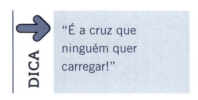

"É a cruz que ninguém quer carregar!"

Padrão de reversão baixista de uma tendência de alta contínua. O dia seguinte abre em uma nova máxima acima do fechamento do dia anterior e, depois, o fechamento ocorre abaixo da metade do corpo do dia anterior.

## A.3 DOJI

**Figura A.3**    Doji

Fonte: ilustração do autor.

Vela sem corpo. Sinaliza equilíbrio e uma possível reversão de tendência. Abertura = fechamento, o que sugere indecisão e uma batalha entre compradores e vendedores.

## A.4 DOWNSIDE TASUKI GAP

**Figura A.4**    Gap de baixa tasuki

Fonte: ilustração do autor.

Padrão de continuação. Uma vela longa preta, seguida de outra preta que veio de um *gap* abaixo da anterior. No terceiro dia, o corpo é branco, abre dentro do corpo do segundo dia e fecha dentro do *gap* entre o primeiro e o segundo dia, mas não fecha o *gap*.

## A.5  DRAGONFLY DOJI

**Figura A.5**  *Doji* libélula

Fonte: ilustração do autor.

Doji que tem a máxima = abertura = fechamento. Vela sem corpo. Sinaliza possível reversão de tendência. Abertura = fechamento. Sugere indecisão e uma batalha entre compradores e vendedores.

## A.6  ENGULFING PATTERN

**Figura A.6**  Padrão envolvente

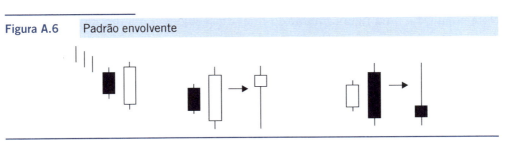

Fonte: ilustração do autor.

Padrão de reversão que pode ser altista ou baixista dependendo da circunstância em que apareça – no fim de uma tendência de alta ou de baixa. O primeiro dia é caracterizado por um corpo pequeno, seguido de um dia no qual a vela envolve completamente a anterior.

## A.7 EVENING DOJI STAR

### A.7.1 Evening star

**Figura A.7**     Estrela da noite

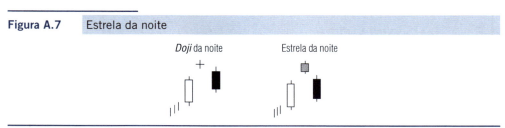

Fonte: ilustração do autor.

Padrão de reversão baixista de três dias, similar à *evening star*. A tendência de alta continua com uma vela grande branca. No dia seguinte, abre acima, opera em uma amplitude muito pequena e fecha em uma *doji*/vela de corpo pequeno. No dia posterior, fecha abaixo da metade do corpo do primeiro dia.

## A.8 HISTÓRIA DA VELA *EVENING STAR*

O nome completo desse padrão é *three river evening star*, e sua história é fascinante. Nobunaga Oda, uma figura militar do final do século XVI, foi um dos três líderes que unificou o Japão feudal. Ele lutou em uma batalha que ocorreu em um campo de arroz muito fértil. Como o arroz era a fonte da riqueza, Nobunaga estava disposto a tirar os donos da terra à força. Essa área fértil era cercada por três rios, difíceis de atravessar, pois seus donos a defendiam. A vitória foi alcançada quando, finalmente, Nobunaga conseguiu atravessar esses três rios. Logo, o nome *three river evening star* simboliza as barreiras e as dificuldades de se mudar uma tendência.

Anexo I ■ Dicionário de padrões de *Candlesticks* 633

## A.9 *FALLING THREE METHODS*

**Figura A.8**  Padrão de queda de três dias

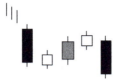

Fonte: ilustração do autor.

Padrão baixista de continuação. Uma grande vela preta seguida de três de corpo pequeno, todas dentro da amplitude da vela do primeiro dia. No quinto dia, fecha em uma nova mínima.

## A.10 *GRAVESTONE DOJI*

**Figura A.9**  *Doji* lápide

Fonte: ilustração do autor.

Uma *doji* que se desenvolveu muito perto da mínima do dia.

**Figura A.10**  Família dos martelos

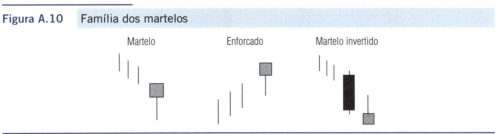

Fonte: ilustração do autor.

Vela com um terço de corpo para dois terços de sombra. Sinaliza possível reversão de tendência.

## A.11 *HARAMI* (MULHER GRÁVIDA)

### A.11.1 *Harami cross*

**Figura A.11** — Padrão mulher grávida

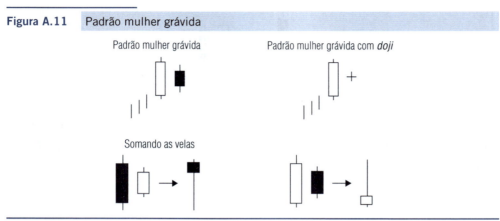

Fonte: ilustração do autor.

Um padrão de dois dias que possui uma vela com corpo pequeno ou um *doji* dentro da amplitude do corpo da vela anterior e com cor diferente.

## A.12 *LONG DAY*

**Figura A.12** — Dia longo

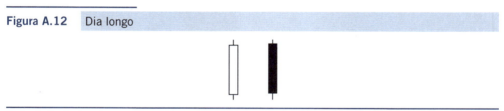

Fonte: ilustração do autor.

Um *long day* representa uma grande variação de preço da abertura até o fechamento, fazendo um grande corpo.

## A.13 LONG-LEGGED DOJI

**Figura A.13**  *Doji* com sombras longas

Fonte: ilustração do autor.

Vela com sombra superior e inferior e com um *doji* no meio da amplitude do dia, refletindo claramente a indecisão dos *traders*.

## A.14 LONG SHADOWS

**Figura A.14**  Sombras longas

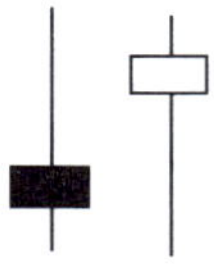

Fonte: ilustração do autor.

Velas com uma sombra superior longa e uma sombra inferior curta. Indicam que os compradores dominaram a sessão, ofereceram demanda e puxaram o preço para cima. Da mesma forma, velas com uma sombra superior curta e uma inferior longa indicam que os vendedores dominaram a sessão e dirigiram os preços para baixo.

## A.15 MARUBOZU

**Figura A.15**  Vela careca

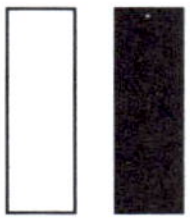

Fonte: ilustração do autor.

Vela sem sombra, somente corpo. Indica forte tendência que o aumento do volume está confirmado. O nome em japonês significa "cortado no final" ou, em outras interpretações, "careca" ou "cabeça raspada".

## A.16 MORNING DOJI STAR

### A.16.1 Morning star

**Figura A.16** Estrela *doji* da manhã

Fonte: ilustração do autor.

**Figura A.17** Estrela da manhã

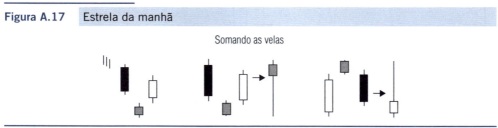

Fonte: ilustração do autor.

Padrão altista de três dias, similar à *morning star*. A tendência de baixa contínua com uma vela grande preta. No dia seguinte, abre abaixo, opera em amplitude muito pequena e fecha em *doji*/vela de corpo pequeno. No dia posterior, fecha acima da metade do corpo do primeiro dia.

Anexo I ■ Dicionário de padrões de *Candlesticks*  637

## A.17 *PIERCING LINE* – PADRÃO PERFURANTE

**Figura A.18**  Padrão perfurante

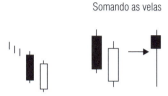

Fonte: ilustração do autor.

Um padrão de reversão altista de dois dias: no primeiro, um grande corpo negro em tendência de queda e, no dia seguinte, abre abaixo da mínima anterior e fecha acima do meio do corpo da vela anterior.

## A.18 *RISING THREE METHODS*

**Figura A.19**  Padrão de alta de três dias

Fonte: ilustração do autor.

Padrão de continuação altista. Uma vela branca grande está no comando e é seguida de três velas de corpo pequeno, todas dentro da amplitude – máxima e mínima – da vela anterior. A quinta fecha em nova máxima.

## A.19 SHOOTING STAR

**Figura A.20** Estrela cadente

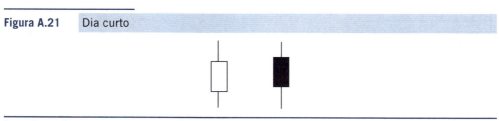

Fonte: ilustração do autor.

Aparece em uma tendência de alta, padrão de um dia. A vela abre acima da máxima da vela anterior, opera ainda mais alto e, depois, fecha perto da abertura. Parece um martelo invertido.

## A.20 SHORT DAY

**Figura A.21** Dia curto

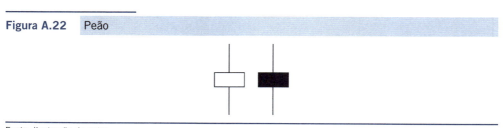

Fonte: ilustração do autor.

Vela com corpo pequeno que sinaliza indecisão e possível reversão de tendência.

## A.21 SPINNING TOP

**Figura A.22** Peão

Fonte: ilustração do autor.

Vela com corpo pequeno e mais sombra, o que sinaliza indecisão e possível reversão de tendência.

## A.22 STARS

**Figura A.23** Estrelas

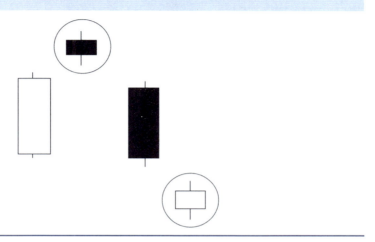

Fonte: ilustração do autor.

Vela que abre em um *gap* da anterior e é chamada de estrela. Dependendo da vela anterior, a estrela abre um *gap* para cima ou para baixo, o que a deixa isolada da ação anterior do preço.

## A.23 STICK SANDWICH

**Figura A.24** Vela prensada

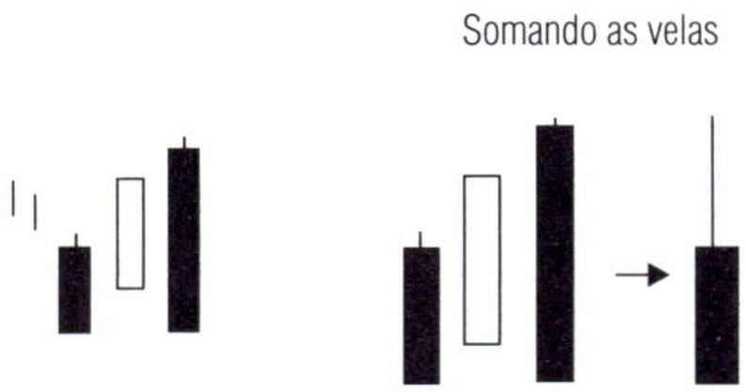

Fonte: ilustração do autor.

Padrão de reversão altista com duas velas pretas cercando um corpo branco. Os preços de fechamento das duas velas pretas têm de ser iguais. Um preço de suporte é aparente e a oportunidade de os preços reverterem é boa.

## A.24 *THREE BLACK CROWS* (TRÊS CORVOS PRETOS)

**Figura A.25** Três corvos pretos

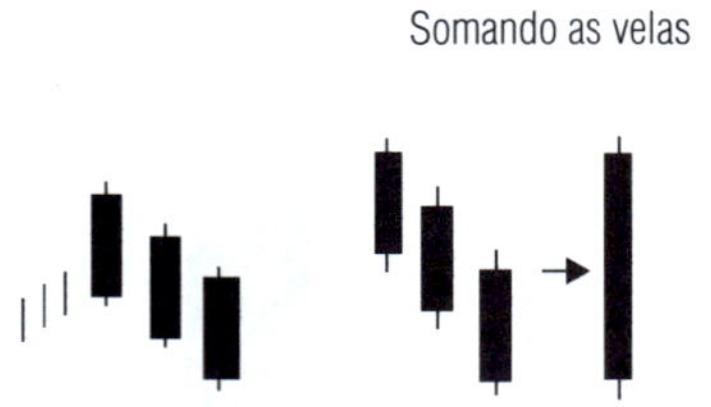

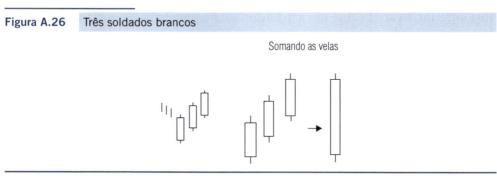

Fonte: ilustração do autor.

Padrão de reversão baixista com três velas consecutivas de corpo preto, em que cada uma fecha abaixo da mínima anterior e abre no corpo da vela.

## A.25 *THREE WHITE SOLDIERS* (TRÊS SOLDADOS BRANCOS)

**Figura A.26** Três soldados brancos

Fonte: ilustração do autor.

Padrão de reversão altista com três velas consecutivas de corpo branco, em que cada uma fecha acima da máxima anterior e abre na amplitude do corpo da vela anterior, perto da máxima anterior.

Anexo I ▪ Dicionário de padrões de *Candlesticks* 641

| Figura A.27 | *Tweezers* ou pinças de topo e de fundo |

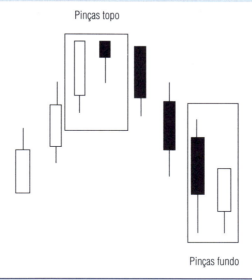

Fonte: ilustração do autor.

*Tweezers* são duas ou mais velas com a mesma máxima ou mínima. Em português significa "pinças", pois as velas se parecem com pinças quando ambas possuem sombras. *Tweezers* de topo acontecem quando as máximas de duas ou mais velas são semelhantes após um *trade* de alta. *Tweezers* de fundo acontecem quando duas ou mais velas possuem a mesma mínima após um *trade* de baixa.

## A.26 UPSIDE GAP TWO CROWS

| Figura A.28 | *Gap* de alta com dois corvos |

Fonte: ilustração do autor.

Padrão de três dias baixistas que só acontece em tendência de alta. O primeiro dia é um corpo branco comprido, seguido de uma abertura com *gap* e uma vela de corpo pequeno que fecha acima do *gap*. O terceiro dia é, também, um dia de vela preta, mas o corpo já é maior que a do segundo e o envolve fechando ainda acima da vela do primeiro dia.

## A.27 UPSIDE TASUKI GAP

**Figura A.29**  *Gap* de alta *tasuki*

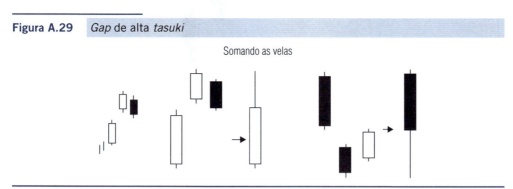

Fonte: ilustração do autor.

Padrão de continuação com um corpo branco comprido, seguido de outro corpo branco que se formou em *gap* acima do primeiro. No terceiro dia, a vela é preta, abre dentro da amplitude da vela do segundo dia e fecha na área do *gap*, porém não até o fim dele.

# Anexo II

# Contrato perpétuo

O mercado futuro é um tipo de derivativo que tem uma particularidade: seu prazo de vencimento, ou seja, ele tem data e hora para acabar. Em 1983, Robert Pelletier escreveu um artigo para a *Futures Magazine* sobre o contrato perpétuo, sugerindo que houvesse uma espécie de "emenda" de um contrato vencendo com outro começando. Em geral essa "emenda" é feita seguindo algumas medidas, como divisão da série anterior ao vencimento atual por um fator que a emende com a atual que está com liquidez. Logicamente isso não pode ser feito no vencimento, pois, neste dia, é o contrato vencendo que perde a liquidez, então normalmente se usa a semana anterior a esse contrato.

Existem prós e contras para essa medida:

## Prós

Elimina a necessidade de se usar somente o contrato que está expirando e suaviza as séries de preços, eliminando distorções que possam ocorrer durante a transição dos meses de vencimento.

## Contras

A análise técnica estuda pontos no passado para prever o futuro. Como os preços passados nunca bateram naqueles níveis – pois estes agora se encontram ajustados por algum fator – logo, os valores de topos e de fundos anteriores não podem ser tomados com exatidão, mas os estudos de tendência continuam valendo, pois a maioria dos analistas verá o gráfico da mesma forma.

Para verificar o nível mais correto de suporte e de resistência anterior, é aconselhável verificar o gráfico do *spot* ou do ativo preço à vista, em vez do derivativo.

**Gráfico A2.1** Contrato futuro de açúcar perpétuo

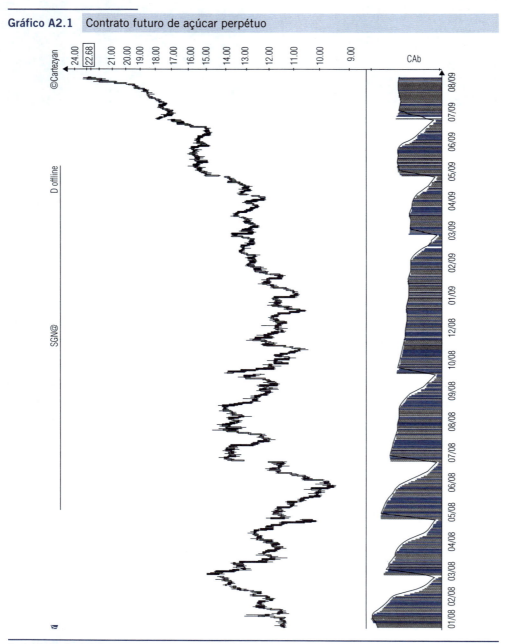

Fonte: ilustração do autor.

# Anexo III

## Gráficos em opções

"O rabo que balança o cachorro."

*Flávio Lemos*

Opções são contratos em que o titular tem o direito de comprar o ativo por determinado preço e em prazo definido. Por esses contratos, é pago um valor chamado de prêmio.

O problema é que, a cada dia que passa, esse contrato se aproxima mais do seu prazo de vencimento, perdendo, segundo o modelo de Black e Scholes, um valor conhecido pela letra grega $\theta$ (*theta*).

Em outras palavras, é uma corrida contra o tempo, na qual há uma verdadeira batalha mensal: uns torcem para a opção subir, outros para ela cair até "virar pó": jargão que quer dizer que a opção expirou sem valor.

Como os analistas técnicos em geral concordam que podemos utilizar os gráficos para prever tendências futuras dos preços de um ativo, logo, para as opções, em se tratando de um ativo diferente a cada dia que passa – pois conta com um dia a menos para o vencimento –, isso não será válido.

Em geral, para determinar estratégias de opções, requer-se uma visão geral do mercado, aplicando suas técnicas de análise no ativo objeto e não no derivativo, ou seja, na opção. Obviamente, isto não quer dizer que o cachorro – o ativo – anda por si só, muitas vezes o rabo – como na história do Naji Nahas – acontece o contrário: a opção que é um contrato derivativo mandar no ativo, daí a frase que abre este Anexo.

Por falar em opções, vale a pena contar a história de um megainvestidor chamado Naji Nahas.

### HISTÓRIAS DO BRASIL: O CASO NAJI NAHAS

**ESTUDO DE CASO**

Nascido no Líbano, Naji Robert Nahas era um mito do mercado financeiro, além de empresário e investidor financeiro. Sua família possuía uma empresa têxtil no Egito, a qual foi confiscada na década de 1950 pelo presidente Gamal Abdel Nasser. Os Nahas fugiram para o Líbano, onde montaram uma marmoraria e uma loja de pedras preciosas. Naji casou-se em 1967 com a brasileira Sula Aun, cuja família era dona da Papéis Simão.

Ele veio para o Brasil em novembro de 1969 em um voo que havia sido sequestrado e levado a Cuba, trazendo, como presente de sua mãe, 50 milhões de dólares, os quais foram introduzidos no país com autorização do Banco Central. Com esse capital, Naji iniciou pequenos negócios no Brasil, como uma criação de coelhos e de cavalos. Acabou por constituir um grupo de 27 empresas, todas administradas pela *holding* Selecta. Em 1979, ele começou a operar na Bolsa de Valores do Rio de Janeiro, a única a operar os mercados futuros, que era o ambiente preferido por especuladores.

Naji se tornou um mito muito cedo, com operações que os investidores brasileiros ainda não conheciam. Em uma de suas jogadas, apostou contra todo o mercado em um negócio com ações da Petrobras. Venceu, ganhou uma fortuna e deixou os operadores de queixo caído. Como ator coadjuvante, Naji passou a investir em prata com os irmãos norte-americanos Nelson e William Hunt, comprando o metal em grande quantidade. Provocaram uma explosão nos preços da prata de cerca de 500% entre 1979 e 1980. Nahas teria ganhado, segundo se comenta, mais de 1 bilhão de dólares nessas operações, mas acabou processado pelo governo dos Estados Unidos. Esse episódio terminou com sua absolvição sete anos mais tarde. Nesse tempo, a Bolsa do Rio era muito maior que a de São Paulo, e o festejado Nahas foi convidado a transferir sua banca para a capital paulista.

Há histórias de todos os tipos em torno de Nahas, como a de que, em uma noite, ele teria pagado champanhe a todos que estavam em uma boate de São Paulo porque, na tarde daquele dia, venceu o investidor Leo Kryss, o dono da Evadin, no mercado de opções.

Nahas comandou as polêmicas operações dos anos 1980. Nelas, o investidor comprava as ações e dispunha do prazo de cinco dias para pagar por elas (D+5). Caso não tivesse o dinheiro, poderia vender os mesmos papéis a um banco financiador e receberia os recursos à vista, no chamado D-Zero. No entanto, para entrar no negócio, os bancos embutiam uma taxa de juros. "Para a operação dar lucro, a valorização das ações tinha de superar a taxa dos bancos", explicou na época o investidor Alfredo Grumser, dono da corretora Open e um dos principais personagens do episódio. "Não houve crime algum e todos os bancos queriam financiar o Nahas porque sabiam que ele tinha patrimônio para cobrir as apostas." Quando a CVM decidiu mudar as regras do jogo e proibir as operações D-Zero, Nahas acabou sendo pego por um cheque sem fundos de valor equivalente a 10 milhões de dólares na época. O cheque foi devolvido pelo falecido banqueiro Pedro Conde, do BCN. Segundo se comenta, Nahas acredita que tanto Conde quanto Rocha Azevedo – então presidente da Bovespa – estavam do outro lado da corda, apostando na queda do índice Bovespa e, no fundo, o que estava em jogo era uma queda de braço entre "comprados" e "vendidos" do mercado. "Se eu não quebrasse, eles teriam quebrado", disse Nahas. Como, depois de junho de 1989, as ações logo retomaram a tendência de alta, o ex-ministro Mário Henrique Simonsen declarou à Justiça que houve manipulação para baixo – e não para cima. Na visão de Alfredo Grumser, Nahas apostou na tendência correta e seu único erro foi acreditar que as ações subiriam apenas 100%. "O fato é que elas estavam muito mais baratas e decuplicaram de preço." Para simplificar, a confusão de 1989 foi a seguinte: segundo as acusações, Naji Nahas tomava dinheiro emprestado em bancos para comprar e vender ações. Comprava e vendia para si próprio por meio de várias corretoras e laranjas. Com isso, conseguia ir elevando o preço dessas ações à espera de um momento propício para vendê-las, pagar os bancos e embolsar a diferença. Operava com ações da Vale do Rio Doce, Paranapanema e Petrobras, na Bolsa do Rio de Janeiro. O sistema provocou uma bolha, que elevou o preço das ações da Petrobras em 381% e as da Vale em 112% entre janeiro e junho de 1989, já descontada a inflação do período. Na primeira semana de junho, os bancos, subitamente, retiraram o crédito de Nahas e, então, não houve fundos para pagar o cheque emitido e quitar a operação. Outras pessoas também não puderam honrar compromissos, e o castelo de cartas veio abaixo. Seis corretoras foram liquidadas na confusão, e o presidente do Banco Central, Elmo Camões, perdeu o emprego.

## A3.1 O "XIS" DA QUESTÃO

O sistema usado por Naji Nahas, o D-Zero, era uma forma de montar uma grande carteira de ações sem que se tivesse dinheiro e funcionava da seguinte maneira: comprava-se um lote de ações, pelo sistema da Bolsa, só se pagava a operação e recebiam-se os papéis cinco dias úteis depois. No dia do pagamento, o investidor pegava um empréstimo bancário, pagava a Bolsa, retirava as ações e vendia para ele mesmo por meio de combinação com corretoras ou testas de ferro. Com essas ações dadas em garantia aos bancos, tomava-se outro empréstimo que pagava o primeiro. Depois, repetia-se a operação, cada vez mais rapidamente. Como o investidor comprava e vendia para ele mesmo, em uma operação chamada "Zé com Zé" no jargão das bolsas, tinha-se o poder de controlar o preço dos papéis, tornando-os mais altos e, dessa maneira, credenciando-se a empréstimos maiores. Nesse procedimento, havendo um financiador, o investidor ia pulando de galho em galho a cada cinco dias. Comprando sem colocar dinheiro novo, fazia a Bolsa subir todos os dias.

No caso de Naji Nahas, mais dinheiro (e mais dívidas) ampliavam a carteira. Como as compras e as vendas na prática eram feitas pelo mesmo investidor, sua carteira crescia muito e o jogo era de alto risco, tanto para Nahas quanto para os bancos que o financiavam, para as corretoras que cumpriam suas ordens e para a Bolsa que se obrigava a honrar compromissos não cumpridos.

Nahas operava, também, no mercado futuro de ações e de índices, e nesse contexto surgiu outra suspeita. Se ele controlava mesmo os preços, podia apostar nesse mercado futuro sabendo o resultado de antemão. A operação teria de terminar um dia, e a aposta de Nahas era de que, em determinado momento, o mercado aceitasse comprar suas ações. Nesse caso, ele venderia papéis muito valorizados, pagaria os empréstimos e ficaria com a diferença. Seu erro foi acreditar que o mercado subiria para sempre.

A partir de abril de 1989, os investidores começaram a fugir da Bolsa por causa do disparo da inflação, da alta dos juros e do temor de que Lula ganhasse a eleição presidencial daquele ano. O mercado tornou-se vendedor e não comprador de ações, como esperava Nahas. Foi aí que o castelo de cartas caiu.

No caso específico de Nahas, o que se discutiu no processo foi se ele realmente inflou o preço dos papéis.

Dê uma olhada em um exemplo de gráfico da época:

**Gráfico A3.1**  Gráfico da Vale5

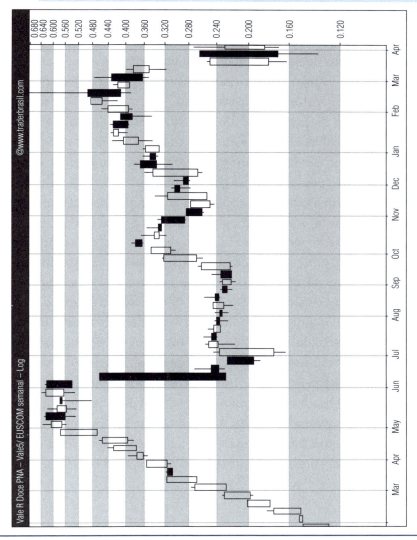

Fonte: arquivo da Expo Trader Brasil.

Entrento, não foi só isso: reza a lenda que Eduardo Rocha Azevedo, o "Coxa" (dono da Corretora Convenção e então presidente do Conselho Administrativo da Bovespa), estava vendido em opção e o mercado já subia muito. Ele, então, teria combinado com alguns donos de corretoras para cancelar, todos de uma só vez, o credito a Nahas, forçando-o a vender. Porém, a alavancagem das operações envolvidas era tão grande que Nahas não apenas precisou vender as ações como também deu um calote geral e, nesse sentido, o tiro saiu pela culatra, pois a Bolsa despencou e Nahas ficou devendo a diversas corretoras. Entretanto, supõe-se que tal orquestração também pretendia quebrar a Bolsa do Rio de Janeiro por meio da quebra do maior investidor pessoa física do país.

Segundo Nahas, a crise das Bolsas de 1989 ocorreu por uma mudança nas regras de negociações de ações, feita de maneira arbitrária e imediata pelo presidente da Bolsa, sob influência de investidores importantes que disputavam com Nahas posições de investimentos. Essa opinião foi compartilhada, na época, por vários economistas de peso como Delfim Netto, Mário Henrique Simonsen e outros que testemunharam a favor de Naji Nahas. Depois de poucas semanas, o mercado voltou aos níveis anteriores à quebra, provando, segundo esses economistas, que tudo não passou de uma grande manipulação das ações.

Nahas foi inocentado nesse processo em 2004. Antes da quebra, ele chegou a deter, individualmente, 7% das ações da Petrobras e 12% das ações da Vale do Rio Doce e, depois de ter sido inocentado em todos os processos movidos contra ele, tanto no âmbito judicial quanto na Comissão de Valores Mobiliários (CVM), "xerife" do mercado de ações), Naji Nahas requereu a reparação dos danos causados pela Bolsa de Valores de São Paulo (B3)[1] e Bolsa de Mercadorias e Futuros (B3), tanto moral quanto materialmente. Segundo Nahas, caso a sua carteira de ações não tivesse sido confiscada, seus investimentos alcançariam, hoje, a quantia de quase 10 bilhões de dólares. Em 9 de dezembro de 2014, seu pedido foi julgado improcedente pela Terceira Turma do Superior Tribunal de Justiça (STJ).

Esta foi, possivelmente, a última tentativa de Nahas de conseguir reverter a decisão a favor da Bovespa e da BVRJ. Agora, a última instância possível para um recurso seria o Supremo Tribunal Federal (STF), mas a equipe jurídica do investidor precisa encontrar uma brecha na Constituição que dê, ao processo, acesso à corte.

---

[1]    B3 (Brasil, Bolsa, Balcão) é a bolsa de valores oficial do Brasil. Surgiu após a fusão da BM&FBOVESPA e a CETIP S.A. Disponível em: <http://www.b3.com.br/pt_br/>. Acesso em: 29 jan. 2018.

# Apêndice

> "Devem os gráficos de longo prazo ser ajustados para a inflação?"
>
> John Murphy[1]

Uma questão que é sempre levantada, no que diz respeito aos gráficos de longo prazo, é se os níveis de preços mostrados devem ou não ser ajustados para a inflação. Esse argumento é apresentado em virtude da enorme influência exercida pela tremenda inflação que vinha ocorrendo desde o início dos anos 1970. Afinal, os topos e os fundos de longo prazo teriam alguma validade se não fossem ajustados de modo que refletissem as mudanças do dólar norte-americano? Esse é um ponto de controvérsia entre os analistas.

Eu não acredito que se deva fazer qualquer ajuste nos gráficos por uma série de razões. A principal delas, no meu entendimento, é que os mercados, por si só, já fizeram os ajustes necessários. Um declínio no valor da moeda faz as mercadorias e as ações cotadas nessa moeda terem um aumento em seus preços. Não existe dúvida de que muito do acréscimo nos preços ocorridos e mostrados nos gráficos de longo prazo, principalmente durante os anos 1970, foi, simplesmente, reflexo da fraqueza do dólar perante as moedas globais. O outro lado da história é que boa parte

---

1    Este texto é uma tradução livre do livro *Study guide for technical analysis of the future's markets*: a self training manual, de John J. Murphy.

da queda nos preços das mercadorias, ao final dos anos 1970, foi atribuída ao fortalecimento do dólar perante as principais moedas mundiais.

Outro ponto a ser ponderado é que os tremendos ganhos nos preços das mercadorias durante os anos 1970 e o declínio deles durante os anos 1980 são exemplos clássicos da ação da inflação. Sugerir que os níveis de preço das mercadorias devam ser ajustados, de modo que reflitam a inflação, não faz sentido. A subida de preços nos mercados já foi uma manifestação daquela inflação. O declínio no preço das mercadorias durante os anos 1980, citado pelos economistas como uma indicação de que a inflação estava sob controle, também foi uma manifestação de desinflação. Todavia, eu acredito que o mercado já se encarregou dessa tarefa.

O ponto final desse debate vai ao coração da teoria de análise técnica, afirmando que a ação do mercado desconta todas as contingências. O mercado, por si próprio, ajusta os preços para períodos de inflação e desinflação, bem como para mudanças ocorridas no valor da moeda. A verdadeira resposta, sobre se devemos ou não ajustar os gráficos de longo prazo para a inflação, encontra-se nos próprios gráficos. Muitos mercados atingiram níveis de resistência históricos e depois declinaram até níveis de suporte de anos anteriores. Esse tipo de ação não teria ocorrido se os preços nos gráficos tivessem sido ajustados para as diferentes mudanças na taxa de inflação.

# Índice remissivo

**A**

AAII *investor sentimental survey*, 356

*Abandoned baby*, 629

Análise fundamentalista, 9, 435, 495, 571, 625
   das criptos, 504-515
   sobre, 4-5

Análise técnica
   as criptomoedas e a, 495-524
   introdução à, 3-25

Ângulos de Gann para projetar o tempo, 412-413

Aroon, 267-268

**B**

*Backtesting*, 21, 269, 293, 481, 587, 588, 590
   considerações sobre parametrização dos indicadores e, 213-214
   o que é, 567-568

Bandeiras e flâmulas, 122-125

*Bear*, 24
   *market*, 444, 450, 451, 452
   *power*, 302-303, 304, 305, 306

Bitcoins, 204, 261, 379, 495, 498, 505, 506, 507, 508, 513, 515, 518, 521, 522, 523, 606

   caminhos possíveis para o, 523-524
   como é criado o, 500
   Ethereum *versus*, 501-502
   medindo a adoção de, 510-511
   o que é, 499-503

*Bull*, 23
   *market*, 450
   *power*, 302-303, 304, 305, 306

**C**

*CBOE Volatility Index* (VIX), 351-352

Chaikin, 102, 106, 322, 323
   fluxo de dinheiro de, 323-325
   oscilador, 325-326

Ciclos de tempo, 381-407
   com Fibonacci, 423-427

Ciclos: da física ao mercado, 382-407

*Commodity Channel Index* (CCI), 314-318

Confirmação, 332
   a bendita, 480
   tempo médio de, 511-512
   viés de, 470

Contrato perpétuo, 643-644

Contratos em aberto, 70-71

*Crash*, 15, 471
   A imagem que marca um, 452-453

da Pandemia do Covid-19, 452
das Dot-Com (2000), 450-451
das tulipas, 444-446
de 1987, 448-449
de 1929, 446-447
O que é um, 444
criptomoedas, 261, 498, 499, 501, 503, 515
Cunha
ascendentes, 117
descendente, 115-117
Curva de Coppock, 297-298

**D**
*Dark cloud cover*, 93, 630
*Days to cover* (DTC) ou "dias para zerar",
354-355
Diamante, 139
formação de, 138-139
método do, 481-484
Dicionário de padrões *Candlesticks*, 629-642
*Doji*, 630
*Downside tasuki gap*, 630-631
*Dragonfly doji*, 631

**E**
*Elder-Ray*, 301, 306
Metodologia, 303-305
O sistema, 301-306
*Engulfing pattern*, 631
Envelopes, 237-255
Escalas aritméticas, 62-64
Escalas logarítmicas, 62-64
Estocástico, 310-312
oscilador, 285, 310
*Evening doji star*, 632

**F**
*Falling three methods*, 633
*Fat finger*, 451
Fibonacci,
análise de, 147
Ciclos de tempo com, 423
Extensões de Preço de, 156-157
Por que usar, no mercado, 152
Projeções de, 158-159
Projeções de, no tempo, 421-422
Retrações de, no tempo, 420-421
Retrações de Preço de, 153-156

Uso de, no tempo, 419-427
Uso de relações, no tempo, 420-421
Flâmulas, 122-125
Força relativa, 365-367
*Force Index* (índice de força de Elder), 327-332
Formação de diamente (de reversão), 138-139
Formações de alargamento
ascendente, 99
descendente, 99
(de reversão), 137-138
Fundo arredondado (de reversão), 135-136
Fundo
de diamante, 99
de fuga e solavanco, 99
de ombro-cabeça-ombro, 99, 104-108
de retângulo, 98, 99
duplo, 99, 112-115
triplo, 99
Fundos de diamantes, 98

**G**
Gann
ângulos de, 410, 411, 412, 413
ângulos de, para projetar o tempo, 416-417
retrações de, 415-416
ventilador de, 414
*Gaps*
conclusões sobre, 93-95
de exaustão, 92-93
de fuga ou de medida, 90-92
de preço e sua análise, 87-95
de quebra, 88-89
*Gravestone doji*, 633

**H**
*Harami* (mulher grávida), 634
*High Frequency Trading*, 71-72, 167, 226
*Histograma de MACD*, 289-291
História da vela *evening star*, 632

**I**
Ichimoku, *ver* nuvens de Ichimoku
Ilhas de reversão, 94, 95, 99
Indexação, 363-365
Indicador %R de Williams, 312-314
Indicadores
antecedentes ou de *momentum*, 285-318
de fôlego de mercado, 339-348

de sentimento, 349-361

de volume, 319-337

de volume baseados em índices, 320-323

Índice Arms ou TRIN, 342-343

Índice de Fluxo de Dinheiro (oscilador) – *Money flow index*, 326-327

Índice de Força Relativa (IFR) ou *Relative Strenght Index* (RSI), 306-309

## L

Linha

de Avanços e Declínios (Linha AD), 340-341

de Distribuição Acumulação (LAD), 318, 323

*Long Day*, 634

*Long shadows*, 635

*Long-legged doji*, 635

## M

*Marubozu*, 55, 98, 477, 635-636

McClellan *summation index*, 347-348

Média móvel de volume, 334-335

Médias móveis, 216-236

*Momentum*, 21, 22, 211, 231, 266, 269, 270, 272, 273, 283, 285, 286, 291-293, 294, 310, 365

Monitoramento do número de ações alugadas, 353-354

*Morning doji star*, 636

Movimento

direcional (ADX), 262-266

medido, 130-133

*Moving Average Convergence/Divergence* (MACD), 287-291

## N

Nuvem de Ichimoku (*Ichimoku kinko hyo*), 269-283

NYSE *high/low* – índice NYSE de novas máximas e novas mínimas, 352-353

## O

*On Balance Volume* (OBV), 320-321

Ondas de Elliott, 177-205

Oscilador McClellan, 343-346

osciladores

de impulsão ou de *momentum*, 285-286

de volume, 323-337

em bandas, 306-318

## P

Padrões

de continuação, 118-135

de reversão, 100-117

gráficos, 97-145

Parabólico SAR, 257-260

*Piercing line* – padrão perfurante, 637

Pivô, 43, 95, 171, 176, 410, 412, 422

de alta, 485-486

de baixa, 486-487

estratégia de, 484-488

*Price action*, 489-494

os padrões de, 490-494

*Put/call ratio*, 350-351

## R

*Random walk*

Teoria, 10-11

*Rate of Change* – taxa de mudança (ROC), 293-294

Regressão linear, 255-257

*Relative Strength Index* (RSI), *ver* Índice de Força Relativa (IFR)

*Rising three methods*, 637

Robôs de investimentos, 563-590

## S

*Shooting star*, 55, 638

*Short Day*, 638

Sistemas discricionários × não discricionários, 564-565

sobrecompra, 213, 231, 237, 241, 283, 286, 287, 306, 308, 309, 311, 312, 313, 342, 597

nível de, 317-318

sobrevenda, 213, 237, 241, 283, 286, 287, 306, 309, 311, 312, 313, 317, 318, 323, 342

com CCI, 317-318

*Spinning top*, 55, 176, 638-639

*Stars*, 639

*Stick sandwich*, 639-640

*Stops*, 41, 163, 176, 250, 255, 330

baseados em níveis de suporte e resistência, 435-438

baseados na volatilidade dos preços, 438-443

colocação de, 431-453

com bandas de Bollinger, 443

conclusão sobre, 443

de dinheiro, 435

erros na colocação de, 434-435
Tipos de, 435-443

## T

Taxas de Hash, 514
TD Sequencial©, 358-361
Tempos gráficos, 65-69
Tendência
conceitos básicos de, 73-96
Teoria de Dow, 27-36
*Three black crows* (três corvos pretos), 640
*Three white soldiers* (três soldados brancos), 640-641
Topo
arredondado, 98, 99
de ombro-cabeça-ombro "OCO", 98, 100-103
de retângulo, 99
duplo ou "M" (reversão), 108-115
triplo, 44, 99
Topo, solavanco e fuga, 98
Topos
de diamantes, 98
duplos, 98, 109, 110, 387
*Trading Systems*
e os robôs de investimentos, 563-590
Triângulos, 118-122, 193-194
ascendentes, 98, 99, 120-121

descendentes, 121-122
simétricos, 99, 115
*Triple Smoothed Average* (Trix), 299-301
Tulipas
O *crash* das, 444-446
*Turtle trader*, 250
Quem foram os, 250-253

## U

*Upside gap two crows*, 641-642
*Upside tasuki gap*, 642

## V

Volatilidade histórica, 356-357
Volume, 69-70
Volume Price Confirmation Indicator (VPCI), 332-334

## W

Williams Distribuição Acumulação (WAD), 323
*Williams Variable Accumulation Distribution* (WVAD), 321

## X

Xícara com alça, 99, 139-141
Xícara com alça, invertida, 99

# Referências

ALLEN, R. C. *How to build a fortune in commodities*. New York: Windsor Books, 1972.

ARONSON, Elliott. *O animal social*: introdução ao estudo do comportamento humano. São Paulo: Ibrasa, 1979.

BARBER, Brad; ODEAN, Terrance. Boys will be Boys: Gender, Overconfidence, and Common Stock. *The Quaterly Journal of Economics*, 2001. Disponível em: <http://faculty.haas.berkeley.edu/odean/papers%20current%20versions/boyswillbeboys.pdf>. Acesso em: 8 mar. 2022.

BATCHELOR, Roy; RAMYAR, Richard. *Magic numbers in the Dow*. Disponível em: <https://openaccess.city.ac.uk/id/eprint/16276/1/magic%20numbers%20in%20the%20dow.pdf>. Acesso em: 22 mar. 2022.

BOLLINGER, John. *Bollinger on Bollinger bands*. London: McGraw-Hill Professional, 2001.

BROWN, Constance. *Technical analysis for the trading professional*. New York: MCGraw-Hill, 2012.

_____. *Fibonacci Analysis*. New York: Bloomberg Press, 2010.

BORODEN, Carolyn. *Fibonacci Trading: How to Master the Time and Price Advantage*. New York: McGraw-Hill Professional, 2001.

BULKOWSKY, Thomas. *Encyclopedia of chart patterns*. San Francisco: John Wiley Trade, 2005.

BUSINESS INSIDER. *Credit Suisse says bitcoin's fair value is almost half its current price.* Disponível em: <https://www.businessinsider.com.au/bitcoin-fair-value-2018--1#HDFzMH4vY19kJIk0.99>. Acesso em: 29 jan. 2018.

CHAGUE, Fernando; GIOVANNETTI, Bruno. *É possível viver de day-trade em ações?* Disponível em: <https://bibliotecadigital.fgv.br/ojs/index.php/rbfin/article/download/81949/78263/176074>. Acesso em: 28 mar. 2022.

CSIKSZENTMIHALYI, Mihaly. *Flow.* New York: Simon & Schuster, 2002.

CURTIS, Faith. *Way of the turtle*: the secret methods that turned ordinary people into legendary traders. London: McGraw- Hill, 2007.

DALTON, James F. *Markets in Profile*: Profiting from the Auction Process. New Jersey: John Wiley & Sons, 2007.

DALTON, James F.; DALTON, Robert B. *Mind Over Markets*: Power Trading with Market Generated Information. New Jersey: John Wiley & Sons, 2013.

DOUGLAS, Mark; HARTLE, Thom. *Trading in the zone*: master the market with confidence, discipline and a winning attitude. PHP Investment Analysis, 2001.

EDWARDS, Robert D.; MAGEE, John. *Technical analysis of stock trends.* Newtown: Taunton Press, 2005.

ELDER, Alexander. *Trading for a living*: psychology, trading tactics, money management. San Francisco: John Wiley & Sons, 1993.

ELLIOTT, Ralph Nelson. *Nature's law*: the secret of the universe. Snowball. Publishing, 2011.

FERRACINI, Marcio. *Curso de análise técnica*. Apostila de curso da Trader Brasil Escola de Investidores, 2005.

FISCHER, Robert; KAUFFMAN, Perry. *Fibonacci applications and strategies for traders.* San Francisco: John Wiley & Sons, 1993.

FROST, A. J; PRECHTER, Robert Elliott. *Wave principle*: key to market behavior. 10. ed. Gainesville: New Classics Library, 2005.

GAARDNER, Jostein. *O mundo de Sofia*. São Paulo: Companhia das Letras, 1995.

GRAHAM, Benjamin. *O investidor inteligente*. Rio de Janeiro: Nova Fronteira, 2007.

GRANVILLE, Joe. *Granville's new key to stock market profits.* Toronto: Prentice Hall, 1963.

HASANHODZIC, Jasmina; LO, Andrew W.; VIOLA, Emanuele. Is It Real, or Is It Randomized? A *Financial Turing Test*, 2010. Disponível em: <https://papers.ssrn. com/sol3/papers.cfm?abstract_id=1558149>. Acesso em: 25 mar. 2022.

HURST, J. M. *Cyclic Analysis:* A Dynamic Approach to Technical Analysis. Iowa: Wasendorf & Associates Inc, 1999.

_____. *The Profit Magic of Stock Market Transaction Timing.* Nova York: Prentice Hall, 1960.

KAUFMAN, Perry J. *New trading systems and methods.* San Francisco: John Wiley Trade, 2005.

KELTNER, Chester. *How to make money in commodities.* Kansas City: Keltner Statistical Service, 1961.

KEMPEN, Rene. Fibonaccis are human (made). IFTA *Journal*, 2016. Disponível em: <https://ifta.org/public/files/journal/d_ifta_journal_16.pdf>. Acesso em: 7 abr. 2022.

KINDLEBERGER, Charles P.; ALIBER, Robert Z. *Manias, pânicos e crises* – uma história das crises financeiras. São Paulo: Saraiva, 2013.

KIRKPATRICK, Charles; DAHLQUIST, Julie. *Technical analysis:* the complete resource for financial market technicians. Toronto: Financial Times/Prentice Hall, 2006.

KNOX, David. *The k wave:* profiting from the cyclical booms and busts in the global economy. New York: McGraw-Hill, 1995.

KONDRATIEFF, Nikolai; DANIELS, Guy. *A long wave cycle.* Boston: E. P. Dutton, 1984.

LANDRY, David. *Dave Landry on swing trading.* Jersey City: M. Gordon Publishing Group, 2001.

LO, Andrew W.; MAMAYSKY, Harry; WANG, Jiang. Foundations of Technical Analysis: Computational Algorithms, Statistical Inference, and Empirical Implementation. *The Journal of Finance*, v. LV, n. 4, August, 2000. Disponível em: <https://www. cis.upenn.edu/~mkearns/teaching/cis700/lo.pdf>. Acesso em: 10 jun. 2022.

LO, Andrew W. & MACKINLAY A. Craig. Stock Market Prices do not Follow Random Walks: Evidence from a Simple Specification Test. *The Review of Financial Studies*, v. 1, nº 1 (spring, 1988), pp. 41-66 (26 pages). Oxford: Oxford University Press, 1988. Disponível em: <https://www.jstor.org/stable/2962126>. Acesso em: 25 mar. 2022.

MACLEAN, George. *Fibonacci and Gann applications in financial markets*: practical applications of natural and synthetic ratios in technical analysis. San Francisco: John Wiley & Sons, 2005.

MAKENNA, Barbara. *The efficacy of modified momentum based technical indicators on U.S. equities*: a Study of Parabolic SAR, 2021. Charles H. Dow Award Winner. Disponível em: <https://cmtassociation.org/wp-content/uploads/2021/05/ Makenna-Barbera-2021-Dow-Award-Research-Paper.pdf>. Acesso em: 31 mar. 2022.

MALKIEL, Burton. *Um passeio aleatório por Wall Street*: Um guia clássico e abrangente para investir com sucesso. Rio de Janeiro: Editora Sextante, 2021

MANDELBROT, Benoit B. *Objectos fractais*: forma, acaso e dimensão. Coimbra: Gradiva, 1991.

MINER, Robert C. *High Probability Trading Strategies*: Entry to Exit Tactics for the Forex, Futures, and Stock Markets. John Wiley & Sons, 2008.

_____. *Dynamic Trading*: Dynamic Concepts in Time, Price and Pattern Analysis With Practical Strategies for Traders and Investors. New York: McGraw-Hill, 1997.

MORRIS, Gregory. *Candlestick charting explained*. London: McGraw-Hill Professional, 2006.

MURPHY, John J. *Study guide for technical analysis of financial markets*. USA: Penguin Putnam, 1998.

_____. *Study guide for technical analysis of the future's markets*: a self training manual. New Jersey: Prentice Hall Press, 1987.

_____. *Technical analysis of the financial markets*. New York: New York Institute of Finance, 1999.

NELSON, S. A. *The ABC of stock speculation*. New York: Cosimo, 1903.

NISON, Steve. *Beyond candlesticks*: new japanese charting techniques revealed. San Francisco: John Wiley & Sons, 1995.

_____. *Japanese candlestick charting techniques*: a contemporary guide to the ancient investment techniques of the far east hardcover. New York: New York Institute of Finance, 1991.

O'NEIL, William. *How to make money in stocks*. London: McGraw-Hill, 1988.

PRING, Martin J. *Investment psychology explained*: classic strategies to beat the markets. San Francisco: John Wiley & Sons, 1995.

_____. *Study guide for technical analysis explained*: the successful investor's guide to spotting investment trends and turning points. 4. ed. London: McGraw-Hill, 2002.

PRUDEN, Hank. *The Three Skills of Top Trading:* Behavioral Systems Building, Pattern Recognition, and Mental State Management. New Jersey: John Wiley & Sons, 2007.

SCHWAGER, Jack D. *Market wizard:* interviews with top traders. New York: Harper Collins, 1990.

SCHWAGER, Jack D. *The new market wizards:* conversations with America's top traders. New York: Harper Collins, 1994.

SHEFRIN, Hersh; STATMAN, Meir. The Disposition to Sell Winners Too Early and Ride Losers Too Long: Theory and Evidence. *Journal of Finance,* v. 40, n. 3, p. 777–90, July 1985.

SHILLER, Robert; SHILLER, Robert J. *Irrational exuberance.* Princeton: Princeton University, 2005.

STATMAN, Meir. *Behavioral Finance.* The Second Generation. CFA Institute Research Foundation: 2019.

STEIDLMAYER, J. Peter; HAWKINS, Steven B. *Steidlmayer on Markets:* Trading with Market Profile. John Wiley & Sons, 2007.

WILDER Jr., J. Welles. *New concepts in technical trading systems.* Trend Research, 1978.

WILLIAMS, Bill. *Trading chaos:* applying expert techniques to maximize your profits. San Francisco: John Wiley & Sons, 1995.

WILLIAMS, Larry. *Cracking the money code.* Commodity San Diego: Timming Inc. Publishing, 2004.

## *Acesso a sites comerciais*

INVESTOPEDIA. Disponível em: <http://www.investopedia.com>. Acesso em: 30 ago. 2012.

STOCKCHARTS. Disponível em: <http://www.stockcharts.com>. Acesso em: 1º jun. 2015.

MARKETWATCH. Disponível em: <http://www.smartmoney.com>. Acesso em: 1º jun. 2015.

SEEKINGALPHA. Disponível em: <http://seekingalpha.com>. Acesso em: 1º de jun. 2015.

SHEFRIN, Hersh & STATMAN, Meir. "The Disposition to Sell Winners Too Early and Ride Losers Too Long: Theory and Evidence". *Journal of Finance,* 40, nº 3 (July, 1985): 777-90.

STATMAN, Meir. *Behavioral Finance The Second Generation*. Virgínia: CFA Institute Research Foundation, 2019.

ONLINE TRADE CONCEPTS. Technical Indicators. Disponível em: <http://www.onlinetradingconcepts.com>. Acesso em: 30 ago. 2012.

## Sites recomendados

Análises em vídeo gratuitas com os professores da Trader Brasil Escola de Finanças & Negócios. Disponível em: <https://www.youtube.com/traderbrasil>. Acesso em: 25 mar. 2022.

Artigos gratuitos de Flávio Lemos e equipe. Disponível em: <https://www.blog.traderbrasil.com>. Acesso em: 25 mar. 2022.

BITCOIN CHARTS. Disponível em: <https://bitcoincharts.com/>. Acesso em: 25 abr. 2017.

BLOCK CHAIN INFO. Disponível em: <http://www.blockchain.info>. Acesso em: 25 abr. 2017.

CARTEZYAN. Disponível em: <http://www.cartezyan.com>. Acesso em: 25 abr. 2022.

META TRADER. Disponível em: <http://www.mql5.com>. Acesso em: 25 abr. 2017.

PERGUNTÃO DA RECEITA FEDERAL. Disponível em: <http://idg.receita.fazenda.gov.br/interface/cidadao/irpf/2017/perguntao>. Acesso em: 25 abr. 2017.

SEASONAX. Disponível em: <http://www.app.seasonax.com>. Acesso em: 23 mar. 2022.

TRADING VIEW. Disponível em: <http://www.tradingview.com>. Acesso em: 25 abr. 2022.

STOCK TRADERS'S ALMANAC. Disponível em: <http://www.stocktradersalmanac.com>. Site de Yale Hirsch. Acesso em: 25 abr. 2018.

Videos de Fibonaccing. Disponível em: <https://www.youtube.com/user/cacomaia>. Acesso em: 10 jun. 2022.